기출이 답이다

세무사 1차 세법학개론

기출문제해설집 8개년

저자가 전하는 말

세무사 1차 시험 합격으로 가는 지름길!

세무사 시험에서 '세법'은 최종 합격에 많은 비중을 차지하고 있습니다. 1차 합격의 전략으로 단기간에 높은 점수를 받을 수 있는 재정학 또는 선택 과목에서 합격권 이상의 점수를 얻고, 회계학과 세법은 과락을 면하여 합격 커트라인에 맞추는 전략을 많이 세우는데, 실제로 매년 제시되는 통계자료를 보면 '회계학'과 '세법'에서 높은 과락률을 보이고 있습니다. **결국 재정학 또는 선택 과목에서 합격권 이상의 점수를 얻고, 회계학과 세법은 다른 과목을 풀고 나서 주어진 짧은 시간 안에 50% 이상의 문제를 정확하게 풀어내는 것**이 1차 합격에 더 다가갈 수 있는 현실적인 전략으로 보입니다. 특히 '세법'의 경우 2차에서 많은 비중을 차지하고 있기 때문에 1차 시험 준비를 할 때 좀 더 꼼꼼하게 공부해 둔다면 최종 합격에 좀 더 가까워질 수 있습니다.

본서는 최근 8개년의 기출문제를 분석하여 세무사 1차 시험을 준비하는 수험생들에게 남은 기간 최종정리에 적합하도록 집필되었습니다. **최근 8개년의 기출문제를 기존에 없던 차별화된 구성을 통해, 기출문제를 풀어보면서 핵심 빈출 이론까지 최종적으로 정리할 수 있을 뿐만 아니라 최종 합격을 위한 '세법'의 2차 공부 방법에도 도움**이 될 수 있도록 집필하였습니다.

❶ 나의 세법 지식을 법령과 연결시키자!

수험생 시절, 저 또한 공부할 때 '상법전'은 열심히 보았지만 '세법전'은 본 적이 없었습니다. 하지만, 막상 실무를 접하면서 보니 법령을 직접 찾고 해석해야 하는 일이 많아졌습니다. 결국 세무사란 세법을 상황에 맞게 해석하여, 정확한 세금의 계산은 물론이고, 가능하다면 클라이언트에게 절세를 할 수 있는 방향까지 제시할 수 있는 능력을 갖추어야 합니다. 세무사 시험에는 이러한 능력을 측정하고자 하는 목적이 담겨 있습니다.

먼저 객관식의 1차 시험은 각 법령을 정확히 알고 있는지가 주된 목적이며, 2차 시험은 각 법령을 어떻게 해석하고 응용할 수 있는지가 주된 목적입니다. 하지만 세법의 모든 법령을 외우거나 확인하면서 수험공부를 한다는 것은 시간이 금인 수험생에게 비효율적입니다. 따라서 **가장 효율적인 방법은 지금까지 기본서를 통해 정리한 세법의 지식을 그동안 출제된 기출문제를 통해 법령과 연계시켜 학습하는 것**입니다.

나의 세법 지식을 법령과 연결시키는 본서의 활용 tip

객관식 지문의 경우, 출제자는 법령을 활용하여 출제하게 됩니다. 즉, 법령의 단서조항을 바꾸거나, 법령의 조사 등을 바꾸어 출제하는 것입니다. 소득세법 제42조 제1항과 2018년에 출제된 53번 문제의 지문 2번을 보겠습니다.

먼저 2018년 출제된 53번의 지문 2번입니다.

53 **〈소득세법〉「소득세법」상 소득금액 계산의 특례에 관한 설명으로 옳지 않은 것은?**

① 종합소득과세표준 확정신고 후 예금 또는 신탁계약의 중도 해지로 이미 지난 과세기간에 속하는 이자소득금액이 감액된 때에는, 경정청구를 하지 아니한 경우라면 그 중도 해지일이 속하는 과세기간의 종합소득금액에 포함된 이자소득금액에서 그 감액된 이자소득금액을 뺄 수 있다.

② 우리나라가 조세조약의 상대국과 그 조세조약의 상호 합의 규정에 따라 거주자가 국외에 있는 비거주자와 거래한 그 금액에 대하여 권한 있는 당국 간에 합의를 하는 경우에는 그 합의에 따라 납세지 관할 세무서장은 그 거주자의 각 과세기간의 소득금액을 조정하여 계산할 수 있다.

③ 사업소득이 발생하는 사업을 공동으로 경영하고 그 손익을 분배하는 공동사업의 경우에는 각 공동사업자별로 소득금액을 계산한다.

다음은 소득세법 제42조 제1항입니다.

소득세법 제42조

① 우리나라가 조세의 이중과세 방지를 위하여 체결한 조약(이하 "조세조약"이라 한다)의 상대국과 그 조세조약의 상호 합의 규정에 따라 거주자가 국외에 있는 비거주자 또는 외국법인과 거래한 그 금액에 대하여 권한 있는 당국 간에 합의를 하는 경우에는 그 합의에 따라 납세지 관할 세무서장 또는 지방국세청장은 그 거주자의 각 과세기간의 소득금액을 조정하여 계산할 수 있다.

2018년 53번 문제의 2번 지문은 올바른 지문입니다만, 만약 표시된 부분이 '납세지 관할 세무서장만'으로 출제될 경우에는 틀린 문장이 됩니다. **기출지문의 경우 반복해서 출제되는 경우가 있기 때문에 수험생 입장에서는 정확한 법령 조문을 알아두는 것이** 좋습니다.

본서에서는 해설을 다음과 같이 집필하였습니다.

정답해설

① 다만, 「국세기본법」 제45조의2에 따라 과세표준 및 세액의 경정(更正)을 청구한 경우에는 그러하지 아니하다.

② 세무서장뿐만 아니라 지방국세청장도 그 거주자의 각 과세기간의 소득금액을 조정하여 계산할 수 있다.

③ 사업소득이 발생하는 사업을 공동으로 경영하고 그 손익을 분배하는 공동사업의 경우에는 각 공동사업자별로 소득금액을 계산한다. *관련이론
→ 해당 사업을 경영하는 장소를 1거주자로 보아 공동사업장별로

법령 CHECK

① 소득세법 제46조의2
② 소득세법 제42조
③ 소득세법 제43조 제1항
④ 소득세법 제44조 제2항
⑤ 소득세법 제45조 제6항

합격의 TIP

이월결손금의 경우 매우 기초적인

수험생의 입장에선 기출조문을 좀 더 꼼꼼히 볼 수 있는 계기가 되고, 문제와 해설을 함께 읽으면서, 그동안 배운 세법의 법령을 정확하게 점검할 수 있도록 집필하였습니다. 또한 각 **출제 지문에 대한 법적 근거를 [법령 CHECK]**로 수록, 심화 학습을 원하는 수험생은 추가 학습을 할 수 있도록 구성하였습니다.

저자가 전하는 말

❷ 기출문제로 현재 내 수준을 확인하는 것은 물론, 기출문제를 통해 나의 공부 방향을 제대로 설정하자!

수험생 시절 저는 기출문제를 기본서나 객관식 문제집의 회독수를 끝내고, 시간 내에 풀 수 있는지, 제가 현재 부족한 단원이 무엇인지 확인하는 도구로 활용하였습니다. 아마 다른 수험생분들도 저와 비슷하게 기출문제를 활용하실 것입니다. 저는 주로 틀린 부분을 정확히 체크해 놓고, 제가 틀린 부분의 이론을 기본서나 워크북에서 찾아 다시 학습하곤 했는데, 생각보다 이런 학습 방법이 시간도 많이 걸렸고, 때로는 이 지문이 왜 틀린 것인지 한 번에 와 닿지 않는 경우도 있었습니다. 따라서 **객관식 지문의 틀린 보기를 정확히 표시해주고, 자주 출제되거나 알아두어야 할 내용을 [관련이론]으로 표시하여 따로 기본서를 찾아보지 않아도 바로 공부할 수 있도록 집필**하였습니다.

맞은 문제도 틀린 문제도 다시 한번 확인할 수 있는 본서의 활용 tip

기출문제는 이미 검증된 문제이기 때문에, 본서는 해설의 집필에 있어 수험생 입장에서 어떻게 하면 짧은 시간에 효율적으로 공부할 수 있을지에 초점을 맞추었습니다. 처음 기출문제를 푼 다음, 채점할 때 수험생 본인의 점수만 체크하는 것이 아니라, **각 지문에 맞는 문장은 왜 맞는지 틀린 문장은 왜 틀리는지, 본서의 해설집처럼 체크를 해 보거나 한 번씩 적어 보는 것을 추천**합니다. 또한 문제 하단의 **[관련이론]을 통하여 추가적인 심화 학습을 하고, 문제편 여백에 부족한 부분을 정확히 채워 자신만의 핵심 노트를 완성해 보시기를 추천**합니다.

다음은 2019년에 출제된 74번 문제입니다.

74 **〈부가가치세법〉「부가가치세법」상 환급에 관한 설명으로 옳지 않은 것은?**

① 조기환급의 경우 환급세액은 조기환급 관련 신고기한이 지난 후 15일 이내에 환급하여야 한다.
② 일반과세자이든 간이과세자이든 환급규정이 적용된다.
③ 납세지 관할 세무서장은 사업자가 「부가가치세법」상 영세율을 적용받는 경우에 해당하여 환급을 신고한 때에는 대통령령으로 정하는 바에 따라 사업자에게 환급세액을 조기환급할 수 있다.
④ 사업자가 사업 설비를 신설·취득·확장 또는 증축하는 경우 조기환급은 세법상 감가상각자산에

이 문제의 해설에 대해 본서는 다음과 같이 집필하였습니다.

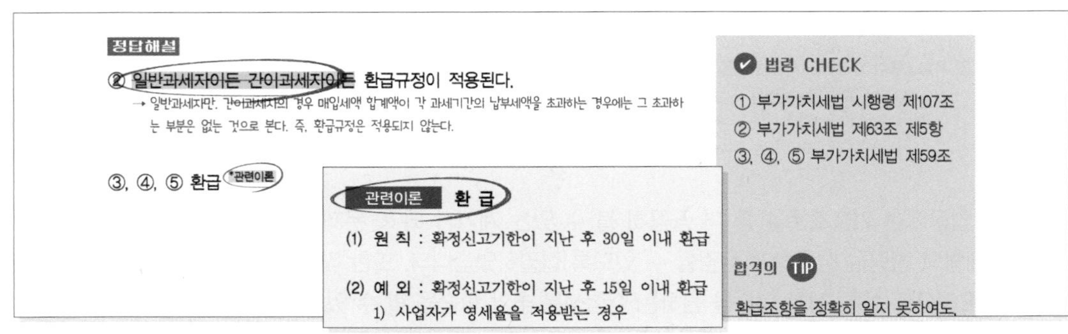
정답해설

② 일반과세자이든 간이과세자이든 환급규정이 적용된다.
→ 일반과세자만. 간이과세자의 경우 매입세액 합계액이 각 과세기간의 납부세액을 초과하는 경우에는 그 초과하는 부분은 없는 것으로 본다. 즉, 환급규정은 적용되지 않는다.

③, ④, ⑤ 환급 *관련이론

관련이론 환 급

(1) 원 칙 : 확정신고기한이 지난 후 30일 이내 환급

(2) 예 외 : 확정신고기한이 지난 후 15일 이내 환급
1) 사업자가 영세율을 적용받는 경우

법령 CHECK

① 부가가치세법 시행령 제107조
② 부가가치세법 제63조 제5항
③, ④, ⑤ 부가가치세법 제59조

합격의 TIP

환급조항을 정확히 알지 못하여도,

수험생의 입장에서 빠르게 틀린 부분을 확인할 수 있고, 하단에 첨부된 관련이론을 통해 환급에 대한 추가적인 심화학습도 할 수 있습니다.

❸ 완벽한 학습이 합격의 중요한 요소이지만, 1년에 한 번뿐인 시험에서는 다음을 꼭 기억하자!

첫 째, 세무사 시험의 경우 평소 학습했을 때 보았던 글자의 폰트보다 크게 인쇄하므로 긴 지문이 아니라도 체감상 길게 느껴질 수 있습니다. **당황하지 말고 침착하세요.**

둘 째, 세무사 1차 시험은 시간싸움입니다. 재정학과 세법 총 80문제를 80분 안에 해결해야 합니다. 따라서 각 문제당 주어진 시간은 1분입니다. 실제로 OMR카드 작성까지 생각한다면 문제당 주어진 시간은 더 짧을 수 있습니다. 계산문제의 경우 **본인이 풀 수 있는 문제인지 아닌지를 먼저 파악한 뒤 접근하고, 여러 번 읽어도 잘 모르겠는 문제에 너무 많은 시간을 투자하지도 당황하지도 마세요.** 1년에 한 번 있는 시험에서 당황하게 되면, 본인의 능력을 모두 발휘할 수 없습니다. 이런 경우 당황하지 말고, 다른 문제들을 정확히 해결할 수 있다는 자신감을 가질 수 있도록 마인드 컨트롤을 해주세요. 모든 문제의 난이도가 어려운 것은 아니기 때문에, 다른 문제를 해결할 수 있다면, 충분히 합격할 수 있습니다. 수험생의 실력도 중요하지만, 시간 분배의 능력도 합격에 영향을 미치는 중요한 요소이기 때문에 최소 2주 전부터는 기출문제를 통해 시간을 분배하고, 실제 시험과 유사한 환경에서 충분한 연습을 해주세요.

수험 공부만으로도 벅찰 수 있는 수험생 시절, 저는 학생들을 가르치는 아르바이트와 수험생활을 병행했습니다. 이때 저를 버틸 수 있게 해준 것은 "주어진 시간을 최대한 효율적으로 활용하자"는 것이었습니다. 즉, 1시간을 공부하더라도 다른 사람보다 더 집중하고 효율적으로 한다면 가능성이 있을 것이라는 믿음으로 공부했습니다. 따라서 본서의 해설 집필을 맡게 되었을 때 저는 두 가지를 꼭 담고 싶었습니다.

첫 번째는 그 당시 제가 공부했던 방법을 반영하여, 수험생들의 황금같은 시간을 조금 더 효율적으로 활용하는 데 도움을 드리고 싶었고, **두 번째는 '이렇게 공부 했더라면 조금 더 좋은 점수로 합격할 수 있지 않을까'하는 아쉬움을 반영**하고자 하였습니다. 본서가 여러분의 합격에 동반자가 되어 필드에서 함께 세무전문가로서 만났으면 좋겠습니다.

마지막으로 본서의 집필 의도에 흔쾌히 동의해 주시고, 공동저자로 함께 집필해 주신 우용상 교수님, 책 작업에 있어 많은 배려와 조언을 해주시는 편집팀, 언제나 저에게 든든한 지원군이 되어주는 저희 가족 모두에게 감사의 말씀을 드리며, 지금 이 순간 최선을 다하고 계시는 수험생 여러분의 합격을 진심으로 기원합니다.

저자 송지은 드림

세무사 자격시험 소개

시험과목 및 시험시간

구 분	교 시	시험과목	문항수	시험시간	시험방법
제1차 시험	1교시	**1** 재정학 **2** 세법학개론 「국세기본법」, 「국세징수법」, 「조세범처벌법」, 「소득세법」, 「법인세법」, 「부가가치세법」, 「국제조세조정에 관한 법률」	과목별 40문항	09:30~10:50 (80분)	객관식 5지택일형
	2교시	**3** 회계학개론 **4** 「상법」(회사편), 「민법」(총칙), 「행정소송법」* 중 택 1 * 「민사소송법」 준용규정 포함 1		11:20~12:40 (80분)	
제2차 시험	1교시	**1** 회계학 1부 재무회계, 원가관리회계	교시별 4문항	09:30~11:00 (90분)	주관식
	2교시	**2** 회계학 2부 세무회계		11:30~13:00 (90분)	
	3교시	**3** 세법학 1부 「국세기본법」, 「소득세법」, 「법인세법」, 「상속세및증여세법」		14:00~15:30 (90분)	
	4교시	**4** 세법학 2부 「부가가치세법」, 「개별소비세법」, 「조세특례제한법」, 「지방세법」, 「지방세기본법」, 「지방세징수법」 및 「지방세특례제한법」 중 취득세, 재산세 및 등록에 대한 등록면허세		16:00~17:30 (90분)	

※ 제1차 시험과목 중 영어과목은 공인어학성적 제출로 대체

※ 시험과 관련하여 법률 · 회계처리기준 등을 적용하여 정답을 구하여야 하는 문제는 해당 시험일 현재 시행 중인 법률 · 기준 등을 적용하여 그 정답을 구하여야 함

※ 회계학 과목의 경우 한국채택국제회계기준(K-IFRS)만 적용하여 출제

※ 기활용된 문제, 기출문제 등도 변형 · 활용되어 출제될 수 있음

공인어학성적

시험명	TOEFL		TOEIC	TEPS	G-TELP	FLEX
	PBT	IBT				
일반응시자	530	71	700	340	65(level-2)	625
청각장애인	352	–	350	204	43(level-2)	375

※ 공인어학성적의 인정범위는 제1차 시험 응시원서 접수 마감일로부터 역산하여 5년이 되는 해의 1월 1일 이후(2022년 1월 1일 이후 실시된 시험으로 제1차 시험 시행 전날까지 성적이 발표된 시험에 한함)

※ 해당 외국어시험기관의 정기시험 성적만 인정하고, 정부기관 · 민간회사 · 학교 등에서 승진 · 연수 · 입사 · 입학 · 졸업 등의 특정목적으로 실시하는 수시 또는 특별시험은 인정하지 않음

합격자 결정

구 분	합격기준
제1차 시험	영어과목을 제외한 나머지 과목에서 과목당 100점을 만점으로 하여 각 과목의 점수가 40점 이상이고, 전 과목 평균점수가 60점 이상인 사람
제2차 시험	과목당 100점을 만점으로 하여 각 과목의 점수가 40점 이상이고, 전 과목 평균점수가 60점 이상인 사람으로 하되, 각 과목의 점수가 40점 이상이고, 전 과목 평균점수가 60점 이상인 사람의 수가 최소합격인원보다 적은 경우에는 최소합격인원의 범위에서 모든 과목의 점수가 40점 이상인 사람 중에서 전 과목 평균점수가 높은 순서로 합격자를 결정

2023년도 제60회 1차 시험 전체 통계

대 상	응 시	결 시	응시율	합 격	합격률
16,817명	13,768명	3,049명	81.86%	2,164명	15.72%

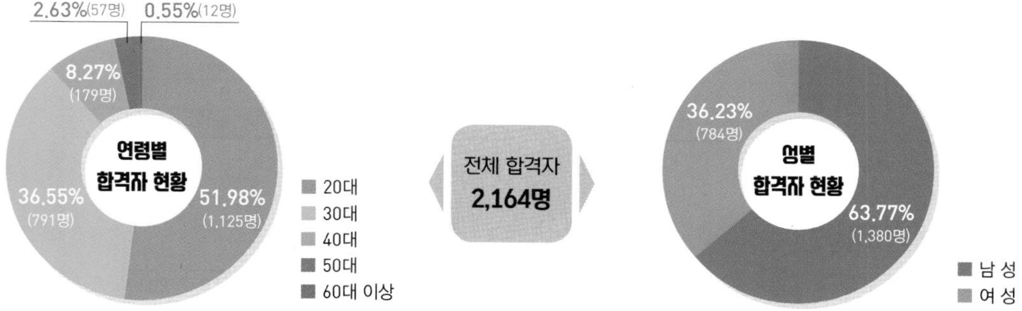

제1차 시험 세법학개론 8개년 통계

과목명	구 분	응시자수	평균점수	과락자수	과락률
세법학개론	2023년도 제60회	13,768명	31.85점	9,927명	72.1%
	2022년도 제59회	12,554명	43.99점	4,798명	38.22%
	2021년도 제58회	10,348명	39.52점	5,313명	51.34%
	2020년도 제57회	9,506명	42.27점	4,261명	44.82%
	2019년도 제56회	8,713명	44.96점	3,269명	37.52%
	2018년도 제55회	8,971명	47.43점	2,961명	33.00%
	2017년도 제54회	8,937명	42.07점	3,866명	43.26%
	2016년도 제53회	9,327명	40.80점	4,248명	45.55%

출제 포인트

국세기본법

출제 포인트	2023	2022	2021	2020	2019	2018	2017	2016	합 계
총 칙	0	0	1	1	0	0	0	1	3
국세부과의 원칙과 세법 적용의 원칙	0	0	0	0	0	0	2	0	2
납세의무	2	0	1	2	2	1	1	1	10
국세와 일반채권과의 관계	0	0	2	0	1	1	0	0	4
과 세	0	0	0	0	0	1	1	1	3
국세환급금과 국세환급가산금	1	1	0	0	0	0	1	1	4
심사와 심판	1	1	0	0	0	1	1	0	4
납세자의 권리	0	2	0	1	1	0	1	1	6
보 칙	1	0	0	0	0	0	0	0	1
벌 칙	0	0	0	0	0	0	0	0	0
합 계	5	4	4	4	4	4	7	5	37

국세징수법

출제 포인트	2023	2022	2021	2020	2019	2018	2017	2016	합 계
총 칙	0	0	1	1	1	0	0	0	3
징 수	2	1	0	2	0	1	0	2	8
체납처분	1	3	2	1	3	3	2	1	16
보 칙	0	0	1	0	0	0	0	0	1
합 계	3	4	4	4	4	4	2	3	28

조세범처벌법

출제 포인트	2023	2022	2021	2020	2019	2018	2017	2016	합 계
조세범처벌법	2	2	2	2	2	2	2	2	16

소득세법

출제 포인트	2023	2022	2021	2020	2019	2018	2017	2016	합 계
소득세 총설	0	1	0	0	1	1	1	0	4
금융소득	2	1	2	1	1	0	2	1	10
사업소득	0	1	1	2	2	1	0	1	8
근로, 연금, 기타소득	2	1	3	3	2	2	2	3	18
종합소득금액 계산 특례	0	0	2	1	1	1	0	1	6
종합소득 과세표준	0	0	0	0	0	1	0	0	1
종합소득세액	0	1	1	1	0	2	1	0	6
퇴직소득세	0	1	0	1	0	0	0	1	3
양도소득세	3	2	1	1	2	2	3	2	16
소득세의 신고와 납부	3	2	0	0	1	0	0	1	7
동업기업과세특례	0	0	0	0	0	0	0	0	0
비거주자/외국법인	0	0	0	0	0	0	0	0	0
합 계	10	10	10	10	10	10	9	10	79

법인세법

출제 포인트	2023	2022	2021	2020	2019	2018	2017	2016	합 계
법인세 총설	0	1	0	0	0	1	0	1	3
세무조정과 소득처분	2	0	0	1	0	1	2	1	7
익금의 범위	1	1	1	1	0	1	1	0	6
의제배당 등	0	1	0	0	1	0	1	0	3
손금의 범위	0	1	2	1	0	0	1	1	6
기업업무추진비와 기부금	1	1	1	2	1	0	2	0	8
감가상각비	1	1	0	1	1	2	0	1	7
지급이자	1	0	1	1	0	0	0	0	3
손익의 귀속시기	0	0	0	0	2	1	0	2	5
자산의 취득과 평가	0	1	1	2	1	1	0	0	6
퇴직급여충당금	0	0	0	0	0	0	0	0	0
대손충당금	0	0	0	0	1	0	0	0	1
일시상각충당금과 준비금	0	0	0	0	0	0	0	0	0
부당행위계산의 부인	1	0	0	0	1	0	1	0	3
과세표준과 세액	1	1	3	0	0	1	1	2	9
법인세 신고와 납부	1	1	0	0	0	2	0	1	5
기업구조개편거래	0	1	1	1	1	0	0	0	4
연결납세제도	0	0	0	0	1	0	0	0	1
그 밖의 법인세	1	0	0	0	0	0	1	1	3
합 계	10	10	10	10	10	10	10	10	80

부가가치세법

출제 포인트	2023	2022	2021	2020	2019	2018	2017	2016	합 계
부가가치세 총설	1	1	1	0	1	1	0	0	5
과세거래	1	2	1	2	3	1	1	2	13
영세율과 면세	1	1	1	0	1	0	1	1	6
세금계산서와 영수증	1	1	0	1	0	1	1	0	5
과세표준과 매출세액	1	1	4	3	1	1	3	2	16
매입세액과 차가감납부세액	2	2	0	1	0	0	2	2	9
겸영사업자의 세액계산	0	0	0	0	0	0	0	0	0
부가가치세 신고와 납부	0	0	1	1	1	2	0	1	6
간이과세	1	0	0	0	1	2	0	0	4
합 계	8	8	8	8	8	8	8	8	64

국제조세조정에 관한 법률

출제 포인트	2023	2022	2021	2020	2019	2018	2017	2016	합 계
총 칙	0	0	1	0	0	0	0	0	1
국제거래에 관한 조세의 조정	1	2	0	2	1	1	1	2	10
국가 간 조세 행정 협조	1	0	0	0	1	1	1	0	4
해외자산의 신고 및 자료 제출	0	0	1	0	0	0	0	0	1
글로벌최저한세의 과세	0	0	0	0	0	0	0	0	0
벌 칙	0	0	0	0	0	0	0	0	0
합 계	2	2	2	2	2	2	2	2	16

저자의 합격수기

시작하면서

예술고등학교를 졸업하고 대학에서 피아노를 전공했던 제가 회계사란 꿈을 가지게 된 건 2011년, 본격적으로 세무사를 준비한 것은 2013년 2월 회계사 시험에 불합격한 뒤였습니다. 세무사만 준비했던 수험생이 아니었기 때문에 이렇게 합격수기를 쓴다는 것이 조금은 부끄럽지만, 한 달 반 정도 남겨놓은 짧은 시점에서 1차를 합격하기 위한 정리방법, 그리고 경영학도나 경제학도가 아닌 타과 출신의 수험생에게도 힘이 되었으면 하는 마음에 글을 쓰게 되었습니다. 지금 생각해 보면 그 당시 회계사 시험에 떨어졌던 것은 당연한 것 같습니다. 시험에 합격하기 위해서는 시험 전 마지막 한 달에서 약 한 달 반을 어떻게 정리하느냐가 가장 중요할 수 있는데, 회계사 시험을 치르기 전에는 정리할 수 있는 시간이 한 2주 정도 밖에 없었던 지라 조바심과 불안감이 많이 차지했었기 때문입니다. 한 가지의 공부방법이 모든 사람에게 맞는 것은 아니기에 제 방법이 절대적이라고 말씀드릴 수는 없지만, 제가 동차로 합격할 수 있었던 2013년의 기억을 떠올리면서, 부디 제 합격수기가 여러분의 수험생활을 조금이나마 짧게 하는 데 도움이 되었으면 합니다.

공부방법

❶ 상 법

하루에 1시간에서 1시간 30분 정도 볼 수 있게 **일주일 단위로 회사법의 분량을 나누고, 1회독이 끝난 다음 날은 모의고사를** 풀었습니다. 모의고사 오답을 정리하면서 시험 전날 꼭 봐야 할 부분들과 아닌 부분들이 정확하게 나누어지기 시작했습니다. 저의 공부스타일은 입으로 암기하기 보다는, 반복해서 보고 눈에 문구를 익혀 두는 방법을 주로 사용하였습니다. 시험 전날에는 전범위를 정독할 수 없기 때문에 **모의고사 오답을 정리하면서 시험 전날 꼭 봐야 할 부분들을 확인**하고, 비교적 자세하게 나와있는 **차례를 처음부터 보면서, 이 챕터에 어떤 내용이 있었는지 머릿속으로 연상**해 보았습니다.

❷ 재정학

재정학의 경우, 회계사 시험에는 없는 과목이기 때문에 하루에 6시간 정도 배정하였습니다. 한 번에 모든 것을 끝내야 했기 때문에, 한 번을 보더라도 여러 번 읽은 것과 같은 효과를 낼 수 있는 방법이 무엇일까 고민한 결과, 저의 재정학 공부순서는 다음과 같았습니다. **오늘 들을 강의 부분에 해당하는 교재 내용을 먼저 읽어보고 문제 풀기**(문제 풀 때 아리송한 문제는 바로 표시해두고 문제풀이에 너무 많은 시간을 배치하지 말 것) ➡ **강의 듣기** ➡ **나만의 서브노트 만들기**(강의 필기 내용 + 교과서에 있는 내용까지 모두 필기, 노트의 한 쪽은 비우고, 한 쪽만 작성, 빈페이지에는 표나 그래프를 암기할 수 있는 공간으로 활용) ➡ **강의 후 문제 다시 풀기**(문제 2회독 효과) ➡ **일주일의 마지막 날은 일주일치 서브노트를 반복해서 학습**, 매일 약 6시간 총 1달 반 정도의 시간이 걸렸으며, 각 일일특강 때마다 저는 제 서브노트를 함께 들고 가서 강사님께서 중요하다고 표시해주는 것을 제 서브노트에 별도로 표기하였고, 반복해서 보았습니다. 서브노트의 분량은 조금 두꺼운 중고노트로 3권의 분량이 나왔으며, 시험 전날 이 서브노트 전체를 보는 시간은 약 40분 정도였습니다.

❸ 세 법

세법의 경우 범위가 광범위하여, 각 법령별로 제대로 학습된 법령도 있었고, 덜된 법령도 있었기 때문에 스스로 느끼기에 다른 과목에 비해 준비가 조금 부족하다고 느껴졌었습니다. 따라서 2차 시험 때 세법학과 세무회계에 많은 시간을 투자할 수 밖에 없었고, 시간 싸움이 중요한 1차 시험에서 계산문제를 여러 번 다시 풀면서 긴장했던 순간이 아직도 기

억에 많이 남아 있습니다. 세무사 시험의 경우 폰트가 조금 큰 편인데, 이 때문에 다른 과목에 비해 세법의 지문이 길게 느껴지기도 했습니다. 2차 준비에 앞서 제가 풀었던 2013년 시험지를 분석해 보았는데, 정확히 공부한 단원과 아닌 단원에서 정답률의 차이가 많이 나는 것을 확인하였습니다. **시험에 출제된 문구를 상세하게 보고, 객관식 세법 문제집을 풀면서 각 지문마다 왜 틀렸는지, 어디가 틀렸는지 꼼꼼하게 적어놓았던 챕터의 경우에는 정답률이 높았고**, 준비가 부족했던 챕터는 확실히 정답률이 매우 낮았습니다. 이 때문에 2차 시험에서 세법학과 세무회계에 다른 수험생보다 시간을 조금 더 많이 투자하는 계기가 되었고, 세법학의 경우에는 제가 2차 시험장에서 쓸 것들을 최소한으로 하더라도 모든 법령 전범위를 공부하였습니다.

❹ 회계학개론

회계학개론은 재무회계와 원가관리회계로 나누어 출제됩니다. 먼저 회계학개론의 경우는 **서브노트를 만들기 보다는 문제와 기준서 내용이 함께 있는 책 한 권에 모든 것을 축약**해 놓았습니다. 이때 기출문제와 기준서가 요약되어 있는 책을 활용하였으며, **계산문제의 경우 같은 방법으로 풀 수 있게** 하였고, 제가 시험장에서 이 **문제를 접했을 때 풀어갈 순서대로 저만의 풀이식을 기록**해 놓았습니다. 그리고 **심화문제나 어려웠던 문제도 함께 기록**해 놓았습니다. 마지막으로 시험 하루 전날에는 풀이식 순서가 헷갈리는 문제나, 기준서 내용이 헷갈렸던 문제를 보았습니다. 이 책은 세무사 2차 시험 중 재무회계 시험에도 매우 유용하게 쓰였습니다. 1차 시험이 끝나고 동차 GS를 등록하여 다녔었는데, 재무회계 모의고사를 보기 전에 정리해 놓은 이 책을 활용하여 정리한 뒤, 매주 모의고사를 응시했습니다. 그 결과 세법학과 세무회계에 필요한 시간을 좀 더 확보할 수 있었습니다. 원가관리회계는 상대적으로 암기량이 적게 느껴졌던 원가회계에 좀 더 집중하였습니다. 기출문제 위주로 문제에 대한 감과 풀이속도를 유지하기 위해 꾸준하게 풀었으나, 많은 시간을 투자하지는 않았습니다.

마치면서

세무사 시험에 합격했던 2013년이 저에게는 어느 때보다 가장 힘들고 절박했던 시간이었습니다. 수험생활과 학생들의 레슨을 함께 병행하면서 수험 준비를 했었는데, 당시 제가 가르치던 학생들이 중요한 입시를 앞두고 있었기 때문에, 수험생활과 제 학생들 둘 중 어느 하나도 포기할 수 없었던 상황이었습니다. 그 당시 저를 가장 버티게 해주었던 것은 **"남들보다 부족한 시간이라면, 똑같은 1시간을 공부하더라도 저는 그 이상을 공부하는 효과를 낼 수 있도록 공부하다면 승산이 있다"**고 늘 암시를 걸었습니다. 이러한 긍정적인 생각은 수험공부를 하는 데 있어서 조바심을 내지 않도록 해주었습니다. 합격을 좌우한 또 다른 한 가지는 세무사 **시험 한두 달 전에 1차 시험과목을 어느 정도 반복해서 학습할 수 있는 준비가 되어있었다는** 것입니다. 특히 세무사 시험의 경우 80분에 80문항을 모두 풀고, OMR카드 작성까지 마무리 지어야 하므로, 기계적으로 문제를 풀어낼 수 있는 능력이 중요한 것 같습니다. 또한 저의 경우, 세무사 1차 시험 전에 시험의 감을 유지하기 위하여 학원 모의고사를 모두 응시하고, 모의고사 하루 전날을 마치 시험 전날처럼 공부를 하였었는데, 매번 합격권 안의 점수가 나왔습니다. 모의고사가 실제 출제경향과 다르게 출제되는 경향도 있지만, 합격권의 점수가 나오면 자신감이 생깁니다. 물론 저 또한 '실제시험이 아니잖아'란 생각이 들기도 했지만, 시험장에서 떨리는 마음을 진정시키기에는 충분했습니다. **반복하여 할 수 있는 시간을 충분히 남겨두시고, 기출문제나 모의고사를 통해 세무사 1차 시험날 최상의 컨디션을 유지할 수 있도록 하시기 바랍니다.** 남은 수험기간 건강관리 잘하시고, 늘 긍정적인 마인드로 자신감 있게 시험에 임하여 합격의 기쁨을 누리시기를 기원합니다. 감사합니다.

세무사 송지은

이 책의 목차

PART 1 세무사 1차 세법학개론 기출문제

PART 2 세무사 1차 세법학개론 정답 및 해설

PART 1

기출문제

2023년(제60회) 기출문제
2022년(제59회) 기출문제
2021년(제58회) 기출문제
2020년(제57회) 기출문제
2019년(제56회) 기출문제
2018년(제55회) 기출문제
2017년(제54회) 기출문제
2016년(제53회) 기출문제

지식에 대한 투자가 가장 이윤이 많이 남는 법이다.

– 벤자민 프랭클린 –

2023년도 제60회
세무사 1차 국가자격시험 문제지

교시	시험과목	시험시간	문제형별
1교시	1 재정학 2 세법학개론	80분	**A**

수험번호		성 명	

【 수험자 유의사항 】

1. 시험문제지는 **단일 형별(A형)**이며, 답안카드는 형별 기재란에 표시된 형별(A형)을 확인하시기 바랍니다. 시험문제지의 **총면수, 문제번호 일련순서, 인쇄상태** 등을 확인하시고, 문제지 표지에 수험번호와 성명을 기재하시기 바랍니다.

2. 답은 각 문제마다 요구하는 **가장 적합하거나 가까운 답 1개**만 선택하고, 답안카드 작성 시 시험문제지 **마킹착오**로 인한 불이익은 전적으로 **수험자에게 책임**이 있음을 알려 드립니다.

3. 답안카드는 국가전문자격 공통 표준형으로 문제번호가 1번부터 125번까지 인쇄되어 있습니다. 답안 마킹 시에는 반드시 **시험문제지의 문제번호와 동일한 번호**에 마킹하여야 합니다.

4. **감독위원의 지시에 불응하거나 시험시간 종료 후 답안카드를 제출하지 않을 경우** 불이익이 발생할 수 있음을 알려 드립니다.

5. 시험문제지는 시험 종료 후 가져가시기 바랍니다.

세법학개론

41 **〈국세기본법〉 국세기본법령상 납세의무가 성립하는 때에 특별한 절차 없이 그 세액이 확정되는 국세가 아닌 것은?**

① 인지세
② 원천징수하는 소득세 또는 법인세
③ 납세조합이 징수하는 소득세
④ 중간예납하는 법인세(세법에 따라 정부가 조사・결정하는 경우로 한정한다)
⑤ 원천징수 등 납부지연가산세(납부고지서에 따른 납부기한 후의 가산세로 한정한다)

42 **〈국세징수법〉 국세징수법령상 고액・상습체납자에 대하여 행할 수 있는 사항으로 옳지 않은 것은?**

① 관할 세무서장은 체납 발생일부터 1년이 지난 국세의 합계액이 2억원 이상인 경우에 체납자의 수입물품에 대한 강제징수를 세관장에게 위탁할 수 있다.
② 국세청장은 체납 발생일부터 1년이 지난 국세의 합계액이 2억원 이상인 경우에 체납자의 인적사항 및 체납액 등을 공개할 수 있으나 체납된 국세와 관련하여 심판청구가 계속 중인 경우에는 공개할 수 없다.
③ 국세청장은 체납 발생일부터 1년이 지난 국세의 합계액이 2억원 이상인 경우에 체납자의 주소 또는 거소를 관할하는 지방검찰청 또는 지청의 검사에게 체납자의 감치(監置)를 신청할 수 있다.
④ 법원의 결정으로 30일의 범위에서 체납된 국세가 납부될 때까지 체납자를 감치(監置)에 처할 수 있으며 감치의 집행 중에 체납된 국세를 납부한 경우 감치집행을 종료하여야 한다.
⑤ 국세청장은 정당한 사유 없이 5천만원 이상의 국세를 체납한 자 중 명단이 공개된 고액・상습체납자로서 관할 세무서장이 압류・공매, 담보 제공, 보증인의 납세보증서 등으로 조세채권을 확보할 수 없고, 강제징수를 회피할 우려가 있다고 인정하는 사람에 대하여 법무부장관에게 출국금지를 요청하여야 한다.

43 〈국세기본법, 소득세법〉 국세기본법 및 소득세법상 납세의무의 승계와 연대납세의무에 관한 설명으로 옳지 않은 것은?

① 법인이 분할되거나 분할합병된 후 분할되는 법인이 존속하는 경우 분할법인, 분할신설법인 및 분할합병의 상대방 법인은 분할등기일 이후에 분할법인에 부과되거나 납세의무가 성립한 국세 및 강제징수비에 대하여 연대하여 납부할 의무가 있다.

② 법인이 「채무자 회생 및 파산에 관한 법률」 제215조에 따라 신회사를 설립하는 경우 기존의 법인에 부과되거나 납세의무가 성립한 국세 및 강제징수비는 신회사가 연대하여 납부할 의무를 진다.

③ 법인이 합병한 경우 합병 후 존속하는 법인 또는 합병으로 설립된 법인은 합병으로 소멸된 법인에 부과되거나 그 법인이 납부할 국세 및 강제징수비를 납부할 의무를 진다.

④ 「소득세법」상 공동사업자는 해당 공동사업자별로 납세의무를 지나 주된 공동사업자에게 합산과세되는 경우에는 주된 공동사업자의 특수관계인은 손익분배비율에 해당하는 그의 소득금액을 한도로 주된 공동사업자와 연대하여 납세의무를 진다.

⑤ 법인이 분할 또는 분할합병한 후 소멸하는 경우 분할신설법인, 분할합병의 상대방 법인은 분할법인에 부과되거나 분할법인이 납부하여야 할 국세 및 강제징수비에 대하여 분할로 승계된 재산가액을 한도로 연대하여 납부할 의무가 있다.

44 〈국세기본법〉 국세기본법상 심사청구에 관한 설명으로 옳지 않은 것은?

① 국세청장은 국세심사위원회 의결이 법령에 명백히 위반된다고 판단하는 경우 구체적인 사유를 적어 서면으로 국세심사위원회로 하여금 한 차례에 한정하여 다시 심의할 것을 요청할 수 있다.

② 심사청구는 천재 등으로 인한 기한의 연장사유에 해당되어 정한 기간에 심사청구를 할 수 없을 때에는 그 사유가 소멸한 날부터 14일 이내에 심사청구를 할 수 있다.

③ 심사청구의 보정요구를 받은 심사청구인은 보정할 사항을 서면으로 작성하여 국세청장에게 제출하거나, 국세청에 출석하여 보정할 사항을 말하고 그 말한 내용을 국세청 소속 공무원이 기록한 서면에 서명 또는 날인함으로써 보정할 수 있다.

④ 심사청구인은 송부받은 의견서에 대하여 항변하기 위하여 국세청장에게 증거서류나 증거물을 제출할 수 있으며, 국세청장이 요구하는 경우 정한 기한까지 해당 증거서류 또는 증거물을 제출하여야 한다.

⑤ 심사청구의 대상이 되는 처분으로 권리나 이익을 침해당하지 않는 경우에는 그 심사청구가 이유 없다고 인정되므로 청구인의 주장을 받아들이지 아니하는 기각결정을 한다.

45 〈국세징수법〉 국세징수법상 압류한 재산을 수의계약으로 매각할 수 있는 경우가 아닌 것은?

① 공매가 공익을 위하여 적절하지 아니한 경우
② 제1회 공매 후 1년간 5회 이상 공매하여도 매각되지 아니한 경우
③ 부패·변질 또는 감량되기 쉬운 재산으로서 속히 매각하지 아니하면 그 재산가액이 줄어들 우려가 있는 경우
④ 압류한 재산의 추산가격이 1천만원 미만인 경우
⑤ 수의계약으로 매각하지 아니하면 매각대금이 체납된 세액 이하가 될 것으로 예상되는 경우

46 〈국세징수법〉 국세징수법상 압류에 관한 설명으로 옳지 않은 것은?

① 납부기한 전 징수에 따라 납부고지를 받고 단축된 기한까지 국세를 완납하지 아니한 경우에는 독촉 없이 압류한다.
② 채권 압류의 효력은 채권 압류 통지서가 체납자에게 송달된 때에 발생한다.
③ 체납자 또는 제3자가 압류재산의 사용 또는 수익을 하는 경우 그 재산의 매각으로 인하여 권리를 이전하기 전까지 이미 거두어들인 천연과실에 대해서는 압류의 효력이 미치지 아니한다.
④ 세무공무원은 제3자가 제3자의 주거에 체납자의 재산을 감춘 혐의가 있다고 인정되는 경우 제3자의 주거를 수색할 수 있고, 해당 주거의 폐쇄된 문·금고를 직접 열 수 있다.
⑤ 관할 세무서장은 체납자가 국가의 재산을 매수한 경우 소유권 이전 전이라도 그 재산에 관한 체납자의 국가에 대한 권리를 압류한다.

47 〈국세징수법〉 국세징수법령상 납부기한의 연장과 납부고지의 유예에 관한 설명으로 옳지 않은 것은?

① 납세자가 납부기한의 만료일 10일 전까지 납부기한 연장 신청을 하였으나 관할 세무서장이 그 신청일부터 10일 이내에 승인 여부를 통지하지 아니한 경우에는 신청일부터 10일이 되는 날에 그 신청을 승인한 것으로 본다.
② 납세자가 도난으로 재산에 심한 손실을 입은 경우는 납부기한의 연장사유에 해당하나 「세무사법」에 따라 납세자의 장부 작성을 대행하는 세무사가 해당 납세자의 장부를 도난당한 경우는 해당하지 아니한다.
③ 관할 세무서장은 납부고지의 유예를 신청받은 경우 납부고지 예정인 국세의 납부하여야 할 기한의 만료일까지 납세자에게 납부고지 유예의 승인 여부를 통지하여야 한다.
④ 관할 세무서장은 납부기한의 연장을 하는 경우 그 연장과 관계되는 금액에 상당하는 납세담보의 제공을 요구할 수 있으나 납세자가 재난 또는 도난으로 재산에 심한 손실을 입은 경우에는 그러하지 아니하다.
⑤ 관할 세무서장은 납부고지의 유예를 한 후 해당 납세자인 법인의 해산으로 그 유예한 기한까지 유예와 관계되는 국세의 전액을 징수할 수 없다고 인정되는 경우 그 납부고지의 유예를 취소하고 유예와 관계되는 국세를 한꺼번에 징수할 수 있다.

48 **〈조세범처벌법〉 조세범처벌법상 1년 이하의 징역 또는 공급가액에 부가가치세의 세율을 적용하여 계산한 세액의 2배 이하에 상당하는 벌금에 처하는 범칙행위는 모두 몇 개인가?**

> ○ 「부가가치세법」에 따라 세금계산서를 발급하여야 할 자가 세금계산서를 발급하지 아니하거나 거짓으로 기재하여 발급한 행위
> ○ 「소득세법」 또는 「법인세법」 에 따라 매출처별 계산서합계표를 제출하여야 할 자가 매출처별 계산서합계표를 거짓으로 기재하여 제출한 행위
> ○ 재화 또는 용역을 공급하지 아니하거나 공급받지 아니하고 「부가가치세법」에 따른 세금계산서를 발급하거나 발급받은 행위
> ○ 재화 또는 용역을 공급하지 아니하거나 공급받지 아니하고 「소득세법」 및 「법인세법」에 따른 매출·매입처별 계산서합계표를 거짓으로 기재하여 제출한 행위
> ○ 「소득세법」 또는 「법인세법」에 따라 계산서를 발급받아야 할 자가 통정하여 계산서를 발급받지 아니하거나 거짓으로 기재한 계산서를 발급받은 행위
> ○ 「부가가치세법」에 따라 매입처별 세금계산서합계표를 제출하여야 할 자가 통정하여 매입처별 세금계산서합계표를 거짓으로 기재하여 제출한 행위

① 2개
② 3개
③ 4개
④ 5개
⑤ 6개

49 **〈국세기본법〉 국세기본법령상 국세환급금과 국세환급가산금에 관한 설명으로 옳지 않은 것은?**

① 국세환급금을 충당할 경우에는 체납된 국세 및 강제징수비에 우선 충당해야 하므로 납세자가 납부고지에 따라 납부하는 국세에 충당하는 것을 신청한 경우에도 체납된 국세 및 강제징수비에 우선 충당해야 한다.

② 원천징수의무자가 원천징수하여 납부한 세액에서 환급받을 환급세액이 있는 경우 그 원천징수의무자가 그 환급액을 즉시 환급해 줄 것을 요구하는 경우에는 즉시 환급한다.

③ 국세환급금의 소멸시효는 세무서장이 납세자의 환급청구를 촉구하기 위하여 납세자에게 하는 환급청구의 안내·통지 등으로 인하여 중단되지 아니한다.

④ 세무서장은 국세환급금에 관한 권리의 양도 요구가 있는 경우에 양도인 또는 양수인이 납부할 국세 및 강제징수비가 있으면 그 국세 및 강제징수비에 충당하고, 남은 금액에 대해서는 양도의 요구에 지체 없이 따라야 한다.

⑤ 납세자가 상속세를 물납한 후 그 부과의 전부 또는 일부를 취소하거나 감액하는 경정 결정에 따라 환급하는 경우에는 해당 물납재산으로 환급하여야 한다. 이 경우 국세환급가산금은 지급하지 아니한다.

50 **〈조세범처벌법〉 조세범처벌법에 관한 설명으로 옳지 않은 것은?**

① 납세의무자로 하여금 과세표준의 신고(신고의 수정을 포함)를 하지 아니하게 하거나 거짓으로 신고하게 한 자 또는 조세의 징수나 납부를 하지 않을 것을 선동하거나 교사한 자는 1년 이하의 징역 또는 1천만원 이하의 벌금에 처한다.

② 사기나 그 밖의 부정한 행위로써 조세를 포탈하거나 조세의 환급·공제를 받은 자에 대해서는 정상(情狀)에 따라 징역형과 벌금형을 병과할 수 있다.

③ 「조세범처벌법」에 따른 범칙행위에 대해서는 국세청장, 지방국세청장 또는 세무서장의 고발이 없으면 검사는 공소를 제기할 수 없다.

④ 이중장부의 작성 등 장부의 거짓 기장으로 조세를 포탈하거나 조세의 환급·공제받는 범칙행위를 한 자에 대해서는 「형법」 제38조 제1항 제2호 중 벌금경합에 관한 제한 가중규정을 적용하지 아니한다.

⑤ 조세를 포탈하기 위한 증거인멸의 목적으로 세법에서 비치하도록 하는 장부 또는 증빙서류를 해당 국세의 법정신고기한이 지난 날부터 7년 이내에 소각·파기 또는 은닉한 자는 2년 이하의 징역 또는 2천만원 이하의 벌금에 처한다.

51 **〈소득세법〉 소득세법령상 이자소득에 포함되지 않는 것은?**

① 국가가 발행한 채권으로서 그 원금이 물가에 연동되는 채권의 경우 해당 채권의 원금 증가분

② 국외에서 받는 예금의 이자

③ 「신용협동조합법」에 따른 조합이 환매기간에 따른 사전약정이율을 적용하여 환매수 하는 조건으로 매매하는 증권의 매매차익

④ 국채를 공개시장에서 통합 발행하는 경우 그 매각가액과 액면가액과의 차액

⑤ 국가가 발행한 채권이 원금과 이자가 분리되는 경우 원금에 해당하는 채권의 할인액

52 **〈소득세법〉 B세무서장이 그 관할지역에 납세지를 두고 있는 (주)A의 법인소득금액을 경정하면서 주주인 거주자 甲을 귀속자로 하는 배당소득처분을 하고자 한다. 그에 관한 설명으로 옳지 않은 것은?**

① 처분되는 배당소득은 B세무서장이 경정일로부터 15일내에 소득금액변동통지서에 따라 (주)A에 통지해야 한다.

② (주)A에게 소득금액변동통지서를 송달할 수 없는 경우에는 甲에게 통지해야 한다.

③ (주)A가 소득금액변동통지서에 따라 통지를 받은 경우 (주)A는 그 소득금액변동통지의 취소를 구하는 행정심판을 제기할 수 있다.

④ B세무서장이 (주)A에게 소득금액변동통지서를 통지한 경우 통지하였다는 사실을 甲에게 알려야 한다.

⑤ (주)A에게 소득금액변동통지서를 통지한 경우 그 통지하였다는 사실을 甲에게 알릴 때에는 알리는 내용에 소득금액 변동내용을 포함하여야 한다.

53 **〈소득세법〉 소득세법령상 원천징수시기에 관한 설명으로 옳지 않은 것은?**

① 무기명주식의 이익이나 배당에 대하여는 그 지급을 한 날 소득세를 원천징수한다.

② 출자공동사업자의 배당소득으로서 과세기간 종료일까지 지급하지 아니한 소득은 과세기간 종료일에 그 소득을 지급한 것으로 보아 소득세를 원천징수한다.

③ 원천징수의무자가 12월분의 근로소득을 다음 연도 2월 말일까지 지급하지 아니한 경우에는 그 근로소득을 다음 연도 2월 말일에 지급한 것으로 보아 소득세를 원천징수 한다.

④ 퇴직소득을 지급하여야 할 원천징수의무자가 1월부터 11월까지의 사이에 퇴직한 사람의 퇴직소득을 해당 과세기간의 12월 31일까지 지급하지 아니한 경우에는 그 퇴직소득을 12월 31일에 지급한 것으로 보아 소득세를 원천징수한다.(공적연금 관련법에 따라 받는 일시금 아님)

⑤ 법인세 과세표준을 신고하면서 법인세법에 따라 처분되는 기타소득에 대하여는 신고일 또는 수정신고일에 그 기타소득을 지급한 것으로 보아 소득세를 원천징수한다.

54 **〈소득세법〉 소득세법령상 기타소득에 관한 설명으로 옳지 않은 것은? (서화 · 골동품의 양도로 발생하는 소득은 고려하지 아니함)**

① 이자소득 · 배당소득 · 사업소득 · 근로소득 · 연금소득 · 퇴직소득 및 양도소득 외의 소득이어야 한다.

② 노동조합업무종사자로서 근로시간면제자가 「노동조합 및 노동관계 조정법」상의 근로시간면제한도를 초과하는 범위에서 지급받는 급여는 기타소득에 해당한다.

③ 특정 소득이 기타소득으로 법령에 열거된 것 중 어떤 소득에 해당하는지 여부는 기타소득금액에 영향을 미치지 아니한다.

④ 뇌물은 위법소득이지만 기타소득으로 과세된다.

⑤ 종교인소득에 대하여 근로소득으로 원천징수한 경우에는 해당소득을 근로소득으로 본다.

55 **〈소득세법〉 거주자 甲이 양도한 자산에 관한 다음 자료에 따른 자산별 양도차익은? (단, 주어진 자료 외의 다른 사항은 고려하지 않음)**

(단위 : 원)

구 분		주택(미등기)	토 지
취득일		2015. 5. 30.	2020. 4. 19.
양도일		2024. 7. 20.	2024. 9. 10.
취득당시	실지거래가액	−	−
	매매사례가액	287,000,000	−
	감정가액	280,000,000	−
	기준시가	180,000,000	30,000,000
양도당시	실지거래가액	500,000,000	−
	매매사례가액	410,000,000	50,000,000
	감정가액	400,000,000	−
	기준시가	300,000,000	60,000,000
자본적지출 · 양도비		8,000,000	3,000,000

① 주택 149,460,000원, 토지 22,000,000원

② 주택 199,460,000원, 토지 22,000,000원

③ 주택 199,460,000원, 토지 24,100,000원

④ 주택 207,600,000원, 토지 24,100,000원

⑤ 주택 212,460,000원, 토지 24,100,000원

56 〈소득세법〉 다음은 거주자 甲이 2024년 귀속 기타소득으로 신고하고자 하는 소득자료이다. 甲이 기타소득의 필요경비로서 공제가능한 최대의 금액은? (단, 각 소득은 사업소득에 해당하지 아니하며, 주어진 자료 외에는 고려하지 않음)

소득 내용	실제 소요된 경비
계약의 위약으로 인하여 받는 위약금 중 주택입주지체상금 6,000,000원	4,000,000원
고용관계 없이 일시적으로 다수인에게 강연을 하고 받은 강연료 3,000,000원(「소득세법」 제21조 제1항 제15호부터 제17호까지의 규정을 적용받지 아니함)	1,000,000원
사진에 속하는 창작품에 대한 원작자로서 창작품에 대하여 받는 대가 10,000,000원	7,000,000원
회화(국내 원작자 생존 중)의 양도로 받은 가액 80,000,000원	20,000,000원

① 12,800,000원
② 13,600,000원
③ 13,900,000원
④ 14,200,000원
⑤ 85,600,000원

57 〈소득세법〉 거주자 甲의 2024년 과세기간의 소득자료가 다음과 같을 때 종합소득 산출세액은?

(1) 은행예금이자 30,000,000원
(2) 비실명이자 4,000,000원
(3) 비영업대금이익 12,000,000원(온라인투자연계금융업자를 통하여 지급받은 이자소득 아님)
(4) 외국법인 배당 5,000,000원
(5) 사업소득금액 40,000,000원
종합소득공제는 9,000,000원이라고 가정하고, 기본세율의 일부는 다음과 같다.

종합소득과세표준	기본세율
1,400만원 이하	과세표준 × 6%
1,400만원 초과 5,000만원 이하	84만원 + (과세표준 − 1,400만원) × 15%
5,000만원 초과 8,800만원 이하	624만원 + (과세표준 − 5,000만원) × 24%

① 10,960,000원
② 11,290,000원
③ 11,920,000원
④ 12,290,000원
⑤ 13,090,000원

58 **〈소득세법〉 소득세법령상 양도소득과세표준 예정신고 및 결정·경정에 관한 설명으로 옳지 않은 것은?**

① 건물을 양도(부담부증여 아님)한 경우에는 그 양도일이 속하는 달의 말일부터 2개월 내에 예정신고를 하여야 한다.

② 법령상의 토지거래계약에 관한 허가구역에 있는 토지를 양도할 때 토지거래계약허가(허가를 받은 후 허가구역 지정이 해제됨)를 받기 전에 대금을 청산한 경우에는 그 허가일이 속하는 달의 말일부터 2개월 내에 예정신고를 하여야 한다.

③ 해당 과세기간에 누진세율의 적용대상 자산에 대한 예정신고를 2회 이상 하는 경우에는 이미 신고한 양도소득금액과 합산하여 신고하여야 한다.

④ 납세지 관할 세무서장 또는 지방국세청장은 예정신고를 하여야 할 자가 그 신고를 하지 아니한 경우에는 해당 거주자의 양도소득과세표준과 세액을 결정한다.

⑤ 건물을 부담부증여하는 경우 부담부증여의 채무액에 해당하는 부분으로서 양도로 보는 경우에는 그 양도일이 속하는 달의 말일부터 3개월 내에 예정신고를 하여야 한다.

59 **〈소득세법〉 다음은 거주자 甲의 2024년 귀속 소득 관련 내역이다. 종합과세할 甲의 배당소득금액은? (단, 모두 종합소득과세 여부 판정대상 소득이며, 원천징수는 적법하게 이루어졌음. 제시된 금액은 원천징수 전의 금액이며, 주어진 자료 외의 사항은 고려하지 않음)**

배당수령 내역 금액	금 액
ㄱ. 주권비상장법인으로부터의 금전배당	15,000,000원
ㄴ. 법인세법에 따라 처분된 배당소득	4,000,000원
ㄷ. 자기주식소각이익의 자본금 전입으로 취득한 신주의 액면가액(소각일로부터 2년 내 자본금전입)	8,000,000원
ㄹ. 외국법인으로부터 받은 배당소득	3,000,000원
ㅁ. 감자로 인한 의제배당	6,000,000원
ㅂ. 출자공동사업자의 배당소득	2,000,000원
ㅅ. 주식의 포괄적 교환차익을 재원으로 하는 자본잉여금의 자본금 전입으로 취득한 신주의 액면가액	1,000,000원
합 계	39,000,000원

① 39,600,000원
② 39,980,000원
③ 40,750,000원
④ 41,960,000원
⑤ 42,180,000원

60 **〈소득세법〉 소득세법령상 거주자 甲이 배우자 및 직계존비속이 아닌 특수관계인에게 2024. 3. 1.에 자산을 증여한 후 그 자산을 증여받은 자가 그 증여일부터 10년 이내에 다시 타인에게 양도한 경우에 관한 설명으로 옳은 것은?**

① 甲이 그 자산을 직접 양도한 것으로 보되, 특수관계인이 증여세를 납부한다는 점을 고려하여 양도차익 계산시 취득가액은 증여시의 가액으로 한다.

② 甲이 자산을 직접 양도한 것으로 보는 경우 그 양도소득에 대해서는 甲과 증여받은 자가 연대하여 납세의무를 진다.

③ 甲에게 양도소득세가 과세되는 경우에는 수증자가 당초 증여받은 자산에 대하여 납부한 증여세는 필요경비에 산입한다.

④ 양도소득이 수증자에게 실질적으로 귀속된 경우에도 甲이 그 자산을 직접 양도한 것으로 본다.

⑤ 특수관계인이 그 자산을 양도한 것으로 보되 양도차익 계산시 취득가액은 甲의 취득 당시 가액으로 한다.

61 **〈법인세법〉 법인세법령상 외국자회사 수입배당금액의 익금불산입에 관한 설명으로 옳은 것은?**

① 내국법인(법령에 따른 간접투자회사등을 포함한다)이 해당 법인이 출자한 외국자회사로부터 받은 수입배당금액은 각 사업연도의 소득금액을 계산할 때 익금에 산입하지 아니한다.

② 내국법인이 수입배당금을 익금불산입할 수 있는 외국자회사란 내국법인이 의결권 있는 발행주식총수의 100분의 1을 초과하여 출자하고 있는 외국법인을 말한다.

③ 「국제조세조정에 관한 법률」에 따라 특정외국법인의 유보소득에 대하여 내국법인이 배당받은 것으로 보는 금액에 대해서는 각 사업연도의 소득금액을 계산할 때 익금에 산입하지 아니한다.

④ 내국법인이 적격합병에 따라 다른 내국법인이 보유하고 있던 외국자회사의 주식 등을 승계받은 때에는 그 승계 전 다른 내국법인이 외국자회사의 주식 등을 취득한 때부터 해당 주식 등을 보유한 것으로 본다.

⑤ 혼성금융상품의 거래에 따라 내국법인이 지급받는 수입배당금액은 각 사업연도의 소득금액을 계산할 때 익금에 산입하지 않는다.

62 〈법인세법〉 법인세법령상 제조업을 영위하는 영리내국법인 (주)A는 2024.3.23.에 법인설립 등기를 하고 사업을 시작하였다. 제1기(2024.3.23.~12.31.) 사업연도 법인세 과세표준 및 세액의 신고를 위해 소득금액조정합계표를 작성하였으나, 신고 전 세무조정 사항에서 일부 오류가 발견되어 수정하고자 한다. 다음 자료를 반영하여 필요한 수정을 한 후의 올바른 제1기 사업연도 법인세 산출세액은? (단, (주)A는 중소기업이 아니며, 주어진 자료 이외에는 고려하지 않음. 계산 시 원미만은 절사함)

(1) 오류 수정 전 제1기 각 사업연도 소득금액은 304,000,000원이다.
(2) 오류 수정 전 제1기 소득금액조정합계표에는 다음 사항이 포함되어 있다.

세무조정 과목 및 금액	제1기 결산 상 회계처리	세무조정 내역
유형자산처분손실 4,000,000원	(차변) 미수금 20,000,000 유형자산처분손실 4,000,000 (대변) 토지 24,000,000	토지 양도 후 2024.12.30.에 소유권이전등기를 완료하였으나, 결산일 현재 대금청산이 되지 않아 처분손실을 손금불산입함
미수금 3,500,000원	(차변) 대손상각비 3,500,000 (대변) 미수금 3,500,000	2024.11.1.에 채무자의 부도가 발생한 채권에 대하여 결산상 대손처리한 금액을 손금불산입함
이자비용 1,000,000원	(차변) 이자비용 1,000,000 (대변) 현금 1,000,000	이자비용으로 계상한 전기요금 납부 지연 연체가산금 300,000원과 국민건강보험법에 따른 연체금 700,000원을 손금불산입함
장기할부매출채권 2,000,000원	(차변) 장기할부매출채권 40,000,000 매출원가 35,000,000 (대변) 장기할부매출 40,000,000 제품 35,000,000	장기할부매출(판매가격 40,000,000원, 원가 35,000,000원)로 인한 장기할부매출채권의 현재가치 평가를 결산상 누락했으므로 현재가치할인차금 상당액 2,000,000원을 익금불산입함
임대수익 1,500,000원	(차변) 미수임대료 1,500,000 (대변) 임대수익 1,500,000	창고임대료(임대료 지급기간 3년) 기간경과분을 결산상 수익 계상했으나, 결산일 현재 받지 못한 금액을 익금불산입함

① 39,611,333원
② 39,991,333원
③ 40,276,333원
④ 40,808,333원
⑤ 40,941,333원

63 〈법인세법〉 제조업을 영위하는 영리내국법인 (주)A의 제24기(2024.1.1.~12.31.)에 대한 자료가 다음과 같을 경우 법인세법령상 부당행위계산과 관련한 제24기 사업연도 익금산입 세무조정 금액은? (단, 계산 시 원 미만은 절사하며, 주어진 자료 이외에는 고려하지 않음)

(1) (주)A가 임원에게 업무와 관련없이 대여한 자금(가지급금) 내역 (단위 : 원)

구 분	금 액	대여일 및 대여기간	제23기 약정이자 수취액(결산상 이자수익 계상)
대표이사	50,000,000	2024.7.1.부터 1년	500,000
전무이사	40,000,000	2024.5.1.부터 2년	800,000
상무이사	30,000,000	2024.4.1.부터 7년	–

(2) (주)A의 제24기 사업연도 차입금

채권자	금액(원)	차입일 및 차입기간	연 이자율	비 고
B은행	50,000,000	2023.3.1.부터 1년	6%	
C은행	40,000,000	2023.1.1.부터 3년	3%	
(주)D	30,000,000	2023.10.1.부터 2년	4%	(주)A와 특수관계인에 해당됨

(3) 기획재정부령이 정하는 당좌대출이자율은 연 4.6%로 가정한다.

(4) 금전을 무상 또는 시가보다 낮은 이율로 대부한 경우에 적용하는 시가를 정하는 경우, 가중평균차입이자율의 적용이 불가능한 경우로서 기획재정부령으로 정하는 사유는 없는 것으로 가정한다. 또한 (주)A는 과세표준 신고 시 당좌대출이자율을 금전의 대여에 대한 시가로 선택하지 않았다.

(5) 1년은 365일로 가정한다.

① 934,246원
② 1,295,890원
③ 1,434,246원
④ 2,239,725원
⑤ 2,601,369원

64 **〈법인세법〉 영리내국법인 (주)A는 제조업을 영위하는 중소기업이다. (주)A의 제24기(2024.1.1.~10.31.) 사업연도에 대한 자료가 다음과 같을 경우 법인세법령상 기업업무추진비에 대한 손금불산입금액 중 기타사외유출로 소득처분되는 금액의 합계는? (단, 주어진 자료 이외에는 고려하지 않음)**

(1) 제24기 포괄손익계산서에 계상된 비용

항 목	금액(원)	내 역
복리후생비	3,000,000	(주)A의 직원이 조직한 조합(법인)에 지출한 복리시설비(세금계산서를 통해 지출 사실이 확인됨)
대손상각비	10,000,000	원활한 업무진행을 위해 객관적으로 정당한 사유없이 거래처(특수관계인 아님)와의 약정에 의하여 채권을 포기하고 이를 비용으로 계상한 금액
기업업무추진비	225,000,000	대표이사 자녀 결혼식 하객 식사비 15,000,000원 포함

(2) 상기 포괄손익계산서 상 기업업무추진비 225,000,000원은 모두 한 차례의 접대에 지출한 금액이 3만원을 초과하며, 지출증빙서류가 없는 귀속불분명 금액 5,000,000원과 영수증을 수취하고 지출한 금액 4,000,000원을 제외하고는 신용카드를 사용하여 지출하였다.

(3) 제24기 수입금액(기업회계기준에 따라 계산된 제조업 매출액)은 650억원(사업연도 중에 중단된 사업부문에서 발생한 매출액 200억원과 특수관계인과의 거래에서 발생한 수입금액 90억원을 포함)이다.

① 75,930,000원
② 80,930,000원
③ 89,930,000원
④ 90,930,000원
⑤ 100,930,000원

65 **〈법인세법〉 영리내국법인 (주)A는 제24기(2024.1.1.~12.31.) 사업연도 중에 보유 하던 토지 B의 50%를 양도하였다. 토지 B에 대한 자료가 다음과 같을 경우 해당 토지의 양도에 대한 제24기 사업연도의 법인세법령상 세무조정 내역 및 금액은? (단, 전기 이전의 세무조정은 적정하며, 주어진 자료 이외에는 고려하지 않음)**

(1) 제23기 사업연도 자본금과 적립금 조정명세서(乙) (단위 : 원)

①과목 또는 사항	②기초 잔액	당기 중 증감		⑤기말 잔액 (익 기초현재)
		③감소	④증가	
토지 B	7,000,000			7,000,000

(2) 토지 B의 양도에 대한 제24기 사업연도 결산상 회계처리

(차변)	현 금	70,000,000	(대변)	토 지	62,000,000
				유형자산처분이익	8,000,000

① 세무조정 없음
② 익금산입 1,000,000원
③ 익금산입 4,500,000원
④ 익금불산입 3,500,000원
⑤ 익금불산입 7,000,000원

66 〈법인세법〉 다음은 법인세법령상 중소기업에 해당하는 영리내국법인 (주)A의 제24기(2024.1.1.~12.31.) 사업연도에 대한 자료이다. 제24기 사업연도의 법인세 과세표준 및 세액조정계산서에 들어갈 기부금한도초과액은? (단, 전기 및 당기의 과세표준 및 세액은 적법하게 신고하였고, 기부금한도초과이월액손금산입은 없는 것으로 가정함. 주어진 자료 이외에는 고려하지 않음)

(1) 제24기 사업연도 법인세 과세표준 및 세액조정계산서(일부) (단위 : 원)

사업연도 2024.1.1.~12.31.	법인세 과세표준 및 세액조정계산서	법인명 : (주)A

① 각 사업연도 소득계산	101 결산서상 당기순손익		01	4,000,000
	소득조정금액	102 익금산입	02	14,000,000
		103 손금산입	03	45,000,000

(2) (주)A는 제24기 사업연도에 세무상 결손금이 발생하였으며, 발생한 결손금 전액에 대해서 소급공제를 받고자 한다. 이를 위해 법인세법령상 중소기업의 결손금 소급공제에 따른 환급 규정에 따라서 계산된 금액 3,800,000원을 적법하게 환급 신청하였다.

(3) 제23기 사업연도의 법인세 산출세액과 각 사업연도 소득에 대한 과세표준은 각각 35,000,000원(토지등 양도소득에 대한 법인세액 15,000,000원이 포함되어 있음)과 200,000,000원이다.

① 5,000,000원
② 7,000,000원
③ 10,000,000원
④ 12,000,000원
⑤ 14,000,000원

67 〈법인세법〉 법인세법상 성실신고확인서 제출에 관한 설명으로 옳지 않은 것은?

① 「주식회사 등의 외부감사에 관한 법률」에 따라 감사인에 의한 감사를 받은 내국법인은 성실신고확인서를 제출하지 아니할 수 있다.
② 성실신고확인 대상인 내국법인이 법령에 따라 성실신고확인서를 제출하는 경우에는 각 사업연도의 종료일이 속하는 달의 말일부터 4개월 이내에 그 사업연도의 소득에 대한 법인세의 과세표준과 세액을 납세지 관할 세무서장에게 신고하여야 한다.
③ 「소득세법」에 따른 성실신고확인대상사업자가 사업용자산을 현물출자하여 내국법인으로 전환한 경우 그 내국법인은 법인으로 전환한 후 5년 동안 성실신고확인서를 제출해야 한다.
④ 성실신고확인서 제출 불성실 가산세를 적용할 때 법령에 따른 경정으로 산출세액이 0보다 크게 된 경우에는 경정된 산출세액을 기준으로 가산세를 계산한다.
⑤ 성실신고확인서 제출 불성실 가산세는 산출세액이 없는 경우에도 적용한다.

68 〈법인세법〉 법인세법상 비영리법인의 각 사업연도의 소득에 대한 법인세에 관한 설명으로 옳은 것은?

① 비영리내국법인의 각 사업연도의 소득에는 고유목적사업에 직접 사용하는 자산의 처분으로 인한 모든 수입을 포함한다.

② 비영리내국법인의 고유목적사업준비금을 손비로 계상한 경우에는 그 계상한 고유목적사업준비금을 이후 연속하는 3개 사업연도의 산출세액에서 순차적으로 차감한다.

③ 수익사업을 하는 비영리내국법인은 유형자산인 토지의 양도로 인하여 발생하는 소득이 있는 경우에 과세표준 신고를 하지 아니한다.

④ 수익사업을 하는 비영리내국법인은 장부의 기록·보관 불성실 가산세의 적용을 받지 않는다.

⑤ 비영리법인이 수익사업을 하는 경우에는 자산·부채 및 손익을 그 수익사업에 속하는 것과 수익사업이 아닌 그 밖의 사업에 속하는 것을 각각 다른 회계로 구분하여 기록하지 않을 수 있다.

69 〈법인세법〉 법인세법령상 지급이자의 손금불산입에 관한 설명으로 옳지 않은 것은?

① 「소득세법」에 따른 채권의 이자 중 그 지급받은 자가 불분명한 것으로서 채권의 이자를 당해 채권의 발행법인이 직접 지급하는 경우 그 지급사실이 객관적으로 인정되지 아니하는 이자는 내국법인의 각 사업연도의 소득금액을 계산할 때 손금에 산입하지 아니한다.

② 거래일 현재 주민등록표에 의하여 그 거주사실 등이 확인된 채권자가 차입금을 변제 받은 후 소재불명이 된 경우의 차입금에 대한 이자는 채권자가 불분명한 사채의 이자에서 제외한다.

③ 특정차입금에 대한 지급이자 등은 건설 등이 준공된 날이 속하는 사업연도 종료일까지 이를 자본적 지출로 하여 그 원본에 가산한다.

④ 특정차입금의 연체로 인하여 생긴 이자를 원본에 가산한 경우 그 가산한 금액은 이를 해당 사업연도의 자본적 지출로 하고, 그 원본에 가산한 금액에 대한 지급이자는 이를 손금으로 한다.

⑤ 「국민연금법」에 의하여 근로자가 지급받은 것으로 보는 퇴직금전환금(당해 근로자가 퇴직할 때까지의 기간에 상당하는 금액에 한한다)은 특수관계인에게 해당 법인의 업무와 관련 없이 지급한 가지급금 등에서 제외한다.

70 **〈법인세법〉 법인세법령상 즉시상각의 의제와 관련하여, 내국법인이 각 사업연도에 해당 자산의 가치를 현실적으로 증가시키기 위하여 지출한 다음 〈보기〉와 같은 수선비를 해당 사업연도의 손비로 계상한 경우에 자본적 지출에 포함하지 않는 경우를 모두 고른 것은? (단, 다음 〈보기〉의 각 항목들은 상호독립적이며, 각 항목은 해당 경우에서 제시된 사항 이외의 다른 조건은 고려하지 않음)**

〈보 기〉

ㄱ. 개별자산별로 수선비로 지출한 금액이 600만원 이상인 경우

ㄴ. 개별자산별로 수선비로 지출한 금액이 직전 사업연도종료일 현재 재무상태표상의 자산가액(취득가액에서 감가상각누계액상당액을 차감한 금액을 말한다)의 100분의 5에 미달하는 경우

ㄷ. 3년의 기간마다 주기적인 수선을 위하여 지출하는 경우

① ㄱ
② ㄴ
③ ㄱ, ㄷ
④ ㄴ, ㄷ
⑤ ㄱ, ㄴ, ㄷ

71 **〈부가가치세법〉 부가가치세법상 부가가치세 과세대상에 해당하는 것은?**

① 사업자가 자기의 사업과 관련하여 사업장 내에서 그 사용인에게 음식용역을 무상으로 제공하는 경우
② 공급받을 자의 해약으로 인하여 공급할 자가 재화 또는 용역의 공급없이 위약금 또는 이와 유사한 손해배상금을 받는 경우
③ 선주와 하역회사 간의 계약으로 하역회사의 선적지연으로 인하여 선주가 하역회사로부터 체선료를 받는 경우
④ 사업자가 자기의 사업과 관련하여 생산하거나 취득한 재화를 자기의 과세사업과 관련한 사후 무료서비스를 제공하기 위하여 사용·소비하는 경우
⑤ 사업자가 자기의 고객 중 추첨을 통하여 당첨된 자에게 자기생산·취득재화를 경품으로 제공하는 경우

72 **〈부가가치세법〉 부가가치세법상 세금계산서에 관한 설명으로 옳은 것은?**

① 처음 공급한 재화가 환입된 경우 수정세금계산서 또는 수정전자세금계산서의 작성일에는 처음 세금계산서 작성일을 적고 붉은색 글씨를 쓰거나 음(陰)의 표시를 하여 수정세금계산서 또는 수정전자세금계산서를 발급할 수 있다.

② 관할 세무서장은 개인사업자가 전자세금계산서 의무발급 개인사업자에 해당하는 경우에는 전자세금계산서를 발급하여야 하는 기간이 시작되기 전까지 그 사실을 해당 개인사업자에게 통지하여야 한다.

③ 자동차운전학원 사업을 하는 일반과세자가 감가상각자산을 공급하는 경우에 그 공급받는 사업자가 사업자등록증을 제시하고 세금계산서의 발급을 요구하면 세금계산서를 발급해야 한다.

④ 법인사업자가 전자세금계산서를 발급하였을 때에는 전자세금계산서 발급일의 다음달 10일까지 전자세금계산서 발급명세를 국세청장에게 전송하여야 한다.

⑤ 매입자발행세금계산서를 발행하려는 자는 해당 재화 또는 용역의 공급시기가 속하는 과세기간의 종료일부터 6개월 이내에 거래사실확인신청서에 거래사실을 객관적으로 입증할 수 있는 서류를 첨부하여 신청인 관할 세무서장에게 거래사실의 확인을 신청하여야 한다.

73 **〈국제조세조정에 관한 법률〉 국제조세조정에 관한 법률상 출자금액 대비 과다차입금 지급이자의 손금불산입에 관한 설명으로 옳은 것은?**

① 금융업을 영위하는 내국법인(외국법인의 국내사업장을 포함한다)의 차입금 중 국외지배주주로부터 차입한 금액이 해당 국외지배주주가 출자한 출자금액의 2배를 초과하는 경우에는 그 초과분에 대한 지급이자 및 할인료는 그 내국법인의 손금에 산입하지 아니한다.

② 국외지배주주의 지급보증(담보의 제공 등 실질적으로 지급을 보증하는 경우를 포함한다)에 의하여 제3자로부터 차입한 금액에 대한 지급이자 손금불산입액은 배당으로 처분된 것으로 본다.

③ 손금불산입액으로 산정되는 지급이자와 할인액의 범위에는 내국법인이 국외지배주주에게 지급해야 할 사채할인발행차금 상각액, 융통어음 할인료 등 그 경제적 실질이 이자에 해당하는 것과 건설자금이자를 포함한다.

④ 서로 다른 이자율이 적용되는 지급이자와 할인액이 함께 있는 경우에는 초과차입금적수에 가중평균이자율을 곱하여 지급이자 손금불산입액을 산정한다.

⑤ 「국제조세조정에 관한 법률」상 출자금액 대비 과다차입금 지급이자의 손금불산입 규정은 「법인세법」상 지급이자의 손금불산입 규정보다 우선하여 적용한다.

74 **〈부가가치세법〉 부가가치세법상 부가가치세 납세의무가 없는 것은?**

① 농민이 자기농지의 확장 또는 농지개량작업에서 생긴 토사석을 일시적으로 판매하는 경우
② 청산 중에 있는 내국법인이 「상법」에 따른 계속등기 여부에 불구하고 사실상 사업을 계속하는 경우
③ 「새마을금고법」에 따라 설립된 새마을금고가 사업상 독립적으로 부가가치세가 과세되는 재화를 공급하는 경우
④ 사업자가 아닌 자가 개인적으로 사용하기 위해 부가가치세가 과세되는 재화를 수입하는 경우
⑤ 농·어민이 부업으로 소득세가 과세되지 아니하는 민박, 음식물 판매, 특산물 제조, 전통차 제조 및 그 밖에 이와 유사한 활동을 하는 경우

75 **〈부가가치세법〉 다음 자료는 제조업을 영위하는 일반과세자인 (주)A가 2024년 제2기 확정신고기간(2024.10.1.~12.31.) 중에 공급받은 재화의 거래내역이다. (주)A의 2024년 제2기 확정신고시 부가가치세 매출세액에서 공제하는 매입세액은?**

(1) 국내거래처로부터 10.1.에 원자재를 구입하였으나 그에 대한 세금계산서(공급가액 60,000,000원, 부가가치세 6,000,000원)는 2025.1.10.에 발급받았다.
(2) 기념품을 구입하여 거래처의 창사기념일에 증정하였다. 기념품 구입 시 세금계산서(공급가액 3,000,000원, 부가가치세 300,000원)를 발급받았다.
(3) 생산직 직원들의 작업복을 구입하고 세금계산서(공급가액 5,000,000원, 부가가치세 500,000원)를 발급받았다.
(4) 종업원 명절선물을 구입하고 세금계산서(공급가액 4,000,000원, 부가가치세 400,000원)를 발급받았다.

① 900,000원
② 1,200,000원
③ 6,500,000원
④ 6,900,000원
⑤ 7,200,000원

76 〈국제조세조정에 관한 법률〉 국제조세조정에 관한 법률상 상호합의절차에 관한 설명으로 옳지 않은 것은?

① 거주자 또는 내국법인과 비거주자 또는 외국법인은 조세조약에 따라 우리나라와 체약상대국 간에 조세조정이 필요한 경우에는 국세청장에게 상호합의절차의 개시를 신청할 수 있다.

② 국세청장은 상호합의절차의 개시 신청을 받거나 직권으로 상호합의절차 개시를 요청한 경우에는 기획재정부장관에게 보고하여야 한다.

③ 기획재정부장관은 조세조약의 적용 및 해석에 관하여 체약상대국과 협의할 필요성이 있는 경우에는 직권으로 체약상대국의 권한 있는 당국에 상호합의절차 개시를 요청할 수 있다.

④ 체약상대국의 권한 있는 당국에 상호합의절차 개시를 요청한 경우에는 상호합의절차 개시 요청일을 상호합의절차의 개시일로 한다.

⑤ 상호합의절차가 개시된 경우 상호합의절차의 개시일부터 종료일까지의 기간은 「국세기본법」상 불복청구기간과 불복결정기간에 산입하지 아니한다.

77 〈부가가치세법〉 다음은 2024.10.1.에 신규로 사업을 개시하여 과세사업과 면세사업을 겸영하는 (주)A의 2024년 제2기 확정신고기간(2024.10.1.~12.31.)의 거래내역이다. (주)A의 2024년 제2기 확정신고 시 납부하여야 할 부가가치세액(지방소비세 포함)은? (단, (주)A는 사업개시일에 사업자등록을 신청하였으며, 모든 거래에는 세금계산서 또는 계산서를 적법하게 수취하였거나 발급함)

(1) 공급가액

과세사업분	면세사업분	공통사용재화(기계C)	계
200,000,000원	100,000,000원	12,000,000원	312,000,000원

(2) 매입세액

구 분	매입세액	비 고
과세사업	6,000,000원	기업업무추진비 관련 매입세액 500,000원 포함
면세사업	4,000,000원	
공통사용재화	7,500,000원	기계 B 4,500,000원 기계 C 3,000,000원 (2024년 제2기 과세기간 중 처분)
계	17,500,000원	

① 9,700,000원
② 9,800,000원
③ 10,200,000원
④ 10,300,000원
⑤ 10,700,000원

78 〈부가가치세법〉 제조업을 영위하는 일반과세자인 (주)A의 다음 자료를 이용하여 계산한 2024년 제1기 예정신고기간(2024.1.1.~3.31.)의 부가가치세 과세표준은? (단, 다음 자료의 금액에는 부가가치세가 포함되어 있지 않음)

2024.1.10.	제품B를 120,000,000원에 판매하고 그 대금은 1월 말일부터 매월 말일에 10,000,000원씩 12회로 나누어 받기로 하였다.
2024.2.10.	제품C를 100,000,000원에 주문제작판매하기로 하고 거래처와 계약을 맺었다. 계약상 그 대금은 ① 계약시 10%, ② 40% 완성시 40%, ③ 70% 완성시 30%, ④ 인도시 20%를 받기로 하였다. 2024.3.31. 현재 거래처가 확인한 완성도는 40%이다.
2024.3.10.	제품D를 제작하여 100,000,000원에 판매하기로 하고 거래처와 계약을 맺었다. 계약상 대금은 계약시 20,000,000원을 받고 잔금 80,000,000원은 2024.9.30.에 제품D를 인도하면서 받기로 하였다.

① 50,000,000원
② 80,000,000원
③ 100,000,000원
④ 170,000,000원
⑤ 190,000,000원

79 〈부가가치세법〉 부가가치세법상 영세율이 적용되지 않는 것은?

① 「관세법」에 따른 수입신고 수리 전의 물품으로서 보세구역에 보관하고 있는 물품을 외국으로 반출하는 것으로서 국내사업장에서 계약과 대가수령 등 거래가 이루어지는 것
② 대한민국 선박에 의하여 채집되거나 잡힌 수산물을 외국으로 반출하는 것
③ 사업자가 국내에서 국내사업장이 없는 비거주자에게 직접 재화를 공급하고 그 대가를 외국환은행에서 원화로 받는 경우
④ 사업자가 국외에서 건설공사를 도급받은 국내사업자로부터 해당 건설공사를 재도급받아 국외에서 건설용역을 제공하고 그 대가를 원도급자로부터 원화로 받는 경우
⑤ 「항공사업법」에 따른 상업서류 송달용역

80 〈부가가치세법〉 다음은 음식점업(과세유흥장소 아님)을 영위하는 간이과세자 甲의 2024년 과세기간(2024.1.1.~12.31.)의 부가가치세 관련 자료이다. 2024년 과세기간의 부가가치세 차감 납부할 세액(지방소비세 포함)은? (단, 세액공제를 적용받기 위한 모든 요건을 충족함)

> (1) 음식점업의 공급대가는 70,000,000원이며, 이 중 신용카드매출전표 발급금액은 30,000,000원이다.
> (2) 면세농수산물 구입액은 4,360,000원이며, 모두 계산서 수취분이다.
> (3) 식기 등 조리용품 구입액은 22,000,000원(부가가치세 2,000,000원 포함)이며, 세금계산서를 교부받았다.
> (4) 주방 설비 11,000,000원(부가가치세 1,000,000원 포함)을 공급받았으며, 세금계산서를 교부받았다.
> (5) 음식점업의 업종별 부가가치율은 15%이며, 2024년 예정부과기간의 고지납부세액은 없다.
> (6) 전자신고세액공제는 고려하지 않는다.

① 135,000원
② 150,000원
③ 300,000원
④ 495,000원
⑤ 510,000원

2022년도 제59회
세무사 1차 국가자격시험 문제지

교시	시험과목	시험시간	문제형별
1교시	1 재정학 2 세법학개론	80분	**A**

수험번호		성 명	

【 수험자 유의사항 】

1. 시험문제지는 **단일 형별(A형)**이며, 답안카드는 형별 기재란에 표시된 형별(A형)을 확인하시기 바랍니다. 시험문제지의 **총면수, 문제번호 일련순서, 인쇄상태** 등을 확인하시고, 문제지 표지에 수험번호와 성명을 기재하시기 바랍니다.

2. 답은 각 문제마다 요구하는 **가장 적합하거나 가까운 답 1개**만 선택하고, 답안카드 작성 시 시험문제지 **마킹착오**로 인한 불이익은 전적으로 **수험자에게 책임**이 있음을 알려 드립니다.

3. 답안카드는 국가전문자격 공통 표준형으로 문제번호가 1번부터 125번까지 인쇄되어 있습니다. 답안 마킹 시에는 반드시 **시험문제지의 문제번호와 동일한 번호**에 마킹하여야 합니다.

4. **감독위원의 지시에 불응하거나 시험시간 종료 후 답안카드를 제출하지 않을 경우** 불이익이 발생할 수 있음을 알려 드립니다.

5. 시험문제지는 시험 종료 후 가져가시기 바랍니다.

세법학개론

41 〈국세기본법〉 국세기본법상 세무조사에 관한 설명으로 옳지 않은 것은?

① 납세자에 대한 구체적인 탈세 제보가 있는 경우로서 해당 탈세 혐의에 대한 확인이 필요한 사유로 인한 부분조사는 같은 세목 및 같은 과세기간에 대하여 2회를 초과하여 실시할 수 있다.

② 무자료거래, 위장・가공거래 등 거래 내용이 사실과 다른 혐의가 있어 실제 거래 내용에 대한 조사가 필요한 경우에는 세무조사 기간의 제한을 받지 아니한다.

③ 세금탈루 혐의가 포착되거나 조사 과정에서 「조세범 처벌절차법」에 따른 조세범칙조사를 개시하는 경우에는 세무조사 기간을 연장할 수 있다.

④ 세무공무원은 정기선정에 의한 조사 외에 납세자에 대한 구체적인 탈세 제보가 있는 경우에는 세무조사를 할 수 있다.

⑤ 세무공무원은 부분조사를 실시한 후 해당 조사에 포함되지 아니한 부분에 대하여 조사하는 경우에는 같은 세목 및 같은 과세기간에 대하여 재조사를 할 수 있다.

42 〈국세기본법〉 국세기본법령상 국세환급금과 국세환급가산금에 관한 설명으로 옳은 것만을 모두 고른 것은?

ㄱ. 명의대여자에 대한 과세를 취소하고 실질귀속자를 납세의무자로 하여 과세하는 경우 명의대여자 대신 실질귀속자가 납부한 것으로 확인된 금액은 실질귀속자의 기납부세액으로 먼저 공제하고 남은 금액이 있는 경우에는 실질귀속자에게 환급한다.

ㄴ. 적법하게 납부된 후 법률이 개정되어 발생한 국세환급금의 국세환급가산금 기산일은 개정된 법률의 시행일의 다음 날로 한다.

ㄷ. 국세환급금의 소멸시효는 세무서장이 납세자의 환급청구를 촉구하기 위하여 납세자에게 하는 환급청구의 안내・통지로 인하여 중단되지 아니한다.

ㄹ. 세무서장은 국세환급금으로 결정한 금액을 다른 세무서에 체납된 국세 및 강제징수비에 충당할 수 없다.

① ㄱ, ㄹ

② ㄴ, ㄷ

③ ㄱ, ㄴ, ㄷ

④ ㄴ, ㄷ, ㄹ

⑤ ㄱ, ㄴ, ㄷ, ㄹ

43 〈국세기본법〉 국세기본법상 심판에 관한 설명으로 옳지 않은 것은?

① 조세심판관회의는 담당 조세심판관 3분의 2 이상의 출석으로 개의하고, 출석조세심판관 과반수의 찬성으로 의결한다.

② 원장이 아닌 상임·비상임조세심판관의 임기는 3년으로 하고 중임할 수 없다.

③ 조세심판원장은 심판청구를 받으면 이에 관한 조사와 심리를 담당할 주심조세심판관 1명과 배석조세심판관 2명 이상을 지정하여 조세심판관회의를 구성하게 한다.

④ 조세심판관합동회의는 조세심판원장과 조세심판원장이 회의마다 지정하는 12명 이상 20명 이내의 상임조세심판관 및 비상임조세심판관으로 구성하되, 상임조세심판관과 같은 수 이상의 비상임조세심판관이 포함되어야 한다.

⑤ 담당 조세심판관은 필요하다고 인정하면 여러 개의 심판사항을 병합하거나 병합된 심판사항을 여러 개의 심판사항으로 분리할 수 있다.

44 〈국세기본법〉 국세기본법령상 과세전적부심사가 배제되는 경우를 모두 고른 것은?

ㄱ. 「국제조세조정에 관한 법률」에 따라 조세조약을 체결한 상대국이 상호합의 절차의 개시를 요청한 경우 ㄴ. 세법에서 규정하는 수시부과의 사유가 있는 경우 ㄷ. 과세예고통지를 하는 날부터 국세부과 제척기간의 만료일까지의 기간이 3개월 이하인 경우 ㄹ. 「조세범처벌법」 위반으로 통고처분하는 경우

① ㄱ, ㄴ

② ㄷ, ㄹ

③ ㄱ, ㄴ, ㄷ

④ ㄴ, ㄷ, ㄹ

⑤ ㄱ, ㄴ, ㄷ, ㄹ

45 〈국세징수법〉 국세징수법령상 납세담보에 관한 설명으로 옳은 것은?

① 양도성 예금증서는 납세담보로 제공할 수 있는 유가증권에 해당하지 않는다.

② 납세담보로서 금전을 제공한 자는 그 금전으로 담보한 국세 및 강제징수비를 납부할 수 없다.

③ 납세보증보험증권은 보험기간이 납세담보를 필요로 하는 기간에 20일을 더한 기간 이상인 것으로 한정한다.

④ 납세담보를 토지로 제공하는 경우에는 담보할 국세의 100분의 110의 가액에 상당하는 담보를 제공할 수 있다.

⑤ 납세담보를 현금화한 금전으로 징수해야 할 국세 및 강제징수비를 징수하고 남은 금전이 있는 경우 공매대금의 배분방법에 따라 배분한 후 납세자에게 지급한다.

46 〈국세징수법〉 국세징수법상 공매의 준비에 관한 설명으로 옳지 않은 것은?

① 공매보증에 있어 공매보증금액은 공매예정가격의 100분의 10 이상으로 한다.

② 공매보증은 금전, 국공채, 증권시장에 상장된 증권, 「보험업법」에 따른 보험회사가 발행한 보증보험증권의 어느 하나에 해당하는 것으로 한다.

③ 관할 세무서장은 공매재산에 압류와 관계되는 국세보다 우선하는 제한물권 등이 있는 경우 제한물권 등을 매수인에게 인수하게 하거나 매수대금으로 그 제한물권 등에 의하여 담보된 채권을 변제하는 데 충분하다고 인정된 경우가 아니면 그 재산을 공매하지 못한다.

④ 체납자는 제3자의 명의나 계산으로 압류재산을 매수할 수 있다.

⑤ 관할 세무서장은 거짓 명의로 매수신청을 한 사실이 있는 자에 대해서는 그 사실이 있은 후 2년간 공매장소 출입을 제한하거나 입찰에 참가시키지 아니할 수 있다.

47 〈국세징수법〉 국세징수법상 강제징수에 관한 설명으로 옳지 않은 것은?

① 관할 세무서장은 재판상의 가압류 또는 가처분 재산이 강제징수 대상인 경우에도 국세징수법에 따른 강제징수를 한다.

② 체납자의 재산에 대하여 강제징수를 시작한 후 체납자인 법인이 합병으로 소멸된 경우에도 그 재산에 대한 강제징수는 계속 진행하여야 한다.

③ 체납자 또는 제3자가 압류재산의 사용 또는 수익을 하는 경우 그 재산의 매각으로 인하여 권리를 이전하기 전까지 이미 거두어들인 천연과실에 대해서는 압류의 효력이 미치지 아니한다.

④ 급료, 임금, 봉급, 세비, 퇴직연금 또는 그 밖에 계속적 거래관계에서 발생하는 이와 유사한 채권에 대한 압류의 효력은 체납액을 한도로 하여 압류 후에 발생할 채권에도 미친다.

⑤ 관할 세무서장은 체납자가 국가 또는 지방자치단체의 재산을 매수한 경우 소유권 이전 전에는 그 재산에 관한 체납자의 국가 또는 지방자치단체에 대한 권리를 압류할 수 없다.

48 〈국세징수법〉 국세징수법상 고액·상습체납자의 감치와 관련된 설명 중 ㄱ~ㄷ에 들어갈 내용으로 옳은 것은?

> 법원은 검사의 청구에 따라 체납자가 다음의 사유에 모두 해당하는 경우 결정으로 30일의 범위에서 체납된 국세가 납부될 때까지 그 체납자를 감치에 처할 수 있다.
> (1) 국세를 (ㄱ)회 이상 체납하고 있고, 체납 발생일부터 각 (ㄴ)년이 경과하였으며, 체납된 국세의 합계액이 (ㄷ)억원 이상인 경우
> (2) 체납된 국세의 납부능력이 있음에도 불구하고 정당한 사유 없이 체납한 경우
> (3) 「국세기본법」에 따른 국세정보위원회의 의결에 따라 해당 체납자에 대한 감치 필요성이 인정되는 경우

① ㄱ : 2, ㄴ : 1, ㄷ : 1
② ㄱ : 2, ㄴ : 2, ㄷ : 2
③ ㄱ : 2, ㄴ : 2, ㄷ : 3
④ ㄱ : 3, ㄴ : 1, ㄷ : 2
⑤ ㄱ : 3, ㄴ : 1, ㄷ : 3

49 〈조세범처벌법〉 조세범처벌법상 2년의 징역에 처하는 것이 가능한 행위를 모두 고른 것은?

> ㄱ. 재화 또는 용역을 공급하지 아니하거나 공급받지 아니하고 「부가가치세법」에 따른 세금계산서를 발급하거나 발급받은 행위
> ㄴ. 「부가가치세법」에 따라 세금계산서를 발급하여야 할 자가 세금계산서를 발급하지 아니하거나 거짓으로 기재하여 발급한 행위
> ㄷ. 「부가가치세법」에 따라 매출처별 세금계산서합계표를 제출하여야 할 자가 매출처별 세금계산서합계표를 거짓으로 기재하여 제출한 행위
> ㄹ. 「부가가치세법」에 따라 매입처별 세금계산서합계표를 제출하여야 할 자가 통정하여 매입처별 세금계산서합계표를 거짓으로 기재하여 제출한 행위

① ㄱ
② ㄴ
③ ㄱ, ㄴ
④ ㄷ, ㄹ
⑤ ㄴ, ㄷ, ㄹ

50 〈조세범처벌법〉 조세범처벌법 제3조의 조세 포탈 등에 관한 설명으로 옳지 않은 것은?

① 포탈세액이 5억원 이상인 경우에는 3년 이하의 징역 또는 포탈세액의 3배 이하에 상당하는 벌금에 처한다.
② 조세 포탈의 죄를 범한 자에 대해서는 정상(情狀)에 따라 징역형과 벌금형을 병과할 수 있다.
③ 조세 포탈의 죄를 범한 자가 포탈세액에 대하여 「국세기본법」에 따라 법정신고기한이 지난 후 6개월 이내에 기한 후 신고를 하였을 때에는 형을 감경할 수 있다.
④ 조세 포탈의 죄를 상습적으로 범한 자는 형의 3분의 1을 가중한다.
⑤ 재산의 은닉으로서 조세의 부과와 징수를 불가능하게 하거나 현저히 곤란하게 하는 적극적 행위는 사기나 그 밖의 부정한 행위에 해당한다.

51 〈소득세법〉 다음은 거주자 甲의 2024년 금융거래에서 발생한 소득 관련 자료이다. 甲의 종합소득금액에 합산할 이자소득금액과 배당소득금액의 합계액은? (단, 원천징수는 적법하게 이루어졌으며 제시된 금액은 원천징수 전의 금액이다. 주어진 자료 외의 다른 사항은 고려하지 않음)

> (1) 국내 상장법인으로부터 받은 현금배당 : 8,000,000원
> (2) 공개시장에서 통합발행한 국채의 매각가액과 액면가액의 차액 : 6,000,000원
> (3) 국내은행으로부터 받은 정기예금이자 : 3,000,000원
> (4) 외국법인이 발행한 채권의 이자 : 7,000,000원
> (5) 비영업대금의 이익 : 5,000,000원
> (6) 법인과세 신탁재산으로부터 받는 배당금 : 3,000,000원

① 23,300,000원
② 23,800,000원
③ 26,600,000원
④ 26,800,000원
⑤ 32,800,000원

52 〈소득세법〉 다음은 거주자 甲의 2024년 주식양도 관련 자료이다. 甲의 양도소득세 산출세액은?

(1) 甲의 주식양도 및 취득현황

	실지양도가액	실지취득가액	양도일자	취득일자
주식a	500,000,000원	100,000,000원	2024.12.5.	2019.5.7.
주식b	100,000,000원	148,000,000원	2024.10.3.	2020.8.2.

(2) 주식a는 제조업을 영위하는 중소기업인 국내 주권비상장법인 ㈜A가 발행한 주식이며, 甲은 ㈜A의 발행주식총수의 10%를 취득한 후 양도 전까지 계속 보유하였다.

(3) 주식b는 중소기업이 아닌 미국법인 ㈜B가 발행하여 뉴욕증권거래소에 상장되어 있는 주식이다.

(4) 주식a를 양도하기 위해 증권거래세 2,150,000원과 양도소득과세표준 신고서 작성비용 3,350,000원, 주식b를 양도하기 위해 증권회사 위탁매매수수료 3,000,000원을 직접 지출하였다(법정 증명서류를 수취·보관하거나 실제 지출사실이 금융거래 증명서류에 의해 확인됨).

(5) 甲은 주식a와 주식b를 특수관계 없는 제3자에게 양도하였고 ㈜A와 ㈜B는 부동산을 보유하고 있지 않다.

(6) 위에 주어진 자료 외의 다른 사항은 고려하지 않는다.

① 68,200,000원
② 70,250,000원
③ 83,000,000원
④ 85,250,000원
⑤ 98,000,000원

53 〈소득세법〉 다음은 중소기업인 ㈜A에 경리과장으로 근무하는 거주자 甲의 2024년 근로소득 관련 자료이다. 甲의 소득세법상 총급여액은? (단, 甲은 ㈜A의 발행주식총수의 2%의 주식을 소유하고 있다. 주어진 자료 외의 다른 사항은 고려하지 않음)

(1) 기본급과 상여 : 50,000,000원
(2) 시간외근무수당 : 8,000,000원
(3) ㈜A의 소유주택을 무상으로 제공받음으로써 얻은 이익 : 5,000,000원
(4) 식사대 : 2,400,000원
(월 200,000원 × 12개월, ㈜A로부터 식사 기타 음식물을 제공받지 않음)
(5) 甲의 8세 아들의 보육과 관련하여 ㈜A로부터 지급받은 보육수당 : 2,400,000원
(월 200,000원 × 12개월)
(6) 「발명진흥법」에 따라 ㈜A로부터 받은 직무발명보상금 : 8,000,000원

① 60,400,000원
② 61,000,000원
③ 61,400,000원
④ 63,400,000원
⑤ 68,400,000원

54 〈소득세법〉 다음은 근로소득이 있는 거주자 甲(일용근로자 아님)이 2024년 기본공제대상자를 위해 지출한 보험료와 교육비 관련 자료이다. 甲의 보험료 세액공제액과 교육비 세액공제액의 합계는?

(1) 기본공제대상자 현황

구 분	나 이	소득현황	지출내역
본 인	43세	총급여액 50,000,000원	국민건강보험료 2,000,000원 일반보장성보험료(피보험자 : 본인) 500,000원
배우자	40세	총급여액 4,000,000원	대학원 박사과정 등록금 12,000,000원
모 친	65세	이자소득 5,000,000원	대학교 등록금 10,000,000원
아 들	18세	소득없음	고등학교 교복구입비용 1,000,000원 사설 영어학원 수강료 3,000,000원
딸	15세	소득없음	중학교 방과후 과정 특별활동비 2,000,000원 장애인전용보장성보험료(수익자 : 딸) 3,000,000원

(2) 딸은 장애인이고, 본인 이외의 기본공제대상자는 「초·중등교육법」 또는 「고등교육법」상 학교에 다니고 있다.

(3) 위에 주어진 자료 외의 다른 사항은 고려하지 않는다.

① 330,000원
② 585,000원
③ 645,000원
④ 660,000원
⑤ 1,935,000원

55 〈소득세법〉 소득세법령상 납세의무 등에 관한 설명으로 옳지 않은 것은?

① 비거주자는 국내에 거소를 둔 기간이 183일이 되는 날에 거주자가 된다.
② 비거주자는 법령에 따른 납세지가 변경된 경우 변경된 날부터 15일 이내에 그 변경 후의 납세지 관할 세무서장에게 신고하여야 한다.
③ 거주자의 사업소득에 대한 소득세 납세지는 주된 사업장 소재지로 한다.
④ 신탁재산에 귀속되는 소득의 수익자가 특별히 정하여지지 아니한 경우에는 그 신탁재산에 귀속되는 소득은 위탁자에게 귀속되는 것으로 본다.
⑤ 거주기간을 계산할 경우 국내에 거소를 둔 기간은 입국하는 날의 다음 날부터 출국하는 날까지로 한다.

56 **〈소득세법〉 소득세법령상 양도소득에 관한 설명으로 옳은 것은?**

① 「도시개발법」에 따른 환지처분으로 지목이 변경되는 경우는 양도로 본다.

② 국가가 시행하는 사업으로 인하여 교환하는 농지로서 교환하는 쌍방 토지가액의 차액이 가액이 큰 편의 5분의 1인 농지의 교환으로 발생하는 소득은 양도소득세가 비과세된다.

③ 파산선고에 의한 처분으로 발생하는 소득은 양도소득세가 과세된다.

④ 취득에 관한 쟁송이 있는 자산에 대하여 그 소유권을 확보하기 위하여 직접 소요된 소송비용으로서 그 지출한 연도의 각 종합소득금액의 계산에 있어서 필요경비에 산입된 것은 양도차익 계산 시 공제된다.

⑤ 양도소득세 과세대상인 신탁 수익권을 양도한 경우 양도일이 속하는 반기의 말일부터 2개월 이내에 양도소득과세표준을 신고해야 한다.

57 **〈소득세법〉 소득세법령상 과세표준의 확정신고와 납부에 관한 설명으로 옳은 것은?**

① 공적연금소득만 있는 거주자는 해당 소득에 대해 과세표준확정신고를 해야 한다.

② 과세표준확정신고를 하여야 할 거주자가 출국하는 경우에는 출국일이 속하는 과세기간의 과세표준을 출국일 전날까지 신고하여야 한다.

③ 해당 과세기간의 종합소득금액이 있는 거주자가 종합소득과세표준이 없는 경우에는 종합소득과세표준 확정신고 의무가 없다.

④ 세무사가 성실신고확인대상사업자에 해당하는 경우에도 자신의 사업소득금액의 적정성에 대하여 해당 세무사가 성실신고확인서를 작성·제출할 수 있다.

⑤ 거주자로서 과세표준의 확정신고에 따라 납부할 세액이 1천8백만원인 자는 9백만원을 납부기한이 지난 후 90일 이내에 분납할 수 있다.

58 **〈소득세법〉 소득세법령상 원천징수에 관한 설명으로 옳지 않은 것은?**

① 일용근로자의 근로소득에 대한 원천징수세율은 100분의 6으로 한다.

② 근로소득을 지급하여야 할 원천징수의무자가 1월부터 11월까지의 근로소득을 해당 과세기간의 12월 31일까지 지급하지 아니한 경우에는 그 근로소득을 12월 31일에 지급한 것으로 보아 소득세를 원천징수한다.

③ 법인이 합병한 경우에 합병으로 설립된 법인은 합병으로 소멸된 법인이 원천징수를 하여야 할 소득세를 납부하지 아니하면 그 소득세에 대한 납세의무를 진다.

④ 연말정산 사업소득을 지급하는 원천징수의무자는 연말정산일이 속하는 달의 다음 달 말일까지 원천징수영수증을 해당 사업자에게 발급하여야 한다.

⑤ 법령으로 정하는 봉사료에 대한 원천징수세율은 100분 10으로 한다.

59 〈소득세법〉 소득세법령상 사업소득의 수입시기에 관한 설명으로 옳지 않은 것은?

① 제품의 판매 : 그 제품을 인도한 날
② 제품의 위탁판매 : 수탁자가 그 위탁품을 판매한 날
③ 무인판매기에 의한 판매 : 당해 사업자가 무인판매기에서 현금을 인출하는 때
④ 한국표준산업분류상의 금융보험업에서 발생하는 이자 : 결산을 확정할 때 이자를 수익으로 계상한 날
⑤ 어음의 할인 : 그 어음의 만기일로 하되, 만기 전에 그 어음을 양도하는 때에는 그 양도일

60 〈소득세법〉 소득세법령상 퇴직소득에 관한 설명으로 옳은 것은?

① 종교관련종사자가 현실적인 퇴직을 원인으로 종교단체로부터 지급받는 소득은 퇴직소득에 해당한다.
② 「과학기술인공제회법」 제16조 제1항 제3호에 따라 지급받는 과학기술발전장려금은 퇴직소득에 해당하지 않는다.
③ 계속근로기간 중에 「근로자퇴직급여 보장법」에 따라 퇴직연금제도가 폐지되어 퇴직급여를 미리 지급받는 경우에도 그 지급받은 날에 퇴직한 것으로 보지 않는다.
④ 거주자의 퇴직소득금액에 국외원천소득이 합산되어 있는 경우로서 외국에서 납부한 외국소득세액이 퇴직소득산출세액에서 공제할 수 있는 한도금액을 초과하는 경우 그 초과하는 금액은 이월공제기간으로 이월하여 그 이월된 과세기간의 공제한도금액 내에서 공제받을 수 있다.
⑤ 「국민연금법」에 따라 받는 일시금으로써 2001년 12월 31일 이전에 납입된 연금 기여금 및 사용자부담금을 기초로 하여 받은 일시금은 퇴직소득에 해당한다.

61 〈법인세법〉 법인세법령상 가산세에 관한 설명으로 옳지 않은 것은?

① 신용카드 및 현금영수증 발급 불성실 가산세는 신용카드 매출전표를 사실과 다르게 발급한 금액의 5%(건별로 계산한 금액이 5천원 미만이면 5천원으로 한다)이다.
② 업무용승용차 관련비용 등을 손금에 산입한 내국법인이 업무용승용차 관련비용 등에 관한 명세서를 제출하지 않은 경우 업무용승용차 관련비용 명세서 제출 불성실 가산세가 적용된다.
③ 주식등변동상황명세서를 제출해야하는 내국법인이 명세서를 제출하지 않은 경우 그 주식등의 액면금액의 1%에 해당하는 금액을 가산세로 한다.
④ 기부금영수증을 발급하는 내국법인이 기부금영수증을 사실과 다르게 적어 발급한 경우 사실과 다르게 발급된 금액의 5%에 해당하는 금액을 가산세로 한다.
⑤ 소비자상대업종을 영위하는 법인은 그 요건에 해당하는 날이 속하는 달의 말일부터 3개월 이내에 현금영수증가맹점으로 가입하지 않은 경우 가입하지 않은 사업연도의 수입금액의 3%에 해당하는 금액을 가산세로 한다.

62 **〈법인세법〉 제조업을 영위하는 영리내국법인 ㈜A는 제24기 사업연도(2024.1.1.~12.31.) 중 영리내국법인 ㈜B가 잉여금의 자본금전입을 결의(2024.3.15.)함에 따라 무상주를 수령하였다. ㈜B의 잉여금의 자본금전입 재원이 다음과 같을 경우 ㈜A의 의제배당금액은?(단, ㈜A는 ㈜B의 발행주식총수의 15%를 소유하고 있으며, 수입배당금 익금불산입 규정은 무시하고 주어진 자료 이외에는 고려하지 않음)**

> (1) ㈜B의 잉여금의 자본금전입 재원
> - 주식발행초과금 : 2,000,000원(채무의 출자전환 시 채무면제이익 1,000,000원이 포함되어 있음)
> - 자기주식소각이익 : 5,000,000원(소각 당시의 시가가 취득가액을 초과하였음)
> - 자기주식처분이익 : 1,500,000원
> - 주식의 포괄적 교환차익 : 3,000,000원
> - 주식의 포괄적 이전차익 : 1,000,000원
> - 재평가적립금 : 1,400,000원[토지분(재평가세 1% 과세분) 400,000원과 건물분(재평가세 3% 과세분) 1,000,000원으로 구성되어 있음]
> - 이월이익잉여금 : 10,000,000원
>
> (2) ㈜B가 보유한 자기주식은 없다.

① 1,785,000원
② 2,685,000원
③ 2,835,000원
④ 3,135,000원
⑤ 3,435,000원

63 **〈법인세법〉 법인세법령상 합병 및 분할 등에 관한 특례의 내용으로 옳지 않은 것은?**

① 적격합병이 아닌 경우 합병법인이 합병으로 피합병법인의 자산을 승계한 경우에는 그 자산을 피합병법인으로부터 합병등기일 현재의 시가로 양도받은 것으로 본다.
② 적격합병이 아닌 경우 합병법인이 피합병법인에게 지급한 양도가액과 피합병법인의 합병등기일 현재의 순자산시가가 서로 일치하지 않으면, 그 차액은 합병매수차익 또는 합병매수차손으로 한다.
③ 적격분할이 아닌 경우 분할신설법인등이 분할로 분할법인등의 자산을 승계한 경우에는 그 자산을 분할법인등으로부터 분할등기일 현재의 시가로 양도받은 것으로 본다.
④ 적격합병을 한 합병법인은 피합병법인의 자산을 시가로 양도받은 것으로 하고, 양도받은 자산 및 부채의 가액을 합병등기일 현재의 장부가액으로 계상하되 시가에서 피합병법인의 장부상 장부가액을 뺀 금액은 자산조정계정으로 계상해야 한다.
⑤ 중소기업간 적격합병인 경우 합병법인이 승계한 피합병법인의 결손금에 대한 공제는 피합병법인으로부터 승계받은 사업에서 발생한 소득금액의 100%를 한도로 한다.

64 〈법인세법〉 다음은 영리내국법인 ㈜A의 제24기 사업연도(2024.1.1.~12.31.)의 외국납부세액 관련 자료이다. ㈜A는 외국에서 사업을 영위하는 외국자회사 ㈜B의 의결권 있는 주식 30%를 보유하고 있다. 2022.1.1. ㈜B의 주식을 취득한 이후 지분율에는 변동이 없는 상태이다. ㈜A가 외국납부세액공제를 적용할 경우 제24기 법인세 산출세액에서 공제할 외국납부세액은? (단, 주어진 자료 이외에는 고려하지 않으며, 외국자회사 수입배당금액의 익금불산입 규정은 적용하지 않는다)

(1) ㈜B로부터 외국법인세 원천징수세액 200,000원 차감 후 배당금 1,800,000원을 수령하고 다음과 같이 회계처리하였다.

(차) 현 금	1,800,000원	(대) 배당금수익	2,000,000원
선급법인세	200,000원		

(2) ㈜B의 제24기 사업연도(2024.1.1.~12.31.) 소득금액은 5,000,000원이고, 이에 대한 외국법인세는 1,000,000원이다.

(3) ㈜A의 법인세비용차감전순이익은 150,000,000원이며, 세무상 이월결손금은 없다.

① 150,000원
② 170,000원
③ 200,000원
④ 225,000원
⑤ 250,000원

65 〈법인세법〉 ㈜A는 제조업을 영위하는 영리내국법인이다. ㈜A의 제24기 사업연도(2024.1.1.~12.31.)의 임원전용 업무용승용차 관련 자료가 다음과 같을 경우 손금불산입금액은? (단, 주어진 자료 이외에는 고려하지 않음)

(1) ㈜A는 업무전용 자동차보험에 가입하였고 업무용승용차 운행기록부를 작성·비치하고 있으며, 제24기 사업연도의 상시근로자 수는 10인이다.

(2) ㈜A는 리스회사인 ㈜B에서 제23기 초에 운용리스(리스기간 3년)로 임원전용 업무용승용차를 임차하였다.

(3) 제24기 사업연도에 발생한 업무용승용차 관련비용은 다음과 같다.

구 분	손익계산서에 계상한 비용
리스료(상기 리스료에 포함되어 있는 항목) – 자동차보험료 – 자동차세 – 수선유지비	30,000,000원 3,000,000원 2,000,000원 1,750,000원
기타 유지비	3,000,000원

(4) 제24기 사업연도 운행기록 : 총 주행거리 20,000km, 업무용 사용거리 15,000km

① 8,250,000원
② 10,750,000원
③ 17,687,500원
④ 18,750,000원
⑤ 24,750,000원

66 **〈법인세법〉 법인세법상 납세의무자와 과세소득의 범위에 관한 설명으로 옳지 않은 것은?**

① 내국법인 중 국가와 지방자치단체는 그 소득에 대한 법인세를 납부할 의무가 없다.

② 비영리내국법인은 청산소득에 대한 법인세를 납부할 의무가 있다.

③ 국내원천소득이 있는 외국법인은 법인세 납세의무가 있다.

④ 「법인세법」에 따라 법인세를 원천징수하는 자는 해당 법인세를 납부할 의무가 있다.

⑤ 비영리내국법인은 주식·신주인수권 또는 출자지분의 양도로 인한 수입에 대하여 법인세 납세의무가 있다.

67 **〈법인세법〉 한국채택국제회계기준을 적용하고 있는 영리내국법인 ㈜A의 제24기 사업연도(2024.1.1.~12.31.)의 소득금액조정합계표상 손금산입 및 익금불산입항목의 합계금액은? [단, 각 항목은 독립적이며 주어진 자료 이외(수입배당금 익금불산입 규정 포함)에는 고려하지 않음]**

(1) ㈜A의 재무상태표 자산계정 중 매출채권은 150,000,000원이다. 이 금액에는 당기에 상법에 따른 소멸시효가 완성된 매출채권 2,000,000원이 포함되어 있다.

(2) ㈜A는 제24기에 토지를 100,000,000원에 매입하였는데 이에 대한 취득세 4,000,000원과 그 취득세에 관한 가산세 1,000,000원을 납부하고 다음과 같이 회계처리하였다.

(차) 토 지	105,000,000원	(대) 현 금	105,000,000원

(3) ㈜A는 2024년 초 ㈜B의 의결권 있는 주식 30%를 30,000,000원에 취득하였다. 주식 취득일 현재 ㈜B의 재무상태표상 순자산가액은 100,000,000원이고 순자산가액은 공정가치와 일치하였다. ㈜A는 2024.5.18. ㈜B로부터 현금배당 500,000원을 받았으며, 2024년 말 ㈜B가 당기순이익을 보고함에 따라 다음과 같이 회계처리하였다.

〈2024.5.18.〉

(차) 현 금	500,000원	(대) 관계기업투자주식	500,000원

〈2024.12.31.〉

(차) 관계기업투자주식	2,000,000원	(대) 지분법이익	2,000,000원

① 3,000,000원

② 5,000,000원

③ 5,500,000원

④ 7,000,000원

⑤ 7,500,000원

68 **〈법인세법〉 다음은 법인세가 감면되는 사업을 영위하는 영리내국법인 ㈜A의 제24기 사업연도(2024.1.1.~12.31.) 기계장치와 관련된 자료이다. ㈜A의 제24기 감가상각비 손금불산입액은? (단, ㈜A는 매년 법인세를 감면받아 왔고, 계산결과는 원 단위 미만에서 절사하고 주어진 자료 이외에는 고려하지 않음)**

(1) 취득일 : 2022.1.1.
(2) 취득가액 : 50,000,000원

구 분	제22기 (2022.1.1.~12.31.)	제23기 (2023.1.1.~12.31.)	제24기 (2024.1.1.~12.31.)
감가상각비 장부금액	20,000,000원	0원	8,000,000원

(3) 기계장치에 대한 감가상각방법과 적용 내용연수를 신고한 바 없다.
(4) 기준내용연수 : 10년
(5) 내용연수 10년의 감가상각률

정액법	정률법
0.100	0.259

(6) 제22기와 제23기의 세무조정은 적정하게 이루어졌다.

① 889,402원
② 902,352원
③ 1,804,402원
④ 2,696,352원
⑤ 2,980,402원

69 **〈법인세법〉 법인세법령상 기업업무추진비와 기부금에 관한 설명으로 옳지 않은 것은?**

① 법인이 기부금의 지출을 위하여 어음을 발행한 경우에는 그 어음을 발행한 날에 지출한 것으로 본다.
② 법인이 기부금을 가지급금 등으로 이연계상한 경우에는 이를 그 지출한 사업연도의 기부금으로 하고 그 후의 사업연도에는 이를 기부금으로 보지 않는다.
③ 내국법인이 한 차례의 접대에 지출한 기업업무추진비 중 3만원(경조금은 20만원)을 초과하는 기업업무추진비로서 증명서류를 수취하지 않은 것은 전액 손금불산입하고 귀속자에게 소득처분하며, 불분명할 경우 대표자에 대한 상여로 처분한다.
④ 재화 또는 용역을 공급하는 신용카드등의 가맹점이 아닌 다른 가맹점의 명의로 작성된 매출전표 등을 발급받은 경우 해당 지출액은 신용카드등을 사용하여 지출한 기업업무추진비로 보지 않는다.
⑤ 법인이 특수관계인 외의 자에게 정당한 사유 없이 자산을 정상가액보다 낮은 가액으로 양도함으로써 실질적으로 증여한 것으로 인정되는 금액은 기부금으로 본다.

70 〈법인세법〉 법인세법령상 손익의 귀속사업연도 및 자산·부채의 평가에 관한 설명으로 옳지 않은 것은?

① 중소기업인 법인이 수행하는 계약기간 1년 미만인 건설등의 경우에는 그에 대한 수익과 비용을 각각 그 목적물의 인도일이 속하는 사업연도의 익금과 손금에 산입할 수 있다.

② 「특정 금융거래정보의 보고 및 이용 등에 관한 법률」 제2조 제3호에 따른 가상자산은 이동평균법에 따라 평가해야 한다.

③ 결산을 확정할 때 이미 경과한 기간에 대응하는 임대료 상당액과 이에 대응하는 비용을 해당 사업연도의 수익과 손비로 계상한 경우 및 임대료 지급기간이 1년을 초과하는 경우 이미 경과한 기간에 대응하는 임대료 상당액과 비용은 이를 각각 해당 사업연도의 익금과 손금으로 한다.

④ 투자회사 등이 결산을 확정할 때 증권 등의 투자와 관련된 수익 중 이미 경과한 기간에 대응하는 이자 및 할인액과 배당소득을 해당 사업연도의 수익으로 계상한 경우에는 그 계상한 사업연도의 익금으로 한다.

⑤ 계약의 목적물을 인도하지 않고 목적물의 가액 변동에 따른 차액을 금전으로 정산하는 파생상품의 거래로 인한 손익은 그 거래에서 정하는 대금결제일이 속하는 사업연도의 익금과 손금으로 한다.

71 〈부가가치세법〉 부가가치세법령상 사업자등록에 관한 설명으로 옳지 않은 것은?

① 사업장이 둘 이상인 사업자는 사업자 단위로 해당 사업자의 본점 또는 주사무소 관할 세무서장에게 등록을 신청할 수 있다.

② 신규로 제조업을 시작하려는 자는 제조장별로 재화의 제조를 시작하는 날 이전이라도 사업자등록을 신청할 수 있다.

③ 사업장 단위로 등록한 사업자가 사업자 단위 과세 사업자로 변경하려면 사업자 단위 과세 사업자로 적용받으려는 과세기간 개시 20일 전까지 사업장 관할 세무서장에게 변경등록을 신청하여야 한다.

④ 사업자 단위로 등록신청을 한 사업자에게는 사업자 단위 과세 적용 사업장에 한 개의 등록번호를 부여한다.

⑤ 사업자가 상호를 변경하는 경우에는 지체 없이 사업자의 인적사항, 사업자등록의 변경사항 및 그 밖의 필요한 사항을 적은 사업자등록 정정신고서를 관할 세무서장이나 그 밖에 신고인의 편의에 따라 선택한 세무서장에게 제출해야 한다.

72 〈부가가치세법〉 부가가치세법령상 과세대상 거래가 아닌 것은?

① 사업자가 자기의 과세사업과 관련하여 취득하여 매입세액이 공제된 재화를 자기의 면세사업을 위하여 직접 사용하는 것

② 사업자가 외국으로부터 국내에 도착한 물품으로서 수입신고가 수리되기 전의 것을 국내에 반입하는 것

③ 사업자가 특수관계인에게 사업용 부동산의 임대용역을 시가보다 낮은 대가를 받고 공급하는 것

④ 사업자가 양도담보의 목적으로 부동산상의 권리를 제공하는 것

⑤ 사업자가 현물출자에 따라 재화를 인도하는 것

73 〈부가가치세법〉 다음은 부가가치세 과세사업을 영위하는 ㈜A에 관한 자료이다. 2024년 제1기 예정신고기간(2024.1.1.~3.31.)의 부가가치세 과세표준에 포함될 금액은? (단, 다음 자료의 금액에는 부가가치세가 포함되어 있지 않으며, 주어진 자료 이외에는 고려하지 않음)

> (1) 공급단위를 구획할 수 없는 용역을 계속적으로 공급하고 2024.1.5.에 계약금으로 2,000,000원, 2024.2.20.에 중도금으로 4,000,000원, 2024.4.30.에 잔금으로 3,000,000원을 받기로 하고, 세금계산서는 대금을 받기로 한 날 발행하기로 하였다.
> (2) 특허권을 2024.4.2.부터 2년간 대여하기로 하고, 2024.3.30.에 대가의 일부로 받은 1,000,000원에 대하여 전자세금계산서를 발행하였다.
> (3) 2024.2.20.에 세금계산서를 발행하는 시기(2024.2.20.)와 대금의 지급시기(2024.4.5.)를 명시한 약정서를 작성하고 이에 따라 용역의 공급가액을 5,000,000원으로 하는 전자세금계산서를 발행하였다(용역제공을 완료한 때는 2024.7.10.임).
> (4) 2024.3.25.에 특수관계인에게 산업상의 지식에 관한 정보를 무상으로 제공하였으며, 그 시가는 3,000,000원이다.

① 4,000,000원
② 6,000,000원
③ 7,000,000원
④ 9,000,000원
⑤ 12,000,000원

74 〈부가가치세법〉 부가가치세법령상 영세율과 면세에 관한 설명으로 옳지 않은 것은?

① 외국인도수출로서 국내 사업장에서 계약과 대가 수령 등 거래가 이루어지는 것은 영세율을 적용한다.
② 사업자가 비거주자 또는 외국법인이면 그 해당 국가에서 대한민국의 거주자 또는 내국법인에 대하여 동일하게 면세하는 경우에만 영세율을 적용한다.
③ 외국에서 생산되어 식용으로 제공되지 아니하는 수산물로서 원생산물의 수입에 대해서는 면세를 적용한다.
④ 수입하는 상품의 견본과 광고용 물품으로서 관세가 면제되는 재화의 수입에 대해서는 면세를 적용한다.
⑤ 부가가치세가 면제되는 재화 또는 용역의 공급이 영세율의 적용 대상이 되는 것인 경우 면세의 포기를 신고하여 부가가치세의 면제를 받지 아니할 수 있다.

75 〈부가가치세법〉 다음은 과세사업과 면세사업을 겸영하는 ㈜A의 2024년 제1기 확정신고기간(2024.4.1.~6.30.)의 거래내역이다. 2024년 제1기 확정신고 시 매출세액에서 공제되는 매입세액은? (단, 주어진 자료 이외에는 고려하지 않음)

(1) 2024.4.20.에 법인사업자로부터 과세사업에 사용되는 재화를 매입하고 전자세금계산서 외의 세금계산서를 2024.7.5.에 발급받았고, 그 거래사실이 확인되는 것의 부가가치세 매입세액은 2,000,000원이다.

(2) 2024.5.10.에 법인사업자로부터 매입한 면세사업에 사용되는 재화의 매입세액은 1,000,000원이다.

(3) 2024.5.25.에 매입한 과세사업과 면세사업에 공통으로 사용될 기계설비의 매입세액은 5,000,000원이며, 과세사업과 면세사업의 공급가액(부가가치세 제외금액)은 다음과 같다.

과세기간	과세사업 공급가액	면세사업 공급가액
2024.1.1.~3.31.	160,000,000원	100,000,000원
2024.4.1.~6.30.	330,000,000원	110,000,000원

① 2,500,000원
② 4,500,000원
③ 4,750,000원
④ 5,500,000원
⑤ 5,750,000원

76 〈부가가치세법〉 부가가치세 과세사업을 영위하는 ㈜A에 관한 다음 자료에 따라 2024년 제1기 확정신고기간(2024.4.1.~6.30.)의 매입처별 세금계산서합계표상 부가가치세 매입세액에 가감할 금액은? (단, 법령상 신고 등의 절차는 적법하게 이행되었으며, 주어진 자료 이외에는 고려하지 않음)

(1) 2022.1.1.에 공급한 재화에 대한 매출채권 17,600,000원(부가가치세 포함)이 2024.4.5.에 부가가치세법에 따른 대손으로 확정되었다.

(2) 2023.3.1.에 부가가치세법에 따른 대손으로 확정된 매출채권 27,500,000원(부가가치세 포함)을 2024.5.10.에 회수하였다.

(3) 2023년 제1기 부가가치세 확정신고 시 매입세액에서 차감한 대손세액은 1,980,000원이었고, 2024.6.15.에 해당 대손 금액 전부를 변제하였다.

① 520,000원 차감
② 1,080,000원 차감
③ 1,800,000원 가산
④ 1,980,000원 가산
⑤ 3,580,000원 가산

77 **〈부가가치세법〉 다음은 일반사업자 ㈜A가 ㈜B에게 임대하고 있는 3층 건물(「국토의 계획 및 이용에 관한 법률」에 따른 도시지역 내에 소재)에 관한 자료이다. 2024년 제1기 과세기간의 부가가치세 과세표준은? (단, 주어진 자료 이외에는 고려하지 않으며 1년은 365일로 가정함)**

(1) 임대현황(주택에 부가가치세가 과세되는 사업용 건물이 함께 설치되어 있음) : 건물 1층 상가 $100m^2$, 건물 2층 주택 $100m^2$, 건물 3층 주택 $100m^2$, 부수토지 $1,500m^2$
(2) 2024년 제1기 과세기간의 임대료로 30,000,000원(부가가치세 제외)을 수령하였으며 임대보증금은 438,000,000원이다(임대기간은 2023.1.1.~2024.12.31.이며, 임대료와 임대보증금의 건물과 부수토지에 대한 실지귀속은 불분명함).
(3) 2024년 제1기 과세기간 종료일 현재 소득세법에 따른 기준시가 : 건물 300,000,000원, 토지 500,000,000원
(4) 2024년 제1기 과세기간 종료일 현재 계약기간 1년의 정기예금이자율은 3%로 가정한다.

① 15,215,000원
② 17,516,500원
③ 19,455,000원
④ 20,322,000원
⑤ 22,822,500원

78 **〈부가가치세법〉 부가가치세법령상 세금계산서에 관한 설명으로 옳은 것은?**

① 공급하는 자의 주소, 공급품목, 단가와 수량, 작성 연월일이 기재되지 않은 세금계산서라도 그 매입세액은 매출세액에서 공제한다.
② 전자세금계산서를 발급하여야 하는 사업자가 아닌 사업자는 전자세금계산서를 발급하거나 전자세금계산서 발급명세를 전송할 수 없다.
③ 처음 공급한 재화가 환입된 경우 재화가 환입된 날을 작성일로 적고 비고란에 처음 공급일을 덧붙여 적은 후 감소된 금액을 검정색 글씨로 쓰거나 음(陰)의 표시를 하여 수정세금계산서 또는 수정전자세금계산서를 발급한다.
④ 직전 연도의 공급대가의 합계액이 4천 800만원 미만인 간이과세자가 부가가치세가 과세되는 재화를 공급하는 경우에는 재화의 공급시기에 그 공급을 받은 자에게 영수증 또는 세금계산서를 발급할 수 있다.
⑤ 세관장은 수입되는 재화에 대하여 부가가치세를 징수할 때(부가가치세법 제50조의2에 따라 부가가치세의 납부가 유예되는 때를 포함)에는 수입된 재화에 대한 세금계산서를 법령으로 정하는 바에 따라 수입하는 자에게 발급하여야 한다.

79 〈국제조세조정에 관한 법률〉 국제조세조정에 관한 법률상 국외특수관계인 및 관련 과세조정에 관한 설명으로 옳지 않은 것은?

① "국외특수관계인"이란 거주자, 내국법인 또는 국내사업장과 특수관계에 있는 비거주자 또는 외국법인(비거주자 또는 외국법인의 국내사업장은 제외)을 말한다.

② 과세당국은 거주자와 국외특수관계인이 사전에 원가·비용·위험의 분담에 대한 약정을 체결하고 이에 따라 무형자산을 공동으로 개발 또는 확보하는 경우 거주자의 원가등의 분담액이 정상원가분담액보다 많을 때에는 정상원가분담액을 기준으로 거주자의 과세표준과 세액을 결정하거나 경정할 수 있다.

③ 체약상대국이 거주자와 국외특수관계인의 거래가격을 정상가격으로 조정하고, 이에 대한 상호합의 절차가 진행 중인 경우 거주자는 경정청구를 할 수 있으며, 과세당국은 그 경정청구의 결과에 따라 거주자의 각 과세연도 과세표준 및 세액을 조정하여 계산하여야 한다.

④ 과세당국은 국외특수관계인과의 거래에 대한 과세조정에 관한 규정을 적용할 때 납세의무자가 일방적 사전승인을 받은 경우로서 신고한 거래가격과 정상가격의 차이에 대하여 납세의무자의 과실이 없다고 국세청장이 판정하는 경우에는 「국세기본법」에 따른 과소신고가산세를 부과하지 아니한다.

⑤ 거주자는 일정 기간의 과세연도에 대하여 일정한 정상가격 산출방법을 적용하려는 경우에는 그 정상가격 산출방법을 적용하려는 일정 기간의 과세연도 중 최초의 과세연도 개시일의 전날까지 국세청장에게 사전승인을 신청할 수 있다.

80 〈국제조세조정에 관한 법률〉 국제조세조정에 관한 법률에서 규정하고 있는 내용으로 옳지 않은 것은?

① 제조업을 영위하는 내국법인이 국외법인으로부터 차입한 금액에 대한 이자비용이 조정소득금액의 30퍼센트를 초과하는 경우에는 그 초과하는 금액은 손금에 산입하지 아니한다.

② 내국법인이 국외특수관계인과의 혼성금융상품 거래에 따라 지급한 이자등 중 법령으로 정하는 기간(이하 "적정기간") 이내에 그 거래 상대방이 소재한 국가에서 거래 상대방의 소득에 포함되지 아니하는 등 과세되지 아니한 금액은 적정기간 종료일이 속하는 사업연도의 소득금액을 계산할 때 법령으로 정하는 바에 따라 익금에 산입하며 「법인세법」에 따른 기타사외유출로 처분된 것으로 본다.

③ 조세조약에서 정의하지 아니한 용어 및 문구에 대해서는 「국세기본법」 제2조 제2호에 따른 세법에서 정의하거나 사용하는 의미에 따라 조세조약을 해석·적용한다.

④ 배당간주금액은 특정외국법인의 해당 사업연도 종료일의 다음 날부터 60일이 되는 날이 속하는 내국인의 과세연도의 익금 또는 배당소득에 산입한다.

⑤ 출자금액 대비 과다차입금 지급이자의 손금불산입 규정에 따라 손금불산입 되는 내국법인의 지급이자 및 할인료는 「법인세법」에 따른 배당 또는 기타사외유출로 처분된 것으로 본다.

2021년도 제58회
세무사 1차 국가자격시험 문제지

교시	시험과목	시험시간	문제형별
1교시	1 재정학 2 세법학개론	80분	A

수험번호		성 명	

【 수험자 유의사항 】

1. 시험문제지는 **단일 형별(A형)**이며, 답안카드는 형별 기재란에 표시된 형별(A형)을 확인하시기 바랍니다. 시험문제지의 **총면수, 문제번호 일련순서, 인쇄상태** 등을 확인하시고, 문제지 표지에 수험번호와 성명을 기재하시기 바랍니다.

2. 답은 각 문제마다 요구하는 **가장 적합하거나 가까운 답 1개**만 선택하고, 답안카드 작성 시 시험문제지 **마킹착오**로 인한 불이익은 전적으로 **수험자에게 책임**이 있음을 알려 드립니다.

3. 답안카드는 국가전문자격 공통 표준형으로 문제번호가 1번부터 125번까지 인쇄되어 있습니다. 답안 마킹 시에는 반드시 **시험문제지의 문제번호와 동일한 번호**에 마킹하여야 합니다.

4. **감독위원의 지시에 불응하거나 시험시간 종료 후 답안카드를 제출하지 않을 경우** 불이익이 발생할 수 있음을 알려 드립니다.

5. 시험문제지는 시험 종료 후 가져가시기 바랍니다.

세법학개론

41 〈국세기본법〉「국세기본법」상 서류의 송달에 관한 설명으로 옳은 것은? (다툼이 있으면 판례에 따름)

① 세무공무원이 납세자를 방문해 서류를 교부하려고 하였으나 수취인이 부재중인 것으로 확인되어 납부기한까지 송달이 곤란하다고 인정되는 경우에는 공시송달을 할 수 있다.
② 납세의무자, 그 종업원 또는 동거인으로서 사리를 판별할 수 있는 사람이 부재하는 경우에는 송달할 장소에 서류를 둘 수 있다.
③ 집배원이 아파트경비원에게 서류를 교부하는 방식의 송달은 적법한 송달이라고 볼 수 없다.
④ 납부고지서의 우편송달은 등기우편으로만 하여야 한다.
⑤「국세기본법」은 서류를 등기우편으로 송달하였으나 수취인이 부재중인 것으로 확인되어 반송됨으로써 납부기한 내에 송달이 곤란하다고 인정되는 경우에는 공시송달을 할 수 있다고 규정하고 있다.

42 〈국세기본법, 소득세법〉 ㈜A는 제17기 사업연도(2017.1.1.~12.31.)의 매출기록을 조작하는 방식으로 매출을 일부 누락하여 법인세를 신고·납부하였다. 그 사실을 알게 된 과세관청은 2024.2.2. ㈜A에게 법인세 부과처분을 함과 동시에 익금에 산입한 금액의 사외유출 귀속처가 불분명하다고 보아 대표이사인 甲에게 상여로 소득처분함을 내용으로 하는 소득금액변동통지를 하였다. 이에 관한 설명으로 옳지 않은 것은? (다툼이 있으면 판례에 따름)

① 소득처분 관련 甲의 소득세 납세의무의 성립시기는 2017년이 끝나는 때이다.
② 甲이 사외유출된 금액이 자신에게 귀속되지 아니하였다는 점만을 입증하였다면 소득세 납세의무를 면할 수 없다.
③ ㈜A에 대한 소득금액변동통지는 행정소송의 대상이 될 수 있는 "처분"에 해당한다.
④ 甲이 스스로 부정행위를 하지 아니하였고 2017년 과세기간 귀속 소득의 소득세 신고를 법정신고기한까지 한 경우라면, 甲에 대한 소득세 부과제척기간의 만료일은 2023.5.31.이다.
⑤ 甲에 대한 소득세 부과제척기간이 도과하였다면 ㈜A에 대한 소득금액변동통지는 위법하다.

43 **〈국세기본법〉「국세기본법」상 국세의 우선에 관한 설명으로 옳은 것은? (다툼이 있으면 판례에 따름)**

① 납세의무자의 재산양도일이 국세채권의 법정기일 이후인 경우 양수인은 물적납세의무를 부담한다.

② 「국세징수법」 제7조 제1항에 따라 양도담보권자에게 납부고지가 있은 후 납세자가 양도에 의하여 실질적으로 담보된 채무를 불이행하여 해당 재산이 양도담보권자에게 확정적으로 귀속되고 양도담보권이 소멸하는 경우에는 납부고지 당시의 양도담보재산이 계속하여 양도담보재산으로서 존속하는 것으로 본다(납부지연가산세는 감안하지 아니함).

③ 현행법은 「주택임대차보호법」에 따라 대항요건과 확정일자를 갖춘 임차권 관련 보증금채권(소액임대차보증금 아님)에 대한 특칙을 두고 있지 아니하므로 국세채권이 위 보증금채권에 우선한다.

④ 납세의무자를 채무자로 하는 임금채권(우선변제권이 있는 근로관계채권), 국세채권(법정기일 2019.3.), 근저당권부 채권(설정일 2019.2.)이 있는 경우 국세채권은 임금채권에 우선한다.

⑤ 납세의무자를 채무자로 하는 국세채권(법정기일 2019.1., 압류 2019.5.) 100원, 근저당권부채권(근저당권설정일 2019.2.) 100원, 지방세채권(법정기일 2019.3., 압류 2019.3.) 100원이 있는 경우 압류재산 매각대금 150원의 배분은 국세채권 100원, 근저당권부채권 50원의 순으로 하여야 한다.

44 **〈국세기본법〉 과세관청은 2019.3.2. ㈜A에 대하여 매출누락을 이유로 제17기 사업연도(2017.1.1.~12.31.)의 법인세 금 20억원의 부과처분을 하였다. 그에 대하여 ㈜A는 행정심판을 제기하지 아니하였다. 한편, 과세관청은 같은 과세기간에 대하여, 2020.4.4. 업무무관가지급금 인정이자 익금산입을 이유로 금 10억원의 증액경정처분을 하였다가, 당해 인정이자계산 상의 오류를 발견함에 따라 2020.5.6. 금 3억원의 감액경정처분을 하였다. ㈜A는 2020.6.4. 조세심판원에 심판청구를 제기하여 2019.3.2.자 과세처분 사유인 매출누락 사실이 없음을 주장하였다. 그와 관련한 조세심판원의 결정에 대한 설명으로 옳은 것은? (다툼이 있으면 판례에 따름)**

① 2019.3.2.자 과세처분은 심판청구기간이 도과하여 불가쟁력이 발생하였으므로 심판청구 각하결정

② ㈜A의 주장이 맞다고 하더라도 금 20억원의 세액은 "당초 확정된 세액"에 해당하므로 심판의 이익이 없어 심판청구 각하결정

③ 과세처분 취소결정이 필요한 경우 취소 대상으로 특정하여야 할 처분은 2019.3.2.자 과세처분이다.

④ ㈜A의 주장이 맞다면 27억원의 부과처분 중 20억원을 넘는 부분의 부과처분 취소결정

⑤ ㈜A의 주장이 맞다면 27억원의 부과처분 중 7억원을 넘는 부분의 부과처분 취소결정

45 **〈국세징수법〉「국세징수법」상 납세증명서 등 제도에 관한 설명으로 옳지 않은 것은?**

① 담보대출을 하고자 하는 은행이 납세의무자로부터 대출일 현재의 납세증명서를 전달받더라도 은행에 우선하는 국세채권의 존재를 확인할 수 없는 경우가 있다.

② 체납된 국세와 관련하여 심판청구가 계속 중인 경우에는 체납자의 인적사항 및 체납액 등을 공개할 수 없다.

③ 미납국세의 열람 대상에는 아직 체납상태에 이르지 아니한 국세채권도 일부 포함되어 있다.

④ 국세청장은 체납자 재산의 압류 및 담보 제공 등으로 출국금지 사유가 없어진 경우 즉시 법무부장관에게 출국금지의 해제를 요청하여야 한다.

⑤「주택임대차보호법」제2조에 따른 주거용 건물을 임차하여 사용하려는 자는 건물 소유자의 동의 없이 국세체납액의 열람을 세무서장에게 신청할 수 있다.

46 **〈국세징수법〉「국세징수법」상 납부고지 등 징수에 관한 설명으로 옳은 것은? (다툼이 있으면 판례에 따름)**

① 체납액의 징수는 강제징수비, 가산세, 가산세를 제외한 국세의 순으로 한다.

② 독촉장을 발급하는 경우 독촉을 하는 날부터 30일 이내의 범위에서 기한을 정하여 발급한다.

③ 제2차 납세의무자로부터 국세를 징수하고자 하는 경우 납부통지서를 발급하여야 한다.

④ 하나의 납부고지서로 여러 종류의 가산세를 함께 부과하는 경우에는 그 가산세 종류별로 세액과 산출근거 등을 구분하여 기재하여야 한다.

⑤ 국세를 포탈하려는 행위가 있다고 인정된다는 사유만으로는 납부기한 전 징수를 할 수 없다.

47 **〈국세징수법〉「국세징수법」상 강제징수절차에 관한 설명으로 옳지 않은 것은?**

① 관할 세무서장은 압류한 재산에 대한 제3자의 소유권 주장 및 반환을 구하는 청구가 부당하다고 인정하는 경우 그 재산에 대한 강제징수를 정지하지 아니할 수 있다.

②「국세징수법」은 세무공무원이 재산을 압류한 경우 체납자는 압류한 재산에 관하여 양도 등 처분을 할 수 없다고 규정하고 있다.

③ 체납자는 관할 세무서장이 가치가 현저하게 줄어들 우려가 있다고 인정하여 제한할 경우를 제외하고는 압류된 자동차를 사용할 수 있다.

④ 세무공무원은 체납자와 그 배우자의 공유재산으로서 양자가 공동 점유하고 있는 동산을 압류할 수 있다.

⑤ 계속적 거래관계에서 발생하는 급료채권에 대한 압류의 효력은 체납액을 한도로 하여 압류 후에 발생할 급료채권에도 미친다.

48 **〈국세징수법〉「국세징수법」상 교부청구, 참가압류 및 공매에 관한 설명으로 옳지 않은 것은?**

① 관할 세무서장은 다른 관할 세무서장의 국세 체납자에 대한 강제징수가 시작된 경우 그 관할 세무서장에게 교부청구를 하여야 한다.

② 관할 세무서장의 선행압류기관에 대한 참가압류통지서 송달은 강제징수 시작 등 경우의 해당 기관에 대한 교부청구를 갈음한다.

③ 참가압류를 한 후에 선행압류기관이 압류한 부동산에 대한 압류를 해제한 경우 참가압류는 선행압류의 등기가 완료된 때로 소급하여 압류의 효력을 갖는다.

④ 원칙적으로 행정소송이 계속 중인 국세의 체납으로 압류한 재산은 그 소(訴)에 대한 판결이 확정되기 전에는 공매할 수 없다.

⑤ 세무공무원은 제3자의 명의로도 압류재산을 매수하지 못한다.

49 **〈조세범처벌법〉「조세범처벌법」에 관한 설명으로 옳은 것은? (단, 다른 법률은 고려하지 아니하며 다툼이 있으면 판례에 따름)**

① 「조세범처벌법」상 "조세"란 관세를 제외한 국세를 말한다.

② 납세의무자의 위임을 받아, 대여받은 세무사 명의로, 납세의무자를 대리하여 세무신고를 하는 자가 조세의 부과를 면하게 하기 위하여 타인의 조세에 관하여 거짓으로 신고를 하였을 때에는 성실신고방해행위죄로 처벌할 수 없다.

③ 조세의 원천징수의무자가 정당한 사유 없이 그 세금을 징수하지 아니한 행위는 징수한 세금을 정당한 사유 없이 납부하지 아니한 행위에 비하여 법정형량이 크다.

④ 개인의 사용인이 「조세범처벌법」에서 규정하는 범칙행위를 하면, 그 개인에게도 사용인에게 과한 형과 같은 형을 과한다.

⑤ 「조세범처벌법」에 따른 범칙행위에 대한 공소제기는 세무서장 등의 고발을 요하지 아니한다.

50 **〈조세범처벌법〉「조세범처벌법」상 조세포탈등죄의 요건인 "사기나 그 밖의 부정한 행위"란 (   )에 해당하는 행위로서 조세의 부과와 징수를 불가능하게 하거나 현저히 곤란하게 하는 적극적 행위를 말한다. 다음 중 (   )에 들어갈 수 있는 행위의 개수는? (단, 제시된 행위 이외의 다른 행위는 없으며 다툼이 있으면 판례에 따름)**

○ 고의 없이 장부를 작성하지 아니하는 행위
○ 거짓 문서의 수취
○ 허위의 신고행위
○ 기록의 파기
○ 위계에 의한 행위
○ 납세신고를 하지 아니하는 행위

① 1개
② 2개
③ 3개
④ 4개
⑤ 5개

51 **〈소득세법〉「소득세법」상 결손금 또는 이월결손금에 관한 설명으로 옳은 것은?**

① 사업소득금액을 계산할 때 발생한 결손금은 이자소득금액·배당소득금액·근로소득금액·연금소득금액·기타소득금액에서 순서대로 공제한다.

② 부동산임대업(주거용 건물 임대업 포함)에서 발생한 결손금은 종합소득과세표준을 계산할 때 공제하지 않는다.

③ 부동산임대업을 제외한 일반업종 사업소득에서 발생한 결손금은 부동산임대업에서 발생한 소득금액이 있는 경우에도 그 부동산임대업의 소득금액에서 공제하지 않는다.

④ 소득금액을 추계신고하는 경우에는 이월결손금 공제규정을 적용하지 않는다. 다만, 천재지변으로 장부가 멸실되어 추계신고를 하는 경우라면 이월결손금 공제규정을 적용한다.

⑤ 해당 과세기간 중 발생한 결손금과 이월결손금이 모두 존재하는 경우에는 이월결손금을 먼저 소득금액에서 공제한다.

52 **〈소득세법〉「소득세법」상 부당행위계산 부인에 관한 설명으로 옳지 않은 것은?**

① 필요경비의 크기에 대하여 입증을 요구하지 않는 소득인 근로소득과 연금소득은 부당행위계산 부인의 대상이 되는 소득으로 규정되어 있지 않다.

② 배당소득과 이자소득은 필요경비가 인정되지 않는 소득이다. 따라서 배당소득과 이자소득 전체는 부당행위계산 부인의 대상이 되는 소득으로 규정되어 있지 않다.

③ 과세표준의 계산과정이 세법의 규정대로 이루어지는 퇴직소득은 부당행위계산 부인의 대상이 되는 소득으로 규정되어 있지 않다.

④ 직계존비속에게 주택을 무상으로 사용하게 하고 직계존비속이 그 주택에 실제로 거주하는 경우는 부당행위계산 부인의 대상에서 제외된다.

⑤ 제조업 영위 개인사업자가 여유자금을 인출하여 부친에게 무상으로 대여한 경우에는 부당행위계산 부인의 대상이 되지 않으나 부친으로부터 높은 이자율(시가의 2배)로 사업자금을 차입하여 그 이자를 필요경비에 산입한 경우에는 부당행위계산 부인의 대상이 된다.

53 **〈소득세법〉 사업자인 甲의 다음 자료를 이용하여 계산한 초과인출금의 지급이자 필요경비 불산입액은? (단, 계산결과는 원 단위 미만에서 절사하고 주어진 자료 이외의 사항은 고려하지 않음)**

1. 월차 결산에 따른 자산과 부채의 현황은 다음과 같다.

구 분	사업용 자산	사업용 부채	세법상 충당금 (부채에 포함됨)
6월	150,000,000원	200,000,000원	20,000,000원
7월	140,000,000원	160,000,000원	20,000,000원

2. 지급이자와 관련된 자료는 다음과 같다.

이자율	지급이자	차입금 적수
연 20%	400,000원*	730,000,000원
연 12%	1,200,000원	3,650,000,000원

* 이 금액 중 50%는 채권자 불분명사채의 이자이다.

① 313,823원
② 328,767원
③ 375,890원
④ 776,986원
⑤ 856,986원

54 **〈소득세법〉 거주자 甲의 2024년도 종합소득에 관한 자료가 다음과 같을 경우 분리과세 주택임대소득에 대한 사업소득금액은?**

1. 甲이 임대하고 있는 주택은 「소득세법 시행령」 제122조의2에 의한 등록임대주택이 아니다.
2. 甲의 주택임대와 관련된 자료는 다음과 같다.

구 분	A주택	B주택
임대료 수입	10,000,000원	–
간주임대료	4,000,000원	4,000,000원
합 계	14,000,000원	4,000,000원

3. 甲의 종합소득금액은 상기의 주택임대소득을 제외하고 2천만원을 넘지 않는다.

① 3,200,000원
② 5,000,000원
③ 5,200,000원
④ 7,000,000원
⑤ 9,000,000원

55 **〈소득세법〉 다음은 2024년도 거주자 甲의 금융소득에 관한 자료이다. 종합과세할 배당소득금액은? (단, 원천징수는 적법하게 이루어졌으며 제시된 금액은 원천징수 전의 금액이다. 주어진 자료 외의 사항은 고려하지 않음)**

> ○ 내국법인 A가 이익잉여금을 자본전입함에 따라 지급받은 무상주의 액면가액 5,000,000원
> ○ 내국법인 B가 주식발행초과금을 자본전입함에 따라 지급받은 무상주의 액면가액 6,000,000원(자기주식에 배정되지 못하여 재배정함에 따라 지분율이 증가된 금액 2,000,000원 포함)
> ○ 「소득세법 시행령」 제26조의2 제1항에 의한 집합투자기구(사모집합투자기구가 아님)로부터 받은 이익금 5,000,000원(증권시장에 상장된 제조업 영위 내국법인 주식의 매매차익 2,000,000원 포함)
> ○ 국내은행으로부터 받은 이자 12,000,000원

① 8,200,000원
② 10,200,000원
③ 10,500,000원
④ 12,200,000원
⑤ 22,200,000원

56 **〈소득세법〉 2024년도 거주자 甲의 기타소득과 관련된 자료는 다음과 같다. 종합과세할 기타소득금액은? (단, 원천징수는 적법하게 이루어졌으며 제시된 금액은 원천징수 전의 금액이다. 주어진 자료 외의 사항은 고려하지 않음)**

> ○ 주택입주 지체상금 수령액 : 3,000,000원
> ○ 「공익사업을 위한 토지 등의 취득 및 보상에 관한 법률」에 따른 공익사업과 관련하여 지상권을 대여함으로써 받은 금액 : 15,000,000원
> ○ 과세대상이 되는 서화를 반복적으로 판매함으로써 얻은 소득 : 200,000,000원(단, 이와 관련하여 사업장을 갖추거나 사업자등록을 하지는 않았으며, 서화의 보유기간은 10년 미만이다)
> ○ 위 소득과 관련하여 확인된 필요경비는 없다.

① 3,600,000원
② 4,200,000원
③ 6,600,000원
④ 7,200,000원
⑤ 36,600,000원

57 〈소득세법〉 근로소득에 관한 설명으로 옳지 않은 것은?

① 대기업의 종업원이 주택의 구입에 소요되는 자금을 무상으로 대여 받음으로써 얻는 이익은 근로소득에 포함된다.

② 공무원이 공무수행과 관련하여 국가로부터 받는 상금과 사기업체 종업원이 법에 따라 받는 직무발명보상금은 연 500만원까지 비과세한다.

③ 일용근로자가 아닌 근로자의 경우 총급여액에서 공제하는 근로소득공제는 연간 2,000만원을 한도로 한다.

④ 법인세법에 따라 처분된 인정상여의 귀속시기는 그 법인의 결산확정일이 아닌 근로자가 해당 사업연도 중 근로를 제공한 날로 한다.

⑤ 근로를 제공하고 받은 대가라 하더라도 독립된 지위에서 근로를 제공하였다면 그 대가는 근로소득으로 보지 않는다.

58 〈소득세법〉 연금소득에 관한 설명으로 옳은 것은?

① 공적연금의 경우 2002.1.1.(과세기준일) 이후부터 과세로 전환되었으므로 연금수령액 중 과세연금액은 '과세기준일 이후 기여금 납입월수'가 '총 기여금 납입월수'에서 차지하는 비율에 따라서 분할하여 계산한다.

② 연금계좌에서 인출하는 금액이 연금수령요건을 충족한 경우 퇴직연금계좌 인출액이든 연금저축계좌 인출액이든 연금소득공제를 적용한다.

③ 사망할 때까지 연금수령하는 종신계약에 따라 받는 연금소득의 경우 3%의 원천징수세율을 적용한다.

④ 연금계좌에서 일부 금액이 인출되는 경우 인출순서는 이연퇴직소득 → 과세제외금액 → 연금계좌세액공제를 받은 납입액과 운용수익 순서로 인출되는 것으로 한다.

⑤ 이연퇴직소득을 연금수령하는 경우로서 실제 수령연차가 10년을 초과하는 경우 원천징수세율은 연금외수령 원천징수세율의 60%가 된다.

59 〈소득세법〉 양도소득세의 과세대상이 아닌 것은?

① 지상권의 양도로 발생하는 소득

② 지역권의 양도로 발생하는 소득

③ 등기된 부동산임차권의 양도로 발생하는 소득

④ 한국토지주택공사 발행 주택상환사채의 양도로 발생하는 소득

⑤ 가액을 별도로 평가하지 않고 토지·건물과 함께 양도하는 이축권(개발제한구역 내의 건축물을 법에 따른 취락지구 등으로 이축할 수 있는 권리)의 양도로 발생하는 소득

60 〈소득세법〉「소득세법」 제16조 제1항 제10호에서 규정하는 직장공제회 초과반환금에 관한 설명으로 옳지 않은 것은?

① 소득세법령이 정하는 직장공제회 초과반환금은 이자소득에 해당한다.
② 과세대상이 되는 초과반환금에는 반환금에서 납입공제료를 뺀 금액인 "납입금 초과이익"만이 아니라 반환금 분할지급 시 발생하는 "반환금 추가이익"도 포함된다.
③ 직장공제회 초과반환금은 종합소득과세표준에 합산하지 않는다.
④ "납입금 초과이익"에 대한 산출세액은 「소득세법」 제63조 제1항에서 규정하는 방식(연분연승 방식)에 따른다.
⑤ "반환금 추가이익"에 대한 산출세액은 해당 추가이익에 금융소득에 대한 원천징수세율인 14%의 세율을 적용하여 계산한다.

61 〈법인세법〉 제조업을 영위하는 영리내국법인 ㈜A(중소기업 및 회생계획을 이행 중인 기업은 아님)의 다음 자료에 따른 제24기 사업연도(2024.1.1.~12.31.) 법인세 과세표준은? (단, 전기 이전의 모든 세무조정은 적절하게 이루어졌으며, 주어진 자료 이외에는 고려하지 않는다. 또한 수입배당금액에 대한 익금불산입 규정은 적용하지 않음)

(1) 제24기 사업연도 포괄손익계산서상 당기순이익은 300,000,000원이다.
(2) 제24기 말 재무상태표에는 2023.1.1.에 ㈜A의 대표이사로부터 현금을 지불하고 취득한 건물(취득가액 : 400,000,000원)이 계상되어 있으며, ㈜A는 동 건물에 대하여 정액법(매기 상각률 : 0.05)에 따른 감가상각비를 제24기 포괄손익계산서에 비용으로 계상하였다. 동 건물의 취득 당시 시가는 350,000,000원, 신고내용연수는 20년이며 감가상각방법은 신고하지 않았다.
(3) ㈜A의 경영에 대해 사실상 영향력을 행사하고 있다고 인정되는 자의 배우자인 甲에게 ㈜A의 업무와 관련 없이 대여한 5,000,000원이 회수불능하게 됨에 따라 전액 대손처리하고, 이를 제24기 포괄손익계산서에 비용으로 계상하였다. 단, ㈜A는 동 대여금에 대해서 「법인세법」상 시가를 초과하는 이자를 수령하고 있다.
(4) ㈜A는 ㈜B가 발행한 주식 20,000주(주당 액면가액 5,000원)를 1주당 6,000원에 취득하여 보유하고 있었는데, 제24기 중 ㈜B는 발행주식의 10%를 1주당 10,000원의 현금을 지급하고 일괄 매입하여 소각하였다. ㈜A는 ㈜B로부터 수취한 20,000,000원에 대하여 아무런 회계처리를 하지 않고 보유주식수만 감소시켰다.
(5) ㈜A는 제23기에 「법인세법」상 결손금 200,000,000원이 발생하였으며, 자산수증이익 및 채무면제이익으로 충당된 결손금은 없다.

① 63,100,000원
② 110,500,000원
③ 115,500,000원
④ 126,200,000원
⑤ 137,700,000원

62 **〈법인세법〉 제조업을 영위하는 영리내국법인 ㈜A(중소기업 아님)의 제24기 사업연도(2024.1.1.~12.31.) 법인세 차감납부세액 계산과 관련하여 다음 ㉠, ㉡, ㉢의 합계액은? (단, 다음에 제시되는 각 상황은 상호 독립적이라고 가정하고, 주어진 자료 이외에는 고려하지 않는다. 또한 ㈜A의 소득 중에 법인세가 부과되지 아니하거나 비과세 또는 면제되는 소득은 없음)**

> (1) ㈜A는 제24기 중 「법인세법」상 토지 등 양도소득에 대한 법인세 과세대상에 해당하는 조합원입주권을 특수관계가 없는 자에게 양도하고, 150,000,000원의 양도소득이 발생하였다. 이로 인해 ㈜A의 제24기 법인세 차감납부세액이 ___㉠___원 증가되었다.
> (2) ㈜A는「법인세법」에 따른 장부의 비치·기장의무를 이행하지 않았기 때문에 장부의 기록·보관 불성실가산세 ___㉡___원을 제24기 사업연도 법인세액에 더하여 납부하였다. ㈜A의 제24기 산출세액은 30,000,000원, 수입금액은 100억원이다.
> (3) ㈜A의 제24기 각 사업연도 소득금액에는 ㈜B(제조업)에게 일시적으로 자금을 대여하고 국내에서 수취한 이자수익 5,000,000원이 포함되어 있다. 동 이자수익에 대한 법인세 원천징수가 적법하게 이행된 경우, ㈜A의 차감납부세액 계산 시 기납부세액으로 공제될 수 있는 금액은___㉢___원이다.

① 22,750,000원
② 23,250,000원
③ 32,250,000원
④ 37,750,000원
⑤ 38,250,000원

63 **〈법인세법〉 제조업을 영위하는 영리내국법인 ㈜A(중소기업 아님)의 제24기 사업연도(2024.1.1.~9.30.) 법인세 세무조정 결과, 포괄손익계산서에 계상된 기업업무추진비 59,000,000원(문화비로 지출한 기업업무추진비는 없음) 중에서 5,400,000원이 「법인세법」상 한도금액을 초과하여 손금에 산입하지 않았다. ㈜A의 제24기 사업연도 수입금액이 200억원인 경우, 이 중에서 특수관계인과의 거래에서 발생한 수입금액은? (단, 제24기에 특수관계인과의 거래에서 발생한 수입금액은 100억원 미만이며, 모든 기업업무추진비는 신용카드를 사용하여 업무상 적법하게 지출하였음)**

① 30억원
② 40억원
③ 50억원
④ 60억원
⑤ 70억원

64 〈법인세법〉 제조업을 영위하는 영리내국법인 ㈜A(중소기업 아님)의 제24기 사업연도(2024.1.1.~12.31.) 지급이자에 대한 세무조정 결과, 「법인세법」상 『자본금과 적립금조정명세서(乙)』의 기말잔액에 영향을 미친 금액은? (단, 당기의 모든 세무조정은 적절하게 이루어졌으며, 주어진 자료 이외에는 고려하지 않음)

(1) 제24기 포괄손익계산서상 지급이자 내역

구 분	지급이자 금액	연이자율	비 고
지급이자 A	3,000,000원	6%	채권자와의 금전거래사실 및 거래내용이 불분명한 차입금에서 발생함
지급이자 B	?	?	사업용 유형자산 건설에만 전액 소요된 특정차입금에 대한 지급이자임
지급이자 C	9,600,000원	12%	
지급이자 D	?	?	지급이자 D에 대한 차입금은 60,000,000원임
합 계	26,600,000원		

(2) 2024.1.1.에 대표이사에게 업무와 관련 없이 70,000,000원을 대여하였고, 제24기 말까지 상환되지 않았다. 또한 업무무관자산 등에 대한 지급이자 세무조정 결과, 포괄손익계산서상 지급이자 중에서 동 가지급금과 관련하여 손금불산입된 금액은 9,300,000원이다.

(3) ㈜A의 제24기 말 현재 차입금 총액 252,500,000원은 모두 전기 이전에 차입하였으며, 제24기 중 신규로 차입하거나 상환된 차입금은 없다.

① 4,000,000원
② 5,000,000원
③ 6,000,000원
④ 7,000,000원
⑤ 8,000,000원

65 〈법인세법〉 영리내국법인 ㈜A의 포괄손익계산서 세금과공과 계정에는 다음의 금액이 포함되어 있다. 『소득금액조정합계표』 작성 시 '익금산입 및 손금불산입'에 포함되어야 할 금액의 합계는?

○ 사계약상의 의무불이행으로 인하여 부담한 지체상금(구상권 행사 불가능) : 1,000,000원
○ 업무와 관련하여 발생한 교통사고 벌과금 : 1,500,000원
○ 전기요금의 납부지연으로 인한 연체가산금 : 3,500,000원
○ 「국민건강보험법」에 따라 징수하는 연체금 : 4,000,000원
○ 국유지 사용료의 납부지연으로 인한 연체료 : 5,500,000원
○ 외국의 법률에 따라 국외에서 납부한 벌금 : 6,000,000원

① 7,500,000원
② 9,000,000원
③ 11,500,000원
④ 13,000,000원
⑤ 15,500,000원

66 〈법인세법〉「법인세법」상 합병 시 피합병법인에 대한 과세와 관련하여 적격합병이 갖추어야 할「법인세법」 제44조 제2항 제4호의 요건 중에는 다음의 내용이 포함된다.

> 합병등기일 1개월 전 당시 피합병법인에 종사하는 <u>대통령령으로 정하는 근로자</u> 중 합병법인이 승계한 근로자의 비율이 100분의 80 이상이고, 합병등기일이 속하는 사업연도의 종료일까지 그 비율을 유지할 것

위의 내용에서 밑줄로 표시된 <u>대통령령으로 정하는 근로자</u>란「근로기준법」에 따라 근로계약을 체결한 내국인 근로자를 말하지만 특정한 일부 근로자는 제외되는데, 이 경우 제외되는 근로자에 해당하지 않는 것은?

① 근로계약의 연속된 갱신으로 인하여 합병등기일 1개월 전 당시 그 근로계약의 총 기간이 1년 이상인 근로자
② 법인 이사회의 구성원에 해당하는 임원
③ 합병등기일이 속하는 사업연도의 종료일 이전에「고용상 연령차별금지 및 고령자고용촉진에 관한 법률」에 따른 정년이 도래하여 퇴직이 예정된 근로자
④「소득세법」에 따른 일용근로자
⑤ 합병등기일이 속하는 사업연도의 종료일 이전에 사망한 근로자

67 〈법인세법〉「법인세법」상 내국법인 수입배당금액의 익금불산입 특례와 관련하여, 내국법인이 해당 법인이 출자한 다른 내국법인으로부터 받은 수입배당금액 중 피출자법인별로 수입배당금액에 다음 표의 구분에 따른 익금불산입률을 곱한 금액의 합계액은 각 사업연도의 소득금액을 계산할 때 익금에 산입하지 아니한다. 이 경우,「법인세법」 제18조의2 제1항 제1호에 규정된 다음 표의 ( ) 중 어느 하나에 들어갈 내용이 아닌 것은? (단, 내국법인이 각 사업연도에 지급한 차입금의 이자는 없으며,「법인세법」 제18조의2 제2항의 각 호에는 해당되지 않음)

피출자법인에 대한 출자비율	익금불산입률
( )퍼센트 이상	( )퍼센트
( )퍼센트 이상 ( )퍼센트 미만	( )퍼센트
( )퍼센트 미만	( )퍼센트

① 20
② 30
③ 50
④ 90
⑤ 100

68 〈법인세법〉 내국법인이 각 사업연도에 여러 종류의 기부금을 지출했을 경우, 해당 기부금의 「법인세법」 상 손금산입한도액을 산출하는 계산식이 다른 하나는?

① 국방헌금과 국군장병 위문금품의 가액
② 천재지변으로 생기는 이재민을 위한 구호금품의 가액
③ 「사회복지사업법」에 따른 사회복지법인의 고유목적사업비로 지출하는 기부금
④ 「사립학교법」에 따른 사립학교(병원은 제외)에 연구비로 지출하는 기부금
⑤ 「국립대학병원 설치법」에 따른 국립대학병원에 교육비로 지출하는 기부금

69 〈법인세법〉 법인의 설립 시 「법인세법」 상 재고자산 평가방법을 적법하게 신고한 법인이 그 평가방법을 변경하고자 하는 경우, 해당 평가방법 변경에 대한 신고기한으로 옳은 것은?

① 평가방법을 변경한 사업연도의 최초 재고자산 매입일
② 평가방법을 변경한 이후 최초 손익발생일
③ 변경할 평가방법을 적용하고자 하는 사업연도의 종료일
④ 변경할 평가방법을 적용하고자 하는 사업연도의 종료일 이전 3월이 되는 날
⑤ 변경할 평가방법을 적용하고자 하는 사업연도의 법인세과세표준의 신고기한

70 〈법인세법〉 「법인세법」 상 외국납부세액공제와 관련하여, (　　)에 들어갈 내용으로 옳은 것은? (단, 2023.1.1. 이후 개시하는 사업연도에 발생한 외국법인세액만 있는 경우로 가정함)

> 내국법인의 각 사업연도의 소득에 대한 과세표준에 국외원천소득이 포함되어 있는 경우로서 법령에 따라 외국법인세액을 해당 사업연도의 산출세액에서 공제하고자 할 때, 그 국외원천소득에 대하여 외국정부에 납부하였거나 납부할 외국법인세액이 해당 사업연도의 공제한도금액을 초과하는 경우 그 초과하는 금액은 해당 사업연도의 다음 사업연도 개시일부터 (　　) 이내에 끝나는 각 사업연도로 이월하여 그 이월된 사업연도의 공제한도금액 내에서 공제받을 수 있다.

① 10년　　② 12년
③ 15년　　④ 17년
⑤ 20년

71 〈부가가치세법〉「부가가치세법」상 사업장에 관한 설명으로 옳지 않은 것은?

① 기획재정부령으로 정하는 이동통신역무를 제공하는 전기통신사업의 사업장은 사업자가 법인인 경우에는 그 법인의 본점소재지이다.

② 사업자가 사업장을 설치하지 아니하고 사업자등록도 하지 아니한 경우에는 과세표준 및 세액을 결정하거나 경정할 당시의 사업자의 주소 또는 거소를 사업장으로 한다.

③ 운수업의 사업장은 개인의 명의로 등록된 차량을 다른 개인이 운용하는 경우 그 등록된 개인이 업무를 총괄하는 장소이다.

④ 무인자동판매기를 통하여 재화・용역을 공급하는 사업의 경우에는 사업에 관한 업무를 총괄하는 장소 외의 장소를 추가로 사업장으로 등록할 수 있다.

⑤ 사업자가 자기의 사업과 관련하여 생산하거나 취득한 재화를 직접 판매하기 위하여 특별히 판매시설을 갖춘 장소는 사업장으로 본다.

72 〈부가가치세법〉「부가가치세법」상 재화의 공급에 해당하지 않는 것은?

① 공동사업자 구성원이 각각 독립적으로 사업을 영위하기 위하여 공동사업의 사업용 고정자산인 건축물을 분할등기하는 경우 해당 건축물의 이전

② 사업자간에 상품・제품 등의 재화를 차용하여 사용하거나 소비하고 동종 또는 이종의 재화를 반환하는 소비대차의 경우의 해당 재화의 차용 또는 반환

③ 사업자가 폐업할 시 자기생산・취득재화(매입세액공제 받음) 중 남아 있는 재화

④ 재화의 인도 대가로서 다른 재화를 인도받거나 용역을 제공받는 교환계약에 따른 재화의 인도・양도

⑤ 출자자가 자기의 출자지분을 타인에게 양도・상속・증여하거나 법인 또는 공동사업자가 출자지분을 현금으로 반환하는 경우

73 〈부가가치세법〉 자동차용 배터리 소재 제조업을 영위하는 일반과세자인 ㈜세무의 2024년 제1기 예정신고기간 자료이다. ㈜세무의 2024년 제1기 예정신고기간의 부가가치세 과세표준금액은? (단, 다음 자료의 금액에는 부가가치세가 포함되어 있지 않음)

> (1) 1월 30일 : 재화의 공급으로 인하여 거래처로부터 매출할인과 에누리액 200,000원 차감 후, 연체이자 100,000원을 포함한 현금 5,000,000원을 받았다.
> (2) 2월 15일 : 미국의 U사와 신용장(L/C)방식에 의한 수출계약을 하고 2월 15일에 선적하였으며, 수출계약금액은 $5,000이다. 2월 10일에 선수금 $2,000를 수령하여 2월 12일에 2,000,000원으로 환가하였으며, 나머지 금액인 $3,000은 2월 15일에 수령하여 2월 20일에 환가하였다(기준환율 2월 10일 1,100원/$; 2월 15일 1,200원/$; 2월 20일 1,300원/$).
> (3) 3월 5일 : 시가 4,000,000원의 제품을 판매하여 현금 3,800,000원과 자기적립마일리지 200,000원으로 결제받았다.
> (4) 사업을 위하여 대가를 받지 않고 거래처 A사에게 제품(시가 1,000,000원, 원가 500,000원)을 견본품으로 제공하였다.

① 14,000,000원
② 14,300,000원
③ 14,500,000원
④ 14,800,000원
⑤ 15,300,000원

74 〈부가가치세법〉 일반과세자인 ㈜세무는 건물, 기계장치 및 토지를 69,480,000원(부가가치세 제외)에 일괄양도하였으며, 건물, 기계장치 및 토지 각각의 실거래가액은 불분명하다. 인도시점에 매각대금을 전액 수령하였고, 각 자산의 관련 자료는 다음과 같으며, 감정평가가액은 불분명하다. 이 경우 ㈜세무의 건물에 대한 부가가치세 과세표준금액은?

구 분	건 물	기계장치	토 지
취득가액	55,000,000원	11,000,000원	15,000,000원
장부가액	33,000,000원	9,900,000원	15,000,000원
기준시가	22,000,000원	–	14,000,000원

① 35,200,000원
② 36,000,000원
③ 36,800,000원
④ 38,600,000원
⑤ 39,600,000원

75 **〈부가가치세법〉「부가가치세법」상 면세대상에 관한 설명으로 옳은 것은?**

① 「항공사업법」에 따른 항공기에 의한 여객운송 용역은 면세한다.

② 면세되는 도서·신문·잡지 등의 인쇄·제본 등을 위탁받아 인쇄·제본 등의 용역을 제공하는 것에 대하여는 면세한다.

③ 피부과의원에 부설된 피부관리실에서 제공하는 피부관리용역은 면세한다.

④ 우리나라에서 생산되어 식용으로 제공되지 아니하는 관상용의 새에 대하여는 면세하지 아니한다.

⑤ 김치를 거래단위로서 포장하여 최종소비자에게 그 포장의 상태로 직접 공급하는 것에 대하여는 면세하지 아니한다.

76 **〈부가가치세법〉「부가가치세법」상 신고와 납부에 관한 설명으로 옳지 않은 것은?**

① 예정신고를 하는 사업자가 예정신고와 함께 매출·매입처별 세금계산서합계표를 제출하지 못하는 경우 해당 예정신고기간이 속하는 과세기간의 확정신고를 할 때 함께 제출할 수 있다.

② 재화를 수입하는자(납세의무자)가 재화의 수입에 대하여 「관세법」에 따라 관세를 세관장에게 신고하고 납부하는 경우에는 재화의 수입에 대한 부가가치세를 함께 신고납부해야 한다.

③ 개인사업자의 경우 관할세무서장은 제1기 예정신고기간분 예정고지세액에 대해서 4월 1일부터 4월 25일까지의 기간 이내에 납부고지서를 발부해야 한다.

④ 간이과세자에서 해당 과세기간 개시일 현재 일반과세자로 변경된 경우에는 「부가가치세법」 제48조 제3항에 의한 예정고지세액을 징수하지 않는다.

⑤ 개인사업자의 경우 각 예정신고기간분에 대해 조기환급을 받으려는 자는 예정신고할 수 있다.

77 〈부가가치세법〉 과세사업과 면세사업을 겸영하고 있는 ㈜세무는 다음의 재화(기계장치, 건물, 원재료)를 취득하여 면세사업에만 사용하였다. ㈜세무가 면세사업에만 사용하던 아래의 모든 재화를 2024. 4.5.부터 과세사업과 면세사업에 공통사용하는 경우, 2024년 제1기 부가가치세 확정신고 시 매입세액으로 공제할 수 있는 금액은? (단, 취득 당시 면세사업과 관련한 매입세액을 불공제하였음)

구 분	취득일자	취득가액(부가가치세 불포함)
기계장치	2023.7.5.	40,000,000원
건 물	2021.4.15.	300,000,000원
원재료	2023.9.9.	100,000,000원

또한, ㈜세무의 공급가액은 다음과 같다.

과세기간	과세사업	면세사업	합 계
2024년 제1기(1.1.~3.31.)	15억원	5억원	20억원
2024년 제1기(4.1.~6.30.)	15억원	15억원	30억원

① 12,000,000원
② 14,400,000원
③ 15,750,000원
④ 18,900,000원
⑤ 24,000,000원

78 〈부가가치세법〉 통조림판매(과세)와 과일판매(면세)를 겸영하고 있는 ㈜세무는 2022.10.1. 공통사용하는 사업용건물을 110,000,000원(부가가치세 포함)에 매입하였다. 각 과세기간의 수입금액이 다음과 같을 때 2024년 제1기의 납부 및 환급세액 재계산으로 인하여 가산하거나 차감할 세액은? (단, 통조림판매부문과 과일판매부문의 건물사용면적은 구분되지 않음)

과세기간	과일공급가액	통조림공급가액 (부가가치세 제외)	합 계
2022년 제2기	40,000,000원	60,000,000원	100,000,000원
2023년 제1기	50,000,000원	50,000,000원	100,000,000원
2023년 제2기	54,000,000원	46,000,000원	100,000,000원
2024년 제1기	47,000,000원	53,000,000원	100,000,000원

① 없음
② 340,000원 납부세액에서 가산
③ 595,000원 납부세액에서 가산
④ 630,000원 납부세액에서 차감
⑤ 700,000원 납부세액에서 차감

79 **〈국제조세조정에 관한 법률〉「국제조세조정에 관한 법률」상 국제거래의 유형 중「소득세법」및「법인세법」에 따른 부당행위계산 부인 규정을 적용하지 않는 경우는?**

① 자산을 무상으로 이전(현저히 저렴한 대가를 받고 이전하는 경우는 제외)하거나 채무를 면제하는 경우

② 출연금을 대신 부담한 경우

③ 자산을 시가보다 높은 가액으로 매입 또는 현물출자를 받은 경우

④ 수익이 없는 자산을 매입하였거나 현물출자를 받는 경우

⑤ 법인의 감자에 있어서 주주등의 소유주식등의 비율에 의하지 아니하고 일부 주주등의 주식등을 소각하는 자본거래로 인하여 주주등(소액주주등은 제외)인 법인이 특수관계인인 다른 주주등에게 현저한 이익(5억원 이상)을 분여한 경우

80 **〈국제조세조정에 관한 법률〉「국제조세조정에 관한 법률」상 해외금융계좌의 신고에 관한 사항으로 옳지 않은 것은?**

① 계좌신고의무자가 해외금융계좌 수정신고 및 기한 후 신고를 한 경우(단, 과세당국이 과태료를 부과할 것을 미리 알고 신고한 경우는 제외)에는 해외금융계좌 신고의무 위반금액 출처의 소명에 관한 규정을 적용하지 않는다.

② 해외금융회사에 1개의 해외금융계좌를 보유한 거주자 및 내국법인 중에서 해당 연도의 매월 말일 중 어느 하루의 해외금융계좌 잔액이 5억원을 초과하는 자는 해외금융계좌정보를 다음 연도 6월 1일부터 30일까지 납세지 관할 세무서장에게 신고하여야 한다.

③ 해외금융계좌 신고 시 거주자 및 내국법인의 판정은 신고대상 연도 종료일을 기준으로 한다.

④ 해외금융계좌 중 실지명의에 의하지 아니한 계좌 등 그 계좌의 명의자와 실질적 소유자가 다른 경우에 해외금융계좌신고의무자를 실질적 소유자로 본다.

⑤ 계좌신고의무자가 국가, 지방자치단체 및「공공기관의 운영에 관한 법률」에 따른 공공기관에 해당하는 경우 해외금융계좌의 신고의무를 면제한다.

2020년도 제57회
세무사 1차 국가자격시험 문제지

교시	시험과목	시험시간	문제형별
1교시	1 재정학 2 세법학개론	80분	**A**

수험번호		성 명	

【 수험자 유의사항 】

1. 시험문제지는 **단일 형별(A형)**이며, 답안카드는 형별 기재란에 표시된 형별(A형)을 확인하시기 바랍니다. 시험문제지의 **총면수, 문제번호 일련순서, 인쇄상태** 등을 확인하시고, 문제지 표지에 수험번호와 성명을 기재하시기 바랍니다.

2. 답은 각 문제마다 요구하는 **가장 적합하거나 가까운 답 1개**만 선택하고, 답안카드 작성 시 시험문제지 **마킹착오**로 인한 불이익은 전적으로 **수험자에게 책임**이 있음을 알려 드립니다.

3. 답안카드는 국가전문자격 공통 표준형으로 문제번호가 1번부터 125번까지 인쇄되어 있습니다. 답안 마킹 시에는 반드시 **시험문제지의 문제번호와 동일한 번호**에 마킹하여야 합니다.

4. **감독위원의 지시에 불응하거나 시험시간 종료 후 답안카드를 제출하지 않을 경우** 불이익이 발생할 수 있음을 알려 드립니다.

5. 시험문제지는 시험 종료 후 가져가시기 바랍니다.

세법학개론

41 **〈국세기본법〉「국세기본법」상 제2차 납세의무에 관한 설명으로 옳은 것은?**

① 청산인의 제2차 납세의무의 한도는 그가 받은 보수의 총액이며, 잔여재산을 분배받은 자의 제2차 납세의무의 한도는 그가 받은 재산의 가액으로 한다.

② 사업이 양도·양수된 경우에 양도일 이전에 양도인의 납세의무가 확정된 그 사업에 관한 국세 및 강제징수비를 양도인의 재산으로 충당하여도 부족할 때에는 사업의 양수인은 그 부족한 금액에 대하여 양수한 재산의 가액을 한도로 제2차 납세의무를 진다. 이때 사업의 양수인은 양도인과 특수관계인인 자에 한한다.

③ 법인의 재산으로 그 법인에 부과되거나 그 법인이 납부할 국세 및 강제징수비에 충당하여도 부족한 경우에는 그 국세의 납세의무 확정일 현재 무한책임사원 또는 과점주주는 그 부족한 금액에 대하여 제2차 납세의무를 진다.

④ 법인의 주주 1인과 그의 자녀가 그 법인의 주주명부상 발행주식 총수의 100분의 50을 초과하는 경우 그들은 출자자의 제2차 납세의무를 부담하는 과점주주에 해당한다.

⑤ 정부가 국세의 납부기간 만료일 현재 법인의 과점주주인 출자자의 소유주식을 재공매하거나 수의계약으로 매각하려 하여도 매수희망자가 없는 경우로서 출자자의 재산으로 그 출자자가 납부할 국세 및 강제징수비에 충당하여도 부족하지 않는 경우, 그 법인은 그 출자자가 납부할 국세 및 강제징수비에 대한 제2차 납세의무를 부담하지 아니한다.

42 **〈국세기본법〉「국세기본법」상 관할 세무서장에게 신청 후 승인을 받은 '법인으로 보는 단체'에 관한 설명으로 옳은 것을 모두 고른 것은?**

ㄱ. 공익을 목적으로 출연된 기본재산이 있는 재단으로서 등기되지 아니할 것을 요건으로 한다.
ㄴ. 주무관청의 허가를 받아 설립된 단체로서 등기되지 아니할 것을 요건으로 한다.
ㄷ. 단체의 수익을 구성원에게 분배할 것을 요건으로 한다.
ㄹ. 단체 자신의 계산과 명의로 수익과 재산을 독립적으로 소유·관리할 것을 요건으로 한다.
ㅁ. 관할 세무서장의 승인을 받은 날이 속하는 과세기간과 그 과세기간이 끝난 날부터 3년이 되는 날이 속하는 과세기간까지는 원칙적으로 「소득세법」에 따른 거주자 또는 비거주자로 변경할 수 없다.
ㅂ. 단체의 조직과 운영에 관한 규정을 가지고 대표자나 관리인을 선임하고 있을 것을 요건으로 한다.

① ㄱ, ㄷ, ㅁ
② ㄹ, ㅁ, ㅂ
③ ㄱ, ㄴ, ㄷ, ㅂ
④ ㄱ, ㄴ, ㄹ, ㅂ
⑤ ㄴ, ㄷ, ㄹ, ㅁ

43 〈국세기본법〉「국세기본법」상 국세부과의 제척기간에 관한 설명으로 옳은 것은?

① 원칙적인 부과제척기간이 지났더라도 「행정소송법」에 따른 소송에 대한 판결이 확정된 경우 지방국세청장 또는 세무서장은 그 확정된 날부터 1년이 지나기 전까지 경정이나 그 밖에 필요한 처분을 할 수 있다.

② 과세표준과 세액을 신고하는 국세(신고하는 종합부동산세는 제외)의 제척기간 기산일은 해당 국세의 과세표준신고기한(예정신고기한 포함)의 다음 날로 한다.

③ 조세쟁송에 대한 결정 또는 판결에서 명의대여 사실이 확인되는 경우 그 결정 또는 판결이 확정된 날부터 2년이 지나기 전까지는 명의자에 대한 부과처분을 취소하고 실제로 사업을 경영한 자에게 경정이나 그 밖에 필요한 처분을 할 수 있다.

④ 원칙적인 부과제척기간이 끝난 날이 속하는 과세기간 이후의 과세기간에 「법인세법」에 따라 이월결손금을 공제하는 경우 그 결손금이 발생한 과세기간의 법인세의 부과제척기간은 이월결손금을 공제한 과세기간의 법정신고기한으로부터 2년으로 한다.

⑤ 부담부증여에 따라 증여세와 함께 양도소득세가 과세되는 때에 납세자가 법정신고기한까지 소득세 과세표준신고서를 제출하지 아니한 경우 그 양도소득세의 부과제척기간을 7년으로 한다.

44 〈국세기본법〉「국세기본법」상 재조사 금지에 관한 설명으로 옳은 것은? (다툼이 있으면 판례에 따름)

① 2개 이상의 과세기간과 관련하여 잘못이 있는 경우 같은 세목 및 같은 과세기간에 대하여 재조사를 할 수 없다.

② 국세환급금의 결정을 위한 확인조사를 하는 경우 같은 세목 및 같은 과세기간에 대하여 재조사를 할 수 없다.

③ 세무공무원의 조사행위가 국세청의 사무처리규정에 따라 실시한 사업장 현지확인이더라도 재조사가 금지되는 세무조사에 해당할 수 있다.

④ 재조사의 허용사유인 '조세탈루의 혐의를 인정할 만한 명백한 자료가 있는 경우'란 조세의 탈루사실이 확인될 상당한 정도의 개연성이 있는 경우를 말하며 객관성과 합리성이 뒷받침되는 자료는 필요하지 않다.

⑤ 서울지방국세청이 실시한 세무조사에서 작성하거나 취득한 과세자료의 처리를 위해 종로세무서는 같은 세목 및 같은 과세기간에 대하여 재조사를 할 수 있다.

45 〈국세징수법〉「국세징수법」상 압류를 즉시 해제하여야 하는 경우를 모두 고른 것은?

ㄱ. 압류와 관계되는 체납액의 일부가 납부 또는 충당된 경우
ㄴ. 국세 부과의 전부를 취소한 경우
ㄷ. 여러 재산을 한꺼번에 공매(公賣)하는 경우로서 일부 재산의 공매대금으로 체납액 전부를 징수한 경우
ㄹ. 압류 후 재산가격이 변동하여 체납액 전액을 현저히 초과한 경우
ㅁ. 체납자가 압류할 수 있는 다른 재산을 제공하여 그 재산을 압류한 경우
ㅂ. 총 재산의 추산(推算)가액이 강제징수비를 징수하면 남을 여지가 없어 강제징수를 종료할 필요가 있는 경우. 단, 교부청구 또는 참가압류가 있는 경우로서 교부청구 또는 참가압류와 관계된 체납액을 기준으로 할 경우 남을 여지가 있는 경우는 제외

① ㄱ, ㄹ, ㅁ
② ㄴ, ㄷ, ㅂ
③ ㄷ, ㄹ, ㅂ
④ ㄱ, ㄴ, ㄹ, ㅁ
⑤ ㄴ, ㄷ, ㅁ, ㅂ

46 〈국세징수법〉「국세징수법」상 납부기한등의 연장에 관한 설명으로 옳지 않은 것은?

① 납세자가 재난 또는 도난으로 재산에 심한 손실을 입은 경우 재난 등으로 인한 납부기한등의 연장 사유에 해당한다.
② 납세자와 함께 사는 어머니가 질병으로 장기치료가 6개월 이상 필요한 경우 재난 등으로 인한 납부기한등의 연장 사유에 해당한다.
③ 납부고지서 또는 독촉장의 송달이 지연되어 도달한 날에 이미 지정납부기한등이 지난 경우에는 도달한 날부터 14일이 지난 날을 지정납부기한등으로 한다.
④ 세무서장은 납부기한등의 연장 또는 납부고지의 유예를 한 후 해당 납세자가 국세를 분할납부하여야 하는 각 기한까지 분할납부하여야 할 금액을 납부하지 않을 경우 그 납부기한등의 연장 또는 납부고지의 유예를 취소하고 연장 또는 유예와 관계되는 국세를 한꺼번에 징수할 수 있다.
⑤ 국세, 지방세 또는 공과금의 체납으로 강제징수 또는 체납처분이 시작된 경우 관할세무서장은 납부기한 전이라도 이미 납세의무가 확정된 국세를 징수할 수 없다.

47 〈국세징수법〉「국세징수법」상 납세증명서에 관한 설명으로 옳지 않은 것은?

① 납세증명서는 독촉장에서 정하는 기한의 연장에 관계된 금액, 압류·매각의 유예액, 그 밖에 대통령령으로 정하는 금액을 제외하고는 다른 체납액이 없다는 사실을 증명하는 문서를 말한다.
② 국세에 대한 납부의무가 있는 외국인이 출국하거나 내국인이 해외이주 목적으로 「해외이주법」 제6조에 따라 외교부장관에게 해외이주신고를 하는 경우에는 납세증명서를 제출하여야 한다.
③ 국세의 체납처분에 의한 채권 압류로 세무서장이 국가로부터 대금을 지급받는 경우에도 납세증명서를 제출하여야 한다.
④ 관할 세무서장은 납세자로부터 납세증명서의 발급을 신청받은 경우 그 사실을 확인한 후 즉시 납세증명서를 발급하여야 한다.
⑤ 납세증명서의 유효기간은 그 증명서를 발급한 날부터 30일간으로 한다. 다만, 발급일 현재 해당 신청인에게 납부고지된 국세가 있는 경우에는 해당 국세의 지정납부기한까지로 할 수 있다. 관할 세무서장은 유효기간을 지정납부기한까지로 정하는 경우 해당 납세증명서에 그 사유와 유효기간을 분명하게 적어야 한다.

48 〈국세징수법〉 다음은 「국세징수법」상 국세의 징수절차에 관한 설명으로 옳지 않은 것은?

① 세무서장이 납세자에게 발급하는 납부고지서에는 국세의 과세기간, 세목, 세액 및 그 산출근거, 납부기한(납부고지를 하는 날부터 30일이내의 범위로 정함)과 납부장소를 기재하여야 한다.
② 납세자가 지방세의 체납으로 체납처분을 받을 때에는 세무서장은 납기 전이라도 그 납세자의 납세의무가 이미 확정된 국세를 징수할 수 있다.
③ 관할 세무서장은 제2차 납세의무자등에게 납부고지서를 발급하는 경우 납세자에게 그 사실을 통지하여야 하고, 물적납세의무를 부담하는 자로부터 납세자의 체납액을 징수하는 경우 물적납세의무를 부담하는 자의 주소 또는 거소(居所)를 관할하는 세무서장에게도 그 사실을 통지하여야 한다.
④ 세법에 따라 기간을 정하여 납부고지를 유예한 경우 유예기간이 끝난 날에 납부고지서를 발급하여야 한다.
⑤ 국세징수법 제7조에서 말하는 제2차 납세의무자등에는 보증인과 「국세기본법」 및 세법에 따라 물적납세의무를 부담하는 자를 포함하는 개념이다.

49 **〈조세범처벌법〉「조세범처벌법」상 조세범처벌에 관한 설명으로 옳은 것은?**

① 원천징수의무자가 원천징수를 하지 아니하였을 경우보다 원천징수한 세금을 납부하지 아니하였을 경우의 법정(法定)형량이 더 크다.

② 개인의 사용인이 그 개인의 업무에 관하여「조세범처벌법」에서 규정하는 범칙행위를 하여 징역형을 과한 경우 그 개인에게도 징역형을 과할 수 있다.

③「조세범처벌법」에 따른 범칙행위에 대해서는 국세청장, 지방국세청장 또는 세무서장의 고발이 없더라도 포탈세액이 5억원 이상인 경우 검사는 공소를 제기할 수 있다.

④ 조세의 회피 또는 강제집행의 면탈을 목적으로 타인의 성명을 사용하여 사업자등록을 하는 경우 공소시효는 10년이 지나면 완성된다.

⑤ 납세의무자의 재산을 점유하는 자가 체납처분의 집행을 면탈하게 할 목적으로 그 재산을 은닉하였을 때에는 1년 이하의 징역 또는 1천만원 이하의 벌금에 처한다.

50 **〈조세범처벌법〉「조세범처벌법」상 징역형과 벌금형을 병과할 수 있는 경우가 아닌 것은?**

① 사기나 그 밖의 부정한 행위로써 1억원 미만의 조세의 환급을 받은 경우

② 재화 또는 용역을 공급받지 아니하고「부가가치세법」에 따른 매출·매입처별 세금계산서합계표를 거짓으로 기재하여 제출한 경우

③「국제조세조정에 관한 법률」에 따른 해외금융계좌정보의 신고의무자로서 정당한 사유 없이 신고기한 내에 신고하지 아니한 금액이 50억원을 초과한 경우

④ 납세의무자를 대리하여 세무신고를 하는 자가 조세의 부과 또는 징수를 면하게 하기 위하여 타인의 조세에 관하여 거짓으로 신고한 경우

⑤ 재화 또는 용역을 공급하지 아니하고「소득세법」및「법인세법」에 따른 매출·매입처별 계산서합계표를 거짓으로 기재하여 제출한 경우

51 **〈소득세법〉 내국법인 ㈜A에 근무하는 거주자의 소득세법령상 근로소득에 관한 설명으로 옳지 않은 것은?**

① 거주자 甲(일용근로자 아님)의 근로소득금액을 계산할 때 총급여액에서 공제되는 근로소득공제액의 한도는 2천만원이다.

②「법인세법」에 따라 상여로 처분된 금액은 근로소득으로 한다.

③ 일용근로자 乙의 근로소득은 종합소득과세표준을 계산할 때 합산하지 아니한다.

④「산업재해보상보험법」에 따라 수급권자가 받는 휴업급여는 비과세소득이지만,「고용보험법」에 따라 받는 육아휴직급여는 과세대상 근로소득이다.

⑤ 퇴직함으로써 받는 소득으로서 퇴직소득에 속하지 아니하는 소득은 근로소득으로 한다.

52 〈소득세법〉「소득세법」상 거주자의 연금소득에 관한 설명으로 옳지 않은 것은?

① 「산업재해보상보험법」에 따라 받는 각종 연금은 비과세소득이다.
② 공적연금소득의 수입시기는 공적연금 관련법에 따라 연금을 지급받기로 한 날로 한다.
③ 연금계좌의 운용실적에 따라 증가된 금액을 연금계좌에서 연금외수령한 소득은 그 소득의 성격에 따라 이자 또는 배당소득으로 본다.
④ 연금소득금액은 「소득세법」에 정한 총연금액에서 연금소득공제를 적용한 금액으로 한다.
⑤ 공적연금소득을 지급하는 자가 연금소득의 일부 또는 전부를 지연하여 지급하면서 지연지급에 따른 이자를 함께 지급하는 경우 해당 이자는 공적연금소득으로 본다.

53 〈소득세법〉「소득세법」상 비과세소득에 해당하는 것을 모두 고른 것은? (단, 거주자의 2024년 귀속소득이며, 조림기간, 전통주 및 민박은 소득세법령에 정한 해당 요건을 충족하고 각 내용은 상호 독립적임)

ㄱ. 밭을 작물 생산에 이용하게 함으로써 발생한 소득금액 5천 5백만원
ㄴ. 한국표준산업분류에 따른 연근해어업에서 발생한 소득금액 5천만원
ㄷ. 조림기간 5년 이상인 임지의 임목의 양도로 발생한 소득금액 5백만원
ㄹ. 「수도권정비계획법」 제2조 제1호에 따른 수도권 지역에서 전통주를 제조함으로써 발생하는 소득금액 1천 3백만원
ㅁ. 농민이 부업으로 민박을 운영하면서 발생한 소득금액 2천만원

① ㄱ, ㄷ, ㅁ
② ㄴ, ㄷ, ㄹ
③ ㄱ, ㄴ, ㄷ, ㅁ
④ ㄱ, ㄴ, ㄹ, ㅁ
⑤ ㄴ, ㄷ, ㄹ, ㅁ

54 **〈소득세법〉「소득세법」상 거주자의 주택임대소득의 과세에 관한 설명으로 옳지 않은 것은? (단, 소득세법령에 정한 해당 요건을 모두 충족하며, 공동소유 및 공동사업자인 경우는 고려하지 않음)**

① 해당 과세기간에 주거용 건물 임대업에서 발생한 총수입금액의 합계액이 2천만원 이하인 자의 주택임대소득은 주택임대소득에 대한 세액 계산의 특례가 적용된다.

② 1개의 주택을 소유하는 자(부부 합산 제외)의 주택임대소득은 소득세를 과세하지 아니하지만, 과세기간 종료일 또는 해당 주택의 양도일 현재 기준시가가 12억원을 초과하는 주택 및 국외에 소재하는 주택의 임대소득은 제외한다.

③ 주택을 대여하고 보증금 등을 받은 경우에는 3주택(법령에 정한 요건을 충족한 주택 제외) 이상을 소유하고 해당 주택의 보증금 등의 합계액이 3억원을 초과하는 경우에는 총수입금액 계산의 특례가 적용된다.

④ 임차 또는 전세받은 주택을 전대하거나 전전세하는 경우에는 당해 임차 또는 전세받은 주택을 임차인 또는 전세받은 자의 주택으로 계산한다.

⑤ 등록임대주택의 임대사업에서 발생한 사업소득금액은 총수입금액에서 필요경비(총수입금액의 100분의 60)를 차감한 금액으로 하되, 분리과세 주택임대소득을 제외한 해당 과세기간의 종합소득금액이 2천만원 이하인 경우에는 추가로 200만원을 차감한 금액으로 한다.

55 **〈소득세법〉 영리내국법인 ㈜A의 대표이사인 거주자 甲은 2024년 12월 31일에 ㈜A를 퇴사하였다. 甲이 사용자 부담금을 기초로 하여 현실적인 퇴직을 원인으로 지급받은 소득이 200,000,000원일 경우 다음 자료에 의한 甲의 「소득세법」상 퇴직소득금액은? (단, 임원, 총급여 근무기간은 소득세법령의 요건을 충족하며, 비과세소득은 없음)**

(1) 근무기간 : 2017.1.1.~2024.12.31. (대표이사로 근무함)
(2) 기간별로 산정한 甲의 총급여의 연평균 환산액

기 간	해당 기간 동안 총급여의 연평균 환산액
2017.1.1.~2019.12.31.	90,000,000원
2020.1.1.~2024.12.31.	120,000,000원
2022.1.1.~2024.12.31.	100,000,000원
2017.1.1.~2024.12.31.	140,000,000원

① 126,000,000원
② 150,000,000원
③ 168,000,000원
④ 181,000,000원
⑤ 198,000,000원

56 〈소득세법〉 다음은 거주자 甲이 국내에서 지급받은 2024년 귀속 금융소득 관련 자료이다. 「소득세법」 상 2024년 귀속 금융소득에 대하여 원천징수되는 소득세액은? (단, 甲은 출자공동사업자가 아니며 금융소득은 소득세법령에 따른 실지명의가 확인된 것이고 이자소득 또는 배당소득 원천징수시기에 대한 특례, 원천징수의 배제, 집합투자기구 및 특정금전신탁 등의 원천징수 특례는 고려하지 않음)

구 분	금 액	비 고
공익신탁의 이익	5,000,000원	「공익신탁법」에 따른 공익신탁임
회사채의 이자	10,000,000원	내국법인이 2021년에 발행한 회사채(만기 10년)임
보증금 및 경락대금에서 발생한 이자소득	10,000,000원	「민사집행법」 제113조 및 같은 법 제142조에 따라 법원에 납부한 보증금 및 경락대금임
정기예금의 이자	10,000,000원	국내은행으로부터 지급받음
비영업대금의 이익	5,000,000원	개인 간 금전대차거래로서 차입자로부터 직접 지급받은 이자임
내국법인으로부터 받은 현금배당	10,000,000원	
합 계	50,000,000원	

① 6,300,000원
② 6,850,000원
③ 7,000,000원
④ 7,200,000원
⑤ 8,600,000원

57 〈소득세법〉 2024년 6월 1일 거주자 甲은 국내소재 주택(1세대 1주택으로 등기자산임)을 15억원에 양도하였다. 양도 시점에 양도비용은 10,000,000원이 발생하였다. 해당 주택의 취득 당시 기준시가는 4억원이며 양도 당시 기준시가는 10억원이다(「소득세법」 제99조에 따른 기준시가 산정금액임). 취득 당시 실지거래가액, 매매사례가액과 감정가액은 확인되지 않는다. 甲이 해당 주택의 취득 당시 소유권 확보를 위하여 직접 소요된 소송비용 등은 20,000,000원이고 자본적 지출액은 10,000,000원이며, 모두 소득세법령이 정한 필요경비의 요건을 충족한다. 甲의 해당 주택의 보유 및 거주기간은 11년 1개월인 경우 해당 주택의 양도소득금액은? (단, 장기보유 특별공제액의 적용요건을 충족하고, 양도소득의 필요경비 계산특례 및 부당행위계산의 대상이 아니며, 주어진 자료 외의 사항은 고려하지 않음)

① 1,100,000,000원
② 1,088,000,000원
③ 870,400,000원
④ 35,520,000원
⑤ 295,936,000원

58 **〈소득세법〉「소득세법」상 거주자의 소득금액계산의 특례와 납세의무의 범위에 관한 설명으로 옳지 않은 것은? (단, 출자공동사업자, 연금외수령, 사업자, 주된 공동사업자 및 손익분배비율은 소득세법령의 요건을 충족하며, 비거주자 등과의 거래에 대한 소득금액 계산의 특례는 고려하지 않음)**

① 부당행위계산의 부인규정이 적용되는 종합소득은 출자공동사업자의 손익분배비율에 해당하는 배당소득, 사업소득 또는 기타소득이 해당된다.

② 사업소득이 발생하는 사업을 공동으로 경영하고 그 손익을 분배하는 공동사업(경영에 참여하지 아니하고 출자만 하는 출자공동사업자가 있는 공동사업을 포함)의 경우에는 해당 사업을 경영하는 장소인 공동사업장을 1거주자로 보아 공동사업장별로 그 소득금액을 계산한다.

③ 연금계좌의 가입자가 사망하였으나 그 배우자가 연금외수령 없이 해당 연금계좌를 상속으로 승계하는 경우에는 해당 연금계좌에 있는 피상속인의 소득금액은 상속인의 소득금액으로 보아 소득세를 계산한다.

④ 사업자가 비치·기록한 장부에 의하여 해당 과세기간의 사업소득금액을 계산할 때 발생한 결손금(주거용 건물 임대업 외의 부동산임대업에서 발생한 금액 제외)은 그 과세기간의 종합소득과세표준을 계산할 때 근로소득금액·연금소득금액·이자소득금액·기타소득금액·배당소득금액에서 순서대로 공제한다.

⑤ 주된 공동사업자에게 합산과세되는 경우 그 합산과세되는 소득금액에 대해서는 주된 공동사업자의 특수관계인은 손익분배비율에 해당하는 그의 소득금액을 한도로 주된 공동사업자와 연대하여 납세의무를 진다.

59 **〈소득세법〉 다음은 거주자 甲의 2024년 귀속 소득 관련 자료이다. 「소득세법」상 종합소득에 합산되는 소득금액에 대하여 원천징수되는 소득세액은? (단, 모두 국내에서 지급받은 것으로 일시적·우발적으로 발생하였으며, 필요경비는 확인되지 않고 주어진 자료 외의 사항은 고려하지 않음)**

(1) 계약의 위약으로 인하여 받은 위약금 중 주택입주 지체상금(계약금이 위약금으로 대체되지 않음) : 10,000,000원
(2) 영업권을 기계장치와 함께 양도함에 따라 받은 대가 : 5,000,000원
(3) 「공익사업을 위한 토지 등의 취득 및 보상에 관한 법률」 제4조에 따른 공익사업과 관련하여 지상권을 설정함으로써 발생하는 소득 : 3,000,000원
(4) 부동산매매계약의 해약으로 계약금이 위약금으로 대체된 금액 : 12,000,000원

① 640,000원
② 1,040,000원
③ 1,440,000원
④ 2,640,000원
⑤ 3,202,000원

60 〈소득세법〉 다음은 「소득세법」상 근로소득이 있는 거주자 甲이 지출한 2024년 교육비 자료이다. 이 자료에 의해 계산한 교육비 세액공제액은? (단, 甲은 일용근로자가 아니며, 가족 모두 기본공제대상자이고 학자금 대출을 받지 아니함)

> (1) 甲의 2024년 귀속 총급여액 : 100,000,000원임
> (2) 본인 : 대학원(4학기 교육과정) 수업료 10,000,000원을 지출하였으며, 이 중 회사에서 3,000,000원의 학자금(소득세 비과세)을 지원받음
> (3) 아들(15세 중학생) : 「초・중등교육법」 제2조에 따른 학교에서 실시하는 방과 후 학교 수업료 1,500,000원 및 교복구입비용 700,000원을 지출함
> (4) 딸(5세) : 「유아교육법」 제2조 제2호에 따른 유치원 수업료 2,200,000원 및 특별활동비 1,800,000원을 지출함

① 1,630,000원
② 1,750,000원
③ 1,800,000원
④ 1,950,000원
⑤ 2,105,000원

61 〈법인세법〉 「법인세법」상 영리내국법인이 보유하는 자산에 대한 평가손실을 허용하지 않는 경우는?

① 「보험업법」이나 그 밖의 법률에 따른 유형자산의 평가로 장부가액을 감액한 경우
② 주권상장법인이 발행한 주식으로서 주식의 발행법인이 부도가 발생한 경우
③ 유형자산으로 천재지변・화재 등의 사유로 파손되거나 멸실된 경우
④ 재고자산으로서 파손・부패 등의 사유로 정상가격으로 판매할 수 없는 경우
⑤ 주권상장법인이 발행한 주식으로서 그 주식의 발행법인이 「기업구조조정촉진법」에 따른 부실징후기업이 된 경우

62 〈법인세법〉 「법인세법」상 소득처분에 관한 설명으로 옳지 않은 것은?

① 소득처분은 각 사업연도 소득에 대한 법인세 납세의무가 있는 영리법인뿐만 아니라 비영리내국법인과 비영리외국법인에 대하여도 적용된다.
② 사외유출된 금액의 귀속자가 법인으로써 그 분여된 이익이 내국법인 또는 외국법인의 국내사업장의 각 사업연도의 소득을 구성하는 경우 기타사외유출로 처분한다.
③ 내국법인이 국세기본법상 수정신고기한 내에 매출누락, 가공경비 등 부당하게 사외유출된 금액을 회수하고 세무조정으로 익금에 산입하여 신고하는 경우 기타사외유출로 처분한다.
④ 법령으로 정하는 채권자가 불분명한 사채의 이자(동 이자에 대한 원천징수세액은 제외)는 대표자에 대한 상여로 처분하고 익금에 산입한 이자・할인액 또는 차익에 대한 원천징수세액에 상당하는 금액은 기타사외유출로 처분한다.
⑤ 사외유출된 금액의 귀속이 불분명하여 대표자(법령이 정하는 대표자로 함)에게 귀속된 것으로 처분한 경우 당해 법인이 그 처분에 따른 소득세 등을 대납하고 이를 손비로 계상하거나 그 대표자와의 특수관계가 소멸될 때까지 회수하지 아니함에 따라 익금에 산입한 금액은 기타사외유출로 처분한다.

63 〈법인세법〉「법인세법」상 영리내국법인의 지급이자 손금불산입에 관한 설명으로 옳지 않은 것은?

① 지급이자의 손금불산입 규정이 동시에 적용되는 경우 부인 순서는 채권자가 불분명한 사채의 이자, 지급받은 자가 불분명한 채권·증권의 이자·할인액 또는 차익, 건설자금에 충당한 차입금의 이자, 업무무관자산 등에 대한 지급이자의 순으로 부인한다.

② 건설자금이자와 관련하여 특정차입금의 일부를 운영자금에 전용한 경우에는 그 부분에 상당하는 지급이자는 이를 손금으로 한다.

③ 업무무관자산 등에 대한 지급이자 부인 시 직원에 대한 월정급여액의 범위에서의 일시적인 급료의 가불금은 업무무관가지급금의 범위에서 제외된다.

④ 지급이자가 손금부인되는 지급받은 자가 불분명한 채권·증권의 이자·할인액 또는 차익이란 당해 채권 또는 증권의 발행법인이 직접 지급하는 경우 그 지급사실이 객관적으로 인정되지 아니하는 이자·할인액 또는 차익을 말한다.

⑤ 지급이자가 손금부인되는 채권자가 불분명한 사채의 이자에는 거래일 현재 주민등록표에 의하여 그 거주사실 등이 확인된 채권자가 차입금을 변제받은 후 소재불명이 된 경우의 차입금에 대한 이자도 포함된다.

64 〈법인세법〉「법인세법」상 손금으로 인정하는 대손금에는 해당 사유가 발생한 날이 속하는 사업연도의 손금으로 산입하는 것과 해당 사유가 발생하여 손비로 계상한 날이 속하는 사업연도의 손금으로 산입하는 것의 2가지로 분류된다. 이 분류를 적용할 경우 다음 중 성격이 다른 하나는? (단, 영리내국법인을 가정함)

①「민사집행법」 제102조에 따라 채무자의 재산에 대한 경매가 취소된 압류채권

②「민사소송법」에 따른 화해에 따라 회수불능으로 확정된 채권

③ 중소기업의 외상매출금으로서 부도발생일부터 6개월 이상 지난 어음상의 채권(부도발생일 이전의 것으로서 해당 법인이 채무자의 재산에 대하여 저당권을 설정하고 있지 않음)

④ 중소기업의 외상매출금으로서 회수기일이 2년 이상 지난 것(단, 특수관계인과의 거래로 인하여 발생한 외상매출금은 제외함)

⑤ 회수기일이 6개월 이상 지난 채권 중 채권가액이 30만원 이하(채무자별 채권가액의 합계액을 기준으로 함)인 채권

65 **〈법인세법〉「법인세법」상 영리내국법인의 합병 및 분할 등에 관한 설명으로 옳지 않은 것은? (단, 「조세특례제한법」은 고려하지 않음)**

① 적격합병의 경우 피합병법인이 합병법인으로부터 받은 양도가액을 피합병법인의 합병등기일 현재의 순자산 장부가액으로 보아 양도손익이 없는 것으로 할 수 있다.

② 적격합병의 경우 합병법인이 승계한 피합병법인의 결손금은 피합병법인으로부터 승계받은 사업에서 발생한 소득금액의 범위에서 합병법인의 각 사업연도의 과세표준을 계산할 때 공제한다.

③ 적격합병의 경우 합병법인은 피합병법인의 자산을 장부가액으로 양도받은 것으로 한다. 이 경우 장부가액과 시가와의 차액을 법령으로 정하는 바에 따라 자산별로 계상하여야 한다.

④ 합병 시 피합병법인의 대손충당금 관련 세무조정사항의 승계는 적격합병의 요건을 갖추고, 대손충당금에 대응하는 채권이 합병법인에게 함께 승계되는 경우에만 가능하다.

⑤ 합병법인이 합병등기일이 속하는 사업연도의 종료일까지 피합병법인으로부터 승계받은 사업을 계속 영위하는 것도 적격합병의 요건 중 하나이다.

66 **〈법인세법〉 다음은 영리내국법인 ㈜한국의 제4기 사업연도(2024.1.1.~12.31.)의 기말재고자산 평가와 관련한 자료이다. 제4기말 세무상 재고자산평가액은? (단, 주어진 자료 이외에는 고려하지 않음)**

구 분	장부상 평가액	후입선출법	총평균법	선입선출법
제 품	10,000,000원	7,000,000원	8,700,000원	10,000,000원
재공품	5,000,000원	4,500,000원	4,800,000원	5,000,000원
원재료	3,000,000원	2,700,000원	3,000,000원	3,500,000원
저장품	1,500,000원	1,000,000원	1,200,000원	1,400,000원

(1) 법인의 설립일이 속하는 사업연도의 법인세 과세표준 신고기한까지 관할 세무서장에게 제품, 재공품, 저장품에 대한 평가방법을 모두 총평균법으로 신고하였으나, 원재료에 대한 평가방법은 신고하지 않았다.

(2) 2024년 10월 5일에 제품 평가방법을 총평균법에서 선입선출법으로 변경 신고하였다.

(3) 저장품은 총평균법으로 평가하였으나 계산착오로 300,000원이 과대 계상되었다.

① 19,500,000원

② 19,700,000원

③ 19,900,000원

④ 20,000,000원

⑤ 20,700,000원

67 **〈법인세법〉 다음은 ㈜서울의 당기 제7기 사업연도(2024.1.1.~12.31.)의 기부금 관련 자료이다. 제7기의 각 사업연도 소득금액은? (단, ㈜서울은 사업연도 종료일 현재 「사회적기업 육성법」에 따른 사회적 기업이 아님)**

> (1) 조정 후 소득금액 : 97,000,000원
> 조정 후 소득금액은 전기 이전 기부금 한도초과액의 이월손금산입과 당기 기부금 관련 세무조정만을 제외한 모든 세무조정이 이루어진 상태이다.
>
> (2) 손익계산서에 계상된 기부금 내역
> ① 천재지변으로 생기는 이재민을 위한 구호금품의 가액 : 13,000,000원
> ② 「사립학교법」에 따른 사립학교가 운영하는 병원에 시설비로 지출하는 기부금 : 5,000,000원
> ③ 법령에 정한 종교단체에 지출한 기부금 : 10,000,000원
> ④ 새마을금고에 지출한 기부금 : 3,000,000원
>
> (3) 제6기에 발생한 세무상 미공제 이월결손금 : 7,000,000원
>
> (4) 제2기에 발생한 특례기부금 한도초과액 미사용 이월잔액 2,000,000원이 있다.
>
> (5) 제3기에 발생한 일반기부금 한도초과액 미사용 이월잔액 3,000,000원이 있다.

① 92,000,000원
② 95,000,000원
③ 97,900,000원
④ 98,200,000원
⑤ 99,120,000원

68 〈법인세법〉 다음은 영리내국법인 ㈜백두의 제24기 사업연도(2024.1.1.~12.31.) 세무조정 관련 자료이다. 세부담 최소화를 가정할 경우 제24기의 법인세 과세표준금액은? (단, ㈜백두는 「조세특례제한법」상 중소기업이 아니며 회생계획을 이행 중인 기업 등 대통령령으로 정하는 법인에 해당하지 않고 주어진 자료 이외에는 고려하지 않음)

(1) 세무조정내역(주1)

손익계산서상 당기순이익	10,000,000원
익금산입 · 손금불산입	17,000,000원
손금산입 · 익금불산입	(−)12,000,000원
계	15,000,000원

(주1) 매입채무에 대한 채무면제이익 10,000,000원이 영업외수익으로 당기순이익에 포함되어 있으며, 이와 관련된 세무조정은 포함되지 않음

(2) 과거 사업연도에 공제되지 않은 세무상 이월결손금 내역

제11기 사업연도(2011.1.1.~2011.12.31.)	5,000,000원
제22기 사업연도(2022.1.1.~2022.12.31.)	5,000,000원
제23기 사업연도(2023.1.1.~2023.12.31.)	5,000,000원
계	15,000,000원

① 0원
② 1,000,000원
③ 4,000,000원
④ 5,000,000원
⑤ 10,000,000원

69 〈법인세법〉 제조업을 영위하는 영리내국법인 ㈜한라(중소기업이 아님)의 제24기 사업연도(2024.1.1. ~6.30.)의 기업회계기준에 따라 계산한 매출액은 150억원(세무상 수입금액 : 160억원)이며, 매출액 중 「법인세법」상 특수관계인과의 거래에서 발생한 매출액 30억원(세무상 수입금액 : 40억원)이 포함되어 있다. 제24기 손익계산서상 기업업무추진비는 판매비와관리비에 40,000,000원이 계상되어 있으며 기업업무추진비 중 700,000원은 증거자료가 누락되어 있고, 300,000원은 영수증(1건, 현금영수증 등 법정 증거자료가 아님)을 수취하였다. 제24기 손익계산서상 판매비와관리비 항목에서 다음과 같은 사항을 파악하였다.

(1) 기업업무추진비 관련 부가가치세 매입세액 1,000,000(공급가액 10,000,000원은 기업업무추진비에 포함되어 있음)이 제24기 손익계산서의 판매비와관리비 항목의 세금과공과 계정에 계상되어 있다.
(2) 판매비와관리비 항목의 복리시설비에는 종업원이 조직한 법인인 단체에 지출한 금액 3,000,000원이 포함되어 있다.

기업업무추진비는 모두 국내에서 지출되었으며 문화기업업무추진비는 없고 주어진 자료 이외에는 고려하지 않는다고 가정한다면 ㈜한라의 제24기 사업연도의 기업업무추진비 관련 세무조정으로 옳은 것은?

① 손금불산입 3,100,000원 (기타사외유출)
② 손금불산입 3,400,000원 (기타사외유출)
③ 손금불산입 1,000,000원 (대표자상여)
손금불산입 2,400,000원 (기타사외유출)
④ 손금불산입 700,000원 (대표자상여)
손금불산입 2,400,000원 (기타사외유출)
⑤ 손금불산입 700,000원 (대표자상여)
손금불산입 2,700,000원 (기타사외유출)

70 〈법인세법〉 다음은 영리내국법인 ㈜H의 제10기 사업연도(2024.1.1.~12.31.)의 기계장치K의 감가상각비 세무조정과 관련된 자료이다. ㈜H가 제10기 귀속 법인세 부담을 최소화하려고 한다면 제10기 기계장치K의 감가상각에 대한 세무조정으로 옳은 것은? (단, ㈜H의 제9기 이전의 모든 세무조정은 적정하게 이루어졌고, 한국채택국제회계기준을 적용하지 않으며, 「조세특례제한법」은 고려하지 않음)

(1) 제9기 말 재무상태표상 기계장치K의 취득가액은 1억원이고, 감가상각누계액은 60,000,000원이며 제10기 손익계산서상 계상되어 있는 기계장치K의 감가상각비는 15,000,000원이다.
(2) 제10기 손익계산서상 판매비와관리비 중 수선비 7,500,000원은 기계장치K의 용도를 변경하기 위한 개조비용으로서 자본적 지출에 해당한다.
(3) 제9기 말 세무상 기계장치K의 상각부인누계액은 4,500,000원이다.
(4) ㈜H는 감가상각방법과 내용연수를 신고하지 않았으며, 다른 감가상각자산은 없다. 「법인세법」상 기계장치K의 기준내용연수와 상각률은 다음과 같다.

「법인세법」상 기계장치K의 기준내용연수 : 5년		
내용연수	정액법 상각률	정률법 상각률
4년	0.250	0.528
5년	0.200	0.451
6년	0.166	0.394

① 손금산입 952,000원 (△유보)
② 손금산입 1,052,000원 (△유보)
③ 손금불산입 4,500,000원 (유보)
④ 손금산입 5,720,000원 (△유보)
⑤ 손금불산입 6,422,500 (유보)

71 **〈부가가치세법〉 다음은 반도체용 기계장치 및 소재 제조업을 영위하는 일반과세자인 ㈜A의 2024년 제2기 과세기간(2024.7.1.~12.31.)에 대한 자료이다. ㈜A의 2024년 제2기 과세기간의 부가가치세 과세표준금액은? (단, 다음 자료의 금액에는 부가가치세가 포함되지 않음)**

(1) 8월 20일 : 미국에 있는 거래처 B사에 ㈜A의 제품을 직수출하기 위해 선적하였다. 해당 제품의 총공급가액은 $10,000로 선적일의 기준환율은 1,000원/$이다. 대금지급조건은 다음과 같다.
① 계약금 $1,000 : 2023년 8월 20일 지급 (기준환율 1,000원/$)
② 중도금 $5,000 : 2023년 12월 20일 지급 (기준환율 1,000원/$)
③ 잔금 $4,000 : 2023년 9월 30일 지급
(2) 11월 10일 : ㈜A의 제품을 거래처 C사에 판매장려 목적으로 무상 제공하였다. 해당 제품의 제조원가(적법하게 매입세액공제 받았음)는 1,000,000원이고, 시가는 2,000,000원이다.
(3) 12월 15일 : ㈜A는 D사의 해약으로 인하여 제품의 공급없이 받은 손해배상금 3,000,000원을 수령하였다.
(4) 12월 20일 : ㈜A는 국내에서 수출물품의 원자재(공급가액 4,000,000원)를 수출업자인 E사에 공급하였는데 그 구매확인서가 2025년 1월 31일에 발급되었다.

① 7,000,000원
② 8,000,000원
③ 11,000,000원
④ 12,000,000원
⑤ 16,000,000원

72 **〈부가가치세법〉 과세사업(신발제조업)을 영위하던 일반과세자인 甲은 2024년 6월 20일에 해당 사업을 폐업하였다. 폐업 시점에 남아있는 재화의 현황이 다음과 같은 경우 부가가치세 과세표준금액은? (단, 건물과 원재료의 취득가액은 매입세액공제를 받은 금액이며, 주어진 자료 이외에는 고려하지 않음)**

폐업 시점에 남은 재화	취득일	취득가액	시 가
토지(주1)	2019.1.1.	100,000,000원	200,000,000원
건물(주1)	2022.2.10.	100,000,000원	150,000,000원
차량(주2)	2023.7.2.	60,000,000원	50,000,000원
원재료	2023.12.1.	70,000,000원	80,000,000원

(주1) 건물과 토지는 신발 제조를 위한 건물 및 그 부속토지임
(주2) 차량은 「개별소비세법」 제1조 제2항 제3호에 따른 자동차로서 취득 시 매입세액을 공제받지 아니하였음

① 150,000,000원
② 160,000,000원
③ 205,000,000원
④ 210,000,000원
⑤ 260,000,000원

73 〈부가가치세법〉「부가가치세법」상 세금계산서에 관한 설명으로 옳은 것은?

① 법인사업자와 직전 연도의 사업장별 재화 및 용역의 공급가액(면세공급가액 포함)의 합계액이 6천만원 이상인 개인사업자는 세금계산서를 발급하려면 전자세금계산서를 발급하여야 한다.

② 계약의 해제로 재화 또는 용역이 공급되지 아니한 경우 수정세금계산서의 작성일은 처음 세금계산서 작성일로 적고, 비고란에 계약해제일을 덧붙여 적은 후 붉은색 글씨로 쓰거나 음(陰)의 표시를 하여 발급할 수 있다.

③ 처음 공급한 재화가 환입된 경우에는 재화가 환입된 날을 작성일로 적고 비고란에 처음 세금계산서 작성일을 덧붙여 적은 후 붉은색 글씨로 쓰거나 음(陰)의 표시를 하여 발급할 수 있다.

④ 전자세금계산서 발급명세 전송기한이 지난 후 재화 또는 용역의 공급시기가 속하는 과세기간에 대한 확정신고기한까지 국세청장에게 전자세금계산서 발급명세를 전송하는 경우 그 공급가액의 0.5%를 납부세액에 더하거나 환급세액에서 뺀다.

⑤ 매입자발행세금계산서를 발행하려는 자는 거래건당 공급가액이 10만원 이상인 거래에 한하여 해당 재화 또는 용역의 공급시기가 속하는 과세기간의 종료일부터 1년 이내에 신청인 관할 세무서장에게 거래사실의 확인을 신청하여야 한다.

74 〈부가가치세법〉「부가가치세법」상 부가가치세가 과세되는 경우는 모두 몇 개인가?

○ 사업자가 자기생산·취득재화를 고객에게 증여하는 경우로서 자기적립마일리지등으로만 전부를 결제받고 공급하는 경우
○「도시 및 주거환경정비법」 등에 따른 수용절차에서 수용대상 재화의 소유자가 수용된 재화에 대한 대가를 받는 경우
○ 사업자가 자기생산·취득재화를 경조사(설날, 추석, 창립기념일 및 생일 등을 포함)와 관련된 재화로서 사용인 1명당 연간 10만원 이하의 재화를 제공하는 경우
○ 사업자가 자기의 과세사업과 관련하여 취득한 재화(내국신용장에 의해 공급받아 영세율을 적용받음)를 자기의 면세사업을 위하여 직접 사용하는 경우
○ 사업자가 자기생산·취득재화를 매입세액이 불공제되는「개별소비세법」 제1조 제2항 제3호에 따른 자동차로 사용·소비하거나 그 자동차의 유지를 위하여 사용·소비하는 경우

① 1개
② 2개
③ 3개
④ 4개
⑤ 5개

75 〈부가가치세법〉 외국법인 A로부터 용역을 공급받는 자인 B의 대리납부에 관한 설명으로 옳은 것을 모두 고른 것은? (단, 각 지문은 상호 독립적이며, 대리납부에 관한 특례 규정은 고려하지 않음)

> ㄱ. 국내사업장이 없는 A로부터 용역의 공급을 받는 B는 공급받는 용역(매입세액공제 대상임)을 과세사업에 사용한 경우에는 대리납부의무가 있다.
> ㄴ. 국내사업장이 없는 A로부터 부가가치세 과세대상 용역을 공급받는 면세사업을 영위하는 사업자 B는 대리납부의무가 있다.
> ㄷ. 국내사업장이 없는 A로부터 부가가치세법상 매입세액이 공제되지 아니하는 용역을 공급받는 과세사업자 B는 대리납부의무가 있다.
> ㄹ. 대리납부 적용 요건을 충족하는 용역을 공급받는 사업자 B는 용역의 공급시기에 관계없이 그 대가를 지급하는 때에 부가가치세액을 징수한다.

① ㄱ, ㄴ
② ㄱ, ㄷ
③ ㄴ, ㄷ
④ ㄴ, ㄹ
⑤ ㄴ, ㄷ, ㄹ

76 〈부가가치세법〉 다음 자료에 의하여 수산물(고등어) 도매업과 통조림 제조업을 겸영하고 있는 ㈜대한(「조세특례제한법」상 중소기업이 아님)의 2024년 제1기 과세기간의 의제매입세액공제액은? (단, 제시된 금액은 부가가치세를 포함하지 않는 금액이며, 의제매입세액공제를 받기 위한 요건은 충족하였고, 원 단위 미만은 절사함)

(1) 2023년 제2기와 2024년 제1기 과세기간의 공급가액(국내매출)은 다음과 같다.

구 분	2022년 제2기	2023년 제1기
수산물 도매업	20,000,000원	50,000,000원
통조림 제조업	180,000,000원	200,000,000원

(2) 2024년 제1기분 수산물 매입명세
① 국내수산물 매입액 : 80,000,000원 (매입부대비용 6,000,000원을 포함함)
② 국외수산물 수입액 : 30,000,000원 (관세의 과세가격은 28,000,000원이며, 관세는 2,000,000원으로 함)

(3) 2024년 제1기분 수산물 사용명세(2024년 1월 1일 현재 수산물 기초재고는 없음)

수산물 판매분	3,000kg
통조림 제조 사용분	9,000kg
기말재고	3,000kg
합 계	15,000kg

① 1,520,000원
② 1,560,000원
③ 1,568,627원
④ 1,600,000원
⑤ 1,960,784원

77 **〈부가가치세법〉「부가가치세법」상 재화의 수출에 포함되지 않는 것은?**

① 내국신용장 또는 구매확인서에 의하여 금지금(金地金)을 공급하는 것
② 원료를 대가 없이 국외의 수탁가공 사업자에게 반출하여 가공한 재화를 양도하는 경우에 그 원료의 반출
③ 수출대금은 국내에서 영수(領收)하지만 국내에서 통관되지 아니한 수출물품 등을 외국으로 인도하거나 제공하는 수출
④「관세법」에 따른 수입신고 수리 전의 물품으로서 보세구역에 보관하는 물품의 외국으로의 반출
⑤ 물품 등을 무환(無換)으로 수출하여 해당 물품이 판매된 범위에서 대금을 결제하는 계약에 의한 수출

78 **〈부가가치세법〉 과세사업과 면세사업을 겸영하는 일반과세자 甲이 두 사업에 공통으로 사용되는 차량운반구(화물운반용 트럭)를 매각하였다. 다음 자료에 의하여 차량운반구의 매각과 관련된 부가가치세 과세표준금액은?**

(1) 2024년 제1기와 제2기 과세기간의 공급가액 내역

구 분	제1기	제2기
과세사업	50,000,000원	80,000,000원
면세사업	150,000,000원	120,000,000원

(2) 차량운반구의 취득일은 2023년 7월 30일이고 취득가액은 30,000,000원이다(단, 취득가액은 매입세액을 공제받은 가액임).
(3) 차량운반구의 매각일은 2024년 8월 8일이고 매각금액은 22,000,000원(부가가치세가 포함되지 않음)이다.

① 3,750,000원
② 4,000,000원
③ 5,000,000원
④ 5,500,000원
⑤ 8,800,000원

79 **〈국제조세조정에 관한 법률〉「국제조세조정에 관한 법률」상 국외지배주주 등에게 지급하는 이자에 대한 과세조정에 관한 설명으로 옳은 것을 모두 고른 것은? (단, 국외지배주주, 국외특수관계인, 순이자비용 및 금융상품은 법령의 요건을 충족함)**

ㄱ. 내국법인의 차입금 중 국외지배주주로부터 차입한 금액이 그 국외지배주주가 출자한 출자금액의 2배(금융업은 6배)를 초과하는 경우에는 그 초과분에 대한 지급이자 및 할인료는 그 내국법인의 손금에 산입하지 아니한다.
ㄴ. 내국법인이 국외특수관계인으로부터 차입한 금액에 대한 순이자비용이 조정소득금액의 100분의 30을 초과하는 경우 그 초과하는 금액은 손금에 산입하지 아니한다.
ㄷ. 내국법인이 국외특수관계인인 외국법인과 혼성금융상품 거래에 따라 지급한 이자 등 중 적정기간 이내에 그 거래 상대방이 소재한 국가에서 거래 상대방의 소득에 포함되지 아니하는 등 과세되지 아니한 금액은 적정기간 종료일이 속하는 사업연도의 소득금액을 계산할 때 대통령령으로 정하는 바에 따라 익금에 산입하지 아니한다.
ㄹ. 위 ㄱ, ㄴ, ㄷ에 따라 손금에 산입하지 아니한 금액에 대한 소득처분은 동일하다.
ㅁ. 위 ㄱ, ㄴ이 동시에 적용되는 경우에는 ㄱ이 ㄴ보다 우선하여 적용된다.

① ㄱ, ㄴ, ㄷ
② ㄱ, ㄴ, ㄹ
③ ㄱ, ㄴ, ㄷ, ㄹ
④ ㄱ, ㄴ, ㄷ, ㅁ
⑤ ㄱ, ㄴ, ㄷ, ㄹ, ㅁ

80 **〈국제조세조정에 관한 법률〉「국제조세조정에 관한 법률」상 이전가격세제에 관한 설명으로 옳지 않은 것은?**

① 거주자는 일정 기간의 과세연도에 대하여 정상가격 산출방법을 적용하려는 경우에는 정상가격 산출방법을 적용하려는 일정 기간의 과세연도 중 최초의 과세연도 개시일의 전날까지 국세청장에게 승인 신청을 할 수 있다.
② 내국법인의 익금에 산입된 금액이 대통령령으로 정하는 바에 따라 국외특수관계인으로부터 내국법인에 반환된 것임이 확인되는 경우에는 그 금액은 「법인세법」 제67조에도 불구하고 대통령령으로 정하는 바에 따라 국외특수관계인에 대한 배당으로 처분하거나 출자로 조정한다.
③ 납세지 관할 세무서장은 납세의무자가 법령이 정한 부득이한 사유로 국제거래명세서를 정해진 제출기한까지 제출할 수 없는 경우로서 납세의무자의 신청을 받은 경우에는 1년의 범위에서 그 제출기한의 연장을 승인할 수 있다.
④ 국세청장은 신청인이 일방적 사전승인을 신청하는 경우에는 신청일부터 2년 이내에 사전승인 여부를 결정하여야 한다.
⑤ 국외특수관계인과의 거래에 대한 과세조정에 따라 내국법인이 아닌 거주자의 소득금액을 조정한 결과 감액되는 소득금액 중 국외특수관계인에게 반환되지 않은 금액은 그 거주자의 소득금액으로 보지 아니한다.

2019년도 제56회
세무사 1차 국가자격시험 문제지

교시	시험과목	시험시간	문제형별
1교시	1 재정학 2 세법학개론	80분	**A**

수험번호		성 명	

【 수험자 유의사항 】

1. 시험문제지는 **단일 형별(A형)**이며, 답안카드는 형별 기재란에 표시된 형별(A형)을 확인하시기 바랍니다. 시험문제지의 **총면수, 문제번호 일련순서, 인쇄상태** 등을 확인하시고, 문제지 표지에 수험번호와 성명을 기재하시기 바랍니다.

2. 답은 각 문제마다 요구하는 **가장 적합하거나 가까운 답 1개**만 선택하고, 답안카드 작성 시 시험문제지 **마킹착오**로 인한 불이익은 전적으로 **수험자에게 책임**이 있음을 알려 드립니다.

3. 답안카드는 국가전문자격 공통 표준형으로 문제번호가 1번부터 125번까지 인쇄되어 있습니다. 답안 마킹 시에는 반드시 **시험문제지의 문제번호와 동일한 번호**에 마킹하여야 합니다.

4. **감독위원의 지시에 불응하거나 시험시간 종료 후 답안카드를 제출하지 않을 경우** 불이익이 발생할 수 있음을 알려 드립니다.

5. 시험문제지는 시험 종료 후 가져가시기 바랍니다.

세법학개론

41 **〈국세기본법〉「국세기본법」상 납세의무 성립시기에 관한 내용으로 옳은 것을 모두 고른 것은?**

ㄱ. 원천징수하는 소득세·법인세 : 과세기간이 끝나는 때
ㄴ. 증권거래세 : 해당 매매거래가 확정되는 때
ㄷ. 수입재화에 대한 부가가치세 : 세관장에게 수입신고를 하는 때
ㄹ. 수시부과하여 징수하는 국세 : 수시부과 납부일

① ㄱ, ㄴ
② ㄱ, ㄷ
③ ㄴ, ㄷ
④ ㄴ, ㄹ
⑤ ㄷ, ㄹ

42 **〈국세기본법〉「국세기본법」상 납세자의 권리 중 '장부등의 보관 금지'에 관한 설명으로 옳은 것은?**

① 세무공무원은 「조세범 처벌절차법」에 따른 조세범칙조사를 제외하고는 세무조사의 목적으로 납세자의 장부등을 세무관서에 임의로 보관할 수 없다.
② 세무공무원은 납세자에 대한 구체적인 탈세 제보가 있는 경우에는 조사 목적에 필요한 최소한의 범위에서 납세자, 소지자 또는 보관자 등 정당한 권한이 있는 자가 임의로 제출한 장부등을 납세자의 동의 없이 세무관서에 일시 보관할 수 있다.
③ 납세자등은 조사목적이나 조사범위와 관련이 없는 등의 사유로 일시 보관에 동의하지 아니하는 장부등에 대해서는 세무공무원에게 일시 보관할 장부등에서 제외할 것을 요청할 수 있다. 이 경우 세무공무원은 어떠한 사유로도 해당 장부등을 일시 보관할 수 없다.
④ 세무공무원은 법령에 따라 일시 보관하고 있는 장부등에 대하여 납세자가 반환을 요청한 날부터 14일 이내에 반환하여야 하나, 조사목적 달성을 위해 필요한 경우에는 납세자보호위원회의 심의를 거쳐 한 차례만 14일 이내의 범위에서 보관 기간을 연장할 수 있다.
⑤ 세무공무원은 법령에 따라 일시 보관하고 있는 장부등의 반환을 납세자가 요청한 경우로서 세무조사에 지장이 없다고 판단될 때에는 요청한 장부등을 7일 이내에 반환하여야 한다.

43 〈국세기본법〉 「국세기본법」상 가산세 특례에 관한 설명 중 틀린 것은?

① 무신고가산세 및 과소신고・초과환급신고가산세 : 법정신고기한이 경과한 때
② 납부고지서상의 납부기한 경과분에 대한 납부지연가산세 : 법정신고기한 경과 후 1일마다 그 날이 경과하는 때
③ 법정납부기한까지 납부하여야 할 세액 중 납부고지서에서 정한 납부기한까지의 미납・과소 납부세액 : 납부고지서에 따른 납부기한이 경과하는 때
④ 납부고지서상의 납부기한 경과분에 대한 원천징수 등 납부지연가산세 : 법정납부기한 경과 후 1일마다 그 날이 경과하는 때
⑤ 그 밖의 가산세(개별세법상 가산세) : 가산할 국세의 납세의무가 성립하는 때

44 〈국세기본법〉 「국세기본법」상 국세우선과 관련한 법정기일로 옳지 않은 것은?

① 중간예납하는 법인세, 예정신고납부하는 부가가치세 및 양도소득과세표준을 예정신고하는 소득세의 경우 신고한 해당 세액에 대해서는 그 신고일
② 양도담보재산에서 국세를 징수하는 경우에는 법령에 따른 납부고지서의 발송일
③ 원천징수의무자나 납세조합으로부터 징수하는 국세와 인지세의 경우에는 그 납세의무의 확정일
④ 「국세징수법」상 납부기한 전 징수 규정에 따라 납세자의 재산을 압류한 경우에 그 압류와 관련하여 확정된 세액에 대해서는 그 납세의무의 확정일
⑤ 「부가가치세법」에 따른 신탁 관련 수탁자의 물적납세의무 규정에 따라 신탁재산에서 부가가치세등을 징수하는 경우에는 법령에 따른 납부고지서의 발송일

45 〈국세징수법〉 「국세징수법」상 압류・매각의 유예에 관한 설명으로 옳지 않은 것은?

① 재산의 압류나 압류재산의 매각을 유예함으로써 체납자가 사업을 정상적으로 운영할 수 있게 되어 체납액의 징수가 가능하게 될 것이라고 관할 세무서장이 인정하는 경우 세무서장의 직권으로 압류재산의 매각을 유예할 수 있지만 체납자의 신청으로는 압류재산의 매각을 유예할 수 없다.
② 압류・매각의 유예를 하는 경우 필요하다고 인정하면 이미 압류한 재산의 압류를 해제할 수 있다.
③ 세무서장은 체납자가 국세청장이 성실납세자로 인정하는 기준에 해당하는 경우에는 그 체납액에 대하여 강제징수에 따른 재산의 압류 또는 압류재산의 매각을 유예할 수 있다.
④ 세무서장은 압류・매각이 유예된 체납세액을 압류・매각의 유예기간 동안 분할하여 징수할 수 있다.
⑤ 성실납세자가 체납세액 납부계획서를 제출하고 국세체납정리위원회가 체납세액 납부계획의 타당성을 인정하는 경우, 세무서장은 재산의 압류를 유예하거나 압류한 재산의 압류를 해제하여도 그에 상당하는 납세담보의 제공을 요구하지 아니한다.

46 **〈국세징수법〉「국세징수법」상 압류의 해제에 관한 설명으로 옳지 않은 것은?**

① 세무서장은 총 재산의 추산(推算)가액이 강제징수비(압류에 관계되는 국세에 우선하는 「국세기본법」 제35조 제1항 제3호에 따른 채권 금액이 있는 경우 이를 포함한다)를 징수하면 남을 여지가 없어 강제징수를 종료할 필요가 있는 경우 그 압류를 즉시 해제하여야 한다.

② 압류 또는 압류 말소의 등기 또는 등록에 관하여는 등록면허세를 면제한다.

③ 세무공무원은 체납자의 재산을 압류하는 경우 압류조서를 작성하여야 한다. 다만, 참가압류에 압류의 효력이 생긴 경우에는 압류조서를 작성하지 아니할 수 있다.

④ 세무서장이 보관 중인 재산을 반환할 때에는 영수증을 받아야 하나, 압류조서에 영수 사실을 적고 서명날인하게 함으로써 갈음할 수 있다.

⑤ 세무서장은 체납자가 압류할 수 있는 다른 재산을 제공하여 그 재산을 압류한 경우에는 압류를 즉시 해제하여야 한다.

47 **〈국세징수법〉「국세징수법」상 강제징수 중 압류에 관한 설명으로 옳지 않은 것은?**

① 압류한 재산에 대하여 소유권을 주장하고 반환을 청구하려는 제3자는 그 재산의 매각 15일 전까지 소유자로 확인할 만한 증거서류를 관할 세무서장에게 제출하여야 한다.

② 세무서장은 국세를 징수하기 위하여 필요한 재산 외의 재산을 압류할 수 없다.

③ 「주택임대차보호법」 제8조 및 같은 법 시행령의 규정에 따라 우선변제를 받을 수 있는 금액은 압류할 수 없다.

④ 급료 · 임금 · 봉급 · 세비 · 퇴직연금, 그 밖에 이와 유사한 채권의 압류는 체납액을 한도로 하여 압류 후에 수입(收入)할 금액에 미친다.

⑤ 체납자 또는 제3자가 압류재산의 사용 또는 수익을 하는 경우에는 그 재산으로부터 생기는 천연과실(그 재산의 매각으로 인하여 권리를 이전할 때까지 수취되지 아니한 천연과실은 제외한다)에 대하여는 압류의 효력이 미치지 아니한다.

48 〈국세징수법〉 다음은 「국세징수법」상 체납자료의 제공에 관한 설명이다. (　　)에 들어갈 내용으로 옳은 것은?

> 세무서장은 국세징수 또는 공익(公益) 목적을 위하여 필요한 경우로서 신용정보회사 또는 신용정보집중기관, 그 밖에 대통령령으로 정하는 자가 다음의 어느 하나에 해당하는 체납자의 인적사항 및 체납액에 관한 자료를 요구한 경우에는 이를 제공할 수 있다.
> 1. 체납 발생일부터 (ㄱ)년이 지나고 체납액이 (ㄴ)만원 이상인 자
> 2. 1년에 (ㄷ)회 이상 체납하고 체납액이 (ㄹ)만원 이상인 자

	ㄱ	ㄴ	ㄷ	ㄹ
①	1	500	2	500
②	1	500	3	500
③	1	1,000	2	1,000
④	2	500	3	500
⑤	2	1,000	2	1,000

49 〈조세범처벌법〉 「조세범처벌법」 제3조는 '사기나 그 밖의 부정한 행위'를 아래와 같이 말하고 있는데, (　　)에 들어갈 내용으로 옳지 않은 것은?

> 사기나 그 밖의 부정한 행위란 (　　) 행위로서 조세의 부과와 징수를 불가능하게 하거나 현저히 곤란하게 하는 적극적 행위를 말한다.

① 장부와 기록의 파기
② 재산의 은닉
③ 거짓 증빙 또는 거짓 문서의 작성 및 수취
④ 계산서, 세금계산서 또는 계산서합계표, 세금계산서합계표의 조작
⑤ 소득, 거래 등에 대한 귀속연도의 착오

50 〈조세범처벌법〉 「조세범처벌법」상 징역형과 벌금형을 병과할 수 있는 것은?

① 재화 또는 용역을 공급하지 아니하거나 공급받지 아니하고 「부가가치세법」에 따른 세금계산서를 발급하거나 발급받은 행위
② 납세의무자를 대리하여 세무신고를 하는 자가 조세의 부과 또는 징수를 면하게 하기 위하여 타인의 조세에 관하여 거짓으로 신고를 하였을 때
③ 조세의 원천징수의무자가 정당한 사유 없이 그 세금을 징수하지 아니하였을 때
④ 타인이 근로장려금을 거짓으로 신청할 수 있도록 근로를 제공받지 아니하고 근로소득원천징수영수증을 거짓으로 기재하여 타인에게 발급한 행위
⑤ 조세의 회피 또는 강제집행의 면탈을 목적으로 타인의 성명을 사용하여 사업자등록을 하거나 타인 명의의 사업자등록을 이용하여 사업을 영위하는 행위

51 〈소득세법〉 거주자 甲의 2024년 국내에서 발생한 이자소득 및 배당소득과 관련한 자료는 다음과 같다. 甲의 2024년의 종합소득과세표준을 계산할 때 합산되는 금액은 얼마인가? (단, 자료에 언급된 것 이외에는 모두 적법하게 원천징수되었고, 모든 금액은 원천징수세액을 차감하기 전의 금액이다. 주어진 자료 이외에는 고려하지 않음)

> (1) 乙에게서 받은 비영업대금의 이익 : 13,000,000원(원천징수되지 아니함)
> (2) 주권상장법인 ㈜A로부터 받은 현금배당금 : 5,000,000원
> (3) 비상장내국법인 ㈜B가 자기주식소각이익을 2024.5.1. 자본전입 결의하고, 그에 따라 2024.7.1. 甲에게 무상주를 교부하였음. 세법상 수입시기 현재 甲이 교부받은 무상주의 액면가액은 3,000,000원이고, 시가는 6,000,000원임. 주식소각일은 2021.1.5.이며, 소각 당시 자기주식의 시가는 취득가액을 초과함

① 18,000,000원
② 21,100,000원
③ 21,500,000원
④ 21,800,000원
⑤ 24,000,000원

52 〈소득세법, 법인세법〉 다음은 식기류 도매업을 영위하고 있는 계속사업자인 A의 2024.1.1.~12.31.의 자료이다. A가 ㉠ 개인(복식부기의무자임)일 경우의 기부금의 필요경비 불산입액과, ㉡ 법인(사업연도는 역년과 같고, 사회적기업이 아님)일 경우의 기부금의 손금불산입액을 계산하면 각각 얼마인가? (단, A에게는 다른 소득은 없으며 기부는 A가 직접하였고 모든 증빙을 갖추었다고 가정한다. 주어진 자료 이외에는 고려하지 않음)

> (1) 기준소득금액(이월결손금 차감 전이며, 기부금을 필요경비 또는 손금으로 산입하기 전의 금액) : 170,000,000원
> (2) 종교단체기부금 : 5,000,000원
> (3) 실비로 이용가능한 「아동복지법」 제52조 제1항에 따른 아동복지시설(특수관계인 아님)에 대한 금전 외 자산 기부금 : 장부가액 20,000,000원, 시가 35,000,000원
> (4) 장애인유료복지시설에 대한 기부금 : 30,000,000원
> (5) 직전 과세기간(2023.1.1.~12.31.)에 발생한 세무상 이월결손금 : 20,000,000원

	㉠	㉡
①	25,000,000원	30,000,000원
②	25,000,000원	40,000,000원
③	25,000,000원	55,000,000원
④	30,000,000원	40,000,000원
⑤	30,000,000원	55,000,000원

53 〈소득세법〉 거주자 甲은 2024.6.30. 국내에 보유하고 있는 건물과 토지를, 건물은 300,000천원, 토지는 200,000천원으로 하여 특수관계인이 아닌 乙에게 일괄 양도하였다. 이 경우 건물의 양도차익은 얼마인가?

1. 실지거래금액 및 감정평가가액(아래 기재된 가액 이외의 매매사례가액, 감정평가가액 등은 없다고 가정함)

(단위 : 천원)

구 분	건 물	토 지	비 고
계약서상 양도금액	300,000	200,000	
취득 시 취득가액	120,000	180,000	2021.1.1 취득
양도 시 감정평가가액	150,000	250,000	

2. 건물은 정액법(내용연수 10년, 잔존가치 없음)으로 월할 상각하여 사업소득금액 계산 시 필요경비에 산입하였다.
3. 甲은 취득 시 건물과 토지 모두를 자신의 명의로 등기하였으며, 기준시가는 다음과 같다.

(단위 : 천원)

구 분	건 물	토 지	비 고
양도 시점	120,000	200,000	
취득 시점	80,000	120,000	

4. 양도 시 양도계약서 작성비용 : 4,000천원
5. 건물 취득일에 완료한 외벽의 도색 비용 : 5,000천원

① 104,750천원
② 105,500천원
③ 108,000천원
④ 164,250천원
⑤ 220,500천원

54 〈소득세법〉 다음 자료를 이용하여 거주자 甲의 2024년도 종합소득공제액을 계산하면 얼마인가? (단, 소득공제의 종합한도나 「조세특례제한법」상의 소득공제는 고려하지 아니하고, 주어진 자료 이외에 종합소득공제의 배제 사유는 없음)

(1) 본인 및 가족현황(소득현황란에 기재된 소득 이외의 소득은 없음)

구 분	연 령	소득현황	비 고
본 인	51세	총급여액 60,000,000원	무주택자이고 부녀자 아님
배우자	47세	총급여액 4,000,000원의 근로소득	별거중임
부 친	80세	사업소득금액 10,000,000원	
모 친	75세	작물재배업에서 발생하는 소득 15,000,000원	2024.2.8. 사망
장 녀	21세	소득금액 합계액 2,000,000원	장애인
장 남	18세	소득 없음	장애인

※ 가족들은 모두 甲과 생계를 같이 한다.

(2) 기타 甲이 지출하였거나 甲이 근무하고 있는 회사가 부담한 사항은 다음과 같다.

가. 「국민건강보험법」에 따른 국민건강보험료 3,600,000원 (본인 부담분 1,800,000원, 회사 부담분 1,800,000원)

나. 「고용보험법」에 따른 고용보험료 1,000,000원 (본인 부담분 500,000원, 회사 부담분 500,000원)

다. 생명보험 보험료 1,000,000원

① 11,300,000원
② 12,300,000원
③ 12,348,000원
④ 13,600,000원
⑤ 14,800,000원

55 〈소득세법〉 다음은 거주자 甲이 2024년에 ㈜A에 근무하면서 지급받은 급여 등에 관련된 자료이다. 거주자 甲의 2024년 총급여액은? (단, 주어진 자료 이외에는 고려하지 않음)

(1) 연간 급여 합계액(30,000,000원)

(2) 연간 상여 합계액(10,000,000원)

(3) 상여 소득처분금액(2,000,000원) : ㈜A는 2024.3.20.에 2023.1.1.~12.31. 기간의 법인세를 신고하면서 익금산입한 금액 중 2,000,000원을 甲을 귀속자로 하는 상여로 소득처분하였다.

(4) 연간 급여 및 상여 외의 甲의 주식매수선택권 행사로 인한 이익(10,000,000원) : 주식매수선택권은 ㈜A의 100% 모회사인 ㈜B 발행 주식을 대상으로 한 것으로서, 2024.5.5. 행사하였다. ㈜A 및 ㈜B는 모두 벤처기업이 아니다.

(5) 연간 급여 외의 식대(3,600,000원) : ㈜A는 구내식당을 운영하고 있지 아니하여 식대를 월 300,000원씩 금전으로 지급하고 있다.

① 41,200,000원
② 48,800,000원
③ 51,200,000원
④ 53,200,000원
⑤ 54,400,000원

56 **〈소득세법〉「소득세법」상 납세의무자 및 과세소득의 범위에 관한 설명으로 옳지 않은 것은?**

① 과세기간 종료일 10년 전부터 국내에 주소나 거소를 둔 기간의 합계가 5년 이하인 외국인 거주자에게는 과세대상 소득 중 국외에서 발생한 소득의 경우 국내에서 지급되거나 국내로 송금된 소득에 대해서만 과세한다.

② 「소득세법」상 거주자란 국내에 주소를 두거나 183일 이상의 거소를 둔 개인을 말한다.

③ 「국세기본법」에 따른 법인 아닌 단체 중 법인으로 보는 단체 외의 법인 아닌 단체가 구성원 간 이익의 분배방법이나 분배비율이 정하여져 있지 아니하나 사실상 구성원별로 이익이 분배되는 것으로 확인되는 경우에는 소득구분에 따라 해당 단체의 각 구성원별로 소득세 또는 법인세를 납부할 의무를 진다.

④ 내국법인이 발행주식총수 100%를 간접출자한 해외현지법인이 파견된 당해 내국법인의 직원이, 생계를 같이하는 가족이나 자산상태로 보아 파견기간 종료 후 재입국할 것으로 인정되는 경우라면, 외국의 국적 취득과는 관계없이 거주자로 본다.

⑤ 국내에 거소를 둔 기간은 입국하는 날부터 출국하는 날까지로 한다.

57 **〈소득세법〉 법인의 대표자(등기임원)인 대주주가 법인이 보유하던 자산을 횡령하면서 그 사실을 감추기 위하여 매출을 일부 누락시켰으나, 이후 과세관청이 그 관련 법인세 등 부과처분을 한 사안과 관련하여 옳지 않은 것은?**

① 해당 사안과 관련하여 법인에게 소득금액변동통지서를 통지한 경우 통지하였다는 사실을 대표자에게 알려야 하며, 당해 내용에는 소득금액 변동내용이 포함되어 있어야 한다.

② 해당 사안의 경우 대표자에 대한 상여로 소득처분하는 것이 일반적이다.

③ 법인 소재지가 분명하고, 송달할 수 있는 경우라면, 소득처분되는 배당·상여 및 기타소득은 법인소득금액의 결정 또는 경정일로부터 15일 내에 소득금액변동통지서에 의하여 당해 법인에게 통지하여야 한다.

④ 「소득세법」은 횡령에 의하여 취득하는 금품을 기타소득으로 명시하여 규정하고 있지 않다.

⑤ 해당 사안의 경우 법인은 소득금액변동통지서를 받은 날 소득을 지급한 것으로 보아, 소득세를 원천징수하여야 한다.

58 **〈소득세법〉「소득세법」상 비과세소득이 아닌 것은?**

① 사업소득 중 전통주의 제조에서 발생하는 소득으로서 연 1,500만원 이하의 금액

② 사업소득 중 조림기간 5년 이상인 임지(林地)의 임목(林木)의 벌채 또는 양도로 발생하는 소득으로서 연 600만원 이하의 금액

③ 「공익신탁법」에 따른 공익신탁의 이익

④ 기타소득 중 서화·골동품을 박물관 또는 미술관에 양도함으로써 발생하는 소득

⑤ 「고용보험법」에 따라 받는 실업급여

59 **〈소득세법〉「소득세법」상 기타소득에 관한 설명으로 옳지 않은 것은?**

① 법령에 기타소득으로 열거된 항목이라 하더라도 사업소득으로 과세하는 것이 가능한 경우가 있을 수 있다.

② 10년 이상 보유한 서화의 양도로 발생하는 소득이 기타소득으로 구분되는 경우, 최소한 당해 거주자가 받은 금액의 100분의 90에 상당하는 금액을 필요경비로 인정받을 수 있다.

③ 정신적 피해를 전보하기 위하여 받는 배상금은 기타소득으로 과세되지 아니한다.

④ 퇴직 전에 부여받은 주식매수선택권을 퇴직 후에 행사함으로써 얻은 이익은 기타소득에 해당한다.

⑤ 특정한 소득이 기타소득의 어느 항목에 해당하는지 여부는 세액에 영향이 없다.

60 **〈소득세법〉「소득세법」상 거주자의 양도소득에 대한 납세의무와 관련하여 양도에 관한 설명으로 옳지 않은 것은?**

① 법원의 파산선고에 의한 부동산의 처분은 양도로 보지 아니한다.

② 이혼으로 인하여 혼인 중에 형성된 부부공동재산을 「민법」에 따라 재산분할하는 경우에는 양도로 보지 아니한다.

③ 공동사업을 경영할 것을 약정하는 계약에 따라 토지나 건물을 해당 공동사업체에 현물출자하는 경우 그 공동사업체에 유상으로 양도된 것으로 본다.

④ 「도시개발법」에 따른 환지처분으로 지번이 변경되는 경우는 양도로 보지 아니한다.

⑤ 양도담보계약에 따라 소유권을 이전하는 경우라 하더라도 법정요건을 갖춘 경우에는 양도로 보지 아니하나, 채무불이행으로 인하여 담보 자산을 변제에 충당한 때에는 양도한 것으로 본다.

61 **〈법인세법〉「법인세법」상 익금과 손금의 귀속시기에 관한 설명으로 옳지 않은 것은?**

① 내국법인의 각 사업연도의 익금과 손금의 귀속사업연도는 그 익금과 손금이 확정된 날이 속하는 사업연도로 한다.

② 금융보험업을 영위하는 법인의 수입보험료(원천징수대상 아님)로서 해당 법인이 결산을 확정할 때 이미 경과한 기간에 대응하는 보험료상당액을 해당 사업연도에 수익으로 계상한 경우에는 그 계상한 사업연도의 익금으로 한다.

③ 제조업을 영위하는 법인이 원천징수대상인 이자에 대하여 결산상 미수이자를 계상한 경우에는 그 계상한 사업연도의 익금에 산입되지 않는다.

④ 중소기업이 아닌 법인이 장기할부조건으로 자산을 판매하고 인도기준으로 회계처리한 경우, 그 장기할부조건에 따라 각 사업연도에 회수하였거나 회수할 금액과 이에 대응하는 비용을 신고조정에 의하여 해당 사업연도의 익금과 손금에 산입할 수 있다.

⑤ 계약의 목적물을 인도하지 아니하고 목적물의 가액 변동에 따른 차액을 금전으로 정산하는 파생상품의 거래로 인한 손익은 그 거래에서 정하는 대금결제일이 속하는 사업연도의 익금과 손금으로 한다.

62 〈법인세법〉 비상장 영리내국법인인 ㈜A와 ㈜B의 자료를 이용하여 보통주 소각으로 인한 ㈜A의 의제배당금액을 계산하면 얼마인가? (단, 주식 취득과 소각은 적법하였고, ㈜B는 과거 합병사실이 없다. 주어진 자료 이외에는 고려하지 않음)

> (1) ㈜A는 제24기(2024.1.1.~12.31.) 초 현재 ㈜B의 보통주 600주(1주당 액면금액 1,000원)를 보유하고 있으며, 보통주 관련 거래는 다음과 같다.
> ○ ㈜A는 2021.4.1. ㈜B의 보통주 400주를 1주당 시가인 1,500원에 취득하였음
> ○ ㈜A는 2022.5.2. ㈜B가 주식발행초과금(출자전환으로 인한 채무면제이익이 아님)을 자본에 전입함에 따라 보통주 200주를 무상으로 취득하였음
> ○ ㈜A는 2022.7.1. ㈜B가 법인세가 이미 과세된 자기주식처분이익을 자본에 전입함에 따라 보통주 400주를 무상으로 취득하였음
> ○ ㈜A는 2022.9.15. 보유 중인 ㈜B의 보통주 400주를 유상으로 처분하였음
>
> (2) ㈜B는 2024.3.31. 보통주를 1주당 1,500원에 소각하였으며, 이로 인해 ㈜A가 보유한 ㈜B의 보통주 400주가 소각되었다.

① 200,000원 ② 250,000원
③ 400,000원 ④ 450,000원
⑤ 600,000원

63 〈법인세법〉 「법인세법」상 기업업무추진비에 관한 설명으로 옳지 않은 것은?

① 주주 또는 출자자나 임원 또는 직원이 부담하여야 할 성질의 기업업무추진비를 법인이 지출한 것은 기업업무추진비로 보지 않는다.
② 법인이 그 직원이 조직한 조합 또는 단체에 복리시설비를 지출한 경우 해당 조합이나 단체가 법인인 때에는 이를 기업업무추진비로 보며, 해당 조합이나 단체가 법인이 아닌 때에는 그 법인의 경리의 일부로 본다.
③ 법인이 기업업무추진비를 금전 외의 자산으로 제공한 경우 해당 자산의 가액은 제공한 때의 장부가액과 시가 중 큰 금액으로 산정한다.
④ 내국법인이 한 차례의 접대에 지출한 기업업무추진비 중 3만원(경조금은 10만원)을 초과하는 기업업무추진비로서 증명서류를 수취하지 않은 것은 전액 손금불산입하고 소득귀속자에 관계없이 기타사외유출로 처분한다.
⑤ 재화 또는 용역을 공급하는 신용카드등의 가맹점이 아닌 다른 가맹점의 명의로 작성된 매출전표 등을 발급받은 경우 해당 지출액은 신용카드등을 사용하여 지출한 기업업무추진비로 보지 않는다.

64 〈법인세법〉 내국법인 ㈜A가 유형자산과 관련하여 행하는 활동에 관한 설명으로 옳지 않은 것은?

① 시험기기 1,000,000원과 가스기기 1,500,000원을 한 거래처에서 구입하면서 2,500,000원을 지급하고 비용으로 처리하는 경우 세법상 모두 손금으로 인정된다.

② 개인용 컴퓨터 2,000,000원과 전기기구 2,500,000원을 한 거래처에서 구입하면서 4,500,000원을 지급하고 비용으로 처리하는 경우 세법상 모두 손금으로 인정된다.

③ 시설개체 또는 기술의 낙후로 인하여 생산설비의 일부를 폐기한 경우 당해 자산의 장부가액을 폐기일이 속하는 사업연도의 손금에 산입할 수 있다.

④ 2년 전에 업무용 승용차의 타이어를 교체한 후 2024년 4월 1일 다시 전체적으로 타이어를 교체하기 위하여 지출한 600,000원은 수익적지출에 해당된다.

⑤ 재무상태표상 직전 사업연도 장부금액이 60,000,000원인 기계장치에 대한 자본적 지출액 7,000,000원을 비용으로 처리할 경우 7,000,000원은 ㈜A가 감가상각한 금액으로 의제하여 시부인한다.

65 〈법인세법〉 「법인세법」 상 부당행위계산의 부인에 관한 설명으로 옳지 않은 것은?

① 내국법인의 행위 또는 소득금액의 계산이 특수관계인과의 거래로 인하여 그 법인의 소득에 대한 조세의 부담을 부당하게 감소시킨 것으로 인정되는 경우에는 그 법인의 행위 또는 소득금액의 계산과 관계없이 그 법인의 각 사업연도의 소득금액을 계산한다.

② 부당행위계산에 있어서의 시가란 건전한 사회통념 및 상관행과 특수관계인이 아닌 자 간의 정상적 거래에서 적용되거나 적용될 것으로 판단되는 가격을 말한다.

③ 토지의 시가가 불분명한 경우로 「감정평가 및 감정평가사에 관한 법률」에 의한 감정평가업자가 감정한 가액이 2 이상인 경우에는 그 감정한 가액의 평균액을 적용한다.

④ 특수관계인에 대한 금전 대여의 경우 대여기간이 5년을 초과하는 대여금이 있으면 해당 대여금에 한정하여 가중평균차입이자율을 시가로 한다.

⑤ 특수관계인에게 자산을 무상 또는 시가보다 낮은 가액으로 양도하는 경우에는 시가와 거래가액의 차액이 3억원 이상이거나 시가의 100분의 5에 상당하는 금액 이상인 경우에 한하여 부당행위계산의 부인규정을 적용한다.

66 **〈법인세법〉「법인세법」상 연결납세제도에 관한 설명으로 옳지 않은 것을 모두 고른 것은?**

ㄱ. 내국법인인 완전모법인과 그 다른 내국법인인 완전자법인은 완전모법인의 납세지 관할지방국세청장의 승인을 받아 연결납세방식을 적용할 수 있다.
ㄴ. 연결납세방식을 적용받으려는 내국법인과 해당 내국법인의 완전자법인은 최초의 사업연도 개시일부터 20일 이내에 연결납세방식 적용신청서를 해당 내국법인의 납세지 관할세무서장을 경유하여 관할지방국세청장에게 제출하여야 한다.
ㄷ. 같은 사업연도에 2 이상의 연결법인에서 발생한 결손금이 있는 경우에는 연결법인 간 균등하게 배분하여 결손금 공제를 할 수 있다.
ㄹ. 연결납세방식의 적용 승인이 취소된 연결법인은 취소된 날이 속하는 사업연도와 그 다음 사업연도의 개시일부터 4년 이내에 끝나는 사업연도까지는 연결납세방식의 적용 당시와 동일한 법인을 연결모법인으로 하여 연결납세방식을 적용받을 수 없다.
ㅁ. 각 연결사업연도의 기간이 6개월을 초과하는 연결모법인은 해당 연결사업연도 개시일부터 6개월간을 중간예납기간으로 하여 연결중간예납세액을 중간예납기간이 지난 날부터 2개월 이내에 납세지 관할 세무서등에 납부하여야 한다.

① ㄱ, ㄴ
② ㄴ, ㄷ
③ ㄹ, ㅁ
④ ㄴ, ㄷ, ㄹ
⑤ ㄷ, ㄹ, ㅁ

67 **〈법인세법〉 다음은 주권상장 내국법인 ㈜A의 제24기(2024.1.1.~12.31.) 자료이다. 관련된 세무조정을 소득처분별로 합계한 것으로 옳은 것은? (단, 한국채택국제회계기준에 따른 회계처리는 적정하였으며, 주어진 자료 이외에는 고려하지 않음)**

(1) ㈜A는 2024년 초 ㈜B의 주식을 20,000원에 취득하여 기타포괄손익인식금융자산으로 분류하였고, 제24기 말 공정가치인 25,000원으로 평가하여 다음과 같이 회계처리하였다.

(차) 기타포괄손익인식금융자산	5,000원	(대) 금융자산평가이익	5,000원

(2) ㈜A는 2024.11.1. ㈜C의 회사채(액면 10,000원)를 만기보유목적으로 8,000원에 취득하였고, 제24기 말에 다음과 같이 회계처리하였다.

(차) 상각후원가측정금융자산	200원	(대) 이자수익	200원

① 세무조정 없음
② 익금산입·손금불산입 5,000원(유보)
손금산입·익금불산입 5,200원(△유보)
③ 익금산입·손금불산입 5,000원(유보)
손금산입·익금불산입 200원(△유보)
④ 익금산입·손금불산입 10,000원(기타)
손금산입·익금불산입 200원(△유보)
⑤ 익금산입·손금불산입 5,000원(기타)
손금산입·익금불산입 5,200원(△유보)

68 〈법인세법〉 다음은 제조업을 영위하는 영리내국법인 ㈜A의 대손충당금에 관한 자료이다. 다음 자료를 이용하여 제24기(2024.1.1.~12.31.) 세무조정 시 각 사업연도 소득금액에 미치는 영향금액은 얼마인가? (단, 전기 이전의 모든 세무조정은 적정하였고, 주어진 자료 이외에는 고려하지 않음)

(1) 대손충당금 변동

가. 회사계상 대손충당금 내역

기초잔액	당기 상계액(감소)	당기 설정액(증가)	기말잔액
20,000원	10,000원	16,000원	26,000원

나. 당기 상계액 10,000원 중 4,000원은 거래처의 파산으로 회수불가능하다고 판단한 매출채권금액이며, 나머지 6,000원은 세법상 대손요건을 충족하지 않았지만 회사가 미수금에 대해 조기에 회수불능으로 판단하여 처리하였음

다. 대손충당금 기초잔액 20,000원 중 대손충당금 한도초과액은 3,000원이다.

구 분	당기 말	전기 말
매출채권	260,000원	160,000원
미수금	100,000원	40,000원
선급금	40,000원	–
구상채권	6,000원	–

(2) 회사계상 기말 자산 내역 중 일부

가. 전기 말 채권 중 대손부인된 채권은 없음

나. 미수금은 비품 처분과 관련된 것임

다. 자회사의 채무보증으로 인하여 발생한 구상채권임

① 14,760원
② 14,880원
③ 20,880원
④ 21,050원
⑤ 21,120원

69 〈법인세법〉 다음은 제조업을 영위하는 영리내국법인 ㈜A의 제24기(2024.1.1.~12.31.) 감가상각과 관련된 자료이다. 관련된 세무조정과 소득처분으로 옳은 것은? (단, 전기 이전의 모든 세무조정은 적정하였으며, 주어진 자료 이외에는 고려하지 않음)

> (1) 기계장치 취득가액 : 50,000,000원
> (2) 기계장치 취득일 : 2022.1.1.
> (3) 감가상각방법 및 상각률 : 정률법(상각률 : 0.45)
> (4) 장부상 감가상각비 계상금액
> ○ 2022년 : 25,000,000원
> ○ 2023년 : 10,000,000원
> ○ 2024년 : 6,500,000원

① 세무조정 없음
② 손금산입·익금불산입 125,000원(△유보)
③ 익금산입·손금불산입 306,250원(유보)
④ 손금산입·익금불산입 306,250원(△유보)
⑤ 손금산입·익금불산입 250,000원(△유보)

70 〈법인세법〉 ㈜A는 ㈜B를 흡수합병하고 2024.3.10. 합병등기를 하였다. 두 법인은 모두 영리내국법인으로 사업연도는 제24기(2024.1.1.~12.31.)이다. 다음의 자료를 이용하여 ㉠ 비적격합병이라 가정할 때의 ㈜B의 양도손익에서 ㉡ 적격합병이라 가정할 때의 ㈜B의 양도손익을 차감하면 얼마인가? (단, 전기 이전의 세무조정은 적정하였으며, 주어진 자료 이외에는 고려하지 않음)

(1) 합병등기일 현재 ㈜B의 재무상태표는 다음과 같다.

재무상태표

건 물	150,000원	부 채	100,000원
		자본금	30,000원
		자본잉여금	15,000원
		이익잉여금	5,000원
	150,000원		150,000원

(2) 합병등기일 현재 ㈜B의 건물의 시가는 250,000원이었고, ㈜A는 ㈜B의 구주주에게 현금 15,000원과 주식(액면가액 75,000원, 시가 135,000원)을 교부하고, 다음과 같이 회계처리하였다.

(차) 건 물	250,000원	(대)	부 채	100,000원
			자본금	75,000원
			주식발행초과금	60,000원
			현 금	15,000원

① 0원
② 50,000원
③ 100,000원
④ 150,000원
⑤ 200,000원

71 **〈부가가치세법〉 2024년도에 발생한 다음 자료를 이용하여 ㈜A(제조 및 수출영위)의 2024년 제1기 과세기간(2024.1.1.~6.30.)의 부가가치세 과세표준을 계산하면 얼마인가? (단, 금액은 특별한 언급이 없는 한 부가가치세가 포함되지 않은 금액이며, 영세율 적용대상 거래의 경우 적용요건을 충족하고 있고, 주어진 자료 이외에는 고려하지 않음)**

(1) 1월 1일 국내거래처에 AA제품을 20,000,000원에 장기할부로 매출하고 대금회수는 매년 말 10,000,000원씩 2년 동안 회수하기로 하였다. 회사는 현재가치로 매출 17,355,400원과 현재가치할인차금 2,644,600원을 인식하였다. 1월 1일부터 6월 30일까지의 현재가치할인차금상각액은 867,770원이다. 부가가치세법상 공급시기에 세금계산서는 발행된다.

(2) 2월 2일 국내거래처에 그 동안 실적에 따라 장려금 300,000원과 BB제품(원가 1,000,000원, 시가 1,500,000원)을 장려품으로 지급하였다.

(3) 2023년 8월 10일에 국내거래처에 대하여 발생했던 매출채권을 2024년 3월 3일에 조기에 전액 회수하면서 매출채권의 10%에 해당하는 200,000원에 대해 매출할인을 실시하였다.

(4) 4월 4일 미국거래처에 CC제품을 수출하고 대금 $1,000는 4월 10일에 수령하였으며 환전은 4월 12일에 하였다. 일자별 1달러당 환율은 다음과 같다.

구 분	4월 4일	4월 10일	4월 12일
기준환율	1,000원	1,010원	1,020원

① 1,800,000원
② 2,000,000원
③ 2,300,000원
④ 2,320,000원
⑤ 2,500,000원

72 **〈부가가치세법〉 문구 소매업과 의류 제조업을 겸영하고 있는 간이과세자인 甲의 2024년 과세기간(2024.1.1.~12.31.)의 거래내역이다. 신고서를 서면으로 제출할 경우 차가감납부세액(지방소비세 포함)은 얼마인가? (단, 모두 국내거래이며, 주어진 자료 이외에는 고려하지 않음)**

(1) 공급 내역
① 소매업분 : 공급대가 20,000,000원
② 제조업분 : 공급대가 30,000,000원

(2) 매입 내역
① 소매업분 : 공급가액 15,000,000원, 매입세액 1,500,000원
② 제조업분 : 공급가액 5,000,000원, 매입세액 500,000원

(3) 업종별 부가가치율
① 소매업의 경우 10%, 제조업의 경우 20%임

(4) 세금계산서는 적법하게 수취하였다.

① 548,000원
② 575,000원
③ 650,000원
④ 690,000원
⑤ 800,000원

73 〈부가가치세법〉 다음 자료에 의하여 제조업을 영위하는 일반과세자인 甲의 2024년 제1기 과세기간 (2024.1.1.~6.30.)의 과세표준은 얼마인가? (단, 모두 국내거래이고, 금액에는 부가가치세가 포함되지 않았으며, 아래의 자료를 제외한 세무상 처리는 모두 적정하였음)

거래일자	거래내용	금 액
4.11.	A제품을 乙에게 외상으로 공급함(대금은 2024.7.10.에 수령함)	10,000,000원
5.20.	대가를 받지 않고 丙에게 A제품을 견본품으로 제공함	시 가 100,000원 원 가 60,000원
6.17.	A제품을 직원의 생일축하선물로 제공함	시 가 150,000원 원 가 80,000원
6.26.	일주일 안으로 서면이나 구두로 매입동의 여부를 알려주기로 하고 시제품을 丁에게 인도함(2024.7.1. 상대방이 구두로 매입의사를 밝힘)	700,000원
6.27.	A제품을 戊에게 공급하기로 계약을 체결하였으나 戊가 일방적으로 이를 해제함에 따라 위약금으로 받은 금액	200,000원

① 10,000,000원
② 10,020,000원
③ 10,050,000원
④ 10,350,000원
⑤ 10,990,000원

74 〈부가가치세법〉 「부가가치세법」상 환급에 관한 설명으로 옳지 않은 것은?

① 조기환급의 경우 환급세액은 조기환급 관련 신고기한이 지난 후 15일 이내에 환급하여야 한다.
② 일반과세자이든 간이과세자이든 환급규정이 적용된다.
③ 납세지 관할 세무서장은 사업자가 「부가가치세법」상 영세율을 적용받는 경우에 해당하여 환급을 신고한 때에는 대통령령으로 정하는 바에 따라 사업자에게 환급세액을 조기환급할 수 있다.
④ 사업자가 사업 설비를 신설·취득·확장 또는 증축하는 경우 조기환급은 세법상 감가상각자산에 한해 받을 수 있다.
⑤ 조기환급이 아닌 경우의 환급세액은 확정신고한 사업자에게 확정신고기한이 지난 후 30일 이내에 환급하여야 한다.

75 〈부가가치세법〉 「부가가치세법」상 재화의 공급으로 보는 경우에 해당하는 것은?

① 질권, 저당권 또는 양도담보의 목적으로 동산, 부동산 및 부동산상의 권리를 제공하는 것
② 사업장별로 그 사업에 관한 모든 권리와 의무를 포괄적으로 승계시키는 사업의 양도
③ 사업에 관한 모든 권리와 의무를 포괄적으로 승계시키는 사업의 양도로서 양수자가 승계받은 사업의 종류를 변경한 경우
④ 「신탁법」 제10조에 따라 위탁자의 지위가 이전되는 경우
⑤ 사업용 자산을 「상속세 및 증여세법」에 따라 물납하는 경우

76 〈부가가치세법〉「부가가치세법」상 사업장에 관한 설명으로 옳지 않은 것은?

① 사업장은 사업자가 사업을 하기 위하여 거래의 전부 또는 일부를 하는 고정된 장소로 한다.
② 사업장을 설치하지 아니하고 사업자등록도 하지 아니한 경우에는 과세표준 및 세액을 결정하거나 경정할 당시의 사업자의 주소 또는 거소를 사업장으로 한다.
③ 광업의 경우 광업사무소의 소재지로 하되, 광업사무소가 광구(鑛區) 밖에 있을 때에는 그 광업사무소에서 가장 가까운 광구에 대하여 작성한 광업 원부의 맨 처음에 등록된 광구 소재지에 광업사무소가 있는 것으로 본다.
④ 제조업의 경우 따로 제품 포장만을 하거나 용기에 충전만을 하는 장소와 「개별소비세법」 제10조의5에 따른 저유소(貯油所)는 사업장에서 제외한다.
⑤ 부동산상의 권리만 대여하는 부동산임대업의 경우에는 부동산의 등기부상 소재지를 사업장으로 하여야 한다.

77 〈부가가치세법〉「부가가치세법」상 부가가치세 과세대상에 해당하는 것은 모두 몇 개인가?

ㄱ. 소유재화의 파손, 훼손, 도난 등으로 인하여 가해자로부터 받는 손해배상금
ㄴ. 외상매출채권의 양도
ㄷ. 공동사업자 구성원이 각각 독립적으로 사업을 영위하기 위하여 공동사업용 건물의 분할등기(출자지분의 현물반환)로 소유권이 이전되는 건축물
ㄹ. 수표·어음 등의 화폐대용증권
ㅁ. 온라인 게임에 필요한 사이버 화폐인 게임머니를 계속적·반복적으로 판매하는 것
ㅂ. 재화 또는 용역에 대한 대가 관계가 없이 잔여 임대기간에 대한 보상으로서 받는 이주보상비

① 1개
② 2개
③ 3개
④ 4개
⑤ 5개

78 〈부가가치세법〉「부가가치세법」상 영세율에 관한 설명으로 옳지 않은 것은?

① 「관세법」에 따른 수입신고 수리 전의 물품으로서 보세구역에 보관하는 물품을 외국으로 반출할 경우(국내 사업장에서 계약과 대가 수령 등 거래가 이루어짐) 영세율 적용이 된다.
② 수출용 완제품을 공급한 후라도 내국신용장이 그 공급시기가 속하는 과세기간이 끝난 후 25일 이내에 개설된 경우에는 영세율이 적용된다.
③ 국내사업장을 둔 사업자가 해외에서 도로건설 용역을 제공하는 경우 외화로 대금을 수령할 경우에만 영세율을 적용받는다.
④ 선박 또는 항공기에 의한 외국항행용역의 공급은 영세율을 적용한다. 이 때, 외국항행용역에는 선박 또는 항공기에 의하여 여객이나 화물을 국내에서 국외로, 국외에서 국내로 또는 국외에서 국외로 수송하는 것을 포함한다.
⑤ 「관광진흥법」 시행령에 따른 일반여행업자가 외국인 관광객에게 공급하는 관광알선용역(그 대가를 외국환은행에서 원화로 받았다)에는 영세율을 적용한다.

79 **〈국제조세조정에 관한 법률〉「국제조세조정에 관한 법률」에 관한 설명으로 옳지 않은 것은?**

① 「국제조세조정에 관한 법률」은 국가 간의 이중과세 및 조세회피를 방지하고 원활한 조세협력을 도모함을 목적으로 한다.

② 「국제조세조정에 관한 법률」상 권한 있는 당국이란 우리나라의 경우에는 기획재정부장관 또는 그의 권한을 위임받은 자를 말한다.

③ 과세당국은 거래당사자의 어느 한쪽이 국외특수관계인인 국제거래에서 그 거래가격이 정상가격보다 낮거나 높은 경우에는 정상가격을 기준으로 거주자의 과세표준 및 세액을 결정하거나 경정할 수 있다.

④ 정상가격의 산출은 비교가능 제3자 가격방법, 재판매가격방법, 원가가산방법, 이익분할방법, 거래순이익률방법, 대통령령으로 정하는 그 밖에 합리적이라고 인정되는 방법을 동등한 입장에서 적용하여 그 중에서 가장 합리적인 방법으로 계산한 가격으로 한다.

⑤ 과세당국은 정상가격 적용 시, 해당 국제거래가 그 거래와 유사한 거래 상황에서 특수관계가 없는 독립된 사업자 사이의 거래와 비교하여 상업적으로 합리적인 거래인지 여부를 판단하여야 한다.

80 **〈국제조세조정에 관한 법률〉「국제조세조정에 관한 법률」상 상호합의에 관한 설명으로 옳은 것은?**

① 기획재정부장관 또는 국세청장은 상호합의절차 개시 신청을 거부하는 경우 그 사실을 신청인에게 통지하여야 하지만 체약상대국에게 통지할 필요는 없다.

② 상호합의절차가 시작된 경우 상호 합의절차의 개시일부터 종료일까지의 기간은 「국세기본법」의 불복청구기간과 결정기간에 산입하지 아니한다.

③ 상호합의절차가 시작된 경우 국제관행이 상호합의절차의 진행 중에 납부기한등의 연장 또는 압류·매각의 유예를 허용하는 경우에만 적용한다.

④ 상호합의절차가 시작된 경우 체약상대국과의 상호합의절차가 종료되거나 국세부과제척기간이 만료된 이후에는 국세를 부과할 수 없다.

⑤ 상호합의절차가 종결된 경우 기획재정부장관에 보고되므로 과세당국이나 지방자치단체의 장은 상호합의 결과에 따라 부과처분, 경정결정 또는 그 밖에 세법에 따른 필요한 조치에 대해 생략 가능하다.

2018년도 제55회
세무사 1차 국가자격시험 문제지

교시	시험과목	시험시간	문제형별
1교시	1 재정학 2 세법학개론	80분	**A**

수험번호		성 명	

【 수험자 유의사항 】

1. 시험문제지는 **단일 형별(A형)**이며, 답안카드는 형별 기재란에 표시된 형별(A형)을 확인하시기 바랍니다. 시험문제지의 **총면수, 문제번호 일련순서, 인쇄상태** 등을 확인하시고, 문제지 표지에 수험번호와 성명을 기재하시기 바랍니다.

2. 답은 각 문제마다 요구하는 **가장 적합하거나 가까운 답 1개**만 선택하고, 답안카드 작성 시 시험문제지 **마킹착오**로 인한 불이익은 전적으로 **수험자에게 책임**이 있음을 알려 드립니다.

3. 답안카드는 국가전문자격 공통 표준형으로 문제번호가 1번부터 125번까지 인쇄되어 있습니다. 답안 마킹 시에는 반드시 **시험문제지의 문제번호와 동일한 번호**에 마킹하여야 합니다.

4. **감독위원의 지시에 불응하거나 시험시간 종료 후 답안카드를 제출하지 않을 경우** 불이익이 발생할 수 있음을 알려 드립니다.

5. 시험문제지는 시험 종료 후 가져가시기 바랍니다.

세법학개론

41 **〈국세기본법〉「국세기본법」상 심사와 심판에 관한 설명으로 옳지 않은 것은?**

① 조세심판관은 심판청구에 관한 조사 및 심리의 결과와 과세의 형평을 고려하여 자유심증으로 사실을 판단한다.

② 조세심판관은 심판청구일 전 최근 5년 이내에 불복의 대상이 되는 처분의 기초가 되는 세무조사에 관여하였던 경우에는 그 심판관여로부터 제척된다.

③ 상임조세심판관의 임기는 2년으로 하고 한 차례만 중임할 수 있다.

④ 심판청구를 제기한 후 심사청구를 제기한 경우에는 그 심사청구를 각하하는 결정을 한다.

⑤ 국세의 심판청구금액이 3천만원 미만인 것으로 청구사항이 법령의 해석에 관한 것이 아닌 경우 조세심판관회의의 심리를 거치지 아니하고 주심조세심판관이 심리하여 결정할 수 있다.

42 **〈국세기본법〉「국세기본법」상 국세의 우선권에 관한 설명으로 옳지 않은 것은?**

① 국세상호간의 우선관계는 압류에 관한 국세, 교부청구한 국세, 납세담보 있는 국세 순이다.

② 세무서장은 대물변제의 예약에 의하여 권리이전 청구권의 보전을 위해 가등기된 재산을 압류할 때에는 그 사실을 가등기권리자에게 지체없이 통지하여야 한다.

③ 과세표준과 세액을 정부가 결정하여 납부고지한 경우 법정기일은 그 납부고지서의 발송일이다.

④ 양도담보재산에서 징수하는 국세의 법정기일은 납부고지서의 발송일이다.

⑤ 공과금의 강제징수를 할 때 그 강제징수금액 중에서 국세를 징수하는 경우 그 공과금의 강제징수비는 국세에 우선한다.

43 **〈국세기본법〉「국세기본법」상 납세의무의 성립시기로 옳지 않은 것은?**

① 인지세 : 과세문서를 작성한 때

② 증권거래세 : 해당 매매거래가 확정되는 때

③ 상속세 : 상속이 개시되는 때

④ 종합부동산세 : 과세기준일

⑤ 무신고가산세 및 과소신고·초과환급신고가산세 : 가산할 국세의 납세의무가 확정되는 때

44 **〈국세기본법〉「국세기본법」상 가산세 감면에 관한 설명으로 옳지 않은 것은?**

① 가산세를 부과하는 경우 납세자가 의무를 이행하지 아니한 데 대한 정당한 사유가 있는 때에는 해당 가산세를 부과하지 아니한다.

② 법정신고기한이 지난 후 1개월 이내에 기한 후 신고를 한 경우 무신고 가산세액의 100분의 50에 상당하는 금액을 감면한다.

③ 법정신고기한이 지난 후 1년 이내에 수정신고한 경우 과소신고 가산세액의 100분의 50에 상당하는 금액을 감면한다.

④ 과세전적부심사 결정·통지기간에 그 결과를 통지하지 아니한 경우 결정·통지가 지연됨으로써 해당 기간에 부과되는 납부지연 가산세액의 100분의 50에 상당하는 금액을 감면한다.

⑤ 세법에 따라 제출의 기한이 지난 후 1개월 이내에 해당 세법에 따른 제출 의무를 이행하는 경우 제출 의무 위반 관련 가산세액의 100분의 50에 상당하는 금액을 감면한다.

45 **〈국세징수법〉 甲과 乙과 丙이 공유하고 있는 재산 중 甲의 지분을 「국세징수법」상 甲의 체납으로 공매하는 경우에 관한 설명으로 옳지 않은 것은?**

① 세무서장은 '공유자(체납자 제외)·배우자에게 우선매수권이 있다는 사실'을 공고하여야 한다.

② 세무서장은 공매공고를 하였을 때에는 즉시 그 내용을 공매공고의 등기 또는 등록 전날 현재의 공유자인 乙과 丙에게 통지하여야 한다.

③ 최고가 매수신청인이 있는 경우 乙 또는 丙은 매각결정 기일 전까지 공매보증금을 제공하고 최고가 매수신청가격으로 공매재산을 우선매수하겠다는 신고를 할 수 있다.

④ 세무서장은 乙과 丙이 우선매수하겠다는 신고를 하고 그 공유자에게 매각결정을 하였을 때에는 특별한 협의가 없으면 공유지분의 비율에 따라 공매재산을 매수하게 한다.

⑤ 세무서장은 공매재산이 우선매수하겠다고 신고한 乙 또는 丙에게 매각결정되었지만 그 매수인이 매각대금을 납부하지 아니한 경우에는 재공매하여야 한다.

46 **〈국세징수법〉「국세징수법」상 압류를 즉시 해제하여야 하는 경우를 모두 고른 것은?**

ㄱ. 압류 후 재산가격이 변동하여 체납액 전액을 현저히 초과한 경우
ㄴ. 압류에 관계되는 체납액의 일부가 납부되거나 충당된 경우
ㄷ. 여러 재산을 한꺼번에 공매(公賣)하는 경우로서 일부 재산의 공매대금으로 체납액 전부를 징수한 경우
ㄹ. 체납자가 압류할 수 있는 다른 재산을 제공하여 그 재산을 압류한 경우
ㅁ. 총 재산의 추산(推算)가액이 강제징수비를 징수하면 남을 여지가 없어 강제징수를 종료할 필요가 있는 경우(단, 교부청구 또는 참가압류가 있는 경우로서 교부청구 또는 참가압류와 관계된 체납액을 기준으로 할 경우 남을 여지가 있는 경우는 제외)

① ㄱ, ㄹ　　② ㄷ, ㅁ
③ ㄱ, ㄹ, ㅁ　　④ ㄴ, ㄷ, ㄹ
⑤ ㄱ, ㄴ, ㄷ, ㅁ

47 〈국세징수법〉「국세징수법」상 압류재산의 매각에 관한 설명으로 옳지 않은 것은?

① 세무서장은 압류된 재산이 「자본시장과 금융투자업에 관한 법률」에 따른 증권시장에 상장된 증권일 때에는 증권시장에서 직접 매각할 수 있다.

② 심판청구 절차가 진행 중인 국세의 체납으로 압류한 재산이 부패・변질 또는 감량되기 쉬운 재산으로서 속히 매각하지 아니하면 그 재산가액이 줄어들 우려가 있는 경우에는 수의계약으로 매각할 수 있다.

③ 세무서장은 압류재산이 수의계약으로 매각하지 아니하면 매각대금이 강제징수비 금액 이하가 될 것으로 예상되는 경우에는 수의계약으로 매각할 수 있다.

④ 세무서장이 전문매각기관을 선정하여 압류한 예술품의 매각을 대행하게 하는 경우에는 해당 전문매각기관은 그 압류한 예술품의 매각을 대행하거나 직접 매수할 수 있다.

⑤ 여러 개의 재산을 일괄하여 공매하는 경우 그 가운데 일부의 매각대금으로 체납액을 변제하기에 충분하면 체납자는 공매 대상 자산을 지정할 수 있다.

48 〈국세징수법〉「국세징수법」상 징수절차에 관한 설명으로 옳지 않은 것은?

① 세무서장은 납부기한 전에 국세를 징수하려는 경우 당초의 납부기한보다 단축된 기한을 정하여 납세자에게 납부고지를 하여야 한다.

② 세무서장은 납세자가 지방세의 체납으로 강제징수를 받을 때에는 납부기한 전이라도 이미 납세의무가 확정된 국세를 징수할 수 있다.

③ 납부고지서는 징수결정 즉시 발급하여야 한다. 다만, 납부고지를 유예한 경우 유예기간이 끝난 날의 다음 날에 발급한다.

④ 세무서장은 납세자가 국세를 포탈하려는 행위가 있다고 인정될 때에는 납부기한 전이라도 이미 납세의무가 확정된 국세를 징수할 수 있다.

⑤ 세무서장은 납세자가 체납액 중 국세만을 완납하여 강제징수비를 징수하려는 경우 강제징수비의 징수와 관계되는 국세의 과세기간, 세목, 강제징수비의 금액, 산출 근거, 납부하여야 할 기한(강제징수비 고지를 하는 날부터 15일 이내의 범위로 정한다) 및 납부장소를 적은 강제징수비고지서를 납세자에게 발급하여야 한다.

49 **〈조세범처벌법〉「조세범처벌법」상 주류 또는 유류에 대한 조세범처벌에 관한 설명으로 옳지 않은 것은?**

① 가짜석유제품을 제조 또는 판매하여 조세를 포탈한 자는 3년 이하의 징역 또는 포탈한 세액의 3배 이하의 벌금에 처한다.

② 거짓이나 그 밖의 부정한 방법으로 면세유류 구입카드 등을 발급한 자는 3년 이하의 징역 또는 3천만원 이하의 벌금에 처한다.

③「주류 면허 등에 관한 법률」에 따른 납세증명표지를 재사용하거나 정부의 승인을 받지 아니하고 이를 타인에게 양도한 자는 2년 이하의 징역 또는 2천만원 이하의 벌금에 처한다.

④ 면세유의 부정 유통의 범칙행위를 한 자에 대해서는「형법」중 벌금경합에 관한 제한가중규정을 적용하지 아니한다.

⑤「주류 면허 등에 관한 법률」에 따른 면허를 받지 아니하고 주류를 판매하기 위하여 제조하거나 판매한 자는 3년 이하의 징역 또는 3천만원(해당 주세 상당액의 3배의 금액이 3천만원을 초과할 때에는 그 주세 상당액의 3배의 금액) 이하의 벌금에 처한다.

50 **〈조세범처벌법〉「조세범처벌법」상 조세범처벌에 관한 설명으로 옳지 않은 것은?**

①「조세범처벌법」상 조세란 관세를 제외한 국세를 말한다.

② 사기나 그 밖의 부정한 행위로써 조세를 포탈한 자는 포탈세액이 5억원 이상인 경우에는 3년 이하의 징역 또는 포탈세액의 3배 이하에 상당하는 벌금에 처한다.

③ 법인의 사용인이 그 법인의 업무에 관하여「조세범처벌법」에서 규정하는 범칙행위를 한 경우 그 법인이 그 위반행위를 방지하기 위하여 상당한 주의 또는 감독을 게을리한 경우에는 그 법인에게도 해당 조문의 벌금형을 과한다.

④ 사기나 그 밖의 부정한 행위로써 조세를 포탈하거나 조세의 환급·공제를 받는 죄를 상습적으로 범한 자는 형의 2분의 1을 가중한다.

⑤ 사기나 그 밖의 부정한 행위로써 조세를 포탈한 범칙행위의 공소시효는 5년이 지나면 완성된다.

51 **〈소득세법〉「소득세법」상 양도소득세가 과세되는 것은?**

① 거주자 甲은 이혼하면서 법원의 판결에 따른 재산분할에 의하여 배우자에게 혼인 중에 형성된 부부 공동재산인 토지의 소유권을 이전하였다.

② 사업자인 거주자 乙은 사업용으로 사용하던 기계장치를 처분하였다.

③ 거주자 丙은 본인 소유의 토지를 동생에게 증여하면서, 동생이 그 토지에 의하여 담보된 丙의 은행대출 채무를 인수하였다.

④ 건설업을 영위하는 사업자인 거주자 丁은 아파트를 신축하여 판매하였다.

⑤ 거주자 戊는 자기소유의 토지를 경매로 인하여 자기가 재취득하였다.

52 〈소득세법〉「소득세법」상 납세지에 관한 설명으로 옳지 않은 것은?

① 주소지가 2이상인 때에는 생활관계가 보다 밀접한 곳을 납세지로 한다.

② 비거주자 甲이 국내에 두 곳의 사업장을 둔 경우, 주된 사업장을 판단하기가 곤란한 때에는 둘 중 하나를 선택하여 신고한 장소를 납세지로 한다.

③ 해외근무 등으로 국내에 주소가 없는 공무원 乙의 소득세 납세지는 그 가족의 생활근거지 또는 소속기관의 소재지로 한다.

④ 납세지의 변경신고를 하고자 하는 자는 납세지변경신고서를 그 변경 후의 납세지 관할 세무서장에게 제출하여야 한다.

⑤ 납세지의 지정이 취소된 경우에도 그 취소 전에 한 소득세에 관한 신고, 신청, 청구, 납부, 그 밖의 행위의 효력에는 영향을 미치지 아니한다.

53 〈소득세법〉「소득세법」상 소득금액 계산의 특례에 관한 설명으로 옳지 않은 것은?

① 종합소득과세표준 확정신고 후 예금 또는 신탁계약의 중도 해지로 이미 지난 과세기간에 속하는 이자소득금액이 감액된 때에는, 경정청구를 하지 아니한 경우라면 그 중도 해지일이 속하는 과세기간의 종합소득금액에 포함된 이자소득금액에서 그 감액된 이자소득금액을 뺄 수 있다.

② 우리나라가 조세조약의 상대국과 그 조세조약의 상호 합의 규정에 따라 거주자가 국외에 있는 비거주자와 거래한 그 금액에 대하여 권한 있는 당국 간에 합의를 하는 경우에는 그 합의에 따라 납세지 관할 세무서장은 그 거주자의 각 과세기간의 소득금액을 조정하여 계산할 수 있다.

③ 사업소득이 발생하는 사업을 공동으로 경영하고 그 손익을 분배하는 공동사업의 경우에는 각 공동사업자별로 소득금액을 계산한다.

④ 연금계좌의 가입자가 사망하였으나 그 배우자가 연금외수령 없이 해당 연금계좌를 상속으로 승계하는 경우에는 그 연금계좌에 있는 피상속인의 소득금액은 상속인의 소득금액으로 보아 소득세를 계산한다.

⑤ 결손금 및 이월결손금을 공제할 때 해당 과세기간에 결손금이 발생하고 이월결손금이 있는 경우에는 그 과세기간의 결손금을 먼저 소득금액에서 공제한다.

54 〈소득세법〉 내국법인 ㈜A(벤처기업 아님)는 정관에서 주식매수선택권 부여에 필요한 사항을 모두 정하고 이를 등기한 후에 2024.3.20. 주주총회 특별결의를 거쳐 주식매수선택권(부여주식수 : 30,000주, 행사가격 : 10,000원, 행사시기 : 2028.3.20.부터 2033.3.20.까지)을 부여하는 계약을 임원인 甲(거주자)과 체결하였다. 주식매수선택권 부여 계약에는 행사를 제한하는 어떠한 특약도 없었고, 행사가격은 주식매수선택권 부여 당시의 주식의 시가보다 높은 것이었으며, 미공개정보로 인하여 단기간 내에 주가가 상승할 것이라고 예상되는 특별한 사정도 없었다. 다음 중 옳은 것은?

① 甲이 ㈜A에 재직하면서 2028.3.20.부터 2033.3.20.까지 사이에 주식매수선택권을 행사하여 얻은 이익은 기타소득에 해당한다.

② 甲이 2030.10.20. 퇴직한 후 다음 해에 주식매수선택권을 행사하여 얻은 이익은 기타소득에 해당한다.

③ 甲이 2026.6.20. 사망하고 2028.3.20.부터 2033.3.20.까지 사이에 그 상속인이 주식매수선택권을 행사하여 얻은 이익은 근로소득에 해당한다.

④ 甲의 주식매수선택권 행사이익은 그 주식매수선택권 부여 당시 ㈜A 주식의 시가에서 실제 매수가격을 뺀 금액이다.

⑤ 甲이 주식매수선택권을 행사하여 취득한 주식을 양도하는 때, 당해 주식이 양도소득세 과세대상이 되는 경우에는 그 주식매수선택권의 행사가격을 취득가액으로 하여 양도소득을 계산한다.

55 〈소득세법〉「소득세법」상 세액공제 등에 관한 설명으로 옳은 것은?

① 기장세액공제를 받은 간편장부대상자는 이와 관련된 장부 및 증명서류를 해당 과세표준확정신고기간 종료일부터 10년간 보관하여야 한다.

② 외국정부에 납부하였거나 납부할 외국소득세액을 이월공제기간 내에 공제받지 못한 경우 그 공제받지 못한 외국소득세액은 이월공제기간의 종료일이 속하는 과세기간의 소득금액을 계산할 때 필요경비에 산입할 수 있다.

③ 거주자의 종합소득금액 또는 퇴직소득금액에 국외원천소득이 합산되어 있는 경우로서 그 국외원천소득에 대하여 외국에서 대통령령으로 정하는 외국소득세액을 납부하였거나 납부할 것이 있을 때에는 공제한도금액 내에서 외국소득세액을 해당 과세기간의 종합소득산출세액 또는 퇴직소득산출세액에서 공제할 수 있다.

④ 특별세액공제 규정을 적용할 때 과세기간 종료일 이전에 이혼하여 기본공제대상자에 해당되지 아니하게 되는 종전의 배우자를 위하여 과세기간 중 이미 지급한 금액에 대한 세액공제액은 해당 과세기간의 종합소득산출세액에서 공제할 수 없다.

⑤ 이월공제가 인정되는 세액공제로서 해당 과세기간 중에 발생한 세액공제액과 이전 과세기간에서 이월된 미공제액이 함께 있을 때에는 해당 과세기간 중에 발생한 세액공제액을 먼저 공제한다.

56 **〈소득세법〉 다음은 개인사업자인 거주자 甲이 사업에 사용하던 상가건물을 2024.7.1.에 특수관계자인 乙에게 양도한 내역이다. 양도소득과세표준은 얼마인가? (단, 주어진 자료 이외에는 고려하지 않음)**

> (1) 건물과 관련된 정보
> ① 양도가액은 600,000,000원, 취득가액은 400,000,000원이며, 모두 실지거래가액이다.
> ② 양도 당시 건물의 감가상각누계액은 15,000,000원이며, 감가상각비는 사업소득금액 계산 시 필요경비에 반영되었다.
> ③ 건물에 대한 취득세로 납부한 금액은 13,000,000원이며, 취득 시 국민주택채권을 8,000,000원에 매입하여 즉시 사채업자에게 3,000,000원에 매각한 것이 확인되었다. 이를 동일한 날 금융회사에 매각한다면 2,000,000원의 매각 차손이 발생한다.
> ④ 양도 당시 건물의 시가는 620,000,000원이고, 건물의 보유기간은 5년 2개월이며 등기되었다.
> (2) 양도 시 중개수수료 9,000,000원을 부담하였고, 지출한 양도비의 적격증명서류를 수취하였다.
> (3) 보유 중 납부한 재산세 합계액은 8,000,000원이다.
> (4) 당해 건물은 비사업용이 아니며, 장기보유특별공제율은 3년 이상 4년 미만 보유 시 6%, 4년 이상 5년 미만 보유 시 8%, 5년 이상 6년 미만 보유 시 10%를 적용한다.
> (5) 양도소득 기본공제를 적용하며, 동 건물 외에 다른 양도소득세 과세대상은 없다.

① 159,850,000원
② 162,350,000원
③ 169,400,000원
④ 188,500,000원
⑤ 191,000,000원

57 **〈소득세법〉 다음은 제조업(중소기업)을 영위하는 개인사업자 甲(거주자)의 제24기(2024.1.1.~12.31.) 사업소득금액 계산을 위한 자료이다. 2024년 귀속 사업소득금액은 얼마인가? (단, 주어진 자료 이외에는 고려하지 않음)**

> (1) 손익계산서 내역
> ① 당기순이익은 100,000,000원이다.
> ② 인건비에는 대표자 甲의 급여 48,000,000원이 포함되어 있다.
> ③ 영업외손익에는 다음의 항목이 포함되어 있다.
> - 예금이자 수익 : 300,000원
> - 업무용화물차 처분이익 : 100,000원
> - 사업관련 공장의 화재로 인한 보험차익 : 5,000,000원
> - 현금배당수익(배당기준일의 1개월 전에 취득한 비상장주식의 현금 배당임) : 3,000,000원
> - 유가증권처분이익(채권매매차익임) : 1,000,000원
>
> (2) 대표자 甲이 개인적으로 사용한 제품 5,000,000원은 잡비로 계상되어 있으며, 동 제품의 판매가격 및 시가는 8,000,000원이다.
> (3) 甲은 복식부기의무자이다.

① 104,700,000원
② 147,700,000원
③ 150,700,000원
④ 151,700,000원
⑤ 152,700,000원

58 〈소득세법〉 다음은 거주자 甲(2024년도 중 계속 근로자임)이 기본공제대상자를 위하여 2024년에 지출한 의료비 내역이다. 2024년 귀속 의료비 세액공제액은 얼마인가? (단, 주어진 자료 이외에는 고려하지 않음)

> (1) 연 급여 : 35,000,000원(비과세급여 3,000,000원 포함)
> (2) 본인(34세)을 위한 시력보정용 안경 구입비 : 800,000원
> 본인의 국외 치료비 : 4,000,000원
> (3) 배우자(32세)를 위한 치료목적 한약비 : 1,000,000원
> 배우자를 위한 난임시술비(「모자보건법」에 따른 보조생식술에 소요된 비용) : 3,000,000원
> (4) 부친(67세)에 대한 질병 치료비 : 700,000원
> (5) 모친(장애인, 62세)을 위한 장애인 보장구 구입비 : 600,000원
> (6) 부양가족은 모두 생계를 같이 하고 있으며 소득은 없다.
> (7) 부양가족은 다른 근로자의 기본공제대상이 아니고, 본인 국외 치료비를 제외한 다른 의료비는 모두 국내 의료기관 등에 지출한 금액이며, 의료비 세액공제액 외 다른 세액공제 및 표준세액공제는 적용하지 않는다.

① 726,000원
② 876,000원
③ 1,176,000원
④ 1,431,000원
⑤ 1,476,000원

59 〈소득세법〉 다음은 내국법인 ㈜A에서 영업사원으로 근무하던 거주자 甲의 근로소득 관련 자료이다. 甲의 2024년 귀속 근로소득금액은 얼마인가? (단, 주어진 자료 이외에는 고려하지 않음)

(1) 근무기간 : 2024.1.1.부터 2024.10.31.(퇴직일)까지 계속 근무하였음

(2) 급여내역

구 분	금 액	비 고
기본급여 총액	50,000,000원	기본금으로 월 5,000,000원 지급 받음
휴가비	5,000,000원	㈜A로부터 보조받은 휴가비임
강연수당	4,000,000원	㈜A의 사내연수 강연수당임
인정상여	2,000,000원	㈜A의 2022년도 귀속 법인세무조정 시 발생한 것임
식사대	2,000,000원	월 200,000원(회사는 현물식사를 별도 제공하지 않음)
자가운전 보조금	3,000,000원	월 300,000원(시내출장 등이 있을 시 甲소유 차량을 업무에 이용하였고, 이에 소요된 실제 여비는 자가운전보조금을 받았음에도 불구하고 출장여비 규정에 의해 별도로 지급받았음)

(3) 근로소득공제액

총급여액	근로소득공제액
1,500만원 초과 4,500만원 이하	750만원 + 1,500만원을 초과하는 금액의 100분의 15
4,500만원 초과 1억원 이하	1,200만원 + 4,500만원을 초과하는 금액의 100분의 5

① 44,590,000원
② 44,840,000원
③ 48,290,000원
④ 49,150,000원
⑤ 50,090,000원

60 **〈소득세법〉 다음 자료를 이용하여 거주자 甲의 2024년 귀속종합소득금액을 계산하면 얼마인가? (단, 주어진 자료 이외에는 고려하지 않음)**

(1) 甲의 2024년 귀속 근로소득 등 관련 자료

① 연 급여 93,000,000원 [식사대 2,400,000원(월 200,000원 × 12개월) 포함, 회사는 현물식사를 별도 제공하지 않음]

② 「발명진흥법」에 따른 직무발명보상금 : 7,000,000원

③ 법령에 의한 건강보험료 회사부담금 : 2,400,000원

④ 법령으로 정한 직장공제회 초과반환금 : 6,000,000원(국내에서 받았으며 원천징수는 적법하게 이루어짐)

⑤ 근로소득공제액(한도 : 20,000,000원)

총급여액	근로소득공제액
4,500만원 초과 1억원 이하	1,200만원 + 4,500만원을 초과하는 금액의 100분의 5
1억원 초과	1,475만원 + 1억원을 초과하는 금액의 100분의 2

(2) 甲은 상가건물을 2023년 12월 초부터 2024년 12월 말까지 매월 임대료 2,000,000원(부가가치세 별도)을 받기로 약정하고 임대사업을 하고 있다. 당해 임대사업은 세무대리인을 통해 장부 기장에 의한 신고를 하였으며, 2024년 필요경비는 10,000,000원이다. (임차인과는 특수관계가 아니며 임차기간 중 임차인 변동은 없고 사업기간 중 휴업사실 없음)

(3) 甲이 「문화재보호법」에 따라 국가지정문화재로 지정된 서화를 양도하고 발생한 양도소득은 10,000,000원이다.

(4) 甲은 직장동료 乙에게 2024.4.1.에 1억원을 빌려주고 원금과 이자(연 5%)는 1년 후 받기로 하였다. (甲은 금전 대여를 사업적으로 하지 않음)

① 89,560,000원
② 90,320,000원
③ 99,560,000원
④ 103,360,000원
⑤ 123,100,000원

61 **〈법인세법〉 「법인세법」상 감가상각방법을 신고하지 않은 경우 적용하는 상각방법으로 옳지 않은 것은?**

① 제조업의 기계장치 : 정률법
② 광업용 유형자산 : 정액법
③ 「해저광물자원 개발법」에 의한 채취권 : 생산량비례법
④ 광업권 : 생산량비례법
⑤ 개발비 : 관련제품의 판매 또는 사용이 가능한 시점부터 5년동안 매년 균등액을 상각하는 방법

62 **〈법인세법〉「법인세법」의 총칙에 관한 설명으로 옳지 않은 것은?**

① 내국법인 중 국가와 지방자치단체에 대하여는 법인세를 부과하지 아니한다.
② 자산이나 사업에서 생기는 수입이 법률상 귀속되는 법인과 사실상 귀속되는 법인이 서로 다른 경우에는 그 수입이 사실상 귀속되는 법인에 대하여 「법인세법」을 적용한다.
③ 신탁재산에 귀속되는 소득에 대해서는 위탁자가 신탁재산을 실질적으로 통제하는 등 대통령령으로 정하는 요건을 충족하는 신탁이 아닌 경우에는 그 수익자가 그 신탁재산을 가진 것으로 보고 법인세법을 적용한다.
④ 둘 이상의 국내사업장이 있는 외국법인이 사업연도 중에 그 중 하나의 국내사업장을 가지지 아니하게 된 경우에는 그 사업연도 개시일부터 그 사업장을 가지지 아니하게 된 날까지의 기간을 그 법인의 1사업연도로 본다.
⑤ 법령에 따라 사업연도가 정하여지는 법인이 관련 법령의 개정에 따라 사업연도가 변경된 경우에는 사업연도의 변경신고를 하지 아니한 경우에도 사업연도가 변경된 것으로 본다.

63 **〈법인세법〉「법인세법」상 익금에 해당하는 것은?**

① 부가가치세의 매출세액
② 증자 시 주식발행액면초과액
③ 이월익금
④ 손금에 산입한 금액 중 환입된 금액
⑤ 무액면주식의 경우 발행가액 중 자본금으로 계산한 금액을 초과하는 금액

64 **〈법인세법〉「법인세법」상 과세표준 및 세액의 신고 및 결정·경정에 관한 설명으로 옳지 않은 것은?**

① 내국법인으로서 각 사업연도의 소득금액이 없는 법인도 그 사업연도의 소득에 대한 법인세의 과세표준과 세액을 납세지 관할 세무서장에게 신고하여야 한다.
② 납세지 관할 세무서장은 제출된 신고서에 오류가 있을 때에는 보정할 것을 요구할 수 있다.
③ 납세지 관할 세무서장은 법인세 과세표준과 세액을 신고한 내국법인의 신고내용에 누락이 있는 경우에는 그 법인의 각 사업연도의 소득에 대한 법인세의 과세표준과 세액을 경정한다.
④ 「주식회사 등의 외부감사에 관한 법률」에 따라 감사인에 의한 감사를 받아야 하는 내국법인이 해당 사업연도의 감사가 종결되지 아니하여 결산이 확정되지 아니하였다는 사유로 신고기한의 연장을 신청한 경우에는 그 신고기한을 1개월의 범위에서 연장할 수 있다.
⑤ 납세지 관할 세무서장은 법인세의 과세표준과 세액을 결정한 후 그 결정에 오류가 있는 것을 발견한 경우에는 1개월 이내에 이를 경정한다.

65 **〈법인세법〉「법인세법」상 과세표준 및 세액의 계산에 관한 설명으로 옳은 것은?**

① 중소기업은 각 사업연도에 결손금이 발생한 경우, 직전 및 직전 전 사업연도의 소득에 대하여 과세된 법인세액을 한도로 그 결손금의 환급을 신청할 수 있다.

② 재해손실세액공제는 천재지변 등 재해로 상실 전 자산총액의 100분의 15 이상을 상실하여 납세자가 곤란하다고 인정되는 경우 적용된다.

③ 외국납부세액공제는 해당 법인의 국내 법인세 산출세액을 한도로 하며, 이를 초과하는 금액은 5년간 이월공제 가능하다.

④ 천재지변 등으로 장부나 그 밖의 증명서류가 멸실되어 법인세를 추계하여 결정하는 경우에는 이월결손금 공제와 외국납부세액공제 모두 적용 가능하다.

⑤ 결손금의 이월공제는 각 사업연도의 소득의 범위에서 각 사업연도의 개시일 전 5년 이내에 개시한 사업연도에서 발생한 결손금에 한하여 이월하여 공제한다.

66 **〈법인세법〉 다음은 제조업을 주업으로 하는 내국법인 ㈜A(중소기업 아님)의 제24기 사업연도 (2024.1.1.~12.31.) 세무조정을 위한 자료이다. 제24기에 필요한 세무조정을 적정하게 하였을 경우, 이 같은 세무조정이 제24기 각 사업연도의 소득금액에 미친 순영향으로 옳은 것은? (단, 「법인세법」에서 정하는 익금과 손금의 요건을 모두 충족하고 손금에 대한 법정한도금액은 초과하지 않으며, 주어진 자료 이외에는 고려하지 않음)**

㈜A의 제24기 결산서에 반영된 사항	비 고
배당금수익 1,000,000원(해산한 법인 ㈜B의 잔여재산 분배로 인한 의제배당)	• ㈜B의 해산등기일 : 2024.12.31. • ㈜B의 잔여재산가액확정일 : 2025.1.31.
선급비용 1,000,000원(지출 후 이연처리한 기업업무추진비)	• 기업업무추진비 지출일 : 2024.12.31. • 결산상 손비계상일 : 2025.1.31.
영업외비용 1,000,000원(어음을 발행하여 지출한 기부금)	• 어음발행일 : 2024.12.31. • 어음결제일 : 2025.1.31.
영업외수익 1,000,000원(유형자산 양도로 인한 처분이익)	• 매수자의 사용수익일 : 2024.12.31. • 대금청산일 : 2025.1.31.

① (−)2,000,000원

② (−)1,000,000원

③ 0원

④ (+)1,000,000원

⑤ (+)2,000,000원

67 〈법인세법〉 제조업을 주업으로 하는 내국법인 ㈜A(중소기업 아님, 상시근로자 50인)가 다음 자료를 근거로 제24기 사업연도(2024.1.1.~12.31.)의 세무조정을 적정히 하는 경우, 사내유보와 사외유출로 소득처분해야 할 금액의 합계는 각각 얼마인가? (단, 전기 이전의 모든 세무조정은 적정하였으며, 주어진 자료 이외에는 고려하지 않음)

(1) 제24기의 자본금과 적립금조정명세서(을)상의 기초잔액 및 관련 자료

과 목	기초잔액(원)	제23기 중 발생한 사항
토 지	△8,400,000	토지의 절반을 현금 60,000,000원에 처분하고, 유형자산처분이익 10,000,000원을 결산서에 계상하였다.
건 물	5,000,000	㈜A의 업무에 직접 사용하지 않으며, ㈜A의 대주주인 ㈜B가 사용하고 있다. ㈜A는 당해 건물의 외부도장 비용 2,000,000원을 현금지출하고, 이를 수선비로 결산서에 반영하였다.
기계장치	–	제24기 초에 장기할부조건으로 취득하였고, 취득대금 3,000,000원은 3년에 걸쳐 매년 말 균등상환하며, 취득대금의 현재가치 2,500,000원을 반영하여 다음과 같이 회계처리하였다. (차) 기계장치 2,500,000 (대) 장기미지급금 3,000,000 현재가치할인차금 500,000

(2) 제23기 1.1.에 취득하여 업무에 사용하던 업무용승용차 1대(「법인세법」상 업무용승용차로서의 요건은 모두 충족함)를 제24기 12.31.에 처분하고, 이에 따른 처분손실 11,500,000원을 결산서에 반영하였다.

	사내유보	사외유출
①	3,500,000원	7,240,000원
②	4,200,000원	5,500,000원
③	5,000,000원	4,200,000원
④	7,700,000원	2,000,000원
⑤	9,200,000원	2,000,000원

68 **〈법인세법〉 제조업을 주업으로 하는 내국법인 ㈜A(중소기업 아님)의 제24기 사업연도(2024.1.1.~12.31.) 세무조정과 관련된 다음 자료의 각 ( )에 들어갈 금액으로 옳은 것은? (단, 전기 이전 및 당기의 모든 세무조정은 적정하였고, 1년은 365일로 가정하고, 주어진 자료 이외에는 고려하지 않음)**

> (1) 지급이자
> 제24기 결산상 지급이자는 40,000,000원이며, 채권자가 불분명한 사채의 이자 20,000,000원이 포함되어 있다. 제24기 중 차입금의 금액 변동은 없었고 차입금의 이자율은 연 5%이다. 제24기 3.15.에 ㈜A의 대표이사에게 업무와 관계없이 대여하여 기말까지 회수하지 못한 가지급금은 (ㄱ)원이며, 지급이자에 대한 제24기 세무조정 결과 업무무관자산 등에 대한 지급이자로 손금불산입한 금액은 4,000,000원이다.
> (2) 재고자산
> 상품 평가방법에 대하여 법인설립 시 후입선출법으로 적법하게 신고하고 계속 적용해왔으나, 제24기 10.31.에 총평균법으로 평가방법 변경신고를 하였다. 이에 따라 제24기 결산 시부터 기말 상품에 대하여 총평균법으로 평가하고 이를 결산서에 반영하였다. 기말 상품에 대하여 후입선출법, 총평균법, 선입선출법을 적용한 평가액은 각각 250,000원, (ㄴ)원, 500,000원이며, 기말 상품에 대한 제24기 세무조정 결과 100,000원을 손금불산입하였다.
> (3) 임대료
> 제24기 5.1.부터 특수관계자인 출자임원에게 사택을 제공하고 있는데, 수령한 임대보증금은 123,200,000원이고 매월 (ㄷ)원의 임대료를 수취하여 결산상 수익으로 반영하였다. 당해 사택의 시가는 480,000,000원이며, 1년 만기 정기예금이자율은 5%이다. 시가에 해당하는 당해 사택의 적정한 임대료는 확인되지 않았고, 당해 사택 임대료와 관련된 제24기 세무조정 결과 2,320,000원을 익금산입하였다.

	ㄱ	ㄴ	ㄷ
①	100,000,000	400,000	200,000
②	100,000,000	400,000	300,000
③	100,000,000	600,000	200,000
④	120,000,000	400,000	200,000
⑤	120,000,000	600,000	300,000

69 〈법인세법〉 다음 자료에 의하여 보험업을 영위하는 내국법인 ㈜A(중소기업 아님)가 사업에 직접 사용하고 있는 건물들에 대한 제24기 사업연도(2024.1.1.~12.31.)의 세무조정 결과 ㉠ 익금산입 · 손금불산입 합계와 ㉡ 손금산입 · 익금불산입 합계는 각각 얼마인가? (단, 전기 이전의 모든 세무조정은 적정하였고, 한국채택국제회계기준은 적용하지 않으며, 주어진 자료 이외에는 고려하지 않음)

(1) 건물 A(취득가액 350,000,000원, 당기말 감가상각누계액 120,000,000원)를 당기말에 「보험업법」에 따라 평가하고 다음과 같이 당기 손익으로 회계처리하였다.

(차) 건물A	20,000,000	(대) 유형자산평가이익	20,000,000

(2) 건설 중인 건물 B의 일부가 완성되어 업무에 이용하고 있으나, 이에 대한 감가상각비를 결산에 반영하지 않았다. 당해 완성부분에 대한 감가상각범위액은 6,000,000원이다.

(3) 전기에 취득한 건물 C(취득가액 30,000,000원, 전기말 감가상각누계액 7,000,000원, 전기말 상각부인액 4,000,000원)의 결산상 당기 감가상각비 계상액은 3,000,000원이다. 감가상각방법은 신고하지 않았고 내용연수는 10년이다.

(4) 건물 D(취득가액 5억원, 전기말 감가상각누계액 50,000,000원)에 대하여 자본적 지출로 20,000,000원을 지출하고, 이를 손익계산서상 수선비로 회계처리하였다. 당해 건물에 대하여 제24기 결산상 계상된 감가상각비는 없으며, 감가상각방법은 신고하지 않았고 내용연수는 10년이다.

	㉠	㉡		㉠	㉡
①	0원	0원	②	0원	5,000,000원
③	6,750,000원	0원	④	6,750,000원	5,000,000원
⑤	9,250,000원	11,000,000원			

70 〈법인세법〉 다음은 제조업을 주업으로 하는 내국법인 ㈜A(중소기업 아님)의 제24기 사업연도(2024.1.1.~2024.12.31.)의 세무조정 및 신고 · 납부 관련 자료이다. 각 ( )에 들어갈 금액을 모두 합산하면 얼마인가? (단, 전기 이전의 모든 세무조정은 적정하였으며, 주어진 자료 이외에는 고려하지 않음)

(1) ㈜A가 2021년에 출자하여 설립한 외국자회사 ㈜B로부터 수령한 수입배당금액 10,000,000원이 제24기 각 사업연도 소득금액에 포함되어 있으며, ㈜A는 외국법인세액에 대하여 세액공제방법을 적용한다. ㈜A는 동 배당금과 관련하여 ( )원을 간접외국납부세액으로 보아 익금산입하고, 법정금액을 공제한도로 하여 당해 외국법인세액을 제24기 사업연도 법인세액에서 공제하였다. ㈜B에 대한 ㈜A의 출자비율은 40%이며, ㈜B의 당해 사업연도 소득금액과 법인세액은 각각 3억원과 1억원이다.

(2) 제24기 각 사업연도 소득금액에는 ㈜A의 개인주주 甲에게 자금을 대여하고 수취한 이자수익 20,000,000원과 유가증권시장 주권상장법인으로부터 직접 받은 현금배당금 10,000,000원이 포함되어 있으며, 이를 모두 국내에서 지급받으면서 ( )원의 법인세 원천징수세액이 발생하였다.

(3) 가산세 3,000,000원을 포함한 자진납부할 세액이 18,000,000원으로 산출되어, 분납할 수 있는 최대 금액인 ( )원은 분납하기로 결정하였다.

① 8,000,000 ② 10,400,000
③ 12,200,000 ④ 14,400,000
⑤ 15,000,000

71 〈부가가치세법〉「부가가치세법」의 총칙에 관한 설명으로 옳지 않은 것은?

① 사업자 단위 과세 사업자는 각 사업장을 대신하여 그 사업자의 본점 또는 주사무소의 소재지를 부가가치세 납세지로 한다.
② 신규로 사업을 시작하는 자가 사업개시일 이전에 사업자등록을 신청한 경우의 최초의 과세기간은 사업개시일로부터 신청일이 속하는 과세기간의 종료일까지로 한다.
③ 사업장 단위로 등록한 사업자가 사업자 단위 과세 사업자로 변경하려면 사업자 단위 과세 사업자로 적용받으려는 과세기간 개시 20일 전까지 사업자의 본점 또는 주사무소 관할 세무서장에게 변경등록을 신청하여야 한다.
④ 사업자등록증을 발급받은 사업자는 휴업 또는 폐업을 하거나 등록사항이 변경되면 지체 없이 사업장 관할 세무서장에게 신고하여야 한다.
⑤ 재화를 수입하는 자의 부가가치세 납세지는 「관세법」에 따라 수입을 신고하는 세관의 소재지로 한다.

72 〈부가가치세법〉「부가가치세법」상 납부세액의 계산 및 신고에 관한 설명으로 옳지 않은 것은?

① 사업자가 자기의 사업을 위하여 사용할 목적으로 공급받은 재화에 대한 매입세액은 매출세액에서 공제할 수 있다.
② 신용카드매출전표등 수령명세서를 「국세기본법 시행령」에 따른 기한후과세표준신고서와 함께 제출하여 관할 세무서장이 결정하는 경우의 해당 매입세액은 매출세액에서 공제한다.
③ 사업장이 둘 이상인 사업자가 주된 사업장의 관할 세무서장에게 주사업장 총괄 납부를 신청한 경우에는 납부할 세액을 주된 사업장에서 총괄하여 신고하여야 한다.
④ 사업자는 매입세액이 공제되지 아니한 면세사업등을 위한 감가상각자산을 과세사업에 사용하거나 소비하는 경우 대통령령으로 정하는 바에 따라 계산한 금액을 그 과세사업에 사용하거나 소비하는 날이 속하는 과세기간의 매입세액으로 공제할 수 있다.
⑤ 간이과세자가 일반과세자로 변경되면 그 변경 당시의 재고품, 건설 중인 자산 및 감가상각자산에 대하여 대통령령으로 정하는 바에 따라 계산한 금액을 매입세액으로 공제할 수 있다.

73 〈부가가치세법〉「부가가치세법」상 재화의 공급으로 보는 것은?

① 사업자가 자기의 과세사업과 관련하여 생산한 재화로서 매입세액이 공제되지 않은 재화를 자기의 면세사업을 위하여 직접 사용하는 경우
② 사업장이 둘 이상인 사업자가 사업자 단위 과세 사업자로 적용을 받는 과세기간에 자기의 사업과 관련하여 생산한 재화를 판매할 목적으로 자기의 다른 사업장에 반출하는 경우
③ 사업용 자산을 「상속세 및 증여세법」에 따라 물납하는 경우
④ 신탁의 종료로 인하여 수탁자로부터 위탁자에게 신탁재산을 이전하는 경우
⑤ 사업자가 자기의 과세사업과 관련하여 생산・취득한 재화로서 매입세액이 공제된 재화를 사업과 직접적인 관계없이 자기의 개인적인 목적을 위하여 사용・소비하는 경우

74 **〈부가가치세법〉「부가가치세법」상 세금계산서 등에 관한 설명으로 옳은 것을 모두 고른 것은?**

ㄱ. 착오로 전자세금계산서를 이중으로 발급한 경우에는 처음에 발급한 세금계산서의 내용대로 음(陰)의 표시를 하여 수정전자세금계산서를 발급한다.
ㄴ. 세금계산서를 발급한 후 처음 공급한 재화가 환입된 경우, 재화를 처음 공급한 날을 작성일로 적고 비고란에 환입일을 덧붙여 적은 후 붉은색 글씨로 쓰거나 음(陰)의 표시를 하여 수정세금계산서를 발급한다.
ㄷ. 관할 세무서장은 개인사업자가 전자세금계산서 의무발급 개인사업자에 해당하는 경우에는 전자세금계산서를 발급하여야 하는 날이 시작되기 1개월 전까지 그 사실을 해당 개인사업자에게 통지하여야 한다.

① ㄱ
② ㄴ
③ ㄱ, ㄷ
④ ㄴ, ㄷ
⑤ ㄱ, ㄴ, ㄷ

75 **〈부가가치세법〉 소매업을 영위하는 개인사업자 甲은 2024.7.1.부터 간이과세자에서 일반과세자로 과세유형이 전환되었다. 전환일 현재의 재고품 및 감가상각자산이 다음과 같으며 모두 매입세액공제 대상일 경우 재고매입세액은 얼마인가? (단, 甲은 일반과세자 전환 시 보유자산에 대한 '재고품등 신고서'를 적법하게 신고한 것으로 가정하고 자산의 취득은 적격증명서류를 갖추고 있음)**

2024.7.1. 현재 보유자산 현황(취득가액은 모두 부가가치세 포함)

구 분	취득일자	취득가액	장부가액	시 가
건 물	2021.6.5.	220,000,000원	120,000,000원	230,000,000원
비 품	2023.4.25.	44,000,000원	18,000,000원	24,000,000원
상 품	2023.12.20.	22,000,000원	22,000,000원	26,000,000원

※ 건물과 비품은 타인으로부터 매입한 자산이다.
※ 건물과 비품은 세금계산서에 의해 확인되는 금액이나, 상품은 세금계산서 없이 장부가액만 확인된다.
※ 해당 업종의 부가가치율은 10%로 가정한다.

① 7,200,000원
② 12,690,000원
③ 14,400,000원
④ 15,600,000원
⑤ 17,010,000원

76 〈부가가치세법〉 다음은 음식점업(과세유흥장소 아님)을 영위하는 간이과세자 甲의 부가가치세 관련 자료이다. 2024년 과세기간에 대한 부가가치세 신고 시 차가감납부할세액(지방소비세 포함)은 얼마인가? (단, 주어진 자료 이외에는 고려하지 않음)

(1) 공급내역

기 간	업 종	공급대가
2024.1.1.~6.30.	음식점업	0원
2024.7.1.~12.31.	음식점업	60,000,000원
합 계		60,000,000원

(2) 공급대가 중 신용카드매출전표 발급금액은 8,000,000원이다. 또한 甲은 신용카드매출전표 등 발행세액 공제대상자인 것으로 가정한다.
(3) 면세농산물 구입은 계산서 수취분이며 면세농산물가액은 1,090,000원이다.
(4) 대형마트를 통한 조미료 등의 구입은 세금계산서 수취분이며 공급대가는 10,000,000원이다.
(5) 음식점업의 업종 부가가치율은 10%이다. 2024년 예정부과기간의 고지세액은 없으며, 전자신고세액공제는 고려하지 않는다.
(6) 매입세액 및 의제매입세액은 공제받기 위한 모든 요건을 충족하였고, 세액공제 등에 대해 적법하게 신고한 것으로 가정하며, 甲은 복식부기 의무자가 아니다.

① 0원
② 446,000원
③ 746,000원
④ 1,450,000원
⑤ 1,600,000원

77 〈부가가치세법〉 다음은 2024.10.1.에 과세사업을 개시한 일반과세자(제조업) 甲의 2024년 제2기 과세기간에 대한 매출 및 매입 내역이다. 甲이 2024.12.1.에 사업자등록을 신청하였을 때, 사업자미등록에 대한 가산세는 얼마인가? (단, 자료의 금액에는 부가가치세가 포함되어 있지 않고, 「국세기본법」상 가산세 감면규정은 적용하지 않으며 주어진 자료 이외에는 고려하지 않음)

구 분	10.1.~10.31.	11.1.~11.30.	12.1.~12.31.	합 계
매 출	75,000,000원	60,000,000원	55,000,000원	190,000,000원
매 입	40,000,000원	20,000,000원	25,000,000원	85,000,000원

① 0원
② 750,000원
③ 1,050,000원
④ 1,350,000원
⑤ 1,900,000원

78 〈부가가치세법〉 과세사업을 영위하는 일반과세자 ㈜A(제조업)의 공급에 대한 다음 자료에서 2024년 제2기 과세기간(2024.7.1.~12.31.) 공급가액의 합계는 얼마인가? (단, 주어진 자료 이외에는 고려하지 않음)

> (1) 2025.1.31.에 인도 예정인 재화(공급가액 1,000,000원)에 대한 대가를 2024.12.20.에 모두 받고, 그 받은 대가에 대한 세금계산서를 즉시 발급하였다.
> (2) 2024.9.1.에 할부판매 조건으로 재화를 인도하고, 공급가액 1,000,000원은 10월 말부터 2개월마다 4번에 걸쳐 받기로 하였다.
> (3) 2024.5.1.에 인도를 완료한 재화의 공급에 대하여 그 대가의 지급이 지체되었음을 이유로 2024.10.31.에 연체이자 1,000,000원을 수취하였다.
> (4) 2024.12.1.에 상품권 1,000,000원을 현금판매하였고, 그 후 당해 상품권은 2025.1.10.에 현물과 교환되었다.

① 0원
② 1,000,000원
③ 2,000,000원
④ 3,000,000원
⑤ 4,000,000원

79 〈국제조세조정에 관한 법률〉 「국제조세조정에 관한 법률」 상 국가 간 조세협력에 관한 설명으로 옳지 않은 것은?

① 거주자가 국외특수관계인이 아닌 자와 국제거래를 할 때에는 「국제조세조정에 관한 법률」을 적용하지 않는다.
② 납세지 관할 세무서장 또는 지방자치단체의 장은 국내에서 납부할 조세를 징수하기 곤란하여 체약상대국에서 징수하는 것이 불가피하다고 판단되는 경우에는 국세청장에게 체약상대국에 대하여 조세 징수를 위하여 필요한 조치를 하도록 요청할 수 있다.
③ 기획재정부장관이나 국세청장은 조세조약에 따라 체약상대국의 권한 있는 당국으로부터 체약상대국에 납부할 조세를 우리나라에서 징수하도록 위탁받은 경우 대통령령으로 정하는 바에 따라 납세지 관할 세무서장에게 국세 징수의 예에 따라 징수하도록 할 수 있다.
④ 권한 있는 당국은 조세 불복에 대한 심리를 위하여 필요한 조세정보를 다른 법률에 어긋나지 아니하는 범위에서 획득하여 체약상대국과 교환할 수 있다.
⑤ 권한 있는 당국은 조세조약이 적용되는 자와의 거래에 대하여 세무조사가 필요하다고 판단되는 경우에는 그 거래에 대하여 체약상대국에 세무공무원을 파견하여 직접 세무조사를 하게 할 수 있다.

80 〈국제조세조정에 관한 법률〉 「국제조세조정에 관한 법률」 상 정상가격의 산출방법으로 열거되어 있지 않은 것은?

① 비교가능 제3자 가격방법
② 재판매가격방법
③ 원가가산방법
④ 매출총이익률방법
⑤ 이익분할방법

2017년도 제54회
세무사 1차 국가자격시험 문제지

교시	시험과목	시험시간	문제형별
1교시	1 재정학 2 세법학개론	80분	A

수험번호		성 명	

【 수험자 유의사항 】

1. 시험문제지는 **단일 형별(A형)**이며, 답안카드는 형별 기재란에 표시된 형별(A형)을 확인하시기 바랍니다. 시험문제지의 **총면수, 문제번호 일련순서, 인쇄상태** 등을 확인하시고, 문제지 표지에 수험번호와 성명을 기재하시기 바랍니다.

2. 답은 각 문제마다 요구하는 **가장 적합하거나 가까운 답 1개**만 선택하고, 답안카드 작성 시 시험문제지 **마킹착오**로 인한 불이익은 전적으로 **수험자에게 책임**이 있음을 알려 드립니다.

3. 답안카드는 국가전문자격 공통 표준형으로 문제번호가 1번부터 125번까지 인쇄되어 있습니다. 답안 마킹 시에는 반드시 **시험문제지의 문제번호와 동일한 번호**에 마킹하여야 합니다.

4. **감독위원의 지시에 불응하거나 시험시간 종료 후 답안카드를 제출하지 않을 경우** 불이익이 발생할 수 있음을 알려 드립니다.

5. 시험문제지는 시험 종료 후 가져가시기 바랍니다.

세법학개론

41 〈국세기본법〉 「국세기본법」상 심사와 심판에 관한 설명으로 옳지 않은 것은?

① 「감사원법」에 따라 심사청구를 한 처분이나 그 심사청구에 대한 처분에 대하여는 「국세기본법」상 불복청구를 할 수 없다.

② 심사청구의 대상이 된 처분에 대한 재조사 결정에 따라 처분청의 처분이 있는 경우 해당 재조사 결정을 한 재결청에 대하여 심사청구 또는 심판청구를 제기할 수 없다.

③ 이의신청, 심사청구 또는 심판청구는 세법에 특별한 규정이 있는 것을 제외하고는 해당 처분의 집행에 효력을 미치지 아니한다. 다만, 해당 재결청(裁決廳)이 처분의 집행 또는 절차의 속행 때문에 이의신청인, 심사청구인 또는 심판청구인에게 중대한 손해가 생기는 것을 예방할 필요성이 긴급하다고 인정할 때에는 처분의 집행 또는 절차 속행의 전부 또는 일부의 정지(이하 "집행정지"라 한다)를 결정할 수 있다.

④ 조세심판관이 심판청구일 전 최근 5년 이내에 불복의 대상이 되는 처분, 처분에 대한 이의신청 또는 그 기초가 되는 세무조사에 관여하였던 경우에는 심판관여로부터 제척된다.

⑤ 심판청구사건에 대한 결정이 국세행정에 중대한 영향을 미칠 것으로 예상되어 국세청장의 요청이 있고 조세심판원장과 상임조세심판관 모두로 구성된 회의가 의결하는 경우에는 조세심판관합동회의가 심리를 거쳐 결정하여야 한다.

42 〈국세기본법〉 「국세기본법」상 가산세에 관한 설명으로 옳지 않은 것은?

① 가산세는 해당 의무가 규정된 세법의 해당 국세의 세목으로 하나 해당 국세를 감면하는 경우 가산세는 감면대상에 포함되지 아니한다.

② 납세의무자가 역외거래에서 발생한 부정행위로 법정신고기한까지 법인세 과세표준 신고를 하지 아니한 경우에는 그 신고로 납부하여야 할 세액에 100분의 60을 곱한 금액을 가산세로 한다.

③ 납세의무자가 법정신고기한까지 법인세의 과세표준 신고를 한 경우로서 착오에 의하여 과소신고를 한 때에는 과소신고납부세액의 100분의 10에 상당하는 금액을 가산세로 한다.

④ 납부지연 가산세를 부과함에 있어 납세의무자가 법인세를 부정행위로 과소신고하면서 과세기간을 잘못 적용한 경우 실제 신고납부한 날에 실제 신고납부한 금액의 범위에서 신고납부하였어야 할 과세기간에 대한 법인세를 자진납부한 것으로 본다.

⑤ 정부는 납세자가 의무를 이행하지 아니한 데 대한 정당한 사유가 있는 때에는 해당 가산세를 부과하지 아니한다.

43 〈국세기본법〉「국세기본법」상 신의성실의 원칙에 관한 설명으로 옳지 않은 것은? (다툼이 있으면 판례에 따름)

① 조세실체법에 대한 신의성실의 원칙 적용은 합법성을 희생하여서라도 구체적 신뢰보호의 필요성이 인정되는 경우에 한하여 허용된다.

② 세무서 직원들이 명시적으로 부가가치세 면제대상으로 세무지도를 하여 납세자가 이를 믿고 부가가치세를 거래징수하지 않았으나 그 이후에 과세관청이 한 부가가치세 과세처분은 신의성실의 원칙에 위반된다.

③ 신의성실의 원칙은 과세관청이 과거의 언동에 반하여 소급 처분하는 것을 금지하는 것으로 과세관청이 과거의 언동을 시정하여 장래에 향하여 처분하는 것은 허용된다.

④ 납세의무자가 인터넷 국세종합상담센터의 답변에 따라 세액을 과소신고·납부한 경우 그 답변은 과세관청의 공식적인 견해표명에 해당하지 않는다.

⑤ 납세의무자가 자산을 과대계상하는 방법으로 분식결산을 하고 이에 따라 법인세를 과다신고·납부한 후 그 과다납부한 세액에 대한 감액을 주장하는 경우 납세의무자에게 신의성실의 원칙이 적용된다.

44 〈국세기본법〉「국세기본법」상 세무조사에 관한 설명으로 옳은 것은? (다툼이 있으면 판례에 따름)

① 납세자가 세무공무원에게 직무와 관련하여 금품제공을 알선한 경우에는 정기선정에 의한 조사 외에 세무조사를 할 수 있다.

② 세무공무원이 납세의무자의 2023년도분 소득세에 대한 임대료수입금액 누락에 대하여 세무조사를 마친 후 다시 2023년도분 소득세에 대한 음식점수입금액 누락에 대하여 세무조사를 하는 경우에는 세무조사의 내용이 중첩되지 않으므로 원칙적으로 「국세기본법」에서 금지하는 재조사에 해당하지 않는다.

③ 세무공무원은 세무조사 과정에서 「조세범 처벌절차법」에 따른 조세범칙조사로 전환하는 경우에는 납세자에게 별도의 통지 없이 세무조사의 범위를 확대할 수 있다.

④ 세무공무원은 국외자료의 수집에 따라 외국 과세기관과의 협의가 필요하여 세무조사를 진행하기 어려운 경우에는 세무조사를 중지할 수 있고 이 중지기간은 세무조사기간에 산입된다.

⑤ 세무조사의 적법요건으로 객관적 필요성, 최소성, 권한남용의 금지 등을 규정하고 있는 「국세기본법」 제81조의4 제1항은 그 자체로서는 구체적인 법규적 효력이 없다.

45 〈국세기본법〉 다음의 거주자 甲의 납세의무 성립시기가 빠른 순서대로 나열한 것은?

ㄱ. 부친이 2024.4.1.에 사망하여 甲에게 부과된 상속세에 대한 무신고가산세
ㄴ. 甲이 2024.2.1.에 취득한 부동산에 대한 종합부동산세
ㄷ. 은행이 2024.5.1.에 甲에게 지급한 이자소득에 대하여 원천징수한 소득세
ㄹ. 甲이 2024년에 중간예납한 소득세
ㅁ. 甲이 금융업자로서 그 수익금액에 대하여 2024년에 부과받은 교육세

① ㄱ - ㄷ - ㄴ - ㄹ - ㅁ
② ㄴ - ㄱ - ㄷ - ㅁ - ㄹ
③ ㄷ - ㄴ - ㄹ - ㄱ - ㅁ
④ ㄹ - ㄷ - ㄱ - ㄴ - ㅁ
⑤ ㅁ - ㄱ - ㄴ - ㄷ - ㄹ

46 〈국세징수법, 국세기본법〉 「국세징수법」 상 납부기한등의 연장 또는 납부고지의 유예에 관한 설명으로 옳지 않은 것은?

① 세무서장은 납부기한 전에 납세자의 질병으로 장기치료가 6개월 이상 필요하여 국세를 납부할 수 없다고 인정할 때에는 국세의 납부기한등을 연장 할 수 있다.
② 납부고지의 유예기간에는 국세징수권의 소멸시효가 진행되지 아니한다.
③ 세무서장은 납세자가 독촉을 받은 후 사업에 현저한 손실이 발생하거나 부도 또는 도산의 우려가 있어 체납액을 납부기한까지 납부할 수 없다고 인정할 때에는 법령에 따라 납부기한등을 연장 할 수 있다.
④ 세무서장은 세무서장의 납세담보물의 추가 제공 또는 보증인의 변경 요구에 따르지 아니한 경우 그 납부기한등의 연장 또는 납부고지의 유예를 취소하고 연장 또는 유예와 관계되는 국세를 한꺼번에 징수할 수 있다.
⑤ 납세자의 재산상황 변화로 지정납부기한의 연장을 취소한 경우 그 국세에 대하여 지정납부 기한등의 연장을 할 수 없다.

47 〈국세징수법〉 「국세징수법」 상 강제징수에 관한 설명으로 옳지 않은 것은?

① 세무서장은 납세자가 독촉을 받고 독촉장에서 정한 기한까지 국세를 완납하지 아니한 경우 납세자의 재산을 압류한다.
② 관할 세무서장은 체납자가 국가 또는 지방자치단체의 재산을 매수한 경우 소유권 이전 전이라도 그 재산에 관한 체납자의 국가 또는 지방자치단체에 대한 권리를 압류한다.
③ 동산 또는 유가증권의 압류는 세무공무원이 점유함으로써 하고, 압류의 효력은 세무공무원이 점유한 때에 발생한다.
④ 세무서장이 체납자의 채권을 압류할 때 그 뜻을 해당 채권의 채무자에게 통지를 한 경우 체납액을 한도로 하여 체납자인 채권자를 대위한다.
⑤ 부동산에 대한 압류는 압류재산의 소유권이 이전된 후 「국세기본법」에 따른 법정기일이 도래한 국세의 체납액에 대하여도 그 효력이 미친다.

48 **〈국세징수법〉「국세징수법」상 공매에 관한 설명으로 옳지 않은 것은? (다툼이 있으면 판례에 따름)**

① 「국세징수법」상 강제징수절차를 통하여 압류재산을 매각한 후 그 매각대금을 배분함에 있어서 국세와 다른 채권 간의 우선순위는 압류재산의 매각대금을 배분하기 위하여 「국세징수법」상 배분계산서를 작성함으로써 강제징수가 종료되는 때에 비로소 확정된다.

② 세무서장은 압류한 재산이 예술품인 경우에는 직권으로 전문매각기관을 선정하여 예술품의 매각을 대행하게 할 수 있다.

③ 세무서장이 체납자에게 공매통지를 하지 않은 공매처분은 위법하다.

④ 관할 세무서장은 재공매를 할 때마다 최초의 공매예정가격의 100분의 10에 해당하는 금액을 차례로 줄여 공매하며, 최초의 공매예정가격의 100분의 50에 해당하는 금액까지 차례로 줄여 공매하여도 매각되지 아니할 때에는 새로 공매예정가격을 정하여 재공매를 할 수 있으며, 즉시 재입찰을 실시한 경우에는 최초의 공매가예정가격의 100분의 20에 해당하는 금액을 차례로 줄여 공매한다.

⑤ 공매를 집행하는 공무원은 강제징수에 대한 집행정지의 결정이 있는 경우 공매를 정지하여야 한다.

49 **〈조세범처벌법〉「조세범처벌법」상 조세포탈에 관한 설명으로 옳지 않은 것은? (다툼이 있으면 판례에 따름)**

① 조세포탈이 성립하기 위해서는 법령에 열거된 사기나 그 밖의 부정한 행위를 통해 조세의 부과와 징수를 불가능하게 하거나 현저히 곤란하게 하는 적극적 행위를 할 것이 요구된다.

② 회사의 폐업 후에 부가가치세의 과세표준 및 세액을 관할세무서에 신고하지 아니하거나 세법상 요구되는 장부를 비치하지 않았다고 하여 조세포탈죄가 성립되지는 않는다.

③ 부가가치세는 신고납부기간이 경과한 때에 조세포탈행위의 기수가 된다할 것이고 그 납부 후에 포탈세액 일부를 납부하였다 하더라도 조세포탈죄의 성립에는 아무런 영향을 미칠 수 없다.

④ 조세포탈의 죄를 범한 자가 포탈세액에 대하여 법정신고기한이 지난 후 6개월 이내에 「국세기본법」에 따른 기한 후 신고를 하였을 때에는 형을 감경할 수 있다.

⑤ 매출누락에 따른 부가가치세의 포탈세액을 산정함에 있어서 매입세금계산서를 교부받지 아니한 매입액에 대한 매입세액을 매출세액에서 공제하여야 한다.

50 **〈조세범처벌법〉「조세범처벌법」상 세금계산서 발급 관련 범죄에 관한 설명으로 옳지 않은 것은? (다툼이 있으면 판례에 따름)**

① 세금계산서를 발급하여야 할 자가 재화를 공급하면서 공급가액을 부풀려 세금계산서를 발급한 경우 세금계산서를 거짓으로 기재하여 발급한 죄에 해당한다.
② 재화를 공급하지 않은 자가 타인 명의를 위조하여 그 타인을 공급하는 자로 기재하여 세금계산서를 교부한 경우 거래 없이 세금계산서를 교부한 죄에 해당하지 않는다.
③ 재화를 공급한 자가 재화를 실제로 공급받은 자가 아닌 다른 사람에게 세금계산서를 발급한 경우 세금계산서 미발급으로 인한 죄에 해당하지 않는다.
④ 용역을 제공받은 사실이 없음에도 허위 세금계산서를 교부받은 이상 허위 세금계산서를 자료상이 아닌 자로부터 교부받았다 하더라도 용역을 공급받지 않고 세금계산서를 발급받은 죄에 해당한다.
⑤ 거래 없이 세금계산서를 교부한 죄는 각 세금계산서마다 1개의 죄가 성립한다.

51 **〈소득세법, 국세기본법〉 위법소득의 과세에 관한 설명으로 옳지 않은 것은? (다툼이 있으면 판례에 따름)**

① 회사의 부사장이 회사소유 부동산을 매각하여 그 처분대금을 횡령한 경우 경제적 측면에서 보아 현실로 이득을 지배관리하면서 이를 향수하고 있어 담세력이 있는 것으로 판단되므로 과세소득에 해당한다.
② 매매가 위법한 것이어서 무효임에도 당사자 사이에서 그 매매계약이 유효한 것으로 취급되어 매도인이 매매대금을 수수하여 그대로 보유하고 있는 경우 양도소득세 과세대상이 된다.
③ 법인의 피용자의 지위에 있는 자가 법인의 자금을 횡령하여 법인이 그 자에 대한 손해배상채권을 취득하는 경우에는 그 금원 상당액이 곧바로 사외유출된 것으로 볼 수는 없어 소득처분에 의한 근로소득으로 과세될 수 없다.
④ 법인과 이사 사이에 이익이 상반되는 금전소비대차라 하더라도 그 소비대차에서 발생한 이자소득은 과세대상이 된다.
⑤ 위법소득에 대한 납세의무가 성립한 후에는「형법」에 따른 몰수가 이루어진 경우라 하더라도「국세기본법」상 후발적 경정청구의 대상이 되지 않는다.

52 **〈소득세법〉「소득세법」상 양도소득금액의 계산에서 양도가액과 취득가액에 관한 설명으로 옳지 않은 것은? (다툼이 있으면 판례에 따름)**

① 양도소득세 과세대상이 되는 거래가 단순한 교환인 경우는 실지거래가액을 확인할 수 없는 경우에 해당한다.

② 「법인세법」에 따른 특수관계인에 해당하는 법인 외의 자에게 부동산을 시가보다 높은 가격으로 양도하는 경우로서 「상속세 및 증여세법」에 따라 해당 거주자의 증여재산가액으로 하는 금액이 있는 경우 그 부동산의 시가를 실지양도가액으로 본다.

③ 취득일로부터 3년이 지난 후에 취득 당시로 소급하여 한 감정에 의하여 평가한 가액은 취득 당시의 실지거래가액을 대체할 수 있는 감정가액에 해당하지 않는다.

④ 「법인세법」에 따른 특수관계인으로부터 부동산을 취득한 경우 거주자의 상여로 처분된 금액이 있으면 그 상여로 처분된 금액을 취득가액에 더한다.

⑤ 양도차익 계산 시 양도가액을 매매사례가액으로 하는 경우 취득가액을 실지거래가액에 따를 수 있다.

53 **〈소득세법〉 다음은 ㈜A에 근무하는 거주자 甲의 2024년도 소득자료이다. 甲의 기타소득으로 원천징수될 소득세액은 얼마인가? (단, 다음 소득은 일시·우발적으로 발생하였으며, 소득과 관련된 필요경비는 확인되지 않음)**

(1) 상가입주 지체상금	1,500,000원
(2) 상표권 대여료	1,000,000원
(3) 지상권 설정대가(공익사업을 위한 토지 등의 취득 및 보상에 관한 법률에 따른 공익사업과 관련)	2,000,000원
(4) 서화를 미술관에 양도하고 받은 대가(보유기간 9년)	10,000,000원
(5) ㈜B의 입사시험 출제수당	250,000원
(6) 복권당첨금(구입금액 5,000원)	2,955,000원
(7) 배임수재로 받은 금품	5,000,000원

① 300,000원　　② 460,000원

③ 1,150,000원　　④ 1,180,000원

⑤ 2,700,000원

54 **〈소득세법〉 다음은 거주자 甲(62세)이 2024년도에 수령한 국민연금과 연금계좌에 대한 자료이다. 「소득세법」상 甲의 2024년도 종합과세되는 총연금액은 얼마인가? (단, 甲이 종합과세와 분리과세 중 선택할 수 있는 경우에는 종합과세를 선택한 것으로 가정함)**

> (1) 2024년도 국민연금 수령액은 30,000,000원이고, 국민연금 환산소득누계액과 국민연금보험료 누계액 자료는 다음과 같음
> ① 2002.1.1. 이후 국민연금 납입기간의 환산소득 누계액 : 450,000,000원
> ② 2001.12.31. 이전 국민연금 납입기간의 환산소득 누계액 : 900,000,000원
> ③ 2002.1.1. 이후 납입한 국민연금보험료 누계액 : 60,000,000원(소득공제 받지 않은 금액 3,000,000원)
>
> (2) 2024년도 연금계좌(가입일 : 2018.3.10., 수령시작일 : 2024.3.10.)에서 연금으로 수령한 금액은 25,000,000원이고, 연금수령개시 신청일인 2024.3.10. 현재 연금계좌평가액 50,000,000원의 내역은 다음과 같음
> ① 甲이 납입한 연금보험료 합계액 : 33,000,000원(소득공제 또는 세액공제 받지 않은 금액 2,000,000원)
> ② 연금계좌 운용수익 : 10,000,000원
> ③ 이연퇴직소득 : 7,000,000원

① 7,000,000원
② 10,000,000원
③ 11,000,000원
④ 12,000,000원
⑤ 13,000,000원

55 **〈소득세법〉 「소득세법」상 원천징수에 관한 설명으로 옳지 않은 것은?**

① 법인세 과세표준을 경정하는 경우 「법인세법」에 따라 처분되는 상여는 경정의 대상이 되는 사업연도 중 근로를 제공 받은 날에 근로소득을 지급한 것으로 보아 소득세를 원천징수한다.
② 원천징수의무자가 소득세가 면제되는 이자소득을 거주자에게 지급할 때는 소득세를 원천징수하지 아니한다.
③ 배당소득이 발생한 후 지급되지 않아 소득세가 원천징수되지 않고 종합소득에 합산되어 종합소득에 대한 소득세가 과세된 경우에 그 소득을 지급할 때는 소득세를 원천징수하지 아니한다.
④ 거주자의 퇴직소득이 퇴직일 현재 연금계좌에 있는 경우 해당 퇴직소득에 대한 소득세를 연금외수령하기 전까지 원천징수하지 아니한다.
⑤ 공적연금소득을 받는 사람이 해당 과세기간 중에 사망한 경우 원천징수의무자는 그 사망일이 속하는 달의 다음다음 달 말일까지 그 사망자의 공적연금소득에 대한 연말정산을 하여야 한다.

56 **〈소득세법〉「소득세법」상 거주자 및 비거주자의 납세의무에 관한 설명으로 옳은 것은?**

① 국내에 거소를 둔 기간이 1과세기간 동안 183일 이상인 경우에는 국내에 183일 이상 거소를 둔 것으로 본다.

② 거주자는 거소의 국외 이전을 위하여 출국하는 날부터 비거주자가 된다.

③ 내국법인이 발행주식총수의 100분의 80을 직접 출자한 해외현지법인에 파견된 직원은 거주자로 본다.

④ 비거주자는 국내에 주소를 둔 기간이 183일이 되는 날부터 거주자가 된다.

⑤ 「소득세법」에 따른 거소는 국내에 생계를 같이하는 가족 및 국내에 소재하는 자산의 유무 등 생활관계의 객관적 사실에 따라 판정한다.

57 **〈소득세법〉 거주자 甲은 2023.7.15.에 ㈜A의 총발행주식 10,000주 중 6,000주를 취득하여 소유주식의 비율·시가총액 등을 고려할 때 대통령령으로 정하는 대주주 요건을 만족하였다. 2024.6.15.에 ㈜A의 주식 5,200주를 특수관계 없는 거주자 乙에게 양도하였다. 2024.6.15. 甲의 ㈜A의 주식 양도로 발생하는 「소득세법」상 양도소득세 납세의무에 관한 설명으로 옳은 것은? (단, ㈜A는 중소기업이 아닌 비상장 내국법인에 해당함)**

① 甲은 2023.8.31.까지 양도소득 과세표준을 예정신고해야 한다.

② 甲은 양도차익에서 장기보유특별공제액을 차감할 수 있다.

③ 甲은 양도소득 과세표준에 20%(과세표준 중 3억원 초과분은 25%)의 세율을 적용하여 계산한 금액을 양도소득 산출세액으로 한다.

④ 甲은 ㈜A의 주식 양도 이외에 다른 양도소득이 없더라도 양도소득기본공제를 받을 수 없다.

⑤ 甲이 ㈜A의 주식을 양도할 때 명의개서하지 않으면 양도로 보지 아니한다.

58 **〈소득세법〉 다음은 중소기업을 운영하는 거주자 甲의 2024년도 소득자료이다. 甲의 종합소득산출세액에서 공제될 배당세액공제액을 계산하면 얼마인가?**

(1) 금융소득 자료
① 내국법인 A의 현금배당 70,000,000원
② 외국법인 B의 현금배당 10,000,000원
③ 국내은행 정기예금이자 5,000,000원
(2) 금융소득 외에 2024년도 사업소득금액은 27,850,000원이며, 종합소득공제액은 20,000,000원임
(3) 기본세율

과세표준	세 율
1,400만원 이하	과세표준의 6%
1,400만원 초과 5,000만원 이하	84만원 + (1,400만원을 초과하는 금액의 15%)
5,000만원 초과 8,800만원 이하	624만원 + (5,000만원을 초과하는 금액의 24%)
8,800만원 초과 1억5천만원 이하	1,536만원 + (8,800만원을 초과하는 금액의 35%)
1억5천만원 초과 3억원 이하	3,706만원 + (1억5천만원을 초과하는 금액의 38%)
3억원 초과 5억원 이하	9,406만원 + (3억원을 초과하는 금액의 40%)
5억원 초과 10억원 이하	1억7,406만원 + (3억원을 초과하는 금액의 42%)
10억원 초과	3억8,406만원 + (10억원을 초과하는 금액의 45%)

① 3,209,000원
② 3,713,000원
③ 5,609,000원
④ 7,150,000원
⑤ 7,700,000원

59 **〈소득세법〉 거주자 甲은 배우자인 거주자 乙이 2014.3.1.에 300,000,000원에 취득한 토지를 2020.4.1.에 乙로부터 증여(증여 당시 시가 700,000,000원) 받아 소유권이전등기를 마쳤다. 이후 甲은 2024.6.1.에 토지를 甲 또는 乙과 특수관계 없는 거주자 丙에게 1,000,000,000원에 양도하였다. 甲 또는 乙의 양도소득 납세의무에 관한 설명으로 옳은 것은? (단, 양도소득은 실질적으로 甲에게 귀속되지 아니하고, 토지는 법령상 협의매수 또는 수용된 적이 없으며, 양도 당시 甲과 乙은 혼인관계를 유지하고 있음)**

① 토지의 양도차익 계산 시 양도가액에서 공제할 취득가액은 700,000,000원이다.
② 토지의 양도차익 계산 시 취득시기는 2014.3.1.이다.
③ 토지의 양도차익 계산 시 甲의 증여세 산출세액은 양도가액에서 공제할 수 없다.
④ 甲과 乙은 연대하여 토지의 양도소득세 납세의무를 진다.
⑤ 토지의 양도소득세 납세의무자는 乙이다.

60 〈소득세법〉「소득세법」상 배당소득에 관한 설명으로 옳은 것은?

① 법인으로 보는 단체로부터 받는 분배금은 배당소득에 해당하지 않는다.
② 외국법인으로부터 받는 이익이나 잉여금의 배당은 배당소득에 해당하지 않는다.
③ 합병으로 소멸한 법인의 주주가 합병 후 존속하는 법인으로부터 그 합병으로 취득한 주식의 가액과 금전의 합계액이 그 합병으로 소멸한 법인의 주식을 취득하기 위하여 사용한 금액을 초과하는 금액은 배당소득에 해당하지 않는다.
④ 거주자가 일정기간 후에 같은 종류로서 같은 양의 주식을 반환받는 조건으로 주식을 대여하고 해당 주식의 차입자로부터 지급받는 해당 주식에서 발생하는 배당에 상당하는 금액은 배당소득에 해당하지 않는다.
⑤ 국외에서 설정된 집합투자기구로부터의 이익은 해당 집합투자기구의 설정일부터 매년 1회 이상 결산·분배할 것이라는 요건을 갖추지 않아도 배당소득에 해당한다.

61 〈법인세법〉「법인세법」상 비영리내국법인에 관한 설명으로 옳은 것은?

① 비영리내국법인이 수익사업을 영위하는 경우 구분경리하지 않는 것을 원칙으로 한다.
② 비영리내국법인의 청산소득에 대하여는 법인세가 과세된다.
③ 비영리내국법인은「소득세법」에 따른 비영업대금의 이익에 대해서 반드시 법인세 과세표준신고를 하여야 한다.
④ 비영리내국법인은 고유목적사업준비금을 손금에 산입한 날이 속하는 사업연도 종료일 이후 3년이 되는 날까지 고유목적사업에 사용하여야 한다.
⑤ 축산업을 영위하는 비영리내국법인은 지상권의 양도로 인하여 발생하는 소득은 법인세가 과세된다.

62 〈법인세법〉「법인세법」상 부당행위계산의 부인에 관한 설명으로 옳지 않은 것은? (다툼이 있으면 판례에 따름)

① 법인과 특수관계인 간의 거래는 반드시 직접적인 거래관계에 국한하지 않고 특수관계인 외의 자를 통하여 이루어진 거래도 포함한다.
② 비상장주식에 대하여 특수관계인이 아닌 제3자 간에 일반적으로 거래된 가격이 없으면「상속세 및 증여세법」에 따른 보충적 평가방법을 준용하여 평가한 금액을 기준으로 부당행위계산 부인 규정을 적용한다.
③ 법령으로 정하는 파생상품에 근거한 권리를 행사하지 아니하거나 그 행사기간을 조정하는 방법으로 이익을 분여하는 경우는 '조세의 부담을 부당하게 감소시킨 것으로 인정되는 경우'에 해당한다.
④ 부당행위계산 부인 규정은 세법상 과세소득계산상의 범위 내에서만 변동을 초래할 뿐 당사자 간에 약정한 사법상 법률행위의 효과와는 무관하다.
⑤ 부당행위계산에 해당하는 경우 시가와의 차액 등을 익금에 산입하여 당해 법인의 각 사업연도의 소득금액을 계산하고 귀속자에게 증여세를 과세하는 것을 원칙으로 한다.

63 **〈법인세법〉 「법인세법」상 장부에 계상하여야 세무조정의 효과가 발생하는 조정(이하 '결산조정'이라 함)과 소득금액조정합계표에 계상하여야 세무조정의 효과가 발생하는 조정(이하 '신고조정'이라 함)에 관한 설명으로 옳은 것을 모두 고른 것은?**

ㄱ. 익금항목은 모두 신고조정사항이다.
ㄴ. 일시상각충당금은 원칙적으로 결산조정사항이지만, 예외적으로 신고조정을 허용한다.
ㄷ. 「채무자 회생 및 파산에 관한 법률」에 따른 회생계획인가의 결정 또는 법원의 면책결정에 따라 회수불능으로 2024년도에 확정된 채권을 2026년도에 손금에 계상한 경우 손금으로 인정되지 않는다.
ㄹ. 「서민의 금융생활 지원에 관한 법률」에 따른 채무조정을 받아 같은 법 제75조의 신용회복지원협약에 따라 면책으로 확정된 채권은 신고조정사항이다.
ㅁ. 감가상각비의 손금산입은 모두 결산조정사항이다.

① ㄱ
② ㄴ, ㄷ
③ ㄷ, ㄹ, ㅁ
④ ㄱ, ㄴ, ㄷ, ㄹ
⑤ ㄱ, ㄴ, ㄷ, ㄹ, ㅁ

64 **〈법인세법〉 다음은 내국법인 ㈜A의 제24기 사업연도(2024.1.1.~12.31.) 자료이다. 세무조정 시 대표자에 대한 상여와 기타사외유출로 소득처분할 금액은 각각 얼마인가?**

(1) 현금매출누락 100,000,000원(부가가치세 제외한 금액)
(2) 채권자가 불분명한 사채이자 15,000,000원(원천징수세액 4,125,000원 포함)
(3) 증빙불비 기업업무추진비 4,000,000원(귀속자 불분명)
(4) 업무와 관련하여 발생한 교통사고 벌과금 1,000,000원
(5) 사외유출된 금액의 귀속이 불분명하여 대표자에 대한 상여로 처분을 한 경우, ㈜A가 그 처분에 따른 소득세를 대납하고 이를 손비로 계상한 금액 2,500,000원

	대표자에 대한 상여	기타사외유출
①	110,875,000원	11,625,000원
②	114,875,000원	7,625,000원
③	115,000,000원	7,500,000원
④	117,375,000원	5,125,000원
⑤	119,000,000원	3,500,000원

65 〈법인세법〉 제조업을 영위하는 내국법인 ㈜C는 제24기 과세기간(2024.1.1.~12.31.) 중 주식발행초과금 150,000,000원을 재원으로 하여 무상증자를 시행하였다. 무상증자 직전의 ㈜C의 발행주식총수는 300,000주(1주당 액면가액은 500원)이며 주주구성 및 보유주식현황은 다음 표와 같을 때 상황1과 상황2에서 ㈜B의 의제배당금액을 계산하면 각각 얼마인가?

무상증자 직전의 주주구성 및 보유주식현황	
주주구성	보유주식수
㈜A	180,000주
㈜B	60,000주
㈜C	60,000주
합계	300,000주

〈상황1〉 무상증자 시 자기주식에 배정할 무상주 60,000주에 대하여 ㈜C를 제외한 기타주주의 지분비율에 따라 배정하여 무상증자 후 총발행주식수가 600,000주가 되었다고 가정

〈상황2〉 무상증자 시 자기주식에 배정할 무상주 60,000주에 대하여 ㈜C를 제외한 기타주주에게 배정하지 않아 무상증자 후 총발행주식수가 540,000주가 되었다고 가정

	상황1	상황2
①	6,500,000원	4,500,000원
②	6,500,000원	5,500,000원
③	7,500,000원	5,500,000원
④	7,500,000원	6,000,000원
⑤	8,000,000원	6,000,000원

66 **〈법인세법〉 「법인세법」상 내국법인의 과세표준 및 세액의 계산에 관한 설명으로 옳지 않은 것은? (단, 중소기업의 경우 법령상 요건을 모두 갖추고 있는 것으로 가정함)**

① 중소기업은 결손금 소급공제 시 직전 사업연도의 소득에 대하여 과세된 법인세액을 한도로 한다. 여기에서 과세된 법인세액이란 법령에 따른 토지 등 양도소득에 대한 법인세를 제외하고 직전 사업연도의 소득에 대한 법인세로서 공제 또는 감면된 법인세액을 차감한 금액을 말한다.

② 중소기업은 결손금이 발생한 사업연도와 직전 사업연도의 소득에 대한 법인세 과세표준 및 세액을 각각의 과세표준신고기한 내에 적법하게 신고하고 환급신청을 한 경우에만 결손금 소급공제를 적용할 수 있으나 발생한 결손금의 일부만을 소급공제 신청할 수는 없다.

③ 결손금 공제 중 이월공제는 신청을 요건으로 하지 않는다.

④ 각 사업연도 소득에 대한 법인세의 과세표준은 각 사업연도 소득의 범위에서 법정 이월결손금, 비과세소득, 소득공제액을 차례로 공제한 금액으로 한다. 다만, 중소기업과 회생계획을 이행 중인 기업 등 법령으로 정하는 법인을 제외한 내국법인의 경우 법정 이월결손금 금액에 대한 공제의 범위는 각 사업연도 소득의 100분의 80으로 한다.

⑤ 법인세의 과세표준과 세액을 추계하는 경우에는 이월결손금 공제규정을 적용하지 아니한다. 다만, 천재지변 등으로 장부나 그 밖의 증명서류가 멸실되어 법령으로 정하는 바에 따라 추계하는 경우에는 그러하지 아니하다.

67 **〈법인세법〉 「법인세법」상 익금에 관한 설명으로 옳지 않은 것은?**

① 익금은 자본 또는 출자의 납입 및 「법인세법」에서 규정하는 것은 제외하고 해당 법인의 순자산을 증가시키는 거래로 인하여 발생하는 수익의 금액으로 한다.

② 이월결손금의 보전에 충당하지 않은 자산수증이익과 채무의 출자전환에 따른 채무면제이익은 해당 사업연도에 익금불산입하고 그 이후의 각 사업연도에 발생한 결손금의 보전에 충당할 수 있다.

③ 「법인세법」에 따른 특수관계인인 개인으로부터 유가증권을 시가보다 낮은 가액으로 매입하는 경우 당해 시가와 그 매입가액의 차액에 상당하는 금액은 익금으로 본다.

④ 국세 과오납금의 환급금에 대한 이자는 익금으로 보지 않는다.

⑤ 채무의 출자전환 시 시가가 액면가액에 미달하는 경우 익금에 산입되는 채무면제이익은 발행가액에서 액면가액을 차감하여 계산한다.

68 **〈법인세법〉 「법인세법」상 손금에 관한 설명으로 옳지 않은 것은?**

① 「법인세법」은 손비의 범위에 관한 일반적 기준으로서 그 법인의 사업과 관련하여 발생하거나 지출된 손실 또는 비용으로서 일반적으로 인정되는 통상적인 것이거나 수익과 직접 관련된 것으로 규정하고 있다.

② 합명회사나 합자회사의 노무출자사원에 대한 보수는 이익처분에 의한 상여로 의제하여 손금에 산입하지 아니한다.

③ 성과산정지표 등을 기준으로 하여 직원에게 성과배분상여금을 지급하기로 하는 노사협약을 체결하고 그에 따라 지급하는 성과배분상여금에 대하여 법인이 사업연도종료일을 기준으로 성과배분상여금을 산정한 경우 해당 성과배분상여금은 그 성과배분의 기준일이 속하는 사업연도의 손금으로 인정되지 않는다.

④ 「근로자퇴직급여 보장법」에 따른 퇴직급여 중간정산을 현실적 퇴직으로 보아 손금에 산입하는 경우는 중간정산시점부터 새로 근무연수를 기산하여 퇴직급여를 계산하는 경우에 한정한다.

⑤ 부동산임차인이 부담한 사실이 확인되는 전세금 및 임차보증금에 대한 매입세액은 임차인의 손금으로 산입할 수 있다.

69 **〈법인세법〉 다음은 제조업을 영위하는 중소기업이 아닌 내국법인 ㈜A의 제24기 사업연도(2024.1.1.~2024.12.31.) 기업업무추진비와 관련된 자료이다. 손금불산입되는 기업업무추진비의 총액은 얼마인가? (단, 아래의 자료에서 특별히 언급한 것 이외에는 모든 지출은 ㈜A 명의의 신용카드로 사용하였고, 기업업무추진비로 계상된 금액은 업무관련성이 있으며 경조금은 없는 것으로 가정함)**

(1) 기업회계기준상 매출액 : 9,000,000,000원(특수관계인 매출액 3,000,000,000원 포함)

(2) 당기 포괄손익계산서상 기업업무추진비 계정 금액은 60,000,000원으로 상세 내역은 다음과 같다.

구 분	건당 3만원 이하	건당 3만원 초과
현금 사용금액(영수증 수취)	6,000,000원	10,000,000원
㈜A 명의의 신용카드 사용금액	4,000,000원	40,000,000원
계	10,000,000원	50,000,000원

(3) 당기 복리시설비 계정에는 법인형태로 설립된 ㈜A의 노동조합에 지출한 복리시설비 5,000,000원이 포함되어 있다.

(4) 당기 광고선전비 계정에는 ㈜A의 우량 거래처 50곳에 개당 시가 100,000원(부가가치세 포함)의 광고선전물품을 구입하여 제공한 금액 5,000,000원이 포함되어 있다.

① 39,100,000원
② 39,400,000원
③ 40,400,000원
④ 45,400,000원
⑤ 51,400,000원

70 〈법인세법〉 다음은 내국법인 ㈜A의 제24기 사업연도(2024.1.1.~2024.12.31.) 세무조정 관련 자료이다. 제24기 각 사업연도 소득금액은 얼마인가?

(1) 세무조정 내역*

포괄손익계산서상 당기순이익	6,000,000원
익금산입 · 손금불산입	7,000,000원
손금산입 · 익금불산입	17,000,000원
계	△4,000,000원

* 비지정기부금을 제외한 기부금 관련 세무조정은 포함되지 않음

(2) 포괄손익계산서상 기부금 내역

새마을금고에 지출한 기부금	3,000,000원
불우이웃돕기성금	5,000,000원
천재지변으로 인한 이재민 구호금품	2,000,000원
사회복지공동모금회에 기부한 기부금**	1,000,000원
계	11,000,000원

**사회복지공동모금회에 대한 기부금은 어음(결제일 : 2025.1.5.)을 발행한 것임

(3) ㈜A의 세무상 이월결손금은 1,500,000원(제21기 발생분)이며, 당기 이전 기부금 한도초과로 손금불산입된 금액은 다음과 같다.
특례기부금 : 500,000원(2022년 지출분)
일반기부금 : 800,000원(2021년 지출분)

① △250,000원
② 1,000,000원
③ 2,625,000원
④ 3,525,000원
⑤ 3,775,000원

71 〈부가가치세법〉 「부가가치세법」상 재화 또는 용역의 공급에 관한 설명으로 옳지 않은 것은?

① 사업자가 거래상대방으로부터 인도 받은 재화에 주요 자재를 전혀 부담하지 않고 단순가공만 하여 대가를 받는 것은 용역의 공급으로 본다.
② 대학이 사업용 부동산을 그 대학의 산학협력단에 대가를 받지 않고 임대하는 것은 용역의 공급으로 보지 않는다.
③ 건설업의 경우 건설업자가 건설자재의 전부 또는 일부를 부담하고 대가를 받는 것은 용역의 공급으로 본다.
④ 사업자가 가공계약에 따라 거래상대방으로부터 인도받은 재화에 주요자재의 일부를 부담하고 새로운 재화를 만들어 인도하면 재화의 공급으로 본다.
⑤ 사업자가 자기가 생산한 재화를 자기의 고객에게 사업을 위하여 증여한 것으로서 법령에 따른 자기적립마일리지로만 전부를 결제받은 경우 재화의 공급으로 본다.

72 〈부가가치세법〉「부가가치세법」상 면세에 관한 설명으로 옳지 않은 것은?

① 「음악산업진흥에 관한 법률」의 적용을 받는 전자출판물의 공급에 대해서는 부가가치세를 과세한다.
② 미술창작품의 공급에 대해서는 부가가치세를 면제한다.
③ 금융회사가 국가·지방자치단체에 제공하는 금고대행용역에 대해서는 부가가치세를 면제한다.
④ 면세 농산물을 수출하는 사업자가 면세포기를 하여 해당 농산물에 대하여 영세율이 적용되는 경우 수출을 위하여 당초 매입한 면세 농산물에 대하여 의제매입세액공제가 가능하다.
⑤ 면세재화의 공급이 영세율 적용의 대상이 되는 경우 면세포기가 가능하나 면세포기를 신고한 날부터 3년간 부가가치세를 면제받지 못한다.

73 〈부가가치세법〉「부가가치세법」상 과세표준에 관한 설명으로 옳지 않은 것은?

① 사업자가 법령에 따른 특수관계인에게 대가를 받지 않고 과세되는 사업용 부동산임대용역을 공급하는 경우 공급가액에 포함되지 아니한다.
② 완성도기준지급조건부로 용역을 공급하는 경우 계약에 따라 받기로 한 대가의 각 부분을 과세표준으로 한다.
③ 위탁가공무역 방식으로 수출하는 경우 완성된 제품의 인도가액을 과세표준으로 한다.
④ 기부채납의 경우 해당 기부채납의 근거가 되는 법률에 따라 기부채납된 가액을 과세표준으로 하되 기부채납된 가액에 부가가치세가 포함된 경우 그 부가가치세는 제외한다.
⑤ 재화의 공급과 직접 관련된 국고보조금과 공공보조금은 과세표준에 포함된다.

74 〈부가가치세법〉「부가가치세법」상 수정세금계산서를 발급할 수 있는 경우를 모두 고른 것은?

ㄱ. 세율을 잘못 적용하여 세금계산서를 발급하였으나 세무조사의 통지를 받은 경우로서 과세표준을 경정할 것을 미리 알고 있는 경우
ㄴ. 재화를 공급한 후 공급시기가 속하는 과세기간 종료 후 25일(25일이 되는 날은 영업일임) 이내에 내국신용장이 개설된 경우
ㄷ. 계약의 해지에 따라 공급가액에 추가되는 금액이 발생한 경우
ㄹ. 면세 등 발급대상이 아닌 거래에 대하여 발급한 경우
ㅁ. 계약의 해제로 재화 또는 용역이 공급되지 아니한 경우

① ㄱ　　② ㄴ, ㄷ
③ ㄱ, ㄹ, ㅁ　　④ ㄴ, ㄷ, ㄹ, ㅁ
⑤ ㄱ, ㄴ, ㄷ, ㄹ, ㅁ

75 **〈부가가치세법〉 다음은 소시지 제조업을 영위하는 일반과세자인 개인사업자 甲의 2024년 제1기 과세기간(2024.1.1.~6.30.)에 대한 거래내역이다. 2024년 제1기 확정신고 시 공제가능한 매입세액은 얼마인가? (단, 다음 거래는 세법상 요구되는 의무를 모두 이행하였으며, 의제매입세액공제 대상액은 공제한도 내 금액인 것으로 가정함)**

> (1) 외국산 미가공식료품을 31,200,000원에 매입하여 소시지 제조에 전부 사용하였다.
> (2) 소시지 배달을 위해 개별소비세가 과세되는 5인승 승용차를 22,000,000원(공급대가)에 구입하였다.
> (3) 세금계산서 발급이 금지되지 않은 일반과세자로부터 사업용 냉장고를 2,200,000원(공급대가)에 구입하고 부가가치세가 별도로 구분되는 신용카드매출전표를 수령하였다.
> (4) 2024년 제1기 예정신고 시 매입세액 500,000원이 신고누락되었다.
> (5) 2022년 제1기 부가가치세 확정신고 시 매입세액에서 차감한 대손세액은 300,000원이었고 2024.3.10.에 관련 대손금액 전부를 변제하였다.

① 1,000,000원　② 1,900,000원
③ 2,200,000원　④ 3,200,000원
⑤ 4,200,000원

76 **〈부가가치세법〉 다음은 도시지역 내에 소재하는 1층 건물을 임대하고 있는 ㈜A의 2024년 제1기 예정신고기간(2024.1.1.~3.31.)에 대한 자료이다. ㈜A의 2024년 제1기 예정신고기간의 부가가치세 과세표준은 얼마인가?(단, 1년은 365일로 가정한다.)**

> (1) 임대기간 : 2023.7.1.~2024.6.30.
> (2) 임대보증금 : 365,000,000원
> (3) 임대료 및 관리비 : 임대료 1년분 4,800,000원은 2023.7.1.에 모두 수령, 관리비 월 100,000원(청소비 30,000원 포함)은 매월 말일 수령
> (4) 임대현황(주택면적에는 지하층 · 지상주차장 · 주민공동시설면적 제외)

구 분		면 적
건 물	상 가	$300m^2$
	주 택	$100m^2$
토 지		$1,200m^2$

> (5) 2023년 제1기 예정신고기간 종료일 현재 「소득세법」상 기준시가

구 분	기준시가
건 물	400,000,000원
토 지	100,000,000원

> (6) 과세되는 상가임대용역과 면세되는 주택임대용역에 대한 임대료 등의 구분이 불분명함
> (7) 예정신고기간 종료일 현재 계약기간 1년의 정기예금이자율 : 2.9%

① 516,000원　② 1,500,000원
③ 1,935,000원　④ 2,064,000원
⑤ 3,082,500원

77 〈부가가치세법〉 다음은 제조업을 영위하는 일반과세자인 ㈜A의 2024년 제2기 과세기간(2024.7.1. ~12.31.)에 대한 자료이다. ㈜A의 2024년 제2기 과세기간의 부가가치세 과세표준은 얼마인가? (단, 다음 자료의 금액에는 부가가치세가 포함되지 않음)

(1) 7월 20일 : 기계를 15,000,000원에 판매하고 7월 20일부터 15개월간 매달 20일에 1,000,000원씩 받기로 하였다.
(2) 7월 25일 : 기계유지보수 계약을 맺고 7월 25일부터 10개월간 매달 25일에 200,000원씩 받기로 하였다.
(3) 9월 25일 : 증여세 20,000,000원을 사업용 건물로 물납하였다.
(4) 10월 14일 : 당사가 생산한 제품(매입세액공제분)을 거래처에 판매장려물품(제조원가 : 800,000원, 시가 : 1,000,000원)으로 기증하였다.
(5) 11월 11일 : 사업용으로 사용하던 화물자동차를 500,000원에 매각하였다.
(6) 12월 5일 : 공급에 대한 대가의 지급이 지체되어 거래처로부터 연체이자 800,000원을 수령하였다.

① 7,700,000원
② 8,500,000원
③ 8,700,000원
④ 9,500,000원
⑤ 28,700,000원

78 〈부가치세법〉 부가가치세 겸영사업자인 신문사 ㈜A의 2024년 제1기 과세기간 확정신고 시 ㉠ 공제받지 못할 매입세액과 2024년 제2기 과세기간 확정신고 시 납부·환급세액을 재계산하여 ㉡ 납부세액에 가산(또는 공제)하거나 환급세액에 가산(또는 공제)할 금액은 얼마인가? (단, 다음 자료의 금액은 부가가치세가 포함되지 아니한 금액이고, 건물의 과세 및 면세사용면적은 구분되지 않으며, 세금계산서 등의 증명서류는 회사설립 이후 현재까지 적법하게 수령 및 발급되었다고 가정함. ㉡의 경우 납부세액에 가산하거나 환급세액에 공제하는 것은 (+)로, 납부세액에 공제하거나 환급세액에 가산하는 것은 (−)로 표시함)

(1) ㈜A는 2024.2.1.에 사업용 건물을 3,000,000,000원에 구입하였다.
(2) 광고료 및 신문판매 공급가액 자료

구 분	2023년 제2기	2024년 제1기	2024년 제2기
광고료 수입	2,000,000,000원	3,000,000,000원	3,000,000,000원
신문판매 수입	2,000,000,000원	2,000,000,000원	1,000,000,000원

	㉠	㉡
①	120,000,000원	(−)42,750,000원
②	120,000,000원	(−)33,750,000원
③	120,000,000원	(+)42,750,000원
④	150,000,000원	(−)40,500,000원
⑤	150,000,000원	(−)33,750,000원

79 **〈국제조세조정에 관한 법률〉「국제조세조정에 관한 법률」상 특정외국법인의 유보소득의 배당간주 규정에 관한 설명으로 옳지 않은 것은? (다툼이 있으면 판례에 따름)**

① 법인의 실제부담세액이 외국법인의 실제발생소득에 「법인세법」 제55조에 따른 세율 중 최고세율의 70퍼센트 이하이고, 해당 법인에 출자한 내국인과 특수관계에 있는 특정외국법인에 대하여 내국인이 출자한 경우에는 특정외국법인의 각 사업연도 말 현재 배당 가능한 유보소득(留保所得) 중 내국인에게 귀속될 금액은 내국인이 배당받은 것으로 본다.

② 특정외국법인의 배당가능 유보소득은 특정외국법인마다 개별적으로 산정하여야 한다.

③ 선박임대를 주된 사업으로 하는 특정외국법인이 사업을 위하여 필요한 사무소를 가지고 있고 그 법인이 스스로 사업을 운영하며 그 사무소가 소재하는 국가에서 주로 사업을 하는 경우 특정외국법인의 유보소득의 배당간주 규정이 적용되지 아니한다.

④ 배당간주금액은 특정외국법인의 해당 사업연도 종료일의 다음 날부터 60일이 되는 날이 속하는 내국인의 과세연도의 익금 또는 배당소득에 산입된다.

⑤ 특정외국법인의 유보소득이 내국법인의 익금으로 산입된 후 그 특정외국법인이 그 유보소득을 실제로 배당한 경우에는 「법인세법」에 따른 익금에 산입하지 아니하는 소득으로 보거나 「소득세법」에 따른 배당소득에 해당하지 아니하는 것으로 본다.

80 **〈국제조세조정에 관한 법률〉「국제조세조정에 관한 법률」상 국가 간 조세협력에 관한 설명으로 옳은 것은?**

① 우리나라의 권한 있는 당국은 조세조약에 따라 체약상대국과 상호주의에 따른 정기적인 금융정보의 교환을 위하여 필요한 경우라도 「금융실명거래 및 비밀보장에 관한 법률」에 따라 체약상대국의 조세 부과 및 징수와 납세의 관리에 필요한 거주자・내국법인 또는 비거주자・외국법인의 금융정보의 제공을 금융회사등의 장에게 요구할 수 없다.

② 우리나라의 권한 있는 당국은 어떠한 경우에도 상호주의 원칙에 따라 체약상대국에 금융정보를 제공하는 것을 제한할 수 없다.

③ 납세지관할세무서장은 국내에서 납부할 조세를 징수하기 곤란하여 체약상대국에서 징수하는 것이 불가피하다고 판단되는 경우 체약상대국에 대하여 조세징수를 위하여 필요한 조치를 하도록 직접 요청할 수 있다.

④ 권한 있는 당국은 조세조약상 체약상대국과 상호주의에 따른 정기적인 금융정보의 교환을 위하여 필요한 경우 체약상대국의 조세 부과 및 징수와 납세의 관리에 필요한 거주자의 금융정보의 제공을 금융거래회사의 장에게 요구할 수 있다.

⑤ 금융거래회사는 권한 있는 당국의 요구가 있는 경우에만 그 사용 목적에 필요한 최소한의 범위에서 해당 금융거래회사의 금융거래 상대방에 대한 납세자번호를 포함한 인적 사항을 확인・보유할 수 있다.

2016년도 제53회
세무사 1차 국가자격시험 문제지

교시	시험과목	시험시간	문제형별
1교시	1 재정학 2 세법학개론	80분	**A**

수험번호		성 명	

【 수험자 유의사항 】

1. 시험문제지는 **단일 형별(A형)**이며, 답안카드는 형별 기재란에 표시된 형별(A형)을 확인하시기 바랍니다. 시험문제지의 **총면수, 문제번호 일련순서, 인쇄상태** 등을 확인하시고, 문제지 표지에 수험번호와 성명을 기재하시기 바랍니다.

2. 답은 각 문제마다 요구하는 **가장 적합하거나 가까운 답 1개**만 선택하고, 답안카드 작성 시 시험문제지 **마킹착오**로 인한 불이익은 전적으로 **수험자에게 책임**이 있음을 알려 드립니다.

3. 답안카드는 국가전문자격 공통 표준형으로 문제번호가 1번부터 125번까지 인쇄되어 있습니다. 답안 마킹 시에는 반드시 **시험문제지의 문제번호와 동일한 번호**에 마킹하여야 합니다.

4. **감독위원의 지시에 불응하거나 시험시간 종료 후 답안카드를 제출하지 않을 경우** 불이익이 발생할 수 있음을 알려 드립니다.

5. 시험문제지는 시험 종료 후 가져가시기 바랍니다.

세법학개론

41 〈국세기본법〉「국세기본법」상 용어의 정의에 관한 설명으로 옳지 않은 것은?

① '세무공무원'에는 국세청장, 지방국세청장, 세무서장 또는 그 소속 공무원뿐만 아니라 세법에 따라 국세에 관한 사무를 세관장이 관장하는 경우의 그 소속 공무원도 포함한다.
② '가산세'란 「국세기본법」 및 세법에서 규정하는 의무의 성실한 이행을 확보하기 위하여 세법에 따라 산출한 세액에 가산하여 징수하는 금액을 말한다.
③ '공과금'이란 「국세징수법」에서 규정하는 강제징수의 예에 따라 징수할 수 있는 채권 중 국세, 관세, 임시수입부가세, 지방세와 이에 관계되는 강제징수비를 제외한 것을 말한다.
④ '납세의무자'는 연대납세의무자, 제2차 납세의무자, 보증인, 원천징수의무자를 포함한다.
⑤ '과세표준'이란 세법에 따라 직접적으로 세액산출의 기초가 되는 과세대상의 수량 또는 가액을 말한다.

42 〈국세기본법〉 경정 등의 청구에 관한 설명으로 옳은 것은?

① 과세표준신고서를 법정신고기한까지 제출한 자는 과세관청의 결정 또는 경정으로 인하여 증가된 과세표준 및 세액에 대하여는 법정신고기한이 지난 후 5년이 경과하였더라도 해당 처분이 있음을 안 날부터 90일 이내에 경정을 청구할 수 있다.
② 과세표준신고서를 법정신고기한까지 제출한 자라도 상속세 또는 증여세에 관하여는 결정 또는 경정을 청구할 수 없다.
③ 과세표준신고서를 법정신고기한까지 제출한 자는 과세표준신고서에 기재된 과세표준 및 세액이 세법에 따라 신고하여야 할 과세표준 및 세액에 미치지 못할 때에는 경정을 청구할 수 있다.
④ 원천징수대상자에게 근로소득만 있어서 원천징수의무자가 연말정산에 의하여 그에 관한 소득세를 납부하고 지급명세서를 제출기한까지 제출한 경우, 원천징수영수증에 기재된 과세표준 및 세액이 세법에 따라 신고하여야 할 과세표준 및 세액을 초과할 때에는 원천징수의무자 뿐만 아니라 원천징수대상자도 경정을 청구할 수 있다.
⑤ 국세의 과세표준 및 세액의 결정을 받은 자는 해당 처분이 있음을 안 날부터 90일이 지난 경우라도 최초의 결정을 할 때 과세표준 및 세액의 계산 근거가 된 행위의 효력과 관계되는 계약이 해제권의 행사에 의하여 해제된 것을 안 날부터 1년 이내에 경정을 청구할 수 있다.

43 〈국세기본법〉 납세자의 권리에 관한 설명으로 옳지 않은 것은?

① 세무공무원이 부동산투기를 통한 세금 탈루 혐의가 있는 자에 대하여 일제조사를 하는 경우에는 같은 세목 및 같은 과세기간에 대하여도 재조사를 할 수 있다.

② 세무공무원은 세무조사를 마쳤을 때 납세자가 납세관리인을 정하지 아니하고 국내에 주소 또는 거소를 두지 아니한 경우에 그 조사 결과를 서면으로 납세자에게 통지하여야 한다.

③ 세무공무원은 세무조사를 함에 있어 거래처 조사, 거래처 현지확인 또는 금융거래 현지확인이 필요한 경우에는 세무조사기간을 연장할 수 있다.

④ 납세자 본인의 권리 행사에 필요한 정보를 납세자가 요구하는 경우 세무공무원은 신속하게 정보를 제공하여야 한다.

⑤ 세무공무원은 적정하고 공평한 과세의 실현을 위하여 필요한 최소한의 범위 안에서 세무조사를 하여야 하며, 다른 목적 등을 위하여 조사권을 남용해서는 아니 된다.

44 〈국세기본법〉 국세환급금에 관한 설명으로 옳지 않은 것은? (다툼이 있으면 판례에 따름)

① 납세자의 국세환급금과 국세환급가산금에 관한 권리는 행사할 수 있는 때부터 5년간 행사하지 아니하면 소멸시효가 완성된다.

② 국세환급금의 발생원인으로서 '잘못 납부한 금액(오납금)'이라 함은 납부 또는 징수의 기초가 된 신고(신고납세의 경우) 또는 부과처분(부과과세의 경우)이 부존재하거나 당연무효임에도 불구하고 납부 또는 징수된 세액을 말한다.

③ 국세환급금의 발생원인으로서 '초과하여 납부한 금액(과납금)'은 신고납세방식에 있어서 신고로 또는 부과과세방식에 있어서 부과결정으로 각 확정된다.

④ 국세환급금의 발생원인으로서 '환급세액'이라 함은 세법에 따라 적법하게 납부 또는 징수되었으나 그 후 국가가 보유할 정당한 이유가 없게 되어 각 개별세법에서 환급하기로 정한 세액을 말한다.

⑤ 원천징수의무자가 원천징수하여 납부한 세액에서 환급받을 환급세액이 있는 경우, 그 원천징수의무자가 그 환급액을 즉시 환급해 줄 것을 요구하는 경우나 원천징수하여 납부하여야 할 세액이 없는 경우에는 즉시 환급한다.

45 〈국세기본법, 소득세법〉 연대납세의무에 관한 설명으로 옳지 않은 것은?

① 공동사업에 관한 부가가치세는 공동사업자가 연대하여 납부할 의무를 진다.

② 법인이 분할되거나 분할법인이 존속하는 경우 분할법인, 분할신설법인, 분할합병의 상대방 법인은 분할등기일 이전에 분할법인에 부과되거나 납세의무가 성립한 국세 및 강제징수비에 대하여 분할로 승계된 재산가액을 한도로 연대하여 납부할 의무가 있다.

③ 납세의 고지와 독촉에 관한 서류는 연대납세의무자 모두에게 각각 송달하여야 한다.

④ 법인이 해산한 경우에 원천징수를 하여야 할 소득세를 징수하지 아니하였거나 징수한 소득세를 납부하지 아니하고 잔여재산을 분배하였을 때에 그 법인에 대하여 강제징수를 하여도 징수할 금액에 미치지 못하는 경우에 청산인은 그 부족한 금액 전부에 대하여 제2차 납세의무를 진다.

⑤ 어느 연대납세의무자에 대하여 소멸시효가 완성한 때에는 그 부담부분에 한하여 다른 연대납세의무자도 그 납부의무를 면한다.

46 **〈국세징수법〉 체납자 甲의 재산이 다음과 같은 경우 「국세징수법」상 압류할 수 있는 재산의 총액은 얼마인가?**

> 1. 질병을 원인으로 甲이 보험회사로부터 지급받은 보장성 보험의 보험금은 아래와 같다.
>   (1) 치료를 위하여 진료비, 치료비, 수술비, 입원비, 약제비 등으로 실제 지출되는 비용을 보장하기 위한 보험금 : 3,000,000원
>   (2) 치료 및 장애 회복을 위한 보험금 중 위 (1)에 해당하는 보험금을 제외한 보험금 : 5,000,000원
> 2. 보장성보험의 해약환급금 : 2,000,000원
> 3. 甲의 은행 예금 잔액 : 1,200,000원

① 500,000원
② 2,500,000원
③ 3,000,000원
④ 4,500,000원
⑤ 11,200,000원

47 **〈국세징수법〉 「국세징수법」상 징수절차에 관한 설명으로 옳지 않은 것은? (다툼이 있으면 판례에 따름)**

① 세무서장은 납세자의 체납액을 제2차 납세의무자로부터 징수하려면 제2차 납세의무자에게 징수하려는 체납액의 과세기간, 세목, 세액 및 그 산출 근거, 납부기한, 납부장소와 제2차 납세의무자로부터 징수할 금액 및 그 산출 근거와 그 밖에 필요한 사항을 적은 납부고지서로 고지하여야 한다.

② 세무서장은 국세를 징수하려면 납세자에게 그 국세의 과세기간, 세목, 세액 및 그 산출근거, 납부하여야 할 기한(납부고지를 하는 날부터 30일 이내의 범위로 정함)과 납부장소를 적은 납부고지서를 발급하여야 한다.

③ 관할 세무서장은 납세자가 체납액 중 국세만을 완납하여 강제징수비를 징수하려는 경우 강제징수비의 징수와 관계되는 국세의 과세기간, 세목, 강제징수비의 금액, 산출 근거, 납부하여야 할 기한(강제징수비 고지를 하는 날부터 30일 이내의 범위로 정한다) 및 납부장소를 적은 강제징수비고지서를 납세자에게 발급하여야 한다.

④ 납부고지서는 징수결정 즉시 발급하여야 한다. 다만, 납부고지를 유예한 경우 유예기간이 끝난 날의 다음 날에 발급한다.

⑤ 과세관청이 과세표준과 세액을 결정 또는 경정하고 그 통지를 납부고지서에 의하는 경우의 납부고지는 징수고지로서의 성질은 있으나 부과고지로서의 성질은 없다.

48 〈국세징수법〉 납부기한 전 징수에 관한 설명으로 옳지 않은 것은?

① 세무서장은 납세자가 「어음법」 및 「수표법」에 따른 어음교환소에서 거래정지처분을 받은 경우, 납부기한 전이라도 이미 납세의무가 확정된 국세를 징수할 수 있다.

② 세무서장(법령이 정하는 체납자의 경우에는 지방국세청장을 포함)은 납부기한 전 징수 사유에 해당함에 따라 납부기한 전에 국세를 징수하려는 경우 당초의 납부기한보다 단축된 기한을 정하여 납세자에게 납부고지를 하여야 하며, 만약 납세자가 납부고지를 받고 단축된 기한까지 국세를 완납하지 아니한 경우에는 납세자의 재산을 압류한다.

③ 「채무자 회생 및 파산에 관한 법률」에 따른 파산선고를 받은 경우, 채무자의 권익을 위하여 납부기한 전 징수를 할 수 없다.

④ 「민사집행법」에 따른 강제집행 및 담보권 실행 등을 위한 경매가 시작된 때에도 납부기한 전 징수 사유에 해당한다.

⑤ 납부고지서는 징수결정 즉시 발급하여야 한다. 다만, 납부고지를 유예한 경우 유예기간이 끝난 날의 다음 날에 발급한다.

49 〈조세범처벌법〉 조세범처벌법 위반의 죄에 해당하는 경우를 모두 고른 것은?

ㄱ. 조세의 원천징수의무자가 정당한 사유 없이 징수한 세금을 납부하지 아니하였을 때
ㄴ. 납세의무자의 재산을 점유하는 자가 체납처분의 집행을 면탈하게 할 목적으로 그 재산을 은닉한 때
ㄷ. 이중장부를 작성하여 조세의 부과와 징수를 현저히 곤란하게 하는 적극적 행위로써 조세를 포탈한 때
ㄹ. 조세의 회피 또는 강제집행의 면탈을 목적으로 타인의 성명을 사용하여 사업자등록을 하거나 타인 명의의 사업자등록을 이용하여 사업을 영위한 때
ㅁ. 세무를 대리하는 세무사·공인회계사 및 변호사가 재화 또는 용역을 공급받지 아니하고 세금계산서를 발급하는 행위를 알선하거나 중개한 때

① ㄱ, ㄴ, ㅁ
② ㄱ, ㄷ, ㄹ
③ ㄴ, ㄷ, ㄹ
④ ㄱ, ㄷ, ㄹ, ㅁ
⑤ ㄱ, ㄴ, ㄷ, ㄹ, ㅁ

50 **〈조세범처벌법〉「조세범처벌법」상 세금계산서의 발급의무 위반 등의 죄에 해당하지 않는 것은? (다툼이 있으면 판례에 따름)**

① 「부가가치세법」에 따라 세금계산서를 작성하여 발급하여야 할 자가 세금계산서를 거짓으로 기재하여 발급한 경우
② 「부가가치세법」에 따라 세금계산서를 발급받아야 할 자가 공급자와 통정하여 공급가액을 부풀리는 방법으로 허위 기재를 한 세금계산서를 발급받은 경우
③ 재화 또는 용역을 공급하지 아니하고 「부가가치세법」에 따른 세금계산서를 발급한 경우
④ 재화 또는 용역을 공급하지 아니하고 「소득세법」에 따른 계산서를 발급한 경우
⑤ 「부가가치세법」에 따라 세금계산서를 작성하여 발급하고 매출처별 세금계산서합계표를 정부에 제출하지 아니한 경우

51 **〈소득세법〉 다음 자료를 이용하여 거주자 甲이 양도한 A토지의 양도소득세 과세표준을 계산하면 얼마인가? (단, 주어진 자료 이외에는 고려하지 않음)**

(1) 양도자산의 자료

양도자산	A토지(甲소유로 등기된 토지임)
비사업용 토지 여부	비사업용 토지에 해당되지 않음
면 적	$90m^2$
양도일자	2024.4.25.
취득일자	1995.5.20.

(2) A토지의 양도 당시 실거래가액은 100,000,000원이며, 취득 당시 실거래가액은 60,000,000원이다. 매매사례가액 및 감정가액은 없다.

(3) 개별공시지가에 대한 자료는 다음과 같다.

고시일	1995.5.30.	1996.5.30.	2023.5.30.	2024.5.29.
m^2당 개별공시지가	500,000원	600,000원	950,000원	1,000,000원

(4) A토지의 소유권을 확보하기 위하여 직접 소요된 소송비용(그 지출한 연도의 각 소득금액의 계산에 있어서 필요경비에 산입하지 않았음)으로 10,000,000원을 지출하였으며, A토지 양도를 위해 직접 지출한 소개비 2,000,000원이 있다. 이상의 경비는 모두 법정증빙을 수취하였다.

(5) 2024년에 A토지 이외에 다른 양도는 없다.

① 14,300,000원
② 17,100,000원
③ 25,500,000원
④ 27,600,000원
⑤ 31,555,000원

52 **〈소득세법〉 다음은 국내에서 제조업을 영위하는 거주자 甲의 2024년 귀속 사업소득에 대한 자료이다. 甲의 2024년 귀속 사업소득금액은 얼마인가? (단, 주어진 자료 이외에는 고려하지 않음)**

(1) 2024년 손익계산서

(단위 : 원)

Ⅰ. 매출액		800,000,000
Ⅱ. 매출원가		590,000,000
Ⅲ. 매출총이익		210,000,000
Ⅳ. 판매비및관리비		
1. 급 여	22,000,000	
2. 기업업무추진비	30,000,000	
3. 보험료	3,000,000	55,000,000
Ⅴ. 영업이익		155,000,000
Ⅵ. 영업외수익		
1. 이자수익	7,000,000	7,000,000
Ⅶ. 영업외비용		0
Ⅷ. 소득세차감전순이익		162,000,000
Ⅸ. 소득세비용		40,000,000
Ⅹ. 당기순이익		122,000,000

(2) 추가자료

○ 급여는 대표자인 甲에 대한 급여 10,000,000원과 같은 사업장의 경리로 근무하는 乙(甲의 배우자)에 대한 급여 12,000,000원으로 구성되어 있다.

○ 기업업무추진비는 모두 업무용 사용분으로 법적 증빙요건을 충족하며, 소득세법상 기업업무추진비 한도액은 25,000,000원이다.

○ 보험료는 전액 甲에 대한 국민건강보험료이다.

○ 이자수익은 사업자금을 은행에 예탁하여 받은 이자이다.

○ 소득세비용은 소득세와 개인지방소득세의 합계액이며 이월결손금은 없다.

① 122,000,000원 ② 137,000,000원

③ 155,000,000원 ④ 170,000,000원

⑤ 173,000,000원

53 **〈소득세법〉「소득세법」상 결손금 및 이월결손금 공제에 관한 설명으로 옳지 않은 것은?**

① 사업자(주거용 건물 임대업이 아닌 부동산임대업은 제외)가 비치·기록한 장부에 의하여 해당 과세기간의 사업소득금액을 계산할 때 발생한 결손금은 그 과세기간의 종합소득과세표준을 계산할 때 근로소득금액·연금소득금액·기타소득금액·이자소득금액·배당소득금액에서 순서대로 공제한다.

② 부동산임대업에서 발생한 결손금은 종합소득과세표준을 계산할 때 그 과세기간의 다른 종합소득금액에서 공제하지 아니하나 주거용 건물 임대업의 경우에는 그러하지 아니하다.

③ 중소기업을 경영하는 비거주자가 그 사업소득금액을 계산할 때 해당 과세기간의 이월결손금(주거용 건물 임대업이 아닌 부동산임대업에서 발생한 이월결손금은 제외)이 발생한 경우에는 결손금 소급공제세액을 환급신청할 수 있다.

④「국세기본법」에 따른 국세부과의 제척기간이 지난 후에 그 제척기간 이전 과세기간의 이월결손금이 확인된 경우 그 이월결손금은 공제하지 아니한다.

⑤ 해당 과세기간의 소득금액에 대해서 추계신고를 하거나 추계조사결정하는 경우(천재지변이나 그 밖의 불가항력으로 장부나 그 밖의 증명서류가 멸실된 경우는 제외)에는 이월결손금을 공제하지 않는다.

54 **〈소득세법〉 거주자 甲의 2024년 소득자료가 다음과 같을 때, 이자소득과 배당소득으로 소득세가 과세되는 금액의 합계액은 얼마인가? (단, 주어진 자료 이외에는 고려하지 않으며 다툼이 있으면 판례에 따름)**

(1) 법령으로 정한 직장공제회 초과반환금 13,000,000원(국내에서 받았으며, 원천징수는 적법하게 이루어짐)
(2) 법원의 판결에 의한 손해배상금 30,000,000원(법정이자 5,000,000원 포함)
(3) 2024년 초에 대여한 비영업대금의 원금 30,000,000원과 그에 대하여 발생한 이자 3,000,000원 중 채무자의 파산으로 인하여 2024.12.1. 32,000,000원만 회수하고 나머지 채권은 과세표준확정신고 전에 회수 불능사유가 발생하여 회수할 수 없는 것으로 확정됨
(4) 내국법인이 발행한 채권을 만기 전에 중도 매도함에 따른 매매차익 40,000,000원(채권 매입은 2023.1.1.이고 채권 매도는 2024.1.1.이며, 보유기간의 이자상당액 15,000,000원 포함)

① 17,000,000원
② 30,000,000원
③ 35,000,000원
④ 36,000,000원
⑤ 55,000,000원

55 〈소득세법〉 연금소득에 관한 설명으로 옳지 않은 것은?

① 연금소득이 있는 거주자의 해당 과세기간에 받은 총연금액(분리과세연금소득은 제외함)에서 공제하는 연금소득공제액이 900만원을 초과하는 경우에는 900만원을 공제한다.

② 공적연금소득을 받는 사람이 해당 과세기간 중에 사망한 경우 공적연금소득에 대한 원천징수의무자는 그 사망일이 속하는 달의 다음다음 달 말일까지 그 사망자의 공적연금소득에 대한 연말정산을 하여야 한다.

③ 연금계좌세액공제를 받은 연금계좌 납입액과 연금계좌의 운용실적에 따라 증가된 금액을 그 소득의 성격에 불구하고 연금계좌에서 연금수령하면 연금소득으로, 연금외수령하면 퇴직소득으로 과세한다.

④ 연금계좌에서 인출된 금액이 연금수령한도를 초과하는 경우에는 연금수령분이 먼저 인출되고 그 다음으로 연금외수령분이 인출되는 것으로 본다.

⑤ 공적연금소득의 수입시기는 공적연금 관련법에 따라 연금을 지급받기로 한 날로 한다.

56 〈소득세법〉「소득세법」상 과세되는 기타소득을 모두 고른 것은? (다툼이 있으면 판례에 따름)

ㄱ. 근로계약을 체결한 근로자가 퇴직 시 퇴직금지급채무의 이행지체로 인해 수령하는 지연손해금
ㄴ. 교통재해를 직접적인 원인으로 신체상의 상해를 입었음을 이유로 보험회사로부터 수령한 보험금
ㄷ. 퇴직 전에 부여받은 주식매수선택권을 퇴직 후에 행사함으로써 얻은 이익
ㄹ. 사업용 토지・건물과 함께 양도하는 영업권
ㅁ. 서화・골동품을 박물관에 양도함으로써 발생하는 소득

① ㄱ, ㄷ
② ㄴ, ㄷ
③ ㄱ, ㄴ, ㄷ
④ ㄱ, ㄷ, ㅁ
⑤ ㄴ, ㄹ, ㅁ

57 〈소득세법〉「소득세법」상 신고・납부절차에 관한 설명으로 옳지 않은 것은?

① 과세기간의 개시일 현재 사업자가 아닌 자로서 그 과세기간 중 신규로 사업을 시작한 거주자는 그 과세기간의 사업소득에 대하여 중간예납 의무가 없다.

② 중간예납세액이 50만원 미만인 경우에는 해당 세액을 징수하지 않는다.

③ 복식부기의무자가 아닌 농・축・수산물 판매업을 영위하는 거주자는 납세조합을 조직할 수 있다.

④ 금융업을 경영하는 사업자가 직전 과세기간의 상시고용인원의 평균인원수가 20인 이하인 원천징수의무자로서 관할 세무서장으로부터 승인을 얻은 경우에는 원천징수한 소득세를 그 징수일이 속하는 반기의 마지막 달의 다음 달 10일까지 납부할 수 있다.

⑤ 분리과세이자소득, 분리과세배당소득, 분리과세연금소득 및 분리과세기타소득(계약금이 위약금・배상금으로 대체되는 경우 제외)만 있는 거주자는 과세표준확정신고를 하지 아니할 수 있다.

58 〈소득세법〉 다음 자료를 이용하여 내국법인 ㈜A에서 경리과장으로 근무하던 거주자 甲의 2024년 퇴직소득산출세액을 계산하면 얼마인가? (단, 주어진 자료 이외에는 고려하지 아니하고, 원 단위 미만은 절사함)

(1) 퇴직소득금액 : 150,000,000원
(2) 근무기간 : 2018.1.1.~2024.3.31.(퇴직일)
(근무기간 중 근로기간으로 보지 않는 기간은 없음)
(3) 기본세율

과세표준	세 율
1,400만원 이하	과세표준의 6퍼센트
1,400만원 초과 5,000만원 이하	84만원 + (1,400만원을 초과하는 금액의 15퍼센트)
5,000만원 초과 8,800만원 이하	624만원 + (5,000만원을 초과하는 금액의 24퍼센트)
8,800만원 초과 1억5천만원 이하	1,536만원 + (8,800만원을 초과하는 금액의 35퍼센트)

(4) 근속연수에 따른 공제액

근속연수	근속연수에 따른 공제액
5년 초과 10년 이하	500만원 + 200만원 × (근속연수 − 5년)

(5) 환산급여공제액

환산급여	환산급여공제액
7천만원 초과 1억원 이하	4천520만원 + (7천만원 초과분의 55퍼센트)
1억원 초과 3억원 이하	6천170만원 + (1억원 초과분의 45퍼센트)

① 11,615,000원
② 13,896,900원
③ 14,726,249원
④ 21,701,250원
⑤ 22,701,250원

59 〈소득세법〉 양도소득세에 관한 설명으로 옳은 것은?

① 1세대 1주택 비과세요건 판정 시 상속받은 일반주택과 그 밖의 주택을 국내에 각각 1개씩 소유하고 있는 1세대가 상속받은 주택을 양도하는 경우 국내에 1개의 주택을 소유한 것으로 본다.

② 국내에 1주택을 소유한 1세대가 종전의 주택을 양도하기 전에 신규 주택을 취득함으로써 일시적으로 2주택이 된 경우 종전의 주택을 취득한 날부터 1년 이상이 지난 후 신규 주택을 취득한 날부터 2년 이내에 종전의 주택을 양도하는 경우에는 이를 1세대 1주택으로 본다.

③ 조합원입주권을 양도하는 경우 조합원으로부터 취득한 것이 아닌 조합원입주권에 대한 양도차익에 대해서는 관리처분계획인가 및 사업시행계획인가 전 토지 또는 건물분 양도차익에 대해서만 장기보유특별공제를 적용한다.

④ 기획재정부령으로 정하는 취학, 근무상의 형편, 질병의 요양, 그 밖에 부득이한 사유로 취득한 수도권 밖에 일반주택을 국내에 각각 1개씩 소유하고 있는 1세대가 부득이한 사유가 해소된 날부터 1년 이내에 일반주택을 양도하는 경우에는 국내에 1개의 주택을 소유하고 있는 것으로 보아 1세대 1주택을 적용한다.

⑤ 파산선고에 의한 처분과 강제경매로 인하여 발생하는 소득에는 양도소득세를 과세하지 아니한다.

60 〈소득세법〉 2024.2.1.에 생애 최초로 입사한 거주자 甲(생산직근로자임)의 다음의 자료를 이용한 2월분 급여 중 비과세 근로소득의 합계는 얼마인가? (단, 상여금 및 연장근무수당 이외에는 매월 동액이 지급되고, 근로자의 직전 과세기간의 총급여액은 3천만원 이하이며, 주어진 자료 이외에는 고려하지 않음)

〈甲의 2월 급여내역〉

항 목	금 액	비 고
(1) 급 여	1,100,000원	
(2) 상여금	500,000원	부정기적인 상여임
(3) 자가운전보조금	250,000원	甲 소유의 차량을 업무수행에 이용하고 시내출장 등에 소요된 실제여비를 받는 대신에 그 소요경비를 사규에 의한 지급기준에 따라 받는 금액임
(4) 식사대	100,000원	회사는 무상으로 중식을 제공하며 이와 별도로 지급된 식사대임
(5) 자녀보육수당	200,000원	甲의 3세 및 5세인 자녀 보육과 관련된 수당임
(6) 연장근무수당	250,000원	「근로기준법」에 따른 연장근무로 인한 통상임금에 더한 지급액이며 당월 외에는 연장・야간・휴일근무수당은 없음
계	2,400,000원	

① 300,000원 ② 550,000원
③ 400,000원 ④ 450,000원
⑤ 650,000원

61 **〈법인세법〉「법인세법」상 과세소득의 범위와 사업연도 및 납세지에 관한 설명으로 옳지 않은 것은?**

① 영리내국법인에 대하여는 각 사업연도의 소득, 청산소득, 법령에 따른 토지등 양도소득에 대하여 법인세를 부과한다.

② 출자지분의 양도로 인하여 생기는 수입은 비영리내국법인의 각 사업연도의 소득에 포함되지 않는다.

③ 비영리외국법인의 각 사업연도의 소득은 국내원천소득 중 수익사업에서 생기는 소득만 해당한다.

④ 내국법인이 사업연도 중에 연결납세방식을 적용받는 경우에는 그 사업연도 개시일부터 연결사업연도 개시일의 전날까지의 기간을 1사업연도로 본다.

⑤ 납세지가 변경된 법인이「부가가치세법」에 따라 그 변경된 사실을 신고한 경우에는「법인세법」에 따른 납세지 변경신고를 한 것으로 본다.

62 **〈법인세법〉 제조업을 영위하는 영리내국법인 ㈜A는 제24기 사업연도(2024.1.1.~12.31.)에 ㈜B(제조업)로부터 잉여금 처분에 따른 금전배당금 5,000,000원(㈜B의 잉여금 처분 결의는 2023년에 이루어진 것임)을 수령하였고, 이에 대한 ㈜A의 회계처리는 다음과 같다.**

○ 제23기 : 배당수익과 관련한 아무런 회계처리를 하지 않았음
○ 제24기 : 〈차변〉 현금 5,000,000 　　〈대변〉 배당금수익 5,000,000

제23기에 대하여 ㈜A가 해야 할 모든 세무조정은 적법하게 이루어졌다고 가정할 때, ㈜A가 제24기의 각 사업연도의 소득금액 계산 시 해야 할 세무조정과 소득처분으로 옳은 것은? (단, 법인세법상 수입배당금액의 익금불산입 규정 등 주어진 자료 이외 다른 사항은 고려하지 않음)

① 세무조정 없음

② 〈익금산입〉 배당금수익 5,000,000원(배당)

③ 〈익금불산입〉 배당금수익 5,000,000원(기타)

④ 〈익금산입〉 배당금수익 5,000,000원(유보)

⑤ 〈익금불산입〉 배당금수익 5,000,000원(△유보)

63 **〈법인세법〉「법인세법」상 손금에 관한 설명으로 옳은 것을 모두 고른 것은?**

ㄱ. 「채무자 회생 및 파산에 관한 법률」에 따른 회생계획인가의 결정에 따라 회수불능으로 확정된 채권은 당해 채권을 손금으로 계상한 날이 속하는 사업연도의 손금으로 한다.
ㄴ. 내국법인이 임원 및 사용인에게 지급하는 성과배분상여금은 잉여금의 처분을 손비로 계상한 것이라도 각 사업연도의 소득금액을 계산할 때 손금에 산입한다.
ㄷ. 회수할 수 없는 부가가치세 매출세액미수금으로서 「부가가치세법」에 따라 대손세액공제를 받지 아니한 것은 손금에 해당한다.
ㄹ. 내국법인이 해당 법인 이외의 자와 출자에 의하여 특정사업을 공동으로 영위함에 따라 발생된 손비에 대한 분담금액은 출자총액 중 당해 법인이 출자한 금액의 비율에 우선하여 당해 공동사업자 사이의 약정에 따른 분담비율을 기준으로 정한다.

① ㄷ
② ㄴ, ㄷ
③ ㄷ, ㄹ
④ ㄱ, ㄴ, ㄹ
⑤ ㄱ, ㄷ, ㄹ

64 **〈법인세법〉「법인세법」상 손익의 귀속시기와 자산·부채의 취득가액 및 평가에 관한 설명으로 옳은 것은?**

① 내국법인이 수행하는 계약기간 3년 미만인 건설 등의 제공으로 인한 익금과 손금은 그 목적물의 인도일이 속하는 사업연도의 익금과 손금에 산입하여야 한다.
② 상품 등 외의 자산의 양도로 인한 익금 및 손금의 귀속사업연도는 그 대금을 청산하기로 한 날이 속하는 사업연도로 한다.
③ 「자본시장과 금융투자에 관한 법률」에 따른 증권시장에서 증권시장업무규정에 따라 보통거래방식으로 한 유가증권의 매매로 인한 익금과 손금의 귀속사업연도는 매매대금의 수수일이 속하는 사업연도로 한다.
④ 내국법인이 유형자산의 취득과 함께 국·공채를 매입하는 경우 기업회계기준에 따라 그 국·공채의 매입가액과 현재가치의 차액을 당해 유형자산의 취득가액으로 계상한 금액은 그 취득가액에 포함한다.
⑤ 재고자산을 평가할 때 해당 자산을 제품 및 상품, 재공품, 원재료로 구분할 수는 있으나, 종류별·영업장별로 각각 다른 방법에 의하여 평가할 수는 없다.

65 〈법인세법〉「법인세법」상 신고 및 납부에 관한 설명으로 옳은 것은?

① 내국법인이 각 사업연도의 소득에 대한 법인세의 과세표준과 세액을 신고하는 경우, 「주식회사의 외부감사에 관한 법률」에 따라 감사인에 의한 감사를 받아야 하는 내국법인이 해당 사업연도의 감사가 종결되지 아니하여 결산이 확정되지 아니하였다는 사유로 법령으로 정하는 바에 따라 신고기한의 연장을 신청한 경우에는 그 신고기한을 1개월의 범위에서 연장할 수 있다.

② 내국법인의 납부할 세액이 2천만원을 초과하는 경우에는 납부할 세액에서 1천만원을 초과하는 금액을 납부기한이 지난 날부터 1개월 이내에 분납할 수 있다.

③ 내국법인이 직전 사업연도의 법인세로서 확정된 산출세액을 직전 사업연도의 월수로 나눈 금액에 6을 곱하여 중간예납세액을 계산하는 경우, 직전 사업연도의 법인세로서 확정된 산출세액에는 가산세를 제외한다.

④ 내국법인은 각 사업연도의 소득에 대한 법인세 산출세액에 해당 사업연도에 원천징수된 세액을 합산한 금액을 각 사업연도의 소득에 대한 법인세로서 납부하여야 한다.

⑤ 법인세가 수시부과된 사업연도에 대해서는 당해 수시부과로써 그 신고의무가 완료된 것이므로 해당 각 사업연도의 소득에 대한 별도의 법인세 과세표준 등의 신고 의무는 없다.

66 〈법인세법〉 영리내국법인 ㈜A(중소기업에 해당됨)는 제24기 사업연도(2024.1.1.~12.31.)에 발생한 법령에 따른 결손금 100,000,000원 전액에 대하여 「법인세법」상 결손금소급공제에 의한 법인세액의 환급을 신청하는 경우, ㈜A가 환급받을 수 있는 금액은 얼마인가? (단, 결손금 소급공제에 필요한 모든 요건은 충족하며, 주어진 자료 이외에는 고려하지 않음)

〈제23기 법인세 과세표준 등 신고 내역〉

과세표준	300,000,000원
산출세액	37,000,000원
공제・감면세액	(21,000,000원)
가산세액	3,000,000원
기납부세액	(10,000,000원)
차감납부세액	9,000,000원

※ 제23기 법인세율 : 과세표준 2억원 이하는 9%, 2억원 초과 200억원 이하는 1천800만원 + (2억원 초과금액의 19%)

① 16,000,000원
② 20,000,000원
③ 21,000,000원
④ 22,000,000원
⑤ 25,000,000원

67 〈법인세법〉 영리내국법인 ㈜A의 제23기 사업연도(2024.1.1.~12.31.) 손익계산서에 기계장치A의 감가상각비로 계상된 금액은 얼마인가? (단, 주어진 자료 이외에는 고려하지 않음)

(1) 기계장치A의 전기말 재무상태표상 취득원가와 감가상각누계액은 각각 300,000,000원과 50,000,000원이다.
(2) 제23기의 '자본금과 적립금조정명세서(을)'의 당해 기계장치A 과목에 기록된 기말잔액은 15,000,000원이다.
(3) 제24기에 기계장치A에 대한 자본적 지출에 해당되는 금액을 수선비로 회계처리한 금액은 25,000,000원이다.
(4) ㈜A는 당해 기계장치A에 대한 감가상각 방법을 신고하지 않았으며, 정액법 상각률은 0.125, 정률법 상각률은 0.300으로 가정한다.
(5) 제24기의 기계장치A 감가상각비에 대한 세무조정 결과 27,000,000원의 시인부족액이 발생하였다.

① 9,250,000원
② 23,000,000원
③ 30,500,000원
④ 34,250,000원
⑤ 35,000,000원

68 〈법인세법〉 영리내국법인 ㈜A가 제24기(2024.1.1.~12.31.)에 발생한 다음의 각 사항들에 대하여 「법인세법」상 적법한 세무조정을 하였을 경우, 다음에 제시된 제24기의 '자본금과 적립금조정명세서(을)'의 (ㄱ)에 들어갈 금액으로 옳은 것은? (단, 전기 이전의 세무조정은 모두 적법하게 이루어졌으며, 주어진 자료 이외에는 고려하지 않음)

(1) 당기에 사업용 토지를 취득하였으며 취득세 4,000,000원과 취득세에 대한 가산세 1,000,000원을 포함하여 재무상태표상 장부가액은 55,000,000원이다.
(2) 기초 재무상태표상 매출채권 3,000,000원 중에서 1,000,000원은 당기에 회수불가능하다고 판단하여 당기 말에 대손충당금과 상계처리하고 재무상태표에서 제거하였다. 상기의 기초 매출채권 3,000,000원은 회수 노력을 다 하였으나, 전기(제23기)에 법정 소멸시효가 완성되었다.
(3) ㈜A는 전기말에 발생한 재고자산과 관련한 다음 사항에 대하여 당기에 회계상 아무런 수정분개를 하지 않았다.

전기(제23기)에 기말 상품에 대하여 평가방법 변경신고를 하지 않고 후입선출법으로 평가하여 회계처리하였으며, 당초 신고된 평가방법은 총평균법이다. 또한, 각 평가방법에 따른 전기말 상품 평가금액은 다음과 같다.

후입선출법	600,000원
총평균법	800,000원
선입선출법	1,000,000원

사업연도	2024.1.1. ~ 12.31.	자본금과 적립금조정명세서(을)		(단위 : 원)
①과목 또는 사항	②기초잔액	당기중증감		⑤기말잔액
		③감소	④증가	
토 지				
매출채권				
상 품				
합 계				(ㄱ)

① △1,000,000
② △2,000,000
③ △3,000,000
④ 1,000,000
⑤ 4,000,000

69 〈법인세법〉 다음 자료를 이용하여 제24기 사업연도(2024.1.1.~12.31.) 말에 해산을 결의하고 청산절차에 착수한 영리내국법인 ㈜A의 「법인세법」상 청산소득금액을 계산하면 얼마인가? (단, 주어진 자료 이외에 다른 사항은 고려하지 않음)

(1) 해산등기일 현재 재무상태표상 자본의 내역

자본금	80,000,000원
자본잉여금	30,000,000원
이익잉여금	10,000,000원

(2) 해산등기일 현재 법령으로 정하는 이월결손금은 50,000,000원이며, 이 금액 중 자기자본의 총액에서 이미 상계되었거나 상계된 것으로 보는 금액은 없다.
(3) 해산에 의한 잔여재산의 가액은 1억원으로 확정되었다.
(4) 해산등기일 전 2년 이내에 자본금에 전입한 잉여금은 없다.

① 10,000,000원
② 20,000,000원
③ 30,000,000원
④ 40,000,000원
⑤ 50,000,000원

70 〈법인세법〉 영리내국법인 ㈜A(제조업)의 제24기 사업연도(2024.1.1.~12.31.)에 대한 「법인세법」상 재해손실에 대한 세액공제액은 얼마인가? (단, 주어진 자료 이외에는 고려하지 않음)

(1) 2024.3.20.에 발생한 화재로 인한 ㈜A 사업용 자산 가액의 변동

	화재발생 직전 장부가액	화재발생 후 장부가액
토 지	100,000,000원	90,000,000원
건 물	200,000,000원	60,000,000원
기타 자산	100,000,000원	30,000,000원

한편, 상기 사업용 자산과는 별개로 ㈜A가 보관하던 타인소유 자산 60,000,000원이 당해 화재로 상실되었으며, ㈜A는 이에 대한 변상책임을 부담하지 않는다.
(2) 당해 화재로 인해 보험회사로부터 보험금 90,000,000원을 수령하였다.
(3) 제24기 각 사업연도의 소득에 대한 법인세 산출세액은 280,000,000원이며, 재해발생일 현재 부과되지 아니한 법인세와 부과된 법인세로서 미납된 세액은 없다. 또한 국세기본법에 따른 원천징수 등 납부지연가산세가 40,000,000원 있으며, 당해 재해손실에 대한 세액공제 이외에 다른 공제 및 감면세액은 없다.

① 128,000,000원
② 160,000,000원
③ 192,000,000원
④ 210,000,000원
⑤ 224,000,000원

71 **〈부가가치세법〉「부가가치세법」상 과세대상 거래에 관한 설명으로 옳지 않은 것은?**

① 사업자가 취득한 재화(매입세액공제 받음)를 사업과 직접적인 관계없이 자기의 개인적인 목적으로 사용·소비하는 경우에는 재화의 공급으로 본다.

② 사업자가 취득한 재화를 견본품으로서 사업을 위하여 대가를 받지 아니하고 다른 사업자에게 인도하는 경우, 당해 견본품의 인도는 재화의 공급으로 보지 아니한다.

③ 사업자가 폐업할 때 자기생산·취득재화(매입세액공제 받음) 중 남아 있는 재화는 자기에게 공급하는 것으로 본다.

④ 위탁매매에 의한 매매를 하는 해당 거래의 특성상 위탁자를 알 수 없는 경우에는 수탁자에게 재화를 공급하거나 수탁자로부터 재화를 공급받은 것으로 본다.

⑤ 사업용 자산을「상속세 및 증여세법」에 따라 물납(物納)하는 것은 재화의 공급으로 본다.

72 **〈부가가치세법〉「부가가치세법」상 재화 또는 용역의 공급시기에 관한 설명으로 옳지 않은 것은?**

① 기한부판매의 경우에는 기한이 지나 판매가 확정되는 때를 재화의 공급시기로 본다.

② 완성도기준지급조건부로 재화를 공급하는 경우 대가의 각 부분을 받기로 한 때를 재화의 공급시기로 보지만, 재화가 인도되거나 이용가능하게 되는 날 이후에 받기로 한 대가의 부분에 대해서는 재화가 인도되거나 이용가능하게 되는 날을 그 재화의 공급시기로 본다.

③ 무인판매기를 이용하여 재화를 공급하는 경우 해당 사업자가 무인판매기에서 현금을 꺼내는 때를 재화의 공급시기로 본다.

④ 사업자가 둘 이상의 과세기간에 걸쳐 부동산 임대용역을 공급하고 그 대가를 선불 또는 후불로 받는 경우 예정신고기간 또는 과세기간의 종료일을 용역의 공급시기로 본다.

⑤ 전력이나 그밖에 공급단위를 구획할 수 없는 재화를 계속적으로 공급하는 경우에는 예정신고기간 또는 과세기간의 종료일을 재화의 공급시기로 본다.

73 **〈부가가치세법〉「부가가치세법」상 매입세액에 관한 설명으로 옳지 않은 것은?**

① 건축물이 있는 토지를 취득하여 그 건축물을 철거하고 토지만 사용하는 경우에는 철거한 건축물의 취득 및 철거 비용과 관련된 매입세액은 매출세액에서 공제한다.

② 재화 또는 용역의 공급시기 이후에 발급받은 세금계산서라 하더라도 해당 공급시기가 속하는 과세기간에 대한 확정신고기한까지 세금계산서를 발급받는다면 당해 매입세액은 매출세액에서 공제한다.

③ 사업자가 그 업무와 관련 없는 자산을 취득 시 부담한 매입세액은 매출세액에서 공제하지 아니한다.

④ 면세사업을 위한 투자에 관련된 매입세액은 매출세액에서 공제하지 아니한다.

⑤ 공급시기가 속하는 과세기간이 끝난 후 20일 이내에 사업자등록을 신청한 경우 등록신청일부터 공급시기가 속하는 과세기간 기산일까지 역산한 기간 내의 매입세액은 매출세액에서 공제할 수 있다.

74 **〈부가가치세법〉「부가가치세법」상 신고 및 납부에 관한 설명으로 옳은 것은?**

① 예정신고를 한 사업자는 확정신고 및 납부 시 예정신고한 과세표준과 납부한 납부세액 또는 환급받은 환급세액도 포함하여 신고하여야 한다.

② 일반과세자인 개인사업자가 사업 부진으로 인하여 예정신고기간의 공급가액이 직전 과세기간 공급가액의 3분의 1에 미달하여 예정신고납부를 한 경우에는 예정고지세액의 결정은 없었던 것으로 본다.

③ 사업자가 물품을 제조하기 위한 원재료를 수입하면서 부가가치세의 납부유예를 미리 신청하는 경우에는 관할세무서장은 해당 재화를 수입할 때 부가가치세의 납부를 유예할 수 있다.

④ 간이과세자는 사업부진으로 인하여 예정부과기간의 공급대가의 합계액이 직전 과세기간의 공급대가 합계액의 3분의 1에 미달하여도 예정부과기간의 과세표준과 납부세액을 예정부과 기한까지 사업장 관할 세무서장에 신고할 수 없다.

⑤ 대리납부의무자는 사업자이어야 한다.

75 **〈부가가치세법〉「부가가치세법」상 영세율 적용에 관한 설명으로 옳은 것은?**

① 금지금을 내국신용장 또는 구매확인서에 의하여 공급하는 것은 영세율이 적용되는 수출로 본다.
② 계약과 대가 수령 등 거래가 국외사업장에서 이루어지는 중계무역 방식의 수출은 영세율이 적용되는 수출에 속하는 것으로 본다.
③「항공사업법」에 따른 상업서류 송달용역의 공급에는 영세율이 적용되지 아니한다.
④ 대한민국 선박에 의하여 공해에서 잡힌 수산물을 외국으로 반출하는 것은 영세율이 적용되는 수출에 해당한다.
⑤ 비거주자인 사업자가 재화를 수출하는 경우, 비거주자의 해당 국가에서 대한민국의 거주자에 대하여 면세하는지 여부와 관계없이 영세율을 적용한다.

76 **〈부가가치세법〉 다음 자료를 기초로 일반과세자인 개인사업자 甲의 2024년 제1기 과세기간(2024.1.1.~6.30.)의 부가가치세 과세표준을 계산하면 얼마인가? (단, 주어진 자료의 금액은 부가가치세가 포함되지 아니한 금액이며, 주어진 자료 이외에는 고려하지 않음)**

(1) 甲은 2024.4.20. 제품을 공급하고 대금은 4월 말일부터 매월 1,000,000원씩 7개월 동안 받기로 하였다.
(2) 甲은 2024.5.1. 미국의 X법인과 $20,000의 제품수출계약을 체결하였다.
○ 수출계약 금액 중 $10,000은 계약체결일에 선수금으로 수령하여 동일자에 12,000,000원으로 환가하였다.
○ 수출신고필증상 신고수리일은 2024.5.10.이며, 선적일은 2024.5.15.이다.
○ 잔금은 2024.5.30.에 수령하여 동일자에 기준환율로 환가하였다.
○ 기준환율은 다음과 같다.

비 고	2024.5.1.	2024.5.10.	2024.5.15.	2024.5.30.
기준환율(원/$)	1,200	1,100	1,050	1,000

(3) 甲은 2023.12.1. 다음과 같이 대금회수를 하기로 하고 잔금수령일에 기계설비를 인도하는 계약을 하였다. 실제 인도 시기는 2024.6.30.이었다.

비 고	대금회수 약정일	금액(원)
계약금	2023.12.1.	10,000,000
중도금	2024.3.1.	10,000,000
잔 금	2024.7.1.	10,000,000

① 27,000,000원
② 39,500,000원
③ 45,500,000원
④ 49,000,000원
⑤ 49,500,000원

77 〈부가가치세법〉 다음은 과세유흥장소가 아닌 음식점업을 경영하는 ㈜A(사업개시일 : 2024.4.10.)의 2024년 제1기 과세기간의 매입내역이다. 이를 근거로 제1기 부가가치세 확정신고 시 공제받을 수 있는 의제매입세액공제액은 얼마인가? (단, 의제매입세액공제 한도는 고려하지 아니하고 의제매입세액을 공제받기 위한 모든 요건은 충족되었다고 가정함. 또한, 주어진 자료 이외에는 고려하지 아니하고, 원 단위 미만은 절사함)

> (1) 쌀과 활어를 각각 15,000,000원과 28,000,000원에 구입하였다.
> (2) 미국에서 가공하지 않은 바닷가재를 직수입하였으며 그 가액은 12,000,000원으로 관세가 2,000,000원 포함되어 있다.
> (3) 사업자인 영덕수산으로부터 가공하지 않은 대게를 인터넷으로 직접 구입하고 그 대금으로 21,000,000원을 신용카드로 결제하였다.
> (4) 위 매입액 중 6월말 기준 재고액 37,100,000원을 제외하고는 모두 음식재료로 사용되었다.

① 2,088,679원
② 3,000,000원
③ 4,188,679원
④ 4,301,886원
⑤ 4,313,207원

78 〈부가가치세법〉 다음 자료를 이용하여 제조업과 부동산 임대업을 같은 장소에서 경영하는 일반과세자인 개인사업자 甲의 2024년 1기 과세기간(2024.1.1.~6.30.)의 부가가치세 과세표준을 계산하면 얼마인가? (단, 자료금액은 부가가치세가 포함되지 아니한 금액이며, 주어진 자료 이외에는 고려하지 아니함. 원 단위 미만은 절사하며, 1년은 365일로 함)

> (1) 甲은 보유상가를 2024.4.1.부터 2026.3.31.까지의 기간 동안 임대하기로 하는 계약을 임차인과 체결하였다. 이하는 그 관련 자료이다.
> ○ 2024.4.1.에 임대보증금 100,000,000원을 수령하였다.
> ○ 월 임대료는 10,000,000원이며, 매월 초에 선불로 받기로 하였는바, 4.1.과 5.1.에는 각각 수령하였으나, 6.1.에 수령할 임대료는 6.30.이 경과할 때까지 수령하지 못하였다.
> ○ 계약기간 1년의 정기예금이자율은 2.9%이다.
> (2) 甲은 2024.5.30. 제조업에 사용하는 기계장치A(시가 10,000,000원, 감정가액 11,000,000원)를 거래처의 기계장치B(시가 8,000,000원, 감정가액 9,000,000원)와 교환하였다.
> (3) 甲은 2023년 제2기 과세기간(2023.7.1.~12.31.)에 거래처 설 명절 선물로 사용할 과세물품을 구입하였으나 매입세액공제를 받지 아니하였다. 2024.3.1. 당해 물품 중 사용하고 남은 물품(구입액 2,000,000원, 시가 1,500,000원)을 종업원에게 선물로 증여하였다.

① 30,447,540원
② 38,447,540원
③ 40,723,013원
④ 41,947,540원
⑤ 42,447,540원

79 **〈국제조세조정에 관한 법률〉 「국제조세조정에 관한 법률」 상 특정외국법인의 유보소득 배당간주에 관한 설명으로 옳지 않은 것은?**

① 특정외국법인(선박·항공기·장비의 임대를 주된 사업으로 함)이 소재한 국가 또는 지역에 사업을 위하여 필요한 사무소, 점포, 공장 등의 고정된 시설을 가지고 있고, 그 법인이 스스로 사업을 관리하거나 지배 또는 운영을 하며, 그 국가 또는 지역에서 주로 사업을 하는 경우 특정외국법인의 유보소득 배당간주 규정을 적용하지 아니한다.

② 특정외국법인의 유보소득 중 배당으로 간주하는 금액은 특정외국법인의 배당 가능한 유보소득에 해당 내국인(당해 유보소득을 배당받는 것으로 간주되는 내국인임)의 특정외국법인 주식 보유비율을 곱하여 계산한다.

③ 특정외국법인의 유보소득을 배당받는 것으로 간주되는 내국인의 범위는 특정외국법인의 각 사업연도 말 현재 발행주식의 총수 또는 출자총액의 100분의 10 이상을 직접 또는 간접으로 보유한 자로 한다.

④ 특정외국법인의 유보소득으로서 배당으로 간주된 금액은 특정외국법인의 해당 사업연도 종료일의 다음 날부터 60일이 되는 날이 속하는 내국인의 과세연도의 익금 또는 배당소득에 산입한다.

⑤ 법인의 실제부담세액이 외국법인의 실제발생소득에 「법인세법」 제55조에 따른 세율 중 최고세율의 70퍼센트 이하이고, 해당 법인에 출자한 내국인과 특수관계에 있는 특정외국법인에 대하여 내국인이 출자한 경우에는 특정외국법인의 각 사업연도 말 현재 배당 가능한 유보소득(留保所得) 중 내국인에게 귀속될 금액은 내국인이 배당받은 것으로 본다.

80 **〈국제조세조정에 관한 법률〉 「국제조세조정에 관한 법률」 상 국외에 있는 재산의 증여에 관한 설명으로 옳은 것은?**

① 거주자가 비거주자에게 국외에 있는 부동산을 증여하는 경우 수증자는 증여세를 납부할 의무가 있다.

② 비거주자인 수증자가 거주자인 증여자의 특수관계인이 아닌 경우로서 국외에 있는 재산에 대하여 외국의 법령에 따라 증여세가 면제되는 경우 증여자의 증여세 납부의무는 면제되지 아니한다.

③ 비거주자인 수증자가 거주자인 증여자의 특수관계인인 경우 국외에 있는 부동산에 대하여 외국의 법령에 따라 증여세가 부과되면 증여자의 증여세 납부의무를 면제한다.

④ 국외에 있는 재산을 증여하는 거주자에는 본점이나 주된 사무소의 소재지가 국내에 있는 비영리법인이 포함된다.

⑤ 증여재산의 증여일 전후 6개월 이내에 공신력 있는 감정기관이 평가한 감정가액은 증여재산의 시가로 볼 수 없다.

PART 2

정답 및 해설

작은 기회로부터 종종 위대한 업적이 시작된다.

– 데모스테네스 –

2023년(제60회) 세무사 1차 세법학개론 정답

세법학개론

41	42	43	44	45	46	47	48	49	50
④	③	①	⑤	⑤	②	②	③	①	⑤
51	52	53	54	55	56	57	58	59	60
④	⑤	②	③	⑤	②	②	③	①	②
61	62	63	64	65	66	67	68	69	70
④	⑤	①	①	④	②	③	④	③	②
71	72	73	74	75	76	77	78	79	80
⑤	③	⑤	①	④	④	①	④	③	④

2023년 세무사 1차 결과

대상인원(명)	응시인원(명)	합격인원(명)	합격률(%)
16,817	13,768	2,164	15.72

2023년 과목별 결과

구 분	응시인원(명)	평균점수(점)	과락인원(명)	과락률(%)
재정학	13,768	51.97	3,571	25.9
세법학개론	13,768	31.85	9,927	72.1
회계학개론	13,673	37.08	8,116	59.4
상 법	4,439	63.78	822	18.5
민 법	1,545	52.31	488	31.6
행정소송법	7,689	58.38	2,112	27.5

문제 41 [국세기본법] 납세의무

유 형	이론형		
중요도	★	정답	④

정답해설

납세의무가 성립하는 때에 특별한 절차 없이 그 세액이 확정되는 경우는 다음과 같다.

(1) 인지세

(2) 원천징수하는 소득세 또는 법인세

(3) 납세조합이 징수하는 소득세

(4) 중간예납하는 법인세(세법에 따라 정부가 조사・결정하는 경우~~로 한정한다.~~)
↳ 는 제외한다.

(5) 국세기본법에 따른 납부지연가산세 및 원천징수 등 납부지연가산세(납부고지서에 따른 납부기한 후의 가산세로 한정)

따라서 정답은 ④번이다.

법령 CHECK

①, ②, ③, ④, ⑤
국세기본법 제22조 제4항

합격의 TIP

납세의무의 성립에 대해서는 2017년 45번, 2018년 43번, 2019년 41번에 출제된 바 있지만 납세의무의 확정에 대해 출제한 것은 2023년이 처음이다. 납세의무의 확정과 관련된 법조항을 관련이론을 통해 알아두자.

관련이론 **납세의무의 확정**

1. 과세표준과 세액을 정부에 신고했을 때에 확정되는 경우 (단, 납세의무자가 과세표준과 세액의 신고를 하지 아니하거나 신고한 과세표준과 세액이 세법에서 정하는 바와 맞지 아니한 경우에는 정부가 과세표준과 세액을 결정하거나 경정하는 때에 그 결정 또는 경정에 따라 확정)
   (1) 소득세
   (2) 법인세
   (3) 부가가치세
   (4) 개별소비세
   (5) 주세
   (6) 증권거래세
   (7) 교육세
   (8) 교통・에너지・환경세
   (9) 종합부동산세(납세의무자가 「종합부동산세법」에 따라 과세표준과 세액을 정부에 신고하는 경우에 한정)

2. 납세의무가 성립하는 때에 특별한 절차 없이 그 세액이 확정되는 경우
   (1) 인지세
   (2) 원천징수하는 소득세 또는 법인세
   (3) 납세조합이 징수하는 소득세
   (4) 중간예납하는 법인세(세법에 따라 정부가 조사・결정하는 경우는 제외)
   (5) 국세기본법에 따른 납부지연가산세 및 원천징수 등 납부지연가산세(납부고지서에 따른 납부기한 후의 가산세로 한정)

3. 해당 국세의 과세표준과 세액을 정부가 결정하는 때에 확정
   위에 열거되지 않은 국세

문제 42 [국세징수법] 보 칙

유 형	이론형		
중요도	★★	정답	③

정답해설

② 여기서 "체납 발생일부터 1년이 지난 국세"란 명단을 공개할 날이 속하는 연도의 직전 연도 12월 31일을 기준으로 역산하여 1년이 지난 국세를 말하며 체납된 국세와 관련하여 심판청구 등이 계속 중인 경우 외에도 명단을 공개할 수 없는 경우는 국세징수법 시행령 제105조 제2항에 규정되어 있다.

③ ~~국세청장은 체납 발생일부터 1년이 지난 국세의 합계액이 2억원 이상인 경우에 체납자의 주소 또는 거소를 관할하는 지방검찰청 또는 지청의 검사에게 체납자의 감치(監置)를 신청할 수 있다~~.

↳ 법원은 검사의 청구에 따라 국세를 3회 이상 체납하고, 체납 발생일부터 각 1년이 경과하였으며, 체납된 국세의 합계액이 2억원 이상인 경우, 체납된 국세의 납부능력이 있음에도 불구하고 정당한 사유 없이 체납한 경우, 「국세기본법」에 따른 국세정보위원회의 의결에 따라 해당 체납자에 대한 감치 필요성이 인정되는 경우 결정으로 30일의 범위에서 체납된 국세가 납부될 때까지 그 체납자를 감치에 처할 수 있다.

법령 CHECK

① 국세징수법 제30조 제1항
② 국세징수법 제114조 제1항
③ 국세징수법 제115조 제1항
④ 국세징수법 제115조 제6항
⑤ 국세징수법 제113조 제1항

합격의 TIP

2022년 48번에도 국세징수법 제115조 제1항이 출제되었다. 2년 연속 출제된 지문으로 2024년에 다시 출제될 가능성은 낮아 보인다.

관련이론 고액 · 상습체납자의 명단을 공개할 수 없는 경우(국세징수법 시행령 제105조 제2항)

1. 체납된 국세와 관련하여 심판청구등이 계속 중인 경우
2. 다음 계산식에 따라 계산한 최근 2년간의 체납액 납부비율이 100분의 50 이상인 경우

   * 최근 2년간의 체납액 납부비율 = $\frac{B}{A+B}$

   A : 명단 공개 예정일이 속하는 연도의 직전 연도 12월 31일 당시 명단 공개 대상 예정자의 체납액
   B : 명단 공개 예정일이 속하는 연도의 직전 2개 연도 동안 명단 공개 대상 예정자가 납부한 금액

3. 「채무자 회생 및 파산에 관한 법률」 제243조에 따른 회생계획인가의 결정에 따라 체납된 국세의 징수를 유예받고 그 유예기간 중에 있거나 체납된 국세를 회생계획의 납부일정에 따라 납부하고 있는 경우
4. 재산 상황, 미성년자 해당 여부 및 그 밖의 사정 등을 고려할 때 법 제114조 제2항에 따라 준용하는 「국세기본법」 제85조의5 제2항에 따른 국세정보위원회(이하 이 조에서 "위원회"라 한다)가 공개할 실익이 없거나 공개하는 것이 부적절하다고 인정하는 경우
5. 「국세기본법」 제42조에 따라 물적납세의무를 부담하는 양도담보권자가 그 물적납세의무와 관련한 국세 또는 강제징수비를 체납한 경우
6. 「종합부동산세법」 제7조의2 또는 제12조의2에 따라 물적납세의무를 부담하는 수탁자가 물적납세의무와 관련된 종합부동산세 또는 강제징수비를 체납한 경우
7. 「부가가치세법」 제3조의2에 따라 물적납세의무를 부담하는 수탁자가 물적납세의무와 관련된 부가가치세 또는 강제징수비를 체납한 경우

유 형	이론형		
중요도	★★	정답	①

문제 43 [국세기본법] 납세의무

정답해설

① 법인이 분할되거나 분할합병된 후 분할되는 법인이 존속하는 경우 분할법인, 분할신설법인 및 분할합병의 상대방 법인은 분할등기일 ~~이후에~~ (↳ 이전에) 분할법인에 부과되거나 납세의무가 성립한 국세 및 강제징수비에 대하여 연대하여 납부할 의무가 있다.

법령 CHECK

① 국세기본법 제25조 제2항
② 국세기본법 제25조 제4항
③ 국세기본법 제23조
소득세법 제2조의2
④ 국세기본법 제25조 제1항
⑤ 국세기본법 제25조 제3항

합격의 TIP

1번 지문의 경우 "분할등기일 이전"을 "분할등기일 이후"로 출제되었다는 점에서 완벽히 틀린 지문임을 알 수 있지만 분할로 승계된 재산가액을 한도로 연대하여 납부할 의무가 있음을 함께 알아두자.

문제 44 [국세기본법] 심사와 심판

유 형	이론형		
중요도	★★	정답	⑤

정답해설

④ 증거서류가 제출되면 국세청장은 증거서류의 부본(副本)을 지체 없이 해당 세무서장 및 지방국세청장에게 송부하여야 한다.

⑤ 심사청구의 대상이 되는 처분으로 권리나 이익을 침해당하지 않는 경우에는 ~~그 심사청구가 이유 없다고 인정되므로 청구인의 주장을 받아들이지 아니하는 기각 결정을 한다~~.
↳ 그 청구를 각하하는 결정을 한다.

법령 CHECK

① 국세기본법 제64조 제2항
② 국세기본법 제61조 제4항
③ 국세기본법 제63조 제2항
④ 국세기본법 제63조의2 제1항, 제2항
⑤ 국세기본법 제65조 제1항, 국세기본법 시행령 제52조의2

합격의 TIP

심사청구의 각하 사유를 반드시 알아두자.

관련이론 심사청구의 각하와 기각 사유

각 하	기 각
1. 심판청구를 제기한 후 심사청구를 제기(같은 날 제기한 경우도 포함한다)한 경우 2. 청구기간이 지난 후에 청구된 경우 3. 심사청구 후 규정된 보정기간에 필요한 보정을 하지 아니한 경우 4. 심사청구가 적법하지 아니한 경우 5. 심사청구의 대상이 되는 처분이 존재하지 않는 경우 6. 심사청구의 대상이 되는 처분으로 권리나 이익을 침해당하지 않는 경우 7. 대리인이 아닌 자가 대리인으로서 불복을 청구하는 경우	심사청구가 이유 없다고 인정될 때

유 형	이론형		
중요도	★★	정답	⑤

문제 45 [국세징수법] 강제징수

정답해설

①, ②, ③, ④는 수의계약이 가능한 사유이다.

⑤ 수의계약으로 매각하지 아니하면 매각대금이 ~~체납된 세액~~ 이하가 될 것으로 예상되는 경우
↳ 강제징수비 금액

법령 CHECK

①, ②, ③, ④, ⑤
국세징수법 제67조

합격의 TIP

납세담보에 대한 개념에 대해 묻는 문제로 자주 출제되진 않았으나, 기본적으로 알아두어야 하는 내용이다. 해당 지문의 내용은 반드시 알아두자.

관련이론 수의계약이 가능한 경우

1. 수의계약으로 매각하지 아니하면 매각대금이 강제징수비 금액 이하가 될 것으로 예상되는 경우
2. 부패·변질 또는 감량되기 쉬운 재산으로서 속히 매각하지 아니하면 그 재산가액이 줄어들 우려가 있는 경우
3. 압류한 재산의 추산가격이 1천만원 미만인 경우
4. 법령으로 소지(所持) 또는 매매가 금지 및 제한된 재산인 경우
5. 제1회 공매 후 1년간 5회 이상 공매하여도 매각되지 아니한 경우
6. 공매가 공익(公益)을 위하여 적절하지 아니한 경우

문제 46 [국세징수법] 강제징수

유 형	이론형		
중요도	★	정답	②

정답해설

① 또한 독촉을 받고 독촉장에서 정한 기한까지 국세를 완납하지 않은 경우에도 관할 세무서장은 납세자의 재산을 압류한다.

② 채권 압류의 효력은 채권 압류 통지서가 체납자에게 송달된 때에 발생한다.
↳ 제3채무자

④ 세무공무원은 체납자의 재산을 점유・보관하는 제3자가 재산의 인도(引渡) 또는 이전을 거부하는 경우에도 제3자의 주거를 수색할 수 있고, 해당 주거의 폐쇄된 문・금고를 직접 열 수 있다.

⑤ 국가의 재산뿐만 아니라 지방자치단체의 재산을 매수한 경우에도 동일하다.

✔ 법령 CHECK

① 국세징수법 제31조 제1항
② 국세징수법 제52조 제1항
③ 국세징수법 제44조 제2항
④ 국세징수법 제35조 제2항
⑤ 국세징수법 제56조 제1항

문제 47 [국세징수법] 신고납부, 납부고지

유 형	이론형		
중요도	★★★	정답	②

정답해설

② 납세자가 도난으로 재산에 심한 손실을 입은 경우는 납부기한의 연장사유에 해당하나 「세무사법」에 따라 납세자의 장부 작성을 대행하는 세무사가 해당 납세자의 장부를 도난당한 경우~~는 해당하지 아니한다~~.

↳ 도 해당한다.

④ 담보제공의 예외 *관련이론

 **법령 CHECK**

① 국세징수법 제13조 제5항
② 국세징수법 제13조 제1항
국세징수법 시행령 제11조 제4호
③ 국세징수법 제14조 제4항
④ 국세징수법 제15조
⑤ 국세징수법 제16조 제1항

합격의 TIP

2020년 46번의 관련이론을 함께 학습해두자.

관련이론 담보제공의 예외

(1) 납세자가 사업에서 심각한 손해를 입거나 그 사업이 중대한 위기에 처한 경우로서 관할 세무서장이 납부해야 할 금액, 납부기한등의 연장기간, 납부고지의 유예 기간 및 납세자의 과거 국세 납부명세 등을 고려하여 납세자가 그 연장 또는 유예 기간 내에 해당 국세를 납부할 수 있다고 인정하는 경우

(2) 납세자가 재난 또는 도난으로 재산에 심한 손실을 입은 경우

(3) 정전, 프로그램의 오류, 그 밖의 부득이한 사유로 다음 각 목의 어느 하나에 해당하는 정보처리장치나 시스템을 정상적으로 가동시킬 수 없는 경우
1) 「한국은행법」에 따른 한국은행(그 대리점을 포함한다)
2) 「우체국예금·보험에 관한 법률」에 따른 체신관서

(4) 금융회사등·체신관서의 휴무, 그 밖에 부득이한 사유로 정상적인 국세 납부가 곤란하다고 국세청장이 인정하는 경우

(5) 위에 나열한 사유와 유사한 사유에 해당하는 경우

문제 48 [조세범처벌법] 조세범처벌법

유 형	이론형		
중요도	★★★	정답	③

정답해설

제시된 지문 중 다음의 2가지는 3년 이하의 징역 또는 공급가액에 부가가치세의 세율을 적용하여 계산한 세액의 3배 이하에 상당하는 벌금에 처한다.

○ 재화 또는 용역을 공급하지 아니하거나 공급받지 아니하고 「부가가치세법」에 따른 세금계산서를 발급하거나 발급받은 행위
○ 재화 또는 용역을 공급하지 아니하거나 공급받지 아니하고 「소득세법」 및 「법인세법」에 따른 매출·매입처별 계산서합계표를 거짓으로 기재하여 제출한 행위

따라서 정답은 ③번이다.

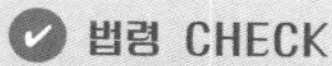

조세범처벌법 제10조

합격의 TIP

2022년 49번을 학습한 수험생은 맞출 수 있는 문제였다. 이번에 또 다시 출제될 확률은 낮지만, 보기 중 한 지문으로는 출제될 수 있으므로 관련이론을 반드시 알아두자.

관련이론 **세금계산서 발급의무 위반에 관한 규정**

(1) 1년 이하의 징역 또는 공급가액에 부가가치세의 세율을 적용하여 계산한 세액의 2배 이하에 상당하는 벌금
  1) 「부가가치세법」에 따라 세금계산서(전자세금계산서를 포함한다. 이하 이 조에서 같다)를 발급하여야 할 자가 세금계산서를 발급하지 아니하거나 거짓으로 기재하여 발급한 행위
  2) 「소득세법」 또는 「법인세법」에 따라 계산서(전자계산서를 포함한다. 이하 이 조에서 같다)를 발급하여야 할 자가 계산서를 발급하지 아니하거나 거짓으로 기재하여 발급한 행위
  3) 「부가가치세법」에 따라 매출처별 세금계산서합계표를 제출하여야 할 자가 매출처별 세금계산서합계표를 거짓으로 기재하여 제출한 행위
  4) 「소득세법」 또는 「법인세법」에 따라 매출처별 계산서합계표를 제출하여야 할 자가 매출처별 계산서합계표를 거짓으로 기재하여 제출한 행위

(2) 1년 이하의 징역 또는 공급가액에 부가가치세의 세율을 적용하여 계산한 세액의 2배 이하에 상당하는 벌금
  1) 「부가가치세법」에 따라 세금계산서를 발급받아야 할 자가 통정하여 세금계산서를 발급받지 아니하거나 거짓으로 기재한 세금계산서를 발급받은 행위
  2) 「소득세법」 또는 「법인세법」에 따라 계산서를 발급받아야 할 자가 통정하여 계산서를 발급받지 아니하거나 거짓으로 기재한 계산서를 발급받은 행위
  3) 「부가가치세법」에 따라 매입처별 세금계산서합계표를 제출하여야 할 자가 통정하여 매입처별 세금계산서합계표를 거짓으로 기재하여 제출한 행위
  4) 「소득세법」 또는 「법인세법」에 따라 매입처별 계산서합계표를 제출하여야 할 자가 통정하여 매입처별 계산서합계표를 거짓으로 기재하여 제출한 행위

(3) 3년 이하의 징역 또는 공급가액에 부가가치세의 세율을 적용하여 계산한 세액의 3배 이하에 상당하는 벌금
  1) 재화 또는 용역을 공급하지 아니하거나 공급받지 아니하고「부가가치세법」에 따른 세금계산서를 발급하거나 발급받은 행위
  2) 재화 또는 용역을 공급하지 아니하거나 공급받지 아니하고「소득세법」 및 「법인세법」에 따른 계산서를 발급하거나 발급받은 행위
  3) 재화 또는 용역을 공급하지 아니하거나 공급받지 아니하고「부가가치세법」에 따른 매출·매입처별 세금계산서합계표를 거짓으로 기재하여 제출한 행위
  4) 재화 또는 용역을 공급하지 아니하거나 공급받지 아니하고「소득세법」 및 「법인세법」에 따른 매출·매입처별계산서합계표를 거짓으로 기재하여 제출한 행위

→ 상기 (3)의 경우에는 행위를 알선하거나 중개한 자도 (3)과 같은 형에 처하며, 세무를 대리하는 세무사·공인회계사 및 변호사가 제3항의 행위를 알선하거나 중개한 때에는 「세무사법」 제22조제2항에도 불구하고 해당 형의 2분의 1을 가중
→ 상기 (3)의 죄를 범한 자에 대해서는 정상(情狀)에 따라 징역형과 벌금형을 병과할 수 있다.

문제 49 [국세기본법] 국세환급금과 국세환급가산금

유 형	이론형		
중요도	★★	정답	①

정답해설

① 국세환급금을 충당할 경우에는 체납된 국세 및 강제징수비에 우선 충당해야 하므로 납세자가 납부고지에 따라 납부하는 국세에 충당하는 것을 신청한 경우에는 ~~체납된 국세 및 강제징수비~~에 우선 충당해야 한다.
↳ 납부고지에 따라 납부하는 국세

② 원천징수의무자가 원천징수하여 납부한 세액에서 환급받을 환급세액이 있는 경우 그 환급액은 그 원천징수의무자가 원천징수하여 납부하여야 할 세액에 충당하고 남은 금액을 환급한다. 다만, 그 원천징수의무자가 그 환급액을 즉시 환급해 줄 것을 요구하는 경우나 원천징수하여 납부하여야 할 세액이 없는 경우에는 즉시 환급한다.

법령 CHECK

① 국세기본법 시행령 제31조 제2항
② 국세기본법 제51조 제5항
③ 국세기본법 제53조 제3항
④ 국세기본법 제53조 제2항
⑤ 국세기본법 제51조의2 제1항

합격의 TIP

2022년, 2023년 연속 출제된 주제이다. 2022년 42번의 관련이론을 통해 국세환급가산금의 기산일을 추가로 학습해두자.

문제 50 [조세범처벌법] 조세범처벌법

유 형	이론형		
중요도	★★★	정답	⑤

정답해설

⑤ 조세를 포탈하기 위한 증거인멸의 목적으로 세법에서 비치하도록 하는 장부 또는 증빙서류를 해당 국세의 법정신고기한이 지난 날부터 7년(→ 5년) 이내에 소각·파기 또는 은닉한 자는 2년 이하의 징역 또는 2천만원 이하의 벌금에 처한다.

법령 CHECK

① 조세범처벌법 제9조 제2항
② 조세범처벌법 제3조 제2항
③ 조세범처벌법 제21조
④ 조세범처벌법 제20조
⑤ 조세범처벌법 제8조

관련이론 **벌금경합에 관한 제한가중규정을 적용하지 아니하는 범칙행위**

1. 조세 포탈 등 (제3조)
2. 면세유의 부정 유통 (제4조)
3. 면세유류 구입카드 등의 부정발급 (제4조의2)
4. 가짜석유제품의 제조 또는 판매 (제5조)
5. 무면허 주류의 제조 및 판매 (제6조)
6. 세금계산서의 발급의무 위반 등 (제10조)
7. 납세증명표지의 불법 사용 등 (제12조)
8. 원천징수의무자의 처벌 (제13조)
9. 거짓으로 기재한 근로소득 원천징수영수증의 발급 (제14조)

문제 51 [소득세법] 금융소득

유 형	이론형		
중요도	★	정답	④

정답해설

①, ②, ③, ⑤ 의 경우 이자소득에 해당되지만 ④ 국채를 공개시장에서 통합 발행하는 경우 그 매각가액과 액면가액과의 차액의 경우 이자소득으로 보지 않는다.

국채,「한국산업은행법」에 따른 산업금융채권,「예금자보호법」 에 따른 예금보험기금채권과 예금보험기금채권상환기금채권,「한국은행법」 에 따른 한국은행통화안정증권의 경우 공개시장에서 통합발행(일정 기간 동안 추가하여 발행할 채권의 표면금리와 만기 등 발행조건을 통일하여 발행하는 것)의 경우 해당 채권의 매각가액과 액면가액과의 차액은 이자소득으로 보지 않는다.

법령 CHECK

소득세법 제16조
소득세법 시행령 제22조의2
소득세법 시행령 제24조

합격의 TIP

자주 출제되는 주제는 아니지만 반드시 맞추어야 하는 주제이다.

문제 52 [소득세법] 소득세의 신고와 납부

유 형	이론형		
중요도	★	정답	⑤

정답해설

③ 과세관청의 소득처분과 그에 따른 소득금액변동통지가 있는 경우 원천징수의무자인 법인은 소득금액변동통지서를 받은 날에 그 통지서에 기재된 소득의 귀속자에게 당해 소득금액을 지급한 것으로 의제되어 그 때 원천징수하는 소득세의 납세의무가 성립함과 동시에 확정되고, 원천징수의무자인 법인으로서는 소득금액변동통지서에 기재된 소득처분의 내용에 따라 원천징수세액을 그 다음달 10일까지 관할 세무서장 등에게 납부하여야 할 의무를 부담하며, 만일 이를 이행하지 아니하는 경우에는 가산세의 제재를 받게 됨은 물론이고 형사처벌까지 받도록 규정되어 있는 점에 비추어 보면, 소득금액변동통지는 원천징수의무자인 법인의 납세의무에 직접 영향을 미치는 과세관청의 행위로서, 항고소송의 대상이 되는 조세행정처분이라고 봄이 상당하다.

⑤ (주)A에게 소득금액변동통지서를 통지한 경우 그 통지하였다는 사실을 甲에게 알릴때에는 알리는 내용에 소득금액 변동내용을 ~~포함하여야 한다~~.

↳ 포함하지 아니한다.

법령 CHECK

①, ②, ④, ⑤ 소득세법 시행령 제192조
③ 대법원 2006. 4. 20. 선고 2002두1878

문제 53 [소득세법] 소득세의 신고와 납부

유 형	이론형		
중요도	★★	정답	②

정답해설

② 출자공동사업자의 배당소득으로서 ~~과세기간 종료일까지~~ 지급하지 아니한 소득은
↳ 과세기간 종료 후 3개월이 되는 날까지
~~과세기간 종료일~~에 그 소득을 지급한 것으로 보아 소득세를 원천징수한다.
↳ 과세기간 종료 후 3개월이 되는 날에

④ 만약 원천징수의무자가 12월에 퇴직한 사람의 퇴직소득을 다음 연도 2월 말일까지 지급하지 아니한 경우에는 그 퇴직소득을 다음 연도 2월 말일에 지급한 것으로 보아 소득세를 원천징수한다.

⑤ 만약 법인세 과세표준을 결정 또는 경정하는 경우에는 소득금액변동통지서를 받은 날에 그 기타소득을 지급한 것으로 보아 소득세를 원천징수한다.

법령 CHECK

① 소득세법 시행령 제191조 제4호
② 소득세법 시행령 제191조 제2호
③ 소득세법 제135조 제2항
④ 소득세법 제147조 제1항
⑤ 소득세법 제145조의2

합격의 TIP

출제빈도는 낮은 주제지만 3번 지문의 경우 2022년 58번에 출제되었다. 각 소득의 원천징수시기의 특례는 알아두도록 하자.

문제 54 [소득세법] 기타소득

유 형	이론형		
중요도	★★	정답	③

정답해설

② 노동조합업무종사자로서 근로시간면제자가 「노동조합 및 노동관계 조정법」 상의 근로시간면제한도를 초과하는 범위에서 지급받는 급여는 기타소득에 해당한다. 만약 근로시간면제한도 이내의 범위에서 지급받는 급여는 소득세법에 따른 근로소득에 해당한다.

③ 특정 소득이 기타소득으로 법령에 열거된 것 중 어떤 소득에 해당하는지 여부는 기타소득금액에 영향을 ~~미치지 아니한다~~.
→ 미친다. 법령에 열거된 것 중 어떤 소득에 해당하는지에 따라 필요경비 여부가 달라진다.

⑤ 종교인소득에 대하여 근로소득으로 원천징수하거나 과세표준확정신고를 한 경우에는 해당 소득을 근로소득으로 본다.

법령 CHECK

① 소득세법 제21조 제1항
② 소득, 원천세과-642, 2010.08.18
③ 소득세법 제37조 시행령 제87조
④ 소득세법 제21조 제1항
⑤ 소득세법 제26조 제4항

합격의 TIP

2번 지문의 경우 논란의 여지가 있는 부분이 있다. 근로시간면제한도 이내의 범위에서 지급받는 급여는 근로소득에 해당한다. 하지만 근로시간 면제 한도를 초과하여 급여를 지급하는 행위는 부당노동행위로 노동조합법에 따라 형사 처벌을 받게 되는 행위로 거의 이루어지지 않는다. 기출된 지문 보다 근로시간면제 한도 이내의 범위에서 지급받는 경우 근로소득에 해당한다라는 점을 기억해두자.

유 형	계산형		
중요도	★★	정답	⑤

문제 55 [소득세법] 양도소득세

정답해설

	주택(미등기)	토 지
양도가액	500,000,000*1)	50,000,000*4)
취득가액	287,000,000*2)	25,000,000*5)
필요경비	540,000*3)	900,000*6)
양도차익*7)	212,460,000	24,100,000

*1) 실지양도가액이 있으므로 실지양도가액 적용

*2) 실지취득가액이 없으므로 매매사례가액 → 감정가액 → 환산취득가액 → 기준시가 순으로 적용하여 매매사례가액 적용

*3) 실지취득가액이 없고, 매매사례가액을 적용하였으므로 필요경비개산공제 적용
취득 당시 기준시가 × 3/1,000
= 180,000,000 × 3/1,000
= 540,000

*4) 실지양도가액이 없으므로 '매매사례가액 → 감정가액 → 기준시가'순으로 적용하여 매매사례가액적용

*5) 실지취득가액이 없으므로 '매매사례가액 → 감정가액 → 환산취득가액 → 기준시가'순으로 적용하여 환산취득가액 적용
환산취득가액

$$= \text{양도당시 실지거래가액, 매매사례가액, 감정가액} \times \frac{\text{취득당시기준시가}}{\text{양도당시기준시가}}$$

$$= 50,000,000 \times \frac{30,000,000}{60,000,000}$$

= 25,000,000

*6) 실지취득가액이 없고, 기준시가를 적용하였으므로 필요경비개산공제 적용
취득 당시 기준시가 × 3/100
= 30,000,000 × 3/100
= 900,000

*7) 양도차익 = 양도가액 - 취득가액 - 필요경비

✔ 법령 CHECK

소득세법 제95조, 제97조, 제99조, 제100조
소득세법 시행령 제163조, 176조의2

합격의 TIP

양도소득 과세표준까지 구하면 시간이 많이 걸리지만 양도차익의 계산은 시간이 많이 걸리지 않고 비교적 간단하게 출제되므로 계산과정을 반드시 알아두자.

관련이론 **양도차익의 계산**

(1) 양도차익 = 양도가액 - 취득가액 - 기타필요경비

(2) 양도가액, 취득가액, 기타필요경비의 산정

1) 양도가액

실지양도가액이 있으면 실지양도가액

실지양도가액이 없으면 '매매사례가액 → 감정가액 → 기준시가'순으로 적용

2) 취득가액

실지취득가액이 없으면 실지취득가액

실지취득가액이 없으면 '매매사례가액 → 감정가액 → 환산취득가액* → 기준시가'순으로 적용

실지양도가액을 기준시가를 적용했다면 기준시가 적용

*환산취득가액

$$= \text{양도당시 실지거래가액, 매매사례가액, 감정가액} \times \frac{\text{취득당시기준시가}}{\text{양도당시기준시가}}$$

3) 필요경비

실지취득가액이 있으면 실제 자본적지출과 양도비용

실지취득가액이 없으면 필요경비개산공제* 적용

단, 환산취득가액을 적용한 경우에는 max(환산취득가액 + 필요경비개산공제, 실제자본적지출 + 양도비용)

* 필요경비개산공제

구 분	필요경비개산공제
토 지	취득 당시 개별공시지가 × 3/100 (미등기 3/1,000)
건 물	취득 당시 고시가격 × 3/100 (미등기 3/1,000)
지상권, 전세권, 등기된 부동산임차권	취득 당시 기준시가 × 7/100 (미등기 1/100)
이외의 자산	취득 당시 기준시가 × 1/100

문제 56 [소득세법] 근로, 연금, 기타소득

유 형	계산형		
중요도	★★★	정답	②

정답해설

소득 내용	실제 소요된 경비	최종 경비
계약의 위약으로 인하여 받는 위약금 중 주택입주지체상금 6,000,000원	4,000,000원	Max(6,000,000 × 80%, 4,000,000) = 4,800,000
고용관계 없이 일시적으로 다수인에게 강연을 하고 받은 강연료 3,000,000원(「소득세법」 제21조 제1항 제15호부터 제17호까지의 규정을 적용받지 아니함)	1,000,000원	Max(3,000,000 × 60%, 1,000,000) = 1,800,000
사진에 속하는 창작품에 대한 원작자로서 창작품에 대하여 받는 대가 10,000,000원	7,000,000원	Max(10,000,000 × 60%, 7,000,000) = 7,000,000
회화(국내 원작자 생존 중)의 양도로 받은 가액 80,000,000원	20,000,000원	국내 원작자가 생존해 있는 서화 및 골동품의 양도는 기타소득에 해당하지 않는다.

따라서 기타소득으로 필요경비로 공제 가능한 금액은 4,800,000 + 1,800,000 + 7,000,000 = 13,600,000원이다.

법령 CHECK

소득세법 제37조
소득세법 시행령 제87조
소득세법 시행령 제41조

합격의 TIP

기타소득 금액의 계산에 있어 필요경비는 자주 출제되는 주제이므로 반드시 암기해두자.

관련이론 **기타소득의 필요경비**

<table>
<tr><th>기타소득 구분</th><th colspan="2">필요경비</th></tr>
<tr><td>승마투표권, 승자투표권, 소싸움경기투표권, 체육진흥투표권의 구매자가 받는 환급금</td><td colspan="2">그 구매자가 구입한 적중된 투표권의 단위투표금액</td></tr>
<tr><td>슬롯머신(비디오게임을 포함한다) 및 투전기 그 밖에 이와 유사한 기구를 이용하는 행위에 참가하여 받는 당첨금품 등</td><td colspan="2">그 당첨금품등의 당첨 당시에 슬롯머신 등에 투입한 금액</td></tr>
<tr><td>「공익법인의 설립·운영에 관한 법률」의 적용을 받는 공익법인이 담당관청의 승인을 받아 시상하는 상금 및 부상과 다수가 순위 경쟁하는 대회에서 입상자가 받는 상금 및 부상</td><td rowspan="2">거주자가 받은 금액의 100분의 80에 상당하는 금액</td><td rowspan="2">실제 소요된필요경비가 100분의 80에 상당하는 금액을 초과하면 실제 소요된 비용</td></tr>
<tr><td>계약의 위약 또는 해약으로 인하여 받는 위약금과 배상금 중 주택입주 지체상금</td></tr>
<tr><td rowspan="2">서화·골동품의 양도로 발생하는 소득</td><td>1억원 이하 : 90%</td><td rowspan="7">실제 소요된 필요경비가 100분의 60에 (서화, 골동품의 양도의 경우 80 또는 90) 상당하는 금액을 초과하면 실제 소요된 비용</td></tr>
<tr><td>1억원 초과 : 9천만원 + (받은 금액 − 1억원) x 80% (단, 보유기간이 10년 이상인 경우 90%)</td></tr>
<tr><td>무체재산권 등의 양도 및 대여료</td><td rowspan="5">거주자가 받은 금액의 100분의 60에 상당하는 금액</td></tr>
<tr><td>「전자상거래 등에서의 소비자 보호에 관한 법률」의 에 따라 통신 판매중개를 하는 자를 통하여 물품 또는 장소를 대여하고 500만원 이하의 사용료로서 받는 금품</td></tr>
<tr><td>「공익사업을 위한 토지 등의 취득 및 보상에 관한 법률」 제4조에 따른 공익사업과 관련하여 지역권·지상권(지하 또는 공중에 설정된 권리 포함)을 설정하거나 대여함으로써 발생하는 소득</td></tr>
<tr><td>일시적인 문예창작소득(원고료, 저작권사용료인 인세, 미술·음악 또는 사진에 속하는 창작품에 대하여 받는 대가)</td></tr>
<tr><td>다음의 일시적인 인적용역
1. 강연료 등 대가를 받는 용역
2. 라디오·텔레비전방송 등을 통하여 해설·계몽 또는 연기의 심사 등을 하고 대가를 받는 용역
3. 변호사, 공인회계사, 세무사, 건축사, 측량사, 변리사, 그 밖에 전문적 지식 또는 특별한 기능을 가진 자가 그 지식 또는 기능을 활용하여 대가를 받고 제공하는 용역
4. 그 밖에 고용관계 없이 수당 등의 대가를 받고 제공하는 용역</td></tr>
<tr><td>종교인소득(비과세소득 제외)</td><td colspan="2"><table>
<tr><th>종교인 관련자가 받은 금액</th><th>필요경비</th></tr>
<tr><td>2천만원 이하</td><td>80%</td></tr>
<tr><td>2천만원 초과
4천만원 이하</td><td>1,600만원+ (2,000만원 초과분 × 50%)</td></tr>
<tr><td>4천만원 초과
6천만원 이하</td><td>2,600만원+ (4,000만원 초과분 × 30%)</td></tr>
<tr><td>6천만원 초과</td><td>3,200만원+ (6,000만원 초과분 × 20%)</td></tr>
</table></td></tr>
<tr><td>그 외의 기타소득</td><td colspan="2">해당 과세기간의 총수입금액에 대응하는 비용의 합계액</td></tr>
</table>

문제 57 [소득세법] 소득세의 신고와 납부

유 형	계산형		
중요도	★★★	정답	②

정답해설

1 금융소득금액

1) 이자소득금액
- 은행예금이자 30,000,000 (원천징수 14%, 종합과세)
- 비실명이자 4,000,000 (원천징수 45%, 분리과세)
- 비영업대금이익 12,000,000원(온라인투자연계금융업자를 통하여 지급받은 이자소득 아님) (원천징수 25%, 종합과세)

2) 배당소득금액
- 외국법인배당 5,000,000 (원천징수 14%, 종합과세)

3) 배당가산액
외국법인으로부터 받은 배당금액이 있으나 내국법인으로부터 받은 배당이 아니기 때문에 Gross-up 대상 소득이 없어 배당 가산액이 없다.

4) 금융소득금액
30,000,000 + 12,000,000 + 5,000,000 = 47,000,000

2 사업소득금액 : 40,000,000

3 종합소득과세표준

금융소득금액 47,000,000 + 사업소득금액 40,000,000 - 종합소득공제 9,000,000 = 78,000,000

4 종합소득 비교산출세액 : Max(①, ②) = 11,290,000

① 종합소득 산출세액
20,000,000 × 14% + (47,000,000 - 20,000,000 + 40,000,000 - 9,000,000) × 기본세율 = 10,960,000

② 비교산출세액
30,000,000 × 14% + 12,000,000 × 25% + 5,000,000 × 14% + (40,000,000 - 9,000,000) × 기본세율 = 11,290,000

따라서 정답은 ② 11,290,000원이다.

법령 CHECK

소득세법 제14조
소득세법 제129조
소득세법 제62조

합격의 TIP

심화학습으로 2017년 58번을 함께 공부해보자.

관련이론 **종합소득 산출세액: Max[(1), (2)]**

(1) 일반산출세액 : 2천만원 × 14% + (종합소득과세표준 - 2천만원) × 기본세율

(2) 비교산출세액 : Max(①, ②)

① 금융소득 × 원천징수세율 + (출자공동사업자의 배당소득 + 금융소득을 제외한 다른 종합소득금액 - 종합소득공제) × 기본세율

② 금융소득 × 원천징수세율 + 출자공동사업자의 배당소득 × 14% + (금융소득을 제외한 다른 종합소득금액 - 종합소득공제) × 기본세율

문제 58 [소득세법] 양도소득세

유 형	이론형		
중요도	★	정답	③

정답해설

③ 해당 과세기간에 누진세율양도소득세의 적용대상 자산에 대한 예정신고를 2회 이상 하는 경우에는 이미 신고한 양도소득금액과 합산하여 ~~신고하여야 한다~~.

→ 신고할 수 있다. 해당 조문을 정확한 법조문으로 변경하면 다음과 같다. 해당 과세기간에 누진세율의 적용대상 자산에 대한 예정신고를 2회 이상 하는 경우로서 거주자가 이미 신고한 양도소득금액과 합산하여 신고하려는 경우에는 다음 각 호의 구분에 따른 금액(양도소득금액 합산한 뒤 산출세액 계산)을 제2회 이후 신고하는 예정신고 산출세액으로 한다. 즉 이미 신고한 양도소득금액과 합산하여 신고하는지의 여부는 거주자의 선택에 달려있으며, 만약 당해연도에 누진세율의 적용대상 자산에 대한 예정신고를 2회 이상 한 자가 법에서 제시한 계산방법에 따라 이미 신고한 양도소득금액과 합산하여 신고한 경우에는 확정신고를 하지 아니할 수 있다.

법령 CHECK

①, ②, ⑤ 소득세법 제105조 제1항
③ 소득세법 제107조 제2항
④ 소득세법 제114조 제1항

합격의 TIP

16년 이후 처음 출제된 주제이지만 응용되어 출제될 수 있으니 관련이론을 알아두자.

관련이론 예정신고 산출세액

1. 예정신고 산출세액
   * 예정신고 산출세액 = (A − B − C) × D
     A : 양도차익
     B : 장기보유 특별공제
     C : 양도소득 기본공제
     D : 세율

2. 예정신고를 2회 이상하는 경우로서 이미 신고한 양도소득금액과 합산하여 신고하는 경우의 예정신고 산출세액
   * 예정신고 산출세액 = [(A + B − C) × D] − E
     A : 이미 신고한 자산의 양도소득금액
     B : 2회 이후 신고하는 자산의 양도소득금액
     C : 양도소득 기본공제
     D : 세율
     E : 이미 신고한 예정신고 산출세액

유 형	계산형		
중요도	★★★	정답	①

문제 59 [소득세법] 금융소득

정답해설

배당수령 내역 금액	금 액	배당소득	Gross-up
ㄱ. 주권비상장법인으로부터의 금전배당	15,000,000원	O	O
ㄴ. 법인세법에 따라 처분된 배당소득	4,000,000원	O	O
ㄷ. 자기주식소각이익의 자본금 전입으로 취득한 신주의 액면가액(소각일로부터 2년 내 자본금전입[*1])	8,000,000원	O	X
ㄹ. 외국법인으로부터 받은 배당소득[*2]	3,000,000원	O	X
ㅁ. 감자로 인한 의제배당	6,000,000원	O	O
ㅂ. 출자공동사업자의 배당소득[*3]	2,000,000원	O	X
ㅅ. 주식의 포괄적 교환차익을 재원으로 하는 자본잉여금의 자본금 전입으로 취득한 신주의 액면가액	1,000,000원	X	X
합 계	39,000,000원		

*1) 감자차익의 경우 일반적인 감자차익은 의제배당이 아니나 소각 당시 시가가취득가액을 초과하거나 소각일로부터 2년 이내 자본전입분을 자본전입하는 경우에는 의제배당이다.

*2) 국외금융소득으로 원천징수되지 않는 금융소득은 무조건 종합과세대상이나 원천징수된 경우에는 조건부 종합과세대상임을 알아두자.

*3) 출자공동사업자에 대한 공동사업장의 사업소득 분배액은 소득세법상 배당소득으로 25%의 원천징수세율이 적용되며 무조건 종합과세대상 금융소득이다. 다만 gross-up 계산시 금융소득 합계액에는 포함하지 않는다.

1 기본세율 적용 금융소득

= 15,000,000(ㄱ) + 4,000,000(ㄴ) + 8,000,000(ㄷ) + 3,000,000(ㄹ) + 6,000,000(ㅁ) = 36,000,000

2 배당가산액

min(15,000,000(ㄱ) + 4,000,000(ㄴ) + 6,000,000(ㅁ), 36,000,000 − 20,000,000) × 10%
= min(25,000,000, 16,000,000) × 10%
= 1,600,000

3 종합과세로 과세할 배당소득금액

= 36,000,000 + 1,600,000 + 2,000,000(ㅂ)
= 39,600,000

✔ 법령 CHECK

소득세법 제14조
소득세법 제17조

합격의 TIP

종합과세될 배당소득을 구할 때는 해당 소득이 배당소득인지 그리고 Gross-up대상인지 여부에 대해 반드시 확인하자.

관련이론 배당소득금액 계산의 방법

(1) Gross-up 대상 배당소득과 대상이 아닌 배당소득을 구분한다.
법인세가 과세된 배당소득인지 아닌지 여부를 판단하여, 법인세가 과세되지 않았다면 Gross-up 대상 배당소득이라고 생각하면 된다.

(2) 배당가산액을 계산한다.
min(Gross-up 대상 배당소득, 기본세율적용대상 금융소득(이자소득과 배당소득의 합계) − 20,000,000) × 10%

문제 60 [소득세법] 양도소득세

유 형	이론형		
중요도	★★	정답	②

정답해설

① 甲이 그 자산을 직접 양도한 것으로 ~~보되, 특수관계인이 증여세를 납부한다는 점을 고려하여 양도차익 계산시 취득가액은 증여시의 가액으로 한다.~~
↳ 보는 경우, 양도차익 계산시 취득가액은 甲 의 취득 당시 가액으로 한다.

③ 甲에게 양도소득세가 과세되는 경우에는 수증자가 당초 증여받은 자산에 대하여 납부한 증여세는 ~~필요경비에 산입한다.~~
↳ 부과하지 아니한다.

④ 양도소득이 수증자에게 실질적으로 귀속된 경우에도 甲이 그 자산을 직접 양도한 것으로 ~~본다.~~
↳ 보지 않는다. 즉, 실제로 증여한 것으로 본다.

⑤ ~~특수관계인이 그 자산을 양도한 것으로 보되~~ 양도차익 계산시 취득가액은 甲의
↳ 甲이 그 자산을 직접 양도한 것으로 보는 경우
취득 당시 가액으로 한다.

법령 CHECK

① 소득세법 제101조 제2항
② 소득세법 제2조의2 제3항
③ 소득세법 제101조 제3항
④ 소득세법 제101조 제2항
⑤ 소득세법 제101조 제2항

합격의 TIP

2017년 59번 문제를 함께 학습해보자.

관련이론 양도소득의 부당행위계산

구 분		증여받은 자산의 이월과세	우회양도에 대한 부당행위계산의 부인
요건 1	증여자와 수증자의 관계	배우자, 직계존비속	특수관계인
	적용기간	자산을 증여한 후 그 자산을 증여받은 자가 그 증여일부터 10년 이내에 다시 타인에게 양도한 경우 (단, 2022.12.31. 이전 증여분은 5년)	자산을 증여한 후 그 자산을 증여받은 자가 그 증여일부터 10년 이내에 다시 타인에게 양도한 경우 (단, 2022.12.31. 이전 증여분은 5년)
요건 2		조세부담을 회피하려는 목적이 없어도 적용 (단, 사망으로 혼인관계가 소멸된 경우는 제외)	증여자가 직접 양도했을때의 양도소득세와 수증자의 증여세와 양도소득세를 합한 금액을 비교했을 때, 증여자가 직접 양도 했을 경우의 양도소득세가 더 큰 경우
납세의무자		자산을 증여받았던 자(수증자)	자산을 증여했던 자(증여자)
취득가액의 계산		자산을 증여한 자의 취득시기를 기준으로 계산	자산을 증여한 자의 취득시기를 기준으로 계산
증여세의 처리		필요경비로 공제	부과 취소
연대납세의무		없 음	있음(증여자와 수증자의 연대납세의무)

문제 61 [법인세법] 익금의 범위

유 형	이론형		
중요도	★	정답	④

정답해설

① 내국법인(법령에 따른 간접투자회사들을 ~~포함한다~~)이 해당 법인이 출자한 외국자
↳ 제외한다
회사로부터 받은 수입배당금은 각 사업연도소득금액을 계산할 때 익금에 산입하지 아니한다.

② 내국법인이 수입배당금을 익금불산입할 수 있는 외국자회사란 내국법인이 의결권 있는 발행주식총수의 ~~100분의 1을 초과하여~~ 출자하고 있는 외국법인을 말한다.
→ 100분의 10이상을 (「조세특례제한법」에 따른 해외자원개발사업을 하는 외국법인의 경우에는 100분의 5)

③ 국제조세조정에 관한 법률에 따라 특정외국법인의 유보소득에 대하여 내국법인이 배당받은 것으로 보는 금액에 대해 ~~각 사업연도의 소득금액을 계산할 때 익금에 산입하지 아니한다~~.
↳ 외국자회사 수입배당금액의 익금불산입 규정을 적용하지 아니한다.

⑤ 혼성금융상품의 거래에 따라 내국법인이 지급받는 수입배당금액은 각 사업연도의 소득금액을 계산할 때 익금에 ~~산입하지 않는다~~.
↳ 산입한다.

법령 CHECK

① 법인세법 제18조의4 제1항
② 법인세법 제18조의4 제1항
③ 법인세법 제18조의4 제3항
④ 법인세법 시행령 제18조 제1항
⑤ 법인세법 제18조의4 제4항

합격의 TIP

2022년 12월 31일에 신설된 조문으로 2023년 1월 1일부터 시행되어 2023년에 첫 출제된 주제이다.

관련이론 **외국자회사의 수입배당금액 익금불산입 대상이 아닌 배당소득 (익금산입)**

(1) 「국제조세조정에 관한 법률」 제27조(특정외국법인의 유보소득 배당간주)의 특정외국법인으로부터 받은 수입배당금액으로서 대통령령으로 정하는 수입배당금액 특정외국법인(특정외국법인의 유보소득 배당간주 적용이 배제가 적용되는 경우는 제외하고, 특정외국법인의 유보소득 배당간주의 예외적 적용이 적용되는 경우는 포함) 중 실제부담세액이 실제발생소득의 15퍼센트 이하인 특정외국법인의 해당 사업연도에 대한 다음의 금액
  1) 이익잉여금 처분액 중 이익의 배당금(해당 사업연도 중에 있었던 이익잉여금 처분에 의한 중간배당을 포함한다) 또는 잉여금의 분배금
  2) 법인세법 제16조(배당금 또는 분배금의 의제)에 따라 배당금 또는 분배금으로 보는 금액

(2) 혼성금융상품*의 거래에 따라 내국법인이 지급 받는 수입배당금액
  * 혼성금융상품 : 자본 및 부채의 성격을 동시에 가지고 있는 금융상품으로서 대통령령으로 정하는 금융상품을 말하며 다음의 요건을 모두 갖춘 금융상품
  1) 우리나라의 경우 : 우리나라 세법에 따라 해당 금융상품을 자본으로 보아 내국법인이 해당 금융상품의 거래에 따라 거래상대방인 외국자회사로부터 지급받는 이자 및 할인료를 배당소득으로 취급할 것
  2) 외국자회사가 소재한 국가의 경우 : 그 국가의 세법에 따라 해당 금융상품을 부채로 보아 외국자회사가 해당 금융상품의 거래에 따라 거래상대방인 내국법인에 지급하는 이자 및 할인료를 이자비용으로 취급할 것

(3) 위의 (1) 및 (2)와 유사한 것으로서 대통령령으로 정하는 수입배당금액

문제 62	[법인세법] 세무조정과 소득처분, 과세표준과 세액

유 형	계산형		
중요도	★★★	정답	⑤

정답해설

1 세무조정의 오류수정

세무조정 과목 및 금액	오류 수정	세무조정
유형자산 처분손실 4,000,000원	대금을 청산하기 전에 소유권 등의 이전등기를 하거나 당해 자산을 인도하거나 상대방이 당해 자산을 사용수익하는 경우에는 그 이전등기일·인도일 또는 사용수익일중 빠른 날이다. 따라서 처분손실의 손익귀속시기는 제1기이다.	손금산입 4,000,000
미수금 3,500,000원	결산에 반영하더라도 부도발생일이 6개월 이상 지나야 손금으로 인정되므로 손금불산입 대상이 맞다.	오류사항 없음
이자비용 1,000,000원	전기요금 납부 지연 연체가산금의 경우 손금으로 인정되지만 국민건강보험법에 따른 연체금은 인정되지 않는다. 모두 손금불산입 처리하였으므로 전기요금 납부 지연 연체가산금은 다시 손금산입한다.	손금산입 300,000
장기할부 매출채권 2,000,000원	기업회계기준이 정하는 바에 따라 현재가치로 평가하여 현재가치할인차금을 계상한 경우에만 인정하므로 익금산입한다.	익금산입 2,000,000
임대수익 1,500,000원	사업연도의 결산을 확정함에 있어서 해당 사업연도에 회수하였거나 회수할 금액과 이에 대응하는 비용을 각각 수익과 비용으로 계상한 경우 익금과 손금으로 인정하므로 익금산입한다.	익금산입 1,500,000

2 수정 후 각 사업연도 소득금액

304,000,000 − 4,000,000 − 300,000 + 2,000,000 + 1,500,000
= 303,200,000

3 법인세 산출세액

{303,200,000 × 12/10 × 법인세율} × 10/12
= {363,840,000 × 법인세율} × 10/12
= {18,000,000 + (363,840,000 − 200,000,000) × 19/100} × 10/12
= 40,941,333

따라서 정답은 ⑤번이다.

법령 CHECK

법인세법 시행령 제68조
법인세법 시행령 제19조의2
법인세법 제21조

합격의 TIP

결산조정사항과 신고조정사항 그리고 사업연도가 12개월 미만인 경우의 산출세액을 구하는 방법까지 정확히 알아야 풀 수 있는 문제로 여러 가지 주제가 복합적으로 섞여 있다. 중간에 실수가 있는 경우 정답을 맞추기 어려운 문제이고, 각각의 주제가 한 문제로도 출제될 수 있을 만큼 중요한 문제이므로 꼼꼼하게 학습해두자.

관련이론

법인세법 기본통칙 21-0…2 【 지체상금등의 처리 】(손금)

다음 각 호의 손비는 법 제21조 제3호의 벌금 등에 해당하지 아니하는 것으로 한다.

1. 사계약상의 의무불이행으로 인하여 과하는 지체상금(정부와 납품계약으로 인한 지체상금을 포함하며 구상권 행사가 가능한 지체상금을 제외한다)
2. 보세구역에 보관되어 있는 수출용 원자재가 관세법상의 장치기간 경과로 국고귀속이 확정된 자산의 가액
3. 철도화차 사용료의 미납액에 대하여 가산되는 연체이자
4. 「고용보험 및 산업재해보상보험의 보험료 징수 등에 관한 법률」 제25조에 따른 산업재해보상보험료의 연체금
5. 국유지 사용료의 납부지연으로 인한 연체료
6. 전기요금의 납부지연으로 인한 연체가산금

법인세법 기본통칙 21-0…3 【 벌과금 등의 처리 】(손금불산입)

다음 각호의 1에 해당하는 경우에는 이를 각 사업연도 소득금액 계산상 손금에 산입하지 아니한다.

1. 법인의 임원 또는 사용인이 관세법을 위반하고 지급한 벌과금
2. 업무와 관련하여 발생한 교통사고 벌과금
3. 산업재해보상보험법 제70조의 규정에 의하여 징수하는 산업재해보상보험료의 가산금
4. 금융기관의 최저예금지급준비금 부족에 대하여 한국은행법 제60조의 규정에 의하여 금융기관이 한국은행에 납부하는 과태금
5. 「국민건강보험법」 제80조에 따라 징수하는 연체금
6. 외국의 법률에 의하여 국외에서 납부한 벌

문제 63 [법인세법] 부당행위계산의부인

유 형	계산형		
중요도	★★	정답	①

정답해설

1 가중평균차입이자율의 계산

가중평균차입이자율은 다음과 같이 계산된다.

$$\frac{\sum(\text{각각의 차입금잔액} \times \text{해당차입금 이자율})}{\text{차입금잔액의 합계}}$$

다만, 여기서 각각의 차입금 잔액이란 대여 시점의 현재 각각의 차입금 잔액을 의미하는데 B은행의 차입금은 대여 시점 현재 차입금 잔액이 없고, ㈜D의 경우 특수관계인으로부터의 차입금이므로 제외한다. 결국 가중평균 차입이자율은 C은행으로부터 차입한 3%가 된다.

2 인정이자의 계산

	금액	일수	가지급금적수	적정이자 (3%)[*1]	수령이자	익금산입액
대표이사	50,000,000	184	9,200,000,000	756,164	500,000	256,164
전무이사	40,000,000	245	9,800,000,000	805,479	800,000	–[*2]
상무이사	30,000,000	275	8,250,000,000	678,082	–	678,082

*1 적정이자 : 가지급금적수 × 적정이자율 × 1/365

*2 시가와 거래가액의 차액이 3억원 이상이거나 시가의 100분의 5에 상당하는 금액 이상인 경우에 한하여 부당행위계산 부인이 적용되는데 전무이사의 경우 해당 사항이 없다.

3 익금산입조정액

256,164(대표이사) + 678,082(상무이사) = 934,246

따라서 정답은 ①이다.

법령 CHECK

법인세법 제52조
법인세법 시행령 제88조
법인세법 시행령 제89조

합격의 TIP

심화학습으로 2019년 65번을 함께 학습해 보자.

유 형	계산형		
중요도	★★★	정답	①

문제 64 [법인세법] 기업업무추진비와 기부금

정답해설

1 기업업무추진비의 분석

항목	금액(원)	기업업무추진비의 분석
복리후생비	3,000,000	법인이 그 직원이 조직한 조합 또는 단체에 복리시설비를 지출한 경우 해당 조합이나 단체가 법인인 때에는 이를 기업업무추진비로 보며, 해당 조합이나 단체가 법인이 아닌 때에는 그 법인의 경리의 일부로 보므로 해당 복리후생비는 기업업무추진비로 보며, 적격증빙서류를 수취하였으므로 기업업무추진비 한도 내 금액만 손금으로 인정한다.
대손상각비	10,000,000	원활한 업무진행을 위해 객관적으로 정당한 사유 없이 거래처(특수관계인 아님)와의 약정에 의하여 채권을 포기하고 이를 비용으로 계상한 금액은 기업업무추진비로 보므로 기업업무추진비 한도 내 금액만 손금으로 인정한다.
기업업무추진비	225,000,000	대표이사 자녀 결혼식 하객 식사비 15,000,000원 및 지출증빙서류가 없는 귀속불분명 금액 5,000,000원은 대표자 상여로 직부인 한다. 또한 영수증을 수취하고 지출한 금액 4,000,000원은 적격증빙서류가 아니므로 기타사외유출로 직부인 한다. 남은 금액 201,000,000은 기업업무추진비 한도 내 금액만 손금으로 인정한다.

2 직부인 기업업무추진비

〈손금불산입〉 대표이사 자녀 결혼식 하객 식사비 15,000,000 (상여)
〈손금불산입〉 지출증빙서류 없는 기업업무추진비 5,000,000 (상여)
〈손금불산입〉 건당 3만원 초과 적격증빙서류 미수취
기업업무추진비 4,000,000 (기타사외유출)

3 기업업무추진비 한도 계산

(1) 한도 계산 대상 기업업무추진비
3,000,000(복리후생비) + 10,000,000(대손상각비) + 201,000,000(기업업무추진비) = 214,000,000

(2) 한도 계산
1) 기본한도
36,000,000(중소기업) × 10/12 = 30,000,000
2) 일반수입금액 한도 (560억원)
1억 1천만원 + (560억원 − 500억원) × 0.03% = 111,800,000
3) 특수관계자수입금액 한도 (90억원)
90억원 × 0.03% × 1/10 = 270,000
4) 총 한도 : 142,070,000

(3) 기업업무추진비 한도 초과
214,000,000 − 142,070,000 = 71,930,000

법령 CHECK

법인세법 제25조
법인세법 시행령 제40조
법인세법 시행령 제41조

합격의 TIP

매우 자주 출제되는 문제로 반드시 학습해두고 수입금액한도율의 경우 제시되지 않으니 반드시 암기해 두자.

4 기타사외유출로 처분될 기업업무추진비

4,000,000 + 71,930,000 = 75,930,000

따라서 정답은 ①번이다.

관련이론 **기업업무추진비 한도 (1) + (2)**

(1) 기본한도
12,000,000(중소기업 36,000,000) × 사업연도 월수/12

(2) 수입금액별 한도

수입금액	비 율
100억원 이하	0.3%
100억원 초과 500억원 이하	3천만원 + (수입금액* - 100억원) × 0.2%
500억원 초과	1억1천만원 + (수입금액* - 500억원) × 0.03%

(단, 특수관계자와의 수입금액은 10분의 1)

* 수입금액이란 기업회계기준에 따라 계산한 매출액(사업연도 중에 중단된 사업부문의 매출액을 포함)을 의미한다.

문제 65 [법인세법] 세무조정과 소득처분

유 형	계산형		
중요도	★★★	정답	④

정답해설

과거에 기초 토지와 관련되어 익금에 산입했던 금액이 사내유보로 계상되어 있다. 2024년 토지의 50%가 외부로 유출되었으므로 사내유보로 계상되어 있었던 금액 7,000,000의 50%인 3,500,000원을 익금불산입 △유보로 추인한다.

따라서 정답은 ④번이다.

법령 CHECK

법인세법 시행령 제11조
법인세법 시행령 제19조

합격의 TIP

세무조정의 기초와 관련된 문제로 난이도가 낮은 문제이다. 반드시 맞추도록 하자.

문제 66 [법인세법] 과세표준과 세액

유 형	계산형		
중요도	★★	정답	②

정답해설

1 제24기에 신청한 결손금액 구하기

환급세액의 계산식은 다음과 같다.

전기 산출세액 – (전기 과세표준 – 소급공제결손금) × 전기 세율 = 환급세액

따라서 문제에서 주어진 숫자를 대입하여 소급공제결손금을 구하면 다음과 같다.

단, 전기산출세액에는 토지등 양도소득에 대한 법인세액이 제외됨을 주의하자.

20,000,000 – (200,000,000 – 소급공제결손금) x 9% = 3,800,000

∴소급공제결손금 = 20,000,000

이 소급공제결손금액이 제24기의 각사업연도소득금액 즉, 제24기 결손금 전액이 된다. 문제에서 제24기 발생한 결손금 전액에 대하여 소급공제를 신청한 것으로 주어졌기 때문이다.

2 제24기 차가감소득금액의 계산

4,000,000(당기순이익) + 14,000,000(익금산입) – 45,000,000(손금산입)
= △27,000,000

3 기부금한도초과액(X)의 계산

차가감소득금액 + 기부금한도초과액 – 기부금한도초과이월액손금산입액
= 제24기 각사업연도소득(제24기 발생한 결손금)

△27,000,000 + X – 0 = △20,000,000

∴기부금한도초과액(X) = 7,000,000

따라서 정답은 ②번이다.

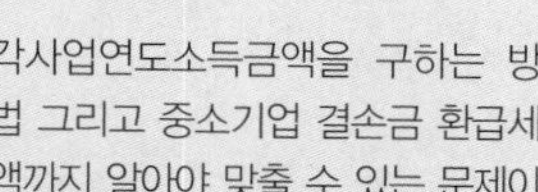

법인세법 제24조 제5항
법인세법 제72조

합격의 TIP

각사업연도소득금액을 구하는 방법 그리고 중소기업 결손금 환급세액까지 알아야 맞출 수 있는 문제이다. 자주 출제되진 않지만 2016년 66번을 함께 학습해보자.

관련이론 **결손금 소급공제**

(1) 요건 (다음의 요건을 모두 만족해야 함)
1) 결손금이 발생한 사업연도에 조세특례제한법상 중소기업일 것
2) 전기 및 당기에 법인세를 기한 내에 신고하였을 것
3) 결손금소급공제에 따른 환급을 신청하였을 것

(2) 환급세액 = Min(①, ②)
① 산출세액의 차액 : 전기 산출세액 – (전기 과세표준 – 소급공제결손금) × 전기 세율
② 한도액 : 전기 산출세액 – 전기 감면·공제세액

※ 만약, 결손금이 감소된 경우 환급세액에 이자상당액을 가산한 금액을 해당 결손금이 발생한 사업연도의 법인세로 징수한다.

※ 환급세액은 산출세액의 차액이므로 토지 등 양도소득에 대한 법인세, 가산세, 추가납부세액은 결손금 소급공제를 해도 환급되지 않는다.

문제 67 [법인세법] 법인세 신고와 납부

유 형	이론형		
중요도	★	정답	③

정답해설

③ 「소득세법」에 따른 성실신고확인대상사업자가 사업용자산을 현물출자하여 내국법인으로 전환한 경우 그 내국법인은 법인으로 전환한 후 5년 동안 성실신고확인서를 제출해야 한다.
↳ 3년

법령 CHECK

① 법인세법 제60조의2 제1항
② 법인세법 제60조 제1항
③ 법인세법 제60조의2 제1항
④ 법인세법 제75조 제2항
⑤ 법인세법 제75조 제3항

합격의 TIP

2016년부터 지금까지 1번 출제된 주제이다.

문제 68 [법인세법] 그 밖의 법인세	유 형	이론형		
	중요도	★	정답	④

정답해설

① 비영리내국법인의 각 사업연도의 소득에는 고유목적사업에 직접 사용하는 자산의 처분으로 인한 ~~모든 수입을~~ 포함한다.

↳ 수입 중 해당 유형자산 및 무형자산의 처분일 현재 3년 이상 계속하여 법령 또는 정관에 규정된 고유목적사업에 직접 사용한 유형자산 및 무형자산의 처분으로 인하여 생기는 수입을 제외하고

② 비영리내국법인의 고유목적사업준비금을 손비로 계상한 경우에는 그 계상한 고유목적사업준비금을 ~~이후 연속하는 3개 사업연도의 산출세액에서 순차적으로 차감한다~~.

↳ 해당 사업연도의 소득금액을 계산할 때 손금에 산입한다. 만약 고유목적사업준비금을 손금으로 계상한 사업연도의 종료일 이후 5년이 되는 날까지 고유목적사업 등에 사용하지 않은 때에는 그 잔액을 전액 환입한다.

③ 수익사업을 하는 비영리내국법인은 유형자산인 토지의 양도로 인하여 발생하는 소득이 있는 경우에 과세표준 신고를 ~~하지 아니한다~~.

→ 해야 한다. 단, 수익사업을 하지 않는 비영리내국법인이 법령으로 정한 일정 주식 및 토지 또는 건물 등의 경우에는 과세표준 신고를 하지 아니할 수 있고, 이 경우 과세표준 신고를 하지 아니한 자산양도소득은 각 사업연도의 소득금액을 계산할 때 포함하지 아니하며 법령으로 정한 일정 주식 및 토지 또는 건물등은 소득세법상 양도소득세로 과세된다.

⑤ 비영리법인이 수익사업을 하는 경우에는 자산·부채 및 손익을 그 수익사업에 속하는 것과 수익사업이 아닌 그 밖의 사업에 속하는 것을 각각 다른 회계로 구분하여 ~~기록하지 않을 수 있다~~.

↳ 기록하여야 한다.

법령 CHECK

① 법인세법 제4조 제3항
② 법인세법 제29조 제1항
③ 법인세법 제62조의2 제1항
④ 법인세법 제75조의3 제1항
⑤ 법인세법 제113조 제1항

합격의 TIP

자주 출제되지 않는 주제라 깊이 알아두기 보다는 기출로 출제된 지문을 알아두는 것이 더 효과적일 것 같다. 2017년 61번을 함께 학습해두자.

관련이론 **비영리내국법인의 자산양도소득에 대한 신고 특례(참고 : 법인세법 제62조의2)**

비영리내국법인(수익사업을 하는 비영리내국법인은 제외)이 법령으로 정한 일정 주식 및 토지 또는 건물 등에 해당하는 자산의 양도로 인하여 발생하는 소득이 있는 경우에는 과세표준 신고를 하지 아니할 수 있다. 이 경우 과세표준 신고를 하지 아니한 자산양도소득은 각 사업연도의 소득금액을 계산할 때 포함하지 아니한다. 만약, 과세표준의 신고를 하지 아니한 자산양도소득에 대하여는 「소득세법」을 준용하여 계산한 금액을 법인세로 납부하여야 하며, 법인세법상 토지등 양도소득에 대한 과세특례를 적용하지 아니한다.

문제 69 [법인세법]

유 형	이론형		
중요도	★★★	정답	③

정답해설

③ 특정차입금에 대한 지급이자등은 ~~건설등이 준공된 날이 속하는 사업연도 종료일까지~~ 이를 자본적 지출로 하여 그 원본에 가산한다.
↳ 건설등이 준공된 날까지

⑤ 업무무관가지급금으로 보지 않는 것 *관련이론

법령 CHECK

① 법인세법 제28조 제1항
② 법인세법 시행령 제51조 제1항
③ 법인세법 시행령 제52조 제2항
④ 법인세법 시행령 제52조 제4항
⑤ 법인세법 시행규칙 제44조

관련이론 **업무무관가지급금으로 보지 않는 것**

1. 「소득세법」에 따라 지급한 것으로 보는 배당소득 및 상여금(미지급소득)에 대한 소득세(개인지방소득세와 미지급소득으로 인한 중간예납세액상당액을 포함하며, 다음 계산식에 따라 계산한 금액을 한도로 한다)를 법인이 납부하고 이를 가지급금 등으로 계상한 금액(해당 소득을 실제 지급할 때까지의 기간에 상당하는 금액으로 한정한다)

   $$\text{가지급금으로 보지않는 금액} = \text{종합소득총결정세액} \times \frac{\text{미지급소득}}{\text{종합소득금액}}$$

2. 국외에 자본을 투자한 내국법인이 해당 국외투자법인에 종사하거나 종사할 자의 여비·급료 기타 비용을 대신하여 부담하고 이를 가지급금등으로 계상한 금액(그 금액을 실지로 환부받을 때까지의 기간에 상당하는 금액에 한한다)
3. 법인이 「근로복지기본법」 제2조 제4호에 따른 우리사주조합 또는 그 조합원에게 해당 우리사주조합이 설립된 회사의 주식취득(조합원간에 주식을 매매하는 경우와 조합원이 취득한 주식을 교환하거나 현물출자함으로써 「독점규제 및 공정거래에 관한 법률」에 의한 지주회사 또는 「금융지주회사법」에 의한 금융지주회사의 주식을 취득하는 경우를 포함한다)에 소요되는 자금을 대여한 금액(상환할 때까지의 기간에 상당하는 금액에 한한다)
4. 「국민연금법」에 의하여 근로자가 지급받은 것으로 보는 퇴직금전환금(당해 근로자가 퇴직할 때까지의 기간에 상당하는 금액에 한한다)
5. 소득의 귀속이 불분명하여 대표자에게 상여처분한 금액에 대한 소득세를 법인이 납부하고 이를 가지급금으로 계상한 금액(특수관계가 소멸될 때까지의 기간에 상당하는 금액에 한한다)
6. 직원에 대한 월정급여액의 범위에서의 일시적인 급료의 가불금
7. 직원에 대한 경조사비 또는 학자금(자녀의 학자금을 포함한다)의 대여액

7의2. 「조세특례제한법 시행령」에 따른 중소기업에 근무하는 직원(지배주주등인 직원은 제외한다)에 대한 주택구입 또는 전세자금의 대여액

8. 「금융기관부실자산 등의 효율적 처리 및 한국자산관리공사의 설립에 관한 법률」에 의한 한국자산관리공사가 출자총액의 전액을 출자하여 설립한 법인에 대여한 금액

문제 70 [법인세법] 감가상각비

유 형	이론형		
중요도	★★★	정답	②

정답해설

ㄱ. 개별자산별로 수선비로 지출한 금액이 600만원 ~~이상~~인 경우
↳ 미만

ㄴ. 개별자산별로 수선비로 지출한 금액이 직전 사업연도종료일 현재 재무상태표상의 자산가액(취득가액에서 감가상각누계액상당액을 차감한 금액을 말한다)의 100분의 5에 미달하는 경우

ㄷ. ~~3년의~~ 기간마다 주기적인 수선을 위하여 지출하는 경우
↳ 3년 미만의

따라서 정답은 ②이다.

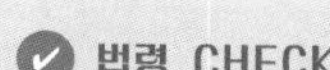

법인세법 시행령 제31조

쉽게 출제된 문제로 반드시 맞추도록 하자.

관련이론 즉시상각의제

(1) 법인이 감가상각자산을 취득하기 위하여 지출한 금액과 감가상각자산에 대한 자본적 지출에 해당하는 금액을 손금으로 계상한 경우에는 이를 감가상각한 것으로 보는 것 (결국 즉시상각의제가 적용되면, 시부인대상 감가상각비가 감가상각비로 계상되어 있는 금액보다 늘어남)

(2) 자본적 지출에 해당하는 것
1) 본래의 용도를 변경하기 위한 개조
2) 엘리베이터 또는 냉난방장치의 설치
3) 빌딩 등에 있어서 피난시설 등의 설치
4) 재해 등으로 인하여 멸실 또는 훼손되어 본래의 용도에 이용할 가치가 없는 건축물·기계·설비 등의 복구
5) 기타 개량·확장·증설 등 1)부터 4)까지의 지출과 유사한 성질의 것

(3) 즉시상각의제 대상이 아닌 것
1) 개별자산별로 수선비로 지출한 금액이 600만원 미만인 경우
2) 개별자산별로 수선비로 지출한 금액이 직전 사업연도종료일 현재 재무상태표상의 자산가액(취득가액에서 감가상각누계액상당액을 차감한 금액을 말한다)의 100분의 5에 미달하는 경우
3) 3년 미만의 기간마다 주기적인 수선을 위하여 지출하는 경우
4) 고유업무의 성질상 대량으로 보유해야 하는 자산*이나, 사업의 개시 또는 확장을 위하여 취득한 자산이 아니라면, 취득가액이 거래단위별로 100만원 이하인 감가상각자산에 대하여는 손금 인정

* 고유업무의 성질상 대량으로 보유해야 하는 자산 중 손금 인정 되는 것
1. 어업에 사용되는 어구(어선용구를 포함)
2. 영화필름, 공구, 가구, 전기기구, 가스기기, 가정용 기구·비품, 시계, 시험기기, 측정기기 및 간판
3. 대여사업용 비디오테이프 및 음악용 콤팩트디스크로서 개별자산의 취득가액이 30만원 미만인 것
4. 전화기(휴대용 전화기를 포함한다) 및 개인용 컴퓨터(그 주변기기를 포함한다)

(4) 시설의 개체 또는 기술의 낙후로 인하여 생산설비의 일부를 폐기한 경우, 사업의 폐지 또는 사업장의 이전으로 임대차계약에 따라 임차한 사업장의 원상회복을 위하여 시설물을 철거하는 경우
자산의 장부가액에서 1천원을 공제한 금액을 폐기일이 속하는 사업연도의 손금 산입가능

(5) 감가상각자산이 진부화, 물리적 손상 등에 따라 시장가치가 급격히 하락하여 법인이 기업회계기준에 따라 손상차손을 계상한 경우
즉시상각의제를 적용하여 계산한 세법상 감가상각 한도 내에서만 손금산입 가능

유 형	이론형		
중요도	★★★	정답	⑤

문제 71 [부가가치세법] 과세거래

정답해설

① 용역의 자가공급으로 보아 과세하지 않는 사례에 해당한다. *관련이론

② 과세대상이 아닌 손해배상금에 해당한다. *관련이론

③ 선주와 하역회사간의 계약에 따라 하역회사가 조기선적을 하고 선주로부터 받는 조출료는 하역용역의 제공에 따른 대가이므로 하역용역대가에 포함하나, 지연선적으로 인하여 선주에게 지급하는 체선료는 과세대상이 아니다.

④ 사후 무료서비스제공을 위하여 사용하거나 소비하는 경우에는 부가가치세가 과세되지 않는다.

⑤ 사업자가 자기생산 · 취득재화를 자기의 고객이나 불특정 다수에게 증여하는 경우(증여하는 재화의 대가가 주된 거래인 재화의 공급에 대한 대가에 포함되는 경우는 제외한다)는 재화의 공급으로 본다.

따라서 정답은 ⑤번이다.

법령 CHECK

① 부가가치세법 집행기준 12-0-1
② 부가가치세법 기본통칙 4-0-1
③ 부가가치세법 기본통칙 4-0-7
④ 부가가치세법 기본통칙 10-0-1
⑤ 부가가치세법 제10조 제5항

합격의 TIP

부가가치세법상 과세대상을 판단하는 문제는 매우 자주 출제되는 주제이다.

관련이론

(1) 용역의 자가공급으로 보아 과세하지 아니하는 사례
  1) 사업자가 자기의 사업과 관련하여 사업장 내에서 그 사용인에게 음식용역을 무상으로 제공하는 경우
  2) 사업자가 사용인의 직무상 부상 또는 질병을 무상으로 치료하는 경우
  3) 사업장이 각각 다른 수 개의 사업을 겸영하는 사업자가 그 중 한 사업장에 관련된 용역을 자기의 다른 사업장에 공급하는 경우
  4) 외국법인의 국내지점이 그 외국법인의 국내 다른 지점에 부동산임대용역을 제공하고 지점별 내부관리목적 등으로 임대료를 받는 경우

(2) 과세대상이 아닌 손해배상금
  1) 소유재화의 파손 · 훼손 · 도난 등으로 인하여 가해자로부터 받는 손해배상금
  2) 도급공사 및 납품계약서상 그 기일의 지연으로 인하여 발주자가 받는 지체상금
  3) 공급받을 자의 해약으로 인하여 공급할 자가 재화 또는 용역의 공급없이 받는 위약금 또는 이와 유사한 손해배상금
  4) 대여한 재화의 망실에 대하여 받는 변상금
  5) 부동산을 타인이 적법한 권한 없이 처음부터 계약상 또는 법률상의 원인없이 불법으로 점유하여 법원의 판결에 따라 지급받는 부당이득금 및 지연손해금은 용역의 공급에 해당하지 아니한다.
  (단, 부동산임대업을 영위하는 사업자가 부동산임대차 계약기간이 만료되었음에도 불구하고 임차인으로부터 임대한 부동산을 반환받지 못하여 소송을 제기한 경우 그 소송이 종료될 때까지 실질적으로 계속하여 임대용역을 제공하고 임차인으로부터 그 대가를 받거나 동 소송에서 승소하여 건물반환일까지의 임대료상당액을 받는 때에는 그 대가 또는 임대료 상당액은 과세대상)

(3) 조출료 체선료

1) 선주와 하역회사간의 계약에 따라 하역회사가 조기선적을 하고 선주로부터 받는 조출료는 하역용역의 제공에 따른 대가이므로 하역용역대가에 포함하나, 지연선적으로 인하여 선주에게 지급하는 체선료는 과세대상이 아니다.
2) 선주와 화주와의 계약에 따라 화주가 조기선적을 하고 선주로부터 받는 조출료는 용역제공에 대한 대가가 아니므로 과세대상이 아니나, 선주가 지연선적으로 인하여 화주로부터 받는 체선료는 항행용역의 제공에 따른 대가이므로 항행용역대가에 포함된다.
3) 화주와 선주간에 용선계약을 체결하고 화주와 하역회사간에는 본선하역에 대한 계약이 체결되어 있는 경우 화주가 선주로부터 받은 조출료의 일부 또는 전부를 하역회사에 지불하는 경우, 하역회사가 받는 동 조출료는 하역용역의 제공에 대한 대가에 포함된다.

(4) 사업자가 자기의 사업과 관련하여 생산하거나 취득한 재화를 자기의 과세사업을 위하여 다음 각 호의 예시와 같이 사용하거나 소비하는 경우에는 재화의 공급으로 보지 아니한다.

1) 자기의 다른 사업장에서 원료·자재 등으로 사용하거나 소비하기 위하여 반출하는 경우
2) 자기사업상의 기술개발을 위하여 시험용으로 사용하거나 소비하는 경우
3) 수선비 등에 대체하여 사용하거나 소비하는 경우
4) 사후 무료서비스제공을 위하여 사용하거나 소비하는 경우
5) 불량품 교환 또는 광고선전을 위한 상품진열 등의 목적으로 자기의 다른 사업장으로 반출하는 경우

문제 72 [부가가치세법] 세금계산서와 영수증

유 형	이론형		
중요도	★★★	정답	③

정답해설

① 처음 공급한 재화가 환입된 경우 수정세금계산서 또는 수정전자세금계산서의 작성일에는 처음 세금계산서 작성일을 적고 붉은색 글씨를 쓰거나 음(陰)의 표시를 하여 수정세금계산서 또는 수정전자세금계산서를 발급할 수 있다.
→ 재화가 환입된 날을 작성일로 적고 비고란에 처음 세금계산서 작성일을 덧붙여 적은 후

② 관할 세무서장은 개인사업자가 전자세금계산서 의무발급 개인사업자에 해당하는 경우에는 전자세금계산서를 발급하여야 하는 기간이 시작되기 전까지 그 사실을 해당 개인사업자에게 통지하여야 한다. ↳ 날이 시작되기 1개월 전까지

④ 법인사업자가 전자세금계산서를 발급하였을 때에는 전자세금계산서 발급일의 다음달 10일까지 전자세금계산서 발급명세를 국세청장에게 전송하여야 한다.
↳ 다음날까지

⑤ 매입자발행세금계산서를 발행하려는 자는 해당 재화 또는 용역의 공급시기가 속하는 과세기간의 종료일부터 6개월 이내에 거래사실확인신청서에 거래사실을 객 ↳ 1년 관적으로 입증할 수 있는 서류를 첨부하여 신청인 관할 세무서장에게 거래사실의 확인을 신청하여야 한다.

법령 CHECK

① 부가가치세법 시행령 제70조 제1항
② 부가가치세법 시행령 제68조 제3항
③ 부가가치세법 시행령 제73조 제3항
④ 부가가치세법 제32조 제3항
⑤ 부가가치세법 시행령 제71조의 2 제2항

합격의 TIP

심화학습으로 수정세금계산서 조항에 대해 학습해두자.

관련이론 **수정세금계산서**

(1) **처음 공급한 재화가 환입된 경우** : 재화가 환입된 날을 작성일로 적고 비고란에 처음 세금계산서 작성일을 덧붙여 적은 후 붉은색 글씨로 쓰거나 음의 표시를 하여 발급

(2) **계약의 해제로 재화 또는 용역이 공급되지 아니한 경우** : 계약이 해제된 때에 그 작성일은 계약해제일로 적고 비고란에 처음 세금계산서 작성일을 덧붙여 적은 후 붉은색 글씨로 쓰거나 음의 표시를 하여 발급

(3) **계약의 해지 등에 따라 공급가액에 추가되거나 차감되는 금액이 발생한 경우** : 증감 사유가 발생한 날을 작성일로 적고 추가되는 금액은 검은색 글씨로 쓰고, 차감되는 금액은 붉은색 글씨로 쓰거나 음의 표시를 하여 발급

(4) **재화 또는 용역을 공급한 후 공급시기가 속하는 과세기간 종료 후 25일(과세기간 종료 후 25일이 되는 날이 「국세기본법」 제5조 제1항 각 호에 해당하는 경우에는[*1] 경우에는 바로 다음 영업일을 말함) 이내에 내국신용장이 개설되었거나 구매확인서가 발급된 경우** : 내국신용장 등이 개설된 때에 그 작성일은 처음 세금계산서 작성일을 적고 비고란에 내국신용장 개설일 등을 덧붙여 적어 영세율 적용분은 검은색 글씨로 세금계산서를 작성하여 발급하고, 추가하여 처음에 발급한 세금계산서의 내용대로 세금계산서를 붉은색 글씨로 또는 음의 표시를 하여 작성하고 발급

(*1) 1. 토요일 및 일요일
2. 「공휴일에 관한 법률」에 따른 공휴일 또는 대체공휴일
3. 「근로자의 날 제정에 관한 법률」에 따른 근로자의 날

(5) **필요적 기재사항 등이 착오로 잘못 적힌 경우(다음의 어느 하나에 해당하는 경우로서 과세표준 또는 세액을 경정할 것을 미리 알고 있는 경우는 제외)** : 처음에 발급한 세금계산서의 내용대로 세금계산서를 붉은색 글씨로 쓰거나 음의 표시를 하여 발급하고, 수정하여 발급하는 세금계산서는 검은색 글씨로 작성하여 발급

1) 세무조사의 통지를 받은 경우
2) 세무공무원이 과세자료의 수집 또는 민원 등을 처리하기 위하여 현지출장이나 확인업무에 착수한 경우
3) 세무서장으로부터 과세자료 해명안내 통지를 받은 경우
4) 그 밖에 위의 1) ~ 3) 규정에 따른 사항과 유사한 경우

(6) **필요적 기재사항 등이 착오 외의 사유로 잘못 적힌 경우((5)의 1) ~ 4)에 해당하는 경우로서 과세표준 또는 세액을 경정할 것을 미리 알고 있는 경우는 제외)** : 재화나 용역의 공급일이 속하는 과세기간에 대한 확정신고기한 다음날부터 1년 이내에 세금계산서를 작성하되, 처음에 발급한 세금계산서의 내용대로 세금계산서를 붉은색 글씨로 쓰거나 음의 표시를 하여 발급하고, 수정하여 발급하는 세금계산서는 검은색 글씨로 작성하여 발급

(7) **착오로 전자세금계산서를 이중으로 발급한 경우** : 처음에 발급한 세금계산서의 내용대로 음의 표시를 하여 발급

(8) **면세 등 발급대상이 아닌 거래 등에 대하여 발급한 경우** : 처음에 발급한 세금계산서의 내용대로 붉은색 글씨로 쓰거나 음의 표시를 하여 발급

(9) **세율을 잘못 적용하여 발급한 경우((5)의 1)~4)에 에 해당하는 경우로서 과세표준 또는 세액을 경정할 것을 미리 알고 있는 경우는 제외한다)** : 처음에 발급한 세금계산서의 내용대로 세금계산서를 붉은색 글씨로 쓰거나 음의 표시를 하여 발급하고, 수정하여 발급하는 세금계산서는 검은색 글씨로 작성하여 발급

(10) **일반과세자에서 간이과세자로 과세유형이 전환된 후 과세유형전환 전에 공급한 재화 또는 용역에 위의 (1)~(3)의 사유가 발생한 경우** : (1)~(3)의 절차에도 불구하고 처음에 발급한 세금계산서 작성일을 수정세금계산서 또는 수정전자세금계산서의 작성일로 적고, 비고란에 사유 발생일을 덧붙여 적은 후 추가되는 금액은 검은색 글씨로 쓰고 차감되는 금액은 붉은색 글씨로 쓰거나 음의 표시를 하여 수정세금계산서나 수정전자세금계산서를 발급할 수 있다.

(11) **간이과세자에서 일반과세자로 과세유형이 전환된 후 과세유형전환 전에 공급한 재화 또는 용역에 위의 (1)~(3)의 사유가 발생하여 수정세금계산서나 수정전자세금계산서를 발급하는 경우** : (1)~(3)의 절차에도 불구하고 절차에도 불구하고 처음에 발급한 세금계산서 작성일을 수정세금계산서 또는 수정전자세금계산서의 작성일로 적고, 비고란에 사유 발생일을 덧붙여 적은 후 추가되는 금액은 검은색 글씨로 쓰고 차감되는 금액은 붉은색 글씨로 쓰거나 음의 표시를 해야 한다.

문제 73 [국제조세조정에관한법률] 국제거래에 관한 조세의 조정

유 형	이론형		
중요도	★★	정답	⑤

정답해설

① 금융업을 영위하는 내국법인(외국법인의 국내사업장을 포함하며)의 차입금 중 국외지배주주로부터 차입한 금액이 해당 국외지배주주가 출자한 출자금액의 2배를
6배(단, 내국법인이 금융업과 금융업이 아닌 업종을 겸영하지 아니하는 경우에 한함)
초과하는 경우에는 그 초과분에 대한 지급이자 및 할인료는 그 내국법인의 손금에 산입하지 아니한다.

② 국외지배주주의 지급보증(담보의 제공 등 실질적으로 지급을 보증하는 경우를 포함한다)에 의하여 제3자로부터 차입한 금액에 대한 지급이자 손금불산입액은 배당으로 처분된 것으로 본다.
↳ 기타사외유출

③ 손금불산입액으로 산정되는 지급이자와 할인액의 범위에는 내국법인이 국외지배주주에게 지급해야 할 사채할인발행차금 상각액, 융통어음 할인료 등 그 경제적 실질이 이자에 해당하는 ~~것과 건설자금이자를 포함한다~~.
↳ 것을 모두 포함하나, 건설자금이자는 제외한다.

④ 서로 다른 이자율이 적용되는 지급이자와 할인액이 함께 있는 경우에는 ~~초과차입금적수에 가중평균이자율을 곱하여 지급이자 손금불산입액을 산정한다~~.
↳ 높은 이자율이 적용되는 것부터 먼저 손금에 산입하지 아니한다.

⑤ 「국제조세조정에 관한 법률」상 출자금액 대비 과다차입금 지급이자의 손금불산입 규정은 「법인세법」상 지급이자의 손금불산입 규정보다 우선하여 적용한다.

법령 CHECK

① 국제조세조정에관한법률 제22조 제2항
② 국제조세조정에관한법률 시행령 제49조
③ 국제조세조정에관한법률 시행령 제48조 제3항
④ 국제조세조정에관한법률 제22조 제6항
⑤ 국제조세조정에관한법률 제48조 제3항

합격의 TIP

지금까지 국제조세조정에관한법률은 79번과 80번에 출제되었으나 2023년의 경우 특이하게 73번과, 76번에 출제되었다.

문제 74 [부가가치세법] 부가가치세 총설

유 형	이론형		
중요도	★★★	정답	①

정답해설

① 농민이 자기농지의 확장 또는 농지개량작업에서 생긴 토사석을 일시적으로 판매하는 경우에는 납세의무가 없다.

⑤ 「소득세법 시행령」에 따라 소득세가 과세되지 아니하는 농가부업은 부가가치세법에 따라 사업을 구분할 때에 독립된 사업으로 보지 아니한다. 다만, 「소득세법 시행령」에 따른 민박, 음식물 판매, 특산물 제조, 전통차 제조 및 그 밖에 이와 유사한 활동은 독립된 사업으로 본다.

법령 CHECK

① 부가가치세법 기본통칙 3-0-6
② 부가가치세법 기본통칙 3-0-5
③ 부가가치세법 기본통칙 3-0-4
④ 부가가치세법 제3조
⑤ 부가가치세법 시행규칙 제2조 제3항

합격의 

부가가치세법 기본통칙을 알지 못해도 부가가치세법 납세의무대상과 부가가치세 과세대상인지 판단을 해보면 쉽게 해결할 수 있는 문제이다.

문제 75 [부가가치세법] 매입세액과 차가감납부세액

유 형	계산형		
중요도	★★★	정답	④

정답해설

(1) 세금계산서를 2025년 1월 10일에 받았으므로 해당 원자재 매입세액 6,000,000원은 구입일인 2024년 2기에 매입세액공제 한다.

(2) 거래처의 창사기념일에 증정하는 기념품은 기업업무추진비에 포함되므로 전액 매입세액불공제 한다.

(3) 생산직 직원들의 작업복관련 매입세액 500,000원은 사업과 관련된 것으로 매입세액공제대상이다.

(4) 종업원 명절선물 매입세액 400,000원도 매입세액공제대상이다. 참고로 해당 건의 경우 문제에 주어지진 않았지만 종업원당 1년 10만원을 초과하는 경우에는 재화의 공급으로 보므로 매출세액에 해당 금액을 다시 포함해야 한다. 다만 기출문제는 매입세액공제대상 금액에 대해 묻고 있으므로 400,000원도 매입세액공제대상에 포함한다.

따라서 매입세액공제로 받을 수 있는 총 금액은 6,900,000원으로 정답은 ④번이다.

법령 CHECK

부가가치세법 제38조
부가가치세법 제39조

합격의 TIP

난이도가 쉽게 출제되었다. 반드시 맞추도록 하자

관련이론 **매출세액에서 공제하지 않는 매입세액**

1. 매입처별 세금계산서합계표를 제출하지 아니한 경우의 매입세액
2. 제출한 매입처별 세금계산서합계표의 기재사항 중 거래처별 등록번호 또는 공급가액의 전부 또는 일부가 적히지 아니하였거나 사실과 다르게 적힌 경우 그 기재사항이 적히지 아니한 부분 또는 사실과 다르게 적힌 부분의 매입세액
3. 세금계산서 또는 수입세금계산서를 발급받지 아니한 경우
4. 사업과 직접 관련이 없는 지출
5. 「개별소비세법」에 따른 자동차(운수업, 자동차판매업 등 제외)의 구입과 임차 및 유지에 관한 매입세액
6. 기업업무추진비 및 이와 유사한 비용으로서 대통령령으로 정하는 비용의 지출에 관련된 매입세액
7. 면세사업등에 관련된 매입세액(면세사업등을 위한 투자에 관련된 매입세액을 포함한다)과 토지에 관련된 매입세액
8. 사업자등록을 신청하기 전의 매입세액(다만, 공급시기가 속하는 과세기간이 끝난 후 20일 이내에 등록을 신청한 경우 등록신청일부터 공급시기가 속하는 과세기간 기산일까지 역산한 기간 내의 것은 매입세액 공제 가능)

문제 76 [국제조세조정에관한법률] 국가 간 조세 행정 협조

유 형	이론형		
중요도	★★	정답	④

정답해설

① 상호합의절차 개시의 신청

③ 체약상대국의 과세당국으로부터 조세조약의 규정에 부합하지 아니하는 과세처분을 받았거나 받을 우려가 있는 경우이거나 조세조약에 따라 우리나라와 체약상대국 간에 조세조정이 필요한 경우에는 국세청장이 직권으로 체약상대국의 권한 있는 당국에 상호합의절차 개시를 요청할 수 있다.

④ 체약상대국의 권한 있는 당국에 상호합의절차 개시를 요청한 경우에는 ~~상호합의절차 개시 요청일~~을 상호합의절차의 개시일로 한다.
↳ 체약상대국의 권한 있는 당국으로부터 이를 수락하는 의사를 통보받은 날

법령 CHECK

① 국제조세조정에관한법률 제42조 제1항
② 국제조세조정에관한법률 제42조 제5항
③ 국제조세조정에관한법률 제42조 제3항
④ 국제조세조정에관한법률 제45조
⑤ 국제조세조정에관한법률 제50조

관련이론 **상호합의절차**

(1) 개시요건(각 요건의 구분에 따른 자에게 신청)
  1) 조세조약의 적용 및 해석에 관하여 체약상대국과 협의할 필요성이 있는 경우
     기획재정부장관
  2) 체약상대국의 과세당국으로부터 조세조약의 규정에 부합하지 아니하는 과세처분을 받았거나 받을 우려가 있는 경우
     국세청장
  3) 조세조약에 따라 우리나라와 체약상대국 간에 조세조정이 필요한 경우
     국세청장

(2) 개시일
  1) 체약상대국의 권한 있는 당국으로부터 상호합의절차 개시 요청을 받은 경우
     이를 수락하는 의사를 체약상대국의 권한 있는 당국에 통보한 날
  2) 체약상대국의 권한 있는 당국에 상호합의절차 개시를 요청한 경우
     체약상대국의 권한 있는 당국으로부터 이를 수락하는 의사를 통보받은 날

문제 77 [부가가치세법] 매입세액과 차가감납부세액

유 형	계산형		
중요도	★★★	정답	①

정답해설

1 매출세액

(1) 과세매출세액 : 200,000,000 × 10% = 20,000,000

(2) 면세매출세액 : 0

(3) 공통매입세액 기계 C 매출세액 : 12,000,000 × 10% = 1,200,000

2 매입세액

(1) 과세매입세액 : 6,000,000 – 500,000 (기업업무추진비관련 매입세액은 불공제) = 5,500,000

(2) 면세매입세액 : 0 (면세매입세액은 모두 불공제)

(3) 공통매입세액 : 기계B

$$= \text{매입세액} \times \frac{\text{과세사업공급가액}}{\text{과세사업공급가액} + \text{면세사업공급가액}}$$

$$= 4{,}500{,}000 \times \frac{200{,}000{,}000}{200{,}000{,}000 + 100{,}000{,}000}$$

= 3,000,000

(4) 공통매입세액 : 기계C

재화를 공급하는 날이 속하는 과세기간에 신규로 사업을 시작하여 직전 과세기간이 없는 경우에는 해당 재화 또는 용역의 매입세액은 공제되는 매입세액으로 하므로 기계C의 매입세액 3,000,000은 모두 공제한다.

(5) 총 매입세액 : 5,500,000 + 3,000,000 + 3,000,000 = 11,500,000

3 납부세액

매출세액 – 매입세액

= 21,200,000 – 11,500,000 = 9,700,000

따라서 정답은 ①번이다.

법령 CHECK

부가가치세법 제40조

부가가치세법 시행령 제81조

부가가치세법 시행령 제63조

합격의 TIP

안분계산이 포함되어 있긴 하나 난이도가 쉽게 출제되었다. 2022년 75번도 함께 학습해보자.

유 형	계산형		
중요도	★★★	정답	④

문제 78 [부가가치세법] 과세표준과 세액

정답해설

2024.1.10.	장기할부판매의 경우 대가의 각 부분을 받기로 한 때를 재화의 공급시기로 보지만 장기할부판매를 충족하려면 2회 이상 분할 그리고 기간이 1년 이상 되어야 한다. 현재 2회 이상 분할은 충족하나 판매대금을 받는 기간이 1년이 안되므로 제품 B가 인도되었을 때를 공급시기로 한다. 따라서 120,000,000원 전액을 부가가치세 과세표준으로 한다.
2024.2.10.	완성도 기준 조건의 경우 대가의 각 부분을 받기로 한 때를 재화의 공급시기로 본다. 3월 31일 기준으로 받은 대금은 50%이므로 50,000,000이 부가가치세 과세표준이 된다.
2024.3.10.	제품 D의 경우 장기할부판매 등의 다른 요건을 충족하지 않으므로 인도되는 시점이 공급시기가 된다. 따라서 예정되로 진행된다면 2기 예정신고기간이 공급시기가 될 것이므로 1기 예정신고 기간에 인식할 부가가치세 과세표준은 없다.

따라서 2024년 1기 예정신고시 부가가치세 과세표준은 120,000,000 + 50,000,000 = 170,000,000원이다.

법령 CHECK

부가가치세법 제15조
부가가치세법 시행령 제28조
부가가치세법 시행규칙 제17조

합격의 

재화의 공급시기는 매우 중요한 주제로 자주 출제된다. 부가가치세과세표준, 차가감납부세액 등을 물어볼 때 등 여러 가지 형태로 응용될 수 있으므로 반드시 학습해두자.

관련이론 **재화의 공급시기**

구 분	공급시기
현금·외상·할부판매	재화가 인도되거나 이용가능하게 되는 때
장기할부판매	재화를 공급하고 그 대가를 월부·연부 그 밖의 할부방법에 따라 받는 경우로서 대가를 2회 이상 분할하여 받고 해당 재화를 인도한 날의 다음 날부터 최종 할부금 지급기일까지의 기간이 1년 이상인 장기할부판매 경우 대가의 각 부분을 받기로 한 때
중간지급조건부	다음 어느 하나에 해당하는 중간지급조건부의 경우 대가의 각 부분을 받기로 한 때 • 계약금을 받기로 한 날의 다음 날부터 용역의 제공을 완료하는 날까지의 기간이 6개월 이상인 경우로서 그 기간 이내에 계약금 외의 대가를 분할하여 받는 경우 • 「국고금 관리법」 제26조에 따라 경비를 미리 지급받는 경우 • 「지방회계법」 제35조에 따라 선금급을 지급받는 경우
조건부판매 및 기한부 판매	반환조건부판매·동의조건부판매 그 밖의 조건부 및 기한부판매의 경우에는 그 조건이 성취되거나 기한이 경과되어 판매가 확정되는 때
완성도기준지급조건부	공급자는 일의 완성도를 측정하여 기성금을 청구하고 공급받는 자가 완성도를 확인하여 대가를 확정하는 완성도기준지급조건부의 경우 대가의 각 부분을 받기로 한 때
재화의 공급으로 보는 가공	가공된 재화를 인도하는 때
면세전용, 비영업용 승용자동차, 개인적 공급	재화를 사용하거나 소비하는 때
직매장 반출	재화를 반출하는 때
사업상증여	재화를 증여하는 때
폐업할 때 남아 있는 재화	폐업일
무인판매기에 의한 공급	무인판매기에서 현금을 꺼내는 때
수출재화	• 내국물품의 외국 반출, 중계무역방식의 수출 : 수출재화의 선(기)적일 • 원양어업, 위탁판매수출 : 수출재화의 공급가액이 확정되는 때 • 위탁가공무역방식의 수출, 외국인도수출 : 외국에서 해당 재화가 인도되는 때
조달청과 런던금속거래소 창고증권의 양도	• 창고증권을 소지한 사업자가 해당 조달청 창고 또는 거래소의 지정창고에서 실물을 넘겨받은 후 보세구역의 다른 사업자에게 해당 재화를 인도하는 경우 : 해당 재화를 인도하는 때 • 해당 재화를 실물로 넘겨받는 것이 재화의 수입에 해당하는 경우 : 그 수입신고 수리일 • 국내로부터 조달청 창고 또는 거래소의 지정창고에 임치된 임치물이 국내로 반입되는 경우 : 그 반입신고 수리일
보세구역에서 수입하는 재화	사업자가 보세구역 안에서 보세구역 밖의 국내에 재화를 공급하는 경우 재화의 수입신고 수리일
계속적 공급	전력 기타 공급단위를 구획할 수 없는 재화 또는 용역을 계속적으로 공급하는 경우 대가의 각 부분을 받기로 한 때
위탁매매	• 수탁자 또는 대리인의 공급시기를 기준으로 공급시기 판정 • 위탁자 또는 본인을 알 수 없는 경우 위탁자와 수탁자 또는 본인과 대리인 사이에도 공급이 이루어진 것으로 보아 공급시기 판정

문제 79 [부가가치세법] 영세율과 면세

유 형	이론형		
중요도	★★★	정답	③

정답해설

③ 사업자가 국내에서 ~~국내사업장이 없는 비거주자에게 직접 재화를 공급하고 그 대가를~~ 외국환은행에서 원화로 받는 경우
↳ 비거주자 등이 지정하는 국내사업자에게 재화를 공급하고, 그 국내사업자가 그 재화를 과세사업에 사용해야 하며 그 대가를 비거주자등으로부터

④ 사업자가 국외에서 건설공사를 도급받아 국외에서 건설용역을 제공하는 경우 해당 용역을 제공받는 자, 대금결제수단에 관계없이 영세율이 적용된다.

법령 CHECK

① 부가가치세법 시행령 제31조 제1항 제6호
② 부가가치세법 제21조 제2항
③ 부가가치세법 시행령 제31조 제2항
④ 부가가치세법 기본통칙 22-0-1
⑤ 부가가치세법 제32조 제2항

합격의 TIP

영세율과 면세와 관련된 문제는 거의 2년에 1문제는 출제되니 반드시 학습해두자. (2016년 75번, 2019년 78번, 2022년 74번)

관련이론 재화의 수출

(1) 내국물품(대한민국 선박에 의하여 채집되거나 잡힌 수산물을 포함한다)을 외국으로 반출하는 것

(2) 중계무역 방식의 거래 등 국내 사업장에서 계약과 대가 수령 등 거래가 이루어지는 것으로 다음의 것
1) 중계무역 방식의 수출(수출할 것을 목적으로 물품 등을 수입하여 「관세법」 제154조에 따른 보세구역 및 같은 법 제156조에 따라 보세구역 외 장치의 허가를 받은 장소 또는 「자유무역지역의 지정 및 운영에 관한 법률」 제4조에 따른 자유무역지역 외의 국내에 반입하지 아니하는 방식의 수출을 말한다)
2) 위탁판매수출[물품 등을 무환(無換)으로 수출하여 해당 물품이 판매된 범위에서 대금을 결제하는 계약에 의한 수출을 말한다]
3) 외국인도수출[수출대금은 국내에서 영수(領收)하지만 국내에서 통관되지 아니한 수출물품 등을 외국으로 인도하거나 제공하는 수출을 말한다]
4) 위탁가공무역 방식의 수출[가공임(加工賃)을 지급하는 조건으로 외국에서 가공(제조, 조립, 재성, 개조를 포함한다. 이하 같다)할 원료의 전부 또는 일부를 거래 상대방에게 수출하거나 외국에서 조달하여 가공한 후 가공물품 등을 외국으로 인도하는 방식의 수출을 말한다]
5) 원료를 대가 없이 국외의 수탁가공 사업자에게 반출하여 가공한 재화를 양도하는 경우에 그 원료의 반출
6) 「관세법」에 따른 수입신고 수리 전의 물품으로서 보세구역에 보관하는 물품의 외국으로의 반출

(3) 내국신용장 또는 구매확인서에 의하여 재화[금지금(金地金)은 제외한다]를 공급하는 것 등으로서 다음의 재화
1) 내국신용장 또는 구매확인서에 의하여 공급하는 재화(금지금은 제외)
2) 사업자가 「한국국제협력단법」에 따른 한국국제협력단에 공급하는 재화(한국국제협력단법에 따른 사업을 위하여 외국에 무상으로 반출하는 재화로 한정)
3) 사업자가 「한국국제보건의료재단법」에 따른 한국국제보건의료재단에 공급하는 재화(한국국제보건의료재단법에 따른 사업을 위하여 외국에 무상으로 반출하는 재화로 한정)
4) 사업자가 「대한적십자사 조직법」에 따른 대한적십자사에 공급하는 재화(대한적십자사가 조직법에 따른 사업을 위하여 외국에 무상으로 반출하는 재화로 한정)
5) 사업자가 다음의 요건에 따라 공급하는 재화
① 국외의 비거주자 또는 외국법인(이하 이 호에서 "비거주자등"이라 한다)과 직접 계약에 따라 공급할 것
② 대금을 외국환은행에서 원화로 받을 것
③ 비거주자등이 지정하는 국내의 다른 사업자에게 인도할 것
④ 국내의 다른 사업자가 비거주자등과 계약에 따라 인도받은 재화를 그대로 반출하거나 제조·가공한 후 반출할 것

문제 80 [부가가치세법] 간이과세

유 형	계산형		
중요도	★★★	정답	④

정답해설

1 납부세액

= 과세표준 × 부가가치율 × 10%

= 70,000,000 × 15% × 10% = 1,050,000

2 공제세액

1) 매입세금계산서 등 수취세액공제 (식기 등 조리용품 구입 22,000,000, 주방설비 11,000,000)

(22,000,000 + 11,000,000) × 0.5% = 165,000원

2) 신용카드 매출전표 등 발행세액공제

= 신용카드매출전표 발행액 등 전자결제액 × 1.3%

= 30,000,000 × 1.3%

= 390,000원

3 차감납부할세액 : 1,050,000 − 390,000 − 165,000 = 495,000

따라서 정답은 ④번이다.

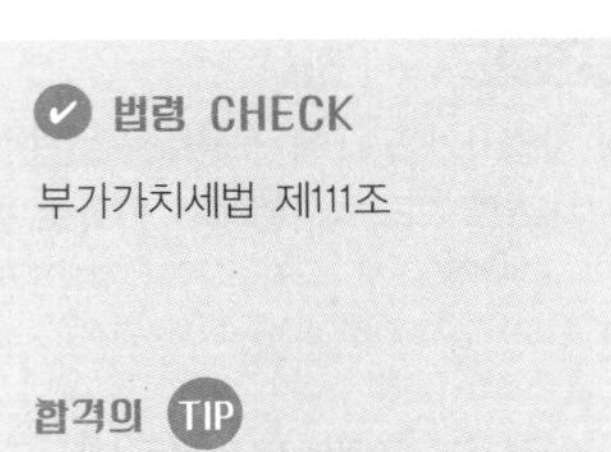

법령 CHECK

부가가치세법 제111조

합격의 TIP

2018년 76번을 함께 학습해보자.

관련이론 간이과세 계산구조

	납부세액	과세표준×부가가치율×10% ※ 공급대가가 48,000,000 미만이면 납부세액은 “0”이다. 차감납부세액이 아닌 납부세액만 0임을 주의하자.
(+)	재고납부세액	(취득가액×10/100)× (1 − 상각률[*1]×경과된과세기간[*2])×(1 − 0.5% × 110/10) *1 재고품의 상각률 : 0%, 건축물 및 구축물의 상각률 : 5%, 기타 감가상각자산의 상각률 : 25% *2 경과된 과세기간 : 취득한 날이 속한 과세기간(일반과세자의 확정신고기간(6개월) 단위)을 1과세기간으로 적용. 단, 과세기간의 개시일 후에 감가상각자산을 취득한 경우에는 그 과세기간의 개시일에 해당 재화를 취득한 것으로 보아 경과된 과세기간을 계산
(−)	공제세액	• 매입세금계산서 등 수취세액공제 : 공급대가×0.5% • 의제매입세액공제 : 2021년 7월 1일이후부터 간이과세자는 의제매입세액공제가 배제된다. • 신용카드매출전표 등 발행세액공제 : min(①, ②) ① 신용카드 매출전표 발행액 등 전자적 결제수단 결제액×1.3%(2021.7.1.이후 공급하는 분부터) ② 한도 : 10,000,000 • 전자신고 세액공제 : 10,000원
	차감세액	납부세액+재고납부세액−공제세액 • 납부세액+재고납부세액 > 공제세액 : 납부 • 납부세액+재고납부세액 < 공제세액 : 환급 안 됨
(−)	예정부과세액	차감세액이 0일 경우 예정부과세액은 환급됨
(+)	가산세액	미등록가산세 = 공급대가×0.5% 세금계산서 등 발급 관련 가산세 매출처별 세금계산서 합계표 관련 가산세 세금계산서 미수취가산세 (공급대가의 0.5%)
	지방소비세 차감전 차가감납부세액	납부세액+재고납부세액−공제세액−예정부과세액+가산세

2022년(제59회) 세무사 1차 세법학개론 정답

세법학개론

41	42	43	44	45	46	47	48	49	50
①	③	②	⑤	⑤	④	⑤	④	①	④
51	52	53	54	55	56	57	58	59	60
③	②	③	②	③	②	②	⑤	④	①
61	62	63	64	65	66	67	68	69	70
⑤	②	④	④	③	②	②	①	①	②
71	72	73	74	75	76	77	78	79	80
③	④	③	③	④	④	①	⑤	③	①

2022년 세무사 1차 결과

대상인원(명)	응시인원(명)	합격인원(명)	합격률(%)
14,728	12,554	4,694	37.39

2022년 과목별 결과

구 분	응시인원(명)	평균점수(점)	과락인원(명)	과락률(%)
재정학	12,554	62.38	1,950	15.53
세법학개론	12,554	43.99	4,798	38.22
회계학개론	12,496	41.24	6,043	48.36
상 법	4,244	63.37	637	15.01
민 법	1,275	61.47	249	19.53
행정소송법	6,977	64.52	1,364	19.55

문제 41 [국세기본법] 총 칙

유 형	이론형		
중요도	★★	정답	①

정답해설

① 납세자에 대한 구체적인 탈세 제보가 있는 경우로서 해당 탈세 혐의에 대한 확인이 필요한 사유로 인한 부분조사는 같은 세목 및 같은 과세기간에 대하여 2회를 초과하여 실시할 수 있다.

→ 없다. 1.거래상대방에 대한 세무조사 중에 거래 일부의 확인이 필요한 경우, 2.납세자에 대한 구체적인 탈세 제보가 있는 경우로서 해당 탈세 혐의에 대한 확인이 필요한 경우, 3.명의위장, 차명계좌의 이용을 통하여 세금을 탈루한 혐의에 대한 확인이 필요한 경우, 4.그 밖에 세무조사의 효율성 및 납세자의 편의 등을 고려하여 특정 사업장, 특정 항목 또는 특정 거래에 대한 확인이 필요한 경우로서 대통령령으로 정하는 경우에 해당하는 사유로 인한 부분조사는 같은 세목 및 같은 과세기간에 대하여 2회를 초과하여 실시할 수 없다.

② 세무조사 기간의 제한 및 세무조사 연장기간의 제한을 받지 아니하는 경우 *관련이론1

③ 세무조사 기간을 연장할 수 있는 사유 *관련이론2

④ 정기선정에 의한 조사 외에 세무조사를 할 수 있는 경우 *관련이론3

⑤ 같은 세목 및 같은 과세기간에 대해 재조사할 수 있는 경우 *관련이론4

법령 CHECK

① 국세기본법 제81조의11 제4항
② 국세기본법 제81조의8 제3항 제1호
③ 국세기본법 제81조의8 제1항 제3호
④ 국세기본법 제81조의6 제3항 제3호
⑤ 국세기본법 제81조의4 제2항 제6호

합격의 TIP

세무조사에 대한 포괄적으로 묻는 문제가 출제되었다. 2016년 43번, 2020년 44번 문제를 함께 학습해 보자.

관련이론1 세무조사 기간의 제한 및 세무조사 연장기간의 제한을 받지 아니하는 경우

1. 무자료거래, 위장·가공거래 등 거래 내용이 사실과 다른 혐의가 있어 실제 거래 내용에 대한 조사가 필요한 경우
2. 역외거래를 이용하여 세금을 탈루하거나 국내 탈루소득을 해외로 변칙유출한 혐의로 조사하는 경우
3. 명의위장, 이중장부의 작성, 차명계좌의 이용, 현금거래의 누락 등의 방법을 통하여 세금을 탈루한 혐의로 조사하는 경우
4. 거짓계약서 작성, 미등기양도 등을 이용한 부동산 투기 등을 통하여 세금을 탈루한 혐의로 조사하는 경우
5. 상속세·증여세 조사, 주식변동 조사, 범칙사건 조사 및 출자·거래관계에 있는 관련자에 대하여 동시조사를 하는 경우

관련이론2 세무조사 기간을 연장할 수 있는 사유

1. 납세자가 장부·서류 등을 은닉하거나 제출을 지연하거나 거부하는 등 조사를 기피하는 행위가 명백한 경우
2. 거래처 조사, 거래처 현지확인 또는 금융거래 현지확인이 필요한 경우
3. 세금탈루 혐의가 포착되거나 조사 과정에서 「조세범 처벌절차법」에 따른 조세범칙조사를 개시하는 경우
4. 천재지변이나 노동쟁의로 조사가 중단되는 경우
5. 제81조의16 제2항에 따른 납세자보호관 또는 담당관(이하 납세자보호관등)이 세금탈루혐의와 관련하여 추가적인 사실 확인이 필요하다고 인정하는 경우
6. 세무조사 대상자가 세금탈루혐의에 대한 해명 등을 위하여 세무조사 기간의 연장을 신청한 경우로서 납세자보호관등이 이를 인정하는 경우

관련이론3 **정기선정에 의한 조사 외에 세무조사를 할 수 있는 경우**

1. 납세자가 세법에서 정하는 신고, 성실신고확인서의 제출, 세금계산서 또는 계산서의 작성·교부·제출, 지급명세서의 작성·제출 등의 납세협력의무를 이행하지 아니한 경우
2. 무자료거래, 위장·가공거래 등 거래 내용이 사실과 다른 혐의가 있는 경우
3. 납세자에 대한 구체적인 탈세 제보가 있는 경우
4. 신고 내용에 탈루나 오류의 혐의를 인정할 만한 명백한 자료가 있는 경우
5. 납세자가 세무공무원에게 직무와 관련하여 금품을 제공하거나 금품제공을 알선한 경우

관련이론4 **같은 세목 및 같은 과세기간에 대해 재조사할 수 있는 경우**

1. 조세탈루의 혐의를 인정할 만한 명백한 자료가 있는 경우
2. 거래상대방에 대한 조사가 필요한 경우
3. 2개 이상의 과세기간과 관련하여 잘못이 있는 경우
4. 제65조 제1항 제3호 단서(제66조 제6항과 제80조의2에서 준용하는 경우 포함) 또는 제81조의15 제5항 제2호 단서에 따른 재조사 결정에 따라 조사를 하는 경우(결정서 주문에 기재된 범위의 조사에 한정한다)
5. 납세자가 세무공무원에게 직무와 관련하여 금품을 제공하거나 금품제공을 알선한 경우
6. 부분조사를 실시한 후 해당 조사에 포함되지 아니한 부분에 대하여 조사하는 경우
7. 부동산투기, 매점매석, 무자료거래 등 경제질서 교란 등을 통한 세금탈루 혐의가 있는 자에 대하여 일제조사를 하는 경우
8. 과세관청 외의 기관이 직무상 목적을 위해 작성하거나 취득해 과세관청에 제공한 자료의 처리를 위해 조사하는 경우
9. 국세환급금의 결정을 위한 확인조사를 하는 경우
10. 「조세범 처벌절차법」 제2조 제1호에 따른 조세범칙행위의 혐의를 인정할 만한 명백한 자료가 있는 경우. 다만, 해당 자료에 대하여 「조세범 처벌절차법」 제5조 제1항 제1호에 따라 조세범칙조사심의위원회가 조세범칙조사의 실시에 관한 심의를 한 결과 조세범칙행위의 혐의가 없다고 의결한 경우에는 조세범칙행위의 혐의를 인정할 만한 명백한 자료로 인정하지 아니함

문제 42	[국세기본법] 국세환급금과 국세환급가산금

유 형	이론형		
중요도	★★	정답	③

정답해설

ㄴ. 국세환급가산금의 기산일 *관련이론

ㄷ. 납세자의 국세환급금과 국세환급가산금에 관한 권리는 행사할 수 있는 때부터 5년간 행사하지 아니하면 소멸시효가 완성되며, 소멸시효는 세무서장이 납세자의 환급청구를 촉구하기 위하여 납세자에게 하는 환급청구의 안내·통지로 인하여 중단되지 아니한다.

ㄹ. 세무서장은 국세환급금으로 결정한 금액을 다른 세무서에 체납된 국세 및 강제징수비에 ~~충당할 수 없다~~.
→ 충당하여야 한다. 다만 납부고지에 의하여 납부하는 국세, 세법에 따라 자진납부하는 국세에의 충당은 납세자가 그 충당에 동의하는 경우에만 한다.

따라서 정답은 ③ ㄱ, ㄴ, ㄷ이다.

법령 CHECK

ㄱ. 국세기본법 제51조 제11항
ㄴ. 국세기본법 시행령 제43조의3 제1항 제3호
ㄷ. 국세기본법 제54조 제3항
ㄹ. 국세기본법 제51조 제2항 제2호

합격의 TIP

자주 출제되지 않은 주제이지만 국세환급가산금에 대한 기산일은 정확하게 알아두자.

관련이론 국세환급가산금의 기산일

1. **착오납부, 이중납부 또는 납부 후 그 납부의 기초가 된 신고 또는 부과를 경정하거나 취소함에 따라 발생한 국세환급금** : 국세 납부일의 다음 날. 다만, 그 국세가 2회 이상 분할납부된 것인 경우에는 그 마지막 납부일로 하되, 국세환급금이 마지막에 납부된 금액을 초과하는 경우에는 그 금액이 될 때까지 납부일의 순서로 소급하여 계산한 국세의 각 납부일로 하며, 세법에 따른 중간예납액 또는 원천징수에 의한 납부액은 해당 세목의 법정신고기한 만료일에 납부된 것으로 본다.

2. **적법하게 납부된 국세의 감면으로 발생한 국세환급금** : 감면 결정일의 다음 날

3. **적법하게 납부된 후 법률이 개정되어 발생한 국세환급금** : 개정된 법률의 시행일의 다음 날

4. **「소득세법」·「법인세법」·「부가가치세법」·「개별소비세법」·「주세법」, 「교통·에너지·환경세법」 또는 「조세특례제한법」에 따른 환급세액의 신고, 환급신청, 경정 또는 결정으로 인하여 환급하는 경우** : 신고를 한 날(신고한 날이 법정신고기일 전인 경우에는 해당 법정신고기일)의 다음 날 또는 신청을 한 날부터 30일이 지난 날(세법에서 환급기한을 정하고 있는 경우에는 그 환급기한의 다음 날)의 다음 날. 다만, 환급세액을 법정신고기한까지 신고하지 않음에 따른 결정으로 인하여 발생한 환급세액을 환급할 때에는 해당 결정일부터 30일이 지난 날의 다음 날

문제 43 [국세기본법] 국세와 일반채권과의 관계

유 형	이론형		
중요도	★★	정답	②

정답해설

② 원장이 아닌 상임·비상임조세심판관의 임기는 3년으로 하고 중임할 수 없다.
→ 각각 한 차례만 중임할 수 있다.

법령 CHECK

① 국세기본법 제72조 제3항
② 국세기본법 제67조 제5항
③ 국세기본법 제72조 제1항
④ 국세기본법 제78조 제3항
⑤ 국세기본법 제75조

합격의 TIP

출제 빈도는 낮은 기출 유형에 해당하는 문제이다.

문제 44 [국세기본법] 납세자의 권리

유 형	이론형		
중요도	★	정답	⑤

정답해설

ㄱ, ㄴ, ㄷ, ㄹ 사유 모두 과세전적부심사를 청구할 수 없다. 따라서 정답은 ⑤번이다.

법령 CHECK

국세기본법 제81조의15 제3항

관련이론 과세전적부심사를 청구할 수 없는 사유

1. 「국세징수법」 제9조에 규정된 납부기한 전 징수의 사유가 있거나 세법에서 규정하는 수시부과의 사유가 있는 경우
2. 「조세범처벌법」 위반으로 고발 또는 통고처분하는 경우
3. 세무조사 결과 통지 및 과세예고통지를 하는 날부터 국세부과 제척기간의 만료일까지의 기간이 3개월 이하인 경우
4. 「국제조세조정에 관한 법률」에 따라 조세조약을 체결한 상대국이 상호합의 절차의 개시를 요청한 경우
5. 법 제65조 제1항 제3호 단서(법 제66조 제6항 및 제80조의2에서 준용하는 경우 포함) 및 제81조의15 제5항 제2호 단서에 따른 재조사 결정에 따라 조사를 하는 경우

문제 45 [국세징수법] 신고납부, 납부고지

유 형	이론형		
중요도	★★	정답	⑤

정답해설

① 양도성 예금증서는 납세담보로 제공할 수 있는 유가증권에 해당하지 않는다.

→ 해당한다. 이외에 국채증권, 지방채증권, 특수채증권, 수익증권으로서 무기명 수익증권이거나 환매청구가 가능한 수익증권, 주권을 상장한 법인이 발행한 사채권 중 보증사채 및 전환사채, 증권시장에 상장된 유가증권으로서 매매사실이 있는 것도 납세담보로 제공할 수 있는 유가증권에 해당한다.

② 납세담보로서 금전을 제공한 자는 그 금전으로 담보한 국세 및 강제징수비를 납부할 수 없다.

→ 있다.

③ 납세보증보험증권은 보험기간이 납세담보를 필요로 하는 기간에 20일을 더한 기간 이상인 것으로 한정한다.

→ 30일

④ 납세담보를 토지로 제공하는 경우에는 담보할 국세의 100분의 110의 가액에 상당하는 담보를 제공할 수 있다.

→ 100분의 120(다만, 금전, 납세보증보험증권 또는 「은행법」 제2조 제1항 제2호에 따른 은행의 납세보증서로 제공하는 경우에는 100분의 110) 이상의 가액에 상당하는 담보를 제공하여야 한다.

법령 CHECK

① 국세징수법 시행령 제18조 제1항 제5호
② 국세징수법 제22조 제1항
③ 국세징수법 시행령 제18조 제2항
④ 국세징수법 제18조 제2항
⑤ 국세징수법 시행령 제22조 제3항

합격의 TIP

납세담보에 대한 개념에 대해 묻는 문제로 자주 출제되진 않았으나, 기본적으로 알아두어야 하는 내용이다. 해당 지문의 내용은 반드시 알아두자.

문제 46 [국세징수법] 강제징수

유 형	이론형		
중요도	★★	정답	④

정답해설

④ 체납자는 제3자의 명의나 계산으로 압류재산을 매수할 수 있다.

→ 없다. 체납자, 세무공무원, 매각부동산을 평가한 「감정평가 및 감정평가사에 관한 법률」에 따른 감정평가법인등은 제3자의 명의나 계산으로 압류재산을 매수할 수 없다.

⑤ 관할 세무서장은 거짓 명의로 매수신청을 한 사실이 있는 자와 입찰을 하려는 자의 공매참가, 최고가 매수신청인의 결정 또는 매수인의 매수대금 납부를 방해한 사실이 있는 자, 공매에서 부당하게 가격을 낮출 목적으로 담합한 사실이 있는 자에 대해서는 그 사실이 있은 후 2년간 공매장소 출입을 제한하거나 입찰에 참가시키지 아니할 수 있다.

법령 CHECK

① 국세징수법 제71조 제2항
② 국세징수법 제71조 제3항
③ 국세징수법 제78조
④ 국세징수법 제80조
⑤ 국세징수법 제81조

합격의 

2017년 48번을 함께 학습해보자.

문제 47 [국세징수법] 강제징수

유 형	이론형		
중요도	★★★	정답	⑤

정답해설

⑤ 관할 세무서장은 체납자가 국가 또는 지방자치단체의 재산을 매수한 경우 ~~소유권 이전 전에는~~ 그 재산에 관한 체납자의 국가 또는 지방자치단체에 대한 권리를 ~~압류할 수 없다~~.

→ 소유권 이전 전이라도 / 압류한다.

✔ 법령 CHECK

① 국세징수법 제26조
② 국세징수법 제27조 제1항
③ 국세징수법 제44조 제2항
④ 국세징수법 제54조
⑤ 국세징수법 제56조 제1항

합격의 TIP

압류에 대해 전반적으로 묻고 있는데 난이도가 낮은 유형에 속한다. 반드시 맞추도록 하자.

문제 48 [국세징수법] 강제징수

유 형	이론형		
중요도	★	정답	④

정답해설

법원은 검사의 청구에 따라 체납자가 다음의 사유에 모두 해당하는 경우 결정으로 30일의 범위에서 체납된 국세가 납부될 때까지 그 체납자를 감치에 처할 수 있다.

(1) 국세를 (ㄱ)회 이상 체납하고 있고, 체납 발생일부터 각 (ㄴ)년이 경과하였으며, 체납된 국세의 합계액이 (ㄷ)억원 이상인 경우
(ㄱ → 3, ㄴ → 1, ㄷ → 2)

(2) 체납된 국세의 납부능력이 있음에도 불구하고 정당한 사유 없이 체납한 경우

(3) 「국세기본법」에 따른 국세정보위원회의 의결에 따라 해당 체납자에 대한 감치 필요성이 인정되는 경우

✔ 법령 CHECK

국세징수법 제115조 제1항

합격의 TIP

16년도 이후 처음 출제되는 주제이다. 참고로 국세청장이 체납자의 인적사항 및 체납액 등을 공개할 수 있는 조건은 체납 발생일부터 1년이 지난 국세의 합계액이 2억원 이상인 경우이다. 다만, 체납된 국세와 관련하여 심판청구등이 계속 중이거나 그 밖에 대통령령으로 정하는 경우에는 공개할 수 없는 부분을 함께 알아두자.

문제 49 [조세범처벌법] 조세범처벌법

유 형	이론형		
중요도	★★★	정답	①

정답해설

ㄱ. 재화 또는 용역을 공급하지 아니하거나 공급받지 아니하고 「부가가치세법」에 따른 세금계산서를 발급하거나 발급받은 행위
→ 3년 이하의 징역 또는 공급가액에 부가가치세의 세율을 적용하여 계산한 세액의 3배 이하에 상당하는 벌금

ㄴ. 「부가가치세법」에 따라 세금계산서를 발급하여야 할 자가 세금계산서를 발급하지 아니하거나 거짓으로 기재하여 발급한 행위
→ 1년 이하의 징역 또는 공급가액에 부가가치세의 세율을 적용하여 계산한 세액의 2배 이하에 상당하는 벌금

ㄷ. 「부가가치세법」에 따라 매출처별 세금계산서합계표를 제출하여야 할 자가 매출처별 세금계산서합계표를 거짓으로 기재하여 제출한 행위
→ 1년 이하의 징역 또는 공급가액에 부가가치세의 세율을 적용하여 계산한 세액의 2배 이하에 상당하는 벌금

ㄹ. 「부가가치세법」에 따라 매입처별 세금계산서합계표를 제출하여야 할 자가 통정하여 매입처별 세금계산서합계표를 거짓으로 기재하여 제출한 행위
→ 1년 이하의 징역 또는 공급가액에 부가가치세의 세율을 적용하여 계산한 세액의 2배 이하에 상당하는 벌금

법령 CHECK

ㄱ. 조세범처벌법 제10조 제3항 제1호
ㄴ. 조세범처벌법 제10조 제1항 제1호
ㄷ. 조세범처벌법 제10조 제1항 제3호
ㄹ. 조세범처벌법 제10조 제2항 제3호

합격의 TIP

해당 문제를 '다음 중 죄를 범한자에 대해서는 정상에 따라 징역형과 벌금형을 병과할 수 있는 경우는'으로 바꾸어도 정답은 동일하다. 관련학습을 통하여 세금계산서 발급의무 위반에 대한 규정을 정확히 숙지해두자.

관련이론 세금계산서 발급의무 위반에 관한 규정

(1) 1년 이하의 징역 또는 공급가액에 부가가치세의 세율을 적용하여 계산한 세액의 2배 이하에 상당하는 벌금
1) 「부가가치세법」에 따라 세금계산서(전자세금계산서 포함)를 발급하여야 할 자가 세금계산서를 발급하지 아니하거나 거짓으로 기재하여 발급한 행위
2) 「소득세법」 또는 「법인세법」에 따라 계산서(전자계산서 포함)를 발급하여야 할 자가 계산서를 발급하지 아니하거나 거짓으로 기재하여 발급한 행위
3) 「부가가치세법」에 따라 매출처별 세금계산서합계표를 제출하여야 할 자가 매출처별 세금계산서합계표를 거짓으로 기재하여 제출한 행위
4) 「소득세법」 또는 「법인세법」에 따라 매출처별 계산서합계표를 제출하여야 할 자가 매출처별 계산서합계표를 거짓으로 기재하여 제출한 행위

(2) 1년 이하의 징역 또는 공급가액에 부가가치세의 세율을 적용하여 계산한 세액의 2배 이하에 상당하는 벌금
1) 「부가가치세법」에 따라 세금계산서를 발급받아야 할 자가 통정하여 세금계산서를 발급받지 아니하거나 거짓으로 기재한 세금계산서를 발급받은 행위
2) 「소득세법」 또는 「법인세법」에 따라 계산서를 발급받아야 할 자가 통정하여 계산서를 발급받지 아니하거나 거짓으로 기재한 계산서를 발급받은 행위
3) 「부가가치세법」에 따라 매입처별 세금계산서합계표를 제출하여야 할 자가 통정하여 매입처별 세금계산서합계표를 거짓으로 기재하여 제출한 행위
4) 「소득세법」 또는 「법인세법」에 따라 매입처별 계산서합계표를 제출하여야 할 자가 통정하여 매입처별 계산서합계표를 거짓으로 기재하여 제출한 행위

(3) 3년 이하의 징역 또는 공급가액에 부가가치세의 세율을 적용하여 계산한 세액의 3배 이하에 상당하는 벌금
1) 재화 또는 용역을 공급하지 아니하거나 공급받지 아니하고 「부가가치세법」에 따른 세금계산서를 발급하거나 발급받은 행위
2) 재화 또는 용역을 공급하지 아니하거나 공급받지 아니하고 「소득세법」 및 「법인세법」에 따른 계산서를 발급하거나 발급받은 행위
3) 재화 또는 용역을 공급하지 아니하거나 공급받지 아니하고 「부가가치세법」에 따른 매출·매입처별 세금계산서합계표를 거짓으로 기재하여 제출한 행위
4) 재화 또는 용역을 공급하지 아니하거나 공급받지 아니하고 「소득세법」 및 「법인세법」에 따른 매출·매입처별 계산서합계표를 거짓으로 기재하여 제출한 행위

→ 상기 (3)의 경우에는 행위를 알선하거나 중개한 자도 (3)과 같은 형에 처하며, 세무를 대리하는 세무사·공인회계사 및 변호사가 (3)의 행위를 알선하거나 중개한 때에는 「세무사법」 제22조 제2항에도 불구하고 해당 형의 2분의 1을 가중
→ 상기 (3)의 경우에는 죄를 범한 자에 대해서는 정상(情狀)에 따라 징역형과 벌금형을 병과할 수 있다.

문제 50 [조세범처벌법] 조세범처벌법

유 형	이론형		
중요도	★★★	정답	④

정답해설

① 포탈세액등이 3억원 이상이고, 그 포탈세액등이 신고·납부하여야 할 세액(납세의무자의 신고에 따라 정부가 부과·징수하는 조세의 경우에는 결정·고지하여야 할 세액을 말한다)의 100분의 30 이상이거나 포탈세액등이 5억원 이상인 경우 3년 이하의 징역 또는 포탈세액등의 3배 이하에 상당하는 벌금에 처한다.

③ 조세 포탈의 죄를 범한 자가 포탈세액에 대하여 「국세기본법」에 따라 법정신고기한이 지난 후 2년 이내에 수정신고나 6개월 이내에 기한 후 신고를 하였을 때에는 형을 감경할 수 있다.

④ 조세 포탈의 죄를 상습적으로 범한 자는 형의 ~~3분의 1~~을 가중한다.
→ 2분의 1

⑤ 사기나 그 밖의 부정한 행위 *관련이론

법령 CHECK

① 조세범처벌법 제3조 제1항
② 조세범처벌법 제3조 제2항
③ 조세범처벌법 제3조 제3항
④ 조세범처벌법 제3조 제4항
⑤ 조세범처벌법 제3조 제6항 제4호

합격의 TIP

해당 문제는 과거에도 여러번 기출된 바 있다. 반드시 알아두도록 하자.

관련이론 사기나 그 밖의 부정한 행위

1. 이중장부의 작성 등 장부의 거짓 기장
2. 거짓 증빙 또는 거짓 문서의 작성 및 수취
3. 장부와 기록의 파기
4. 재산의 은닉, 소득·수익·행위·거래의 조작 또는 은폐
5. 고의적으로 장부를 작성하지 아니하거나 비치하지 아니하는 행위 또는 계산서, 세금계산서 또는 계산서합계표, 세금계산서합계표의 조작
6. 「조세특례제한법」 제5조의2 제1호에 따른 전사적 기업자원 관리설비의 조작 또는 전자세금계산서의 조작
7. 그 밖에 위계(僞計)에 의한 행위 또는 부정한 행위

유 형	계산형		
중요도	★★★	정답	③

문제 51 [소득세법] 금융소득

정답해설

1 소득의 분류

구 분	금 액	소득의 분류
(1) 국내 상장법인으로부터 받은 현금배당	8,000,000	배당소득
(2) 공개시장에서 통합발행한 국채의 매각가액과 액면가액의 차액	6,000,000	이자 및 할인액에 포함되지 아니함
(3) 국내은행으로부터 받은 정기예금이자	3,000,000	이자소득
(4) 외국법인이 발행한 채권의 이자	7,000,000	이자소득
(5) 비영업대금의 이익	5,000,000	이자소득
(6) 법인과세 신탁재산으로부터 받는 배당금	3,000,000	배당소득

2 이자소득

(3) 3,000,000 + (4) 7,000,000 + (5) 5,000,000 = 15,000,000

3 배당소득

(1) 8,000,000 + (6) 3,000,000 = 11,000,000

4 배당가산액(Gross-up 금액)

min(본래 Gross-up 대상 배당소득, 기본세율 대상 금융소득) × 10%
= min(8,000,000, 26,000,000 − 20,000,000) × 10%
= min(8,000,000, 6,000,000) × 10%
= 600,000

5 종합소득금액에 가산할 이자소득 및 배당소득금액

15,000,000 + 11,000,000 + 600,000 = 26,600,000

법령 CHECK

소득세법 제16조
소득세법 제17조
소득세법 시행령 제22조의2 제2항

합격의 TIP

자주 출제되는 주제이다. 2019년도 51번 2021년도 55번을 함께 학습해 보자.

관련이론 배당가산액에 포함되어야 할 배당소득의 조건

1. 내국법인으로 받은 배당소득일 것
2. 법인세가 과세된 잉여금이 재원인 배당일 것
3. 배당소득이 종합과세되어 기본세율이 적용될 것

문제 52 [소득세법] 양도소득세

유 형	계산형		
중요도	★	정답	②

정답해설

1 주식a

주권비상장법인의 주식 중 요건을 충족하지 못하는 경우에는 양도소득세 과세대상이다. 또한 주권비상장법인의 대주주란 소유주식의 비율이 100분의 4 이상이거나 주식 등의 양도일이 속하는 사업연도의 직전 사업연도 종료일 현재 주주 1인 및 주권비상장법인기타주주가 소유하고 있는 해당 법인의 주식등의 시가총액이 10억원 이상인 경우로 주주 甲은 대주주에 속한다.

2 주식b

외국법인이 발행하였거나 외국에 있는 시장에 상장된 주식등으로서 대통령령으로 정하는 것은 양도소득세 과세대상이다.

3 양도소득과세표준 구하기

구 분	주식a	주식b
(+) 실지양도가액	500,000,000	100,000,000
(−) 실지취득가액	100,000,000	148,000,000
(−) 필요경비	5,500,000 2,150,000 + 3,350,000	3,000,000
(−) 양도차손통산	51,000,000	
(−) 양도소득기본공제	2,500,000	
양도소득과세표준	341,000,000	

4 양도소득산출세액

대주주의 경우 3억 초과는 25%, 3억 이하는 20%의 세율이 적용된다.
300,000,000 × 20% + 41,000,000 × 25% = 70,250,000

따라서 정답은 ②번이다.

법령 CHECK

소득세법 제94조 제3호
소득세법 시행령 제157조 제6항
소득세법 제104조 제1항 제11호

합격의 TIP

해외주식의 양도차손통산 및 비상장법인의 대주주 요건, 및 주식별 세율까지 완벽하게 알고 있어야 풀 수 있는 문제이다. 자주 출제되는 유형은 아니므로 정답을 빠르게 찾을 수 없다면 실제 수험장에서는 남은 시간에 풀 수 있도록 남겨두자.

관련이론 **자산을 양도하기 위하여 직접 지출한 비용에 포함되는 것**

(1) 「증권거래세법」에 따라 납부한 증권거래세

(2) 양도소득세과세표준 신고서 작성비용 및 계약서 작성비용

(3) 공증비용, 인지대 및 소개비

(4) 매매계약에 따른 인도의무를 이행하기 위하여 양도자가 지출하는 명도비용

(5) 위탁매매수수료

(6) 「자본시장과 금융투자업에 관한 법률」에 따른 투자일임업을 영위하는 같은 법 제8조 제3항의 투자중개업자가 투자중개업무와 투자일임업무를 결합한 자산관리계좌를 운용해 부과하는 투자일임수수료 중 다음의 요건을 모두 갖춘 위탁매매수수료에 상당하는 비용
  1) 전체 투자일임수수료를 초과하지 않을 것
  2) 주식등을 온라인으로 직접 거래하는 경우에 부과하는 위탁매매수수료를 초과하지 않을 것
  3) 부과기준이 약관 및 계약서에 적혀 있을 것

(7) 「농어촌특별세법」에 따라 납부한 농어촌특별세

유 형	계산형		
중요도	★★★	정답	③

문제 53 [소득세법] 근로소득

정답해설

1 총급여 포함 여부

(1) 기본급과 상여 50,000,000

→ 총급여 포함

(2) 시간외근무수당 8,000,000

→ 시간외근무수당・통근수당・개근수당・특별공로금 기타 이와 유사한 성질의 급여는 총급여에 포함

(3) (주)A의 소유주택을 무상으로 제공받음으로써 얻은 이익 5,000,000

→ 주택을 제공받음으로써 얻는 이익은 소액주주가 아닌 출자직원이나 출자임원인 경우에만 과세되기 때문에 비과세 복리후생적 성질의 급여에 포함

(4) 식사대 2,400,000(= 월 200,000 × 12개월)

→ 식사 기타 음식물 또는 근로자(식사 기타 음식물을 제공받지 아니하는 자에 한정)가 받는 월 20만원 이하의 식사대는 비과세

(5) 甲의 8세 아들의 보육과 관련하여 (주)A로부터 지급받은 보육수당 2,400,000 (= 월 200,000 × 12개월)

→ 근로자 또는 그 배우자의 출산이나 6세 이하(해당 과세기간 개시일을 기준으로 판단한다) 자녀의 보육과 관련하여 사용자로부터 받는 급여로서 월 20만원 이내의 금액은 비과세 되지만 8세 아들의 보육수당이므로 포함

(6) 「발명진흥법」에 따라 (주)A로부터 받은 직무발명보상금 8,000,000

→ 직무발명으로 받는 다음의 보상금(이하 직무발명보상금)으로서 7,000,000 이하의 금액만 비과세되므로 1,000,000은 총급여에 포함

2 총급여에 포함될 금액

(1) 50,000,000 + (2) 8,000,000 + (5) 2,400,000 + (6) 1,000,000
= 61,400,000

법령 CHECK

소득세법 제12조 제3호
소득세법 제20조
소득세법 시행령 제38조

합격의 TIP

회사로부터 받는 식사대(식사 기타 음식물을 제공받지 아니하는 자에 한정)는 20만원까지 비과세되며, 2023년 세법 개정 시 보육수당의 경우 비과세한도가 20만원으로 상향되었음을 알아두자.

또한 해당 문제에서 甲이 경리과장이 아닌 임원이라면 (주)A의 소유주택을 무상으로 제공받음으로써 얻은 이익은 총급여에 포함해야 함을 알아두자.

관련이론 근로소득 중 비과세되는 복리후생적 성질의 급여

(1) 다음 어느 하나에 해당하는 사람이 기획재정부령으로 정하는 사택을 제공받음으로써 얻는 이익
1) 주주 또는 출자자가 아닌 임원
2) 기획재정부령으로 정하는 소액주주(100분의 1 미만 출자)인 임원
3) 임원이 아닌 종업원(비영리법인 또는 개인의 종업원 포함)
4) 국가 또는 지방자치단체로부터 근로소득을 지급받는 사람

(2) 「조세특례제한법 시행령」 제2조에 따른 중소기업의 종업원이 주택(주택에 부수된 토지 포함)의 구입・임차에 소요되는 자금을 저리 또는 무상으로 대여받음으로써 얻는 이익

(3) 종업원이 계약자이거나 종업원 또는 그 배우자 및 그 밖의 가족을 수익자로 하는 보험・신탁 또는 공제와 관련하여 사용자가 부담하는 보험료・신탁부금 또는 공제부금(이하 보험료등) 중 다음 어느 하나에 해당하는 보험료등
1) 종업원의 사망・상해 또는 질병을 보험금의 지급사유로 하고 종업원을 피보험자와 수익자로 하는 보험으로서 만기에 납입보험료를 환급하지 않는 보험(이하 단체순수보장성보험)과 만기에 납입보험료를 초과하지 않는 범위에서 환급하는 보험(이하 단체환급부보장성보험)의 보험료 중 연 70만원 이하의 금액
2) 임직원의 고의(중과실 포함) 외의 업무상 행위로 인한 손해의 배상청구를 보험금의 지급사유로 하고 임직원을 피보험자로 하는 보험의 보험료

(4) 공무원이 국가 또는 지방자치단체로부터 공무 수행과 관련하여 받는 상금과 부상 중 연 240만원 이내의 금액

문제 54 [소득세법] 종합소득세액

유 형	계산형		
중요도	★★	정답	②

정답해설

1 보험료 세액공제

1) 장애인전용보장성보험료 세액공제
min(보험료, 연 100만원) × 15%
= min(3,000,000, 1,000,000) × 15%
= 150,000

2) 일반보장성보험료 세액공제
min(보험료, 연 100만원) × 12%
= min(500,000, 1,000,000) × 12%
= 60,000

3) 보험료 세액공제
150,000 + 60,000 = 210,000

2 교육비 세액공제

1) 배우자와 모친의 교육비
기본공제대상자인 배우자・직계비속・형제자매・입양자 및 위탁아동(이하 직계비속등)을 위하여 지급한 교육비가 대상이며, 본인을 제외한 다른 가족의 대학원 교육비는 해당되지 않는다. 따라서 배우자와 모친의 교육비는 제외된다.

2) 아들의 교육비
min(1,000,000, 500,000) = 500,000
교복구입비용은 중・고등학교의 학생만 해당하며, 학생 1명당 연 50만원을 한도로 한다. 또한 사설 영어학원 수강료는 교육비 세액공제 대상의 교육비에 포함되지 않는다.

3) 딸의 교육비
2,000,000
「초・중등교육법」에 따른 학교의 방과후 학교나 방과후 과정 등의 수업료 및 특별활동비는 교육비 세액공제대상 교육비에 학생 1명당 포함되며 연 300만원을 한도로 한다.

4) 교육비 세액공제
(500,000 + 2,000,000) × 15% = 375,000

3 보험료와 교육비 세액공제 합계액

210,000 + 375,000 = 585,000

 **법령 CHECK**

소득세법 제59조의4 제1항, 제3항
소득세법 시행령 제118조의6

합격의 TIP

국민건강보험료는 세액공제대상이 아닌 특별소득공제 중 보험료공제[근로소득자(일용근로자 제외)가 해당 과세기간에 국민건강보험법, 고용보험법 또는 노인장기요양보험법에 따라 근로자가 부담하는 보험료를 지급한 경우 그 금액을 해당 과세기간의 근로소득금액에서 공제하는 것]에 해당됨을 주의하자.

유 형	이론형		
중요도	★★★	정답	③

문제 55 [소득세법] 소득세 총설

정답해설

① 비거주자가 거주자가 된 시기 *관련이론1

② 비거주자뿐만 아니라 거주자도 법령에 따른 납세지가 변경된 경우 변경된 날부터 15일 이내에 그 변경 후의 납세지 관할 세무서장에게 신고하여야 한다.

③ 거주자의 사업소득에 대한 소득세 납세지는 ~~주된 사업장 소재지로 한다~~.
→ 그 주소지로 한다. 다만, 주소지가 없는 경우에는 그 거소지로 한다. 참고로 원천징수하는 자가 거주자인 경우 원천징수하는 소득세의 납세지는 그 거주자의 주된 사업장 소재지이다.

④ 신탁재산에 귀속되는 소득은 그 신탁의 이익을 받을 수익자(수익자가 사망하는 경우에는 그 상속인)에게 귀속되는 것으로 본다. 그럼에도 불구하고 수익자가 특별히 정하여지지 아니하거나 존재하지 아니하는 신탁 또는 위탁자가 신탁재산을 실질적으로 통제하는 등 대통령령으로 정하는 요건을 충족하는 신탁의 경우에는 그 신탁재산에 귀속되는 소득은 위탁자에게 귀속되는 것으로 본다.

법령 CHECK

① 소득세법 시행령 제2조의2 제1항 제3호
② 소득세법 제10조
③ 소득세법 제6조 제1항
④ 소득세법 제2조의3 제2항
⑤ 소득세법 시행령 제4조 제1항

합격의 TIP

반드시 맞추어야 하는 문제이다.

관련이론1 비거주자가 거주자로 되는 시기

1. 국내에 주소를 둔 날
2. 국내에 주소를 가지거나 국내에 주소가 있는 것으로 보는 사유가 발생한 날
3. 국내에 거소를 둔 기간이 183일이 되는 날

관련이론2 거주자가 비거주자로 되는 시기

1. 거주자가 주소 또는 거소의 국외 이전을 위하여 출국하는 날의 다음 날
2. 국내에 주소가 없거나 국외에 주소가 있는 것으로 보는 사유가 발생한 날의 다음 날

문제 56 [소득세법] 양도소득세

유 형	이론형		
중요도	★★	정답	②

정답해설

① 「도시개발법」에 따른 환지처분으로 지목이 변경되는 경우는 양도로 본다.
→ 보지 아니한다. *관련이론

② 국가가 시행하는 사업으로 인하여 교환하는 농지로서 교환하는 쌍방 토지가액의 차액이 가액이 큰 편의 4분의 1 이하인 농지의 교환으로 발생하는 소득은 양도소득세가 비과세되므로 5분의 1인 농지의 교환은 양도소득세가 비과세된다.

③ 파산선고에 의한 처분으로 발생하는 소득은 양도소득세가 과세된다.
→ 과세되지 아니한다.

④ 취득에 관한 쟁송이 있는 자산에 대하여 그 소유권을 확보하기 위하여 직접 소요된 소송비용으로서 그 지출한 연도의 각 종합소득금액의 계산에 있어서 필요경비에 산입된 것은 양도차익 계산 시 공제된다.
→ 산입된 것을 제외한 금액은. 양도차익 계산 시 실제취득에 든 실지거래가액에는 취득에 관한 쟁송이 있는 자산에 대하여 그 소유권을 확보하기 위하여 직접 소요된 비용으로서 그 지출한 연도의 각 종합소득금액의 계산에 있어서 필요경비에 산입된 것을 제외한 금액만 포함된다.

⑤ 양도소득세 과세대상인 신탁 수익권을 양도한 경우 양도일이 속하는 반기의 말일부터 2개월 이내에 양도소득과세표준을 신고해야 한다.
→ 달의 말일

법령 CHECK

① 소득세법 제88조 제1호
② 소득세법 시행령 제153조 제1항
③ 소득세법 제89조 제1항 제1호
④ 소득세법 시행령 제163조 제1항 제2호
⑤ 소득세법 제94조 제1항 제6호
소득세법 제105조 제1항 제1호

관련이론 양도의 정의

(1) 양 도
자산에 대한 등기 또는 등록과 관계없이 매도, 교환, 법인에 대한 현물출자 등을 통하여 그 자산을 유상으로 사실상 이전하는 것을 말하며, 부담부증여 시 수증자가 부담하는 채무액에 해당하는 부분도 양도로 본다.

(2) 양도의 제외
다음 어느 하나에 해당하는 경우에는 양도로 보지 아니한다.
1) 「도시개발법」이나 그 밖의 법률에 따른 환지처분으로 지목 또는 지번이 변경되거나 보류지로 충당되는 경우
2) 토지의 경계를 변경하기 위하여 「공간정보의 구축 및 관리 등에 관한 법률」 제79조에 따른 토지의 분할 등 대통령령으로 정하는 방법과 절차로 하는 토지 교환의 경우
3) 위탁자와 수탁자 간 신임관계에 기하여 위탁자의 자산에 신탁이 설정되고 그 신탁재산의 소유권이 수탁자에게 이전된 경우로서 위탁자가 신탁 설정을 해지하거나 신탁의 수익자를 변경할 수 있는 등 신탁재산을 실질적으로 지배하고 소유하는 것으로 볼 수 있는 경우

문제 57 [소득세법] 소득세의 신고와 납부

유 형	이론형		
중요도	★★	정답	②

정답해설

① 공적연금소득만 있는 거주자는 해당 소득에 대해 과세표준확정신고를 ~~해야 한다~~.
→ 하지 아니할 수 있다.

③ 해당 과세기간의 종합소득금액이 있는 거주자가 종합소득과세표준이 없는 경우에는 종합소득과세표준 확정신고 ~~의무가 없다~~.
→ 의무가 있다. 과세표준확정신고의 예외에 해당하지 않는다.

④ 세무사가 성실신고확인대상사업자에 해당하는 ~~경우에도~~ 자신의 사업소득금액의 적정성에 대하여 해당 세무사가 성실신고확인서를 작성·제출~~할 수 있다~~.
→ 경우에는 / 해서는 아니 된다.

⑤ 거주자로서 과세표준의 확정신고에 따라 납부할 세액이 1천 8백만원인 자는 9백만원을 납부기한이 지난 후 90일 이내에 분납할 수 있다.
→ 8백만원 / 2개월 *관련이론

법령 CHECK

① 소득세법 제73조 제1항 제3호
② 소득세법 제74조 제4항
③ 소득세법 제70조 제1항
④ 소득세법 시행령 제133조 제4항
⑤ 소득세법 시행령 제140조 제1호

합격의 TIP

출제빈도는 낮지만 난이도가 낮은 문제로 반드시 맞추도록 하자.

관련이론 소득세의 분납

1. 납부할 세액이 2천만원 이하인 때에는 1천만원을 초과하는 금액
2. 납부할 세액이 2천만원을 초과하는 때에는 그 세액의 100분의 50 이하의 금액

문제 58 [소득세법] 소득세의 신고와 납부

유 형	이론형		
중요도	★★	정답	⑤

정답해설

① 근로소득에 대해서는 기본세율을 적용하지만, 일용근로자의 근로소득에 대한 원천징수세율은 100분의 6으로 한다.

② 만약, 원천징수의무자가 12월분의 근로소득을 다음 연도 2월 말일까지 지급하지 아니한 경우에는 그 근로소득을 다음 연도 2월 말일에 지급한 것으로 보아 소득세를 원천징수한다.

⑤ 법령으로 정하는 봉사료에 대한 원천징수세율은 ~~100분 10으로~~ 한다.
→ 100분의 5로

법령 CHECK

① 소득세법 제129조 제1항 제4호
② 소득세법 제135조 제1항
③ 소득세법 제157조 제2항
④ 소득세법 제144조의4
⑤ 소득세법 제129조 제1항 제8호

합격의 TIP

출제빈도는 낮지만 난이도가 낮은 문제로 반드시 맞추도록 하자.

문제 59 [소득세법] 사업소득

유 형	이론형		
중요도	★★★	정답	④

정답해설

④ 한국표준산업분류상의 금융보험업에서 발생하는 이자 : ~~결산을 확정할 때 이자를 수익으로 계상한 날~~
→ 실제로 수입된 날

법령 CHECK

① 소득세법 시행령 제48조 제1호
② 소득세법 시행령 제48조 제3호
③ 소득세법 시행령 제48조 제7호
④ 소득세법 시행령 제48조 제10의3호
⑤ 소득세법 시행령 제48조 제10호

합격의 TIP

사업소득의 수입시기를 응용하여 계산문제로도 출제될 수 있다. 소득세법 시행령 제48조를 관련이론에 수록해 놓았으니 학습해두자.

관련이론 **사업소득의 수입시기**

(1) **상품(건물건설업과 부동산 개발 및 공급업의 경우의 부동산 제외)·제품 또는 그 밖의 생산품(이하 상품등)의 판매 :** 그 상품등을 인도한 날

(2) **상품등의 시용판매 :** 상대방이 구입의 의사를 표시한 날. 다만, 일정기간 내에 반송하거나 거절의 의사를 표시하지 아니하는 한 특약 또는 관습에 의하여 그 판매가 확정되는 경우에는 그 기간의 만료일

(3) **상품등의 위탁판매 :** 수탁자가 그 위탁품을 판매하는 날

(4) **기획재정부령이 정하는 장기할부조건에 의한 상품등의 판매 :** 그 상품등을 인도한 날. 다만, 그 장기할부조건에 따라 수입하였거나 수입하기로 약정한 날이 속하는 과세기간에 당해 수입금액과 이에 대응하는 필요경비를 계상한 경우에는 그 장기할부조건에 따라 수입하였거나 수입하기로 약정된 날. 이 경우 인도일 이전에 수입하였거나 수입할 금액은 인도일에 수입한 것으로 보며, 장기할부기간 중에 폐업한 경우 그 폐업일 현재 총수입금액에 산입하지 아니한 금액과 이에 상응하는 비용은 폐업일이 속하는 과세기간의 총수입금액과 필요경비에 이를 산입한다.

(5) **건설·제조 기타 용역(도급공사 및 예약매출 포함, 이하 건설등)의 제공 :** 용역의 제공을 완료한 날(목적물을 인도하는 경우에는 목적물을 인도한 날). 다만, 계약기간이 1년 이상인 경우로서 기획재정부령이 정하는 경우에는 기획재정부령이 정하는 작업진행률(이하 작업진행률)을 기준으로 하여야 하며, 계약기간이 1년 미만인 경우로서 기획재정부령이 정하는 경우에는 작업진행률을 기준으로 할 수 있다.

(6) **무인판매기에 의한 판매 :** 당해 사업자가 무인판매기에서 현금을 인출하는 때

(7) **인적용역의 제공 :** 용역대가를 지급받기로 한 날 또는 용역의 제공을 완료한 날 중 빠른 날. 다만, 연예인 및 직업운동선수 등이 계약기간 1년을 초과하는 일신전속계약에 대한 대가를 일시에 받는 경우에는 계약기간에 따라 해당 대가를 균등하게 안분한 금액을 각 과세기간 종료일에 수입한 것으로 하며, 월수의 계산은 해당 계약기간의 개시일이 속하는 달이 1개월 미만인 경우에는 1개월로 하고 해당 계약기간의 종료일이 속하는 달이 1개월 미만인 경우에는 이를 산입하지 아니한다.

(8) **어음의 할인 :** 그 어음의 만기일. 다만, 만기 전에 그 어음을 양도하는 때에는 그 양도일

(9) **(4)에 따른 장기할부조건 등에 의하여 자산을 판매하거나 양도함으로써 발생한 채권에 대하여 기업회계기준이 정하는 바에 따라 현재가치로 평가하여 현재가치할인차금을 계상한 경우 당해 현재가치할인차금상당액은 그 계상한 과세기간의 총수입금액에 산입하지 아니하며, 당해 채권의 회수기간동안 기업회계기준이 정하는 바에 따라 환입하였거나 환입할 금액은 이를 각 과세기간의 총수입금액에 산입한다.**

(10) **한국표준산업분류상의 금융보험업에서 발생하는 이자 및 할인액 :** 실제로 수입된 날

(11) **자산을 임대하거나 지역권·지상권을 설정하여 발생하는 소득의 경우에는 다음 구분에 따른 날**
1) 계약 또는 관습에 따라 지급일이 정해진 것 : 그 정해진 날
2) 계약 또는 관습에 따라 지급일이 정해지지 아니한 것 : 그 지급을 받은 날
3) 임대차계약 및 지역권·지상권 설정에 관한 쟁송(미지급임대료 및 미지급 지역권·지상권의 설정대가의 청구에 관한 쟁송은 제외한다)에 대한 판결·화해 등으로 소유자 등이 받게 되어 있는 이미 지난 기간에 대응하는 임대료상당액(지연이자와 그 밖의 손해배상금을 포함) 판결·화해 등이 있은 날. 다만, 임대료에 관한 쟁송의 경우에 그 임대료를 변제하기 위하여 공탁된 금액에 대해서는 1)에 따른 날

(12) **상기 (1) ~ (11)에 해당하지 아니하는 자산의 매매 :** 대금을 청산한 날. 다만, 대금을 청산하기 전에 소유권 등의 이전에 관한 등기 또는 등록을 하거나 해당 자산을 사용수익하는 경우에는 그 등기·등록일 또는 사용수익일

문제 60 [소득세법] 퇴직소득

유 형	이론형		
중요도	★★	정답	①

정답해설

② 「과학기술인공제회법」 제16조 제1항 제3호에 따라 지급받는 과학기술발전장려금은 퇴직소득에 ~~해당하지 않는다~~.
→ 해당한다.

③ 계속근로기간 중에 「근로자퇴직급여 보장법」에 따라 퇴직연금제도가 폐지되어 퇴직급여를 미리 지급받는 ~~경우에도~~ 그 지급받은 날에 퇴직한 것으로 ~~보지 않는다~~.
→ 경우에는 / 본다.

④ 거주자의 퇴직소득금액에 국외원천소득이 합산되어 있는 경우로서 외국에서 납부한 외국소득세액이 퇴직소득산출세액에서 공제할 수 있는 한도금액을 초과하는 경우 그 초과하는 금액은 이월공제기간으로 이월하여 그 이월된 과세기간의 공제한도금액 내에서 공제받을 수 있다.
→ 없다. 이월공제가 가능한 것은 외국소득세액을 종합소득산출세액에서 공제하는 경우에만 해당한다.

⑤ 「국민연금법」에 따라 받는 일시금으로써 ~~2001년 12월 31일 이전~~에 납입된 연금기여금 및 사용자 부담금을 기초로 하여 받은 일시금은 퇴직소득에 해당한다.
→ 2002년 1월 1일 이후

법령 CHECK

① 소득세법 시행령 제42조의2 제4항 제4호
② 소득세법 시행령 제42조의2 제4항 제2호
③ 소득세법 시행령 제43조 제2항 제3호
④ 소득세법 제57조 제1항, 제2항
⑤ 소득세법 제22조 제2항

합격의 TIP

난이도가 낮은 문제로 만드시 맞추도록 하자.

문제 61 [법인세법] 법인세 신고와 납부

유 형	이론형		
중요도	★	정답	⑤

정답해설

② 업무용승용차 관련비용 등을 손금에 산입한 내국법인이 업무용승용차 관련비용 등에 관한 명세서를 제출하지 않은 경우 업무용승용차 관련비용 등으로 손금에 산입한 금액의 100분 1을 가산세로 해당 사업연도의 법인세액에 더하여 납부하여야 한다. 만약 명세서를 사실과 다르게 제출한 경우 업무용승용차 관련비용 등으로 손금에 산입한 금액 중 해당 명세서에 사실과 다르게 적은 금액의 100분의 1을 가산세로 해당 사업연도의 법인세에 더하여 납부하여야 한다.

③ 주식등변동상황명세서를 제출해야하는 내국법인이 명세서를 제출하지 않은 경우 그 주식등의 액면금액 또는 출자가액의 1%에 해당하는 금액을 가산세로 한다.

④ 기부금영수증을 발급하는 내국법인이 기부금영수증을 사실과 다르게 적어 발급한 경우 사실과 다르게 발급된 금액의 5%에 해당하는 금액을 가산세로 한다.

⑤ 소비자상대업종을 영위하는 법인은 그 요건에 해당하는 날이 속하는 달의 말일부터 3개월 이내에 현금영수증가맹점으로 가입하지 않은 경우 가입하지 않은 사업연도의 ~~수입금액의 3%에 해당하는 금액~~을 가산세로 한다.
→ 수입금액의 1%에 가입하지 아니한 기간을 고려하여 대통령령으로 정하는 바에 따라 계산한 비율을 곱한 금액

법령 CHECK

① 법인세법 제75조의6 제1항
② 법인세법 제74조의2 제1항
③ 법인세법 제75조의2 제2항
④ 법인세법 제75조의4 제1항
⑤ 법인세법 제75조의6 제2항 제1호

합격의 TIP

2016년부터 한 번도 출제되지 않았던 주제로 학습에 참고하자.

문제 62 [법인세법] 의제배당 등

유 형	계산형		
중요도	★★★	정답	②

정답해설

1 자본금 전입 재원의 분석

구 분	금 액	내 용
주식발행초과금	2,000,000 (채무면제이익 1,000,000 포함)	주식발행초과금은 의제배당이 아니나 채무면제이익은 의제배당 재원
자기주식소각이익	5,000,000	소각 당시 취득가액을 초과하므로 의제배당 재원
자기주식처분이익	1,500,000	의제배당 재원
주식의 포괄적 교환차익	3,000,000	의제배당 아님
주식의 포괄적 이전차익	1,000,000	의제배당 아님
재평가적립금	1,400,000 (토지 1%, 400,000, 건물 3%, 1,000,000)	건물 3% 재평가는 제외되므로 토지 1%에 대한 부분만 의제배당 재원
이월이익잉여금	10,000,000	의제배당 재원

2 의제배당 대상 금액

채무면제이익	1,000,000
+ 자기주식소각이익	5,000,000
+ 자기주식처분이익	1,500,000
+ 토지 재평가적립금	400,000
+ 이월이익잉여금	10,000,000
	17,900,000

3 의제배당 금액의 계산

17,900,000 × 15% = 2,685,000

법령 CHECK

법인세법 제16조
법인세법 시행령 제12조

합격의 TIP

의제배당의 경우 다양하게 응용될 수 있으므로 반드시 알아두고, 2019년도 62번을 함께 학습해보자.

관련이론 의제배당금액

(1) 주식의 소각, 자본의 감소, 사원의 퇴사·탈퇴 또는 출자의 감소로 인하여 주주등인 내국법인이 취득하는 금전과 그 밖의 재산가액의 합계액이 해당 주식 또는 출자지분(이하 주식등)을 취득하기 위하여 사용한 금액을 초과하는 금액

(2) 법인의 잉여금의 전부 또는 일부를 자본이나 출자에 전입함으로써 주주등인 내국법인이 취득하는 주식등의 가액. 다만, 다음 어느 하나에 해당하는 금액을 자본에 전입하는 경우는 제외

1) 주식발행액면초과액 : 액면금액 이상으로 주식을 발행한 경우 그 액면금액을 초과한 금액(무액면주식의 경우에는 발행가액 중 자본금으로 계상한 금액을 초과하는 금액을 말한다). 다만, 채무의 출자전환으로 주식등을 발행하는 경우에는 그 주식등의 제52조 제2항에 따른 시가를 초과하여 발행된 금액은 제외
2) 주식의 포괄적 교환차익 : 「상법」 제360조의2에 따른 주식의 포괄적 교환을 한 경우로서 같은 법 제360조의7에 따른 자본금 증가의 한도액이 완전모회사의 증가한 자본금을 초과한 경우의 그 초과액
3) 주식의 포괄적 이전차익 : 「상법」 제360조의15에 따른 주식의 포괄적 이전을 한 경우로서 같은 법 제360조의18에 따른 자본금의 한도액이 설립된 완전모회사의 자본금을 초과한 경우의 그 초과액

4) 감자차익 : 자본감소의 경우로서 그 감소액이 주식의 소각, 주금의 반환에 든 금액과 결손의 보전에 충당한 금액을 초과한 경우의 그 초과금액
5) 합병차익 : 「상법」 제174조에 따른 합병의 경우로서 소멸된 회사로부터 승계한 재산의 가액이 그 회사로부터 승계한 채무액, 그 회사의 주주에게 지급한 금액과 합병 후 존속하는 회사의 자본금 증가액 또는 합병에 따라 설립된 회사의 자본금을 초과한 경우의 그 초과금액. 다만, 소멸된 회사로부터 승계한 재산가액이 그 회사로부터 승계한 채무액, 그 회사의 주주에게 지급한 금액과 주식가액을 초과하는 경우로서 이 법에서 익금으로 규정한 금액은 제외
6) 분할차익 : 「상법」 제530조의2에 따른 분할 또는 분할합병으로 설립된 회사 또는 존속하는 회사에 출자된 재산의 가액이 출자한 회사로부터 승계한 채무액, 출자한 회사의 주주에게 지급한 금액과 설립된 회사의 자본금 또는 존속하는 회사의 자본금 증가액을 초과한 경우의 그 초과금액. 다만, 분할 또는 분할합병으로 설립된 회사 또는 존속하는 회사에 출자된 재산의 가액이 출자한 회사로부터 승계한 채무액, 출자한 회사의 주주에게 지급한 금액과 주식가액을 초과하는 경우로서 이 법에서 익금으로 규정한 금액은 제외
7) 「자산재평가법」에 따른 재평가적립금[다만, 감가상각자산의 재평가적립금(3%)과 1983.12.31. 이전에 취득한 토지를 1984.1.1. 이후 최초로 재평가한 경우(3%)는 의제배당 제외]

(3) 법인이 자기주식 또는 자기출자지분을 보유한 상태에서 (2)의 1) ~ 7)에 따른 자본전입을 함에 따라 그 법인 외의 주주등인 내국법인의 지분 비율이 증가한 경우 증가한 지분 비율에 상당하는 주식등의 가액

(4) 해산한 법인의 주주등(법인으로 보는 단체의 구성원 포함)인 내국법인이 법인의 해산으로 인한 잔여재산의 분배로서 취득하는 금전과 그 밖의 재산의 가액이 그 주식등을 취득하기 위하여 사용한 금액을 초과하는 금액

(5) 피합병법인의 주주등인 내국법인이 취득하는 합병대가*가 그 피합병법인의 주식등을 취득하기 위하여 사용한 금액을 초과하는 금액

*합병법인으로부터 합병으로 인하여 취득하는 합병법인(합병등기일 현재 합병법인의 발행주식총수 또는 출자총액을 소유하고 있는 내국법인 포함)의 주식등의 가액과 금전 또는 그 밖의 재산가액의 합계액

(6) 분할법인 또는 소멸한 분할합병의 상대방 법인의 주주인 내국법인이 취득하는 분할대가*가 그 분할법인 또는 소멸한 분할합병의 상대방 법인의 주식(분할법인이 존속하는 경우에는 소각 등에 의하여 감소된 주식만 해당)을 취득하기 위하여 사용한 금액을 초과하는 금액

*분할신설법인 또는 분할합병의 상대방 법인으로부터 분할로 인하여 취득하는 분할신설법인 또는 분할합병의 상대방 법인(분할등기일 현재 분할합병의 상대방 법인의 발행주식총수 또는 출자총액을 소유하고 있는 내국법인 포함)의 주식의 가액과 금전 또는 그 밖의 재산가액의 합계액

문제 63 [법인세법] 기업구조개편거래

유 형	이론형		
중요도	★	정답	④

정답해설

① 만약 적격합병인 경우 합병법인은 피합병법인의 자산을 장부가액으로 양도받은 것으로 한다.

③ 만약 적격분할인 경우 분할신설법인등은 분할법인등의 자산을 장부가액으로 양도받은 것으로 한다.

④ 적격합병을 한 합병법인은 피합병법인의 자산을 시가로 양도받은 것으로 하고, 양도
↳ 장부가액으로
받은 자산 및 부채의 가액을 합병등기일 현재의 장부가액으로 계상하되 시가에서 피
↳ 시가로
합병법인의 장부상 장부가액을 뺀 금액은 자산조정계정으로 계상해야 한다.

⑤ 합병법인의 합병등기일 현재 결손금과 합병법인이 승계한 피합병법인의 결손금에 대한 공제는 다음 각 구분에 따른 소득금액의 100분의 80을 한도로 한다. 다만, 중소기업과 회생계획을 이행 중인 기업 등 대통령령으로 정하는 법인의 경우는 100분의 100을 한도로 한다.

1. 합병법인의 합병등기일 현재 결손금의 경우 : 합병법인의 소득금액에서 피합병법인으로부터 승계받은 사업에서 발생한 소득금액을 차감한 금액
2. 합병법인이 승계한 피합병법인의 결손금의 경우 : 피합병법인으로부터 승계받은 사업에서 발생한 소득금액

법령 CHECK

① 법인세법 제44조의2 제1항
② 법인세법 제44조의2 제2항, 제3항
　법인세법 시행령 제80조의3
③ 법인세법 제46조의2 제1항
④ 법인세법 제44조의3 제1항
　법인세법 시행령 제80조의4 제1항
⑤ 법인세법 제45조 제5항

유 형	계산형		
중요도	★★	정답	④

문제 64 [법인세법] 과세표준과 세액

정답해설

1 국외원천소득 : 1) + 3) = 2,500,000

1) 배당금 수익 : 2,000,000
2) 직접외국납부세액 : 200,000
3) 간접외국납부세액 : 500,000*

$$\text{외국자회사의 해당 사업연도 법인세액} \times \frac{\text{수입배당금액}}{\text{외국자회사의 해당 사업연도 소득금액} - \text{외국자회사의 해당 사업연도 법인세액}}$$

$$^{*}1,000,000 \times \frac{2,000,000}{5,000,000 - 1,000,000}$$

※ 간접외국납부세액으로서 세액공제의 대상이 되는 금액은 익금에 산입한다.

2 해당 사업연도의 산출세액

1) 법인세차감전순이익 : 150,000,000
2) 익금산입(간접외국납부세액) : 500,000
3) 해당 사업연도의 과세표준 : 150,500,000
4) 해당 사업연도의 산출세액(세율 9%) : 13,545,000

3 외국납부세액 공제금액 : min(외국납부세액, 공제한도) = 225,000

1) 외국납부세액
직접외국납부세액 + 간접외국납부세액
= 200,000 + 500,000
= 700,000
2) 공제한도
산출세액 × (국외원천소득/해당 사업연도의 과세표준)
= 13,545,000 × (2,500,000/150,500,000)
= 225,000
3) 외국납부세액 공제금액
min(외국납부세액, 공제한도)
= min(700,000, 225,000)
= 225,000

따라서 정답은 ④번이다.

법령 CHECK

법인세법 제57조
법인세법 제15조 제2항 제2호
법인세법 시행령 제94조 제8항

합격의 TIP

간접외국납부세액으로 세액공제 대상이 되는 금액은 익금에 산입한다는 점, 그리고 2억원 이하의 과세표준에 대한 세율이 9%임에 주의하자. 또한 현재 문제에는 포함하지 않았지만, 만약 외국자회사 수입배당금액의 익금불산입 규정이 적용된다면 내국법인이 10퍼센트 이상의 출자지분을 보유하는 외국자회사로부터 받은 배당소득의 95퍼센트에 해당하는 금액에 대해서는 익금에 산입하지 아니하도록 하고, 외국납부세액공제의 적용대상에서 제외해야 하므로 해당 사항을 반영하여야 한다.

관련이론1 **법인세법 제18조의4 [외국자회사 수입배당금액의 익금불산입]**

① 내국법인(제57조의2 제1항에 따른 간접투자회사등은 제외한다)이 해당 법인이 출자한 외국자회사[내국법인이 의결권 있는 발행주식총수 또는 출자총액의 100분의 10(「조세특례제한법」 제22조에 따른 해외자원개발사업을 하는 외국법인의 경우에는 100분의 5) 이상을 출자하고 있는 외국법인으로서 대통령령으로 정하는 요건을 갖춘 법인을 말한다. 이하 이 조 및 제41조에서 같다]로부터 받은 이익의 배당금 또는 잉여금의 분배금과 제16조에 따라 배당금 또는 분배금으로 보는 금액(이하 이 조에서 "수입배당금액"이라 한다)의 100분의 95에 해당하는 금액은 각 사업연도의 소득금액을 계산할 때 익금에 산입하지 아니한다.

② 내국법인이 해당 법인이 출자한 외국법인(외국자회사는 제외한다)으로부터 자본준비금을 감액하여 받는 배당으로서 제18조 제8호에 따른 익금에 산입되지 아니하는 배당에 준하는 성격의 수입배당금액을 받는 경우 그 금액의 100분의 95에 해당하는 금액은 각 사업연도의 소득금액을 계산할 때 익금에 산입하지 아니한다.

③ 「국제조세조정에 관한 법률」 제27조 제1항 및 제29조 제1항・제2항에 따라 특정외국법인의 유보소득에 대하여 내국법인이 배당받은 것으로 보는 금액 및 해당 유보소득이 실제 배당된 경우의 수입배당금액에 대해서는 제1항을 적용하지 아니한다.

④ 제1항에도 불구하고 다음 각 호의 어느 하나에 해당하는 금액은 각 사업연도의 소득금액을 계산할 때 익금에 산입한다.

1. 「국제조세조정에 관한 법률」 제27조 제1항 각 호의 요건을 모두 충족하는 특정외국법인으로부터 받은 수입배당금액으로서 대통령령으로 정하는 수입배당금액
2. 혼성금융상품(자본 및 부채의 성격을 동시에 가지고 있는 금융상품으로서 대통령령으로 정하는 금융상품을 말한다)의 거래에 따라 내국법인이 지급받는 수입배당금액
3. 제1호 및 제2호와 유사한 것으로서 대통령령으로 정하는 수입배당금액

⑤ 제1항을 적용받으려는 내국법인은 외국자회사 수입배당금액 명세서를 납세지 관할 세무서장에게 제출하여야 한다.

⑥ 제1항부터 제5항까지의 규정을 적용할 때 내국법인의 외국자회사에 대한 출자비율의 계산방법, 익금불산입액의 계산방법, 외국자회사 수입배당금액 명세서의 제출 등에 필요한 사항은 대통령령으로 정한다.

관련이론2 **법인세 세율**

과세표준	세 율
2억원 이하	과세표준의 100분의 9
2억원 초과 200억원 이하	1천 800만원 + (2억원을 초과하는 금액의 100분의 19)
200억원 초과 3천억원 이하	37억 8천만원 + (200억원을 초과하는 금액의 100분의 21)
3천억원 초과	625억 8천만원 + (3천억원을 초과하는 금액의 100분의 24)

문제 65 [법인세법] 손금의 범위

유 형	계산형		
중요도	★	정답	③

정답해설

1 업무사용비율의 계산

업무용 사용거리 / 총 주행거리
= 15,000 / 20,000
= 75%

2 상기 리스료의 감가상각비 상당액

리스료 - 보험료 - 자동차세 - 수선유지비
= 30,000,000 - 3,000,000 - 2,000,000 - 1,750,000
= 23,250,000
※ 수선유지비를 별도로 구분하기 어려운 경우 수선유지비는 (임차료 - 보험료 - 자동차세)의 100분의 7로 할 수 있다.

3 감가상각비 한도초과 손금불산입금액

(감가상각비 상당액 × 업무사용비율) - 8,000,000
= (23,250,000 × 0.75) - 8,000,000
= 9,437,500

4 업무용승용차 관련비용 중 업무사용비율 초과 손금불산입금액

33,000,000 × (1 - 업무사용비율)
= 8,250,000

5 손금불산입금액

감가상각비 한도초과액 + 업무사용비율 초과액
= 9,437,500 + 8,250,000
= 17,687,500

따라서 정답은 ③번이다.

법령 CHECK

법인세법 제27조의2
법인세법 시행령 제50조의2
법인세법 시행규칙 제27조의2

합격의 TIP

2016년도 이후 처음 출제되었다. 렌트차량의 경우에 감가상각비 상당액은 임차료의 100분의 70임을 알아두자. 만약 현재 문제가 렌트차량이라면 감가상각비 한도초과액은 (30,000,000 × 70% × 0.75) - 8,000,000 = 7,750,000으로 계산된다.

문제 66 [법인세법] 법인세 총설

유 형	이론형		
중요도	★★★	정답	②

정답해설

② 비영리내국법인은 청산소득에 대한 법인세를 납부할 의무가 있다.
→ 없다. 비영리내국법인에 법인세가 과세되는 소득은 각 사업연도의 소득과 법인세법에 따른 토지등 양도소득으로 한정한다.

③ 국내원천소득과 법인세법에 따른 토지등 양도소득이 있는 외국법인은 법인세 납세의무가 있다.

⑤ *관련이론

법령 CHECK

① 법인세법 제3조 제2항
② 법인세법 제4조 제1항
③ 법인세법 제4조 제4항
④ 법인세법 제3조 제4항
⑤ 법인세법 제4조 제3항

합격의 TIP

기본적인 문제로 반드시 맞추도록 하자.

관련이론 **비영리내국법인의 각 사업연도소득은 다음 각 호의 사업 또는 수입에서 생기는 소득으로 한정**

1. 제조업, 건설업, 도매 및 소매업 등 「통계법」 제22조에 따라 통계청장이 작성·고시하는 한국표준산업분류에 따른 사업으로서 대통령령으로 정하는 것
2. 「소득세법」 제16조 제1항에 따른 이자소득
3. 「소득세법」 제17조 제1항에 따른 배당소득
4. 주식·신주인수권 또는 출자지분의 양도로 인한 수입
5. 유형자산 및 무형자산의 처분으로 인한 수입. 다만, 고유목적사업에 직접 사용하는 자산의 처분으로 인한 대통령령으로 정하는 수입은 제외한다.
6. 「소득세법」 제94조 제1항 제2호 및 제4호에 따른 자산의 양도로 인한 수입
7. 그 밖에 대가를 얻는 계속적 행위로 인한 수입으로서 대통령령으로 정하는 것

문제 67 [법인세법] 익금의 범위

유 형	이론형		
중요도	★★	정답	②

정답해설

(1) 소멸시효가 완성된 매출채권 2,000,000원은 소멸시효가 완성된 사업연도의 손금이다.
〈손금산입〉 소멸시효 완성 매출채권 2,000,000 (△유보)

(2) 취득세에 대한 가산세는 손금으로 인정되지 않는데, 자산인 토지로 계상하였으므로 익금불산입 처리한다.
〈익금불산입〉 가산세 1,000,000 (△유보)

(3) 법인세법은 특정 자산 및 부채를 제외하고는 자산과 부채의 장부가액을 증액 또는 감액한 경우에는 그 평가일이 속하는 사업연도와 그 후의 각 사업연도의 소득금액을 계산할 때 그 자산과 부채의 장부가액은 평가 전의 가액으로 하므로 지분법이익을 인정하지 않는다. *관련이론
〈익금불산입〉 지분법 이익 2,000,000 (△유보)

따라서 손금산입 및 익금불산입의 합계액은 2,000,000 + 1,000,000 + 2,000,000 = 5,000,000이다.

법령 CHECK

(1) 법인세법 제19조의2 제1항
법인세법 시행령 제19조의2 제1항 제1호
(2) 법인세법 제21조 제5호
(3) 법인세법 제42조 제1항

관련이론 **법인세법 제42조 제1항**

내국법인이 보유하는 자산과 부채의 장부가액을 증액 또는 감액(감가상각은 제외하며, 이하 이 조에서 "평가"라 한다)한 경우에는 그 평가일이 속하는 사업연도와 그 후의 각 사업연도의 소득금액을 계산할 때 그 자산과 부채의 장부가액은 평가 전의 가액으로 한다. 다만, 다음 각 호의 어느 하나에 해당하는 경우에는 그러하지 아니하다.
1. 「보험업법」이나 그 밖의 법률에 따른 유형자산 및 무형자산 등의 평가(장부가액을 증액한 경우만 해당)
2. 재고자산 등 대통령령으로 정하는 자산과 부채의 평가

문제 68 [법인세법] 감가상각비

유 형	계산형		
중요도	★★	정답	①

정답해설

기계장치에 대한 감가상각방법과 적용 내용연수를 신고한 바 없으므로 기준내용연수 10년, 정률법 감가상각률을 적용한다. 또한 각 사업연도의 소득에 대하여 법과 다른 법률에 따라 법인세를 면제받거나 감면받은 경우에는 개별 자산에 대한 감가상각비가 상각범위액이 되도록 감가상각비를 손금에 산입하여야 한다.

1 제22기

1) 감가상각비 한도
   50,000,000 × 0.259 = 12,950,000
2) 세무조정
   20,000,000(회계상 감가상각비) − 12,950,000
   = 7,050,000
   〈손금불산입〉 감가상각비 한도초과 7,050,000 (유보)

2 제23기

1) 감가상각비 한도
   (50,000,000 − 20,000,000 + 7,050,000) × 0.259
   = 9,595,950
2) 세무조정
   〈손금산입〉 감가상각비 손금산입 9,595,950 (△유보)

3 제24기

1) 감가상각비 한도
   (50,000,000 − 12,950,000 − 9,595,950) × 0.259
   = 7,110,598
   ※ 법인세감면으로 상각범위액이 되도록 손금산입해야 하므로 21기, 22기의 한도금액을 차감하는 방법으로 계산하여 감가상각비 한도를 구하였다.
2) 세무조정
   8,000,000(회계상 감가상각비) − 7,110,598
   = 889,402
   〈손금불산입〉 감가상각비 한도초과 889,402 (유보)

법령 CHECK

법인세법 시행령 제30조 제1항
법인세법 시행령 제26조

합격의 TIP

법인세 감면의 경우 상각범위액만큼 강제적으로 손금에 산입해야 함을 알고 있다면 쉽게 풀 수 있는 문제이다. 감가상각비 관련 문제는 자주 출제되므로 2020년 70번, 2019년 69번, 2018년 69번, 2016년 67번을 함께 학습해두자.

문제 69 [법인세법] 기업업무추진비와 기부금

유 형	이론형		
중요도	★★★	정답	①

정답해설

① 법인이 기부금의 지출을 위하여 어음을 발행한 경우에는 그 ~~어음을 발행한 날~~에 지출한 것으로 본다.
→ 어음이 실제로 결제된 날. 수표를 발행한 경우에는 당해 수표를 교부한 날에 지출한 것으로 본다.

③ 내국법인이 한 차례의 접대에 지출한 기업업무추진비 중 3만원(경조금은 20만원)을 초과하는 기업업무추진비로서 증명서류를 수취하지 않은 것은 전액 손금불산입하고, 귀속자에게 소득처분하며, 불분명한 경우 대표자에 대한 상여로 처분한다.

⑤ 이 경우 정상가액은 시가에 시가의 100분의 30을 더하거나 뺀 범위의 가액으로 한다.

법령 CHECK

① 법인세법 시행규칙 제18조
② 법인세법 시행령 제36조 제2항
③ 법인세법 제25조 제2항
④ 법인세법 제25조 제3항
⑤ 법인세법 시행령 제35조

합격의 TIP

거의 매년 나오는 주제로 계산형과 이론형이 번갈아가며 나오는 출제로 반드시 학습해두자.
③번의 경우 증명서류를 수취하지 않는 것은 전액 손금불산입 하는 것은 맞지만, 모든 건을 대표자에 대한 상여로 처분하는 것이 아니라 귀속자에게 소득처분하고, 불분명한 경우 대표자에 대한 상여로 처분하는 것이 더 명확하여 문제를 약간 수정하였다.

문제 70 [법인세법] 자산의 취득과 평가

유 형	이론형		
중요도	★★★	정답	②

정답해설

② 「특정 금융거래정보의 보고 및 이용 등에 관한 법률」 제2조 제3호에 따른 가상자산은 ~~이동평균법~~에 따라 평가해야 한다.
→ 선입선출법

법령 CHECK

① 법인세법 시행령 제69조 제1항 제1호
② 법인세법 시행령 제77조
③ 법인세법 시행령 제71조 제1항
④ 법인세법 시행령 제70조 제4항
⑤ 법인세법 시행령 제71조 제6항

합격의 TIP

난이도가 쉽고 자주 출제되는 문제이므로 반드시 맞추도록 하자.

문제 71 [부가가치세법] 부가가치세 총설

유 형	이론형		
중요도	★	정답	③

정답해설

① 이 경우 등록한 사업자를 사업자 단위 과세 사업자라 한다.

③ 사업장 단위로 등록한 사업자가 사업자 단위 과세 사업자로 변경하려면 사업자 단위 과세 사업자로 적용받으려는 과세기간 개시 20일 전까지 사업장 관할 세무서장에게 변경등록을 신청하여야 한다.
→ 사업자의 본점 또는 주사무소

⑤ *관련이론

법령 CHECK

① 부가가치세법 제8조 제3항
② 부가가치세법 제8조 제1항
③ 부가가치세법 제8조 제4항
④ 부가가치세법 시행령 제12조 제1항
⑤ 부가가치세법 시행령 제14조 제1항

합격의 TIP

자주 나오지 않는 주제이지만 쉽게 맞출 수 있는 문제였다. 심화학습으로 주사업장 총괄 납부 제도와 사업자 단위 과세 제도(2018년 71번)를 학습해두자.

관련이론 부가가치세법상 사업자 등록사항의 변경이 필요한 경우

1. 상호를 변경하는 경우
2. 법인 또는 「국세기본법」 제13조 제1항 및 제2항에 따라 법인으로 보는 단체 외의 단체로서 기획재정부령으로 정하는 단체가 대표자를 변경하는 경우
3. 기획재정부령으로 정하는 사업의 종류에 변동이 있는 경우
4. 사업장[법 제8조 제3항에 따른 사업자 단위 과세 사업자(이하 사업자 단위 과세 사업자)의 경우에는 사업자 단위 과세 적용 사업장을 말한다]을 이전하는 경우
5. 상속으로 사업자의 명의가 변경되는 경우
6. 공동사업자의 구성원 또는 출자지분이 변경되는 경우
7. 임대인, 임대차 목적물 및 그 면적, 보증금, 임차료 또는 임대차기간이 변경되거나 새로 상가건물을 임차한 경우(「상가건물 임대차보호법」 제2조 제1항에 따른 상가건물의 임차인이 사업자등록 정정신고를 하려는 경우, 임차인이 같은 법 제5조 제2항에 따른 확정일자를 신청하려는 경우 및 확정일자를 받은 임차인에게 변경 등이 있는 경우로 한정한다)
8. 사업자 단위 과세 사업자가 사업자 단위 과세 적용 사업장을 변경하는 경우
9. 사업자 단위 과세 사업자가 종된 사업장을 신설하거나 이전하는 경우
10. 사업자 단위 과세 사업자가 종된 사업장의 사업을 휴업하거나 폐업하는 경우
11. 사이버몰[「전기통신사업법」 제5조에 따른 부가통신사업을 하는 사업자(이하 부가통신사업자)가 컴퓨터 등과 정보통신설비를 이용하여 재화 등을 거래할 수 있도록 설정한 가상의 영업장을 말한다. 이하 같다]에 인적사항 등의 정보를 등록하고 재화 또는 용역을 공급하는 사업을 하는 사업자(이하 통신판매업자)가 사이버몰의 명칭 또는 「인터넷주소자원에 관한 법률」에 따른 인터넷 도메인이름을 변경하는 경우

문제 72 [부가가치세법] 과세거래

유 형	이론형		
중요도	★★★	정답	④

정답해설

① 면세사업 뿐만 아니라 부가가치세가 과세되지 아니하는 재화 또는 용역을 공급하는 사업을 위하여 직접 사용하는 것도 과세한다.

② 사업자가 외국으로부터 국내에 도착한 물품으로서 수입신고가 수리되기 전의 것을 국내에 반입하는 것과 수출신고가 수리된 물품(수출신고가 수리된 물품으로서 선적되지 아니한 물품을 보세구역에서 반입하는 경우는 제외)은 재화의 수입으로 보아 과세한다.

③ 사업자가 특수관계인에게 사업용 부동산의 임대용역을 시가보다 낮은 대가를 받고 공급하는 것은 당연 과세거래이며, 사업자가 대가를 받지 아니하고 타인에게 용역을 공급하는 경우에도 과세한다.

④ 사업자가 양도담보의 목적으로 부동산상의 권리를 제공하는 것
→ 과세거래로 보지 아니한다.

법령 CHECK

① 부가가치세법 제10조 제1항
② 부가가치세법 제13조
③ 부가가치세법 제12조 제2항
④ 부가가치세법 시행령 제22조
⑤ 부가가치세법 시행령 제18조 제1항 제4호

합격의 TIP

부가가치세법상 과세되는 것에 대해서 명확하게 알고 있다면 쉽게 정답을 찾을 수 있는 문제이다.

문제 73 [부가가치세법] 과세거래

유 형	계산형		
중요도	★★★	정답	③

정답해설

(1) 용역의 공급시기가 되기 전에 용역에 대한 대가의 일부를 받고, 그 받은 대가에 대하여 세금계산서를 발급하면 세금계산서 등을 발급하는 때를 용역의 공급시기로 보므로 2024년 1월 5일 계약금(2,000,000)과 2024년 2월 20의 중도금(4,000,000)이 2024년 제1기 예정신고기간의 부가가치세 과세표준에 포함되어야 한다.

(2) 용역완료 전 대가의 일부를 받고 그 받은 대가에 대하여 2024년 3월 30일 세금계산서를 발급하였으므로 1,000,000에 대하여 2024년 제1기 예정신고기간의 부가가치세 과세표준에 포함한다.

(3) 거래 당사자 간의 계약서 및 약정서 등에 대금 청구시기와 지급시기를 따로 적는 경우 대금 청구시기와 지급시기 사이의 기간이 30일 이내인 경우 세금계산서를 발급한 때를 재화 또는 용역의 공급시기로 볼 수 있으나 대금 청구시기와 지급시기 사이의 기간이 30일을 초과하므로 용역제공을 완료한 때 부가가치세 과세표준에 포함되어야 한다.

(4) 사업자가 대가를 받지 아니하고 타인에게 용역을 공급하는 것은 대통령령으로 정하는 특수관계인에게 사업용 부동산의 임대용역 등 대통령령으로 정하는 용역을 공급하는 것을 제외하고는 용역의 공급으로 보지 않으므로 2024년 예정신고시 부가가치세 과세표준에 포함될 금액은 없다.

따라서 2024년 제1기 예정신고기간에 포함되어야 할 금액은 총 7,000,000이다.

법령 CHECK

부가가치세법 제17조 제1항~제4항
부가가치세법 제12조 제2항

합격의 TIP

부가가치세법 제17조를 알아야 풀 수 있는 문제이다. 이론형으로도 출제될 수 있으므로 관련이론을 통해 알아두자. 또한 2016년도 72번을 함께 학습해두자.

관련이론 **재화 및 용역의 공급시기 특례**

1. 사업자가 재화 또는 용역의 공급시기가 되기 전에 재화 또는 용역에 대한 대가의 전부 또는 일부를 받고, 그 받은 대가에 대하여 세금계산서 또는 영수증을 발급하면 그 세금계산서 등을 발급하는 때를 각각 그 재화 또는 용역의 공급시기로 본다.
2. 사업자가 재화 또는 용역의 공급시기가 되기 전에 세금계산서를 발급하고 그 세금계산서 발급일부터 7일 이내에 대가를 받으면 해당 세금계산서를 발급한 때를 재화 또는 용역의 공급시기로 본다.
3. 거래 당사자 간의 계약서·약정서 등에 대금 청구시기(세금계산서 발급일을 말한다)와 지급시기를 따로 적고, 대금 청구시기와 지급시기 사이의 기간이 30일 이내인 경우에는 재화 또는 용역을 공급하는 사업자가 그 재화 또는 용역의 공급시기가 되기 전에 세금계산서를 발급하고 그 세금계산서 발급일부터 7일이 지난 후 대가를 받더라도 해당 세금계산서를 발급한 때를 재화 또는 용역의 공급시기로 본다.
4. 재화 또는 용역의 공급시기가 세금계산서 발급일이 속하는 과세기간 내(공급받는 자가 조기환급을 받은 경우에는 세금계산서 발급일부터 30일 이내)에 도래하는 경우에는 재화 또는 용역을 공급하는 사업자가 그 재화 또는 용역의 공급시기가 되기 전에 세금계산서를 발급하고 그 세금계산서 발급일부터 7일이 지난 후 대가를 받더라도 해당 세금계산서를 발급한 때를 재화 또는 용역의 공급시기로 본다.
5. 사업자가 할부로 재화 또는 용역을 공급하는 경우 등으로서 대통령령으로 정하는 경우의 공급시기가 되기 전에 세금계산서 또는 영수증을 발급하는 경우에는 그 발급한 때를 각각 그 재화 또는 용역의 공급시기로 본다.

유 형	이론형		
중요도	★★	정답	③

문제 74 [부가가치세법] 영세율과 면세

정답해설

① 외국인도수출이란 수출대금은 국내에서 영수(領收)하지만 국내에서 통관되지 아니한 수출물품 등을 외국으로 인도하거나 제공하는 수출을 말한다. 외국인도수출 외에 중계무역 방식의 수출, 위탁판매수출, 위탁가공무역 방식의 수출, 원료를 대가 없이 국외의 수탁가공 사업자에게 반출하여 가공한 재화를 양도하는 경우에 그 원료의 반출, 「관세법」에 따른 수입신고 수리 전의 물품으로서 보세구역에 보관하는 물품의 외국으로의 반출로 국내 사업장에서 계약과 대가 수령 등 거래가 이루어지는 것은 영세율을 적용한다.

③ 외국에서 생산되어 식용으로 제공되지 아니하는 수산물로서 원생산물의 수입에 대해서는 면세를 적용한다.

→ 적용하지 아니한다. 식용으로 제공되지 아니하는 수산물의 경우 우리나라에서 생산되어 식용으로 제공되지 아니하는 농산물, 축산물, 수산물과 임산물로서 대통령령으로 정하는 것만 면세된다.

⑤ *관련이론

법령 CHECK

① 부가가치세법 시행령 제31조 제1항
② 부가가치세법 제25조 제1항
③ 부가가치세법 제26조 제1항 제1호
④ 부가가치세법 제27조 제9호
⑤ 부가가치세법 제28조

합격의 TIP

2021년 75번을 함께 학습해보자.

관련이론 **재화의 수입에 대한 면세**

1. 가공되지 아니한 식료품(식용으로 제공되는 농산물, 축산물, 수산물 및 임산물을 포함)으로서 대통령령으로 정하는 것
2. 도서, 신문 및 잡지로서 대통령령으로 정하는 것
3. 학술연구단체, 교육기관, 「한국교육방송공사법」에 따른 한국교육방송공사 또는 문화단체가 과학용·교육용·문화용으로 수입하는 재화로서 대통령령으로 정하는 것
4. 종교의식, 자선, 구호, 그 밖의 공익을 목적으로 외국으로부터 종교단체·자선단체 또는 구호단체에 기증되는 재화로서 대통령령으로 정하는 것
5. 외국으로부터 국가, 지방자치단체 또는 지방자치단체조합에 기증되는 재화
6. 거주자가 받는 소액물품으로서 관세가 면제되는 재화
7. 이사, 이민 또는 상속으로 인하여 수입하는 재화로서 관세가 면제되거나 「관세법」 제81조 제1항에 따른 간이세율이 적용되는 재화
8. 여행자의 휴대품, 별송 물품 및 우송 물품으로서 관세가 면제되거나 「관세법」 제81조 제1항에 따른 간이세율이 적용되는 재화
9. 수입하는 상품의 견본과 광고용 물품으로서 관세가 면제되는 재화
10. 국내에서 열리는 박람회, 전시회, 품평회, 영화제 또는 이와 유사한 행사에 출품하기 위하여 무상으로 수입하는 물품으로서 관세가 면제되는 재화
11. 조약·국제법규 또는 국제관습에 따라 관세가 면제되는 재화로서 대통령령으로 정하는 것
12. 수출된 후 다시 수입하는 재화로서 관세가 감면되는 것 중 대통령령으로 정하는 것. 다만, 관세가 경감되는 경우에는 경감되는 비율만큼만 면제한다.
13. 다시 수출하는 조건으로 일시 수입하는 재화로서 관세가 감면되는 것 중 대통령령으로 정하는 것. 다만, 관세가 경감되는 경우에는 경감되는 비율만큼만 면제한다.
14. 담 배
15. 재화 외에 관세가 무세이거나 감면되는 재화로서 대통령령으로 정하는 것. 다만, 관세가 경감되는 경우에는 경감되는 비율만큼만 면제한다.

문제 75 [부가가치세법] 매입세액과 차가감납부세액

유 형	계산형		
중요도	★★	정답	④

정답해설

(1) 과세사업에 사용되는 재화를 전자세금계산서 외의 세금계산서를 공급시기가 속하는 확정신고기한 이내인 2024년 7월 5일에 발급받았고, 거래사실이 확인되므로 2024년 제1기 확정신고 시 2,000,000을 공제받을 수 있다. 다만 지연발급가산세 0.5%는 적용된다.

(2) 면세사업에 사용되는 재화의 매입세액은 공제받을 수 없다.

(3) 공통매입사용계산분

$$\text{매입세액} \times \frac{\text{과세사업공급가액}}{\text{과세사업공급가액} + \text{면세사업공급가액}}$$

$$= 5{,}000{,}000 \times \frac{160{,}000{,}000 + 330{,}000{,}000}{160{,}000{,}000 + 330{,}000{,}000 + 100{,}000{,}000 + 110{,}000{,}000}$$

$$= 3{,}500{,}000$$

따라서 2024년 제1기 확정신고 시 매출세액에서 공제되는 매입세액은 2,000,000 + 3,500,000 = 5,500,000이다.

법령 CHECK

부가가치세법 제38조
부가가치세법 제40조

문제 76 [부가가치세법] 매입세액과 차가감납부세액

유 형	이론형		
중요도	★★	정답	④

정답해설

(1) 매출채권 중 대손이 확정된 금액은 부가가치세 매출세액에서 차감한다.

(2) 대손으로 확정된 매출채권 중 회수한 금액은 부가가치세 매출세액에 가산한다.

(3) 매입세액에서 차감했으나 변제한 대손세액은 매입세액에 가산한다.

따라서 2024년 제1기 확정신고기간의 매입세액에 가감할 금액은 1,980,000이며 가산해야 한다.

법령 CHECK

부가가치세법 제45조
부가가치세법 시행령 제87조

관련이론 **대손세액의 공제특례**

(1) 재화 또는 용역을 공급한 사업자
1) 외상매출금이나 그 밖의 매출채권(부가가치세 포함)의 전부 또는 일부를 회수할 수 없는 경우 : 대손이 확정된 날이 속하는 과세기간의 매출세액에서 대손세액*을 차감
2) 대손되어 회수할 수 없는 금액의 전부 또는 일부를 회수한 경우 : 회수한 날이 속하는 과세기간의 매출세액에 대손세액*을 합산
*대손세액 = 대손금액 × 110분의 10

(2) 재화 또는 용역을 공급받은 사업자
1) 재화 또는 용역을 공급하는 자가 대손세액공제를 받은 경우 : 대손이 확정된 날이 속하는 과세기간에 자신의 매입세액에서 차감. 만약, 그 공급을 받은 사업자가 대손세액에 해당하는 금액을 차감하지 아니한 경우에는 대통령령으로 정하는 바에 따라 그 사업자의 관할 세무서장이 차감하여야 할 매입세액을 결정 또는 경정
2) 매입세액에서 대손세액에 해당하는 금액을 차감한(관할 세무서장이 결정 또는 경정한 경우 포함) 해당 사업자가 대손금액의 전부 또는 일부를 변제한 경우 : 변제한 대손금액에 관련된 대손세액에 해당하는 금액을 변제한 날이 속하는 과세기간의 매입세액에 더한다.

(3) 부가가치세 확정신고 시, 대손금액이 발생한 사실을 증명하는 서류를 제출하는 경우에만 적용

(4) 대손세액 공제의 범위는 사업자가 부가가치세가 과세되는 재화 또는 용역을 공급한 후 그 공급일부터 10년이 지난 날이 속하는 과세기간에 대한 확정신고 기한까지 법인세법상 대손금으로 인정되는 사유로 확정되는 대손세액(법 제57조에 따른 결정 또는 경정으로 증가된 과세표준에 대하여 부가가치세액을 납부한 경우 해당 대손세액 포함)으로 한다.

유 형	계산형		
중요도	★★	정답	①

문제 77 [부가가치세법] 과세표준과 매출세액

정답해설

1 2024년 제1기 임대용역 관련 과세표준

1) 임대료 수입 = 30,000,000
2) 간주임대료 = 438,000,000 × 181 × 3% × 1/365 = 6,516,000
3) 임대용역 총 공급가액 = 30,000,000 + 6,516,000 = 36,516,000

2 건물과 토지분 임대료의 안분계산 *관련이론1

1) 토지 : 36,516,000 × 5억원/(3억원 + 5억원) = 22,822,500
2) 건물 : 36,516,000 × 3억원/(3억원 + 5억원) = 13,693,500

3 과세면적 임대료의 안분계산 *관련이론2

1) 토지 : $22{,}822{,}500 \times \frac{1{,}000m^2}{1{,}500m^2} = 15{,}215{,}000$

주택부수토지 : Min(①, ②) = 500m^2

① 총토지면적 1,500m^2 × $\frac{\text{주택면적 } 200m^2}{\text{총건물면적 } 300m^2}$ = 1,000m^2

② 주택정착면적 100m^2 × 5배(도시지역 밖은 10배) = 500m^2

건물부수토지 : 총토지면적 1,500m^2 − 주택부수토지 500m^2 = 1,000m^2

2) 건물 : 주택에 부가가치세가 과세되는 사업용 건물이 함께 설치되어 있고, (주)B에게 임대를 모두 주고 있기 때문에, 주택 부분의 면적이 200m^2으로 사업용 부분의 면적 100m^2보다 크므로 부가가치세가 면제된다. 만약, 건물소유자가 당해 주택 부분에 거주하면서 사업용 부분만을 임대하는 때에는 사업용 부분 임대에 대하여 부가가치세가 과세된다.

4 2024년 제1기 신고 시 과세표준

15,215,000

법령 CHECK

부가가치세법 제29조
부가가치세법 시행령 제65조

합격의 TIP

2017년도 76번을 함께 학습해보자. 또한 간주임대료 계산 시 정기예금 이자율이 주어지지 않았다면 2.9%로 계산해야 함을 알아두자.

관련이론1 토지임대료와 건물 임대료의 안분 계산

1. 토지임대료 상당액 = (임대료 + 간주임대료) × $\frac{\text{토지의 기준시가}}{\text{토지의 기준시가} + \text{건물의 기준시가}}$

2. 건물임대료 상당액 = (임대료 + 간주임대료) × $\frac{\text{건물의 기준시가}}{\text{토지의 기준시가} + \text{건물의 기준시가}}$

관련이론2 과세면적과 면세면적에 따른 안분 계산

1. 토지 임대용역의 공급가액 = 토지임대료 상당액 × $\frac{\text{토지의 과세면적}}{\text{토지의 전체면적}}$

2. 건물 임대용역의 공급가액 = 건물임대료 상당액 × $\frac{\text{건물의 과세면적}}{\text{건물의 전체면적}}$

문제 78 [부가가치세법] 세금계산서와 영수증

유 형	이론형		
중요도	★★★	정답	⑤

정답해설

① 공급하는 자의 주소, 공급품목, 단가와 수량, 작성 연월일이 기재되지 않은 세금계산서라도 그 매입세액은 매출세액에서 공제한다.

→ 공제하지 아니한다. 세금계산서의 필요적 기재사항인 1.공급하는 사업자의 등록번호와 성명 또는 명칭, 2.공급받는 자의 등록번호, 3.공급가액과 부가가치세액, 4.작성 연월일의 경우에는 필요적 기재사항으로 해당 사항이 기재되지 않은 세금계산서의 경우에는 매출세액에서 공제되지 않는다.

② 전자세금계산서를 발급하여야 하는 사업자가 아닌 사업자는 전자세금계산서를 발급하거나 전자세금계산서 발급명세를 전송할 수 없다.

→ 있다.

③ 처음 공급한 재화가 환입된 경우 재화가 환입된 날을 작성일로 적고 비고란에 처음 공급일을 덧붙여 적은 후 감소된 금액을 검정색 글씨로 쓰거나 음(陰)의 표시를 하여 수정 세금계산서 또는 수정전자세금계산서를 발급한다.

→ 붉은색

④ 직전 연도의 공급대가의 합계액이 4천 800만원 미만인 간이과세자가 부가가치세가 과세되는 재화를 공급하는 경우에는 재화의 공급시기에 그 공급을 받은 자에게 ~~영수증 또는 세금계산서를 발급할 수 있다~~.

→ 세금계산서를 발급하는 대신 영수증을 발급하여야 한다. 신규로 사업을 시작하는 개인사업자로서 간이과세자로 하는 최초의 과세기간 중에 있는 자도 세금계산서를 발급하는 대신 영수증을 발급하여야 한다.

⑤ 세관장은 수입되는 재화에 대하여 부가가치세를 징수할 때(부가가치세법 제50조의2에 따라 부가가치세의 납부가 유예되는 때를 포함)에는 수입된 재화에 대한 세금계산서를 법령으로 정하는 바에 따라 수입하는 자에게 발급하여야 한다.

법령 CHECK

① 부가가치세법 제39조 제1항 제2호
② 부가가치세법 제32조 제5항
③ 부가가치세법 시행령 제70조 제1항 제1호
④ 부가가치세법 제36조 제1항
⑤ 부가가치세법 제35조 제1항

합격의 TIP

정답을 쉽게 맞출 수 있는 문제였다. 세금계산서 문제는 종종 출제되므로 반드시 학습해두자.

관련이론1 세금계산서의 필요적 기재사항

1. 공급하는 사업자의 등록번호와 성명 또는 명칭
2. 공급받는 자의 등록번호. 다만, 공급받는 자가 사업자가 아니거나 등록한 사업자가 아닌 경우에는 대통령령으로 정하는 고유번호 또는 공급받는 자의 주민등록번호
3. 공급가액과 부가가치세액
4. 작성 연월일

관련이론2 필요적 기재사항은 아니지만 세금계산서에 기재되는 사항

공급하는 자의 주소, 공급받는 자의 상호・성명・주소, 공급하는 자와 공급받는 자의 업태와 종목, 공급품목, 단가와 수량, 공급 연월일, 거래의 종류, 사업자 단위 과세 사업자의 경우 실제로 재화 또는 용역을 공급하거나 공급받는 종된 사업장의 소재지 및 상호

문제 79	[국세조세조정에 관한 법률] 국제거래에 관한 조세의 조정

유 형	이론형		
중요도	★	정답	③

정답해설

③ 체약상대국이 거주자와 국외특수관계인의 거래가격을 정상가격으로 조정하고, 이에 대한 상호합의절차가 ~~진행 중인 경우 거주자는 경정청구를 할 수 있으며, 과세당국은 그 경정청구의 결과에 따라 거주자의 각 과세연도 과세표준 및 세액을 조정하여 계산하여야 한다~~.

→ 종결된 경우에는 과세당국은 그 합의에 따라 거주자의 각 과세연도 과세표준 및 세액을 조정하여 계산할 수 있고, 이에 따라 각 과세연도 과세표준 및 세액의 조정을 받으려는 거주자는 수정신고 또는 경정청구를 하여야 한다.

④ 가산세 적용의 특례 *관련이론

⑤ 거주자는 일정 기간의 과세연도에 대하여 일정한 정상가격 산출방법을 적용하려는 경우에는 그 정상가격 산출방법을 적용하려는 일정 기간의 과세연도 중 최초의 과세연도 개시일의 전날까지 국세청장에게 사전승인을 신청할 수 있다.

법령 CHECK

① 국제조세조정에 관한 법률 제2조 제1항 제4호
② 국제조세조정에 관한 법률 제9조 제1항
③ 국제조세조정에 관한 법률 제12조
④ 국제조세조정에 관한 법률 제17조 제1항 제2호
⑤ 국제조세조정에 관한 법률 제14조 제1항

관련이론1 가산세 적용의 특례(과소신고가산세를 부과하지 않는 경우)

1. 납세의무자가 신고한 거래가격과 정상가격의 차이에 대하여 납세의무자의 과실이 없다고 상호합의절차의 결과에 따라 확인되는 경우
2. 납세의무자가 일방적 사전승인을 받은 경우로서 신고한 거래가격과 정상가격의 차이에 대하여 납세의무자의 과실이 없다고 국세청장이 판정하는 경우
3. 납세의무자가 소득세나 법인세를 신고할 때 적용한 정상가격 산출방법에 관하여 증명자료를 보관·비치하거나 제16조 제1항에 따른 개별기업보고서를 기한까지 제출하고, 합리적 판단에 따라 그 정상가격 산출방법을 선택하여 적용한 것으로 인정되는 경우

문제 80 [국세조세조정에 관한 법률] 국제거래에 관한 조세의 조정

유 형	이론형		
중요도	★★	정답	①

정답해설

① 제조업을 영위하는 내국법인이 ~~국외법인~~으로부터 차입한 금액에 대한 ~~이자비용~~이 조정소득금액의 30퍼센트를 초과하는 경우에는 그 초과하는 금액은 손금에 산입하지 아니한다.
→ 국외특수관계인 / 순이자비용

② 이 경우 내국법인은 적정기간에 따라 계산한 이자 상당액을 적정기간 종료일이 속하는 사업연도의 법인세에 더하여 납부하여야 한다.

법령 CHECK

① 국제조세조정에 관한 법률 제24조 제2항, 제3항
② 국제조세조정에 관한 법률 제25조 제2항
③ 국제조세조정에 관한 법률 제5조
④ 국제조세조정에 관한 법률 제31조
⑤ 국제조세조정에 관한 법률 제22조 제2항

합격의 TIP

심화학습으로 2020년 79번을 함께 학습해보자.

2021년(제58회) 세무사 1차 세법학개론 정답

세법학개론

41	42	43	44	45	46	47	48	49	50
⑤	④	②	④	⑤	④	①	③	①	③
51	**52**	**53**	**54**	**55**	**56**	**57**	**58**	**59**	**60**
④	②	③	④	②	③	②	⑤	②	⑤
61	**62**	**63**	**64**	**65**	**66**	**67**	**68**	**69**	**70**
①	⑤	①	②	③	①	④	③	④	①
71	**72**	**73**	**74**	**75**	**76**	**77**	**78**	**79**	**80**
④	⑤	②	①	⑤	③	②	①	③	④

2021년 세무사 1차 결과

대상인원(명)	응시인원(명)	합격인원(명)	합격률(%)
12,494	10,348	1,722	16.64

2021년 과목별 결과

구 분	응시인원(명)	평균점수(점)	과락인원(명)	과락률(%)
재정학	10,348	52.76	2,547	24.61
세법학개론	10,348	39.52	5,313	51.34
회계학개론	10,291	38.10	5,776	56.13
상 법	3,591	52.20	841	23.42
민 법	840	60.68	176	18.72
행정소송법	5,760	49.46	1,646	28.58

문제 41 [국세기본법] 총 칙

유 형	이론형		
중요도	★	정답	⑤

정답해설

① ~~세무공무원이 납세자를 방문해~~ 서류를 교부하려고 하였으나 수취인이 부재중인 것으로 확인되어 납부기한까지 송달이 곤란하다고 인정되는 경우에는 공시송달을 할 수 있다.
→ 세무공무원이 2회 이상 납세자를 방문(처음 방문한 날과 마지막 방문한 날 사이의 기간이 3일 이상)해

② 납세의무자, 그 종업원 또는 동거인으로서 사리를 판별할 수 있는 사람이 ~~부재하는 경우에는~~ 송달할 장소에 서류를 둘 수 있다.
→ 정당한 사유 없이 서류 수령을 거부할 때에는

③ 집배원이 아파트경비원에게 서류를 교부하는 방식의 송달은 ~~적법한 송달이라고 볼 수 없다.~~
→ 적법한 송달이라고 볼 수 있다.

④ 납부고지서의 우편송달은 ~~등기우편으로만 하여야 한다.~~
→ 「소득세법」에 따른 중간예납세액의 납부고지서, 「부가가치세법」에 따라 징수하기 위한 납부고지서 및 국세에 대한 과세표준신고서를 법정신고기한까지 제출하였으나 과세표준신고액에 상당하는 세액의 전부 또는 일부를 납부하지 아니하여 발급하는 납부고지서로서 50만원 미만에 해당하는 경우 일반우편으로 송달할 수 있다.

법령 CHECK

① 국세기본법 시행령 제7조의2
② 국세기본법 제10조 제4항
③ 대법원 2000두1164
④ 국세기본법 제10조 제2항
⑤ 국세기본법 제11조 제1항

합격의 TIP

자주 출제되는 유형은 아니지만, 2020년 개정으로 인하여 2021년 출제된 것으로 보인다. 관련이론을 통해 공시송달을 할 수 있는 경우에 대해 학습해두자.

관련이론1 공시송달이란

서류의 송달을 받아야 할 자에게 통상적인 방법(교부송달, 우편송달, 전자송달)에 의하여 서류를 송달할 수 없는 일정한 사유가 있는 경우, 서류의 주요 내용을 공고한 날부터 14일이 지나면 서류 송달이 된 것으로 보는 것을 의미한다.

관련이론2 공시송달을 할 수 있는 경우

(1) 주소 또는 영업소가 국외에 있고 송달하기 곤란한 경우

(2) 주소 또는 영업소가 분명하지 아니한 경우

(3) 송달할 장소에서 서류를 송달받아야 할 자를 만나지 못하였고, 그 사용인이나 그 밖의 종업원 또는 동거인으로서 사리를 판별할 수 있는 사람도 송달할 장소에 없는 경우로서 다음에 해당하는 경우
1) 서류를 등기우편으로 송달하였으나 수취인이 부재중(不在中)인 것으로 확인되어 반송됨으로써 납부기한 내에 송달이 곤란하다고 인정되는 경우
2) 세무공무원이 2회 이상 납세자를 방문[처음 방문한 날과 마지막 방문한 날 사이의 기간이 3일(기간을 계산할 때 공휴일, 대체공휴일, 토요일 및 일요일은 산입하지 않는다) 이상이어야 한다]해 서류를 교부하려고 하였으나 수취인이 부재중인 것으로 확인되어 납부기한까지 송달이 곤란하다고 인정되는 경우

문제 42 [국세기본법] 국세와 일반채권과의 관계

유 형	이론형		
중요도	★★	정답	④

정답해설

① 甲의 소득세 납세의무의 성립시기는 과세기간이 끝나는 때이므로 2016년이 끝나는 때이다.

② 법인세법 제67조, 법인세법 시행령 제106조 제1항 제1호 단서는 "법인세의 과세표준을 결정 또는 경정함에 있어서 익금에 산입한 금액 중 사외유출된 것이 분명하나 귀속이 불분명한 금액은 대표자에게 귀속된 것으로 본다"는 취지로 규정하고 있는바, 이와 같은 법인세법상의 대표자 인정상여제도는 그 대표자에게 그러한 소득이 발생한 사실에 바탕을 두는 것이 아니라 세법상의 부당행위를 방지하기 위하여 그러한 행위로 인정될 수 있는 일정한 사실에 대하여 그 실질에 관계없이 무조건 대표자에 대한 상여로 간주하도록 하는 데 그 취지가 있는 것이므로, 이 경우 대표자는 위 익금산입액의 귀속이 분명하다는 점을 증명하지 못하는 한 그 금원이 현실적으로 자신에게 귀속되었는지 여부에 관계없이 갑종근로소득세를 납부할 의무가 있다. 따라서 甲은 사외유출된 금액이 자신에게 귀속되지 아니하였다는 점은 물론 그 귀속주체를 명확하게 밝혀야 한다.

③ 과세관청의 소득처분과 그에 따른 소득금액변동통지는 원천징수의무자인 법인의 납세의무에 직접 영향을 미치는 과세관청의 행위로서, 항고소송의 대상이 되는 조세행정처분이라고 본다.

④ 甲이 스스로 부정행위를 하지 아니하였고 2017년 과세기간 귀속 소득의 소득세 신고를 법정신고기한까지 한 경우라면, 甲에 대한 소득세 부과제척기간의 만료일은 ~~2023.5.31.~~이다.

→ 2028.5.31. 일반적인 소득세의 부과제척기간의 만료일이라면 2023.5.31.이겠지만 매출기록을 조작하는 방식으로 매출을 일부 누락 하는 부정행위로 국세를 포탈하였다면, 10년이 적용된다. 실제 부정행위는 ㈜A가 하였지만 법인세법에 따라 처분된 금액에 대한 소득세 또는 법인세에 대해서도 10년이 적용되므로 甲에 대한 소득세 부과제척기간의 만료일도 2028.5.31.이다.

⑤ 부과제척기간이 도과된 후에 이루어진 과세처분은 무효이다.

법령 CHECK

① 국세기본법 제21조 제2항 제1호
② 대법원 2006다49789
③ 대법원 2002두1878
④ 국세기본법 제26조의2 제2항
⑤ 대법원 2013두16975

합격의 TIP

2020년 43번 문제를 통해 부과제척기간에 대해 심화학습을 해두자.

문제 43 [국세기본법] 국세와 일반채권과의 관계

유 형	이론형		
중요도	★★★	정답	②

정답해설

① 납세의무자의 재산양도일이 국세채권의 법정기일 이후인 경우 ~~양수인은 물적납세의무를 부담한다~~.

→ 납세자가 국세 및 강제징수비를 체납한 경우에 그 납세자에게 양도담보재산이 있을 때에는 그 납세자의 다른 재산에 대하여 강제징수를 하여도 징수할 금액에 미치지 못하는 경우에만 「국세징수법」에서 정하는 바에 따라 그 양도담보재산으로써 납세자의 국세 및 강제징수비를 징수할 수 있다.

③ 현행법은 「주택임대차보호법」에 따라 대항요건과 확정일자를 갖춘 임차권 관련 보증금채권(소액임대차보증금 아님)에 대한 ~~특칙을 두고 있지 아니하므로 국세채권이 위 보증금채권에 우선한다~~.

→ 특칙을 두고 있으므로 위 보증금채권이 국세채권에 우선한다. 「주택임대차보호법」과 「상가건물 임대차보호법」은 대항요건과 확정일자를 갖추면 일정금액에 한하여 다른 담보권자보다 우선하여 변제받을 수 있도록 보호하고 있다. 즉, 확정일자가 다른 담보권 설정일보다 후순위여도 일정범위의 보증금은 우선변제권이 있는 데 이를 소액임대차보증금의 우선변제권이라 한다.

④ 납세의무자를 채무자로 하는 임금채권(우선변제권이 있는 근로관계채권), 국세채권(법정기일 2019.3.), 근저당권부 채권(설정일 2019.2.)이 있는 경우 ~~국세채권은 임금채권에~~ 우선한다.

→ 임금채권은 국세채권에

⑤ 납세의무자를 채무자로 하는 국세채권(법정기일 2019.1., 압류 2019.5.) 100원, 근저당권부채권(근저당권설정일 2019.2.) 100원, 지방세채권(법정기일 2019.3., 압류 2019.3.) 100원이 있는 경우 압류재산 매각대금 150원의 배분은 ~~국세채권 100원, 근저당권부채권 50원~~의 순으로 하여야 한다.

→ 지방세채권 100원, 근저당부채권 50원

법령 CHECK

① 국세기본법 제42조 제1항
② 국세기본법 제42조 제2항
③ 국세기본법 제35조 제1항 제3호
④ 국세기본법 제35조 제1항 제5호
⑤ 국세기본법 제36조 제2항

합격의 TIP

2016년부터 2023년까지 2번 출제된 주제이다(2018년 42번).

관련이론 **국세의 우선**

국세와 일반채권 간의 우선관계는 다음의 순서에 따른다.

(1) 체납처분비 또는 강제징수비

(2) 강제집행, 경매 또는 파산 절차에 든 비용

(3) 「주택임대차보호법」 또는 「상가건물 임대차보호법」이 적용되는 임대차관계에 있는 주택 또는 건물을 매각할 때 그 매각금액 중에서 국세를 징수하는 경우 임대차에 관한 보증금 중 일정 금액으로서 「주택임대차보호법」 또는 「상가건물 임대차보호법」에 따라 임차인이 우선하여 변제받을 수 있는 금액에 관한 채권

(4) 사용자의 재산을 매각하거나 추심(推尋)할 때 그 매각금액 또는 추심금액 중에서 국세를 징수하는 경우에 「근로기준법」 또는 「근로자퇴직급여 보장법」에 따라 국세에 우선하여 변제되는 임금, 퇴직금, 재해보상금, 그 밖에 근로관계로 인한 채권

(5) 해당 재산에 대하여 부과된 상속세, 증여세 및 종합부동산세. 단, 「주택임대차보호법」에 따라 대항요건과 확정일자를 갖춘 임차권에 의하여 담보된 임대차보증금반환채권 또는 주거용 건물에 설정된 전세권에 의하여 담보된 채권은 해당 임차권 또는 전세권이 설정된 재산이 국세의 강제징수 또는 경매절차를 통하여 매각되어 그 매각금액에서 국세를 징수하는 경우 그 확정일자 또는 설정일보다 법정기일이 늦은 해당 재산에 대하여 부과된 상속세, 증여세 및 종합부동산세의 우선 징수 순서에 대신하여 변제될 수 있다. 이 경우 대신 변제되는 금액은 우선 징수할 수 있었던 해당 재산에 대하여 부과된 상속세, 증여세 및 종합부동산세의 징수액에 한정하며, 임대차보증금채권등보다 우선 변제되는 저당권 등의 변제액과 (5)에 따라 임대차 보증금반환채권등의 변제액에는 영향을 미치지 아니한다.

(6) 법정기일 전에 다음의 어느 하나에 해당하는 권리가 설정된 재산을 매각하여 그 매각금액에서 국세를 징수하는 경우 그 권리에 의하여 담보된 채권 또는 임대차보증금반환채권
   1) 전세권, 질권 또는 저당권
   2) 「주택임대차보호법」 또는 「상가건물 임대차보호법」에 따라 대항요건과 확정일자를 갖춘 임차권
   3) 납세의무자를 등기의무자로 하고 채무불이행을 정지조건으로 하는 대물변제(代物辨濟)의 예약에 따라 채권 담보의 목적으로 가등기를 마친 가등기 담보권

(7) 위의 나열된 권리가 설정된 재산이 양도, 상속 또는 증여된 후 해당 재산이 국세의 강제징수 또는 경매 절차를 통하여 매각되어 그 매각금액에서 국세를 징수하는 경우 해당 재산에 설정된 전세권 등에 의하여 담보된 채권 또는 임대보증금반환채권. 다만, 해당 재산의 직전 보유자가 전세권 등의 설정 당시 체납하고 있었던 국세 등을 고려하여 대통령령으로 정하는 방법에 따라 계산한 금액의 범위에서는 국세를 우선하여 징수

(8) 해당 재산에 대하여 부과된 상속세, 증여세, 및 종합부동산세 외의 국세

(9) 법정기일 후의 담보 채권 또는 임대차보증금반환채권
   1) 전세권, 질권 또는 저당권
   2) 「주택임대차보호법」 또는 「상가건물 임대차보호법」에 따라 대항요건과 확정일자를 갖춘 임차권
   3) 납세의무자를 등기의무자로 하고 채무불이행을 정지조건으로 하는 대물변제(代物辨濟)의 예약에 따라 채권 담보의 목적으로 가등기를 마친 가등기 담보권

(10) 일반채권

유 형	이론형		
중요도	★	정답	④

문제 44 [국세기본법] 납세자 권리와 과세전적부심사

정답해설

국세기본법 제22조의3은 2002년에 신설되었으며, 병존설의 입장을 취하고 있다.

- 증액경정 : 당초 확정된 세액에 관한 이 법 또는 세법에서 규정하는 권리・의무관계에 영향을 미치지 아니함
- 감액경정 : 그 경정으로 감소되는 세액 외의 세액에 관한 이 법 또는 세법에서 규정하는 권리・의무관계에 영향을 미치지 아니함

다만, 2002년 현행 법 신설 이후 최근 대법원 판례에서 과세표준과 세액을 증액하는 증액경정처분은 당초 납세의무자가 신고하거나 과세관청이 결정한 과세표준과 세액을 그대로 둔 채 탈루된 부분만을 추가로 확정하는 처분이 아니라 당초 신고나 결정에서 확정된 과세표준과 세액을 포함하여 전체로서 하나의 과세표준과 세액을 다시 결정하는 것이므로, 당초 신고나 결정에 대한 불복기간의 경과여부 등에 관계없이 오직 증액경정처분만이 항고소송의 심판대상이 되는 점([대법원 2009.5.14. 선고 2006두17390 판결], [대법원 2012.3.29. 선고 2011두4855 판결] 등 참조), 증액경정처분의 취소를 구하는 항고소송에서 증액경정처분의 위법 여부는 그 세액이 정당한 세액을 초과하는지 여부에 의하여 판단하여야 하고 당초 신고에 관한 과다신고사유나 과세관청의 증액경정사유는 증액경정처분의 위법성을 뒷받침하는 개개의 위법사유에 불과한 점([대법원 2004.8.16. 선고 2002두9261 판결] 등 참조), 경정청구나 부과처분에 대한 항고소송은 모두 정당한 과세표준과 세액의 존부를 정하고자 하는 동일한 목적을 가진 불복수단으로서 납세의무자로 하여금 과다신고사유에 대하여는 경정청구로써, 과세관청의 증액경정사유에 대하여는 항고소송으로써 각각 다투게 하는 것은 납세의무자의 권익보호나 소송경제에도 부합하지 않는 점 등에 비추어 보면, 납세의무자는 증액경정처분의 취소를 구하는 항고소송에서 과세관청의 증액경정사유뿐만 아니라 당초신고에 관한 과다신고사유도 함께 주장하여 다툴 수 있다고 판시하였다. [대법원 2013.4.18. 선고 2010두11733 전원합의체 판결]

주어진 문제의 사례에서 증액경정처분은 2020.4.4. 감액경정처분은 2020.5.6.에 있었다. 2019.3.2.자 과세처분 사유인 매출누락 사실이 없음을 주장하려면, 감액경정처분에 대한 심판 청구는 감소되는 세액만 가능하고, 증액경정처분에 대한 심판청구를 해야 대법원 판례에 따라 당초 신고에 관한 과다신고사유도 함께 주장하여 다툴 수 있으므로 2020.4.4.부터 90일 이내에 심판청구를 제기해야 하고 이 경우 (A)의 주장이 맞다면 총 27억원 중 20억원을 넘는 부분의 부과처분 취소가 결정된다.

✔ 법령 CHECK

국세기본법 제22조의3
대법원 2010두11733

합격의 TIP

심화학습으로 심사청구 및 심판청구(국세기본법 제65조)에 대한 결정에 대해 학습해두자.

관련이론 **심사청구 및 심판청구에 대한 결정(국세기본법 제65조)**

① 심사청구가 다음 각 목의 어느 하나에 해당하는 경우에는 그 청구를 각하하는 결정을 한다.
  가. 심판청구를 제기한 후 심사청구를 제기(같은 날 제기한 경우도 포함한다)한 경우
  나. 제61조에서 규정한 청구기간이 지난 후에 청구된 경우
  다. 심사청구 후 제63조 제1항에 규정된 보정기간에 필요한 보정을 하지 아니한 경우
  라. 심사청구가 적법하지 아니한 경우
  마. 가목부터 라목까지의 규정에 따른 경우와 유사한 경우로서 대통령령으로 정하는 경우
② 심사청구가 이유 없다고 인정될 때에는 그 청구를 기각하는 결정을 한다.
③ 심사청구가 이유 있다고 인정될 때에는 그 청구의 대상이 된 처분의 취소・경정 결정을 하거나 필요한 처분의 결정을 한다. 다만, 취소・경정 또는 필요한 처분을 하기 위하여 사실관계 확인 등 추가적으로 조사가 필요한 경우에는 처분청으로 하여금 이를 재조사하여 그 결과에 따라 취소・경정하거나 필요한 처분을 하도록 하는 재조사 결정을 할 수 있다.
그럼에도 불구하고 재조사 결과 심사청구인의 주장과 재조사 과정에서 확인한 사실관계가 다른 경우 등 대통령령으로 정하는 경우에는 해당 심사청구의 대상이 된 당초의 처분을 취소・경정하지 아니할 수 있다. (2022.12.31. 신설)

문제 45 [국세징수법] 압류 · 매각의 유예

유 형	이론형		
중요도	★★	정답	⑤

정답해설

① 납세증명서는 발급일 현재 독촉장에서 정하는 기한의 연장에 관계된 금액 및 압류 · 매각의 유예액 등의 금액을 제외하고 다른 체납액이 없다는 사실을 증명하는 문서이기 때문에 은행에 우선하는 국세채권의 존재를 확인할 수 없는 경우가 있다.

② 관할 세무서장은 국세징수 또는 공익 목적을 위하여 필요한 경우로서 「신용정보의 이용 및 보호에 관한 법률」 제2조 제6호에 따른 신용정보집중기관, 그 밖에 대통령령으로 정하는 자가 법에서 정한 요건에 해당하는 체납자료를 요구한 경우 이를 제공할 수 있다. 다만, 체납된 국세와 관련하여 심판청구등이 계속 중이거나 그 밖에 대통령령으로 정하는 경우에는 체납자료를 제공할 수 없다.

③ 미납국세 등의 열람 *관련이론

⑤ 「주택임대차보호법」 제2조에 따른 주거용 건물을 임차하여 사용하려는 자는 ~~건물 소유자의 동의 없이~~ 국세체납액의 열람을 세무서장에게 신청할 수 있다.
→ 임대인의 동의를 받아

법령 CHECK

① 국세징수법 제107조 제2항
② 국세징수법 제110조 제1항
③ 국세징수법 제109조
④ 국세징수법 제113조 제3항
⑤ 국세징수법 제109조 제1항

관련이론 **미납국세 등의 열람(국세징수법 제109조 제1항)**

「주택임대차보호법」 제2조에 따른 주거용 건물 또는 「상가건물 임대차보호법」 제2조에 따른 상가건물을 임차하여 사용하려는 자는 해당 건물에 대한 임대차계약을 하기 전 또는 임대차계약을 체결하고 임대차기간이 시작하는 날까지 임대인의 동의를 받아 그 자가 납부하지 아니한 다음 각 호의 국세 또는 체납액의 열람을 임차할 건물 소재지의 관할 세무서장에게 신청할 수 있다. 이 경우 열람신청은 관할 세무서장이 아닌 다른 세무서장에게도 할 수 있으며, 신청을 받은 세무서장은 열람 신청에 따라야 한다.

1. 세법에 따른 과세표준 및 세액의 신고기한까지 신고한 국세 중 납부하지 아니한 국세
2. 납부고지서를 발급한 후 지정납부기한이 도래하지 아니한 국세
3. 체납액

문제 46 [국세징수법] 총칙, 신고납부, 납부고지

유 형	이론형		
중요도	★★★	정답	④

정답해설

① 체납액의 징수는 ~~강제징수비, 가산세, 가산세를 제외한 국세~~의 순으로 한다.
→ 강제징수비, 가산세를 제외한 국세, 가산세

② 독촉장을 발급하는 경우 독촉을 하는 날부터 ~~30일~~ 이내의 범위에서 기한을 정하여 발급한다.
→ 20일

③ 제2차 납세의무자로부터 국세를 징수하고자 하는 경우 ~~납부통지서~~를 발급하여야 한다.
→ 납부고지서

④ 하나의 납부고지서에 의하여 본세와 가산세를 함께 부과할 때에는 납부고지서에 본세와 가산세 각각의 세액과 산출근거 등을 구분하여 기재해야 하는 것이고, 또 여러 종류의 가산세를 함께 부과하는 경우에는 그 가산세 상호 간에도 종류별로 세액과 산출근거 등을 구분하여 기재함으로써 납세의무자가 납부고지서 자체로 각 과세처분의 내용을 알 수 있도록 하는 것이 당연한 원칙이다.

⑤ 국세를 포탈하려는 행위가 있다고 인정된다는 사유만으로는 납부기한 전 징수를 ~~할 수 없다~~.
→ 할 수 있다. *관련이론

법령 CHECK

① 국세징수법 제3조
② 국세징수법 제10조 제2항
③ 국세징수법 제7조
④ 대법원 2010두12347
⑤ 국세징수법 제9조

합격의 TIP

기본적인 문제로 반드시 맞추고, 관련이론에 수록한 납부기한 전 징수 사유는 반드시 알아두자.

관련이론 **납부기한 전이라도 이미 납세의무가 확정된 국세를 징수할 수 있는 사유**

1. 국세, 지방세 또는 공과금의 체납으로 강제징수 또는 체납처분이 시작된 경우
2. 「민사집행법」에 따른 강제집행 및 담보권 실행 등을 위한 경매가 시작되거나 「채무자 회생 및 파산에 관한 법률」에 따른 파산선고를 받은 경우
3. 「어음법」 및 「수표법」에 따른 어음교환소에서 거래정지처분을 받은 경우
4. 법인이 해산한 경우
5. 국세를 포탈(逋脫)하려는 행위가 있다고 인정되는 경우
6. 납세관리인을 정하지 아니하고 국내에 주소 또는 거소를 두지 아니하게 된 경우

문제 47 [국세징수법] 강제징수

유 형	이론형		
중요도	★★★	정답	①

정답해설

① 관할 세무서장은 압류한 재산에 대한 제3자의 소유권 주장 및 반환을 구하는 청구가 부당하다고 인정하는 경우 ~~그 재산에 대한 강제징수를 정지하지 아니할 수 있다.~~

→ 즉시 그 뜻을 제3자에게 통지하여야 한다. 만약 청구가 정당하다고 인정되는 경우에는 즉시 압류를 해제하여야 한다.

② 국세징수법 제43조에서는 세무공무원이 재산을 압류한 경우 체납자는 압류한 재산에 관하여 양도, 제한물권의 설정, 채권의 영수, 그 밖의 처분을 할 수 없다고 규정하고 있다.

③ 체납자는 압류된 부동산, 공장재단, 광업재단, 선박, 항공기, 자동차 또는 건설기계를 사용하거나 수익할 수 있다. 다만, 관할 세무서장은 그 가치가 현저하게 줄어들 우려가 있다고 인정할 경우에는 그 사용 또는 수익을 제한할 수 있다.

④ 세무공무원은 체납자와 그 배우자의 공유재산으로서 체납자가 단독 점유하거나 배우자와 공동 점유하고 있는 동산 또는 유가증권을 제1항에 따라 압류할 수 있다.

⑤ 급료, 임금, 봉급, 세비, 퇴직연금 또는 그 밖에 계속적 거래관계에서 발생하는 이와 유사한 채권에 대한 압류의 효력은 체납액을 한도로 하여 압류 후에 발생할 채권에도 미친다.

법령 CHECK

① 국세징수법 제28조 제3항
② 국세징수법 제43조 제1항
③ 국세징수법 제47조 제1항
④ 국세징수법 제48조 제4항
⑤ 국세징수법 제54조

유 형	이론형		
중요도	★★	정답	③

문제 48 [국세징수법] 강제징수

정답해설

① 교부청구의 사유 *관련이론1

② 관할 세무서장은 압류하려는 재산이 이미 다른 기관에 압류되어 있는 경우 참가압류 통지서를 그 재산을 이미 압류한 기관(이하 "선행압류기관"이라 한다)에 송달함으로써 교부청구를 갈음하고 그 압류에 참가할 수 있다.

③ 참가압류를 한 후에 선행압류기관이 압류한 부동산에 대한 압류를 해제한 경우 참가압류는 ~~선행압류의 등기가 완료된 때로 소급하여 압류의 효력을 갖는다.~~

→ 권리의 변동에 등기 또는 등록이 필요한지, 필요하지 아니한 재산인지에 따라 압류의 효력 시기가 달라진다. 권리의 변동에 등기 또는 등록이 필요한 재산은 참가압류의 등기 또는 등록이 완료된 때이며, 권리의 변동에 등기 또는 등록이 필요하지 아니한 재산은 참가압류 통지서가 선행압류기관에 송달된 때이다.

④ 다만, 부패·변질 또는 감량되기 쉬운 재산으로서 속히 매각하지 아니하면 그 재산가액이 줄어들 우려가 있는 경우에는 그러하지 아니한다.

⑤ 체납자, 세무공무원, 매각 부동산을 평가한 「감정평가 및 감정평가사에 관한 법률」에 따른 감정평가법인등(같은 법 제29조에 따른 감정평가법인의 경우 그 감정평가법인 및 소속 감정평가사)은 자기 또는 제3자의 명의나 계산으로 압류재산을 매수하지 못한다.

법령 CHECK

① 국세징수법 제59조 제1호
② 국세징수법 제61조 제1항
③ 국세징수법 제62조 제1항
④ 국세징수법 제66조 제5항
⑤ 국세징수법 제80조

합격의 TIP

③번의 경우 상황에 따라 압류의 효력 시기가 달라지므로 관련이론을 통해 반드시 학습해 두자.

관련이론1 교부청구의 사유

1. 국세, 지방세 또는 공과금의 체납으로 체납자에 대한 강제징수 또는 체납처분이 시작된 경우
2. 체납자에 대하여 「민사집행법」에 따른 강제집행 및 담보권 실행 등을 위한 경매가 시작되거나 체납자가 「채무자 회생 및 파산에 관한 법률」에 따른 파산선고를 받은 경우
3. 체납자인 법인이 해산한 경우

관련이론2 참가압류의 효력 등(국세징수법 제62조 제1항 및 제2항)

① 참가압류를 한 후에 선행압류기관이 그 재산에 대한 압류를 해제한 경우 그 참가압류는 다음 각 호의 구분에 따른 시기로 소급하여 압류의 효력을 갖는다.
  1. 권리의 변동에 등기 또는 등록이 필요한 재산 : 참가압류의 등기 또는 등록이 완료된 때
  2. 권리의 변동에 등기 또는 등록이 필요하지 아니한 재산 : 참가압류 통지서가 선행압류기관에 송달된 때

② 제1항을 적용할 때 둘 이상의 참가압류가 있는 경우에는 다음 각 호의 구분에 따른 시기로 소급하여 압류의 효력이 생긴다.
  1. 권리의 변동에 등기 또는 등록을 필요로 하는 재산 : 가장 먼저 참가압류의 등기 또는 등록이 완료된 때
  2. 권리의 변동에 등기 또는 등록을 필요로 하지 아니한 재산 : 가장 먼저 참가압류 통지서가 송달된 때

문제 49 [조세범처벌법] 조세범처벌법

유 형	이론형		
중요도	★★★	정답	①

정답해설

② 납세의무자의 위임을 받아, 대여받은 세무사 명의로, 납세의무자를 대리하여 세무신고를 하는 자가 조세의 부과를 면하게 하기 위하여 타인의 조세에 관하여 거짓으로 신고를 하였을 때에는 성실신고방해행위죄로 처벌할 수 **없다**.

→ 있다. 이 경우 2년 이하의 징역 또는 2천만원 이하의 벌금에 처한다.

③ 조세의 원천징수의무자가 정당한 사유 없이 그 세금을 징수하지 아니한 행위는 징수한 세금을 정당한 사유 없이 납부하지 아니한 행위에 비하여 법정형량이 **크다**.

→ 적다. 조세의 원천징수의무자가 정당한 사유 없이 그 세금을 징수하지 아니하였을 때에는 1천만원 이하의 벌금, 조세의 원천징수의무자가 정당한 사유 없이 징수한 세금을 납부하지 아니하였을 때에는 2년 이하의 징역 또는 2천만원 이하의 벌금에 처한다.

④ 개인의 사용인이 「조세범처벌법」에서 규정하는 범칙행위를 하면, 그 개인에게도 사용인에게 과한 형과 ~~항상 같은 형을 과한다~~.

→ 법인의 대표자, 법인 또는 개인의 대리인, 사용인, 그 밖의 종업원이 그 법인 또는 개인의 업무에 관하여 이 법에서 규정하는 범칙행위를 하면 그 행위자를 벌할 뿐만 아니라 그 법인 또는 개인에게도 해당 조문의 벌금형을 과(科)한다. 다만, 법인 또는 개인이 그 위반행위를 방지하기 위하여 해당 업무에 관하여 상당한 주의와 감독을 게을리하지 아니한 경우에는 그러하지 아니하다.

⑤ 「조세범처벌법」에 따른 범칙행위에 대한 공소제기는 세무서장 등의 고발을 ~~요하지 아니한다~~.

→ 요한다. 이 법에 따른 범칙행위에 대해서는 국세청장, 지방국세청장 또는 세무서장의 고발이 없으면 검사는 공소를 제기할 수 없다.

법령 CHECK

① 조세범처벌법 제2조
② 조세범처벌법 제9조 제1항
③ 조세범처벌법 제13조
④ 조세범처벌법 제18조
⑤ 조세범처벌법 제21조

합격의 TIP

1번과 4번 지문의 경우 둘 중 정확히 옳은 것을 고르자면 1번을 선택해야 한다. 4번 지문의 경우 단서조항으로 인하여 케이스에 따라 옳을 수도 옳지 않을 수도 있기 때문이다. 본서에서는 4번 지문을 변형하여 해설에 수록해 놓았다.

문제 50 [조세범처벌법] 조세범처벌법

유 형	이론형		
중요도	★★★	정답	③

정답해설

조세범처벌법 제3조 제6항

"사기나 그 밖의 부정한 행위"란 다음 각 호의 어느 하나에 해당하는 행위로서 조세의 부과와 징수를 불가능하게 하거나 현저히 곤란하게 하는 적극적 행위를 말한다.

1) 이중장부의 작성 등 장부의 거짓 기장
2) 거짓 증빙 또는 거짓 문서의 작성 및 수취
3) 장부와 기록의 파기
4) 재산의 은닉, 소득・수익・행위・거래의 조작 또는 은폐
5) 고의적으로 장부를 작성하지 아니하거나 비치하지 아니하는 행위 또는 계산서, 세금계산서 또는 계산서합계표, 세금계산서합계표의 조작
6) 「조세특례제한법」 제5조의2 제1호에 따른 전사적 기업자원 관리설비의 조작 또는 전자세금계산서의 조작
7) 그 밖에 위계(僞計)에 의한 행위 또는 부정한 행위

따라서 제시된 지문에서 사기나 그 밖의 부정한 행위는 총 3개이다.

법령 CHECK

조세범처벌법 제3조 제6항

합격의 TIP

해당 문제는 과거에도 여러번 기출된 바 있다. 반드시 알아두도록 하자.

문제 51 [소득세법] 종합소득금액 계산 특례

유 형	이론형		
중요도	★★★	정답	④

정답해설

① 사업소득금액을 계산할 때 발생한 결손금은 ~~이자소득금액・배당소득금액・근로소득금액・연금소득금액・기타소득금액에서 순서대로 공제한다~~.
→ 근로소득금액・연금소득금액・기타소득금액・이자소득금액・배당소득금액 순으로 공제한다.

② 부동산임대업(~~주거용 건물 임대업 포함~~)에서 발생한 결손금은 종합소득과세표준을 계산할 때 공제하지 않는다.
→ 주거용 건물 임대업 제외

③ 부동산임대업을 제외한 일반업종 사업소득에서 발생한 결손금은 부동산임대업에서 발생한 소득금액이 있는 경우에도 그 부동산임대업의 소득금액에서 ~~공제하지 않는다~~.
→ 공제할 수 있다.

⑤ 해당 과세기간 중 발생한 결손금과 이월결손금이 모두 존재하는 경우에는 ~~이월결손금~~을 먼저 소득금액에서 공제한다.
→ 그 과세기간의 결손금

법령 CHECK

① 소득세법 제45조 제1항
② 소득세법 제45조 제2항
③ 소득세법 제45조 제3항
④ 소득세법 제45조 제4항
⑤ 소득세법 제45조 제6항

합격의 TIP

소득세법의 결손금의 경우 최근 자주 출제되는 경향이 있으므로 반드시 알아두자.

문제 52 [소득세법] 종합소득금액 계산 특례

유 형	이론형		
중요도	★★	정답	②

정답해설

①, ③ 배당소득(출자공동사업자의 배당소득만 해당한다), 사업소득 또는 기타소득이 부당행위계산 부인 대상 소득이므로 근로소득, 연금소득, 퇴직소득은 부당행위계산 부인 대상이 되는 소득으로 규정되어 있지 않다.

② 배당소득과 이자소득은 필요경비가 인정되지 않는 소득이다. ~~따라서 배당소득과 이자소득 전체는 부당행위계산 부인의 대상이 되는 소득으로 규정되어 있지 않다.~~

→ 공동사업에서 발생한 소득금액 중 출자공동사업자의 손익분배비율에 해당하는 배당소득은 부당행위계산 부인 대상 소득이다.

④ 특수관계인에게 금전이나 그 밖의 자산 또는 용역을 무상 또는 낮은 이율 등으로 대부하거나 제공한 경우는 부당행위계산 부인의 대상이나 다만, 직계존비속에게 주택을 무상으로 사용하게 하고 직계존비속이 그 주택에 실제 거주하는 경우는 제외한다.

⑤ 제조업 영위 개인사업자가 여유자금을 인출하여 부친에게 무상으로 대여한 경우에는 사업소득이 아니라 이자소득(비영업대금의 이익)에 해당하는데 결국 이자소득은 소득세법상 부당행위계산 부인 대상이 아니므로 부당행위계산 부인의 적용을 받지 않는다. 또한 개인사업자의 경우 자금의 출자와 인출에는 아무런 제한이 없어,(다만 인출이 과다한 경우 지급이자 필요경비 불산입 규정은 적용될 수 있음) 개인사업자가 출자금 또는 사업에서 발생한 이익금을 인출하여 특수관계자에게 무상으로 대여하였다 하더라도 이는 부당행위계산의 부인대상에 해당하지 아니한다. 다만, 부친으로부터 높은 이자율(시가의 2배)로 사업자금을 차입하여 그 이자를 필요경비에 산입한 경우에는 부당행위계산 부인의 대상이 된다.

법령 CHECK

①, ②, ③, ⑤ 소득세법 제41조 제1항
④ 소득세법 시행령 제98조 제2항 제2호

합격의 TIP

⑤번 지문이 조금 어렵게 느껴질 수 있으나 소득세법상 부당행위계산 부인이 적용되는 범위를 전제로 생각하면 쉽게 풀 수 있는 문제이다. 필요경비불산입의 경우 다음문제인 53번 문제를 통해 학습하자.

유 형	계산형		
중요도	★	정답	③

문제 53 [소득세법] 사업소득

정답해설

1 초과인출금 발생여부

구 분	사업용자산	사업용부채	세법상충당금 (부채에 포함)	세법상부채	초과인출금 여부
6월	150,000,000원	200,000,000원	20,000,000원	180,000,000원	발 생
7월	140,000,000원	160,000,000원	20,000,000원	140,000,000원	발생하지 아니함

2 초과인출금 적수

= (150,000,000 − 180,000,000) × 30일

↳ 6월

= 900,000,000

3 필요경비불산입액

1) 필요경비에 산입하지 아니하는 금액은 다음 산식에 의하여 계산한 금액으로 한다. 이 경우 적수의 계산은 매월말 현재의 초과인출금 또는 차입금의 잔액에 경과일수를 곱하여 계산한다.

$$\text{지급이자} \times \frac{\text{초과인출금의 적수}}{\text{당해 과세기간 중 차입금의 적수}}$$

2) 20%분 이자

= 200,000 × min(900,000,000, 365,000,000) / 365,000,000

↳ 채권자불분명사채이자의 경우 이미 필요경비 불산입 되어 제외되었으므로 제외한다.

= 200,000

3) 12%분 이자

= 1,200,000 × min(900,000,000 − 365,000,000, 3,650,000,000) / 3,650,000,000

= 175,890

4 초과인출금 지급이자 필요경비 불산입액

= 2) + 3)

= 375,890

법령 CHECK

소득세법 시행령 제61조 제1항 제2호

소득세법 시행규칙 제27조

합격의 TIP

초과인출금에 대한 필요경비 불산입이 단독으로 출제된 것은 이례적인 출제이긴 하지만, 법인세를 함께 공부한 학생이라면 쉽게 접근할 수 있을 것이다. 사업소득을 구하는 문제에 해당 case가 섞인 문제가 출제될 수 있으므로 반드시 알아두자. 예를 들어 현재 문제에서도 필요경비불산입으로 인정되는 총 금액은 375,890원에 채권자불분명사채이자 200,000원을 합한 575,890원이 된다.

관련이론 지급이자의 필요경비불산입 순서

1. 채권자가 불분명한 차입금의 이자
2. 건설자금에 충당한 차입금의 이자
3. 사업용자산의 합계액이 부채의 합계액에 미달하는 경우에 그 미달하는 금액에 상당하는 부채의 지급이자로서 기획재정부령이 정하는 바에 따라 계산한 금액규정에 의하여 계산한 지급이자
4. 업무와 관련없는 지출 규정에 의하여 계산한 지급이자

문제 54 [소득세법] 종합소득세액

유 형	계산형		
중요도	★	정답	④

정답해설

• 분리과세 주택임대소득에 대한 사업소득금액은 총수입금액에서 필요경비(총수입금액의 100분의 50으로 한다)를 차감한 금액으로 하되, 분리과세 주택임대소득을 제외한 해당 과세기간의 종합소득금액이 2천만원 이하인 경우에는 추가로 200만원을 차감한 금액으로 한다. 다만, 대통령령으로 정하는 임대주택(이하 이 조에서 "임대주택"이라 한다)을 임대하는 경우에는 해당 임대사업에서 발생한 사업소득금액은 총수입금액에서 필요경비(총수입금액의 100분의 60으로 한다)를 차감한 금액으로 하되, 분리과세 주택임대소득을 제외한 해당 과세기간의 종합소득금액이 2천만원 이하인 경우에는 추가로 400만원을 차감한 금액으로 한다.

• 해당 과세기간의 종합소득금액이 2천만원 이하인 경우
= 주택임대소득 − 필요경비 − 2,000,000
= (14,000,000 + 4,000,000) − (18,000,000 × 0.5) − 2,000,000 = 7,000,000

법령 CHECK

소득세법 제64조의2

합격의 TIP

2018년 개정된 이후 처음 출제된 주제이다. 주택임대소득에 대해 깊게 학습하지 않은 경우에는 과감하게 넘길 수 있는 문제 중 하나가 될 수 있을 것 같다.

문제 55 [소득세법] 금융소득

유 형	계산형		
중요도	★★★	정답	②

정답해설

○ 내국법인 A가 이익잉여금을 자본전입함에 따라 지급받은 무상주의 액면가액 5,000,000원 (Gross-up 대상)
→ 배당소득 : 5,000,000원

○ 내국법인 B가 주식발행초과금을 자본전입함에 따라 지급받은 무상주의 액면가액 6,000,000원(자기주식에 배정되지 못하여 재배정함에 따라 지분율이 증가된 금액 2,000,000원 포함) (Gross-up 미대상)
→ 배당소득 : 2,000,000원(주식발행초과금의 자본전입은 의제배당이 아니지만, 지분율 증가로 받은 2,000,000원은 의제배당임)

○「소득세법 시행령」 제26조의2 제1항에 의한 집합투자기구(사모집합투자기구가 아님)로부터 받은 이익금 5,000,000원(증권시장에 상장된 제조업 영위 내국법인 주식의 매매차익 2,000,000원 포함)(Gross-up 미대상)
→ 배당소득 : 3,000,000원(집합투자기구로부터의 이익은 배당소득에 속하며, 상장주식의 매매차익은 2024년 현재 과세대상이 아님)

○ 국내은행으로부터 받은 이자 12,000,000원
→ 이자소득 : 12,000,000원

※ 배당소득금액 = 1) + 2) + 3) = 10,200,000

1) Gross-up 제외 : 5,000,000
2) Gross-up 대상 : 5,000,000
3) 배당가산액 : min(5,000,000, [(12,000,000 + 10,000,000) − 20,000,000]) × 10% = 200,000

법령 CHECK

소득세법 제17조

합격의 TIP

금융소득의 경우 이론문제 혹은 계산문제로 매년 1문제는 출제되고 있다. 배당가산액이 11%에서 10%로 조정되었으므로 올해는 더욱 출제될 확률이 높아졌다. 심화학습으로 2019년 51번, 2023년 59번 문제를 함께 학습하자.

관련이론 **배당소득금액 계산의 방법**

(1) Gross-up 대상 배당소득과 대상이 아닌 배당소득을 구분한다.
법인세가 과세된 배당소득인지 아닌지 여부를 판단하여, 법인세가 과세되지 않았다면 Gross-up 대상 배당소득이라고 생각하면 된다.

(2) 배당가산액을 계산한다.
Min[Gross-up 대상 배당소득, 기본세율 적용 대상 금융소득(이자소득과 배당소득의 합계 − 20,000,000)] × 10%

문제 56 [소득세법] 근로, 연금, 기타소득

유 형	계산형		
중요도	★★★	정답	③

정답해설

하기 소득과 관련하여 확인된 필요경비는 없음

○ 주택입주 지체상금 수령액 : 3,000,000원

→ 필요경비 : 3,000,000 × 80/100 = 2,400,000

○ 「공익사업을 위한 토지 등의 취득 및 보상에 관한 법률」에 따른 공익사업과 관련하여 지상권을 대여함으로써 받은 금액 : 15,000,000원

→ 필요경비 : 15,000,000 × 60/100 = 9,000,000

○ 과세대상이 되는 서화를 반복적으로 판매함으로써 얻은 소득 : 200,000,000원 (단, 이와 관련하여 사업장을 갖추거나 사업자등록을 하지는 않았으며, 서화의 보유기간은 10년 미만이다)

→ 기타소득이나 무조건 분리과세 대상이다. 단, 사업장 등 물적시설(인터넷 등 정보통신망을 이용하여 서화골동품을 거래할 수 있도록 설정된 가상의 사업장을 포함)을 갖추거나 서화골동품을 거래하기 위한 목적으로 사업자등록을 한 경우에는 사업소득에 해당된다.

∴ 기타소득금액

= (3,000,000 − 2,400,000) + (15,000,000 − 9,000,000)

= 6,600,000

법령 CHECK

소득세법 시행령 제87조

소득세법 집행기준 37-87-1

합격의 

기타소득금액의 경우 최근 자주 출제되고 있는 주제이므로 반드시 학습해두자.

관련이론 **기타소득의 필요경비 계산 [소득세법 집행기준 37-87-1]**

<table>
<tr><th>기타소득 구분</th><th colspan="2">필요경비</th></tr>
<tr><td>승마투표권, 승자투표권, 소싸움경기투표권, 체육진흥투표권의 구매자가 받는 환급금</td><td colspan="2">그 구매자가 구입한 적중된 투표권의 단위투표금액</td></tr>
<tr><td>슬롯머신(비디오게임을 포함한다) 및 투전기 그 밖에 이와 유사한 기구를 이용하는 행위에 참가하여 받는 당첨금품 등</td><td colspan="2">그 당첨금품등의 당첨 당시에 슬롯머신 등에 투입한 금액</td></tr>
<tr><td>「공익법인의 설립·운영에 관한 법률」의 적용을 받는 공익법인이 주무관청의 승인을 받아 시상하는 상금 및 부상과 다수가 순위 경쟁하는 대회에서 입상자가 받는 상금 및 부상</td><td rowspan="2">거주자가 받은 금액의 100분의 80에 상당하는 금액</td><td rowspan="2">실제 소요된 필요경비가 100분의 80에 상당하는 금액을 초과하면 실제 소요된 비용</td></tr>
<tr><td>계약의 위약 또는 해약으로 인하여 받는 위약금과 배상금 중 주택입주 지체상금</td></tr>
<tr><td>서화·골동품의 양도로 발생하는 소득</td><td>• 1억원 이하 : 90%
• 1억원 초과 : 9천만원+(받은 금액−1억)×80%(단, 보유기간 10년 이상인 경우 90%)</td><td rowspan="6">실제 소요된 필요경비가 100분의 60(서화, 골동품의 양도의 경우 80 또는 90)에 상당하는 금액을 초과하면 실제 소요된 비용</td></tr>
<tr><td>무체재산권 등의 양도 및 대여료[광업권·어업권·양식업권·산업재산권·산업정보, 산업상 비밀, 상표권·영업권(대통령령으로 정하는 점포 임차권을 포함한다), 토사석(土砂石)의 채취허가에 따른 권리, 지하수의 개발·이용권, 그 밖에 이와 유사한 자산이나 권리를 양도하거나 대여하고 그 대가로 받는 금품]</td><td rowspan="5">거주자가 받은 금액의 100분의 60에 상당하는 금액</td></tr>
<tr><td>「전자상거래 등에서의 소비자 보호에 관한 법률」의 에 따라 통신 판매중개를 하는 자를 통하여 물품 또는 장소를 대여하고 연간 500만원 이하의 사용료로서 받는 금품</td></tr>
<tr><td>「공익사업을 위한 토지 등의 취득 및 보상에 관한 법률」 제4조에 따른 공익사업과 관련하여 지역권·지상권(지하 또는 공중에 설정된 권리 포함)을 설정하거나 대여함으로써 발생하는 소득</td></tr>
<tr><td>일시적인 문예창작소득(원고료, 저작권사용료인 인세, 미술·음악 또는 사진에 속하는 창작품에 대하여 받는 대가)</td></tr>
<tr><td>다음의 일시적인 인적용역
1. 강연료 등 대가를 받는 용역
2. 라디오·텔레비전방송 등을 통하여 해설·계몽 또는 연기의 심사 등을 하고 대가를 받는 용역
3. 변호사, 공인회계사, 세무사, 건축사, 측량사, 변리사, 그 밖에 전문적 지식 또는 특별한 기능을 가진 자가 그 지식 또는 기능을 활용하여 대가를 받고 제공하는 용역
4. 그 밖에 고용관계 없이 수당 등의 대가를 받고 제공하는 용역</td></tr>
<tr><td>종교인소득(비과세소득 제외)</td><td colspan="2"><table><tr><th>종교인 관련자가 받은 금액</th><th>필요경비</th></tr><tr><td>2천만원 이하</td><td>80%</td></tr><tr><td>2천만원 초과 4천만원 이하</td><td>1,600만원+(2,000만원 초과분×50%)</td></tr><tr><td>4천만원 초과 6천만원 이하</td><td>2,600만원+(4,000만원 초과분×30%)</td></tr><tr><td>6천만원 초과</td><td>3,200만원+(6,000만원 초과분×20%)</td></tr></table></td></tr>
<tr><td>그 외의 기타소득</td><td colspan="2">해당 과세기간의 총수입금액에 대응하는 비용의 합계액</td></tr>
</table>

문제 57 [소득세법] 근로, 연금, 기타소득

유 형	이론형		
중요도	★★	정답	②

정답해설

① 종업원이 주택(주택에 부수된 토지를 포함한다)의 구입・임차에 소요되는 자금을 저리 또는 무상으로 대여받음으로써 얻는 이익은 근로소득이다.

② 공무원이 공무수행과 관련하여 국가로부터 받는 상금과 사기업체 종업원이 법에 따라 받는 직무발명보상금은 연 700만원까지 비과세한다.

→ 상금은 연 240만원까지 비과세하며, *관련이론1

④ 근로소득의 수입시기 *관련이론2

⑤ 근로를 제공하고 지급받은 대가인 경우에는 근로소득에 해당하고, 고용관계 없이 독립된 자격으로 계속적으로 용역을 제공하고 그 대가를 지급받는 경우에는 사업소득에 해당하는 것이며, 일시적으로 용역을 제공하고 지급받는 경우에는 기타소득에 해당한다.

법령 CHECK

① 소득세법 시행령 제38조 제1항 제7호
② 소득세법 시행령 제17조의4 제4호
③ 소득세법 제47조 제1항
④ 소득세법 시행령 제49조 제1항 제3호
⑤ 소득세법 제19조, 제20조, 제21조

관련이론1 근로소득 중 비과세 되는 '복리후생적 성질의 급여'

(1) 다음 중 어느 하나에 해당하는 사람이 사택을 제공받음으로써 얻는 이익
  1) 주주 또는 출자자가 아닌 임원
  2) 기획재정부령으로 정하는 소액주주인 임원
  3) 임원이 아닌 종업원(비영리법인 또는 개인의 종업원을 포함한다)
  4) 국가 또는 지방자치단체로부터 근로소득을 지급받는 사람

(2) 중소기업의 종업원이 주택(주택에 부수된 토지를 포함한다)의 구입・임차에 소요되는 자금을 저리 또는 무상으로 대여받음으로써 얻는 이익

(3) 종업원이 계약자이거나 종업원 또는 그 배우자 및 그 밖의 가족을 수익자로 하는 보험・신탁 또는 공제와 관련하여 사용자가 부담하는 보험료・신탁부금 또는 공제부금(이하 '보험료등'이라 한다) 중 다음의 각 보험료등
  1) 종업원의 사망・상해 또는 질병을 보험금의 지급사유로 하고 종업원을 피보험자와 수익자로 하는 보험으로서 만기에 납입보험료를 환급하지 않는 보험(이하 "단체순수보장성보험"이라 한다)과 만기에 납입보험료를 초과하지 않는 범위에서 환급하는 보험(이하 "단체환급부보장성보험"이라 한다)의 보험료 중 연 70만원 이하의 금액
  2) 임직원의 고의(중과실을 포함한다) 외의 업무상 행위로 인한 손해의 배상청구를 보험금의 지급사유로 하고 임직원을 피보험자로 하는 보험의 보험료

(4) 공무원이 국가 또는 지방자치단체로부터 공무 수행과 관련하여 받는 상금과 부상 중 연 240만원 이내의 금액

관련이론2 근로소득의 수입시기

(1) 급여 : 근로를 제공한 날

(2) 잉여금처분에 의한 상여 : 당해 법인의 잉여금처분결의일

(3) 해당 사업연도의 소득금액을 법인이 신고하거나 세무서장이 결정・경정함에 따라 발생한 그 법인의 임원 또는 주주・사원, 그 밖의 출자자에 대한 상여 : 해당 사업연도 중의 근로를 제공한 날. 이 경우 월평균금액을 계산한 것이 2년도에 걸친 때에는 각각 해당 사업연도 중 근로를 제공한 날

(4) 임원퇴직금한도를 초과하는 초과금액 : 지급받거나 지급받기로 한 날

유 형	이론형		
중요도	★★	정답	⑤

문제 58 [소득세법] 근로, 연금, 기타소득

정답해설

① ~~공적연금의 경우~~ 2002.1.1.(과세기준일) 이후부터 과세로 전환되었으므로 연금수령액 중 과세연금액은 '과세기준일 이후 기여금 납입월수'가 '총 기여금 납입월수'에서 차지하는 비율에 따라서 분할하여 계산한다.

→ 공적연금 소득 중 「국민연금법」에 따른 연금소득과 「국민연금과 직역연금의 연계에 관한 법률」에 따른 연계노령연금 외의 공적연금은 *관련이론

② 연금계좌에서 인출하는 금액이 연금수령요건을 충족한 경우 ~~퇴직연금계좌 인출액이든 연금저축계좌 인출액이든 연금소득공제를 적용한다~~.

→ 연금계좌에 입금한 이연퇴직소득의 경우 분리과세되며, 분리과세되는 연금소득은 연금소득공제를 적용하지 아니한다. 연금소득의 분리과세 요건은 다음과 같다. ① 이연퇴직소득을 연금수령한 경우, ② 세액공제 및 운용수익을 의료목적 및 부득이한 사유로 연금외수령 시 연금소득(3~5%) 과세, ③ ①·② 외의 연금소득 합계가 연 1,500만원 이하인 경우 선택적 분리과세

③ 사망할 때까지 연금수령하는 종신계약에 따라 받는 연금소득의 경우 ~~3%~~의 원천징수세율을 적용한다.

→ 4%

④ 연금계좌에서 일부 금액이 인출되는 경우 인출순서는 ~~이연퇴직소득 → 과세제외금액 → 연금계좌세액공제를 받은 납입액과 운용수익~~ 순서로 인출되는 것으로 한다.

→ 과세제외금액 → 이연퇴직소득 → 연금계좌세액공제를 받은 납입액과 운용수익

⑤ 만약 이연퇴직소득을 연금수령하는 경우로서 실제 수령연차가 10년 이하인 경우 원천징수세율은 연금외수령 원천징수세율의 100분의 70이다.

법령 CHECK

① 소득세법 시행령 제40조 제1항
② 소득세법 제14조 제3항 제9호
③ 소득세법 제129조 제1항 제5의2
④ 소득세법 시행령 제40조의3 제1항
⑤ 소득세법 제129조 제1항 제5의3

합격의 TIP

연금소득의 경우 관련된 주제가 매년 1문제는 출제되고 있는 추세이다. 과거 기출문제들과 함께 학습해 두자.

관련이론 공적연금의 계산

(1) 공적연금소득 중 「국민연금법」에 따른 연금소득과 「국민연금과 직역연금의 연계에 관한 법률」에 따른 연계노령연금

$$\text{과세기간 연금수령액} \times \frac{\text{과세기준일 이후 납입기간의 환산소득누계액}}{\text{총 납입기간의 환산소득 누계액}}$$

(2) 그 밖의 공적연금소득

$$\text{과세기간 연금수령액} \times \frac{\text{과세기준일 이후 기여금 납입월수}}{\text{총 기여금 납입월수}}$$

문제 59 [소득세법] 근로, 연금, 기타소득

유 형	이론형		
중요도	★★★	정답	②

정답해설

①, ③, ④, ⑤ 소득세법 제94조의 양도소득에 해당

② 지역권의 양도로 발생하는 소득은 양도소득 대상이 아니다.

법령 CHECK

①, ③, ④, ⑤ 소득세법 제94조 제1항 제2호, 제4호

합격의 TIP

양도소득의 경우 매년 1~2문제가 출제된다. 2021년의 경우 매우 쉬운 문제가 출제되었으므로 반드시 맞추었어야 하는 문제에 속한다.

관련이론 **양도소득의 범위(소득세법 제94조 제1항 제2호)**

소득세법 제94조 제1항 제2호에서는 다음 각 목의 어느 하나에 해당하는 부동산에 관한 권리의 양도로 발생하는 소득을 양도소득으로 정의하고 있다.

가. 부동산을 취득할 수 있는 권리(건물이 완성되는 때에 그 건물과 이에 딸린 토지를 취득할 수 있는 권리를 포함한다)
나. 지상권
다. 전세권과 등기된 부동산임차권

이 조문에서 부동산을 취득할 수 있는 권리라 함은 취득시기가 도래하기 전에 당해 부동산을 취득할 수 있는 권리를 말하는 것으로서 이에 해당하는 것을 소득세법 기본통칙 94-0…1에 예시로 제시하고 있으며 다음과 같다.

1. 건물이 완성되는 때에 그 건물과 이에 부수되는 토지를 취득할 수 있는 권리(아파트당첨권 등)
2. 지방자치단체・한국토지주택공사가 발행하는 토지상환채권 및 주택상환사채
3. 부동산매매계약을 체결한 자가 계약금만 지급한 상태에서 양도하는 권리

문제 60 [소득세법] 금융소득

유 형	이론형		
중요도	★	정답	⑤

정답해설

① 소득세법령이 정하는 직장공제회 초과반환금은 이자소득에 해당한다.

② 과세대상이 되는 초과반환금에는 반환금에서 납입공제료를 뺀 금액인 "납입금 초과이익"만이 아니라 반환금 분할지급 시 발생하는 "반환금 추가이익"도 포함된다.

④ 직장공제회 초과반환금의 연분연승방식 *관련이론

⑤ "반환금 추가이익"에 대한 산출세액은 해당 추가이익에 ~~금융소득에 대한 원천징수세율인 14%의 세율~~을 적용하여 계산한다.
→ 분할하여 지급받을 때마다 그 기간동안 발생하는 반환금 추가이익에 납입금 초과이익 산출세액을 납입금 초과이익으로 나눈 비율을 곱한 금액

법령 CHECK

① 소득세법 제16조
② 소득세법 시행령 제26조 제2항
③ 소득세법 제14조 제3항
④ 소득세법 제63조 제1항
⑤ 소득세법 시행령 제120조 제2항

관련이론 직장공제회 초과반환금의 연분연승방식

직장공제회 초과반환금에 대해서는 그 금액에서 다음의 금액을 순서대로 공제한 금액을 납입연수(1년 미만인 경우에는 1년으로 한다)로 나눈 금액에 기본세율을 적용하여 계산한 세액에 납입연수를 곱한 금액을 그 산출세액으로 한다.
1. 직장공제회 초과반환금의 100분의 40에 해당하는 금액
2. 납입연수에 따라 정한 다음의 금액

납입연수	공제액
5년 이하	30만원 × 납입연수
5년 초과 10년 이하	150만원 + 50만원 × (납입연수 – 5년)
10년 초과 20년 이하	400만원 + 80만원 × (납입연수 – 10년)
20년 초과	1천 200만원 + 120만원 × (납입연수 – 20년)

문제 61 [법인세법] 과세표준과 세액

유 형	계산형		
중요도	★★★	정답	①

정답해설

(1)	당기순이익	300,000,000
(2)	2023년 고가매입으로 2023년에는 다음과 같은 세무조정이 되었을 것이다. 〈손금불산입〉 대표자로부터 고가매입한 부분 50,000,000 (상여) 〈손금산입〉 고가 건물 자산가액 조정 50,000,000 (△유보) 〈손금불산입〉 감가상각조정 2,500,000 (유보) ※ 2024년의 경우 고가매입한 자산의 취득가액을 감액한 부분에 대한 감가상각비 조정만 수행하면 되기 때문에 다음의 세무조정이 발생한다. 참고로 해당 사례는 회계와 세법이 일치하기 때문에 감가상각한도 세무조정은 수행하지 아니하였다. 〈손금불산입〉 감가상각조정 2,500,000 (유보)	2,500,000
(3)	〈손금불산입〉 특수관계 회수 불가능한 대여금 대손처리비용 5,000,000 (유보) ※ 이자는 시가보다 초과하여 수령하고 있으므로 조정 수행하지 아니함	5,000,000
(4)	감자에 따른 의제배당 발생함 (10,000 − 6,000) × 2,000주 = 8,000,000 〈익금산입〉 감자에 따른 의제배당 8,000,000 (유보)	8,000,000
(5)	각 사업연도 소득	315,500,000
(6)	이월결손금(중소기업 및 회생계획을 이행 중인 기업은 아니므로 각 사업연도 소득의 100분의 80)	−252,400,000
(7)	과세표준	63,100,000

법령 CHECK

법인세법 제13조
법인세법 제14조
법인세법 제16조
법인세법 제19조의2
법인세법 제27조

합격의 TIP

과세표준을 구하는 문제로 다소 복잡해보일 수 있지만 세무조정은 쉽게 출제되었다. 따라서 법인세를 전반적으로 공부한 수험생이라면 쉽게 맞출 수 있는 문제이다. 참고로 세무조정사항의 문구는 해설을 위하여 좀 더 자세하게 기입하였으며, 실무 및 2차 세무회계 풀이 시에는 간단하게 기입한다.

문제 62 [법인세법] 과세표준과 세액

유 형	계산형		
중요도	★	정답	⑤

정답해설

1 주택을 취득하기 위한 권리로서 「소득세법」 제88조 제9호에 따른 조합원입주권 및 같은 조 제10호에 따른 분양권을 양도한 경우에는 토지등의 양도소득에 100분의 20을 곱하여 산출한 세액을 법인세에 추가로 납부한다.

150,000,000 × 20/100 = 30,000,000

2 장부기록 · 보관 불성실 가산세

장부의 비치 · 기장 의무를 이행하지 아니한 경우에는 다음의 산식에 따라 계산된 가산세로 해당 사업연도의 법인세액에 더하여 납부하여야 하며, 산출세액이 없는 경우에도 적용한다.

Max(산출세액의 100분의 20, 수입금액의 1만분의 7)

= Max(30,000,000 × 20/100, 10,000,000,000 × 7/10,000)

= Max(6,000,000, 7,000,000)

= 7,000,000

3 비영업대금이익의 원천징수세율 25%를 적용하며, 이를 기납부세액으로 공제받을 수 있다.

5,000,000 × 25/100 = 1,250,000

따라서 ㉠, ㉡, ㉢을 모두 합하면 30,000,000 + 7,000,000 + 1,250,000 = 38,250,000원이다.

✔ 법령 CHECK

1 법인세법 제55조의2 제1항 제4호

2 법인세법 제75조의3

3 법인세법 제73조

합격의 TIP

몇 년간 출제되지 않았던 주제이고, 저자의 생각에는 지엽적인 주제라고 생각되었던 문제이다. 이 문제를 맞추지 않더라도 다른 문제에서 합격점은 받을 수 있기에 수험생의 공부 범위 및 학습량에 따라 조절해도 될 부분일 것 같다. 다만, 전년도에 출제된 특이 주제가 단독문제로 출제되는 경우가 있으므로 여력이 있는 수험생은 해설의 내용을 정확히 숙지해두자.

문제 63 [법인세법] 기업업무추진비와 기부금

유 형	계산형		
중요도	★★★	정답	①

정답해설

1 세법상 기업업무추진비

회계상 기업업무추진비 − 기업업무추진비 한도초과액

= 59,000,000 − 5,400,000

= 53,600,000

2 기업업무추진비 한도 계산식

- 일반한도(사업연도 고려) + 일반수입금액 × 적용률 + 특관자수입금액 × 적용률 × 1/10 = 53,600,000
- 12,000,000(중소기업 아님) × 9/12 + (100억 × 0.3%) + (200억 − 특관자수입금액 − 100억) × 0.2% + (특관자수입금액 × 0.2% × 10%)

따라서 특수관계인과의 거래에서 발생한 수입금액은 30억원이다.

✔ 법령 CHECK

법인세법 제25조

합격의 TIP

기업업무추진비의 경우 최소 2년에 1번은 꼭 출제되는 항목이다. 계산문제의 경우 계산식 및 순서를 머릿속에 집어넣고 있으면 쉽게 맞출 수 있으므로 반드시 학습해두자.

문제 64 [법인세법] 지급이자

유 형	계산형		
중요도	★★	정답	②

정답해설

지급이자 A는 기타사외유출로 업무무관가지급금과 관련된 인정이자는 상여로 처분되므로 자본금과 적립급조정명세서(을)표에 영향을 미치는 금액은 특정차입금에 대한 지급이자 손금불산입액임 따라서, 자본금과 적립금조정명세서(을)표상의 기말잔액에 영향을 미치는 금액은 특정차입금에 대한 건설자금이자로 손금불산입한 금액임을 파악하는 것이 문제해결을 위한 핵심임

구 분	지급이자	연이자율	비 고
A	3,000,000	6%	사채이자에서 원천징수세액에 상당하는 금액을 제외한 나머지 금액은 대표자에 대한 상여로 처분하고, 동 사채이자의 원천징수세액에 상당하는 금액은 기타사외유출로 처분
B	가(5,000,000)		사업용 유형자산 건설에만 사용된 금액으로 특정차입금 이자임
C	9,600,000	12%	차입금 총액이 80,000,000원임을 알 수 있음(9,600,000 ÷ 12% = 80,000,000)
D	나(9,000,000)		60,000,000
계	26,600,000		

1 '나' 금액의 파악

→ 지급이자 A, 및 지급이자 B의 경우에는 업무무관자산 등에 대한 세무조정과 관련이 없으므로 업무무관자산 등 지급이자는 다음과 같이 계산되었을 것이며, 문제에서 제시된 (3)번의 가정에 따라 적수계산은 생략하였음

→ 9,300,000 = (9,600,000 + 나) × 70,000,000 ÷ (80,000,000 + 60,000,000)

→ 나 : 9,000,000

2 '가' 금액(자본금과 적립금조정명세서(을)표에 영향을 미친 금액)의 파악

→ 차입금이자 합계액에서 지급이자 A, C, D 차감

→ 26,600,000 − 3,000,000 − 9,600,000 − 9,000,000 = 5,000,000

따라서 자본금과 적립금조정명세서(을)표에 영향을 미친 금액은 5,000,000원이다.

법령 CHECK

법인세법 제28조

문제 65 [법인세법] 손금의 범위

유 형	계산형		
중요도	★★	정답	③

정답해설

○ 사계약상의 의무불이행으로 인하여 부담한 지체상금(구상권 행사 불가능) : 1,000,000원
↳ (O) 손금으로 인정됨

○ 업무와 관련하여 발생한 교통사고 벌과금 : 1,500,000원
↳ (X) 손금불산입

○ 전기요금의 납부지연으로 인한 연체가산금 : 3,500,000원
↳ (O) 손금으로 인정됨

○ 「국민건강보험법」에 따라 징수하는 연체금 : 4,000,000원
↳ (X) 손금불산입

○ 국유지 사용료의 납부지연으로 인한 연체료 : 5,500,000원
↳ (O) 손금으로 인정됨

○ 외국의 법률에 따라 국외에서 납부한 벌금 : 6,000,000원
↳ (X) 손금불산입

따라서 손금불산입 해야 할 금액은 1,500,000 + 4,000,000 + 6,000,000 = 11,500,000원이다.

법령 CHECK

법인세법 제21조
법인세법 집행기준 21-0-2・3

합격의 TIP

자주 출제되는 문제는 아니지만 반드시 맞추어야 하는 문제 중 하나이다.

관련이론1 세금과공과금 중 손금불산입 항목(법인세법 제21조 열거)

1. 각 사업연도에 납부하였거나 납부할 법인세(수입배당금 익금불산입의 적용 대상이 되는 수입배당금에 대하여 외국에 납부한 세액과 제57조에 따라 세액공제를 적용하는 경우의 외국법인세액을 포함한다) 또는 법인지방소득세와 각 세법에 규정된 의무 불이행으로 인하여 납부하였거나 납부할 세액(가산세를 포함한다) 및 부가가치세의 매입세액(부가가치세가 면제되거나 그 밖에 대통령령으로 정하는 경우의 세액은 제외한다)
2. 반출하였으나 판매하지 아니한 제품에 대한 개별소비세 또는 주세(酒稅)의 미납액. 다만, 제품가격에 그 세액에 상당하는 금액을 가산한 경우에는 예외로 한다.
3. 벌금, 과료(통고처분에 따른 벌금 또는 과료에 상당하는 금액을 포함한다), 과태료(과료와 과태금을 포함한다), 가산금 및 강제징수비
4. 법령에 따라 의무적으로 납부하는 것이 아닌 공과금
5. 법령에 따른 의무의 불이행 또는 금지・제한 등의 위반에 대한 제재(制裁)로서 부과되는 공과금
6. 연결모법인에 연결법인세액의 납부에 따라 지급하였거나 지급할 금액

관련이론2 벌과금 중 손금불산입항목(법인세법 집행기준 21-0-2)

1. 법인의 임원 또는 사용인이 관세법을 위반하고 지급한 벌과금
2. 업무와 관련하여 발생한 교통사고 벌과금
3. 「고용보험 및 산업재해보상보험의 보험료 징수 등에 관한 법률」 제24조에 따라 징수하는 산업재해보상보험료의 가산금
4. 금융기관의 최저예금지급준비금 부족에 대하여 「한국은행법」 제60조에 따라 금융기관이 한국은행에 납부하는 과태금
5. 「국민건강보험법」 제80조에 따라 징수하는 연체금
6. 외국의 법률에 따라 국외에서 납부한 벌금

문제 66 [법인세법] 기업구조개편거래

유 형	이론형		
중요도	★	정답	①

정답해설

① ~~근로계약의 연속된 갱신으로 인하여 합병등기일 1개월 전 당시 그 근로계약의 총 기간이 1년 이상인 근로자~~

→ 근로계약기간이 6개월 미만인 근로자는 제외되지만, 근로계약의 연속된 갱신으로 인하여 합병등기일 1개월 전 당시 그 근로계약의 총 기간이 1년 이상인 근로자는 포함된다.

②, ③, ④, ⑤ 「법인세법 시행령」 제80조의2 제6항에 해당하는 지문이다.

법령 CHECK

법인세법 제44조 제2항 제4호
법인세법 시행령 제80조의2 제6항

관련이론 적격합병 시 대통령령으로 정하는 근로자에서 제외되는 근로자

1. 법인세법에 해당하는 임원
2. 합병등기일이 속하는 사업연도의 종료일 이전에 「고용상 연령차별금지 및 고령자고용촉진에 관한 법률」 제19조에 따른 정년이 도래하여 퇴직이 예정된 근로자
3. 합병등기일이 속하는 사업연도의 종료일 이전에 사망한 근로자 또는 질병·부상 등 기획재정부령으로 정하는 사유로 퇴직한 근로자
4. 「소득세법」 제14조 제3항 제2호에 따른 일용근로자
5. 근로계약기간이 6개월 미만인 근로자. 다만, 근로계약의 연속된 갱신으로 인하여 합병등기일 1개월 전 당시 그 근로계약의 총 기간이 1년 이상인 근로자는 제외한다.
6. 금고 이상의 형을 선고받는 등 기획재정부령으로 정하는 근로자의 중대한 귀책사유로 퇴직한 근로자

문제 67 [법인세법] 익금의 범위

유 형	이론형		
중요도	★★	정답	④

정답해설

법령상 피출자법인에 대한 수입배당금 익금불산입률은 다음과 같다.

피출자법인에 대한 출자비율	익금불산입률
50퍼센트 이상	100퍼센트
20퍼센트 이상 50퍼센트 미만	80퍼센트
20퍼센트 미만	30퍼센트

따라서 정답은 ④번이다.

법령 CHECK

법인세법 제18조의2 제1항 제1호

문제 68 [법인세법] 기업업무추진비와 기부금

유 형	계산형		
중요도	★★★	정답	③

정답해설

①, ②, ④, ⑤ 법인세법 제24조에 따른 특례기부금으로 50% 한도가 적용

③ 법인세법 제24조에 따른 일반기부금으로 10%(사회적기업은 20%) 한도가 적용

법령 CHECK

법인세법 제24조

합격의 TIP

2020년도의 기출문제 67번을 함께 공부해서 알아두자.

관련이론1 특례기부금

(1) 국가나 지방자치단체에 무상으로 기증하는 금품의 가액. 다만, 「기부금품의 모집 및 사용에 관한 법률」의 적용을 받는 기부금품은 같은 법 제5조 제2항에 따라 접수하는 것만 해당한다.

(2) 국방헌금과 국군장병 위문금품의 가액

(3) 천재지변으로 생기는 이재민을 위한 구호금품의 가액

(4) 다음의 기관(병원은 제외한다)에 시설비·교육비·장학금 또는 연구비로 지출하는 기부금
1) 「사립학교법」에 따른 사립학교
2) 비영리 교육재단(국립·공립·사립학교의 시설비, 교육비, 장학금 또는 연구비 지급을 목적으로 설립된 비영리 재단법인으로 한정한다)
3) 「국민 평생 직업능력 개발법」에 따른 기능대학
4) 「평생교육법」에 따른 전공대학의 명칭을 사용할 수 있는 평생교육시설 및 원격대학 형태의 평생교육시설
5) 「경제자유구역 및 제주국제자유도시의 외국교육기관 설립·운영에 관한 특별법」에 따라 설립된 외국교육기관 및 「제주특별자치도 설치 및 국제자유도시 조성을 위한 특별법」에 따라 설립된 비영리법인이 운영하는 국제학교

6) 「산업교육진흥 및 산학연협력촉진에 관한 법률」에 따른 산학협력단
7) 「한국과학기술원법」에 따른 한국과학기술원, 「광주과학기술원법」에 따른 광주과학기술원, 「대구경북과학기술원법」에 따른 대구경북과학기술원, 「울산과학기술원법」에 따른 울산과학기술원 및 「한국에너지공과대학교법」에 따른 한국에너지공과대학교
8) 「국립대학법인 서울대학교 설립・운영에 관한 법률」에 따른 국립대학법인 서울대학교, 「국립대학법인 인천대학교 설립・운영에 관한 법률」에 따른 국립대학법인 인천대학교 및 이와 유사한 학교로서 대통령령으로 정하는 학교
9) 「재외국민의 교육지원 등에 관한 법률」에 따른 한국학교(대통령령으로 정하는 요건을 충족하는 학교만 해당한다)로서 대통령령으로 정하는 바에 따라 기획재정부장관이 지정・고시하는 학교
10) 「한국장학재단 설립 등에 관한 법률」에 따른 한국장학재단

(5) 다음의 병원에 시설비・교육비 또는 연구비로 지출하는 기부금
1) 「국립대학병원 설치법」에 따른 국립대학병원
2) 「국립대학치과병원 설치법」에 따른 국립대학치과병원
3) 「서울대학교병원 설치법」에 따른 서울대학교병원
4) 「서울대학교치과병원 설치법」에 따른 서울대학교치과병원
5) 「사립학교법」에 따른 사립학교가 운영하는 병원
6) 「암관리법」에 따른 국립암센터
7) 「지방의료원의 설립 및 운영에 관한 법률」에 따른 지방의료원
8) 「국립중앙의료원의 설립 및 운영에 관한 법률」에 따른 국립중앙의료원
9) 「대한적십자사 조직법」에 따른 대한적십자사가 운영하는 병원
10) 「한국보훈복지의료공단법」에 따른 한국보훈복지의료공단이 운영하는 병원
11) 「방사선 및 방사성동위원소 이용진흥법」에 따른 한국원자력의학원
12) 「국민건강보험법」에 따른 국민건강보험공단이 운영하는 병원
13) 「산업재해보상보험법」 제43조 제1항 제1호에 따른 의료기관

(6) 사회복지사업, 그 밖의 사회복지활동의 지원에 필요한 재원을 모집・배분하는 것을 주된 목적으로 하는 비영리법인(대통령령으로 정하는 요건을 충족하는 법인만 해당한다)으로서 대통령령으로 정하는 바에 따라 기획재정부장관이 지정・고시하는 법인에 지출하는 기부금

관련이론2 **일반기부금**

(1) 다음 비영리법인(단체 및 비영리외국법인을 포함하며, 이하 이 조에서 "공익법인등"이라 한다)에 대하여 해당 공익법인등의 고유목적사업비로 지출하는 기부금. 다만, 6)에 따라 지정・고시된 법인에 지출하는 기부금은 지정일이 속하는 연도의 1월 1일부터 3년간(지정받은 기간이 끝난 후 2년 이내에 재지정되는 경우에는 재지정일이 속하는 사업연도의 1월 1일부터 6년간으로 한다. 이하 이 조에서 "지정기간"이라 한다) 지출하는 기부금으로 한정한다.
1) 「사회복지사업법」에 따른 사회복지법인
2) 「영유아보육법」에 따른 어린이집
3) 「유아교육법」에 따른 유치원, 「초・중등교육법」 및 「고등교육법」에 따른 학교, 「국민 평생 직업능력 개발법」에 따른 기능대학, 「평생교육법」 제31조 제4항에 따른 전공대학 형태의 평생교육시설 및 같은 법 제33조 제3항에 따른 원격대학 형태의 평생교육시설
4) 「의료법」에 따른 의료법인
5) 종교의 보급, 그 밖에 교화를 목적으로 「민법」 제32조에 따라 문화체육관광부장관 또는 지방자치단체의 장의 허가를 받아 설립한 비영리법인(그 소속 단체를 포함한다)
6) 「민법」 제32조에 따라 주무관청의 허가를 받아 설립된 비영리법인(이하 이 조에서 "「민법」상 비영리법인"이라 한다), 비영리외국법인, 「협동조합 기본법」 제85조에 따라 설립된 사회적협동조합(이하 이 조에서 "사회적협동조합"이라 한다), 「공공기관의 운영에 관한 법률」 제4조에 따른 공공기관(같은 법 제5조 제4항 제1호에 따른 공기업은 제외한다. 이하 이 조에서 "공공기관"이라 한다) 또는 법률에 따라 직접 설립 또는 등록된 기관 중 다음의 요건을 모두 충족한 것으로서 국세청장(주사무소 및 본점소재지 관할 세무서장을 포함한다. 이하 이 조에서 같다)의 추천을 받아 기획재정부장관이 지정하여 고시한 법인. 이 경우 국세청장은 해당 법인의 신청을 받아 기획재정부장관에게 추천해야 한다.

① 다음의 구분에 따른 요건

가. 「민법」상 비영리법인 또는 비영리외국법인의 경우 : 정관의 내용상 수입을 회원의 이익이 아닌 공익을 위하여 사용하고 사업의 직접 수혜자가 불특정 다수일 것(비영리외국법인의 경우 추가적으로 「재외동포의 출입국과 법적 지위에 관한 법률」 제2조에 따른 재외동포의 협력・지원, 한국의 홍보 또는 국제교류・협력을 목적으로 하는 것일 것). 다만, 「상속세 및 증여세법 시행령」 제38조 제8항 제2호 각 목 외의 부분 단서에 해당하는 경우에는 해당 요건을 갖춘 것으로 본다.

나. 사회적협동조합의 경우 : 정관의 내용상 「협동조합 기본법」 제93조 제1항 제1호부터 제3호까지의 사업 중 어느 하나의 사업을 수행하는 것일 것

다. 공공기관 또는 법률에 따라 직접 설립 또는 등록된 기관의 경우 : 설립목적이 사회복지・자선・문화・예술・교육・학술・장학 등 공익목적 활동을 수행하는 것일 것

② 해산하는 경우 잔여재산을 국가・지방자치단체 또는 유사한 목적을 가진 다른 비영리법인에 귀속하도록 한다는 내용이 정관에 포함되어 있을 것

③ 인터넷 홈페이지가 개설되어 있고, 인터넷 홈페이지를 통해 연간 기부금 모금액 및 활용실적을 공개한다는 내용이 정관에 포함되어 있으며, 법인의 공익위반 사항을 국민권익위원회, 국세청 또는 주무관청 등 공익위반사항을 관리・감독할 수 있는 기관(이하 "공익위반사항 관리・감독 기관"이라 한다) 중 1개 이상의 곳에 제보가 가능하도록 공익위반사항 관리・감독기관이 개설한 인터넷 홈페이지와 해당 법인이 개설한 홈페이지가 연결되어 있을 것

④ 비영리법인으로 지정・고시된 날이 속하는 연도와 그 직전 연도에 해당 비영리법인의 명의 또는 그 대표자의 명의로 특정 정당 또는 특정인에 대한 「공직선거법」 제58조 제1항에 따른 선거운동을 한 사실이 없을 것

⑤ 제12항에 따라 지정이 취소된 경우에는 그 취소된 날부터 3년, 제9항에 따라 추천을 받지 않은 경우에는 그 지정기간의 종료일부터 3년이 지났을 것. 다만, 제5항 제1호에 따른 의무를 위반한 사유만으로 지정이 취소되거나 추천을 받지 못한 경우에는 그렇지 않다.

(2) 다음의 기부금

1) 「유아교육법」에 따른 유치원의 장・「초・중등교육법」 및 「고등교육법」에 의한 학교의 장, 「국민 평생 직업능력 개발법」에 의한 기능대학의 장, 「평생교육법」 제31조 제4항에 따른 전공대학 형태의 평생교육시설 및 같은 법 제33조 제3항에 따른 원격대학 형태의 평생교육시설의 장이 추천하는 개인에게 교육비・연구비 또는 장학금으로 지출하는 기부금

2) 「상속세 및 증여세법 시행령」 제14조 제1항 각 호의 요건을 갖춘 공익신탁으로 신탁하는 기부금

3) 사회복지・문화・예술・교육・종교・자선・학술 등 공익목적으로 지출하는 기부금으로서 기획재정부장관이 지정하여 고시하는 기부금

(3) 다음 어느 하나에 해당하는 사회복지시설 또는 기관 중 무료 또는 실비로 이용할 수 있는 시설 또는 기관에 기부하는 금품의 가액. 다만, 2)의 ①에 따른 노인주거복지시설 중 양로시설을 설치한 자가 해당 시설의 설치・운영에 필요한 비용을 부담하는 경우 그 부담금 중 해당 시설의 운영으로 발생한 손실금(기업회계기준에 따라 계산한 해당 과세기간의 결손금을 말한다)이 있는 경우에는 그 금액을 포함한다.

1) 「아동복지법」 제52조 제1항에 따른 아동복지시설

2) 「노인복지법」 제31조에 따른 노인복지시설 중 다음의 시설을 제외한 시설

① 「노인복지법」 제32조 제1항에 따른 노인주거복지시설 중 입소자 본인이 입소비용의 전부를 부담하는 양로시설・노인공동생활가정 및 노인복지주택

② 「노인복지법」 제34조 제1항에 따른 노인의료복지시설 중 입소자 본인이 입소비용의 전부를 부담하는 노인요양시설・노인요양공동생활가정 및 노인전문병원

③ 「노인복지법」 제38조에 따른 재가노인복지시설 중 이용자 본인이 재가복지서비스에 대한 이용대가를 전부 부담하는 시설

3) 「장애인복지법」 제58조 제1항에 따른 장애인복지시설. 다만, 다음 시설은 제외한다.

① 비영리법인(「사회복지사업법」 제16조 제1항에 따라 설립된 사회복지법인을 포함한다) 외의 자가 운영하는 장애인 공동생활가정

② 「장애인복지법 시행령」 제36조에 따른 장애인생산품 판매시설

③ 장애인 유료복지시설

4) 「한부모가족지원법」 제19조 제1항에 따른 한부모가족복지시설

5) 「정신건강증진 및 정신질환자 복지서비스 지원에 관한 법률」 제3조 제6호 및 제7호에 따른 정신요양시설 및 정신재활시설

6) 「성매매방지 및 피해자보호 등에 관한 법률」 제6조 제2항 및 제10조 제2항에 따른 지원시설 및 성매매피해상담소
7) 가정폭력방지 및 피해자보호 등에 관한 법률」 제5조 제2항 및 제7조 제2항에 따른 가정폭력 관련 상담소 및 보호시설
8) 「성폭력방지 및 피해자보호 등에 관한 법률」 제10조 제2항 및 제12조 제2항에 따른 성폭력피해상담소 및 성폭력피해자 보호시설
9) 「사회복지사업법」 제34조에 따른 사회복지시설 중 사회복지관과 부랑인・노숙인 시설
10) 「노인장기요양보험법」 제32조에 따른 재가장기요양기관
11) 「다문화가족지원법」 제12조에 따른 다문화가족지원센터
12) 「건강가정기본법」 제35조 제1항에 따른 건강가정지원센터
13) 「청소년복지 지원법」 제31조에 따른 청소년복지시설

(4) 다음 요건을 모두 갖춘 국제기구로서 기획재정부장관이 지정하여 고시하는 국제기구에 지출하는 기부금
1) 사회복지, 문화, 예술, 교육, 종교, 자선, 학술 등 공익을 위한 사업을 수행할 것
2) 우리나라가 회원국으로 가입하였을 것

문제 69 [법인세법] 재고자산의 평가

유 형	이론형		
중요도	★★★	정답	④

정답해설

평가방법을 변경하고자 하는 경우에는 변경할 평가방법을 적용하고자 하는 사업연도의 종료일 이전 3월이 되는 날까지 신고해야 한다. 따라서 정답은 ④번이다.

법령 CHECK

법인세법 시행령 제74조 제3항

합격의 TIP

2021년의 경우 너무 쉽게 출제되었다. 심화학습으로 2020년 66번을 함께 학습해보자.

관련이론 재고자산의 평가

법인세법은 원칙적으로 자산의 평가를 인정하지 않으나, 법인세법 제46조에 따른 재고자산 등 대통령령으로 정하는 자산과 부채의 평가를 인정해주고 있다.

(1) 평가대상 재고자산
  1) 제품 및 상품(부동산매매업자가 매매를 목적으로 소유하는 부동산을 포함하며, 유가증권은 제외)
  2) 반제품 및 재공품
  3) 원재료
  4) 저장품

(2) 평가방법의 신고기한
  1) 신설법인 : 당해 법인의 설립일이 속하는 사업연도의 법인세 과세표준 신고기한 내
  2) 수익사업을 개시한 비영리내국법인 : 수익사업 개시일이 속하는 사업연도의 법인세 과세표준 신고기한 내

(3) 평가방법의 변경신고
  1) 변경할 평가방법을 적용하고자 하는 사업연도의 종료일 이전 3월이 되는 날까지 신고
  2) 신고기한이 지나서 변경할 경우 : 다음 연도부터 변경신고한 평가방법 적용

(4) 평가방법에 따른 세무조정
  1) 신고한 평가방법으로 장부상 반영 : 세무조정 없음
  2) 무신고 시 평가방법 : 선입선출법
  3) 신고기한이 경과한 후 평가방법을 변경한 경우, 신고한 평가방법 외의 방법으로 평가한 경우 : Max(선입선출법, 변경 전 평가방법에 의한 평가액)

문제 70 [법인세법] 과세표준과 세액

유 형	이론형		
중요도	★★	정답	①

정답해설

내국법인의 각 사업연도의 소득에 대한 과세표준에 국외원천소득이 포함되어 있는 경우로서 법령에 따라 외국법인세액을 해당 사업연도의 산출세액에서 공제하고자 할 때, 그 국외원천소득에 대하여 외국정부에 납부하였거나 납부할 외국법인세액이 해당 사업연도의 공제한도금액을 초과하는 경우 그 초과하는 금액은 해당 사업연도의 다음 사업연도 개시일부터 (10년) 이내에 끝나는 각 사업연도로 이월하여 그 이월된 사업연도의 공제한도금액 내에서 공제받을 수 있다.

따라서 정답은 ①번이다.

법령 CHECK

법인세법 제57조 제2항

합격의 TIP

지난 8년간 출제된 적이 없는 주제이나 해당 문제의 경우 2023년부터 외국납부세액공제가 5년에서 10년으로 개정되며 출제된 것으로 보인다. 자주 출제되지는 않았지만 난이도가 매우 낮은 문제이므로 이런 문제는 반드시 맞추도록 하자.

문제 71 [부가가치세법] 부가가치세 총설

유 형	이론형		
중요도	★★	정답	④

정답해설

① 기획재정부령으로 정하는 이동통신역무를 제공하는 전기통신사업의 사업장은 사업자가 개인인 경우에는 사업에 관한 업무를 총괄하는 장소이다.

② 사업장을 설치하지 아니하고 법 제8조 제1항 및 제3항에 따른 등록도 하지 아니한 경우에는 과세표준 및 세액을 결정하거나 경정할 당시의 사업자의 주소 또는 거소를 사업장으로 한다.

④ 무인자동판매기를 통하여 재화·용역을 공급하는 사업의 경우에는 사업에 관한 업무를 총괄하는 장소 외의 장소를 추가로 사업장으로 등록할 수 있다.
→ 없다.

⑤ 사업자가 자기의 사업과 관련하여 생산하거나 취득한 재화를 직접 판매하기 위하여 특별히 판매시설을 갖춘 장소(이하 "직매장"이라 한다)는 사업장으로 본다.

법령 CHECK

① 부가가치세법 시행령 제8조 제1항
② 부가가치세법 시행령 제8조 제5항
③ 부가가치세법 시행령 제8조 제1항
④ 부가가치세법 시행령 제8조 제4항
⑤ 부가가치세법 시행령 제8조 제3항

관련이론1 사업장

사 업	사업장의 범위	
광 업	광업사무소의 소재지. 이 경우 광업사무소가 광구(鑛區) 밖에 있을 때에는 그 광업사무소에서 가장 가까운 광구에 대하여 작성한 광업원부의 맨 처음에 등록된 광구 소재지에 광업사무소가 있는 것으로 본다.	
제조업	최종제품을 완성하는 장소. 다만, 따로 제품 포장만을 하거나 용기에 충전만을 하는 장소와 「개별소비세법」 제10조의5에 따른 저유소(貯油所)는 제외한다.	
건설업·운수업과 부동산매매업	가. 법인인 경우	법인의 등기부상 소재지(등기부상의 지점 소재지를 포함한다)
	나. 개인인 경우	사업에 관한 업무를 총괄하는 장소
	다. 법인의 명의로 등록된 차량을 개인이 운용하는 경우	법인의 등기부상 소재지(등기부상의 지점 소재지를 포함한다)
	라. 개인의 명의로 등록된 차량을 다른 개인이 운용하는 경우	그 등록된 개인이 업무를 총괄하는 장소
수자원을 개발하여 공급하는 사업	사업에 관한 업무를 총괄하는 장소	
「지방공기업법」 제76조에 따라 설립된 대구시설관리공단이 공급하는 사업	사업에 관한 업무를 총괄하는 장소	
「방문판매 등에 관한 법률」에 따른 다단계판매원(이하 "다단계판매원"이라 한다)이 재화나 용역을 공급하는 사업	해당 다단계판매원이 「방문판매 등에 관한 법률」 제13조에 따라 등록한 다단계판매업자(이하 "다단계판매업자"라 한다)의 주된 사업장의 소재지. 다만, 다단계판매원이 상시 주재하여 거래의 전부 또는 일부를 하는 별도의 장소가 있는 경우에는 그 장소로 한다.	
「전기통신사업법」에 따른 전기통신사업자가 기획재정부령으로 정하는 통신요금 통합청구의 방법으로 요금을 청구하는 전기통신사업	사업에 관한 업무를 총괄하는 장소	
「전기통신사업법」에 따른 전기통신사업자가 기획재정부령으로 정하는 이동통신역무를 제공하는 전기통신사업	가. 법인인 경우	법인의 본점 소재지
	나. 개인인 경우	사업에 관한 업무를 총괄하는 장소
무인자동판매기를 통하여 재화·용역을 공급하는 사업	사업에 관한 업무를 총괄하는 장소	
「한국철도공사법」에 따른 한국철도공사가 경영하는 사업	사업에 관한 업무를 지역별로 총괄하는 장소	
「우정사업 운영에 관한 특례법」에 따른 우정사업조직이 「우편법」 제1조의2 제3호의 소포우편물을 방문접수하여 배달하는 용역을 공급하는 사업	사업에 관한 업무를 총괄하는 장소	
「전기사업법」에 따른 전기판매사업자가 기획재정부령으로 정하는 전기요금 통합청구의 방법으로 요금을 청구하는 전기판매사업	사업에 관한 업무를 총괄하는 장소	

국가, 지방자치단체 또는 지방자치단체조합이 공급하는 제46조 제3호에 따른 사업	사업에 관한 업무를 총괄하는 장소. 다만, 위임·위탁 또는 대리에 의하여 재화나 용역을 공급하는 경우에는 수임자·수탁자 또는 대리인이 그 업무를 총괄하는 장소를 사업장으로 본다.
「송유관 안전관리법」 제2조 제3호의 송유관설치자가 송유관을 통하여 재화 또는 용역을 공급하는 사업	사업에 관한 업무를 총괄하는 장소
부동산임대업	부동산의 등기부상 소재지

문제 72 [부가가치세법] 과세거래

유 형	이론형		
중요도	★★★	정답	⑤

정답해설

① 공동사업자 구성원이 각각 독립적으로 사업을 영위하기 위하여 공동사업의 사업용 고정자산인 건축물을 분할등기하는 경우 해당 건축물의 이전

⑤ 출자자가 자기의 출자지분을 타인에게 양도·상속·증여하거나 법인 또는 공동사업자가 출자지분을 현금으로 반환하는 경우

→ 출자자가 자기의 출자지분을 타인에게 양도·상속·증여하거나 법인 또는 공동사업자가 출자지분을 현금으로 반환하는 것은 재화의 공급에 해당하지 아니한다. 다만 법인 또는 공동사업자가 출자지분을 현물로 반환하는 것은 재화의 공급에 해당하므로 현물과 현금의 구분을 명확히 해두자.

법령 CHECK

① 부가가치세법 기본통칙 9-18-2
② 부가가치세법 기본통칙 9-18-1
③ 부가가치세법 제10조 제6항
④ 부가가치세법 시행령 제18조 제1항
⑤ 부가가치세법 기본통칙 9-18-2

합격의 TIP

부가가치세법상 과세되는 것에 대해서 명확하게 알고 있다면 쉽게 정답을 찾을 수 있는 문제이다.

문제 73 [부가가치세법] 과세표준과 매출세액

유 형	계산형		
중요도	★★★	정답	②

정답해설

1 1월 30일

매출할인과 에누리액은 과세표준에 포함하지 아니하고, 연체이자의 경우 대금결제와 관련된 사항으로 과세표준에 포함하지 아니한다.

→ 따라서 공급가액은 4,900,000원이다.

2 2월 15일

선적일 전 수령한 2월 10일의 환가한 날의 환율을 사용하며, 선적일 뒤에 수령한 금액은 선적일의 환율로 환산한다.

→ 따라서 공급가액은 5,600,000원(= 2,000,000 + $3,000 × 1,200)이다.

3 3월 5일

자기적립마일리지로 결제받은 금액은 과세표준에서 제외한다.

→ 따라서 공급가액은 3,800,000원이다.

4 견본품 제공

사업을 위하여 대가를 받지 아니하고 다른 사업자에게 인도하거나 양도하는 견본품은 사업상 증여로 보지 않는다.

→ 따라서 공급가액은 0원이다.

5 2024년 제1기 예정신고기간 과세표준금액

= 4,900,000 + 5,600,000 + 3,800,000 + 0

= 14,300,000

법령 CHECK

1 부가가치세법 제29조 제5항

2 부가가치세법 시행령 제59조

3 부가가치세법 집행기준 29-0-12

합격의 TIP

과세표준을 구하는 문제는 거의 매년 1문제가 출제된다고 보면 된다. 관련이론을 반드시 학습해두자.

관련이론1 **공급가액에 포함하지 않는 것**

1. 재화나 용역을 공급할 때 그 품질이나 수량, 인도조건 또는 공급대가의 결제방법이나 그 밖의 공급조건에 따라 통상의 대가에서 일정액을 직접 깎아 주는 금액
2. 환입된 재화의 가액
3. 공급받는 자에게 도달하기 전에 파손되거나 훼손되거나 멸실한 재화의 가액
4. 재화 또는 용역의 공급과 직접 관련되지 아니하는 국고보조금과 공공보조금
5. 공급에 대한 대가의 지급이 지체되었음을 이유로 받는 연체이자
6. 공급에 대한 대가를 약정기일 전에 받았다는 이유로 사업자가 당초의 공급가액에서 할인해 준 금액

관련이론2 **외화의 환산**

공급시기가 되기 전에 원화로 환가(換價)한 경우에는 환가한 금액을 사용하며, 공급시기 이후에 외국통화나 그 밖의 외국환 상태로 보유하거나 지급받는 경우에는 부가가치세법 규정에 따른 공급시기의 「외국환거래법」에 따른 기준환율 또는 재정환율에 따라 계산한 금액을 과세표준으로 한다.

관련이론3 **부가가치세법 집행기준 29-0-12**

① 「자기적립마일리지등」이라 함은 당초 재화 또는 용역을 공급하고 마일리지등을 적립(다른 사업자를 통하여 적립하여 준 경우 포함)하여 준 사업자에게 사용한 마일리지등(여러 사업자가 적립하여 줄 수 있거나 여러 사업자를 대상으로 사용할 수 있는 마일리지등의 경우 다음의 제1호와 제2호의 요건을 모두 충족한 경우로 한정)을 말하는 것으로 해당 마일리지 사용액은 공급가액에 포함하지 아니한다.

1. 고객별·사업자별로 마일리지등의 적립 및 사용 실적을 구분하여 관리하는 등의 방법으로 당초 공급자와 이후 공급자가 같다는 사실이 확인될 것
2. 사업자가 마일리지등으로 결제받은 부분에 대하여 재화 또는 용역을 공급받는 자 외의 자로부터 보전받지 아니할 것

② 자기적립마일리지등 외의 마일리지등으로 대금의 전부 또는 일부를 결제받은 경우로서 다음 각 호의 어느 하나에 해당하는 경우에는 공급한 재화 또는 용역의 시가를 공급가액으로 한다.

1. 제1항 제2호에 따른 금액을 보전받지 아니하고 「부가가치세법」 제10조 제1항에 따른 자기생산·취득재화를 공급한 경우
2. 제1항 제2호와 관련하여 특수관계인으로부터 부당하게 낮은 금액을 보전받거나 아무런 금액을 받지 아니하여 조세의 부담을 부당하게 감소시킬 것으로 인정되는 경우

③ 자기적립마일리지등으로만 전부를 결제받고 공급하는 재화는 사업상 증여로 보지 아니한다.

④ 사업자가 제휴 사업자와의 계약에 따라 마일리지등을 부여 받은 고객에게 2017년 4월 1일 이전에 마일리지등 사용금액만큼 재화 또는 용역을 할인하여 공급하고 제휴 사업자로부터 할인액의 전부 또는 일부에 대해 보전 받은 금액은 재화 또는 용역의 공급가액에 포함하지 아니한다.

문제 74 [부가가치세법] 과세표준과 매출세액

유 형	계산형		
중요도	★★★	정답	①

정답해설

건물 및 토지는 기준시가가 있고, 기계장치는 기준시가가 없음

1 건물, 토지, 기계장치 금액을 모두 알 수 있는 장부가액으로 1차 안분

1) 건물 : $69,480,000 \times \frac{33}{33+9.9+15} = 39,600,000$

2) 기계 : $69,480,000 \times \frac{9.9}{33+9.9+15} = 11,880,000$

3) 토지 : $69,480,000 \times \frac{15}{33+9.9+15} = 18,000,000$

2 기준시가가 있는 건물과 토지를 2차 안분

1) 건물+토지의 금액 : 39,600,000 + 18,000,000 = 57,600,000

2) 건물 : $57,600,000 \times \frac{22}{22+14} = 35,200,000$

3) 토지 : $57,600,000 \times \frac{14}{22+14} = 22,400,000$

따라서 건물에 대한 부가가치세 과세표준금액은 ① 35,200,000원이다.

법령 CHECK

부가가치세법 제29조 제9항

합격의 TIP

8년간 출제된 적이 없었지만, 반드시 알아두어야 하는 문제이다. 신고기간의 과세표준을 구하는 문제의 보기로 제시될 수 있으므로 관련이론을 반드시 알아두자. 또한 문제에서는 부가가치세를 제외하는 것으로 계산했는데 부가가치세를 포함하는 경우 토지는 면세로, 받은 금액을 공급가액과 부가가치세로 분리하는 과정이 필요함을 알아두자.

관련이론1 **사업자가 토지와 그 토지에 정착된 건물 또는 구축물 등(건물등)을 함께 공급하는 경우**

(1) 토지와 건물등의 기준시가가 모두 있는 경우
  1) 감정평가가액(최초 공급시기가 속하는 과세기간의 직전 과세기간 개시일부터 공급시기가 속하는 과세기간의 종료일까지의 감정평가가액)이 있는 경우에는 그 가액에 비례하여 안분 계산한 금액
  2) 공급계약일 현재의 기준시가에 따라 계산한 가액에 비례하여 안분(按分) 계산한 금액

(2) 토지와 건물등 중 어느 하나 또는 모두의 기준시가가 없는 경우로서 감정평가가액이 있는 경우
  1) 감정평가가액에 비례하여 안분 계산한 금액
  2) 감정평가가액이 없는 경우에는 장부가액
  3) 장부가액이 없는 경우 취득가액
  단, 토지와 건물등 중 어느 하나의 기준시가가 있는 자산에 대해서는 그 합계액을 다시 기준시가에 의하여 안분 계산

관련이론2 **안분 계산을 해야 하는 경우**

1. 실지거래가액 중 토지의 가액과 건물등의 가액의 구분이 불분명한 경우
2. 사업자가 실지거래가액으로 구분한 토지와 건물등의 가액이 대통령령으로 정하는 바에 따라 안분 계산한 금액과 100분의 30 이상 차이가 있는 경우. 다만, 다른 법령에서 정하는 바에 따라 토지와 건물등의 가액을 구분한 경우, 토지와 건물등을 함께 공급받은 후 건물등을 철거하고 토지만 사용하는 경우에는 실지거래가액을 공급가액으로 한다.

문제 75 [부가가치세법] 영세율과 면세

유 형	이론형		
중요도	★★	정답	⑤

정답해설

① 「항공사업법」에 따른 항공기에 의한 여객운송 용역은 면세한다.
→ 과세

② 면세되는 도서・신문・잡지 등의 인쇄・제본 등을 위탁받아 인쇄・제본 등의 용역을 제공하는 것에 대하여는 면세한다.
→ 과세

③ 피부과의원에 부설된 피부관리실에서 제공하는 피부관리용역은 면세한다.
→ 과세

④ 우리나라에서 생산되어 식용으로 제공되지 아니하는 관상용의 새에 대하여는 ~~면세하지 아니한다~~.
→ 면세한다.

⑤ 김치를 거래단위로서 포장하여 최종소비자에게 그 포장의 상태로 직접 공급하는 것에 대하여는 면세하지 아니한다.

법령 CHECK

부가가치세법 제26조

합격의 TIP

면세를 직접적으로 묻는 문제는 매년 출제되진 않지만 2021년의 경우 면세에 관하여 직접적으로 물었다. 해당 사항을 알지 못하면 과세표준을 구할 수 없으므로 반드시 알아두어야 하며, 이런 문제는 무조건 맞히도록 하자.

관련이론 면 세

(1) 가공되지 아니한 식료품(식용으로 제공되는 농산물, 축산물, 수산물과 임산물을 포함) 및 우리나라에서 생산되어 식용으로 제공되지 아니하는 농산물, 축산물, 수산물과 임산물로서 대통령령으로 정하는 것

(2) 수돗물

(3) 연탄과 무연탄

(4) 여성용 생리 처리 위생용품

(5) 의료보건 용역(수의사의 용역을 포함), 약사의 의약품 조제용역과 혈액. 단, 성형 수술과 미용을 위한 진료용역 등은 제외

(6) 주무관청의 허가 또는 인가를 받거나 주무관청에 등록되거나 신고된 학교, 학원, 강습소, 훈련원, 교습소 또는 그 밖의 비영리단체교육 용역 등. 단, 무도학원과 자동차운전학원은 제외

(7) 여객운송 용역. 다만, 항공기, 고속버스, 전세버스, 택시, 자동차대여, 특종선박(特種船舶) 또는 고속철도, 삭도, 유람선 등 관광 또는 유흥 목적의 운송수단에 의한 여객운송 용역은 제외

(8) 도서(도서대여 및 실내 도서열람 용역 포함), 신문, 잡지, 관보, 다만, 광고는 제외

(9) 우표(수집용 우표는 제외), 인지, 증지, 복권

(10) 금융, 보험용역(단, 모든 금융, 보험용역이 면세임은 아니며, 금융업이 아니더라도 제조업자가 받은 대여금이자는 면세임에 주의)

(11) 주택과 이에 부수되는 토지(max{(주택정착면적×5(도시지역 외 10), 주택연면적})의 임대 용역

(12) 토지

(13) 저술가·작곡가나 그 밖의 자가 직업상 제공하는 인적 용역

(14) 예술창작품, 예술행사, 문화행사 또는 아마추어 운동경기. 단, 프로경기처럼 영리를 목적으로 하는 예술행사 문화행사 운동경기는 과세

(15) 도서관, 과학관, 박물관, 미술관, 동물원, 식물원. 단, 놀이공원과 함께 있는 동물원은 과세

(16) 종교, 자선, 학술, 구호, 그 밖의 공익을 목적으로 하는 단체가 공급하는 재화 또는 용역으로서 대부분 무상으로 공급되는 재화 또는 용역

(17) 국가, 지방자치단체 또는 지방자치단체조합이 공급하는 재화 또는 용역. 단, 다음의 재화 또는 용역은 과세
 1) 우정사업조직이 소포우편물을 방문접수하여 배달하는 용역
 2) 「철도건설법」에 따른 고속철도에 의한 여객운송 용역
 3) 부동산임대업, 도매 및 소매업, 음식점업·숙박업, 골프장 및 스키장 운영업, 기타 스포츠시설 운영업. 단, 국방부 또는 국군이 군인 또는 군무원 또는 그들의 직계존속·비속 등 기획재정부령으로 정하는 사람에게 제공하는 재화 또는 용역이나 국가, 지방자치단체 또는 지방자치단체조합이 그 소속 직원의 복리후생을 위하여 구내에서 식당을 직접 경영하여 음식을 공급하는 용역, 국가 또는 지방자치단체가 「사회기반시설에 대한 민간투자법」에 따른 사업시행자로부터 사회기반시설 또는 사회기반시설의 건설용역을 기부채납받고 그 대가로 부여하는 시설관리운영권은 면세

(18) 국가, 지방자치단체, 지방자치단체조합 또는 주무관청의 허가·인가를 받거나 주무관청에 등록된 단체에 무상으로 공급하는 재화 또는 용역

(19) 「공동주택관리법」에 따른 관리주체 또는 입주자대표회의가 제공하는 「주택법」에 따른 복리시설인 공동주택 어린이집의 임대 용역

(20) 「담배사업법」에 따른 담배로서 판매가격이 20개비 기준 200원 이하인 것, 또는 특수용담배로서 대통령령으로 정하는 것

문제 76 [부가가치세법] 부가가치세 신고와 납부

유 형	이론형		
중요도	★	정답	③

정답해설

③ 개인사업자의 경우 관할세무서장은 제1기 예정신고기간분 예정고지세액에 대해서 4월 1일부터 ~~4월 25일~~까지의 기간 이내에 납부고지서를 발부해야 한다.
→ 4월 10일. 2기 예정고지세액은 10월 1일부터 10월 10일까지의 기간 이내에 납부고지서를 발부한다.

④ 예정고지세액을 징수하지 않는 경우 *관련이론

⑤ 휴업 또는 사업 부진 등으로 인하여 각 예정신고기간의 공급가액 또는 납부세액이 직전 과세기간의 공급가액 또는 납부세액의 3분의 1에 미달하는 자와 각 예정신고기간분에 대하여 제107조에 따라 조기환급을 받으려는 자(법인, 개인 구분 없음)는 예정신고할 수 있다.

법령 CHECK

① 부가가치세법 제54조 제3항
② 부가가치세법 제50조
③ 부가가치세법 시행령 제90조 제5항
④ 부가가치세법 제48조 제3항
⑤ 부가가치세법 시행령 제90조 제6항

관련이론 예정고지세액을 징수하지 않는 경우

납세지 관할 세무서장은 개인사업자와 대통령령으로 정하는 법인사업자에 대하여는 각 예정신고기간마다 직전(直前) 과세기간에 대한 납부세액의 50퍼센트(1천원 미만인 단수가 있을 때에는 그 단수금액은 버림)로 결정하여 해당 예정신고기간이 끝난 후 25일까지 징수한다. 다만, 다음의 어느 하나에 해당하는 경우에는 징수하지 아니한다.

1. 징수하여야 할 금액이 50만원 미만인 경우
2. 간이과세자에서 해당 과세기간 개시일 현재 일반과세자로 변경된 경우
3. 「국세징수법」에 따른 재난 등으로 인한 납부기한등의 연장 해당하는 사유*로 관할 세무서장이 징수하여야 할 금액을 사업자가 납부할 수 없다고 인정되는 경우

* 「국세징수법」에 따른 재난 등으로 인한 납부기한등의 연장 해당하는 사유
1. 납세자가 재난 또는 도난으로 재산에 심한 손실을 입은 경우
2. 납세자가 경영하는 사업에 현저한 손실이 발생하거나 부도 또는 도산의 우려가 있는 경우
3. 납세자 또는 그 동거가족이 질병이나 중상해로 6개월 이상의 치료가 필요한 경우 또는 사망하여 상중(喪中)인 경우
4. 그 밖에 납세자가 국세를 납부기한등까지 납부하기 어렵다고 인정되는 경우로서 대통령령으로 정하는 경우

유 형	계산형		
중요도	★★	정답	②

문제 77 [부가가치세법] 과세표준과 세액

정답해설

1 기계장치

$$4{,}000{,}000 \times \left(1-\frac{25}{100}\times 1\right)\times \frac{30억}{50억} = 1{,}800{,}000$$

※ 확정신고 시에만 계산하므로 확정신고 시 확정된 총 공급가액 대비 과세사업의 비율은 30억/50억이다.

2 건물

$$30{,}000{,}000 \times \left(1-\frac{5}{100}\times 6\right)\times \frac{30억}{50억} = 12{,}600{,}000$$

3 원재료

계산하지 아니함 (감가상각자산만 대상)

따라서 2024년 제1기 부가가치세 확정신고 시 매입세액으로 공제할 수 있는 금액은 14,400,000원이다.

법령 CHECK

부가가치세법 제43조
부가가치세법 시행령 제85조

합격의 TIP

2021년 78번 문제와 함께 학습해 두자.

관련이론 면세사업등을 위한 감가상각자산의 과세사업 전환 시 매입세액 공제 특례(확정신고 시만)

(1) 건물 및 구축물

$$\text{취득 당시 해당 재화의 면세사업등과 관련하여 공제되지 아니한 매입세액} \times \left(1-\frac{5}{100}\times \text{경과된 과세기간의 수}\right)\times \frac{\text{과세기간의 과세공급가액}}{\text{과세기간의 총공급가액}}$$

(2) 그 밖의 감가상각자산

$$\text{취득 당시 해당 재화의 면세사업등과 관련하여 공제되지 아니한 매입세액} \times \left(1-\frac{25}{100}\times \text{경과된 과세기간의 수}\right)\times \frac{\text{과세기간의 과세공급가액}}{\text{과세기간의 총공급가액}}$$

※ 경과된 과세기간의 수는 과세기간 개시일에 취득한 것으로 봄

※ 해당 과세기간 중 과세사업과 면세사업등의 공급가액이 없거나 그 어느 한 사업의 공급가액이 없는 경우 다음의 순서에 따름

1. 총매입가액에 대한 과세사업에 관련된 매입가액의 비율
2. 총예정공급가액에 대한 과세사업에 관련된 예정공급가액의 비율
3. 총예정사용면적에 대한 과세사업에 관련된 예정사용면적의 비율

※ 과세사업과 면세사업의 비율이 5% 이상인 경우 확정신고기간에 재계산이 필요하며, 5% 미만일 때에는 공제세액이 없는 것으로 본다.

문제 78 [부가가치세법] 과세표준과 세액

유 형	계산형		
중요도	★★	정답	①

정답해설

납부 및 환급세액 재계산은 확정신고 시만 발생하며 그 과세사업에 의한 과세공급가액이 총공급가액 중 5% 미만일 때에는 공제세액이 없는 것으로 본다.

과세기간	과일공급가액	통조림공급가액 (부가가치세 제외)	합 계	비 율	계 산
2022년 제2기	40,000,000원	60,000,000원	100,000,000원	60%	최초계산
2023년 제1기	50,000,000원	50,000,000원	100,000,000원	50%	재계산
2023년 제2기	54,000,000원	46,000,000원	100,000,000원	46%	4%
2024년 제1기	47,000,000원	53,000,000원	100,000,000원	53%	3%

※ 2024년 제1기의 변동율 계산 시 2023년 제2기가 아닌 2023년 제1기가 기준점이 됨에 주의하자. 2023년 제2기에 재계산된 금액이 없기 때문이다.

따라서 2024년 제1기의 납부 및 환급세액 재계산으로 인하여 가산하거나 차감할세액은 없다.

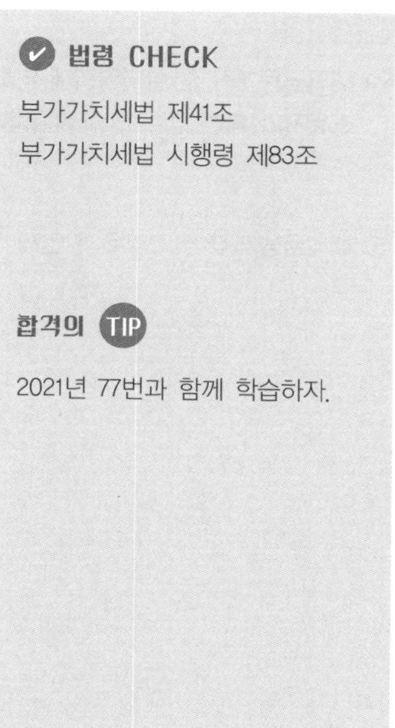

문제 79 [국제조세조정에 관한 법률] 총 칙

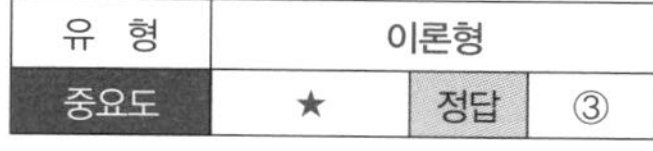

유 형	이론형		
중요도	★	정답	③

정답해설

국제조세조정에 관한 법률 시행령 제4조

국제거래에 대해서는 소득세법과 법인세법의 부당행위계산 부인 규정을 적용하지 아니하나, 아래 각 호에 대하여는 부당행위계산 부인 규정을 적용한다.

1. 자산을 무상으로 이전(현저히 저렴한 대가로 이전하는 경우 제외)하거나 채무면제가 있는 경우(①)
2. 수익이 없는 자산을 매입하였거나 현물출자를 받는 경우 또는 그 자산에 대한 비용을 부담한 경우(④)
3. 출연금을 대신 부담한 경우(②)
4. 그 밖의 자본거래로서 「법인세법 시행령」 제88조 제1항 제8호 또는 같은 항 제8호의2에 해당하는 자본거래(⑤)

따라서 정답은 ③ 번이다.

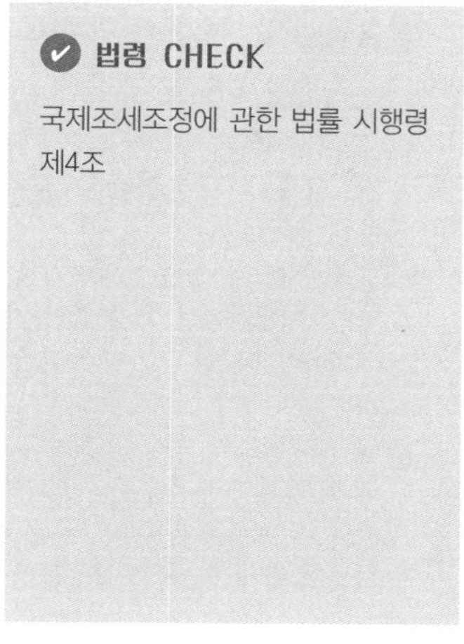

유 형	이론형		
중요도	★★	정답	④

문제 80 [국제조세조정에 관한 법률] 해외자산의 신고 및 자료제출

정답해설

④ 해외금융계좌 중 실지명의에 의하지 아니한 계좌 등 그 계좌의 명의자와 실질적 소유자가 다른 경우에 ~~해외금융계좌신고의무자를 실질적 소유자로 본다~~.
→ 그 명의자와 실질적 소유자가 해당 해외금융계좌를 각각 보유한 것으로 본다.

⑤ 해외금융계좌 신고의무의 면제 *관련이론

법령 CHECK

① 국제조세조정에 관한 법률 제56조 제3항
② 국제조세조정에 관한 법률 제53조 제1항
③ 국제조세조정에 관한 법률 시행령 제92조 제2항
④ 국제조세조정에 관한 법률 제53조 제2항
⑤ 국제조세조정에 관한 법률 제54조

합격의 TIP

해외금융계좌와 특정외국법인의 유보소득에 대한 합산과세는 2년에 1번은 출제되고 있는 주제이므로 반드시 알아두자.

관련이론 해외금융계좌 신고의무의 면제

1. 「소득세법」에 따른 외국인 거주자
2. 「재외동포의 출입국과 법적 지위에 관한 법률」에 따른 재외국민으로서 해당 신고대상 연도 종료일 1년 전부터 국내에 거소를 둔 기간의 합계가 183일 이하인 사람. 이 경우 국내에 거소를 둔 기간의 계산은 대통령령으로 정하는 방법에 따른다.
3. 대통령령으로 정하는 국제기관에 근무하는 사람 중 대통령령으로 정하는 사람
4. 국가, 지방자치단체 및 「공공기관의 운영에 관한 법률」에 따른 공공기관
5. 우리나라가 다른 국가와 체결한 조약·협약·협정·각서 등 국제법에 따라 규율되는 모든 유형의 국제적 합의에 의하여 설립된 기관
6. 금융회사등
7. 해외금융계좌 관련자 중 다른 공동명의자 등의 신고를 통하여 본인의 해외금융계좌정보를 확인할 수 있게 되는 등 대통령령으로 정하는 요건에 해당하는 자
8. 다른 법령에 따라 국가의 관리·감독이 가능한 기관으로서 대통령령으로 정하는 자

2020년(제57회) 세무사 1차 세법학개론 정답

세법학개론

41	42	43	44	45	46	47	48	49	50
⑤	②	①	③	②	⑤	③	④	①	④
51	52	53	54	55	56	57	58	59	60
④	③	③	⑤	④	②	④	④	②	③
61	62	63	64	65	66	67	68	69	70
①	③	⑤	①	④	②	③	②	⑤	①
71	72	73	74	75	76	77	78	79	80
⑤	②	③	②	⑤	①	①	④	①	②

2020년 세무사 1차 결과

대상인원(명)	응시인원(명)	합격인원(명)	합격률(%)
11,672	9,506	3,221	33.88

2020년 과목별 결과

구 분	응시인원(명)	평균점수(점)	과락인원(명)	과락률(%)
재정학	9,506	58.58	1,488	15.65
세법학개론	9,506	42.27	4,261	44.82
회계학개론	9,470	41.68	4,196	44.31
상 법	3,433	63.69	481	14.01
민 법	973	62.98	130	13.36
행정소송법	5,064	62.67	892	17.61

문제 41 [국세기본법] 국세와 일반채권의 관계

유 형	이론형		
중요도	★★★	정답	⑤

정답해설

① 청산인의 제2차 납세의무의 한도는 ~~그가 받은 보수의 총액이며~~, 잔여재산을 분배받은 자의 제2차 납세의무의 한도는 그가 받은 재산의 가액으로 한다.
→ 분배하거나 인도한 재산의 가액

② 사업이 양도·양수된 경우에 양도일 이전에 양도인의 납세의무가 확정된 그 사업에 관한 국세 및 강제징수비를 양도인의 재산으로 충당하여도 부족할 때에는 사업의 양수인은 그 부족한 금액에 대하여 양수한 재산의 가액을 한도로 제2차 납세의무를 진다. 이때 사업의 양수인은 ~~양도인과 특수관계인인 자에 한한다~~.
→ 양도인과 특수관계인인 자, 양도인의 조세회피를 목적으로 사업을 양수한 자 중 어느 하나에 해당하는 자를 말한다.

③ 법인의 재산으로 그 법인에 부과되거나 그 법인이 납부할 국세 및 강제징수비에 충당하여도 부족한 경우에는 그 국세의 납세의무 ~~확정일~~ 현재 무한책임사원 또는 과점주주는 그 부족한 금액에 대하여 제2차 납세의무를 진다.
→ 납세의무 성립일

④ 법인의 주주 1인과 그의 자녀가 그 법인의 주주명부상 발행주식 총수의 100분의 50을 ~~초과하는 경우~~ 그들은 출자자의 제2차 납세의무를 부담하는 과점주주에 해당한다.
→ 초과하면서 그 법인의 경영에 대하여 지배적인 영향력을 행사하는 경우

법령 CHECK

① 국세기본법 제38조 제2항
② 국세기본법 제41조 제1항
　국세기본법 시행령 제22조
③ 국세기본법 제39조
④ 국세기본법 제39조
⑤ 국세기본법 제40조 제1항

합격의 TIP

확정정답이 ⑤번으로 발표되었지만, 불확실한 부분이 있어 문제를 수정하였다. 관련이론을 통하여 법인의 제2차 납세의무에 대하여 확실히 알아두자.

관련이론 법인의 제2차 납세의무(국세기본법 제40조)

① 국세(둘 이상의 국세의 경우에는 납부기한이 뒤에 오는 국세)의 납부기간 만료일 현재 법인의 무한책임사원 또는 과점주주(이하 '출자자'라 한다)의 재산(그 법인의 발행주식 또는 출자지분은 제외한다)으로 그 출자자가 납부할 국세 및 강제징수비에 충당하여도 부족한 경우에는 그 법인은 다음 각 호의 어느 하나에 해당하는 경우에만 그 부족한 금액에 대하여 제2차 납세의무를 진다.

1. 정부가 출자자의 소유주식 또는 출자지분을 재공매(再公賣)하거나 수의계약으로 매각하려 하여도 매수희망자가 없는 경우
2. 그 법인이 외국법인인 경우로서 출자자의 소유주식 또는 출자지분이 외국에 있는 재산에 해당하며 「국세징수법」에 따른 압류 등 강제징수가 제한되는 경우
3. 법률 또는 그 법인이 정관에 의하여 출자자의 소유주식 또는 출자지분의 양도가 제한된 경우(「국세징수법」 제66조 제5항에 따라 공매할 수 없는 경우는 제외)

② 제1항에 따른 법인의 제2차 납세의무는 다음 계산식에 따라 계산한 금액을 한도로 한다.

법인의 제2차 납세의무 한도 = (A − B) × C/D

- A : 법인의 자산총액
- B : 법인의 부채총액
- C : 출자자의 소유주식 금액 또는 출자액
- D : 발행주식 총액 또는 출자총액

문제 42 [국세기본법] 총 칙

유 형	이론형		
중요도	★	정답	②

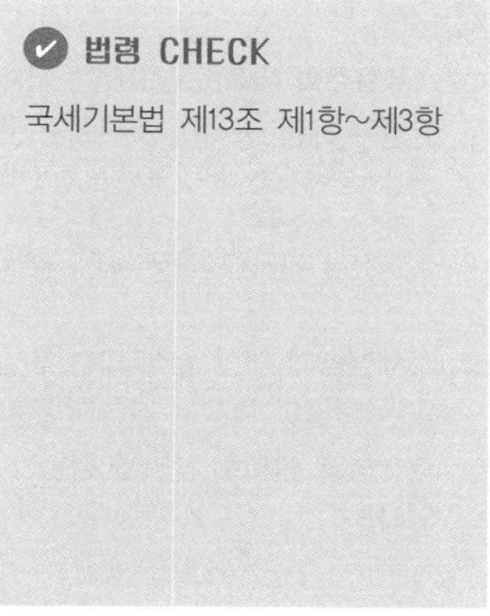
법령 CHECK

국세기본법 제13조 제1항~제3항

정답해설

국세기본법상 법인으로 보는 단체는 당연히 법인으로 보아야 하는 것과 관할 세무서장에게 신청하여 승인을 받아 법인으로 볼 수 있는 것에 대한 법인의 요건을 나열하고 있다.

ㄱ, ㄴ. 당연법인 의제에 대한 설명이며, ㄹ, ㅁ, ㅂ의 경우 승인에 따른 법인 의제에 대한 설명이다.

ㄷ. 단체의 수익을 구성원에게 ~~분배할 것~~을 요건으로 한다.
→ 분배하지 아니할 것

따라서 정답은 ② ㄹ, ㅁ, ㅂ이다.

관련이론 **법인으로 보는 단체**

(1) 당연법인

법인이 아닌 사단, 재단, 그 밖의 단체(이하 '법인 아닌 단체'라 한다) 중 다음 어느 하나에 해당하는 것으로 수익을 구성원에게 분배하지 아니하는 것

1) 주무관청의 허가 또는 인가를 받아 설립되거나 법령에 따라 주무관청에 등록한 사단, 재단, 그 밖의 단체로서 등기되지 아니한 것
2) 공익을 목적으로 출연된 기본재산이 있는 재단으로서 등기되지 아니한 것

(2) 승인에 의한 법인 의제

법인으로 보는 사단, 재단, 그 밖의 단체 외의 법인 아닌 단체 중 다음의 요건을 모두 갖춘 것으로서 대표자나 관리인이 관할 세무서장에게 신청하여 승인을 받은 것(이 경우 해당 사단, 재단, 그 밖의 단체의 계속성과 동질성이 유지되는 것으로 봄)

1) 사단, 재단, 그 밖의 단체의 조직과 운영에 관한 규정을 가지고 대표자나 관리인을 선임하고 있을 것
2) 사단, 재단, 그 밖의 단체 자신의 계산과 명의로 수익과 재산을 독립적으로 소유·관리할 것
3) 사단, 재단, 그 밖의 단체의 수익을 구성원에게 분배하지 아니할 것

※ 법인으로 보는 법인 아닌 단체((2)에 속하는 단체)는 그 신청에 대하여 관할 세무서장의 승인을 받은 날이 속하는 과세기간과 그 과세기간이 끝난 날부터 3년이 되는 날이 속하는 과세기간까지는 「소득세법」에 따른 거주자 또는 비거주자로 변경할 수 없지만, 요건을 갖추지 못하게 되어 승인취소를 받는 경우에는 거주자 또는 비거주자로 변경 가능하다.

문제 43 [국세기본법] 납세의무

유 형	이론형		
중요도	★★	정답	①

정답해설

② 과세표준과 세액을 신고하는 국세(신고하는 종합부동산세는 제외)의 제척기간 기산일은 해당 국세의 과세표준신고기한(예정신고기한 포함)의 다음 날로 한다.

→ 제외. 과세표준과 세액을 신고하는 국세(신고하는 종합부동산세는 제외)의 제척기간 기산일은 해당 국세의 과세표준과 세액에 대한 신고기한 또는 신고서 제출기한의 다음 날로 하지만, 이 경우 중간예납・예정신고기한과 수정신고기한은 과세표준신고기한에 포함되지 아니한다.

③ 조세쟁송에 대한 결정 또는 판결에서 명의대여 사실이 확인되는 경우 그 결정 또는 판결이 확정된 날부터 2년이 지나기 전까지는 명의자에 대한 부과처분을 취소하고 실제로 사업을 경영한 자에게 경정이나 그 밖에 필요한 처분을 할 수 있다.

→ 1년

④ 원칙적인 부과제척기간이 끝난 날이 속하는 과세기간 이후의 과세기간에 「법인세법」에 따라 이월결손금을 공제하는 경우 그 결손금이 발생한 과세기간의 법인세의 부과제척기간은 이월결손금을 공제한 과세기간의 법정신고기한으로부터 2년으로 한다.

→ 1년

⑤ 부담부증여에 따라 증여세와 함께 양도소득세가 과세되는 때에 납세자가 법정신고기한까지 소득세 과세표준신고서를 제출하지 아니한 경우 그 양도소득세의 부과제척기간을 7년으로 한다.

→ 15년

법령 CHECK

① 국세기본법 제26조의2 제6항 제1호
② 국세기본법 시행령 제12조의3 제1항 제1호
③ 국세기본법 제26조의2 제7항 제1호
④ 국세기본법 제26조의2 제3항
⑤ 국세기본법 제26조의2 제4항

관련이론 **국세부과의 제척기간**

(1) 국세를 부과할 수 있는 제척기간(상증세 이외의 국세)

1) 원칙적인 제척기간 : 해당 국세를 부과할 수 있는 날부터 5년간

2) 역외거래[국제거래 및 거래 당사자 양쪽이 거주자(내국법인과 외국법인의 국내사업장을 포함)인 거래로서 국외에 있는 자산의 매매·임대차, 국외에서 제공하는 용역과 관련된 거래]의 경우 : 국세를 부과할 수 있는 날부터 7년

3) 납세자가 법정신고기한까지 과세표준신고서를 제출하지 아니한 경우 : 해당 국세를 부과할 수 있는 날부터 7년(역외거래 10년)

4) 납세자가 부정행위로 국세를 포탈하거나 환급·공제를 받은 경우 : 그 국세를 부과할 수 있는 날부터 10년(역외거래에서 발생한 부정행위로 국세를 포탈하거나 환급·공제받은 경우에는 15년)

※ 이 경우 부정행위로 포탈하거나 환급·공제받은 국세가 법인세이면 이와 관련하여 법인세법에 따라 처분된 금액에 대한 소득세 또는 법인세법도 동일함

5) 납세자가 부정행위를 하여 다음의 가산세 부과대상이 되는 경우 : 해당 가산세를 부과할 수 있는 날부터 10년

① 법인세법과 소득세법상 계산서 미발급
② 법인세법과 소득세법상 계산서 등의 가공발급 및 수취
③ 법인세법과 소득세법상 계산서 등 위장발급 및 수취에 대한 가산세
④ 부가가치세법상 세금계산서등 미발급, 세금계산서 등 가공발급
⑤ 부가가치세법상 세금계산서 등 위장발급 및 수취
⑥ 부가가치세법상 공급가액 과다기재 발급 및 수취
⑦ 부가가치세법상 자료상의 세금계산서 발급 및 수취에 대한 가산세

(2) 상속세 및 증여세

1) 상속세·증여세의 부과제척기간 : 국세를 부과할 수 있는 날부터 10년(부담부증여에 따라 증여세와 함께 양도소득세 과세 시도 동일함)

2) 단, 상속세·증여세 중 다음에 해당하는 경우 : 15년(부담부증여에 따라 증여세와 함께 양도소득세 과세 시도 동일함)

① 납세자가 부정행위로 상속세·증여세를 포탈하거나 환급·공제받은 경우
② 「상속세 및 증여세법」에 따른 신고서를 제출하지 아니한 경우
③ 「상속세 및 증여세법」에 따라 신고서를 제출한 자가 거짓신고 또는 누락신고를 한 경우

3) 납세자가 부정행위로 상속세 및 증여세를 포탈하는 경우로서 다음 중 어느 하나에 해당하고, 상속인이나 증여자 및 수증자가 사망하지 아니하고, 포탈세액 산출의 기준이 되는 재산가액이 50억원을 초과하는 경우 : 해당 재산의 상속 또는 증여가 있음을 안 날로부터 1년 이내

① 제3자의 명의로 되어 있는 피상속인 또는 증여자의 재산을 상속인이나 수증자가 취득한 경우
② 계약에 따라 피상속인이 취득할 재산이 계약이행기간에 상속이 개시됨으로써 등기·등록 또는 명의개서가 이루어지지 아니하고 상속인이 취득한 경우
③ 국외에 있는 상속재산이나 증여재산을 상속인이나 수증자가 취득한 경우
④ 등기·등록 또는 명의개서가 필요하지 아니한 유가증권, 서화(書畵), 골동품 등 상속재산 또는 증여재산을 상속인이나 수증자가 취득한 경우
⑤ 수증자의 명의로 되어 있는 증여자의 「금융실명거래 및 비밀보장에 관한 법률」 제2조 제2호에 따른 금융자산을 수증자가 보유하고 있거나 사용·수익한 경우
⑥ 「상속세 및 증여세법」에 따른 비거주자인 피상속인의 국내재산을 상속인이 취득한 경우
⑦ 「상속세 및 증여세법」에 따른 명의신탁재산의 증여의제에 해당하는 경우
⑧ 상속재산 또는 증여재산인 「특정 금융거래정보의 보고 및 이용 등에 관한 법률」에 따른 가상자산을 같은 법에 따른 가상자산사업자(같은 법 제7조에 따라 신고가 수리된 자로 한정한다)를 통하지 아니하고 상속인이나 수증자가 취득한 경우

(3) 이월결손금

일반적인 제척기간의 종료일이 속하는 과세기간 이후의 과세기간에 소득세법 및 법인세법에 따라 이월결손금을 공제하는 경우 : 그 결손금이 발생한 과세기간의 소득세 또는 법인세는 이월결손금을 공제한 과세기간의 법정신고기한으로부터 1년

(4) 불복청구 등에 대한 특례

1) 이의신청, 심사청구, 심판청구, 「감사원법」에 따른 심사청구 또는 「행정소송법」에 따른 소송에 대한 결정이나 판결이 확정된 경우 : 결정 또는 판결이 확정된 날부터 1년
2) 1)의 결정이나 판결이 확정됨에 따라 그 결정 또는 판결의 대상이 된 과세표준 또는 세액과 연동된 다른 세목(같은 과세기간으로 한정)이나 연동된 다른 과세기간(같은 세목으로 한정)의 과세표준 또는 세액의 조정이 필요한 경우 : 1)의 결정 또는 판결이 확정된 날부터 1년
3) 「형사소송법」에 따른 소송에 대한 판결이 확정되어 「소득세법」상 뇌물, 알선수재 및 배임수재에 의하여 받는 금품소득이 발생한 것으로 확인된 경우 : 판결이 확정된 날부터 1년

※ 1)의 결정 또는 판결에 의하여 명의대여 사실이 확인된 경우(실제로 사업을 경영한 자) 또는 「소득세법」 및 「법인세법」에 따른 국내원천소득의 실질귀속자가 확인된 경우(국내원천소득의 실질귀속자 또는 「소득세법」 및 「법인세법」에 따른 원천징수의무자)에는 당초의 부과처분을 취소하고 그 결정 또는 판결이 확정된 날부터 1년 이내에 경정이나 그 밖에 필요한 처분을 할 수 있음

4) 조세조약에 부합하지 아니하는 과세의 원인이 되는 조치가 있는 경우 그 조치가 있음을 안 날부터 3년 이내(조세조약에서 따로 규정하는 경우에는 그에 따름)에 그 조세조약의 규정에 따른 상호합의가 신청된 것으로서 그에 대하여 상호합의가 이루어진 경우 : 상호합의 절차의 종료일부터 1년
5) 「국세기본법」에 따른 경정청구 또는 「국제조세조정에 관한 법률」에 따른 경정청구 또는 같은 법 제20조 제2항에 따른 조정권고가 있는 경우 : 경정청구일 또는 조정권고일부터 2개월
6) 5)에 따른 경정청구 또는 조정권고가 있는 경우 그 경정청구 또는 조정권고의 대상이 된 과세표준 또는 세액과 연동된 다른 과세기간의 과세표준 또는 세액의 조정이 필요한 경우 : 5)에 따른 경정청구일 또는 조정권고일부터 2개월
7) 최초의 신고·결정 또는 경정에서 과세표준 및 세액의 계산 근거가 된 거래 또는 행위 등이 그 거래·행위 등과 관련된 소송에 대한 판결(판결과 같은 효력을 가지는 화해나 그 밖의 행위를 포함)에 의하여 다른 것으로 확정된 경우 : 판결이 확정된 날부터 1년
8) 역외거래와 관련하여 위 (1)의 2)에 따른 기간이 지나기 전에 「국제조세조정에 관한 법률」에 따라 조세의 부과와 징수에 필요한 조세정보를 외국의 권한 있는 당국에 요청하여 조세정보를 요청한 날부터 2년이 지나기 전까지 조세정보를 받은 경우 : 조세정보를 받은 날부터 1년
9) 「국제조세조정에 관한 법률」에 따른 국가별 실효세율이 변경된 경우 : 국가별 실효세율의 변경이 있음을 안 날부터 1년

(5) 조세조약에 따라 상호합의가 진행 중인 경우

「국제조세조정에 관한 법률」에서 정하는 바에 따름

(6) 제척기간의 기산일

1) 과세표준과 세액을 신고하는 국세 : 과세표준과 세액에 대한 신고기한 또는 신고서 제출기한(이하 '과세표준신고기한'이라 한다)의 다음 날

※ 이 경우 중간예납·예정신고기한과 수정신고기한은 과세표준신고기간에 포함하지 아니함

2) 종합부동산세 및 인지세 : 해당 납세의무가 성립한 날

※ 종합부동산세 : 과세기준일인 6월 1일, 인지세 : 과세문서를 작성한 때

3) 원천징수세액, 납세조합징수세액 : 법정 납부기한의 다음 날
4) 납부기한이 연장된 경우 : 연장된 기한의 다음 날
5) 공제, 면제, 비과세 또는 낮은 세율의 적용 등에 따른 세액을 의무불이행 등의 사유로 징수하는 경우 : 해당 공제세액 등을 징수할 수 있는 사유가 발생한 날

문제 44 [국세기본법] 납세자의 권리

유 형	이론형		
중요도	★★	정답	③

정답해설

① 2개 이상의 과세기간과 관련하여 잘못이 있는 경우 같은 세목 및 같은 과세기간에 대하여 재조사를 할 수 없다.
→ 있다.

② 국세환급금의 결정을 위한 확인조사를 하는 경우 같은 세목 및 같은 과세기간에 대하여 재조사를 할 수 없다.
→ 있다.

③ 세무공무원의 조사행위가 실질적으로 납세자 등으로 하여금 질문에 대답하고 검사를 수인하도록 함으로써 납세자의 영업의 자유 등에 영향을 미치는 경우, '현지확인'의 절차에 따른 것이더라도 구 국세기본법 제81조의4 제2항에 따라 재조사가 금지되는 '세무조사'에 해당한다고 보아야 한다. 그러나 납세자 등이 대답하거나 수인할 의무가 없고 납세자의 영업의 자유 등을 침해하거나 세무조사권이 남용될 염려가 없는 조사행위까지 재조사가 금지되는 '세무조사'에 해당한다고 볼 것은 아니다.

④ 재조사의 허용사유인 '조세탈루의 혐의를 인정할 만한 명백한 자료가 있는 경우'란 조세의 탈루사실이 확인될 상당한 정도의 개연성이 있는 경우를 말하며 객관성과 합리성이 뒷받침되는 자료는 필요하지 않다.
→ 필요하다. '조세탈루의 혐의를 인정할 만한 명백한 자료가 있는 경우'라 함은 조세의 탈루사실이 확인될 상당한 정도의 개연성이 객관성과 합리성이 뒷받침되는 자료에 의하여 인정되는 경우로 엄격히 제한되어야 한다. 따라서 객관성과 합리성이 뒷받침되지 않는 한 탈세제보가 구체적이라는 사정만으로는 여기에 해당한다고 보기 어렵다.

⑤ 서울지방국세청이 실시한 세무조사에서 작성하거나 취득한 과세자료의 처리를 위해 종로세무서는 같은 세목 및 같은 과세기간에 대하여 재조사를 할 수 있다.
→ 없다. 과세관청 외의 기관이 직무상 목적을 위해 작성하거나 취득해 과세관청에 제공한 자료의 처리를 위해 조사하는 경우에만 같은 세목 같은 과세기간에 대하여 재조사 할 수 있다.

법령 CHECK

① 국세기본법 제81조의4 제2항 제3호
② 국세기본법 시행령 제63조의2 제3호
③ 대법원 2014두8360, 2017.03.16
④ 대법원 2010두19294, 2012.11.29
⑤ 국세기본법 시행령 제63조의2 제2호

합격의 

2016년 43번을 함께 학습해두자.

관련이론 **세무공무원이 같은 세목 같은 과세기간에 대하여 재조사 할 수 있는 경우**

1. 조세탈루의 혐의를 인정할 만한 명백한 자료가 있는 경우
2. 거래상대방에 대한 조사가 필요한 경우
3. 2개 이상의 과세기간과 관련하여 잘못이 있는 경우
4. 이의신청・심사청구・심판청구 및 과세전적부심사 청구에 대한 재조사 결정에 따라 조사를 하는 경우(결정서 주문에 기재된 범위의 조사에 한정)
5. 납세자가 세무공무원에게 직무와 관련하여 금품을 제공하거나 금품제공을 알선한 경우
6. 부분조사를 실시한 후 해당 조사에 포함되지 아니한 부분에 대하여 조사하는 경우
7. 부동산투기, 매점매석, 무자료거래 등 경제질서 교란 등을 통한 세금탈루 혐의가 있는 자에 대하여 일제조사를 하는 경우
8. 과세관청 외의 기관이 직무상 목적을 위해 작성하거나 취득해 과세관청에 제공한 자료의 처리를 위해 조사하는 경우
9. 국세환급금의 결정을 위한 확인조사를 하는 경우
10. 「조세범 처벌절차법」에 따른 조세범칙행위 혐의를 인정할 만한 명백한 자료가 있는 경우. 단, 해당자료에 대하여 조세범칙조사심의위원회가 조세범칙조사의 실시에 관한 심의를 한 결과 조세범칙행위의 혐의가 없다고 의결한 경우에는 조세범칙행위의 혐의를 인정할 만한 명백한 자료로 인정하지 아니함

※ 세무공무원은 법에서 제시한 위의 10가지 사유가 아니라면, 같은 세목 및 같은 과세기간에 대하여 재조사를 할 수 없다.

문제 45 [국세징수법] 강제징수

유 형	이론형		
중요도	★★★	정답	②

정답해설

ㄱ, ㄹ, ㅁ. 압류를 해제할 수 있는 사유

ㄴ, ㄷ, ㅂ. 압류를 즉시 해제해야 하는 사유

따라서 정답은 ② ㄴ, ㄷ, ㅂ이다.

법령 CHECK

①, ②, ③, ④, ⑤ 국세징수법 제57조

합격의 TIP

압류 해제요건은 빈출도가 높은 주제이다. 특히 개정으로 인하여 압류를 즉시 해제하여야 하는 사유가 2건 신설되었다. 관련이론의 내용을 반드시 알아두자.

관련이론 **압류의 해제요건**

(1) 압류를 즉시 해제하여야 한다.
   1) 압류와 관계되는 체납액의 전부가 납부 또는 충당된 경우
   2) 국세 부과의 전부를 취소한 경우
   3) 여러 재산을 한꺼번에 공매(公賣)하는 경우로서 일부 재산의 공매대금으로 체납액 전부를 징수한 경우
   4) 총 재산의 추산(推算)가액이 강제징수비를 징수하면 남을 여지가 없어 강제징수를 종료할 필요가 있는 경우. 다만, 교부청구 또는 참가압류가 있는 경우로서 교부청구 또는 참가압류와 관계된 체납액을 기준으로 할 경우 남을 여지가 있는 경우는 제외(이 경우 국세체납정리위원회의 심의를 거쳐야 한다)
   5) 그 밖에 위의 제1)~4)의 규정에 준하는 사유로 압류할 필요가 없게 된 경우
   6) 압류금지재산을 압류한 경우
   7) 제3자의 재산을 압류한 경우

(2) 압류를 해제할 수 있다.
   1) 압류 후 재산가격이 변동하여 체납액 전액을 현저히 초과한 경우
   2) 압류와 관계되는 체납액의 일부가 납부되거나 충당된 경우
   3) 국세 부과의 일부를 취소한 경우
   4) 체납자가 압류할 수 있는 다른 재산을 제공하여 그 재산을 압류한 경우

문제 46 [국세징수법] 신고납부, 납부고지

유 형	이론형		
중요도	★★★	정답	⑤

정답해설

①, ② 재난 등으로 인한 납부기한등의 연장 *관련이론1

④ 납부기한등 연장 등의 취소 *관련이론2

⑤ 국세, 지방세 또는 공과금의 체납으로 강제징수 또는 체납처분이 시작된 경우 관할 세무서장은 납부기한 전이라도 이미 납세의무가 확정된 국세를 징수할 수 **없다**.
→ 있다. 납부기한 전 징수 *관련이론3

법령 CHECK

① 국세징수법 제13조 제1항 제1호
② 국세징수법 제13조 제1항 제3호
③ 국세징수법 제17조 제1항 제1호
④ 국세징수법 제16조 제1항 제1호
⑤ 국세징수법 제9조 제1항 제1호

관련이론1 납부기한등의 연장 및 납부고지의 유예 사유

1. 납세자가 재난 또는 도난으로 재산에 심한 손실을 입은 경우
2. 납세자가 경영하는 사업에 현저한 손실이 발생하거나 부도 또는 도산의 우려가 있는 경우
3. 납세자 또는 그 동거가족이 질병이나 중상해로 6개월 이상의 치료가 필요한 경우 또는 사망하여 상중(喪中)인 경우
4. 정전, 프로그램의 오류, 그 밖의 부득이한 사유로 한국은행(그 대리점을 포함) 및 체신관서의 정보통신망의 정상적인 가동이 불가능한 경우
5. 금융회사 등(한국은행 국고대리점 및 국고수납대리점인 금융회사 등만 해당) 또는 체신관서의 휴무, 그 밖의 부득이한 사유로 정상적인 국세납부가 곤란하다고 국세청장이 인정하는 경우
6. 권한있는 기관에 장부나 서류가 압수 또는 영치된 경우 및 이에 준하는 경우
7. 납세자의 장부작성을 대행하는 세무사(세무법인 포함) 또는 공인회계사(회계법인 포함)가 화재, 전화, 그 밖의 재해를 입거나 도난을 당한 경우
8. 1부터 3까지의 사유에 준하는 경우로서 국세청장이 정하는 경우

관련이론2 납부기한등 연장 및 납부고지의 유예 취소

관할 세무서장은 납부기한등의 연장 또는 납부고지의 유예를 한 후 해당 납세자가 다음 중 어느 하나의 사유에 해당하게 된 경우 그 납부기한등의 연장 또는 납부고지의 유예를 취소하고 연장 또는 유예와 관계되는 국세를 한꺼번에 징수할 수 있다.

1. 국세를 분할납부하여야 하는 각 기한까지 분할납부하여야 할 금액을 납부하지 아니한 경우
2. 관할 세무서장의 납세담보물의 추가 제공 또는 보증인의 변경 요구에 따르지 아니한 경우
3. 재산 상황의 변동 등 대통령령으로 정하는 사유로 납부기한등의 연장 또는 납부고지의 유예를 할 필요가 없다고 인정되는 경우
4. 납부기한 전 징수에 해당하는 사유가 있어 그 연장 또는 유예한 기한까지 연장 또는 유예와 관계되는 국세의 전액을 징수할 수 없다고 인정되는 경우

관련이론3 납부기한 전 징수

관할 세무서장은 납세자에게 다음 중 어느 하나에 해당하는 사유가 있는 경우 납부기한 전이라도 이미 납세의무가 확정된 국세를 징수할 수 있다.

1. 국세, 지방세 또는 공과금의 체납으로 강제징수 또는 체납처분이 시작된 경우
2. 「민사집행법」에 따른 강제집행 및 담보권 실행 등을 위한 경매가 시작되거나 「채무자 회생 및 파산에 관한 법률」에 따른 파산선고를 받은 경우
3. 「어음법」 및 「수표법」에 따른 어음교환소에서 거래정지처분을 받은 경우
4. 법인이 해산한 경우
5. 국세를 포탈(逋脫)하려는 행위가 있다고 인정되는 경우
6. 납세관리인을 정하지 아니하고 국내에 주소 또는 거소를 두지 아니하게 된 경우

문제 47 [국세징수법] 총 칙

유 형	이론형		
중요도	★	정답	③

정답해설

② 납세증명서 제출 사유 *관련이론

③ 국세 체납처분에 의한 채권 압류로 세무서장이 국가로부터 대금을 지급받는 경우에도 납세증명서를 ~~제출하여야 한다~~.

→ 제출하지 아니할 수 있다.

법령 CHECK

① 국세징수법 제107조 제2항
② 국세징수법 제107조 제1항 제3호
③ 국세징수법 시행령 제91조 제3호
④ 국세징수법 제108조
⑤ 국세징수법 시행령 제96조 제1항

관련이론 납세증명서 제출 사유

1. 국가, 지방자치단체 또는 대통령령으로 정하는 정부 관리기관으로부터 대금을 지급받을 경우
   단, 국가, 지방자치단체 등으로부터 대금을 지급받을 경우라도 다음 중 어느 하나에 해당하는 경우에는 납세증명서를 제출하지 않을 수 있음
   1) 「국가를 당사자로 하는 계약에 관한 법률 시행령」 및 「지방자치단체를 당사자로 하는 계약에 관한 법률 시행령」에 해당하는 수의계약에 따라 대금을 지급받는 경우
   2) 국가 또는 지방자치단체가 대금을 지급받아 그 대금이 국고 또는 지방자치단체금고에 귀속되는 경우
   3) 국세 강제징수에 따른 채권 압류로 관할 세무서장이 그 대금을 지급받는 경우
   4) 「채무자 회생 및 파산에 관한 법률」에 따른 파산관재인이 납세증명서를 발급받지 못하여 관할 법원이 파산절차를 원활하게 진행하기 곤란하다고 인정하는 경우로서 관할 세무서장에게 납세증명서 제출의 예외를 요청하는 경우
   5) 납세자가 계약대금 전액을 체납세액으로 납부하거나 계약대금 중 일부 금액으로 체납세액 전액을 납부하려는 경우
2. 「출입국관리법」 제31조에 따른 외국인등록 또는 「재외동포의 출입국과 법적 지위에 관한 법률」 제6조에 따른 국내거소신고를 한 외국인이 체류기간 연장허가 등 대통령령으로 정하는 체류 관련 허가 등을 법무부장관에게 신청하는 경우
3. 내국인이 해외이주 목적으로 「해외이주법」 제6조에 따라 재외동포청장에게 해외이주신고를 하는 경우

문제 48 [국세징수법] 신고납부, 납부고지

유 형	이론형		
중요도	★★	정답	④

정답해설

④ 세법에 따라 납부고지를 유예한 경우 유예기간이 ~~끝난 날~~에 납부고지서를 발급하여야 한다.
→ 끝난 날의 다음 날

법령 CHECK

① 국세징수법 제6조 제1항
② 국세징수법 제9조 제1항 제1호
③ 국세징수법 제7조 제2항
④ 국세징수법 제8조
⑤ 국세징수법 제7조 제1항

문제 49 [조세범처벌법] 조세범처벌법

유 형	이론형		
중요도	★★	정답	①

정답해설

① 원천징수의무자가 원천징수를 하지 아니하였을 경우에는 1천만원 이하의 벌금이지만, 원천징수한 세금을 납부하지 아니하였을 때는 2년 이하의 징역 또는 2천만원 이하의 벌금에 처해지므로 원천징수의무자가 정당한 사유 없이 징수한 세금을 납부하지 않았을 때의 법정(法定)형량이 더 크다.

② 개인의 사용인이 그 개인의 업무에 관하여 「조세범처벌법」에서 규정하는 범칙행위를 하여 징역형을 과한 경우 그 개인에게도 ~~징역형~~을 과할 수 있다.
→ 벌금형

③ 「조세범처벌법」에 따른 범칙행위에 대해서는 국세청장, 지방국세청장 또는 세무서장의 고발이 ~~없더라도 포탈세액이 5억원 이상인 경우 검사는 공소를 제기할 수 있다~~.
→ 없으면 검사는 공소를 제기할 수 없다.

④ 조세의 회피 또는 강제집행의 면탈을 목적으로 타인의 성명을 사용하여 사업자등록을 하는 경우 공소시효는 ~~10년~~이 지나면 완성된다.
→ 7년

⑤ 납세의무자의 재산을 점유하는 자가 체납처분의 집행을 면탈하게 할 목적으로 그 재산을 은닉하였을 때에는 ~~1년~~ 이하의 징역 또는 ~~1천만원~~ 이하의 벌금에 처한다.
→ 3년 / 3천만원

법령 CHECK

① 조세범처벌법 제13조
② 조세범처벌법 제18조
③ 조세범처벌법 제21조
④ 조세범처벌법 제22조
⑤ 조세범처벌법 제7조

합격의 TIP

조세범처벌법은 암기만 하면 맞출 수 있으니 반드시 준비하자.

문제 50 [조세범처벌법] 조세범처벌법

유 형	이론형		
중요도	★★	정답	④

정답해설

④ 납세의무자를 대리하여 세무신고를 하는 자가 조세의 부과 또는 징수를 면하게 하기 위하여 타인의 조세에 관하여 거짓으로 신고한 경우

→ 2년 이하의 징역 또는 2천만원 이하의 벌금에 처하며, 병과되지 않는다.

법령 CHECK

① 조세범처벌법 제3조 제1항, 제2항

②, ⑤ 조세범처벌법 제10조 제3항, 제5항

③ 조세범처벌법 제16조

④ 조세범처벌법 제9조

합격의 TIP

조세범처벌법은 암기만 하면 맞출 수 있으니 반드시 준비하자.

관련이론 **조세범처벌법상 징역형과 벌금형을 병과할 수 있는 것**

(1) 제3조 제1항, 제2항(조세포탈범)

사기나 그 밖의 부정한 행위로써 조세를 포탈하거나 조세의 환급・공제를 받은 자는 2년 이하의 징역 또는 포탈세액, 환급・공제받은 세액(이하 "포탈세액등"이라 한다)의 2배 이하에 상당하는 벌금에 처함

단, 포탈세액등이 3억원 이상이고, 그 포탈세액등이 신고・납부하여야 할 세액(납세의무자의 신고에 따라 정부가 부과・징수하는 조세의 경우에는 결정・고지하여야 할 세액을 말한다)의 100분의 30 이상인 경우 또는 포탈세액등이 5억원 이상인 경우에는 3년 이하의 징역 또는 포탈세액등의 3배 이하에 상당하는 벌금에 처함

(2) 제10조 제3항, 제5항

재화 또는 용역을 공급하지 아니하거나 공급받지 아니하고, 「부가가치세법」에 따른 세금계산서, 「소득세법」 및 「법인세법」에 따른 계산서를 발급하거나 발급받은 행위, 「부가가치세법」에 따른 매출・매입처별 세금계산서합계표, 「소득세법」 및 「법인세법」에 따른 매출・매입처별 계산서합계표를 거짓으로 기재하여 제출한 행위를 한 자는 3년 이하의 징역 또는 공급가액에 부가가치세의 세율을 적용하여 계산한 세액의 3배 이하에 상당하는 벌금에 처함(이와 같은 행위를 알선하거나 중개한 자도 제3항과 같은 형에 처함)

(3) 제15조(해외금융계좌정보의 비밀유지 의무 등의 위반)

「국제조세조정에 관한 법률」 제38조 제2항부터 제4항까지 및 제57조를 위반한 사람은 5년 이하의 징역 또는 3천만원 이하의 벌금에 처함

(4) 제16조(해외금융계좌 신고의무 불이행)

「국제조세조정에 관한 법률」 제53조 제1항에 따른 계좌신고의무자로서 신고기한 내에 신고하지 아니한 금액이나 과소 신고한 금액(이하 이 항에서 "신고의무 위반금액"이라 한다)이 50억원을 초과하는 경우에는 2년 이하의 징역 또는 신고의무 위반금액의 100분의 13 이상 100분의 20 이하에 상당하는 벌금에 처함(다만, 정당한 사유가 있는 경우에는 그러하지 아니함)

문제 51 [소득세법] 근로, 연금, 기타소득

유 형	이론형		
중요도	★★★	정답	④

정답해설

① 근로소득이 있는 거주자에 대해서는 해당 과세기간에 받는 총급여액에서 공제할 금액이 2천만원을 초과하는 경우에는 2천만원을 공제한다.

②, ⑤ 근로소득의 범위 *관련이론

③ 일용근로자의 근로소득은 분리과세 된다.

④ 「산업재해보상보험법」에 따라 수급권자가 받는 휴업급여는 비과세소득이지만, 「고용보험법」에 따라 받는 육아휴직급여는 ~~과세대상 근로소득~~이다.
→ 비과세소득

법령 CHECK

① 소득세법 제47조 제1항
②, ⑤ 소득세법 제20조 제1항
③ 소득세법 제14조 제3항
④ 소득세법 제12조

합격의 TIP

쉬운 문제로 반드시 맞추어야 하는 문제이다.

관련이론 근로소득의 범위

근로소득은 해당 과세기간에 발생한 다음의 소득으로 한다.

1. 근로를 제공함으로써 받는 봉급·급료·보수·세비·임금·상여·수당과 이와 유사한 성질의 급여
2. 법인의 주주총회·사원총회 또는 이에 준하는 의결기관의 결의에 따라 상여로 받는 소득
3. 「법인세법」에 따라 상여로 처분된 금액
4. 퇴직함으로써 받는 소득으로서 퇴직소득에 속하지 아니하는 소득
5. 종업원등 또는 대학의 교직원이 지급받는 직무발명보상금(기타소득으로 과세되는 직무발명보상금은 제외)

문제 52 [소득세법] 근로, 연금, 기타소득

유 형	이론형		
중요도	★★	정답	③

정답해설

③ 연금계좌의 운용실적에 따라 증가된 금액을 연금계좌에서 연금외수령한 소득은 그 소득의 성격에 따라 ~~이자 또는 배당소득~~으로 본다.
→ 기타소득

법령 CHECK

① 소득세법 제12조 제4호 다목
② 소득세법 시행령 제50조 제5항 제1호
③ 소득세법 제21조 제1항 제21호
④ 소득세법 제20조의3 제3항
⑤ 소득세법 시행령 제40조 제4항

합격의 TIP

이런 문제는 놓치지 말고 반드시 맞추어야 한다.

문제 53 [소득세법] 사업소득

유 형	이론형		
중요도	★★	정답	③

정답해설

ㄱ, ㄴ, ㄷ, ㅁ. 비과세 사업소득

ㄹ. 「수도권정비계획법」 제2조 제1호에 따른 수도권 지역에서 전통주를 제조함으로써 발생하는 소득금액 ~~1천 3백만원~~

→ 수도권 밖의 읍・면 / 1천 2백만원 이하인 것 *관련이론

법령 CHECK

소득세법 제12조

합격의 TIP

2019년 58번 문제를 함께 학습해보자.

관련이론 사업소득상 비과세소득

1. 논・밭을 작물 생산에 이용하게 함으로써 발생하는 소득
2. 1개의 주택을 소유하는 자의 주택임대소득(제99조에 따른 기준시가가 12억원을 초과하는 주택 및 국외에 소재하는 주택의 임대소득은 제외한다) 또는 해당 과세기간에 대통령령으로 정하는 총수입금액의 합계액이 2천만원 이하인 자의 주택임대소득(2018년 12월 31일 이전에 끝나는 과세기간까지 발생하는 소득으로 한정한다). 이 경우 주택 수의 계산 및 주택임대소득의 산정 등 필요한 사항은 대통령령으로 정한다.
3. 농・어민이 부업으로 경영하는 축산・고공품(藁工品)제조・민박・음식물판매・특산물제조・전통차제조・양어 및 그 밖에 이와 유사한 활동에서 발생한 소득으로 소득금액의 합계액이 연 3천만원 이하(농가부업규모의 축산에서 발생한 소득은 전액)인 소득
4. 「주세법」에 따른 전통주 등의 주류를 「수도권정비계획법」에 따른 수도권 밖의 읍・면지역에서 제조함으로써 발생하는 소득으로서 소득금액의 합계액이 연 1천 200만원 이하인 것
5. 조림기간 5년 이상인 임지(林地)의 임목(林木)의 벌채 또는 양도로 발생하는 소득으로서 연 600만원 이하의 금액
6. 작물재배업에서 발생하는 소득으로서 해당 과세기간의 수입금액의 합계액이 10억원 이하인 것
7. 한국표준산업분류에 따른 연근해어업과 내수면어업에서 발생하는 소득으로서 해당 과세기간의 소득금액의 합계액이 5천만원 이하인 어로어업 또는 양식어업에서 발생하는 소득

문제 54 [소득세법] 사업소득

유 형	이론형		
중요도	★	정답	⑤

정답해설

⑤ 등록임대주택의 임대사업에서 발생한 사업소득금액은 총수입금액에서 필요경비(총수입금액의 100분의 60)를 차감한 금액으로 하되, 분리과세 주택임대소득을 제외한 해당 과세기간의 종합소득금액이 2천만원 이하인 경우에는 추가로 200만원을 차감한 금액으로 한다.

→ 400만원. 만약 분리과세 주택임대소득에 대한 사업소득금액은 총 수입금액에서 필요경비(총수입금액의 100분의 50)를 차감한 금액으로 하되, 분리과세 주택임대소득을 제외한 해당 과세기간의 종합소득금액이 2천만원 이하인 경우에는 추가로 200만원을 차감한 금액으로 한다. 분리과세 주택임대소득에 대한 사업소득금액과 임대주택을 임대하는 사업에서 발생하는 사업소득금액이 차이가 있으므로 구분해서 기억하도록 하자.

법령 CHECK

① 소득세법 제64조의2 제2항
② 소득세법 제12조 제2호 나목
③ 소득세법 제25조 제1항
④ 소득세법 시행령 제8조의2 제3항 제3호
⑤ 소득세법 제64조의2 제2항

문제 55 [소득세법] 퇴직소득

유 형	계산형		
중요도	★	정답	④

정답해설

1 임원의 퇴직소득금액

- 소득세법상 퇴직소득금액 계산식에 따라 계산한 금액을 초과하는 경우, 초과금액은 근로소득으로 봄
- 소득세법상 퇴직소득금액 계산식

$$\left(\text{2019년 12월 31일부터 소급하여 3년}^{*1}\text{동안 지급받은 총급여의 연평균 환산액} \times \frac{1}{10} \times \frac{\text{2012.1.1.~2019.12.31.의 근무기간}}{12} \times 3\right)$$

$$+ \left(\text{퇴직한 날부터 소급하여 3년}^{*2}\text{동안 지급받은 총급여의 연평균 환산액} \times \frac{1}{10} \times \frac{\text{2020.1.1. 이후의 근무기간}}{12} \times 2\right)$$

*1 2012년 1월 1일부터 2019년 12월 31일까지의 근무기간이 3년 미만인 경우에는 해당 근무기간

*2 2020년 1월 1일부터 퇴직한 날까지의 근무기간의 3년 미만인 경우에는 해당 근무기간

2 계 산

2017년부터 8년간 대표이사로 근무하였음

90,000,000(2017.1.1.~2019.12.31.) × 1/10 × 36*1/12 × 3 + 100,000,000 (2022.1.1.~2024.12.31.) × 1/10 × 60*2/12 × 2 = 181,000,000

*1 재직기간 : 2017.1.1.~2019.12.31.(3년)

*2 재직기간 : 2020.1.1.~2024.12.31.(5년)

따라서 임원 퇴직금 소득금액은 181,000,000원이다. 甲이 현실적인 퇴직을 원인으로 지급받은 소득은 200,000,000원이므로 퇴직소득금액은 181,000,000원이고 19,000,000원은 근로소득으로 과세된다.

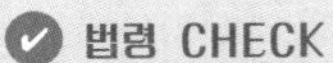

법령 CHECK

소득세법 제22조 제3항

합격의 TIP

2016년 58번을 함께 학습해보자.

문제 56 [소득세법] 금융소득

유 형	계산형		
중요도	★★	정답	②

정답해설

구 분	금 액	원천징수세율
공익신탁의 이익	5,000,000원	비과세
회사채의 이자	10,000,000원	14%
보증금 및 경락대금에서 발생한 이자소득	10,000,000원	14%
정기예금의 이자	10,000,000원	14%
비영업대금의 이익	5,000,000원	25%
내국법인으로부터 받은 현금배당	10,000,000원	14%
합 계	50,000,000원	6,850,000원

따라서 원천징수되는 소득세액은 6,850,000원이다.

법령 CHECK

소득세법 제12조 제1호
소득세법 제129조 제1항

합격의 TIP

기타소득의 원천징수세액, 금융소득의 원천징수세액을 묻는 문항은 가끔 출제되는 주제 중 하나이다.

문제 57 [소득세법] 양도소득

유 형	계산형		
중요도	★★★	정답	④

정답해설

1 일반적인 양도차익

1) 양도가액 : 1,500,000,000(실지거래가액)

2) 취득가액 : 600,000,000(환산취득가액)

환산취득가액

$$= \text{양도 당시 실지거래가액, 매매사례가액, 감정가액} \times \frac{\text{취득 당시의 기준시가}}{\text{양도 당시의 기준시가}}$$

$$= 1{,}500{,}000{,}000 \times \frac{\text{4억원}}{\text{10억원}} = 600{,}000{,}000$$

※ 양도차익을 계산할 때 양도가액을 실지거래가액(매매사례가액・감정가액이 적용되는 경우 그 매매사례가액・감정가액 등을 포함)에 따를 때에는 취득가액도 실지거래가액(매매사례가액・감정가액・환산취득가액이 적용되는 경우 그 매매사례가액・감정가액・환산취득가액 등을 포함한다)에 따르고, 양도가액을 기준시가에 따를 때에는 취득가액도 기준시가에 따름

3) 필요경비개산공제 : 12,000,000

취득가액에 실지거래가액을 적용하는 경우에는 실제 자본적 지출액과 양도비용을 공제한다. 그러나 취득가액을 매매사례가액, 감정가액, 환산취득가액을 순차적으로 적용하는 경우에는 필요경비개산공제만 적용한다. 다만, 환산취득가액 적용 시 '환산취득가액＋필요경비개산공제액'이 '자본적 지출액＋양도비용'보다 적은 경우에는 '자본적 지출액＋양도비용'을 필요경비로 할 수 있다.

법령 CHECK

소득세법 시행령 제160조 제1항
소득세법 제100조
소득세법 제97조
소득세법 시행령 제163조
소득세법 제95조

합격의 TIP

2023년 55번, 2018년 56번, 2016년 51번을 함께 학습해보자.

① 필요경비개산공제

취득 당시 소득세법 제99조에 따른 기준시가 $\times \frac{3}{100}$

$= 400,000,000 \times \frac{3}{100} = 12,000,000$

② a > b이므로 필요경비개산공제 적용(환산취득가액 적용 시만 검토)

a. 환산취득가액 + 필요경비개산공제 = 600,000,000 + 12,000,000
= 612,000,000

b. 자본적 지출액 + 양도비용 = (20,000,000 + 10,000,000) + 10,000,000
= 40,000,000

4) 양도차익 : 888,000,000
= 양도가액 − 취득가액 − 필요경비
= 1,500,000,000 − 600,000,000 − 12,000,000 = 888,000,000

2 고가주택에 대한 양도차익 등의 계산

1) 고가주택에 해당하는 자산에 적용할 양도차익

$= 일반적인 양도차익 \times \frac{양도가액 - 12억원}{양도가액}$

$= 888,000,000 \times \frac{15억원 - 12억원}{15억원} = 177,600,000$

2) 고가주택에 해당하는 자산에 적용할 장기보유특별공제액

$= 장기보유특별공제액 \times \frac{양도가액 - 12억원}{양도가액}$

$= (888,000,000 \times 80\%^{*}) \times \frac{15억원 - 12억원}{15억원} = 142,080,000$

* 보유기간 및 거주기간이 10년 이상인 주택의 경우 장기보유특별공제는 80%가 적용된다.

3 양도소득금액

= 양도차익 − 장기보유특별공제
= 177,600,000 − 142,080,000 = 35,520,000

관련이론 **양도차익의 계산**

(1) 양도차익 = 양도가액 - 취득가액 - 기타필요경비
(2) 양도가액, 취득가액, 기타필요경비의 산정
1) 양도가액
실지양도가액이 있으면 실지양도가액
실지양도가액이 없으면 "매매사례가액 → 감정가액 → 기준시가"순으로 적용
2) 취득가액
실지취득가액이 없으면 실지취득가액
실지취득가액이 없으면 "매매사례가액 → 감정가액 → 환산취득가액* → 기준시가" 순으로 적용
실지양도가액을 기준시가를 적용했다면 기준시가 적용

* 환산취득가액 = 양도당시 실지거래가액, 매매사례가액, 감정가액 $\times \frac{취득당시\ 기준시가}{양도당시\ 기준시가}$

3) 필요경비

실지취득가액이 있으면 실제 자본적지출과 양도비용

실지취득가액이 없으면 필요경비개산공제* 적용

단, 환산취득가액을 적용한 경우에는 max(환산취득가액 + 필요경비개산공제, 실제자본적지출 + 양도비용)

* 필요경비개산공제

구 분	필요경비 개산공제
토 지	취득 당시 개별공시지가 × 3/100 (미등기 3/1,000)
건 물	취득 당시 고시가격 × 3/100 (미등기 3/1,000)
지상권, 전세권, 등기된 부동산임차권	취득 당시 기준시가 × 7/100 (미등기 1/100)
이외의 자산	취득 당시 기준시가 × 1/100

문제 58 [소득세법] 종합소득금액 계산 특례

유 형	이론형		
중요도	★★★	정답	④

정답해설

④ 사업자가 비치·기록한 장부에 의하여 해당 과세기간의 사업소득금액을 계산할 때 발생한 결손금(주거용 건물 임대업 외의 부동산임대업에서 발생한 금액 제외)은 그 과세기간의 종합소득과세표준을 계산할 때 근로소득금액·연금소득금액·이자소득금액·기타소득금액·배당소득금액에서 순서대로 공제한다.

→ 근로소득금액·연금소득금액·기타소득금액·이자소득금액·배당소득금액

법령 CHECK

① 소득세법 제41조 제1항
② 소득세법 제43조 제1항
③ 소득세법 제44조 제2항
④ 소득세법 제45조 제1항, 제2항
⑤ 소득세법 제2조의2 제1항

합격의 TIP

출제된 지문은 매우 빈번하게 출제되므로 반드시 알아두자. 또한 심화학습으로 2016년 53번을 함께 학습해두자.

유 형	계산형		
중요도	★★★	정답	②

문제 59 [소득세법] 기타소득

정답해설

1 기타소득금액

항 목	기타소득	법정필요경비	기타소득금액
주택입주 지체상금	10,000,000	8,000,000(80%)	2,000,000
영업권(기계장치와 함께 양도)	5,000,000	3,000,000(60%)	2,000,000
공익사업과 관련된 지상권 설정 대가	3,000,000	1,800,000(60%)	1,200,000
부동산매매계약의 해약으로 계약금이 위약금으로 대체	12,000,000	원천징수 대상이 아님	

2 원천징수세액

1) 주택입주 지체상금
   = 2,000,000 × 20% = 400,000
2) 영업권을 기계장치와 함께 양도함에 따라 받은 대가
   = 2,000,000 × 20% = 400,000
3) 「공익사업을 위한 토지 등의 취득 및 보상에 관한 법률」 제4조에 따른 공익사업과 관련하여 지상권을 설정함으로써 발생하는 소득
   = 1,200,000 × 20% = 240,000
4) 부동산매매계약의 해약으로 계약금이 위약금으로 대체된 금액
   원천징수대상이 아님

3 2024년도의 기타소득으로 원천징수될 세액

= 400,000 + 400,000 + 240,000
= 1,040,000

✔ 법령 CHECK

소득세법 시행령 제87조
소득세법 제127조 제6호
소득세법 제129조 제1항 제6호

합격의 TIP

기타소득에 대한 기초문제로 반드시 맞추어야 하는 문제이다. 2017년 53번, 2016년 56번을 같이 학습한다면 기타소득의 출제범위를 파악할 수 있을 것이다.

관련이론 기타소득의 필요경비 계산 [소득세법 집행기준 37-87-1]

<table>
<tr><th>기타소득 구분</th><th colspan="2">필요경비</th></tr>
<tr><td>승마투표권, 승자투표권, 소싸움경기투표권, 체육진흥투표권의 구매자가 받는 환급금</td><td colspan="2">그 구매자가 구입한 적중된 투표권의 단위투표금액</td></tr>
<tr><td>슬롯머신(비디오게임을 포함한다) 및 투전기 그 밖에 이와 유사한 기구를 이용하는 행위에 참가하여 받는 당첨금품 등</td><td colspan="2">그 당첨금품등의 당첨 당시에 슬롯머신 등에 투입한 금액</td></tr>
<tr><td>「공익법인의 설립·운영에 관한 법률」의 적용을 받는 공익법인이 주무관청의 승인을 받아 시상하는 상금 및 부상과 다수가 순위 경쟁하는 대회에서 입상자가 받는 상금 및 부상</td><td rowspan="2">거주자가 받은 금액의 100분의 80에 상당하는 금액</td><td rowspan="2">실제 소요된 필요경비가 100분의 80에 상당하는 금액을 초과하면 실제 소요된 비용</td></tr>
<tr><td>계약의 위약 또는 해약으로 인하여 받는 위약금과 배상금 중 주택입주 지체상금</td></tr>
<tr><td>서화·골동품의 양도로 발생하는 소득</td><td>• 1억원 이하 : 90%
• 1억원 초과 : 9천만원+(받은 금액−1억)×80%(단, 보유기간 10년 이상인 경우 90%)</td><td rowspan="6">실제 소요된 필요경비가 100분의 60(서화, 골동품의 양도의 경우 80 또는 90)에 상당하는 금액을 초과하면 실제 소요된 비용</td></tr>
<tr><td>무체재산권 등의 양도 및 대여료[광업권·어업권·양식업권·산업재산권·산업정보, 산업상 비밀, 상표권·영업권(대통령령으로 정하는 점포 임차권을 포함한다), 토사석(土砂石)의 채취허가에 따른 권리, 지하수의 개발·이용권, 그 밖에 이와 유사한 자산이나 권리를 양도하거나 대여하고 그 대가로 받는 금품]</td><td rowspan="5">거주자가 받은 금액의 100분의 60에 상당하는 금액</td></tr>
<tr><td>「전자상거래 등에서의 소비자 보호에 관한 법률」의 에 따라 통신 판매중개를 하는 자를 통하여 물품 또는 장소를 대여하고 연간 500만원 이하의 사용료로서 받는 금품</td></tr>
<tr><td>「공익사업을 위한 토지 등의 취득 및 보상에 관한 법률」 제4조에 따른 공익사업과 관련하여 지역권·지상권(지하 또는 공중에 설정된 권리 포함)을 설정하거나 대여함으로써 발생하는 소득</td></tr>
<tr><td>일시적인 문예창작소득(원고료, 저작권사용료인 인세, 미술·음악 또는 사진에 속하는 창작품에 대하여 받는 대가)</td></tr>
<tr><td>다음의 일시적인 인적용역
1. 강연료 등 대가를 받는 용역
2. 라디오·텔레비전방송 등을 통하여 해설·계몽 또는 연기의 심사 등을 하고 대가를 받는 용역
3. 변호사, 공인회계사, 세무사, 건축사, 측량사, 변리사, 그 밖에 전문적 지식 또는 특별한 기능을 가진 자가 그 지식 또는 기능을 활용하여 대가를 받고 제공하는 용역
4. 그 밖에 고용관계 없이 수당 등의 대가를 받고 제공하는 용역</td></tr>
<tr><td>종교인소득(비과세소득 제외)</td><td colspan="2"><table><tr><th>종교인 관련자가 받은 금액</th><th>필요경비</th></tr><tr><td>2천만원 이하</td><td>80%</td></tr><tr><td>2천만원 초과 4천만원 이하</td><td>1,600만원+(2,000만원 초과분×50%)</td></tr><tr><td>4천만원 초과 6천만원 이하</td><td>2,600만원+(4,000만원 초과분×30%)</td></tr><tr><td>6천만원 초과</td><td>3,200만원+(6,000만원 초과분×20%)</td></tr></table></td></tr>
<tr><td>그 외의 기타소득</td><td colspan="2">해당 과세기간의 총수입금액에 대응하는 비용의 합계액</td></tr>
</table>

문제 60 [소득세법] 종합소득세액

유 형	계산형		
중요도	★★	정답	③

정답해설

1 교육비 공제 대상금액 : 12,000,000

1) 본인 대학원 수업료 : 7,000,000

10,000,000 − 3,000,000 = 7,000,000

↳ 소득세 또는 증여세가 비과세되는 대통령령으로 정하는 교육비는 공제하지 아니한다.

2) 중학생 아들을 위한 교육비 : 2,000,000

① 「초·중등교육법」 제2조에 따른 학교에서 실시하는 방과 후 학교 수업료 : 1,500,000

② 교복구입비용 Min(700,000, 500,000) = 500,000

↳ 중·고등학생의 교복 구입비는 500,000원을 한도로 함

3) 5세 딸을 위한 교육비 : 3,000,000

Min(2,200,000 + 1,800,000, 3,000,000) = 3,000,000

↳ 대학생인 경우에는 1명당 연 900만원, 초등학교 취학 전 아동과 초·중·고등학생인 경우에는 1명당 연 300만원을 한도로 함

2 교육비 세액공제 : 1,800,000

근로소득이 있는 거주자가 그 거주자와 기본공제대상자(나이의 제한 없음)를 위하여 해당 과세기간에 교육비를 지급한 경우 다음 각 호의 금액의 100분의 15에 해당하는 금액을 해당 과세기간의 종합소득산출세액에서 공제한다(다만, 소득세 또는 증여세가 비과세되는 대통령령으로 정하는 교육비는 공제하지 아니함).

= 교육비 공제 대상금액 × 15%

= 12,000,000 × 15%

= 1,800,000

법령 CHECK

소득세법 제59조의4 제3항

소득세법 시행령 제118조의6

합격의 TIP

의료비 세액공제가 주로 출제되었으나 2020년의 경우 교육비세액공제가 출제되었다. 2018년 58번 문제를 함께 학습하자. 추가로 배우자를 위한 대학원 교육비는 공제되지 않으며, 「초·중등교육법」 제2조에 따른 학교에서 교육과정으로 실시하는 현장체험학습에 지출한 비용은 학생 1명당 연 30만원을 한도로 함을 유의하자.

문제 61 [법인세법] 자산의 취득과 평가

유 형	이론형		
중요도	★★★	정답	①

정답해설

① 「보험업법」이나 그 밖의 법률에 따른 유형자산의 평가로 장부가액을 ~~감액한 경우~~
→ 증액한 경우만 평가를 인정하고 감액한 경우 평가손실을 허용하지 않는다.

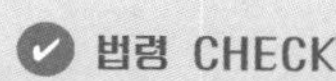

법령 CHECK

법인세법 제42조

합격의 TIP

과거 매년 출제될 정도로 빈출도가 높은 주제이니 관련이론을 통해 반드시 학습하자.

관련이론 자산 · 부채의 평가가 인정되는 경우

1. 「보험업법」이나 그 밖의 법률에 따른 고정자산의 평가(장부가액을 증액한 경우만 해당한다)
2. 재고자산으로서 파손·부패 등의 사유로 정상가격으로 판매할 수 없는 것
3. 유형자산으로서 천재지변·화재 등의 사유로 파손되거나 멸실된 것
4. 대통령령으로 정하는 주식등*으로서 그 발행법인이 부도가 발생한 경우 또는 「채무자 회생 및 파산에 관한 법률」에 따른 회생계획인가의 결정을 받았거나 「기업구조조정 촉진법」에 따른 부실징후기업이 된 경우, 파산한 경우의 해당 주식 등(평가금액이 1천원 이하인 경우에는 1천원)

* 대통령령으로 정하는 주식등
   1. 주권상장법인이 발행한 주식등
   2. 「중소기업 창업지원법」에 따른 중소기업창업투자회사 또는 「여신전문금융업법」에 따른 신기술사업금융업자가 보유하는 주식등 중 각각 창업자 또는 신기술사업자가 발행한 것
   3. 주권상장법인이 아닌 법인 중 「법인세법 시행령」 제2조 제5항 각 호의 어느 하나의 관계에 있지 않은 법인이 발행한 주식등

유 형	이론형		
중요도	★★	정답	③

문제 62 [법인세법] 세무조정과 소득처분

정답해설

기타사외유출로 처분되는 것 *관련이론

③ 내국법인이 국세기본법상 수정신고기한 내에 매출누락, 가공경비 등 부당하게 사외유출된 금액을 회수하고 세무조정으로 익금에 산입하여 신고하는 경우 ~~기타사외유출~~로 처분한다.
→ 사내유보

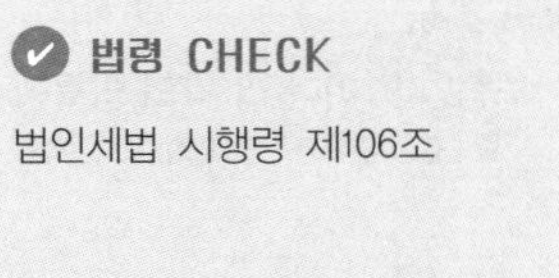

법령 CHECK

법인세법 시행령 제106조

관련이론 **기타사외유출로 소득처분 되는 것**

1. 특례기부금, 일반기부금의 한도초과액의 손금불산입액
2. 기업업무추진비[기업업무추진비 한도초과액, 건당 3만원(경조사비의 경우 20만원) 초과 기업업무추진비로 법정증명서류를 수취하지 아니한 금액]의 손금불산입액
3. 업무용승용차의 임차료 중 감가상각비상당액 한도(12개월 기준 800만원) 초과액 및 처분손실 한도(12개월 기준 800만원) 초과액의 손금불산입액
4. 채권자불분명 사채이자 및 지급받는 자가 불분명한 채권·증권의 이자의 손금불산입액 중 원천징수세액 상당액
5. 업무무관자산 및 업무무관가지급금등에 대한 지급이자 손금불산입액
6. 차입금 과다보유 법인의 임대보증금 등의 간주임대료의 익금산입액
7. 사외에 유출되었으나 그 귀속이 불분명한 금액 또는 추계결정·경정으로 인하여 익금에 산입하는 금액을 대표자에게 귀속된 것으로 보아 처분한 경우, 당해 법인이 그 처분에 따른 소득세 등을 대납하고 이를 손비로 계상하거나 그 대표자와의 특수관계가 소멸될 때까지 회수하지 아니함에 따라 익금에 산입한 금액
8. 불공정 자본거래 및 기타 이익분여로 인정되는 경우의 부당행위계산의 부인 규정에 따라 익금에 산입되는 금액으로서 그 귀속자에게 상속세 및 증여세법에 의해 증여세가 과세되는 금액
9. 외국법인의 국내사업장의 각 사업연도의 소득에 대한 법인세의 과세표준을 신고하거나 결정 또는 경정함에 있어서 익금에 산입한 금액이 그 외국법인 등에 귀속되는 소득과 「국제조세조정에 관한 법률」 제6조, 제7조, 제9조, 제12조 및 제15조에 따른 과세조정으로 익금에 산입한 금액이 국외특수관계인으로부터 반환되지 아니한 소득
10. 천재지변 기타 불가항력에 따른 장부 멸실로 인하여 추계결정 또는 추계경정하는 경우 익금에 산입된 금액

문제 63 [법인세법] 지급이자

유 형	이론형		
중요도	★★	정답	⑤

정답해설

⑤ 지급이자가 손금부인되는 채권자가 불분명한 사채의 이자에는 거래일 현재 주민등록표에 의하여 그 거주사실 등이 확인된 채권자가 차입금을 변제받은 후 소재불명이 된 경우의 차입금에 대한 이자도 포함된다.
→ 제외한다.

법령 CHECK

① 법인세법 시행령 제55조
② 법인세법 시행령 제52조 제3항
③ 법인세법 시행규칙 제28조, 제44조 제6호
④ 법인세법 시행령 제51조 제2항
⑤ 법인세법 시행령 제51조 제1항

문제 64 [법인세법] 손금의 범위

유 형	이론형		
중요도	★★	정답	①

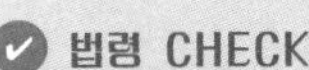

정답해설

대손금의 결산조정사항과 신고조정사항 *관련이론

① 신고조정사항

②, ③, ④, ⑤ 결산조정사항

법령 CHECK

①, ②, ③, ④, ⑤ 법인세법 시행령 제19조의2

합격의 TIP

2016년 63번을 같이 학습해보자.

관련이론 대손금의 결산조정사항과 신고조정사항

(1) 대손금의 결산조정사항

1) 물품의 수출 또는 외국에서의 용역제공으로 발생한 채권으로서 기획재정부령으로 정하는 사유에 해당하여 무역에 관한 법령에 따라 「무역보험법」 제37조에 따른 한국무역보험공사로부터 회수불능으로 확인된 채권
2) 채무자의 파산, 강제집행, 형의 집행, 사업의 폐지, 사망, 실종 또는 행방불명으로 회수할 수 없는 채권
3) 부도발생일부터 6개월 이상 지난 수표 또는 어음상의 채권 및 외상매출금(중소기업의 외상매출금으로서 부도발생일 이전의 것에 한정한다). 다만, 해당 법인이 채무자의 재산에 대하여 저당권을 설정하고 있는 경우는 제외
4) 중소기업의 외상매출금 및 미수금(이하 '외상매출금등'이라 한다)으로서 회수기일이 2년 이상 지난 외상매출금등. 다만, 특수관계인과의 거래로 인하여 발생한 외상매출금등은 제외
5) 재판상 화해 등 확정판결과 같은 효력을 가지는 것으로서 기획재정부령으로 정하는 것에 따라 회수불능으로 확정된 채권
6) 회수기일이 6개월 이상 지난 채권 중 채권가액이 30만원 이하(채무자별 채권가액의 합계액을 기준으로 한다)인 채권
7) 금융회사 등의 채권(여신전문금융회사인 신기술사업금융업자의 경우에는 신기술사업자에 대한 것에 한정) 중 다음의 채권
   ① 금융감독원장이 기획재정부장관과 협의하여 정한 대손처리기준에 따라 금융회사 등이 금융감독원장으로부터 대손금으로 승인받은 것
   ② 금융감독원장이 ①의 기준에 해당한다고 인정하여 대손처리를 요구한 채권으로 금융회사 등이 대손금으로 계상한 것
8) 「벤처투자 촉진에 관한 법률」에 따른 중소기업창업투자회사의 창업자에 대한 채권으로서 중소벤처기업부장관이 기획재정부장관과 협의하여 정한 기준에 해당한다고 인정한 것

(2) 대손금의 신고조정사항

1) 소멸시효가 완성된 채권
2) 「채무자 회생 및 파산에 관한 법률」에 의한 회생계획인가의 결정 또는 법원의 면책결정에 따라 회수불능으로 확정된 채권
3) 「민사집행법」에 의하여 채무자의 재산에 대한 경매가 취소된 압류채권
4) 「서민의 금융생활 지원에 관한 법률」에 따른 채무조정을 받아 신용회복지원협약에 따라 면책으로 확정된 채권

문제 65 [법인세법] 기업구조개편거래

유 형	이론형		
중요도	★★	정답	④

정답해설

④ 합병 시 피합병법인의 ~~대손충당금 관련 세무조정사항의 승계는 적격합병의 요건을 갖추고, 대손충당금에 대응하는 채권이 합병법인에게 함께 승계되는 경우에만 가능하다.~~

→ 대손충당금과 퇴직급여충당금은 적격합병 요건을 갖추지 못하더라도 승계가 가능하다.

법령 CHECK

① 법인세법 제44조 제2항
② 법인세법 제45조 제2항
③ 법인세법 제44조의3 제1항
④ 법인세법 시행령 제85조
⑤ 법인세법 제44조 제2항 제3호

문제 66 [법인세법] 자산의 취득과 평가

유 형	계산형		
중요도	★★★	정답	②

정답해설

1 제품

변경할 평가방법을 적용하고자 하는 사업연도의 종료일 이전 3월이 되는 날까지 신고하여야 하나 2024년 10월 5일에 변경신고하였으므로, 변경신고는 2025년부터 적용되며, 2024년은 Max(선입선출법, 변경 전 평가방법에 의한 평가액)에 의해 평가해야함

→ Max(10,000,000, 8,700,000) = 10,000,000원

2 재공품

총평균법으로 신고하였으나, 장부상 선입선출법으로 평가하였으므로 Max(선입선출법, 변경 전 평가방법에 의한 평가액)에 의해 평가해야 함

→ Max(5,000,000, 4,800,000) = 5,000,000원

3 원재료

무신고하였으므로 평가방법은 선입선출법을 따라야 함

→ 3,500,000원

4 저장품

총평균법으로 평가하였으나 계산착오로 300,000원이 과대계상되었으므로 제대로 된 총평균법으로 평가해야 함

→ 1,200,000원

5 세무상 재고자산 평가액

= 10,000,000원 + 5,000,000원 + 3,500,000원 + 1,200,000원

= 19,700,000원

법령 CHECK

법인세법 시행령 제74조 제3항 ~ 제6항

관련이론 **재고자산의 평가**

법인세법은 원칙적으로 자산의 평가를 인정하지 않으나, 법인세법 시행령 제73조에 따른 재고자산 등 대통령령으로 정하는 자산과 부채의 평가를 인정해주고 있다.

(1) 평가대상 재고자산

1) 제품 및 상품(부동산매매업자가 매매를 목적으로 소유하는 부동산을 포함하며, 유가증권은 제외)
2) 반제품 및 재공품
3) 원재료
4) 저장품

(2) 평가방법의 신고기한

1) 신설법인 : 당해 법인의 설립일이 속하는 사업연도의 법인세 과세표준 신고기한 내
2) 수익사업을 개시한 비영리내국법인 : 수익사업 개시일이 속하는 사업연도의 법인세 과세표준 신고기한 내

(3) 평가방법의 변경신고

1) 변경할 평가방법을 적용하고자 하는 사업연도의 종료일 이전 3월이 되는 날까지 신고
2) 신고기한이 지나서 변경할 경우 : 다음 사업연도부터 변경신고한 평가방법 적용

(4) 평가방법에 따른 세무조정

1) 신고한 평가방법으로 장부상 반영 : 세무조정 없음
2) 무신고 시 평가방법 : 선입선출법(매매목적의 부동산은 개별법)
3) 신고기한이 경과한 후 평가방법을 변경한 경우, 신고한 평가방법 외의 방법으로 평가한 경우 : Max(무신고 시 평가방법, 변경 전 평가방법에 의한 평가액)

문제 67 [법인세법] 기업업무추진비와 기부금

유 형	계산형		
중요도	★★★	정답	③

정답해설

1 기부금 분류

내 용	금 액	분 류
이재민을 위한 구호금품	13,000,000	특례기부금
병원 기부금(사립학교법에 따름)	5,000,000	특례기부금
종교단체에 지출한 기부금	10,000,000	일반기부금
새마을금고에 지출한 기부금	3,000,000	비지정기부금*

* 비지정기부금의 경우 법인세법에서 손금으로 인정하지 않는다.

2 기준소득금액

= 97,000,000 + 3,000,000 + 18,000,000 + 10,000,000 = 128,000,000

손금불산입(제24조 제4항 비지정기부금) ↲ ↳ 제24조 제2항 ↳ 제24조 제3항

3 특례기부금 한도

= (128,000,000 − 7,000,000) × 50% = 60,500,000

4 특례기부금 한도초과 또는 손금산입액

= 60,500,000 − 2,000,000(특례기부금 한도초과 미사용 이월잔액) − 18,000,000 (특례기부금 지출액)

= 40,500,000

- 손금산입 특례기부금 한도초과 이월액 2,000,000 (기타)

5 일반기부금 한도

= (121,000,000 − 18,000,000 − 2,000,000) × 10% = 10,100,000

6 일반기부금 한도초과 또는 손금산입액

= 10,100,000 − 3,000,000(일반기부금 한도초과 미사용 이월잔액) − 10,000,000 (일반기부금 지출액)

= △2,900,000(일반기부금 10,000,000 중 7,100,000만 손금으로 인정되고, 2,900,000 한도초과)

- 손금산입 일반기부금 한도초과 이월액 3,000,000 (기타)
- 손금불산입 일반기부금 한도초과 2,900,000 (기타사외유출)

7 각 사업연도 소득금액

= 97,000,000 + 3,000,000 − 2,000,000 − 3,000,000 + 2,900,000

손금불산입(제24조 제4항 비지정기부금) ↲ ↳ 이월(특례) ↳ 이월(일반) ↳ 일반기부금 한도초과 금액

= 97,900,000

법령 CHECK

법인세법 제24조

관련이론1 **기부금**

(1) 특례기부금

1) 국가나 지방자치단체에 무상으로 기증하는 금품의 가액. 다만, 「기부금품의 모집 및 사용에 관한 법률」의 적용을 받는 기부금품은 같은 법 제5조 제2항에 따라 접수하는 것만 해당한다.
2) 국방헌금과 국군장병 위문금품의 가액
3) 천재지변으로 생기는 이재민을 위한 구호금품의 가액
4) 다음의 기관(병원은 제외한다)에 시설비·교육비·장학금 또는 연구비로 지출하는 기부금
   ① 「사립학교법」에 따른 사립학교
   ② 비영리 교육재단(국립·공립·사립학교의 시설비, 교육비, 장학금 또는 연구비 지급을 목적으로 설립된 비영리 재단법인으로 한정한다)
   ③ 「국민 평생 직업능력 개발법」에 따른 기능대학
   ④ 「평생교육법」에 따른 전공대학의 명칭을 사용할 수 있는 평생교육시설 및 원격대학 형태의 평생교육시설
   ⑤ 「경제자유구역 및 제주국제자유도시의 외국교육기관 설립·운영에 관한 특별법」에 따라 설립된 외국교육기관 및 「제주특별자치도 설치 및 국제자유도시 조성을 위한 특별법」에 따라 설립된 비영리법인이 운영하는 국제학교
   ⑥ 「산업교육진흥 및 산학연협력촉진에 관한 법률」에 따른 산학협력단
   ⑦ 「한국과학기술원법」에 따른 한국과학기술원, 「광주과학기술원법」에 따른 광주과학기술원, 「대구경북과학기술원법」에 따른 대구경북과학기술원, 「울산과학기술원법」에 따른 울산과학기술원 및 「한국에너지공과대학교법」에 따른 한국에너지공과대학교
   ⑧ 「국립대학법인 서울대학교 설립·운영에 관한 법률」에 따른 국립대학법인 서울대학교, 「국립대학법인 인천대학교 설립·운영에 관한 법률」에 따른 국립대학법인 인천대학교 및 이와 유사한 학교로서 대통령령으로 정하는 학교
   ⑨ 「재외국민의 교육지원 등에 관한 법률」에 따른 한국학교(대통령령으로 정하는 요건을 충족하는 학교만 해당한다)로서 대통령령으로 정하는 바에 따라 기획재정부장관이 지정·고시하는 학교
   ⑩ 「한국장학재단 설립 등에 관한 법률」에 따른 한국장학재단
5) 다음의 병원에 시설비·교육비 또는 연구비로 지출하는 기부금
   ① 「국립대학병원 설치법」에 따른 국립대학병원
   ② 「국립대학치과병원 설치법」에 따른 국립대학치과병원
   ③ 「서울대학교병원 설치법」에 따른 서울대학교병원
   ④ 「서울대학교치과병원 설치법」에 따른 서울대학교치과병원
   ⑤ 「사립학교법」에 따른 사립학교가 운영하는 병원
   ⑥ 「암관리법」에 따른 국립암센터
   ⑦ 「지방의료원의 설립 및 운영에 관한 법률」에 따른 지방의료원
   ⑧ 「국립중앙의료원의 설립 및 운영에 관한 법률」에 따른 국립중앙의료원
   ⑨ 「대한적십자사 조직법」에 따른 대한적십자사가 운영하는 병원
   ⑩ 「한국보훈복지의료공단법」에 따른 한국보훈복지의료공단이 운영하는 병원
   ⑪ 「방사선 및 방사성동위원소 이용진흥법」에 따른 한국원자력의학원
   ⑫ 「국민건강보험법」에 따른 국민건강보험공단이 운영하는 병원
   ⑬ 「산업재해보상보험법」 제43조 제1항 제1호에 따른 의료기관
6) 사회복지사업, 그 밖의 사회복지활동의 지원에 필요한 재원을 모집·배분하는 것을 주된 목적으로 하는 비영리법인(대통령령으로 정하는 요건을 충족하는 법인만 해당한다)으로서 대통령령으로 정하는 바에 따라 기획재정부장관이 지정·고시하는 법인에 지출하는 기부금

(2) 특례기부금 손금산입한도 계산식

(기준소득금액 − 이월결손금*) × 50%

*각 사업연도 소득의 80%를 한도로 이월결손금 공제를 적용받는 법인은 기준소득금액의 80%를 한도로 함

관련이론2 **일반기부금**

(1) 다음 비영리법인(단체 및 비영리외국법인을 포함하며, 이하 이 조에서 "공익법인등"이라 한다)에 대하여 해당 공익법인등의 고유목적사업비로 지출하는 기부금. 다만, 6)에 따라 지정・고시된 법인에 지출하는 기부금은 지정일이 속하는 연도의 1월 1일부터 3년간(지정받은 기간이 끝난 후 2년 이내에 재지정되는 경우에는 재지정일이 속하는 사업연도의 1월 1일부터 6년간으로 한다. 이하 이 조에서 "지정기간"이라 한다) 지출하는 기부금으로 한정한다.

1) 「사회복지사업법」에 따른 사회복지법인
2) 「영유아보육법」에 따른 어린이집
3) 「유아교육법」에 따른 유치원, 「초・중등교육법」 및 「고등교육법」에 따른 학교, 「국민 평생 직업능력 개발법」에 따른 기능대학, 「평생교육법」 제31조 제4항에 따른 전공대학 형태의 평생교육시설 및 같은 법 제33조 제3항에 따른 원격대학 형태의 평생교육시설
4) 「의료법」에 따른 의료법인
5) 종교의 보급, 그 밖에 교화를 목적으로 「민법」 제32조에 따라 문화체육관광부장관 또는 지방자치단체의 장의 허가를 받아 설립한 비영리법인(그 소속 단체를 포함한다)
6) 「민법」 제32조에 따라 주무관청의 허가를 받아 설립된 비영리법인(이하 이 조에서 "「민법」상 비영리법인"이라 한다), 비영리외국법인, 「협동조합 기본법」 제85조에 따라 설립된 사회적협동조합(이하 이 조에서 "사회적협동조합"이라 한다), 「공공기관의 운영에 관한 법률」 제4조에 따른 공공기관(같은 법 제5조 제4항 제1호에 따른 공기업은 제외한다. 이하 이 조에서 "공공기관"이라 한다) 또는 법률에 따라 직접 설립 또는 등록된 기관 중 다음의 요건을 모두 충족한 것으로서 국세청장(주사무소 및 본점소재지 관할 세무서장을 포함한다. 이하 이 조에서 같다)의 추천을 받아 기획재정부장관이 지정하여 고시한 법인. 이 경우 국세청장은 해당 법인의 신청을 받아 기획재정부장관에게 추천해야 한다.
   ① 다음의 구분에 따른 요건
      가. 「민법」상 비영리법인 또는 비영리외국법인의 경우 : 정관의 내용상 수입을 회원의 이익이 아닌 공익을 위하여 사용하고 사업의 직접 수혜자가 불특정 다수일 것(비영리외국법인의 경우 추가적으로 「재외동포의 출입국과 법적 지위에 관한 법률」 제2조에 따른 재외동포의 협력・지원, 한국의 홍보 또는 국제교류・협력을 목적으로 하는 것일 것). 다만, 「상속세 및 증여세법 시행령」 제38조 제8항 제2호 각 목 외의 부분 단서에 해당하는 경우에는 해당 요건을 갖춘 것으로 본다.
      나. 사회적협동조합의 경우 : 정관의 내용상 「협동조합 기본법」 제93조 제1항 제1호부터 제3호까지의 사업 중 어느 하나의 사업을 수행하는 것일 것
      다. 공공기관 또는 법률에 따라 직접 설립 또는 등록된 기관의 경우 : 설립목적이 사회복지・자선・문화・예술・교육・학술・장학 등 공익목적 활동을 수행하는 것일 것
   ② 해산하는 경우 잔여재산을 국가・지방자치단체 또는 유사한 목적을 가진 다른 비영리법인에 귀속하도록 한다는 내용이 정관에 포함되어 있을 것
   ③ 인터넷 홈페이지가 개설되어 있고, 인터넷 홈페이지를 통해 연간 기부금 모금액 및 활용실적을 공개한다는 내용이 정관에 포함되어 있으며, 법인의 공익위반 사항을 국민권익위원회, 국세청 또는 주무관청 등 공익위반사항을 관리・감독할 수 있는 기관(이하 "공익위반사항 관리・감독 기관"이라 한다) 중 1개 이상의 곳에 제보가 가능하도록 공익위반사항 관리・감독기관이 개설한 인터넷 홈페이지와 해당 법인이 개설한 홈페이지가 연결되어 있을 것
   ④ 비영리법인으로 지정・고시된 날이 속하는 연도와 그 직전 연도에 해당 비영리법인의 명의 또는 그 대표자의 명의로 특정 정당 또는 특정인에 대한 「공직선거법」 제58조 제1항에 따른 선거운동을 한 사실이 없을 것
   ⑤ 제12항에 따라 지정이 취소된 경우에는 그 취소된 날부터 3년, 제9항에 따라 추천을 받지 않은 경우에는 그 지정기간의 종료일부터 3년이 지났을 것. 다만, 제5항 제1호에 따른 의무를 위반한 사유만으로 지정이 취소되거나 추천을 받지 못한 경우에는 그렇지 않다.

(2) 다음의 기부금

1) 「유아교육법」에 따른 유치원의 장・「초・중등교육법」 및 「고등교육법」에 의한 학교의 장, 「국민 평생 직업능력 개발법」에 의한 기능대학의 장, 「평생교육법」 제31조 제4항에 따른 전공대학 형태의 평생교육시설 및 같은 법 제33조 제3항에 따른 원격대학 형태의 평생교육시설의 장이 추천하는 개인에게 교육비・연구비 또는 장학금으로 지출하는 기부금
2) 「상속세 및 증여세법 시행령」 제14조 제1항 각 호의 요건을 갖춘 공익신탁으로 신탁하는 기부금
3) 사회복지・문화・예술・교육・종교・자선・학술 등 공익목적으로 지출하는 기부금으로서 기획재정부장관이 지정하여 고시하는 기부금

(3) 다음 어느 하나에 해당하는 사회복지시설 또는 기관 중 무료 또는 실비로 이용할 수 있는 시설 또는 기관에 기부하는 금품의 가액. 다만, 2)의 ①에 따른 노인주거복지시설 중 양로시설을 설치한 자가 해당 시설의 설치·운영에 필요한 비용을 부담하는 경우 그 부담금 중 해당 시설의 운영으로 발생한 손실금(기업회계기준에 따라 계산한 해당 과세기간의 결손금을 말한다)이 있는 경우에는 그 금액을 포함한다.

1) 「아동복지법」 제52조 제1항에 따른 아동복지시설
2) 「노인복지법」 제31조에 따른 노인복지시설 중 다음의 시설을 제외한 시설
   ① 「노인복지법」 제32조 제1항에 따른 노인주거복지시설 중 입소자 본인이 입소비용의 전부를 부담하는 양로시설·노인공동생활가정 및 노인복지주택
   ② 「노인복지법」 제34조 제1항에 따른 노인의료복지시설 중 입소자 본인이 입소비용의 전부를 부담하는 노인요양시설·노인요양공동생활가정 및 노인전문병원
   ③ 「노인복지법」 제38조에 따른 재가노인복지시설 중 이용자 본인이 재가복지서비스에 대한 이용대가를 전부 부담하는 시설
3) 「장애인복지법」 제58조 제1항에 따른 장애인복지시설. 다만, 다음의 시설은 제외한다.
   ① 비영리법인(「사회복지사업법」 제16조 제1항에 따라 설립된 사회복지법인을 포함한다) 외의 자가 운영하는 장애인 공동생활가정
   ② 「장애인복지법 시행령」 제36조에 따른 장애인생산품 판매시설
   ③ 장애인 유료복지시설
4) 「한부모가족지원법」 제19조 제1항에 따른 한부모가족복지시설
5) 「정신건강증진 및 정신질환자 복지서비스 지원에 관한 법률」 제3조 제6호 및 제7호에 따른 정신요양시설 및 정신재활시설
6) 「성매매방지 및 피해자보호 등에 관한 법률」 제6조 제2항 및 제10조 제2항에 따른 지원시설 및 성매매피해상담소
7) 「가정폭력방지 및 피해자보호 등에 관한 법률」 제5조 제2항 및 제7조 제2항에 따른 가정폭력 관련 상담소 및 보호시설
8) 「성폭력방지 및 피해자보호 등에 관한 법률」 제10조 제2항 및 제12조 제2항에 따른 성폭력피해상담소 및 성폭력피해자 보호시설
9) 「사회복지사업법」 제34조에 따른 사회복지시설 중 사회복지관과 부랑인·노숙인 시설
10) 「노인장기요양보험법」 제32조에 따른 재가장기요양기관
11) 「다문화가족지원법」 제12조에 따른 다문화가족지원센터
12) 「건강가정기본법」 제35조 제1항에 따른 건강가정지원센터
13) 「청소년복지 지원법」 제31조에 따른 청소년복지시설

(4) 다음 요건을 모두 갖춘 국제기구로서 기획재정부장관이 지정하여 고시하는 국제기구에 지출하는 기부금

1) 사회복지, 문화, 예술, 교육, 종교, 자선, 학술 등 공익을 위한 사업을 수행할 것
2) 우리나라가 회원국으로 가입하였을 것

(5) 일반기부금 손금산입한도 계산식

(기준소득금액 - 이월결손금*1 - 특례기부금 손금산입액) × 10%*2

*1 각 사업연도 소득의 80%를 한도로 이월결손금 공제를 적용받는 법인은 기준소득금액의 80%를 한도로 함

*2 사업연도 종료일 현재 「사회적기업 육성법」에 따른 사회적기업은 20%

관련이론3 **손금산입한도 초과액의 이월손금산입**

내국법인이 각 사업연도에 지출하는 기부금 중 기부금의 손금산입한도액을 초과하여 손금에 산입하지 아니한 금액은 해당 사업연도의 다음 사업연도 개시일부터 10년 이내에 끝나는 각 사업연도로 이월하여 그 이월된 사업연도의 소득금액을 계산할 때 기부금 각각의 손금산입한도액의 범위에서 손금에 산입한다. 손금에 산입하는 경우에는 이월된 금액을 해당 사업연도에 지출한 기부금보다 먼저 손금에 산입한다. 이 경우 이월된 금액은 먼저 발생한 이월금액부터 손금에 산입한다.

문제 68 [법인세법] 익금의 범위

유 형	계산형		
중요도	★	정답	②

정답해설

1 채무면제이익

무상(無償)으로 받은 자산의 가액(제36조에 따른 국고보조금등은 제외한다)과 채무의 면제 또는 소멸로 인한 부채(負債)의 감소액 중 대통령령으로 정하는 이월결손금을 보전하는 데에 충당한 금액은 익금불산입한다.

회사의 경우 이월결손금 내역에서 채무면제이익의 공제가 가능하므로, 법인세 부담 최소화를 위하여 채무면제이익만큼 이월결손금을 보전한다.

2 과세표준의 계산

= 15,000,000 − 10,000,000(채무면제이익 중 이월결손금 보전분)

↳ Min(15,000,000, 10,000,000)(채무면제이익 등을 이월결손금에 보전할 때에는 이월결손금의 발생연도에 제한이 없다)

− 4,000,000 = 1,000,000

↳ Min(5,000,000, 4,000,000) 이월결손금 보전 금액을 제외하면 남은 결손금은 5,000,000이다. 중소기업이 아니므로 각 사업연도 소득에서 공제할 수 있는 이월결손금은 각 사업연도 소득의 80%만 공제할 수 있기 때문에, 이월결손금 공제한도는 4,000,000이다.

법령 CHECK

법인세법 제18조

법인세법 집행기준 18-16-2

관련이론 채무면제이익 등의 이월결손금 보전에의 충당방법

1. 이월결손금과 직접 상계하는 방법
2. 해당 사업연도 결산 주주총회 결의에 의하여 이월결손금을 보전하고 이익잉여금(결손금)처리계산서에 계상하는 방법
3. 기업회계기준에 따라 영업외수익으로 계상하고 자본금과 적립금조정명세서(규칙 별지 제50호 서식)에 동 금액을 이월결손금의 보전에 충당한다는 뜻을 표시하고 세무조정으로 익금불산입하는 방법

※ 만약, 내국법인이 채무면제이익 등을 해당 사업연도에 위의 방법으로 이월결손금 보전에 충당하지 아니하고 법인세를 신고한 경우에는 국세기본법에 따른 경정 등의 청구에 의하여 익금불산입 할 수 있다.

유 형	계산형		
중요도	★★★	정답	⑤

문제 69 [법인세법] 기업업무추진비와 기부금

정답해설

1 세무상 기업업무추진비

내 용	금 액
손익계산서상 기업업무추진비	40,000,000
증거자료누락(손금불산입 상여)*	− 700,000
영수증 수취(손금불산입 기타사외유출)*	− 300,000
세금과공과에 계상된 기업업무추진비 관련 부가가치세 매입세액	+ 1,000,000
판관비에 계상된 종업원이 조직한 법인인 단체에 지출한 금액	+ 3,000,000
계	43,000,000

※ 증명서류가 없고, 귀속자가 불분명하므로 상여처분한다. 만약, 3만원을 초과하는 기업업무추진비 중 적격증명서류 이외의 증명서류를 수취한 경우에는 손금불산입(기타사외유출)으로 처분한다.

2 기업업무추진비 한도액 구하기

① 기초금액한도

= 12,000,000 × 6/12 = 6,000,000원

※ 사업연도가 12개월 미만일 경우에는 사업연도 월수로 안분하며, 중소기업의 경우 기초금액한도는 36,000,000원이다.

② 수입금액한도

$$= 100억 \times \frac{3}{1,000} + 20억 \times \frac{2}{1,000} + 30억 \times \frac{2}{1,000} \times 10\%$$

= 34,600,000원

※ 제시된 수입금액에 특수관계인과의 거래에서 발생한 매출액이 포함되어 있는지, 수입금액에서 제외되어야 할 사항이 포함되어 있진 않는지 반드시 확인한다. (적용률 : 100억 이하 3/1,000 100억 초과 500억 이하 2/1,000 500억 초과 3/10,000)

③ 기업업무추진비 한도액

= 6,000,000 + 34,600,000

= 40,600,000원

3 세법상 기업업무추진비 한도초과액

= 43,000,000 − 40,600,000

= 2,400,000원

4 세무조정

〈손금불산입〉 적격증빙미수취 기업업무추진비 700,000 (대표자상여)

〈손금불산입〉 기업업무추진비 한도초과액 2,400,000 (기타사외유출)

〈손금불산입〉 영수증수취 기업업무추진비 300,000 (기타사외유출)

따라서 대표자상여로 처분될 손금불산입은 700,000원, 기타사외유출로 처분되는 손금불산입은 2,700,000원으로 정답은 ⑤이다.

법령 CHECK

법인세법 제25조

합격의 TIP

2016년 이전의 기출에도 기업업무추진비 계산은 자주 출제되었던 주제이다. 심화학습으로 2017년 69번, 2021년 63번 문제를 함께 학습해보자.

문제 70 [법인세법] 감가상각비

유 형	계산형		
중요도	★★★	정답	①

정답해설

감가상각방법과 내용연수를 신고하지 않았으므로, 법인세법상 감가상각방법인 정률법과 내용연수 5년을 적용한다.

1 감가상각비 장부금액

= 15,000,000 + 7,500,000 = 22,500,000

↳ 자본적 지출에 해당되는 즉시상각의제 (7,500,000)

2 세무상 감가상각비 한도금액

= {(100,000,000 − 60,000,000) + 7,500,000 + 4,500,000} × 0.451

↳ 전기말상각부인누계액 (4,500,000)

= 23,452,000

3 세무조정

〈손금산입〉 감가상각비시인부족액 : 952,000(△유보)

↳ min(4,500,000, 23,452,000 - 22,500,000)

법령 CHECK

법인세법 제23조

합격의 TIP

거의 매년 출제될 정도로 반드시 알아두어야 하는 주제이다. 2016년 67번, 2018년 61번, 2019년 69번, 2020년 70번, 2022년 68번, 2023년 70번을 함께 학습하여 감가상각비에서 나올 수 있는 주제들을 정리해보자.

문제 71 [부가가치세법] 과세표준과 매출세액

유 형	계산형		
중요도	★★★	정답	⑤

정답해설

1 수출재화의 경우 수출재화의 선(기)적일을 공급시기로 한다. *관련이론
→ $10,000 × 1,000 = 10,000,000

2 사업자가 자기재화의 판매촉진을 위하여 거래상대자의 판매실적에 따라 일정률의 장려금품을 지급 또는 공급하는 경우 과세표준은 시가로 한다.
→ 2,000,000

3 손해배상금은 과세표준에 포함하지 않는다.

4 구매확인서가 과세기간 종료 후 25일 이내에 발급되지 않았기 때문에 영세율 적용 대상이 되지 않지만, 재화의 공급에 해당하므로 제2기 과세기간의 과세표준에 합산한다.
→ 4,000,000

∴ 제2기 부가가치세 과세표준
= **1** + **2** + **3** + **4**
= 10,000,000 + 2,000,000 + 0 + 4,000,000
= 16,000,000

관련이론 수출재화의 공급시기

구 분	공급시기
재화의 수출, 중계무역방식의 수출, 「관세법」에 따른 수입신고 수리 전의 물품으로서 보세구역에 보관하는 물품의 외국으로의 반출	수출재화의 선(기)적일
원양어업 또는 위탁판매수출에 해당하는 경우	수출재화의 공급가액이 확정되는 때
외국인도수출, 위탁가공무역방식의 수출(가공할 원료의 전부 또는 일부를 거래 상대방에게 수출하거나 외국에서 조달하여 가공한 후 가공물품 등을 외국으로 인도하는 방식의 수출), 원료를 대가없이 국외의 수탁가공사업자에게 반출하여 가공한 재화를 양도하는 경우에 그 원료의 반출	외국에서 해당 재화가 인도되는 때

유 형	계산형		
중요도	★★★	정답	②

문제 72 [부가가치세법] 과세표준과 매출세액

정답해설

1 토지 : 면세

2 건물

$$= 해당\ 재화의\ 취득가액 \times (1 - \frac{5}{100} \times 경과된\ 과세기간\ 수)$$

$$= 100,000,000 \times (1 - \frac{5}{100} \times 4) = 80,000,000$$

3 차량 : 매입세액 불공제 대상으로 과세표준에 산입하지 아니함

4 원재료 : 시가(80,000,000원)

5 부가가치세 과세표준

= 80,000,000 + 80,000,000 = 160,000,000

법령 CHECK

부가가치세법 제10조 제6항
부가가치세법 집행기준 29-66-1

합격의 TIP

간주공급은 이론이든 계산형이든 출제빈도가 높으므로 반드시 알아두자. 2018년 73번, 2020년 74번을 함께 학습하면서 간주공급의 유형을 알아두자.

관련이론 간주공급에 따른 공급가액 계산

과세사업에 사용한 감가상각자산이 간주공급(자가공급 · 개인적 공급 · 사업상증여 · 폐업 시 잔존재화)에 해당되는 경우에는 다음 산식에 의하여 계산한 금액을 해당 재화의 시가(과세표준)로 본다.
(단, 건물 또는 구축물의 경과된 과세기간의 수가 20을 초과하는 때에는 20으로, 그 밖의 감가상각자산의 경과된 과세기간의 수가 4를 초과하는 때에는 4로 함)

(1) 건물 또는 구축물

$$해당\ 재화의\ 취득가액 \times (1 - \frac{5}{100} \times 경과된\ 과세기간\ 수) = 시가(공급가액)$$

(2) 기타 감가상각자산

$$해당\ 재화의\ 취득가액 \times (1 - \frac{25}{100} \times 경과된\ 과세기간\ 수) = 시가(공급가액)$$

(3) 그 밖의 감가상각하지 않는 자산(원재료, 제품 등)
시 가

문제 73 [부가가치세법] 세금계산서와 영수증

유 형	이론형		
중요도	★★★	정답	③

정답해설

① 법인사업자와 직전 연도의 사업장별 재화 및 용역의 공급가액(면세공급가액 포함)의 합계액이 ~~6천만원~~ 이상인 개인사업자는 세금계산서를 발급하려면 전자세금계산서를 발급하여야 한다.
→ 8천만원

② 계약의 해제로 재화 또는 용역이 공급되지 아니한 경우 수정세금계산서의 작성일은 ~~처음 세금계산서 작성일~~로 적고, 비고란에 ~~계약해제일~~을 덧붙여 적은 후 붉은색 글씨로 쓰거나 음(陰)의 표시를 하여 발급할 수 있다.
→ 계약해제일 / 처음 세금계산서 작성일

④ 전자세금계산서 발급명세 전송기한이 지난 후 재화 또는 용역의 공급시기가 속하는 과세기간에 대한 확정신고기한까지 국세청장에게 전자세금계산서 발급명세를 ~~전송하는 경우~~ 그 공급가액의 0.5%를 납부세액에 더하거나 환급세액에서 뺀다.
→ 전송하지 아니하는 경우

⑤ 매입자발행세금계산서를 발행하려는 자는 거래건당 공급가액이 ~~10만원 이상인~~ 거래에 한하여 해당 재화 또는 용역의 공급시기가 속하는 과세기간의 종료일부터 1년 이내에 신청인 관할 세무서장에게 거래사실의 확인을 신청하여야 한다.
→ 5만원 이상인

법령 CHECK

① 부가가치세법 시행령 제68조 제1항
② 부가가치세법 시행령 제70조 제1항 제2호
③ 부가가치세법 시행령 제70조 제1항 제1호
④ 부가가치세법 제60조 제2항 제4호
⑤ 부가가치세법 시행령 제71조의 2 제3항

합격의 TIP

세금계산서에 관련된 가산세나 세금계산서에 대한 문제는 자주 출제된다.

관련이론1 **수정세금계산서**

(1) 처음 공급한 재화가 환입된 경우
재화가 환입된 날을 작성일로 적고 비고란에 처음 세금계산서 작성일을 덧붙여 적은 후 붉은색 글씨로 쓰거나 음의 표시를 하여 발급

(2) 계약의 해제로 재화 또는 용역이 공급되지 아니한 경우
계약이 해제된 때에 그 작성일은 계약해제일로 적고 비고란에 처음 세금계산서 작성일을 덧붙여 적은 후 붉은색 글씨로 쓰거나 음의 표시를 하여 발급

(3) 계약의 해지 등에 따라 공급가액에 추가되거나 차감되는 금액이 발생한 경우
증감 사유가 발생한 날을 작성일로 적고 추가되는 금액은 검은색 글씨로 쓰고, 차감되는 금액은 붉은색 글씨로 쓰거나 음의 표시를 하여 발급

(4) 재화 또는 용역을 공급한 후 공급시기가 속하는 과세기간 종료 후 25일(과세기간 종료 후 25일이 되는 날이 공휴일 또는 토요일인 경우에는 바로 다음 영업일을 말함) 이내에 내국신용장이 개설되었거나 구매확인서가 발급된 경우
내국신용장 등이 개설된 때에 그 작성일은 처음 세금계산서 작성일을 적고 비고란에 내국신용장 개설일 등을 덧붙여 적어 영세율 적용분은 검은색 글씨로 세금계산서를 작성하여 발급하고, 추가하여 처음에 발급한 세금계산서의 내용대로 세금계산서를 붉은색 글씨로 또는 음의 표시를 하여 작성하고 발급

(5) 필요적 기재사항 등이 착오로 잘못 적힌 경우(다음의 어느 하나에 해당하는 경우로서 과세표준 또는 세액을 경정할 것을 미리 알고 있는 경우는 제외)

처음에 발급한 세금계산서의 내용대로 세금계산서를 붉은색 글씨로 쓰거나 음의 표시를 하여 발급하고, 수정하여 발급하는 세금계산서는 검은색 글씨로 작성하여 발급

1) 세무조사의 통지를 받은 경우
2) 세무공무원이 과세자료의 수집 또는 민원 등을 처리하기 위하여 현지출장이나 확인업무에 착수한 경우
3) 세무서장으로부터 과세자료 해명안내 통지를 받은 경우
4) 그 밖에 1)~3)까지의 규정에 따른 사항과 유사한 경우

(6) 필요적 기재사항 등이 착오 외의 사유로 잘못 적힌 경우[(5) 각 목의 어느 하나에 해당하는 경우로서 과세표준 또는 세액을 경정할 것을 미리 알고 있는 경우는 제외]

재화나 용역의 공급일이 속하는 과세기간에 대한 확정신고기한 다음 날부터 1년 이내에 세금계산서를 작성하되, 처음에 발급한 세금계산서의 내용대로 세금계산서를 붉은색 글씨로 쓰거나 음의 표시를 하여 발급하고, 수정하여 발급하는 세금계산서는 검은색 글씨로 작성하여 발급

(7) 착오로 전자세금계산서를 이중으로 발급한 경우

처음에 발급한 세금계산서의 내용대로 음의 표시를 하여 발급

(8) 면세 등 발급대상이 아닌 거래 등에 대하여 발급한 경우

처음에 발급한 세금계산서의 내용대로 붉은색 글씨로 쓰거나 음의 표시를 하여 발급

(9) 세율을 잘못 적용하여 발급한 경우[(5) 1) ~ 4)에 해당하는 경우로서 과세표준 또는 세액을 경정할 것을 미리 알고 있는 경우는 제외한다]

처음에 발급한 세금계산서의 내용대로 세금계산서를 붉은색 글씨로 쓰거나 음의 표시를 하여 발급하고, 수정하여 발급하는 세금계산서는 검은색 글씨로 작성하여 발급

(10) 일반과세자에서 간이과세자로 과세유형이 전환된 후 과세유형전환 전에 공급한 재화 또는 용역에 위의 (1)~(3)의 사유가 발생한 경우에는 (1)~(3)의 절차에도 불구하고 처음에 발급한 세금계산서 작성일을 수정세금계산서 또는 수정전자세금계산서의 작성일로 적고, 비고란에 사유 발생일을 덧붙여 적은 후 추가되는 금액은 검은색 글씨로 쓰고 차감되는 금액은 붉은색 글씨로 쓰거나 음의 표시를 하여 수정세금계산서나 수정전자세금계산서를 발급할 수 있다.

(11) 간이과세자에서 일반과세자로 과세유형이 전환된 후 과세유형전환 전에 공급한 재화 또는 용역에 위의 (1)~(3)의 사유가 발생하여 수정세금계산서나 수정전자세금계산서를 발급하는 경우에는 (1)~(3)의 절차에도 불구하고 절차에도 불구하고 처음에 발급한 세금계산서 작성일을 수정세금계산서 또는 수정전자세금계산서의 작성일로 적고, 비고란에 사유 발생일을 덧붙여 적은 후 추가되는 금액은 검은색 글씨로 쓰고 차감되는 금액은 붉은색 글씨로 쓰거나 음의 표시를 해야 한다.

관련이론2 **전자세금계산서 관련 가산세(부가가치세법 제60조 제2항 제3호, 제4호)**

(1) 지연전송

발급일의 다음 날이 지난 후 재화 또는 용역의 공급시기가 속하는 과세기간에 대한 확정신고 기한까지 전송 : 0.3%

(2) 미전송

발급일의 다음 날이 지난 후, 재화 또는 용역의 공급시기가 속하는 과세기간에 대한 확정신고기한까지 전송하지 않은 경우 : 0.5%

※ 참고 : 전자계산서 발급명세서 전송 불성실 가산세
- 지연전송 : 공급가액의 0.3%
  - 공급시기가 속하는 사업연도(과세기간) 말의 다음 달 25일까지 전송 시
- 미전송 : 공급가액의 0.5%
  - 공급시기가 속하는 사업연도(과세기간) 말의 다음 달 25일까지 미전송 시

문제 74 [부가가치세법] 과세거래

유 형	이론형		
중요도	★★★	정답	②

정답해설

○ 사업자가 자기생산・취득재화를 고객에게 증여하는 경우로서 자기적립 마일리지 등으로만 전부를 결제받고 공급하는 경우
→ 사업상 증여에 해당되지 아니함

○ 「도시 및 주거환경정비법」 등에 따른 수용절차에서 수용대상 재화의 소유자가 수용된 재화에 대한 대가를 받는 경우
→ 재화의 공급에 해당되지 아니함

○ 사업자가 자기생산・취득재화를 경조사(설날, 추석, 창립기념일 및 생일 등을 포함)와 관련된 재화로서 사용인 1명당 연간 10만원 이하의 재화를 제공하는 경우
→ 재화의 공급에 해당되지 아니함 *관련이론

○ 사업자가 자기의 과세사업과 관련하여 취득한 재화(내국신용장에 의해 공급받아 영세율을 적용받음)를 자기의 면세사업을 위하여 직접 사용하는 경우
→ 간주공급에 해당 *관련이론

○ 사업자가 자기생산・취득재화를 매입세액이 불공제되는 「개별소비세법」 제1조 제2항 제3호에 따른 자동차로 사용・소비하거나 그 자동차의 유지를 위하여 사용・소비하는 경우
→ 간주공급에 해당 *관련이론

법령 CHECK

부가가치세법 시행령 제20조 제3호
부가가치세법 시행령 제18조 제3항 제3호
부가가치세법 시행령 제19조의2 제3호
부가가치세법 제10조 제1항 제3호, 제2항 제1호

관련이론 재화 공급의 특례(간주공급)

(1) 사업자가 자기의 과세사업과 관련하여 생산하거나 취득한 재화로서 매입세액이 공제된 재화를 자기의 면세사업을 위하여 직접 사용하거나 소비하는 경우

(2) 사업양도로 취득한 재화로서 사업양도자가 매입세액을 공제받은 재화를 자기의 면세사업을 위하여 직접 사용하거나 소비하는 경우

(3) 사업자가 자기생산・취득재화를 「개별소비세법」에 따른 자동차로 사용 또는 소비하거나 그 자동차의 유지를 위하여 사용 또는 소비하는 경우

(4) 운수업, 자동차 판매업 등 대통령령으로 정하는 업종(「개별소비세법」에 따른 자동차의 매입세액이 공제되는 업종)의 사업을 경영하는 사업자가 자기생산・취득재화 중 「개별소비세법」에 따른 자동차와 그 자동차의 유지를 위한 재화를 해당 업종에 직접 영업으로 사용하지 아니하고 다른 용도로 사용하는 경우

(5) 사업장이 둘 이상인 사업자가 자기의 사업과 관련하여 생산 또는 취득한 재화를 판매할 목적으로 자기의 다른 사업장에 반출하는 경우(단, 사업자 단위 과세 사업자나 주사업장 총괄 납부의 적용을 받을 때는 재화의 공급으로 보지 않음)
※ 만약 주사업장 총괄 납부의 적용을 받는 사업자가 세금계산서를 발급하고, 부가가치세 신고를 하는 경우에는 재화의 공급으로 본다.

(6) 사업자가 자기생산·취득재화를 사업과 직접적인 관계없이 자기의 개인적인 목적이나 그 밖의 다른 목적을 위하여 사용·소비하거나 사용인 또는 그 밖의 자가 사용·소비하는 것으로서 사업자가 그 대가를 받지 아니하거나 시가보다 낮은 대가를 받는 경우. 이 경우 사업자가 실비변상적이거나 복리후생적인 목적으로 그 사용인에게 대가를 받지 아니하거나 시가보다 낮은 대가를 받고 제공하는 것으로서 아래의 3가지는 제외

1) 사업을 위해 착용하는 작업복, 작업모 및 작업화를 제공하는 경우
2) 직장 연예 및 직장 문화와 관련된 재화를 제공하는 경우
3) 다음의 어느 하나에 해당하는 재화를 제공하는 경우. 이 경우 각 목별로 각각 사용인 1명당 연간 10만원을 한도로 하며, 10만원을 초과하는 경우 해당 초과액에 대해서는 재화의 공급으로 본다.
   ① 경조사와 관련된 재화
   ② 설날·추석, 창립기념일 및 생일 등과 관련된 재화

(7) 사업자가 자기생산·취득재화를 자기의 고객이나 불특정 다수에게 증여하는 경우, 단 아래의 5가지는 제외

1) 증여하는 재화의 대가가 주된 거래인 재화의 공급에 대한 대가에 포함하는 경우
2) 사업을 위하여 대가를 받지 아니하고 다른 사업자에게 인도하거나 양도하는 견본품
3) 광고선전용으로 불특정 다수인에게 배포하는 광고선전물
4) 「재난 및 안전관리 기본법」의 적용을 받아 특별재난지역에 공급하는 물품
5) 자기적립마일리지등으로만 전부를 결제받고 공급하는 재화

(8) 사업자가 폐업할 때 자기생산·취득재화 중 남아 있는 재화

(9) 위탁매매 또는 대리인에 의한 매매를 할 때에는 위탁자 또는 본인이 직접 재화를 공급하거나 공급받은 것으로 본다. 다만, 위탁자 또는 본인을 알 수 없는 경우로서 대통령령으로 정하는 경우에는 수탁자 또는 대리인에게 재화를 공급하거나 수탁자 또는 대리인으로부터 재화를 공급받은 것으로 본다.

(10) 「신탁법」에 따라 위탁자의 지위가 이전되는 경우에는 기존 위탁자가 새로운 위탁자에게 신탁재산을 공급한 것으로 본다. 다만, 신탁재산에 대한 실질적인 소유권의 변동이 있다고 보기 어려운 경우로서 대통령령으로 정하는 경우에는 신탁재산의 공급으로 보지 아니한다.

*참고 1 : 재화의 공급으로 보지 아니하는 것

(1) 질권, 저당권 또는 양도담보의 목적으로 동산, 부동산 및 부동산상의 권리를 제공하는 것

(2) 사업에 관한 모든 권리와 의무를 포괄적으로 승계시키는 것(단, 사업을 양수받는 자가 대가를 지급하는 때에 그 대가를 받은 자로부터 부가가치세를 징수하여 납부한 경우는 제외)

(3) 법률에 따라 조세를 물납하는 것으로서 대통령령으로 정하는 것

(4) 신탁재산의 소유권 이전으로서 다음 중 하나에 해당하는 것

1) 위탁자로부터 수탁자에게 신탁재산을 이전하는 경우
2) 신탁의 종료로 인하여 수탁자로부터 위탁자에게 신탁재산을 이전하는 경우
3) 수탁자가 변경되어 새로운 수탁자에게 신탁재산을 이전하는 경우

(5) 법률에 의한 공매

(6) 법률에 의한 수용절차에 있어서 수용대상인 재화의 소유자가 수용된 재화에 대한 대가를 받는 경우

(7) 한국석유공사가 수입통관하지 아니하고 보세구역에 보관하는 비축석유를 국내사업장이 없는 비거주자 또는 외국법인과 무위험차익거래 방식으로 소비대차하는 경우

문제 75 [부가가치세법] 부가가치세 신고와 납부

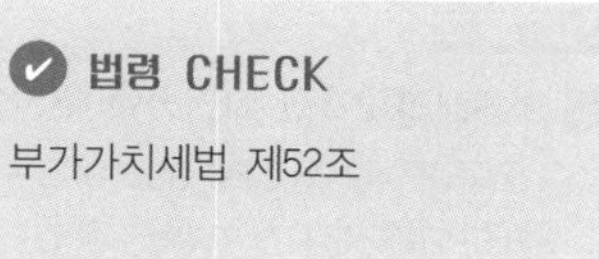

유 형	이론형		
중요도	★	정답	⑤

정답해설

ㄱ. 국내사업장이 없는 A로부터 용역의 공급을 받는 B는 공급받는 용역(매입세액공제대상임)을 과세사업에 사용한 경우에는 대리납부의무가 있다.

→ 없다. 과세사업에 제공하는 경우는 대리납부의무가 제외된다.

법령 CHECK

부가가치세법 제52조

관련이론 **대리납부의무가 발생하는 경우**

국내에 사업장이 없는 비거주자·외국법인 또는 국내사업장이 있는 비거주자·외국법인(국내사업장과 관련 없이 용역 등을 공급하는 경우로서 부가가치세법 시행령 제95조 제4항에서 규정하는 경우만 해당)으로부터 용역 등의 공급을 받는 자가 용역 등의 대가를 지급하는 때(단, 공급받은 당해 용역 등을 과세사업에 제공하는 경우는 제외하되, 매입세액이 공제되지 아니하는 용역 등을 공급받는 경우는 포함)

문제 76 [부가가치세법] 매입세액과 차가감납부세액

유 형	계산형		
중요도	★★	정답	①

정답해설

1 의제매입세액의 매입가액 구하기

① 국내수산물 : 80,000,000 − 6,000,000 = 74,000,000

② 국외수산물 : 28,000,000

※ 의제매입공제대상으로서 수입품의 경우에는 관세를 제외한 가격이 의제매입세액의 매입가액이 된다. 국내매입분의 경우에도 운임 등 부대비용을 제외한 순수한 매입가액이 의제매입세액의 매입가액이 됨에 유의한다.

2 의제매입세액공제율

= 수산물 도매업과 통조림 제조업을 겸영하고 있는 법인사업자

$$= \frac{2}{102}$$

3 의제매입세액공제액

$$= \left[\{(74{,}000{,}000 + 28{,}000{,}000) \times \frac{9{,}000kg}{15{,}000kg} + \{(74{,}000{,}000 + 28{,}000{,}000) \times \frac{3{,}000kg}{15{,}000kg} \times \frac{200{,}000{,}000kg}{250{,}000{,}000kg}\}\right] \times \frac{2}{102}$$

= 1,520,000

※ ㈜대한은 면세와 과세를 겸영하고 있기 때문에 의제매입세액공제도 안분해주어야 한다. 이 경우 공통매입세액의 안분계산을 준용함에 주의하자.

4 의제매입세액 공제한도

$$= 200{,}000{,}000 \times 50\% \times \frac{2}{102} = 1{,}960{,}784$$

∴ 2024년 제1기 과세기간 의제매입세액공제액 = 1,520,000

법령 CHECK

부가가치세법 제42조

합격의 TIP

2016년 77번을 함께 학습해 보자.

관련이론1 의제매입세액 공제 요건

1. 과세사업을 영위하는 사업자로 영세율 적용대상 사업자도 가능하나, 면세사업자나 면세포기로 영세율을 적용받는 경우에는 제외

   예 과세사업자의 경우 모든 업종에 대하여 의제매입세액공제를 받을 수 있으나 간이과세자의 경우 의제매입세액 공제를 받을 수 없음

2. 부가가치세의 면제를 받아 공급받거나 수입한 농산물・축산물・수산물 또는 임산물을 원재료로 하여 제조・가공한 재화 또는 창출한 용역의 공급에 대하여 부가가치세가 과세되는 경우
3. '의제매입세액 공제신고서'를 '매입처별 계산서합계표'와 '신용카드매출전표등 수령명세서' 중 하나와 함께 제출할 것. 단, 제조업자가 농어민으로부터 면세농산물등을 직접 공급받았다면, 의제매입세액 공제신고서만 제출해도 됨

관련이론2 의제매입세액공제율

구 분		세 율
음식점업	과세유흥장소	2/102
	과세유흥장소 외의 개인사업자	8/108*
	과세유흥장소 외의 법인사업자	6/106
제조업	과자점업, 도정업, 제분업 및 떡류 제조업 중 떡방앗간을 경영하는 개인사업자	6/106
	그 밖의 제조업을 경영하는 사업자 중 조세특례제한법에 따른 중소기업 및 개인사업자	4/104
	위의 제조업 외의 사업자	2/102
음식점 및 제조업 외의 사업		2/102

*과세표준 2억원 이하인 경우에는 2026년 12월 31일까지 9/109

관련이론3 의제매입세액공제 한도(2025년 12월 31일까지)

(1) 법인사업자 : 과세표준 × 50% × 공제율

(2) 음식업점을 경영하는 개인사업자
  1) 과세표준이 1억원 이하 : 과세표준 × 75% × 공제율
  2) 과세표준이 1억원 초과 ~ 2억원 이하 : 과세표준 × 70% × 공제율
  3) 과세표준이 2억원 초과 : 과세표준 × 60% × 공제율

(3) 음식점업 외의 사업을 경영하는 개인사업자
  1) 과세표준이 2억원 이하 : 과세표준 × 65% × 공제율
  2) 과세표준이 2억원 초과 : 과세표준 × 55% × 공제율

(4) 매입시기집중 제조업의 공제한도 특례
  1) 다음의 요건을 모두 충족하는 사업자
    ① 제1기 과세기간에 공급받은 면세농산물등의 가액을 1역년에 공급받은 면세농산물등의 가액으로 나누어 계산한 비율이 100분의 75 이상이거나 100분의 25 미만일 것
    ② 해당 과세기간이 속하는 1역년 동안 계속하여 제조업을 영위하였을 것
  2) 한도
  제2기 의제매입세액 = {min(1역년에 공급받은 면세농산물 등의 매입가액, 1역년의 면세농산물 등 관련 과세표준합계액 × 한도율(*)) × 공제율} - 제1기 의제매입세액 공제액
  (*)한도 (2025년 12월 31일까지)
  * 개인사업자로 1역년의 과세표준 합계액이 4억원 이하 : 65%
  * 개인사업자로 1역년의 과세표준 합계액이 4억원 초과 : 55%
  * 법인사업자 : 50%

문제 77 [부가가치세법] 과세거래

유 형	이론형		
중요도	★	정답	①

정답해설

① 내국신용장 또는 구매확인서에 의하여 금지금(金地金)을 공급하는 것
↳ 금지금은 제외한다.

법령 CHECK

① 부가가치세법 제21조 제2항 제3호
②, ③, ④, ⑤ 부가가치세법 제21조 및 시행령 제31조

합격의 TIP

기본적인 문제로 반드시 맞추도록 하자.

문제 78 [부가가치세법] 과세표준과 매출세액

유 형	계산형		
중요도	★★	정답	④

정답해설

22,000,000(부가가치세 제외) $\times \frac{50,000,000}{200,000,000} = 5,500,000$

→ 직전 과세기간에 주의한다. 매각은 과세기간 중에 일어나고, 매각시점의 과세표준을 구하려면 현재 과세기간의 과세・면세비율을 알 수 없다고 생각하면 쉽게 암기할 수 있다.

법령 CHECK

부가가치세법 시행령 제63조

관련이론 공통사용 재화에 대한 공급가액 안분계산

(1) 안분계산
과세사업과 면세사업 등에 공통으로 사용되는 재화를 공급하는 경우 그 공급가액은 해당 재화의 공급일이 속하는 과세기간의 직전 과세기간의 공급가액비율을 적용
(단, 납부세액이나 환급세액을 사용면적비율에 따라 재계산한 공통사용재화에 대하여는 공급가액비율 대신에 사용면적비율을 적용)

$$\text{해당 재화의 공급가액} \times \frac{\text{재화를 공급한 날이 속하는 과세기간의 직전 과세기간의 과세공급가액}}{\text{재화를 공급한 날이 속하는 과세기간의 직전 과세기간의 총공급가액}}$$

※ 단, 휴업 등으로 인하여 직전 과세기간의 공급가액비율 또는 사용면적비율이 없는 경우 : 해당 재화의 공급일에 가장 가까운 과세기간의 공급가액비율 또는 사용면적비율을 적용

(2) 안분계산을 생략할 수 있는 경우
1) 재화를 공급하는 날이 속하는 과세기간의 직전 과세기간의 총공급가액 중 면세공급가액이 5% 미만이고 해당 재화의 공급가액이 5천만원 미만인 경우
2) 재화의 공급가액이 50만원 미만인 경우
3) 재화를 공급하는 날이 속하는 과세기간에 신규로 사업을 시작하여 직전 과세기간이 없는 경우

문제 79 [국세조세조정에 관한 법률] 국제거래에 관한 조세의 조정

유 형	이론형		
중요도	★★	정답	①

정답해설

ㄴ. 단, 금융업 및 이와 유사한 업종 등을 하는 내국법인으로서 대통령령으로 정하는 내국법인에는 적용하지 아니한다.

ㄹ. 위 ㄱ, ㄴ, ㄷ에 따라 손금에 산입하지 아니한 금액에 대한 소득처분은 동일하다.
→ 동일하지 않다. ㄱ의 경우에는 배당 또는 기타사외유출로 처분되며 ㄴ,ㄷ은 기타사외유출로 처분한다.

ㅁ. 위 ㄱ, ㄴ이 동시에 적용되는 경우에는 ~~ㄱ이 ㄴ보다 우선하여 적용된다~~.
→ 둘 중 손금불산입액이 크게 계산되는 것 하나만을 적용하며, 그 금액이 같은 경우에는 ㄱ을 적용한다.

법령 CHECK

ㄱ, ㄹ. 국제조세조정에 관한 법률 제22조 제2항
ㄴ, ㄹ. 국제조세조정에 관한 법률 제24조 제2항
ㄷ, ㄹ. 국제조세조정에 관한 법률 제25조 제2항
ㅁ. 국제조세조정에 관한 법률 제26조 제1항

합격의 TIP

국제조세조정에 관한 법률이 2020년 전면 개정됨에 따라 문제 등을 수정하였다.

관련이론 **과소자본세제의 소득처분**

(1) 국외지배주주로부터 차입한 금액에 대한 이자 중 손금에 산입되지 아니한 금액 : 배당

(2) 국외지배주주의 특수관계인으로부터 차입한 금액이나 국외지배주주의 지급보증에 의하여 제3자로부터 차입한 금액에 대한 이자 중 손금에 산입되지 아니한 금액 : 기타사외유출

(3) 국외특수관계인으로부터 차입한 금액에 대한 순이자비용이 조정소득금액의 30퍼센트를 초과하는 경우에는 그 초과하는 금액 : 기타사외유출

(4) 혼성금융상품 거래에 따라 지급한 이자등 적정기간 이내에 그 거래 상대방이 소재한 국가에서 거래 상대방의 소득에 포함되지 아니하는 등 과세되지 아니한 금액은 적정기간 종료일이 속하는 사업연도의 소득금액을 계산할 때 대통령령으로 정하는 바에 따라 익금에 산입한 금액 : 기타사외유출

문제 80 [국세조세조정에 관한 법률] 국제거래에 관한 조세의 조정

유 형	이론형		
중요도	★	정답	②

정답해설

① 거주자는 일정 기간의 과세연도에 대하여 정상가격 산출방법을 적용하려는 경우에는 정상가격 산출방법을 적용하려는 일정 기간의 과세연도 중 최초의 과세연도 개시일의 전날까지 국세청장에게 승인 신청을 할 수 있다.

② 내국법인의 익금에 산입된 금액이 대통령령으로 정하는 바에 따라 국외특수관계인으로부터 내국법인에 ~~반환된 것임이 확인되는 경우에는~~ 그 금액은 「법인세법」 제67조에도 불구하고 대통령령으로 정하는 바에 따라 국외특수관계인에 대한 배당으로 처분하거나 출자로 조정한다.
→ 반환된 것임이 확인되지 아니하는 경우에는

법령 CHECK

① 국제조세조정에 관한 법률 제14조 제1항
② 국제조세조정에 관한 법률 제13조 제1항
③ 국제조세조정에 관한 법률 제16조 제3항
④ 국제조세조정에 관한 법률 시행령 제29조 제3항
⑤ 국제조세조정에 관한 법률 제13조

합격의 TIP

국제조세조정에 관한 법률이 2020년 전면 개정됨에 따라 문제 등을 수정하였다.

2019년(제56회) 세무사 1차 세법학개론 정답

세법학개론

41	42	43	44	45	46	47	48	49	50
③	④	②	④	①	⑤	①	②	⑤	①
51	52	53	54	55	56	57	58	59	60
②	④	③	①	③	⑤	①	①	⑤	①
61	62	63	64	65	66	67	68	69	70
④	②	④	③	④	②	⑤	③	②	③
71	72	73	74	75	76	77	78	79	80
③	④	③	②	④	⑤	②	③	④	②

2019년 세무사 1차 결과

대상인원(명)	응시인원(명)	합격인원(명)	합격률(%)
10,496	8,713	2,526	28.99

2019년 과목별 결과

구 분	응시인원(명)	평균점수(점)	과락인원(명)	과락률(%)
재정학	8,713	60.35	1,563	17.94
세법학개론	8,713	44.96	3,269	37.52
회계학개론	8,682	37.70	4,795	55.23
상 법	3,397	60.90	689	19.40
민 법	1,015	57.47	190	18.72
행정소송법	4,270	58.94	817	19.13

유 형	이론형		
중요도	★★★	정답	③

문제 41 [국세기본법] 납세의무

정답해설

납세의무의 성립시기 *관련이론

ㄱ. 원천징수하는 소득세 · 법인세 : ~~과세기간이 끝나는 때~~
→ 소득금액 또는 수입금액을 지급하는 때. 일반적인 소득세 · 법인세의 경우에는 과세기간이 끝나는 때에 납세의무가 성립한다.

ㄴ. 증권거래세 : 해당 매매거래가 확정되는 때

ㄷ. 수입재화에 대한 부가가치세 : 세관장에게 수입신고를 하는 때

ㄹ. 수시부과하여 징수하는 국세 : ~~수시부과 납부일~~
→ 수시부과할 사유가 발생한 때

법령 CHECK

국세기본법 제21조

합격의 TIP

2018년 43번에 이어 2019년에도 연달아 출제되었다. 앞으로도 출제될 가능성이 높은 주제이므로 반드시 알아두자.

관련이론 납세의무의 성립시기

(1) 일반적인 납세의무의 성립시기
1) 소득세 · 법인세 : 과세기간이 끝나는 때. 다만, 청산소득에 대한 법인세는 그 법인이 해산을 하는 때
2) 상속세 : 상속이 개시되는 때
3) 증여세 : 증여에 의하여 재산을 취득하는 때
4) 부가가치세 : 과세기간이 끝나는 때. 다만, 수입재화의 경우에는 세관장에게 수입신고를 하는 때
5) 개별소비세, 주세, 교통 · 에너지 · 환경세 : 과세물품을 제조장으로부터 반출하거나 판매장에서 판매하는 때 또는 과세장소에 입장하거나 과세 유흥장소에서 유흥음식행위를 한 때 또는 과세영업장소에서 영업행위를 한 때. 다만, 수입물품의 경우에는 세관장에게 수입신고를 하는 때
6) 인지세 : 과세문서를 작성한 때
7) 증권거래세 : 해당 매매거래가 확정되는 때
8) 교육세 : 다음 각 목의 구분에 따른 시기
① 국세에 부과되는 교육세 : 해당 국세의 납세의무가 성립하는 때
② 금융 · 보험업자의 수익금액에 부과되는 교육세 : 과세기간이 끝나는 때
9) 농어촌특별세 : 「농어촌특별세법」 제2조 제2항에 따른 본세의 납세의무가 성립하는 때
10) 종합부동산세 : 과세기준일(6월 1일)
11) 가산세
① 무신고가산세 및 과소신고 · 초과환급신고가산세 : 법정신고기한이 경과하는 때
② 납부지연가산세 지연이자부분(1일 2.2/10,000 과세부분) : 법정납부기한 경과 후 1일마다 그 날이 경과하는 때
- 다만, 납부고지서상 납부기한까지 납부하지 않음에 따른 납부지연가산세(3% 과세부분) : 납부고지서에 따른 납부기한이 경과하는 때
③ 원천징수납부 등 납부지연가산세(3% 과세부분) : 법정납부기한 경과하는 때
④ 그 밖의 가산세(개별세법상 가산세) : 가산할 국세의 납세의무가 성립하는 때

(2) 예외적인 납세의무의 성립시기
1) 원천징수하는 소득세 · 법인세 : 소득금액 또는 수입금액을 지급하는 때
2) 납세조합이 징수하는 소득세 또는 예정신고 납부하는 소득세 : 과세표준이 되는 금액이 발생한 달의 말일
3) 중간예납하는 소득세 · 법인세 또는 예정신고기간 · 예정부과기간에 대한 부가가치세 : 중간예납기간 또는 예정신고기간 · 예정부과기간이 끝나는 때
4) 수시부과하여 징수하는 국세 : 수시부과할 사유가 발생한 때

문제 42 [국세기본법] 납세자의 권리

유 형	이론형		
중요도	★	정답	④

정답해설

장부등의 보관 금지 *관련이론

① 세무공무원은 「조세범 처벌절차법」에 따른 조세범칙조사를 ~~제외하고는~~ 세무조사의 목적으로 납세자의 장부등을 세무관서에 임의로 보관할 수 없다.
→ 포함한

② 세무공무원은 납세자에 대한 구체적인 탈세 제보가 있는 경우에는 조사 목적에 필요한 최소한의 범위에서 납세자, 소지자 또는 보관자 등 정당한 권한이 있는 자가 임의로 제출한 장부등을 납세자의 ~~동의 없이~~ 세무관서에 일시 보관할 수 있다.
→ 동의를 받은 경우. 이 경우 납세자의 장부등을 세무관서에 일시 보관하려는 경우 납세자로부터 일시 보관 동의서를 받아야 하며, 일시 보관증을 교부하여야 함

③ 납세자등은 조사목적이나 조사범위와 관련이 없는 등의 사유로 일시 보관에 동의하지 아니하는 장부등에 대해서는 세무공무원에게 일시 보관할 장부등에서 제외할 것을 요청할 수 있다. 이 경우 세무공무원은 ~~어떠한 사유로도~~ 해당 장부등을 일시 보관할 수 없다.
→ 정당한 사유 없이

④ 세무공무원은 법령에 따라 일시 보관하고 있는 장부등에 대하여 납세자가 반환을 요청한 날부터 14일 이내에 반환하여야 하나, 조사목적 달성을 위해 필요한 경우에는 납세자보호위원회의 심의를 거쳐 한 차례만 14일 이내의 범위에서 보관 기간을 연장할 수 있다.

⑤ 세무공무원은 법령에 따라 일시 보관하고 있는 장부등의 반환을 납세자가 요청한 경우로서 세무조사에 지장이 없다고 판단될 때에는 요청한 장부등을 ~~7일 이내에~~ 반환하여야 한다.
→ 즉시

법령 CHECK

①, ②, ④, ⑤ 국세기본법 제81조의10

③ 국세기본법 시행령 제63조의11 제2항

합격의 TIP

납세자의 권리에 대해서는 여러번 출제된 적 있지만 '장부 등의 보관 금지'에 대하여 단일 문제로 출제된 적은 2019년이 처음이다. 납세자의 권리 단원은 알아두어야 할 것은 많지만 자주 출제되므로 시험 전에 꼭 검토하자.

관련이론 **장부등의 보관 금지**

(1) 원 칙

세무공무원은 세무조사(「조세범 처벌절차법」에 따른 조세범칙조사를 포함)의 목적으로 납세자의 장부등을 세무관서에 임의로 보관할 수 없다.

(2) 예 외

조사 목적에 필요한 최소한의 범위에서 납세자, 소지자 또는 보관자 등 정당한 권한이 있는 자가 임의로 제출한 장부등을 납세자의 동의를 받아 세무관서에 일시 보관할 수 있는 경우

1) 납세자가 세법에서 정하는 신고, 성실신고확인서의 제출, 세금계산서 또는 계산서의 작성・교부・제출, 지급명세서의 작성・제출 등의 납세협력의무를 이행하지 아니한 경우
2) 무자료거래, 위장・가공거래 등 거래 내용이 사실과 다른 혐의가 있는 경우
3) 납세자에 대한 구체적인 탈세 제보가 있는 경우
4) 신고 내용에 탈루나 오류의 혐의를 인정할 만한 명백한 자료가 있는 경우
5) 납세자가 세무공무원에게 직무와 관련하여 금품을 제공하거나 금품제공을 알선한 경우

※ 납세자의 장부등을 세무관서에 일시 보관하려는 경우 납세자로부터 일시 보관 동의서를 받아야 하며, 일시 보관증을 교부하여야 함

(3) 납세자가 반환을 요청한 경우

1) 원칙 : 요청한 날부터 14일 이내에 장부등을 반환하고, 세무조사에 지장이 없다고 판단될 때에는 요청한 장부등을 즉시 반환하여야 함
2) 예외 : 단, 조사목적을 달성하기 위하여 필요한 경우에는 납세자보호위원회 심의를 거쳐 한 차례만 14일 이내의 범위에서 보관 기간 연장 가능
3) 납세자에게 장부등을 반환하는 경우 세무공무원은 장부등의 사본을 보관할 수 있고, 그 사본이 원본과 다름없다는 사실을 확인하는 납세자의 서명 또는 날인을 요구할 수 있음

문제 43 [국세기본법] 납세의무

유 형	이론형		
중요도	★★★	정답	②

정답해설

① 무신고가산세 및 과소신고·초과환급신고가산세 : 법정신고기한이 경과하는 때

② 납부고지서상의 납부기한 경과분에 대한 납부지연가산세 : 법정신고기한 경과 후 1일마다 그 날이 경과하는 때
→ 법정납부기한

③ 법정 납부하여야 할 세액 중 납부고지서에서 정한 납부기한까지의 미납·과소납부세액 : 납부고지서에 따른 납부기한이 경과하는 때

④ 납부고지서상의 납부기한 경과분에 대한 원천징수 등 납부지연가산세 : 법정납부기한 경과 후 1일마다 그 날이 경과하는 때

⑤ 그 밖의 가산세(개별세법상 가산세) : 가산할 국세의 납세의무가 성립하는 때

법령 CHECK

국세기본법 제21조

합격의 TIP

개정세법에 따라 기출문제를 변경하였다.

관련이론 가산세의 납세의무 성립시기

가산세 구분		납세의무 성립시기	비 고
무신고가산세 및 과소신고·초과환급신고가산세		법정신고기한이 경과하는 때	
납부지연가산세	지연이자성격 : 납부고지서상의 납부기한 경과분에 대한 납부지연가산세	법정납부기한 경과 후 1일마다 그 날이 경과하는 때	미납세액×미납기간×금융회사 등이 연체대출금에 대하여 적용하는 이자율(1일 10만분의 22)
	체납이자성격 : 법정납부기한까지 납부하여야 할 세액 중 납부고지서에서 정한 납부기한까지의 미납·과소납부세액	납부고지서에 따른 납부기한이 경과하는 때	납부고지 후 미납세액의 3%
원천징수 등 납부지연가산세	지연이자성격 : 납부고지서상의 납부기한 경과분에 대한 납부지연가산세	법정납부기한 경과 후 1일마다 그 날이 경과하는 때	미납세액×미납기간×금융회사 등이 연체대출금에 대하여 적용하는 이자율(1일 10만분의 22)
	체납이자성격 : 법정납부기한까지 납부하여야 할 세액 중 납부고지서에서 정한 납부기한까지의 미납·과소납부세액	법정납부기한이 경과하는 때	납부고지 후 미납세액의 3%
그 밖의 가산세		가산할 국세의 납세의무가 성립하는 때	

유 형	이론형		
중요도	★★	정답	④

문제 44 [국세기본법] 국세와 일반채권과의 관계

정답해설

국세우선과 관련한 법정기일 *관련이론

④ 「국세징수법」상 납부기한 전 징수 규정에 따라 납세자의 재산을 압류한 경우에 그 압류와 관련하여 확정된 세액에 대해서는 ~~그 납세의무의 확정일~~
→ 압류등기일 또는 등록일

법령 CHECK

① 국세기본법 제35조 제2항 제1호
② 국세기본법 제35조 제2항 제5호
③ 국세기본법 제35조 제2항 제3호
④ 국세기본법 제35조 제2항 제6호
⑤ 국세기본법 제35조 제2항 제7호

합격의 TIP

실질이 같음에도 납세자 유형(납세자 또는 제2차 납세의무자 등)에 따라 다른 용어가 사용되고 있는 납세고지와 납부통지는 2020년 국세징수법 전문개정시 납부고지로 통일하였다.

관련이론 국세우선과 관련한 법정기일

(1) 과세표준과 세액의 신고에 따라 납세의무가 확정되는 국세(중간예납하는 법인세와 예정신고납부하는 부가가치세 및 양도소득과세표준 예정신고 포함) : 신고한 해당 세액에 대해서는 그 신고일

(2) 과세표준과 세액을 정부가 결정·경정 또는 수시부과 결정을 하는 경우 : 고지한 해당 세액에 대해서는 그 납부고지서의 발송일

(3) 인지세와 원천징수의무자나 납세조합으로부터 징수하는 소득세·법인세 및 농어촌특별세 : 그 납세의무의 확정일

(4) 제2차 납세의무자(보증인을 포함)의 재산에서 국세를 징수하는 경우 : 「국세징수법」에 따른 제2차 납세의무자 등에 대한 납부고지 규정에 의한 납부고지서의 발송일

(5) 양도담보재산에서 국세를 징수하는 경우 : 「국세징수법」에 따른 제2차 납세의무자 등에 대한 납부고지 규정에 의한 납부고지서의 발송일

(6) 「국세징수법」상 납세자의 재산을 확정 전 보전압류한 경우에 그 압류와 관련하여 확정된 세액 : 압류등기일 또는 등록일

(7) 「부가가치세법」에 따라 신탁재산에서 징수하는 부가가치세등 : 납부고지서의 발송일

(8) 「종합부동산세법」에 따라 신탁재산에서 징수하는 종합부동산세등 : 납부고지서의 발송일

문제 45 [국세징수법] 압류 · 매각의 유예

유 형	이론형		
중요도	★	정답	①

정답해설

① 재산의 압류나 압류재산의 매각을 유예함으로써 체납자가 사업을 정상적으로 운영할 수 있게 되어 체납액의 징수가 가능하게 될 것이라고 관할 세무서장이 인정하는 경우 세무서장의 직권으로 압류재산의 매각을 유예할 수 있지만 체납자의 신청으로는 압류재산의 매각을 유예할 수 없다.
↳ 있다.

③ 압류 · 매각을 유예할 수 있는 경우 *관련이론1

④ 압류 · 매각의 유예기간 *관련이론2

⑤ 압류 · 매각의 유예 규정에 따라 재산의 압류를 유예하거나, 압류한 재산의 압류를 해제하는 경우에는 그에 상당하는 납세담보의 제공을 요구할 수 있지만, 성실납세자가 체납세액 납부계획서를 제출하고 국세체납정리위원회가 체납세액 납부계획의 타당성을 인정하는 경우에는 납세담보의 제공을 요구하지 아니한다.

법령 CHECK

① 국세징수법 제105조 제1항
② 국세징수법 제105조 제2항
③ 국세징수법 제105조 제1항
④ 국세징수법 시행령 제77조 제3항
⑤ 국세징수법 제105조 제3항

합격의 TIP

보기 ⑤번 지문의 경우 납세담보의 제공을 요구하지 않는 예외에 해당하므로 법조문을 정확히 알아두도록 하자.

관련이론2의 (2)는 깊숙한 내용이다. 압류 또는 매각의 유예를 연장하여 신청할 수 있는 요건보다는 유예한 날의 다음 날부터 2년 이내로 할 수 있는 세목이 소득세, 법인세, 부가가치세 및 이에 부가되는 세목에 대한 유예로 한정되는 것에 초점을 맞추어 공부하도록 하자.

관련이론1 압류 · 매각을 유예할 수 있는 경우

1. 국세청장이 성실납세자로 인정하는 기준에 해당하는 경우
2. 재산의 압류나 압류재산의 매각을 유예함으로써 사업을 정상적으로 운영할 수 있게 되어 체납액의 징수가 가능하다고 인정되는 경우

관련이론2 압류 · 매각의 유예기간

(1) 일반적인 압류 또는 매각 유예의 기간 : 그 유예한 날의 다음 날부터 1년 이내

(2) 단, 세무서장은 다음의 요건을 모두 갖춘 자가 압류 또는 매각 유예를 신청하는 경우(일반적인 압류 또는 매각 유예를 받고 그 유예기간 중에 신청하는 경우를 포함), 그 압류 또는 매각 유예(소득세, 법인세, 부가가치세 및 이에 부가되는 세목에 대한 압류 또는 매각 유예로 한정)의 기간은 유예한 날의 다음 날부터 2년(일반적인 압류 또는 매각 유예를 받은 분에 대해서는 유예 받은 기간을 포함하여 산정) 이내로 할 수 있다.

1) 「조세특례제한법 시행령」 제2조에 따른 중소기업에 해당할 것
2) 다음 중 어느 하나에 해당하는 지역에 사업장이 소재할 것
   ① 「고용정책 기본법」 제32조의2 제2항에 따라 선포된 고용재난지역
   ② 「고용정책 기본법 시행령」 제29조 제1항에 따라 지정 · 고시된 지역
   ③ 「국가균형발전 특별법」 제17조 제2항에 따라 지정된 산업위기대응특별지역
   ④ 「재난 및 안전관리 기본법」 제60조 제2항에 따라 선포된 특별재난지역(선포된 날부터 2년으로 한정)

유 형	이론형		
중요도	★★★	정답	⑤

문제 46 [국세징수법] 강제징수

정답해설

① 압류의 해제요건 *관련이론

② 등록면허세뿐만 아니라 압류재산을 보관함에 따라 작성하는 문서에 관한 인지세도 면제한다.

⑤ 세무서장은 체납자가 압류할 수 있는 다른 재산을 제공하여 그 재산을 압류한 경우에는 압류를 즉시 ~~해제하여야 한다~~.
→ 해제할 수 있다.

법령 CHECK

①, ⑤ 국세징수법 제57조
② 국세징수법 제29조
③ 국세징수법 제34조 제1항
④ 국세징수법 제58조 제5항

합격의 TIP

압류의 해제요건은 빈출도가 높은 조문이다. 이 문제의 경우 2018년 46번의 문제를 정확히 학습했다면, 문제를 읽자마자 바로 풀 수 있는 문제이다. '즉시 해제하여야 한다.'와 '해제할 수 있다.'를 정확히 구분해서 암기하자. 또한, 2020년 45번 함께 학습하자

관련이론 압류의 해제요건

(1) 압류를 즉시 해제하여야 한다.
1) 압류와 관계되는 체납액의 전부가 납부 또는 충당된 경우
2) 국세 부과의 전부를 취소한 경우
3) 여러 재산을 한꺼번에 공매(公賣)하는 경우로서 일부 재산의 공매대금으로 체납액 전부를 징수한 경우
4) 총 재산의 추산(推算)가액이 강제징수비를 징수하면 남을 여지가 없어 강제징수를 종료할 필요가 있는 경우. 다만, 교부청구 또는 참가압류가 있는 경우로서 교부청구 또는 참가압류와 관계된 체납액을 기준으로 할 경우 남을 여지가 있는 경우는 제외(이 경우 국세체납정리위원회의 심의를 거쳐야 한다)
5) 그 밖에 위의 1)~4)의 규정에 준하는 사유로 압류할 필요가 없게 된 경우
6) 압류금지재산을 압류한 경우
7) 제3자의 재산을 압류한 경우

(2) 압류를 해제할 수 있다.
1) 압류 후 재산가격이 변동하여 체납액 전액을 현저히 초과한 경우
2) 압류와 관계되는 체납액의 일부가 납부되거나 충당된 경우
3) 국세 부과의 일부를 취소한 경우
4) 체납자가 압류할 수 있는 다른 재산을 제공하여 그 재산을 압류한 경우

문제 47 [국세징수법] 강제징수

유 형	이론형		
중요도	★★★	정답	①

정답해설

① 압류한 재산에 대하여 소유권을 주장하고 반환을 청구하려는 제3자는 그 재산의 ~~매각 15일 전까지~~ 소유자로 확인할 만한 증거서류를 관할 세무서장에게 제출하여야 한다.
→ 매각 5일 전까지

③ 압류금지재산 *관련이론

④ 급료・연금・임금・봉급・상여금・세비・퇴직연금, 그 밖에 이와 비슷한 성질을 가진 급여채권에 대하여는 그 총액의 2분의 1에 해당하는 금액은 압류하지 못한다.

⑤ 압류의 효력은 압류재산으로부터 생기는 천연과실(天然果實) 또는 법정과실(法定果實)에 미친다. 다만, 체납자 또는 제3자가 압류재산의 사용 또는 수익을 하는 경우 그 재산의 매각으로 인하여 권리를 이전하기 전까지 이미 거두어들인 천연과실에 대해서는 압류의 효력이 미치지 아니한다.

법령 CHECK

① 국세징수법 제28조 제1항
② 국세징수법 제32조
③ 국세징수법 제41조
④ 국세징수법 제42조
⑤ 국세징수법 제44조

합격의 TIP

압류금지재산의 경우 2014년에도 출제된 바 있다. 전체가 한 문제로 출제된 적은 없지만 보기의 지문으로 종종 출제되므로 반드시 알아두자.
또한 ④번 지문을 좀 더 깊이 있게 학습하고 싶은 수험생은 2016년 46번 문제를 참고하자.

관련이론 압류금지재산

1. 체납자 또는 그와 생계를 같이 하는 가족(사실상 혼인관계에 있는 사람을 포함한다. 이하 이 조에서 "동거가족"이라 한다)의 생활에 없어서는 아니 될 의복, 침구, 가구, 주방기구, 그 밖의 생활필수품
2. 체납자 또는 그 동거가족에게 필요한 3개월 간의 식료품 또는 연료
3. 인감도장이나 그 밖에 직업에 필요한 도장
4. 제사 또는 예배에 필요한 물건, 비석 또는 묘지
5. 체납자 또는 그 동거가족의 장례에 필요한 물건
6. 족보・일기 등 체납자 또는 그 동거가족에게 필요한 장부 또는 서류
7. 직무 수행에 필요한 제복
8. 훈장이나 그 밖의 명예의 증표
9. 체납자 또는 그 동거가족의 학업에 필요한 서적과 기구
10. 발명 또는 저작에 관한 것으로서 공표되지 아니한 것
11. 주로 자기의 노동력으로 농업을 하는 사람에게 없어서는 아니 될 기구, 가축, 사료, 종자, 비료, 그 밖에 이에 준하는 물건
12. 주로 자기의 노동력으로 어업을 하는 사람에게 없어서는 아니 될 어망, 기구, 미끼, 새끼 물고기, 그 밖에 이에 준하는 물건
13. 전문직 종사자・기술자・노무자, 그 밖에 주로 자기의 육체적 또는 정신적 노동으로 직업 또는 사업에 종사하는 사람에게 없어서는 아니 될 기구, 비품, 그 밖에 이에 준하는 물건
14. 체납자 또는 그 동거가족의 일상생활에 필요한 안경・보청기・의치・의수족・지팡이・장애보조용 바퀴의자, 그 밖에 이에 준하는 신체보조기구 및 「자동차관리법」에 따른 경형자동차
15. 재해의 방지 또는 보안을 위하여 법령에 따라 설치하여야 하는 소방설비, 경보기구, 피난시설, 그 밖에 이에 준하는 물건
16. 법령에 따라 지급되는 사망급여금 또는 상이급여금(傷痍給與金)
17. 「주택임대차보호법」 제8조에 따라 우선변제를 받을 수 있는 금액
18. 체납자의 생계 유지에 필요한 소액금융재산으로서 대통령령으로 정하는 것(법에서 정한 보장성보험과 185만원 미만의 예금)

문제 48 [국세징수법] 보 칙

유 형	이론형		
중요도	★	정답	②

정답해설

세무서장은 국세징수 또는 공익(公益) 목적을 위하여 필요한 경우로서 신용정보회사 또는 신용정보집중기관, 그 밖에 대통령령으로 정하는 자가 다음의 어느 하나에 해당하는 체납자의 인적사항 및 체납액에 관한 자료를 요구한 경우에는 이를 제공할 수 있다.

1 체납 발생일부터 (ㄱ)년이 지나고 체납액이 (ㄴ)만원 이상인자
↳ 1 ↳ 500

2 1년에 (ㄷ)회 이상 체납하고 체납액이 (ㄹ)만원 이상인 자
↳ 3 ↳ 500

따라서 정답은 ②번이다.

법령 CHECK

국세징수법 제110조

문제 49 [조세범처벌법] 조세범처벌법

유 형	이론형		
중요도	★★★	정답	⑤

정답해설

사기나 그 밖의 부정한 행위란 다음 어느 하나에 해당하는 행위로서 조세의 부과와 징수를 불가능하게 하거나 현저히 곤란하게 하는 적극적 행위를 말한다.

1. 이중장부의 작성 등 장부의 거짓 기장
2. 거짓 증빙 또는 거짓 문서의 작성 및 수취
3. 장부와 기록의 파기
4. 재산의 은닉, 소득·수익·행위·거래의 조작 또는 은폐
5. 고의적으로 장부를 작성하지 아니하거나 비치하지 아니하는 행위 또는 계산서, 세금계산서 또는 계산서합계표, 세금계산서합계표의 조작
6. 「조세특례제한법」 제5조의2 제1호에 따른 전사적 기업자원 관리설비의 조작 또는 전자세금계산서의 조작
7. 그 밖에 위계에 의한 행위 또는 부정한 행위

따라서 보기 중 '사기나 그 밖의 부정한 행위'에 속하지 않는 것은 ⑤번이다.

법령 CHECK

조세범처벌법 제3조 제6항

합격의 TIP

2014, 2017, 2018년, 2021년, 2022년에도 조세범처벌법 제3조에 대한 내용이 출제된 바 있다. 조세범처벌법의 세부적인 내용은 암기하기에 내용이 방대할 수 있지만, 조세범처벌법 제3조는 기본이 되는 내용이므로 이런 문제는 반드시 맞추도록 하자!

관련이론 조세범처벌법 제3조

① 사기나 그 밖의 부정한 행위로써 조세를 포탈하거나 조세의 환급·공제를 받은 자는 2년 이하의 징역 또는 포탈세액, 환급·공제받은 세액(이하 "포탈세액등"이라 한다)의 2배 이하에 상당하는 벌금에 처한다. 다만, 다음 각 호의 어느 하나에 해당하는 경우에는 3년 이하의 징역 또는 포탈세액등의 3배 이하에 상당하는 벌금에 처한다.
   1. 포탈세액등이 3억원 이상이고, 그 포탈세액등이 신고·납부하여야 할 세액(납세의무자의 신고에 따라 정부가 부과·징수하는 조세의 경우에는 결정·고지하여야 할 세액을 말한다)의 100분의 30 이상인 경우
   2. 포탈세액등이 5억원 이상인 경우

② 제1항의 죄를 범한 자에 대해서는 정상에 따라 징역형과 벌금형을 병과할 수 있다.

③ 제1항의 죄를 범한 자가 포탈세액등에 대하여 「국세기본법」 제45조에 따라 법정신고기한이 지난 후 2년 이내에 수정신고를 하거나 같은 법 제45조의3에 따라 법정신고기한이 지난 후 6개월 이내에 기한 후 신고를 하였을 때에는 형을 감경할 수 있다.

④ 제1항의 죄를 상습적으로 범한 자는 형의 2분의 1을 가중한다.

⑤ 제1항에서 규정하는 범칙행위의 기수시기는 다음의 각 호의 구분에 따른다.
   1. 납세의무자의 신고에 의하여 정부가 부과·징수하는 조세 : 해당 세목의 과세표준을 정부가 결정하거나 조사결정한 후 그 납부기한이 지난 때. 다만, 납세의무자가 조세를 포탈할 목적으로 세법에 따른 과세표준을 신고하지 아니함으로써 해당 세목의 과세표준을 정부가 결정하거나 조사결정할 수 없는 경우에는 해당 세목의 과세표준의 신고기한이 지난 때로 한다.
   2. 제1호에 해당하지 아니하는 조세 : 그 신고·납부기한이 지난 때

⑥ 제1항에서 "사기나 그 밖의 부정한 행위"란 다음 각 호의 어느 하나에 해당하는 행위로서 조세의 부과와 징수를 불가능하게 하거나 현저히 곤란하게 하는 적극적 행위를 말한다.
   1. 이중장부의 작성 등 장부의 거짓 기장
   2. 거짓 증빙 또는 거짓 문서의 작성 및 수취
   3. 장부와 기록의 파기
   4. 재산의 은닉, 소득·수익·행위·거래의 조작 또는 은폐
   5. 고의적으로 장부를 작성하지 아니하거나 비치하지 아니하는 행위 또는 계산서, 세금계산서 또는 계산서합계표, 세금계산서합계표의 조작
   6. 「조세특례제한법」 제5조의2 제1호에 따른 전사적 기업자원 관리설비의 조작 또는 전자세금계산서의 조작
   7. 그 밖에 위계에 의한 행위 또는 부정한 행위

유 형	이론형		
중요도	★★	정답	①

문제 50 [조세범처벌법] 조세범처벌법

정답해설

① 재화 또는 용역을 공급하지 아니하거나 공급받지 아니하고 「부가가치세법」에 따른 세금계산서를 발급하거나 발급받은 행위

→ 3년 이하의 징역 또는 공급가액에 부가가치세의 세율을 적용하여 계산한 세액의 3배 이하에 상당하는 벌금에 처한다. 또한 이 죄를 범한 자에 대해서는 정상(情狀)에 따라 징역형과 벌금형을 병과할 수 있다. *관련이론

② 납세의무자를 대리하여 세무신고를 하는 자가 조세의 부과 또는 징수를 면하게 하기 위하여 타인의 조세에 관하여 거짓으로 신고를 하였을 때

→ 2년 이하의 징역 또는 2천만원 이하의 벌금에 처한다. 납세의무자로 하여금 과세표준의 신고(신고의 수정을 포함)를 하지 아니하게 하거나 거짓으로 신고하게 한 자 또는 조세의 징수나 납부를 하지 않을 것을 선동하거나 교사한 자는 1년 이하의 징역 또는 1천만원 이하의 벌금에 처한다.

③ 조세의 원천징수의무자가 정당한 사유 없이 그 세금을 징수하지 아니하였을 때

→ 1천만원 이하의 벌금에 처한다. 만약 조세의 원천징수의무자가 정당한 사유 없이 징수한 세금을 납부하지 아니하였을 때에는 2년 이하의 징역 또는 2천만원 이하의 벌금에 처한다.

④ 타인이 근로장려금을 거짓으로 신청할 수 있도록 근로를 제공받지 아니하고 근로소득 원천징수영수증을 거짓으로 기재하여 타인에게 발급한 행위

→ 2년 이하의 징역 또는 그 원천징수영수증 및 지급명세서에 기재된 총급여・총지급액의 100분의 20 이하에 상당하는 벌금. 참고로 위 행위를 알선하거나 중개한 자도 제1항과 같은 형에 처한다.

⑤ 조세의 회피 또는 강제집행의 면탈을 목적으로 타인의 성명을 사용하여 사업자등록을 하거나 타인 명의의 사업자등록을 이용하여 사업을 영위하는 행위

→ 2년 이하의 징역 또는 2천만원 이하의 벌금에 처한다.

법령 CHECK

① 조세범처벌법 제10조 제3항, 제5항
② 조세범처벌법 제9조
③ 조세범처벌법 제13조
④ 조세범처벌법 제14조
⑤ 조세범처벌법 제11조 제1항

합격의 TIP

조세범처벌법의 각 세부조항을 알아야 풀 수 있는 문제이다. 단순암기가 필요한 조세범처벌법의 경우 내용만 암기하면 풀 수 있는 문제가 주로 출제되므로 시험 막판에도 꼭 복습하도록 하자.

관련이론 조세범처벌법상 징역형과 벌금형을 병과할 수 있는 것

(1) 제10조 제3항 ~ 제5항

재화 또는 용역을 공급하지 아니하거나 공급받지 아니하고, 「부가가치세법」에 따른 세금계산서, 「소득세법」 및 「법인세법」에 따른 계산서를 발급하거나 발급받은 행위, 「부가가치세법」에 따른 매출・매입처별 세금계산서합계표, 「소득세법」 및 「법인세법」에 따른 매출・매입처별 계산서합계표를 거짓으로 기재하여 제출한 행위를 한 자는 3년 이하의 징역 또는 공급가액에 부가가치세의 세율을 적용하여 계산한 세액의 3배 이하에 상당하는 벌금에 처함(이와 같은 행위를 알선하거나 중개한 자도 제3항과 같은 형에 처함)

(2) 제15조(해외금융계좌정보의 비밀유지 의무 등의 위반)

「국제조세조정에 관한 법률」 제38조 제2항부터 제4항까지 및 제57조를 위반한 사람은 5년 이하의 징역 또는 3천만원 이하의 벌금에 처함

(3) 제16조(해외금융계좌 신고의무 불이행)

「국제조세조정에 관한 법률」 제53조 제1항에 따른 계좌신고의무자로서 신고기한 내에 신고하지 아니한 금액이나 과소신고한 금액(이하 이 항에서 "신고의무 위반금액"이라 한다)이 50억원을 초과하는 경우에는 2년 이하의 징역 또는 신고의무 위반금액의 100분의 13 이상 100분의 20 이하에 상당하는 벌금에 처함(다만, 정당한 사유가 있는 경우에는 그러하지 아니함)

유 형	계산형		
중요도	★★	정답	②

문제 51 [소득세법] 금융소득

정답해설

1 이자소득

비영업대금의 이익 : 13,000,000(원천징수되지 아니함)

2 이자소득금액

원천징수되지 아니한 비영업대금의 이익 : 13,000,000

3 배당소득

1) ㈜A로부터 받은 현금배당금 : 5,000,000
→ Gross-up 대상

2) ㈜B로부터 받은 자기주식소각이익 : 3,000,000
→ Gross-up 대상이 아님 : [시가 > 취득가액]인 경우 자본전입 무상주는 자본전입시기와 상관없이 의제배당으로 과세되기 때문에 Gross-up 대상이 아니다.

4 배당소득금액 = 1) + 2) + 3) = 8,110,000

1) Gross-up 제외
3,000,000

2) Gross-up 대상
5,000,000

3) 배당가산액
Min[5,000,000, {(13,000,000 + 8,000,000) − 20,000,000}] × 10% = 100,000

5 금융소득금액 = 이자소득금액 + 배당소득금액

= 13,000,000 + 8,100,000
= 21,100,000

법령 CHECK

소득세법 제16조, 제17조

합격의 TIP

2021년 55번, 2023년 59번을 함께 학습해보자. 또한 배당가산액 계산 시 배당가산률이 11%에서 10%로 개정되었다.

관련이론 배당소득금액 계산의 방법

(1) Gross-up 대상 배당소득과 대상이 아닌 배당소득을 구분한다.
법인세가 과세된 배당소득인지 아닌지 여부를 판단하여, 법인세가 과세되지 않았다면 Gross-up 대상 배당소득이라고 생각하면 된다.

(2) 배당가산액을 계산한다.
Min[Gross-up 대상 배당소득, 기본세율 적용 대상금융소득(이자소득과 배당소득의 합계) − 20,000,000] × 10%

유 형	계산형		
중요도	★★	정답	④

문제 52 [소득세법] 사업소득 [법인세법] 기업업무추진비와 기부금

정답해설

1 문제의 분석

구 분	개인(복식부기의무자)	법 인
(1) 기준소득금액	기준소득금액은 개인과 법인 동일 → 170,000,000	
(2) 종교단체기부금 (일반기부금)	일반기부금으로 한도 내에서 손금산입으로 인정함 → 5,000,000	
(3) 아동복지시설기부금 (일반기부금)	현물 일반기부금 Max(장부가액, 시가) → 35,000,000	현물 일반기부금(특수관계인이 아닌 경우) 장부가액 → 20,000,000
(4) 장애인유료복지시설 기부금(비지정기부금)	비지정기부금(전액 손금불산입) → 30,000,000 ※ 만약 '장애인무료복지시설'로 출제되었을 경우 일반기부금임에 주의하자	

2 소득세법

1) 기부금 분류

- 일반기부금 : 5,000,000 + 35,000,000 = 40,000,000
  (↳ 종교단체, ↳ 아동복지시설)
- 비지정기부금 : 30,000,000
  (↳ 장애인유료복지시설)

2) 일반기부금 필요경비 산입한도

= (170,000,000 − 20,000,000) × 10%
(↳ 기준소득금액, ↳ 이월결손금)

\+ Min[(170,000,000 − 20,000,000) × 20%, 35,000,000]
(↳ 기준소득금액, ↳ 이월결손금, ↳ 종교단체 외의 일반기부금)

= 45,000,000(일반기부금 한도미달)

3) 기부금 필요경비 불산입액

= 30,000,000
(↳ 장애인유료복지시설(비지정기부금))

3 법인세법

1) 기부금 분류

- 일반기부금 : 5,000,000 + 20,000,000 = 25,000,000
  (↳ 종교단체, ↳ 아동복지시설)
- 비지정기부금 : 30,000,000
  (↳ 장애인유료복지시설)

2) 일반기부금 한도

= (170,000,000 − 20,000,000) × 10%

= 15,000,000

법령 CHECK

소득세법 제34조
법인세법 제24조

합격의 TIP

문제에서 '기준소득금액'에 대하여 '이월결손금 차감 전이며, 기부금을 필요경비 또는 손금으로 산입하기 전의 금액'이라 명시하였다. 이는 이미 순수 기부금 한도 계산 전의 금액을 의미하므로, 문제에서 제시한 기준소득금액에 기부금 지출액 등을 다시 합산하여 기준소득금액을 계산하지 않도록 주의하자.

3) 일반기부금 한도초과액

= 25,000,000 − 15,000,000

= 10,000,000(손금불산입액)

4) 기부금 손금불산입액

= 10,000,000 + 30,000,000

기부금 한도초과 ↲ ↳ 장애인유료복지시설(비지정기부금)

= 40,000,000

관련이론1 **소득세법상 필요경비 산입한도액**

(1) 특례기부금

필요경비 산입한도액 = A − B • A : 기준소득금액(기부금을 필요경비에 산입하기 전의 해당 과세기간의 소득금액) • B : 이월결손금

(2) 일반기부금

1) 종교단체에 기부한 금액이 있는 경우

필요경비 산입한도액 = [{A − (B + C)} × 100분의 10] + [{A − (B + C)} × 100분의 20과 종교단체 외에 기부한 금액 중 적은 금액] • A : 기준소득금액 • B : 특례기부금 산식에 따라 필요경비에 산입하는 기부금 • C : 이월결손금

2) 종교단체에 기부한 금액이 없는 경우

필요경비 산입한도액 = [A − (B + C)] × 100분의 30 • A : 기준소득금액 • B : 특례기부금 산식에 따라 필요경비에 산입하는 기부금 • C : 이월결손금

관련이론2 **법인세법상 기부금 손금산입한도 계산**

(1) 특례기부금

(기준소득금액 − 이월결손금*) × 50%

*각 사업연도 소득의 80%를 한도로 이월결손금 공제를 적용받는 법인은 기준소득금액의 80%를 한도로 함

(2) 일반기부금

(기준소득금액 − 이월결손금*1 − 특례기부금 손금산입액) × 10%*2

*1 각 사업연도 소득의 80%를 한도로 이월결손금 공제를 적용받는 법인은 기준소득금액의 80%를 한도로 함

*2 사업연도 종료일 현재 「사회적기업 육성법」에 따른 사회적기업은 20%

문제 53 [소득세법] 양도소득세

유 형	계산형		
중요도	★★★	정답	③

정답해설

(단위 : 천원)

양도가액	187,500	(1) 감정가액으로 안분 : 건물과 토지의 일괄 양도 시 양도가액 *관련이론 → $500,000 \times \frac{150,000}{150,000+250,000}$ (2) 현저한 차이 여부 판단 → $\frac{300,000-187,500}{187,500} = 60\% \geq 30\%$ 이므로, 토지와 건물등의 가액 구분이 불분명한 경우로서 안분한 금액을 양도가액으로 함
− **취득가액**	78,000	(1) 감가상각누계액 → $120,000 \times \frac{1}{10} \times \frac{42}{12} = 42,000$ (2) 취득가액 → $120,000 - 42,000 = 78,000$ ※ 만약 현재가치할인차금을 취득가액과 구분하여 계상한 경우에는 현재가치할인차금을 취득가액에 합산해야 한다.
− **기타필요경비**	1,500	양도계약서 작성비용 → $4,000 \times \frac{150,000}{150,000+250,000} = 1,500$
양도차익	108,000	

법령 CHECK

소득세법 제100조
소득세법 제97조

합격의 TIP

양도소득세 파트는 거의 매년 출제된다. 반드시 학습하도록 하고, 유사문제로 2018년 56번, 2023년 55번 문제도 추가로 학습해보자.

관련이론 **건물과 토지의 일괄양도 시 양도가액 또는 취득가액**

- 원칙 : 실지거래가액에 따라 산정하는 경우로서 토지와 건물 등을 함께 취득하거나 양도한 경우에는 이를 각각 구분하여 기장
- 예외 : 토지와 건물 등의 가액 구분이 불분명할 때*에는 취득 또는 양도 당시의 기준시가 등을 고려하여 부가가치세법(시행령 제64조)에 따라 안분계산

※ 부가가치세법 시행령 제64조에 따르면 [감정가액 → 기준시가 → 장부가액 → 취득가액] 순으로 안분계산

* 토지와 건물 등의 가액 구분이 불분명한 경우란 토지와 건물 등을 함께 양도한 경우로서 그 토지와 건물 등을 구분 기장한 가액이 안분계산규정에 따라 안분계산한 가액과 30% 이상 차이가 있는 경우를 뜻한다.

유 형	계산형		
중요도	★★★	정답	①

문제 54 [소득세법] 종합소득금액 계산 특례

정답해설

1 **인적공제** = 1) 기본공제 + 2) 추가공제
= 6,000,000 + 3,000,000
= 9,000,000

1) 기본공제 : 본인 + 배우자[*1] + 모친[*2] + 장남[*3]
= 1,500,000 × 4명
= 6,000,000

*1 배우자	사실혼은 제외되지만 별거 중인 경우 인적공제를 받을 수 있으며, 총급여액도 500만원 이하로 기본공제 대상이다.
*2 모친	모친의 소득인 작물재배업은 비과세 소득이며, 해당과세기간에 사망한 경우, 사망일 전날의 상황에 의하므로 기본공제 대상이다.
*3 장남	직계비속의 경우 20세 이하로 소득금액이 100만원 이하면 기본공제 대상이다.

2) 추가공제 : 모친(경로우대 : 70세 이상) + 장남(장애인)
= 1,000,000 + 2,000,000
= 3,000,000

2 특별소득공제(보험료공제) = 국민건강보험료(본인부담) + 고용보험료(본인부담)
= 1,800,000 + 500,000
= 2,300,000

※ 근로소득이 있는 거주자(일용근로자는 제외)가 해당 과세기간에 「국민건강보험법」, 「고용보험법」 또는 「노인장기요양보험법」에 따라 근로자가 부담하는 보험료를 지급한 경우 그 금액을 해당 과세기간의 근로소득금액에서 공제한다.

3 종합소득공제액 = 인적공제 + 특별소득공제
= 9,000,000 + 2,300,000
= 11,300,000

법령 CHECK

소득세법 제50조
소득세법 제51조
소득세법 제52조

합격의 TIP

종합소득공제의 경우 각 항목에 어떤 것이 있는지 정확히 암기하고 있어야 한다. 하단에 관련이론의 각 항목을 보고 각 소득공제 및 세액공제가 어떤 것이 있는지 바로 떠올릴 수 있도록 학습하자. 또한 문제에서 제시한 생명보험보험료는 종합소득공제가 아닌 세액공제 대상임에 주의하자.

관련이론 **소득세법상 소득공제와 세액공제 분류**

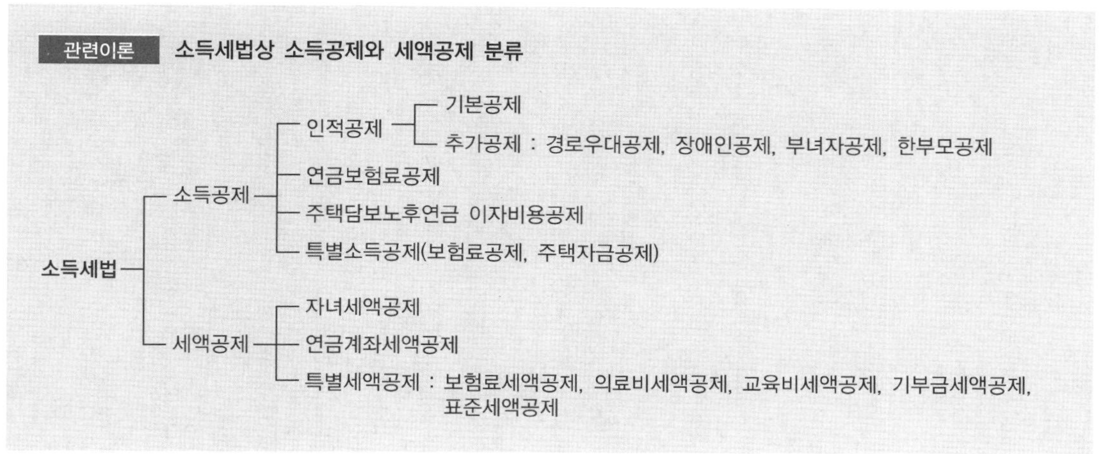

유 형	계산형		
중요도	★★	정답	③

문제 55 [소득세법] 근로, 연금, 기타소득

정답해설

(1) 연간급여	30,000,000	근로를 제공함으로써 받는 봉급·급료·보수·세비·임금·상여·수당과 이와 유사한 성질의 급여와 법인의 주주총회·사원총회 또는 이에 준하는 의결기관의 결의에 따라 상여로 받는 소득은 총급여액에 포함된다.
(2) 연간상여	10,000,000	
(3) 인정상여	0	인정상여의 귀속시기는 근로를 제공한 날이다.
(4) 주식매수선택권	10,000,000	법인의 임원 또는 종업원이 해당 법인 또는 해당 법인과 「법인세법 시행령」에 따른 특수관계에 있는 법인으로부터 부여받은 주식매수선택권을 해당 법인등에서 근무하는 기간 중 행사함으로써 얻은 이익(주식매수선택권 행사 당시의 시가와 실제 매수가액과의 차액을 말하며, 주식에는 신주인수권을 포함)은 총급여에 포함된다.
(5) 연간급여 외의 식대	1,200,000	현금으로 지급된 식대는 월 200,000까지 비과세이다.
총급여액	51,200,000	

법령 CHECK

소득세법 제20조
소득세법 시행령 제38조

합격의 TIP

심화학습으로 2016년 60번의 월정액급여와 비교하여 학습해보자.

문제 56 [소득세법] 소득세 총설

유 형	이론형		
중요도	★★★	정답	⑤

정답해설

③ 소득세 납세의무 *관련이론

⑤ 국내에 거소를 둔 기간은 ~~입국하는 날~~부터 출국하는 날까지로 한다.
→ 입국하는 날의 다음 날

법령 CHECK

① 소득세법 제3조
② 소득세법 제1조의2 제1항
③ 소득세법 제2조 제3항
④ 소득세법 시행령 제3조
⑤ 소득세법 시행령 제4조 제1항

관련이론 **소득세법상 납세의무**

1. 거주자
2. 비거주자로서 국내원천소득이 있는 개인
3. 원천징수한 소득세를 납부할 의무를 지는 거주자・비거주자・내국법인・외국법인의 국내지점 또는 국내영업소(출장소 등을 포함)・그 밖에 이 법에서 정하는 원천징수의무자
4. 「국세기본법」에 따른 법인 아닌 단체 중 법인으로 보는 단체외의 법인 아닌 단체

국내에 주사무소 또는 사업의 실질적 관리장소를 둔 경우	1거주자
국내에 주사무소 또는 사업의 실질적 관리장소를 두지 않은 경우	1비거주자
구성원 전체 간의 이익분배비율이 있고, 이익분배비율이 확인되는 경우	소득구분에 따라 구성원별로 법인세 또는 소득세 납세의무 부담
구성원 전체 간의 이익분배비율은 없지만, 실제이익분배비율이 확인되는 경우	소득구분에 따라 구성원별로 법인세 또는 소득세 납세의무 부담
일부 구성원의 분배비율만 확인되는 경우	해당 구성원별로 소득세 또는 법인세에 대한 납세의무 부담하며, 확인되지 아니하는 부분은 해당 단체를 1거주자 또는 1비거주자로 보아 소득세 납세의무 부담
법인으로 보는 단체 외의 법인 아닌 단체에 해당하는 국외투자기구*를 국내원천소득의 실질귀속자로 보는 경우	1비거주자로 소득세 납세의무 부담

* 국외투자기구 : 투자권유를 하여 모은 금전 등을 가지고 재산적 가치가 있는 투자대상자산을 취득, 처분하거나 그 밖의 방법으로 운용하고 그 결과를 투자자에게 배분하여 귀속시키는 투자행위를 하는 기구로서 국외에서 설립된 기구

문제 57	[법인세법] 세무조정과 소득처분 [소득세법] 원천징수, 기타소득

유 형	이론형		
중요도	★	정답	①

정답해설

① 해당 사안과 관련하여 법인에게 소득금액변동통지서를 통지한 경우 통지하였다는 사실을 ~~대표자에게~~ 알려야 하며, 당해 내용에는 ~~소득금액 변동내용이 포함되어 있어야 한다~~.

→ 해당 주주 및 해당 상여나 기타소득의 처분을 받은 거주자에게 / 소득금액 변동내용은 포함하지 않는다.

③ 다만, 당해 법인의 소재지가 분명하지 아니하거나 그 통지서를 송달할 수 없는 경우에는 당해 주주 및 당해 상여나 기타소득의 처분을 받은 거주자에게 통지하여야 한다.

④ 단, 뇌물, 알선수재 및 배임수재에 의하여 받는 금품은 소득세법상 기타소득에 해당됨에 주의한다.

법령 CHECK

① 소득세법 시행령 제192조 제4항
② 법인세법 시행령 제106조 제1항
③ 소득세법 시행령 제192조 제1항
④ 소득세법 제21조
⑤ 소득세법 제135조 제4항
소득세법 제131조 제2항

문제 58	[소득세법] 사업소득 [소득세법] 근로, 연금, 기타소득

유 형	이론형		
중요도	★★	정답	①

정답해설

① 사업소득 중 전통주의 제조에서 발생하는 소득으로서 연 ~~1,500만원~~ 이하의 금액

→ 1,200만원

②, ③, ④, ⑤ 「소득세법」상 비과세소득이다. *관련이론

소득세법 12조

합격의 TIP

자주 출제되는 문제는 아니지만, 이 정도 문제는 반드시 맞추어야 하는 문제이다.

관련이론 「소득세법」상 비과세소득

(1) 「공익신탁법」에 따른 공익신탁의 이익

(2) 사업소득 중 다음의 어느 하나에 해당하는 소득
1) 논·밭을 작물 생산에 이용하게 함으로써 발생하는 소득
2) 1개의 주택을 소유하는 자의 주택임대소득(기준시가가 12억원을 초과하는 주택 및 국외에 소재하는 주택의 임대소득은 제외)
3) 소득세법 시행령에 따른 농어가부업소득
4) 수도권 밖의 읍·면지역에서 전통주를 제조함으로써 발생하는 소득으로서 소득금액의 합계액이 연 1천 200만원 이하인 것(1천 200만원 초과 시 전액 과세)
5) 조림기간 5년 이상인 임지의 임목의 벌채 또는 양도로 발생하는 소득으로서 연 600만원 이하의 금액(600만원 초과부분만 과세)
6) 작물재배업에서 발생하는 소득으로서 해당 과세기간의 수입금액의 합계액이 10억원 이하인 것(10억원 초과부분만 과세)
7) 연근해어업과 내수면어업에서 발생하는 소득으로서 해당 과세기간의 소득금액이 5천만원 이하인 어로어업 또는 양식어업에서 발생하는 소득

(3) 근로소득과 퇴직소득 중 다음의 어느 하나에 해당하는 소득
1) 대통령령으로 정하는 복무 중인 병(兵)이 받는 급여
2) 법률에 따라 동원된 사람이 그 동원 직장에서 받는 급여
3) 「산업재해보상보험법」에 따라 수급권자가 받는 요양급여, 휴업급여, 장해급여, 간병급여, 유족급여, 유족특별급여, 장해특별급여, 장의비 또는 근로의 제공으로 인한 부상·질병·사망과 관련하여 근로자나 그 유족이 받는 배상·보상 또는 위자의 성질이 있는 급여
4) 「근로기준법」 또는 「선원법」에 따라 근로자·선원 및 그 유족이 받는 요양보상금, 휴업보상금, 상병보상금, 일시보상금, 장해보상금, 유족보상금, 행방불명보상금, 소지품 유실보상금, 장의비 및 장제비
5) 「고용보험법」에 따라 받는 실업급여, 육아휴직 급여, 육아기 근로시간 단축 급여, 출산전후휴가 급여등, 「제대군인 지원에 관한 법률」에 따라 받는 전직지원금, 「국가공무원법」·「지방공무원법」에 따른 공무원 또는 「사립학교교직원 연금법」·「별정우체국법」을 적용받는 사람이 관련 법령에 따라 받는 육아휴직수당
6) 「국민연금법」에 따라 받는 반환일시금(사망으로 받는 것만 해당한다) 및 사망일시금
7) 「공무원연금법」, 「공무원 재해보상법」, 「군인연금법」, 「군인 재해보상법」, 「사립학교교직원 연금법」 또는 「별정우체국법」에 따라 받는 공무상요양비·요양급여·장해일시금·비공무상 장해일시금·비직무상 장해일시금·장애보상금·사망조위금·사망보상금·유족일시금·퇴직유족일시금·유족연금일시금·퇴직유족연금일시금·퇴역유족연금일시금·순직유족연금일시금·유족연금부가금·퇴역유족연금부가금·퇴직유족연금부가금·퇴역유족연금특별부가금·유족연금특별부가금·퇴직유족연금특별부가금·순직유족보상금·직무상유족보상금·위험직무순직유족보상금·재해부조금·재난부조금 또는 신체·정신상의 장해·질병으로 인한 휴직기간에 받는 급여
8) 대통령령으로 정하는 학자금
9) 대통령령으로 정하는 실비변상적 성질의 급여
10) 외국정부(외국의 지방자치단체와 연방국가인 외국의 지방정부를 포함) 또는 대통령령으로 정하는 국제기관에서 근무하는 사람으로서 대통령령으로 정하는 사람이 받는 급여. 다만, 그 외국정부가 그 나라에서 근무하는 우리나라 공무원의 급여에 대하여 소득세를 과세하지 아니하는 경우만 해당
11) 「국가유공자 등 예우 및 지원에 관한 법률」 또는 「보훈보상대상자 지원에 관한 법률」에 따라 받는 보훈급여금·학습보조비
12) 「전직대통령 예우에 관한 법률」에 따라 받는 연금
13) 작전임무를 수행하기 위하여 외국에 주둔 중인 군인·군무원이 받는 급여
14) 종군한 군인·군무원이 전사(전상으로 인한 사망을 포함한다. 이하 같다)한 경우 그 전사한 날이 속하는 과세기간의 급여
15) 국외 또는 「남북교류협력에 관한 법률」에 따른 북한지역에서 근로를 제공하고 받는 대통령령으로 정하는 급여
16) 「국민건강보험법」, 「고용보험법」 또는 「노인장기요양보험법」에 따라 국가, 지방자치단체 또는 사용자가 부담하는 보험료

17) 생산직 및 그 관련 직에 종사하는 근로자로서 급여 수준 및 직종 등을 고려하여 대통령령으로 정하는 근로자가 대통령령으로 정하는 연장근로·야간근로 또는 휴일근로를 하여 받는 급여
18) 대통령령으로 정하는 식사 또는 식사대(월 200,000원)
19) 근로자 또는 그 배우자의 출산이나 6세 이하(해당 과세기간 개시일을 기준으로 판단한다) 자녀의 보육과 관련하여 사용자로부터 받는 급여로서 월 20만원 이내의 금액
20) 「국군포로의 송환 및 대우 등에 관한 법률」에 따른 국군포로가 받는 보수 및 퇴직일시금
21) 「교육기본법」에 따라 받는 장학금 중 대학생이 근로를 대가로 지급받는 장학금(「고등교육법」 제2조 제1호부터 제4호까지의 규정에 따른 대학에 재학하는 대학생에 한함)
22) 「발명진흥법」에 따른 직무발명으로 받는 다음의 보상금(이하 "직무발명보상금"이라 한다)으로서 대통령령으로 정하는 금액
   ① 「발명진흥법」에 따른 종업원등이 사용자등으로부터 받는 보상금(단, 보상금을 지급한 자와 특수관계인인 경우 제외)
   ② 대학의 교직원 또는 대학과 고용관계가 있는 학생이 소속 대학에 설치된 「산업교육진흥 및 산학연협력촉진에 관한 법률」에 따른 산학협력단으로부터 받는 보상금(단, 산학협력단과 특수관계인인 경우 제외)
23) 대통령령으로 정하는 복리후생적 성질의 급여

(4) 연금소득 중 다음의 어느 하나에 해당하는 소득
1) 「국민연금법」, 「공무원연금법」 또는 「공무원 재해보상법」, 「군인연금법」 또는 「군인 재해보상법」, 「사립학교교직원연금법」, 「별정우체국법」 또는 「국민연금과 직역연금의 연계에 관한 법률」에 따라 받는 유족연금·퇴직유족연금·퇴역유족연금·장해유족연금·상이유족연금·순직유족연금·직무상유족연금·위험직무순직유족연금, 장애연금, 장해연금·비공무상 장해연금·비직무상 장해연금, 상이연금, 연계노령유족연금 또는 연계퇴직유족연금
2) 「산업재해보상보험법」에 따라 받는 각종 연금
3) 「국군포로의 송환 및 대우 등에 관한 법률」에 따른 국군포로가 받는 연금

(5) 기타소득 중 다음의 어느 하나에 해당하는 소득
1) 「국가유공자 등 예우 및 지원에 관한 법률」 또는 「보훈보상대상자 지원에 관한 법률」에 따라 받는 보훈급여금·학습보조비 및 「북한이탈주민의 보호 및 정착지원에 관한 법률」에 따라 받는 정착금·보로금과 그 밖의 금품
2) 「국가보안법」에 따라 받는 상금과 보로금
3) 「상훈법」에 따른 훈장과 관련하여 받는 부상이나 그 밖에 대통령령으로 정하는 상금과 부상
4) 종업원등 또는 대학의 교직원이 퇴직한 후에 지급받거나 대학의 학생이 소속 대학에 설치된 산학협력단으로부터 받는 직무발명보상금으로서 대통령령으로 정하는 금액
5) 「국군포로의 송환 및 대우 등에 관한 법률」에 따라 국군포로가 받는 위로지원금과 그 밖의 금품
6) 「문화재보호법」에 따라 국가지정문화재로 지정된 서화·골동품의 양도로 발생하는 소득
7) 서화·골동품을 박물관 또는 미술관에 양도함으로써 발생하는 소득
8) 종교인소득 중 다음의 어느 하나에 해당하는 소득
   ① 「통계법」에 따라 통계청장이 고시하는 한국표준직업분류에 따른 종교관련종사자가 받는 대통령령으로 정하는 학자금
   ② 종교관련종사자가 받는 대통령령으로 정하는 식사 또는 식사대
   ③ 종교관련종사자가 받는 대통령령으로 정하는 실비변상적 성질의 지급액
   ④ 종교관련종사자 또는 그 배우자의 출산이나 6세 이하(해당 과세기간 개시일을 기준으로 판단한다) 자녀의 보육과 관련하여 종교단체로부터 받는 금액으로서 월 20만원 이내의 금액
   ⑤ 종교관련종사자가 기획재정부령으로 정하는 사택을 제공받아 얻는 이익
9) 법령·조례에 따른 위원회 등의 보수를 받지 아니하는 위원(학술원 및 예술원의 회원을 포함한다)등이 받는 수당

문제 59 [소득세법] 근로, 연금, 기타소득

유 형	이론형		
중요도	★★★	정답	⑤

정답해설

① 기타소득은 열거주의에 의하므로, 열거된 항목이라 하더라도 다른 소득과 중복되면 다른 소득으로 구분한다.

② 거주자가 받은 금액의 100분의 80(서화 · 골동품의 보유기간이 10년 이상인 경우에는 100분의 90)에 상당하는 금액을 필요경비로 한다. 다만, 실제 소요된 필요경비가 100분의 80(서화 · 골동품의 보유기간이 10년 이상인 경우에는 100분의 90)에 상당하는 금액을 초과하면 그 초과하는 금액도 필요경비에 산입한다. 또한 서화 · 골동품을 박물관 또는 미술관에 양도함으로써 발생하는 소득은 비과세 됨에 주의한다.

③ 정신적 피해를 전보하기 위하여 받는 배상금은 소득세법상 열거된 기타소득이 아니다. 하지만 계약의 위약 또는 해약에 의하여 받는 소득은 기타소득임에 주의한다.

④ 또한 고용관계 없이 주식매수선택권을 부여받아 이를 행사함으로써 얻는 이익도 기타소득에 해당한다. 만약 근로기간에 행사한 주식매수선택권의 경우에는 근로소득에 해당함에 주의한다.

⑤ 특정한 소득이 기타소득의 어느 항목에 해당하는지 여부는 세액에 영향이 없다.
→ 있다. 기타소득의 어느 항목에 해당하는지 여부에 따라 법정필요경비 또는 의제필요경비가 달라지기 때문이다.

법령 CHECK

①, ③, ④ 소득세법 제21조
②, ⑤ 소득세법 시행령 제87조

합격의 TIP

기타소득에 대한 기초문제로 반드시 맞추어야 하는 문제이다. 2021년 56번, 2017년 53번, 2016년 56번을 같이 학습한다면 기타소득의 출제범위를 파악할 수 있을 것이다.

유 형	이론형		
중요도	★★	정답	①

문제 60 [소득세법] 양도소득세

정답해설

① 법원의 파산선고에 의한 부동산의 처분은 양도로 ~~보지 아니한다~~.
→ 양도로 본다. 단, 비과세 양도소득으로 열거되어 있기 때문에 과세되지 않는다.

④ 「도시개발법」이나 그 밖의 법률에 따른 환지처분으로 지목 또는 지번이 변경되거나 보류지로 충당되는 경우에는 양도로 보지 아니한다.

법령 CHECK

① 소득세법 제89조
② 소득세법 기본통칙 88-0…1
③ 소득세법 기본통칙 88-0…2
④ 소득세법 제88조
⑤ 소득세법 시행령 제151조

합격의 TIP

2018년에도 비슷한 문제가 출제되었다(2018년 51번). 심화학습으로 2018년 51번의 관련이론 '자산의 양도로 보지 않는 경우'에 대해 학습해 두도록 하자.

관련이론 소득세법 제88조 제1호

① '양도'란 자산에 대한 등기 또는 등록과 관계없이 매도, 교환, 법인에 대한 현물출자 등을 통하여 그 자산을 유상으로 사실상 이전하는 것을 말한다. 이 경우 대통령령으로 정하는 부담부증여 시 수증자가 부담하는 채무액에 해당하는 부분은 양도로 보며, 다음 각 목의 어느 하나에 해당하는 경우에는 양도로 보지 아니한다.

가. 「도시개발법」이나 그 밖의 법률에 따른 환지처분으로 지목 또는 지번이 변경되거나 보류지(保留地)로 충당되는 경우

나. 토지의 경계를 변경하기 위하여 「공간정보의 구축 및 관리 등에 관한 법률」 제79조에 따른 토지의 분할 등 대통령령으로 정하는 방법과 절차로 하는 토지 교환의 경우

다. 위탁자와 수탁자 간 신임관계에 기하여 위탁자의 자산에 신탁이 설정되고 그 신탁재산의 소유권이 수탁자에게 이전된 경우로서 위탁자가 신탁 설정을 해지하거나 신탁의 수익자를 변경할 수 있는 등 신탁재산을 실질적으로 지배하고 소유하는 것으로 볼 수 있는 경우

문제 61 [법인세법] 손익의 귀속시기

유 형	이론형		
중요도	★★★	정답	④

정답해설

③ 법인이 수입하는 이자의 경우 「소득세법」상 수입시기에 해당하는 날이 속하는 사업연도가 귀속시기이다. 단, 결산을 확정할 때 이미 경과한 기간에 대응하는 이자 및 할인액을 해당 사업연도의 수익으로 계상한 경우에는 그 계상한 사업연도의 익금으로 한다. 하지만 이 경우에도 「소득세법」에 따라 원천징수되는 이자 및 할인액은 제외되므로, 원천징수대상인 이자에 대하여 결산상 미수이자를 계상한 경우에는 익금불산입대상이다.

④ 중소기업이 아닌 법인이 장기할부조건으로 자산을 판매하고 인도기준으로 회계처리한 경우, 그 장기할부조건에 따라 각 사업연도에 회수하였거나 회수할 금액과 이에 대응하는 비용을 ~~신고조정~~에 의하여 해당 사업연도의 익금과 손금에 산입할 수 있다.
→ 결산조정

⑤ 계약의 목적물을 인도하지 아니하고 목적물의 가액 변동에 따른 차액을 금전으로 정산하는 파생상품의 거래로 인한 손익은 그 거래에서 정하는 대금결제일이 속하는 사업연도의 익금과 손금으로 한다.

법령 CHECK

① 법인세법 제40조 제1항
② 법인세법 시행령 제70조 제3항
③ 법인세법 시행령 제70조 제1항
④ 법인세법 시행령 제68조 제2항
⑤ 법인세법 시행령 제71조 제6항

합격의 TIP

익금과 손금의 귀속시기는 거의 매년 출제되는 주제이다. 자산(법령 제68조), 용역(법령 제69조), 이자소득(법령 제70조), 임대료(법령 제71조)등 기타소득의 귀속시기에 대해 꼼꼼하게 공부해 두도록 하자. 자산의 판매손익의 경우 2018년 66번, 2017년 67번, 2016년 64번에 수록해 놓았으므로 이번 관련이론에는 용역제공과 이자에 대한 손익귀속시기 중 필자가 중요하다고 생각되는 부분을 수록해 두었으므로 반드시 학습하자.*관련이론1~4

관련이론1 **용역제공 등에 의한 손익의 귀속사업연도**

건설·제조 기타 용역의 제공으로 인한 익금과 손금은 그 목적물의 건설등의 착수일이 속하는 사업연도부터 그 목적물의 인도일(용역제공의 경우에는 그 제공을 완료한 날)이 속하는 사업연도까지 기획재정부령으로 정하는 바에 따라 그 목적물의 건설등을 완료한 정도(작업진행률)를 기준으로 하여 계산한 수익과 비용을 각각 해당 사업연도의 익금과 손금에 산입
예외 : 목적물의 인도일이 속하는 사업연도의 익금과 손금에 산입하는 경우
1. 중소기업인 법인이 수행하는 계약기간이 1년 미만인 건설등
2. 기업회계기준에 따라 그 목적물의 인도일이 속하는 사업연도의 수익과 비용으로 계상한 경우
3. 작업진행률을 계산할 수 없다고 인정되는 경우로서 기획재정부령으로 정하는 경우
4. 한국채택국제회계기준을 적용하는 법인이 수행하는 예약매출의 경우

관련이론2 **법인이 수입하는 이자 및 할인액**

「소득세법 시행령」 제45조에 따른 수입시기에 해당하는 날이 속하는 사업연도. 다만, 결산을 확정할 때 이미 경과한 기간에 대응하는 이자 및 할인액(원천징수되는 이자 및 할인액은 제외)을 해당 사업연도의 수익으로 계상한 경우에는 그 계상한 사업연도의 익금으로 한다.

관련이론3 **법인이 지급하는 이자 및 할인액**

「소득세법 시행령」 제45조에 따른 수입시기에 해당하는 날이 속하는 사업연도. 다만, 결산을 확정할 때 이미 경과한 기간에 대응하는 이자 및 할인액을 해당 사업연도의 손비로 계상한 경우에는 그 계상한 사업연도의 손금으로 한다.

관련이론4 **소득세법 시행령 제45조(일부)**

(1) 실제 지급일
예금의 이자, 무기명채권의 이자와 할인액, 저축성보험의 보험차익, 소기업 및 소상공인공제부금에서 발생하는 소득

(2) 약정에 따른 지급일
기명채권의 이자와 할인액, 직장공제회 초과반환금

(3) 비영업대금의 이익
약정에 의한 지급일과 실제 지급일 중 빠른 날

유 형	계산형		
중요도	★	정답	②

문제 62 [법인세법] 의제배당 등

정답해설

1 문제의 분석

날 짜	내 용	21.9.15.처분[*1]	23.3.31.소각[*2]
20.4.1.	400주 × 1,500 = 600,000 의제배당	160주	240주
21.5.2.	200주 × 0 = 0 의제배당 아님	80주	120주
21.7.1.	400주 × 1,000 = 400,000 의제배당	160주	240주
총 처분된 주식 수		400주	600주

*1 처분주식의 경우 취득한 주식비율에 따라 처분된다.

*2 주식 등의 소각(자본 또는 출자의 감소를 포함)일로부터 과거 2년 이내에 의제배당으로 과세되지 않은 무상주를 취득한 경우에는 그 주식 등이 먼저 소각된 것으로 보며, 그 주식 등의 취득가액은 0으로 한다. 이 경우 그 기간 중에 주식 등의 일부를 처분한 경우에는 해당 주식 등과 다른 주식 등을 그 주식 등의 수에 비례하여 처분한 것으로 보며, 그 주식 등의 소각 후 1주당 장부가액은 소각 후 장부가액의 합계액을 소각 후 주식 등의 총수로 나누어 계산한 금액으로 한다.

2 의제배당의 계산

1) 감자대가(소각대가)

400주 × 1,500 = 600,000

2) 취득가액

(120주 × 0) + (280주 × 1,250) = 350,000

↳ $\frac{400주 \times 1,500 + 400주 \times 1,000}{800주} = 1,250$

3) 의제배당금액 = 1) − 2)

= 600,000 − 350,000

= 250,000

법령 CHECK

법인세법 제16조

합격의 TIP

자주 나오는 주제는 아니지만, 반드시 알아두어야 할 부분이다.

유 형	이론형		
중요도	★★★	정답	④

문제 63 [법인세법] 기업업무추진비와 기부금

정답해설

④ 내국법인이 한 차례의 접대에 지출한 기업업무추진비 중 3만원(경조금은 ~~10만원~~)을 초과하는 기업업무추진비로서 증명서류를 수취하지 않은 것은 전액 손금불산입하고 ~~소득귀속자에 관계없이 기타사외유출로 처분한다~~.

→ 20만원 / 대표자 상여로 처분하고, 만약, 법정 증명서류를 수취하지 않고 영수증을 수취한 경우에는 기타사외유출로 처분한다.

법령 CHECK

① 법인세법 시행령 제40조 제1항
② 법인세법 시행령 제40조 제2항
③ 법인세법 시행령 제42조 제6항
④ 법인세법 시행령 제41조 제1항
⑤ 법인세법 시행령 제41조 제5항

합격의 TIP

기업업무추진비의 경우 계산문제도 출제될 가능성이 높으며, 관련 주제가 2년에 1번은 출제된다고 보아야 한다. 2019년의 경우 이론형 문제로 출제되었기에 반드시 맞추어야 하는 문제형태였다. 계산문제를 학습하고자 하는 수험생은 2017년 69번 문제를 학습해보자.

문제 64 [법인세법] 감가상각비

유 형	이론형		
중요도	★★★	정답	③

정답해설

①, ② 시험기기, 가스기기, 개인용컴퓨터, 전기기구는 즉시상각의제대상 자산이므로 손금으로 인정된다. *관련이론

③ 시설개체 또는 기술의 낙후로 인하여 생산설비의 일부를 폐기한 경우 ~~당해 자산의 장부가액을~~ 폐기일이 속하는 사업연도의 손금에 산입할 수 있다.
→ 당해 장부가액에서 1천원 공제 후

④ 3년 미만의 기간마다 주기적인 수선을 위하여 지출하는 경우로서 수익적 지출에 해당한다.

⑤ 개별자산별로 수선비로 지출한 금액이 직전 사업연도종료일 현재 재무상태표상의 자산가액(취득가액에서 감가상각누계액상당액을 차감한 금액을 말한다)의 100분의 5를 초과하며, 수선비 금액도 600만원을 초과하므로 손금인정되지 않고 감가상각한 금액으로 의제하여 시부인해야 한다.

법령 CHECK

①, ②, ③, ④, ⑤
법인세법 시행령 제31조

합격의 TIP

감가상각비의 경우 거의 매년 출제되는 파트이며, 계산문제가 어렵게 출제될 경우 까다로울 수 있지만, 이론형 문제는 반드시 맞추어야 한다.

관련이론 즉시상각의제의 예외(손금으로 인정되는 것)

(1) 수익적 지출(요건 : 손비로 계상한 경우로서 이는 자본적 지출에 해당하지 아니함)
1) 개별자산별로 수선비로 지출한 금액이 600만원 미만인 경우
2) 개별자산별로 수선비로 지출한 금액이 직전 사업연도종료일 현재 재무상태표상의 자산가액(취득가액에서 감가상각누계액상당액을 차감한 금액을 말한다)의 100분의 5에 미달하는 경우
3) 3년 미만의 기간마다 주기적인 수선을 위하여 지출하는 경우

(2) 취득가액이 거래단위별로 100만원 이하인 감가상각자산으로 그 고유업무의 성질상 대량으로 보유하는 자산이나 그 사업의 개시 또는 확장을 위하여 취득한 자산이 아닌 것

(3) 사업에 사용한 날 손비로 계상한 다음의 자산
1) 어업에 사용되는 어구(어선용구를 포함한다)
2) 영화필름, 공구, 가구, 전기기구, 가스기기, 가정용 기구·비품, 시계, 시험기기, 측정기기 및 간판
3) 대여사업용 비디오테이프 및 음악용 콤팩트디스크로서 개별자산의 취득가액이 30만원 미만인 것
4) 전화기(휴대용 전화기를 포함한다) 및 개인용 컴퓨터(그 주변기기를 포함한다)

(4) 시설의 개체 또는 기술의 낙후로 인하여 생산설비의 일부를 폐기한 경우(당해 자산의 장부가액에서 1천원 공제후 폐기일이 속하는 사업연도에 손금 산입가능)

(5) 사업 폐지·사업장 이전으로 임대차 계약에 따라 임차한 사업장의 원상회복을 위하여 시설물을 철거하는 경우(당해 자산의 장부가액에서 1천원 공제 후 철거일이 속하는 사업연도에 손금 산입가능)

문제 65 [법인세법] 부당행위계산의 부인

유 형	이론형		
중요도	★★	정답	④

정답해설

④ 특수관계인에 대한 금전 대여의 경우 대여기간이 5년을 초과하는 대여금이 있으면 해당 대여금에 한정하여 ~~가중평균차입이자율을~~ 시가로 한다.
→ 당좌대출이자율을 *관련이론

✔ 법령 CHECK

① 법인세법 제52조 제1항
② 법인세법 제52조 제2항
③ 법인세법 시행령 제89조 제2항
④ 법인세법 시행령 제89조 제3항
⑤ 법인세법 시행령 제88조 제3항

관련이론 **부당행위계산의 부인(금전대여 시 적정이자율)**

(1) **원칙** : 가중평균차입이자율

(2) **예외** : 가중평균차입이자율을 선택하였으나 다음 어느 하나에 해당하는 사유가 있는 경우 해당 대여금 또는 차입금에 한정해서 당좌대출이자율 적용
1) 특수관계인이 아닌 자로부터 차입한 금액이 없는 경우
2) 차입금 전액이 채권자가 불분명한 사채 또는 매입자가 불분명한 채권·증권의 발행으로 조달된 경우
3) 자금대여법인의 가중평균차입이자율 또는 대여금리가 대여시점 현재 차입법인의 가중평균차입이자율보다 높아 가중평균차입이자율이 없는 것으로 보는 경우
4) 대여한 날(갱신한 경우는 갱신일)부터 해당 사업연도 종료일(해당 사업연도에 상환한 경우는 상환일)까지의 기간이 5년을 초과하는 대여금이 있는 경우

(3) **법인이 과세표준 신고 시 당좌대출이자율을 시가로 선택한 경우** : 선택한 사업연도와 이후 2개 사업연도는 당좌대출이자율을 시가로 함

문제 66 [법인세법] 연결납세제도

유 형	이론형		
중요도	★	정답	②

정답해설

ㄴ. 연결납세방식은 적용받으려는 내국법인과 해당 내국법인의 완전자법인은 최초의 사업연도 개시일부터 20일 이내에 연결납세방식 적용신청서를 해당 내국법인의 납세지 관할세무서장을 경유하여 관할지방국세청장에게 제출하여야 한다.
→ 10일

ㄷ. 같은 사업연도에 2 이상의 연결법인에서 발생한 결손금이 있는 경우에는 연결법인 간 균등하게 배분하여 결손금 공제를 할 수 있다.
→ 연결사업연도의 과세표준을 계산할 때 해당 연결법인에서 발생한 결손금부터 연결소득개별귀속액을 한도로 먼저 공제하고 해당 연결법인에서 발생하지 아니한 2 이상의 다른 연결법인의 결손금은 해당 결손금의 크기에 비례하여 각각 공제된 것으로 본다.

법령 CHECK

ㄱ. 법인세법 제76조의8 제1항
ㄴ. 법인세법 시행령 제120조의13 제1항
ㄷ. 법인세법 시행령 제120조의17 제6항
ㄹ. 법인세법 제76조의9 제3항
ㅁ. 법인세법 제76조의18 제1항

합격의 TIP

연결납세제도는 2013년도부터 2019년까지 1회 출제되었다. 수험공부에 참고하도록 하자.

문제 67 [법인세법] 손익의 귀속시기 [법인세법] 자산의 취득과 평가

유 형	이론형		
중요도	★★	정답	⑤

정답해설

1 ㈜A는 2024년 초 ㈜B의 주식을 20,000원에 취득하여 기타포괄손익인식금융자산으로 분류하였고, 제24기 말 공정가치인 25,000원으로 평가하여 다음과 같이 회계처리하였다.

(차) 기타포괄손익인식금융자산 5,000원
↳ 유가증권의 경우 원가법을 적용하므로 과대계상된 기타포괄손익인식금융자산을 손금산입(△유보)조정을 한다. 기타포괄손익인식금융자산 5,000(△유보)

(대) 금융자산평가이익 5,000원
↳ 기타포괄손익누계액 과대계상분을 익금산입(기타) 처리한다. 금융자산평가이익 익금산입 5,000(기타)

2 ㈜A는 2024.11.1. ㈜C의 회사채(액면 10,000원)를 만기보유목적으로 8,000원 취득하였고, 제24기 말에 다음과 같이 회계처리하였다.

(차) 상각후원가측정금융자산 200원
(대) 이자수익 200원
↳ 상각함에 따라 결산 시 발생하는 할인 및 할증 상각액에 대한 이자수익 가산액 또는 차감액은 각 사업연도 소득금액 계산상 채권의 매각 또는 만기시점이 속하는 사업연도의 익금 또는 손금으로 한다. 익금불산입 200(△유보)

따라서 정답은 ⑤번이다.

법령 CHECK

법인세법 제42조
법인세법 시행령 제70조

유 형	계산형		
중요도	★	정답	③

문제 68 [법인세법] 대손충당금

정답해설

1 당기대손금

6,000원(손금불산입)

※ 「법인세법」상 대손요건을 충족하지 못한 금액

2 전기말 대손충당금 설정대상 채권의 세무상 잔액

= 200,000

3 설정률 구하기 = Max(1%, 대손실적률)

$= \text{Max}(1\%, \frac{4,000}{200,000})$

= 2%

※ $\text{대손실적률} = \frac{\text{당기대손금}}{\text{전기말 대손충당금 설정대상 채권의 세무상 잔액}}$

4 당기 대손충당금 설정대상 채권의 세무상 장부가액

= 회계상 대손충당금 설정대상 채권잔액 ± 채권에 대한 유보

= 회계상 채권잔액 + 대손충당금 설정 제외 채권 + 법인세법상 당기 대손요건 충족 못한 금액 + 전기말 대손부인 누계액 중 당기 중 충족되지 않은 금액

= 260,000 + 100,000 + 40,000 + 6,000

↳ 회계상 채권잔액(채무보증으로 인한 구상채권 제외) ↳ 당기 대손요건 충족 못한 금액

= 406,000

5 대손충당금 세법상 손금인정액 = 대손충당금 설정대상 채권의 세무상 장부가액 × 설정률

= 406,000 × 2%

= 8,120

6 대손충당금 한도초과액 = 기말잔액 − 대손충당금 세법상 손금인정액

= 26,000 − 8,120

= 17,880

∴ 2024년 각 사업연도에 미치는 영향금액

= 전기 대손충당금 손금산입액 + 당기 대손부인액 + 당기 대손충당금 한도초과액

= −3,000 + 6,000 + 17,880

= 20,880

법령 CHECK

법인세법 제34조

합격의 TIP

대손충당금 관련 문제는 의외로 자주 출제되진 않지만, 최종합격을 위해서는 반드시 알아두어야 할 주제이다.

문제 69 [법인세법] 감가상각비

유 형	계산형		
중요도	★★★	정답	②

정답해설

1 2022년

1) 감가상각비 장부가액 : 25,000,000
2) 세무상 감가상각비 한도금액 = 50,000,000 × 0.45 = 22,500,000
3) 세무조정 = 〈손금불산입〉 감가상각비 한도초과액 : 2,500,000(유보)

2 2023년

1) 감가상각비 장부가액 : 10,000,000
2) 세무상 감가상각비 한도금액 = [(50,000,000 − 25,000,000) + 2,500,000] × 0.45 = 12,375,000
3) 세무조정 = 〈손금산입〉 감가상각비시인부족액 : 2,375,000(△유보)
   ↳ Min[2,500,000, (12,375,000 - 10,000,000)]

3 2024년

1) 감가상각비 장부가액 : 6,500,000
2) 세무상 감가상각비 한도 금액 = [(50,000,000 − 25,000,000 − 10,000,000) + (2,500,000 − 2,375,000)] × 0.45 = 6,806,250
3) 세무조정 = 〈손금산입〉 감가상각비시인부족액 : 125,000(△유보)
   ↳ Min[125,000, (6,806,250 - 6,500,000)]

따라서, 2024년 세무조정과 소득처분은 〈손금산입〉 125,000(△유보)이다.

✔ 법령 CHECK

법인세법 제23조

관련이론 **세법상 감가상각비 한도금액**

(1) 정액법 : Min(①, ②)
  ① 세무상 취득가액*1 × 상각률
    *1 당기말 장부상 취득가액 + 전기말까지의 즉시상각의제액 + 당기 즉시상각의제액
  ② 세무상 미상각잔액

(2) 정률법 : 세무상 미상각잔액*2 × 상각률
  *2 전기말 장부상 미상각잔액(당기말 장부상 취득가액 − 전기말 장부상 감가상각누계액) + 상각부인액 + 당기즉시상각의제액

참고. 위 문제의 경우 세법상 감가상각비 한도계산을 다음과 같이 할 수도 있다.
- 2022년 (50,000,000) × 0.45 = 22,500,000
- 2023년 (50,000,000 − 22,500,000) × 0.45 = 12,375,000
- 2024년 (50,000,000 − 22,500,000 − 12,375,000) × 0.45 = 6,806,250

유 형	계산형		
중요도	★	정답	③

문제 70 [법인세법] 기업구조개편거래

정답해설

1 비적격합병의 양도손익

1) 양도가액

= 합병교부주식 등의 가액 및 합병교부금 등 + 합병포함주식 등에 대한 합병신주 교부 간주액 + 합병법인이 대납한 피합병법인의 법인세 등

= 15,000(현금) + 135,000(주식)

= 150,000

2) 양도손익

= 피합병법인이 합병법인으로부터 받은 양도가액 − 피합병법인의 합병등기일 현재 순자산 장부가액

= 150,000 − [150,000(총자산) − 100,000(총부채)]

↳ 피합병법인의 합병등기일 현재 순자산 장부가액

= 100,000

2 적격합병의 양도손익

= 적격합병의 요건에 해당하는 경우, 피합병법인이 합병법인으로부터 받은 양도가액은 피합병법인의 합병등기일 현재 순자산 장부가액으로 보아 양도손익이 없는 것으로 할 수 있다.

= 0

3 비적격합병 양도손익 − 적격합병 양도손익

= 100,000 − 0

= 100,000

법령 CHECK

법인세법 제44조

관련이론1 적격합병의 요건. 1~4의 요건을 모두 갖추어야 함

1. 합병등기일 현재 1년 이상 사업을 계속하던 내국법인 간의 합병일 것. 다만, 다른 법인과 합병하는 것을 유일한 목적으로 하는 법인으로서 대통령령으로 정하는 법인의 경우는 본문의 요건을 갖춘 것으로 본다.
2. 피합병법인의 주주등이 합병으로 인하여 받은 합병대가의 총합계액 중 합병법인의 주식등의 가액이 100분의 80 이상이거나 합병법인의 모회사(합병등기일 현재 합병법인의 발행주식총수 또는 출자총액을 소유하고 있는 내국법인)의 주식등의 가액이 100분의 80 이상인 경우로서 그 주식등이 대통령령으로 정하는 바에 따라 배정되고, 대통령령으로 정하는 피합병법인의 주주등이 합병등기일이 속하는 사업연도의 종료일까지 그 주식등을 보유할 것
3. 합병법인이 합병등기일이 속하는 사업연도의 종료일까지 피합병법인으로부터 승계받은 사업을 계속할 것
4. 합병등기일 1개월 전 당시 피합병법인에 종사하는 대통령령으로 정하는 근로자 중 합병법인이 승계한 근로자의 비율이 100분의 80 이상이고, 합병등기일이 속하는 사업연도의 종료일까지 그 비율을 유지할 것

관련이론2 적격합병 요건에서 벗어나지만 적격합병으로 볼 수 있는 예외사유

1. 내국법인이 발행주식총수 또는 출자총액을 소유하고 있는 다른 법인을 합병하거나 그 다른 법인에 합병되는 경우
2. 동일한 내국법인이 발행주식총수 또는 출자총액을 소유하고 있는 서로 다른 법인 간에 합병하는 경우

유 형	계산형		
중요도	★★★	정답	③

문제 71 [부가가치세법] 과세표준과 매출세액

정답해설

1 2회 이상으로 분할하여 대가를 받고, 해당 재화의 인도일의 다음 날부터 최종 할부금 지급기일까지의 기간이 1년 이상인 경우 장기할부판매에 속한다. 장기할부판매의 공급시기는 대가의 각 부분을 받기로 한 때를 재화의 공급시기로 보기 때문에, AA제품의 공급시기는 대금회수를 한 때이다.

↳ 따라서 제1기 과세기간의 부가가치세 과세표준에 AA제품의 판매금액은 들어가지 않는다.

2 사업자가 자기재화의 판매촉진을 위하여 거래상대자의 판매실적에 따라 일정률의 장려금품을 지급 또는 공급하는 경우 금전으로 지급하는 장려금은 과세표준에서 공제하지 아니하며 재화로 공급하는 것은 사업상 증여에 해당하므로 과세한다.

↳ 따라서 장려금은 과세표준에서 공제하지 않고, 재화로 공급한 BB제품 시가 1,500,000원 제1기 과세기간의 과세표준에 포함된다.

3 매출할인의 경우에는 공급가액에 포함하지 아니한다. *관련이론1 매출환입과 매출할인은 환입일 또는 감액사유발생일이 속하는 예정신고기간 또는 과세기간의 과세표준에 공제한다.

↳ 따라서 매출할인 200,000원을 제1기 과세표준에서 공제한다.

4 대가를 외국통화나 그 밖의 외국환으로 받은 경우로서 공급시기 이후에 외국통화나 그 밖의 외국환 상태로 보유하거나 지급받는 경우에는 공급시기의 기준환율 또는 재정환율에 따라 계산한 금액으로 한다.

↳ 따라서 공급시기의 기준환율인 1,000원을 사용하여 과세표준을 계산하면 다음과 같다. $1,000 × 1,000 = 1,000,000

∴ 제1기 부가가치세 과세표준
= **1** + **2** + **3** + **4**
= 0 + 1,500,000 − 200,000 + 1,000,000
= 2,300,000

법령 CHECK

1 부가가치세법 시행령 제28조
2 부가가치세법 기본통칙 10-0-5
3 부가가치세법 제29조
4 부가가치세법 시행령 제59조

합격의 TIP

각 항목에 대한 주제가 한 문제로 출제될 수도 있는 문제이다. 정확하게 학습해 두도록 하자.

관련이론1 **공급가액에 포함하지 않는 것**

1. 재화나 용역을 공급할 때 그 품질이나 수량, 인도조건 또는 공급대가의 결제방법이나 그 밖의 공급조건에 따라 통상의 대가에서 일정액을 직접 깎아 주는 금액
2. 환입된 재화의 가액
3. 공급받는 자에게 도달하기 전에 파손되거나 훼손되거나 멸실한 재화의 가액
4. 재화 또는 용역의 공급과 직접 관련되지 아니하는 국고보조금과 공공보조금
5. 공급에 대한 대가의 지급이 지체되었음을 이유로 받는 연체이자
6. 공급에 대한 대가를 약정기일 전에 받았다는 이유로 사업자가 당초의 공급가액에서 할인해 준 금액
7. 용기 또는 포장의 회수를 보장하기 위해 받는 보증금(반환조건으로 공급한 용기 및 포장을 회수할 수 없어 그 용기 대금과 포장비용을 변상금 형식으로 변제 받을 때에는 공급가액에 포함)
8. 음식·숙박 용역 등의 대가와 함께 받는 종업원의 봉사료 중 대가와 구분 기재한 경우로서 봉사료를 종업원에 지급한 사실이 확인되는 봉사료(봉사료를 사업자의 수입금액으로 계상하는 경우에는 공급가액에 포함)

관련이론2 **대가를 외국통화나 그 밖의 외국환으로 받은 경우**

(1) 공급시기가 되기 전에 원화로 환가한 경우 : 환가한 금액

(2) 공급시기 이후에 외국통화나 그 밖의 외국환 상태로 보유하거나 지급받는 경우 : 공급시기의 기준환율 또는 재정환율에 따라 계산한 금액

문제 72 [부가가치세법] 간이과세

유 형	계산형		
중요도	★★	정답	④

정답해설

1 납부세액 = 과세표준 × 업종별 부가가치율 × 10%

1) 소매업분 : 20,000,000 × 10% × 10% = 200,000
2) 제조업분 : 30,000,000 × 20% × 10% = 600,000

2 공제세액

= 세금계산서등을 발급받은 매입액(공급대가) × 0.5%
1) 소매업분 : (15,000,000 + 1,500,000) × 0.5% = 82,500
2) 제조업분 : (5,000,000 + 500,000) × 0.5% = 27,500

3 차가감납부세액

= 납부세액 – 공제세액
= (200,000 + 600,000) – (82,500 + 27,500)
= 690,000

법령 CHECK

부가가치세법 제63조
부가가치세법 시행령 제111조

합격의 

간이과세에 대한 제도가 개편되었다. 2018년 75번, 76번 문제에서 간이과세의 과세체계, 재고납부세액, 재고매입세액 등에 대하여 확인이 가능하니 반드시 학습해주자.

관련이론 세금계산서 등 수취 세액공제 산정방식

세금계산서등을 발급받은 매입액(공급대가) × 0.5%

문제 73 [부가가치세법] 과세거래

유 형	계산형		
중요도	★★★	정답	③

정답해설

1 대금을 7.10.에 수령하더라도 외상판매의 공급시기는 재화가 인도되거나 이용 가능하게 되는 때이므로 제1기 과세기간의 과세표준에 포함된다.

2 견본품은 재화의 공급으로 보지 않는다.

3 직원의 경조사(설날·추석, 창립기념일 및 생일 등을 포함한다)와 관련된 재화로서 사용인 1명당 연간 10만원 이하의 재화를 제공하는 경우에는 재화의 공급으로 보지 않으나, 10만원을 초과하는 경우 초과액은 과세로 본다. *관련이론

4 반환조건부/동의조건부/기타조건부/기한부판매는 조건의 성취 또는 기한의 완성으로 판매가 확정되는 때에 확정되므로 제2기 과세기간의 과세표준에 포함된다.

5 공급받을 자의 해약으로 인하여 공급할 자가 재화 또는 용역의 공급없이 받는 위약금 또는 이와 유사한 손해배상금은 과세되지 아니한다.

따라서 제1기 과세표준에 포함되는 항목은 **1**과 **3**으로 10,050,000원이다.

법령 CHECK

1, **4** 부가가치세법 시행령 제28조
2 부가가치세법 시행령 제20조
3 부가가치세법 시행령 제19조의2
5 부가가치세법 기본통칙 4-0-1

합격의 TIP

재화의 공급시기 및 공급여부는 자주 출제되는 주제이다. 2018년 73번, 2018년 78번의 관련이론을 함께 학습하고, 2016년 16번, 2023년 78번도 함께 학습해 보자.

관련이론 **실비변상적이거나 복리후생적인 목적으로 제공해 재화의 공급으로 보지 않는 경우(시가보다 낮은 대가를 받고 제공하는 것은 시가와 받은 대가의 차액에 한정)**

1. 사업을 위해 착용하는 작업복, 작업모 및 작업화를 제공하는 경우
2. 직장 연예 및 직장 문화와 관련된 재화를 제공하는 경우
3. 경조사(설날·추석, 창립기념일 및 생일 등을 포함한다)와 관련된 재화로서 사용인 1명당 연간 10만원 이하의 재화를 제공하는 경우(10만원을 초과하는 경우 해당 초과액에 대해서는 재화의 공급으로 본다.)

문제 74 [부가가치세법] 부가가치세 신고와 납부

유 형	이론형		
중요도	★	정답	②

정답해설

② ~~일반과세자이든 간이과세자이든~~ 환급규정이 적용된다.

→ 일반과세자만. 간이과세자의 경우 매입세액 합계액이 각 과세기간의 납부세액을 초과하는 경우에는 그 초과하는 부분은 없는 것으로 본다. 즉, 환급규정은 적용되지 않는다.

③, ④, ⑤ 환급 *관련이론

법령 CHECK

① 부가가치세법 시행령 제107조
② 부가가치세법 제63조 제5항
③, ④, ⑤ 부가가치세법 제59조

합격의 TIP

환급조항을 정확히 알지 못하여도, 간이과세자에게 환급규정이 적용되지 않음을 알고 있다면 10초만에 풀 수 있는 문제이다. 이런 문제는 반드시 맞추어 합격에 가까이 갈 수 있도록 하자.

관련이론 환 급

(1) 원 칙 : 확정신고기한이 지난 후 30일 이내 환급

(2) 예 외 : 확정신고기한이 지난 후 15일 이내 환급
1) 사업자가 영세율을 적용받는 경우
2) 사업자가 사업 설비를 신설·취득·확장 또는 증축하는 경우
3) 사업자가 재무구조개선계획을 이행 중인 경우

유 형	이론형		
중요도	★★★	정답	④

문제 75 [부가가치세법] 과세거래

정답해설

①, ②, ③, ⑤ *관련이론

④ 이 경우 기존 위탁자가 새로운 위탁자에게 신탁재산을 공급한 것으로 본다. 다만, 신탁재산에 대한 실질적인 소유권의 변동이 있다고 보기 어려운 경우로서 다음의 경우에는 신탁재산의 공급으로 보지 아니한다.

1) 「자본시장과 금융투자업에 관한 법률」에 따른 집합투자기구의 집합투자업자가 다른 집합투자업자에게 위탁자의 지위를 이전하는 경우
2) 신탁재산의 실질적인 소유권이 위탁자가 아닌 제3자에게 있는 경우 등 위탁자의 지위 이전에도 불구하고 신탁재산에 대한 실질적인 소유권의 변동이 있다고 보기 어려운 경우

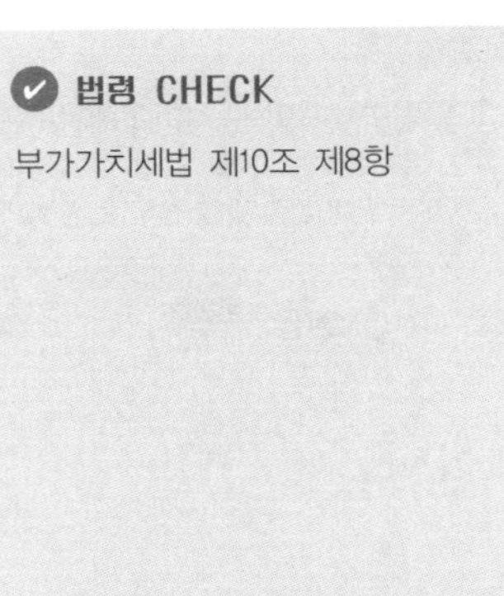

관련이론 재화의 공급으로 보지 아니하는 것

(1) 질권, 저당권 또는 양도담보의 목적으로 동산, 부동산 및 부동산상의 권리를 제공하는 것

(2) 사업에 관한 모든 권리와 의무를 포괄적으로 승계시키는 것(단, 사업을 양수받는 자가 대가를 지급하는 때에 그 대가를 받은 자로부터 부가가치세를 징수하여 납부한 경우는 제외)

(3) 법률에 따라 조세를 물납하는 것으로서 대통령령으로 정하는 것

(4) 신탁재산의 소유권 이전으로서 다음 중 하나에 해당하는 것
  1) 위탁자로부터 수탁자에게 신탁재산을 이전하는 경우
  2) 신탁의 종료로 인하여 수탁자로부터 위탁자에게 신탁재산을 이전하는 경우
  3) 수탁자가 변경되어 새로운 수탁자에게 신탁재산을 이전하는 경우

(5) 법률에 의한 공매

(6) 법률에 의한 수용절차에 있어서 수용대상인 재화의 소유자가 수용된 재화에 대한 대가를 받는 경우

(7) 한국석유공사가 수입통관하지 아니하고 보세구역에 보관하는 비축석유를 국내사업장이 없는 비거주자 또는 외국법인과 무위험차익거래 방식으로 소비대차하는 경우

문제 76 [부가가치세법] 부가가치세 총설

유 형	이론형		
중요도	★★	정답	⑤

정답해설

① 사업장은 사업자가 사업을 하기 위하여 거래의 전부 또는 일부를 하는 고정된 장소로 한다.

② 사업장을 설치하지 아니하고 사업자등록도 하지 아니한 경우에는 과세표준 및 세액을 결정하거나 경정할 당시의 사업자의 주소 또는 거소를 사업장으로 한다.

⑤ 부동산상의 권리만 대여하는 부동산임대업의 경우에는 ~~부동산의 등기부상 소재지~~를 사업장으로 하여야 한다. *관련이론
→ 그 사업에 관한 업무를 총괄하는 장소

법령 CHECK

① 부가가치세법 제6조 제2항
② 부가가치세법 제6조 제3항
③, ④, ⑤ 부가가치세법 시행령 제8조

관련이론 부동산 관련 사업장 정리

부동산매매업	법인인 경우	법인의 등기부상 소재지(등기부상의 지점소재지 포함)
	개인인 경우	사업에 관한 업무를 총괄하는 장소
부동산임대업	부동산의 등기부상 소재지	
부동산상의 권리만을 대여하는 임대업 혹은 자산관리공사, 예금보험공사 등에 해당하는 사업자가 부동산을 임대하는 경우	그 사업에 관한 업무를 총괄하는 장소	

유 형	이론형		
중요도	★★★	정답	②

문제 77 [부가가치세법] 과세거래

정답해설

내 용	과세여부
ㄱ. 소유재화의 파손, 훼손, 도난 등으로 인하여 가해자로부터 받는 손해배상금 *관련이론	×
ㄴ. 외상매출채권의 양도 ↳ 외상매출채권은 재화에 해당하지 않는다.	×
ㄷ. 공동사업자 구성원이 각각 독립적으로 사업을 영위하기 위하여 공동사업용 건물의 분할등기(출자지분의 현물반환)로 소유권이 이전되는 건축물 ↳ 출자자가 자기의 출자지분을 타인에게 양도하거나 법인 또는 공동사업자가 출자지분을 현금으로 반환하는 것은 재화의 공급에 해당하지 아니하는 것이나, 법인 또는 공동사업자가 출자지분을 현물로 반환하는 것은 재화의 공급에 해당한다.	○
ㄹ. 수표・어음 등의 화폐대용증권	×
ㅁ. 온라인 게임에 필요한 사이버 화폐인 게임머니를 계속적・반복적으로 판매하는 것 ↳ 게임머니 매도거래는 재화의 '공급'에 해당함	○
ㅂ. 재화 또는 용역에 대한 대가 관계가 없어 잔여 임대기간에 대한 보상으로서 받는 이주보상비 ↳ 재화 또는 용역의 공급에 대한 대가관계 없이 이주보상비(이사비용) 및 영업 손실 보상금을 지급받는 경우에는 부가가치세 과세대상에 해당하지 아니한다.	×

따라서 과세거래에 해당하는 것은 ㄷ, ㅁ이다.

법령 CHECK

ㄱ. 부가가치세법 기본통칙 4-0-1
ㄴ. 부가가치세법 시행령 제2조
ㄷ. 부가가치세법 기본통칙 9-18-2
ㄹ. 부가가치세법 기본통칙 4-0-3
ㅁ. 대법원 2011두30281
ㅂ. 부가가치세과-3001,2008.09.09.

합격의 TIP

기본적인 문제로 반드시 맞추도록 하자. 또한 추가로 2023년 71번을 함께 학습해보자.

관련이론 부가가치세법 기본통칙 4-0-1 [손해배상금]

각종 원인에 의하여 사업자가 받는 다음 각 호에 예시하는 손해배상금 등은 과세대상이 되지 아니한다.

1. 소유재화의 파손・훼손・도난 등으로 인하여 가해자로부터 받는 손해배상금
2. 도급공사 및 납품계약서상 그 기일의 지연으로 인하여 발주자가 받는 지체상금
3. 공급받을 자의 해약으로 인하여 공급할 자가 재화 또는 용역의 공급없이 받는 위약금 또는 이와 유사한 손해배상금
4. 대여한 재화의 망실에 대하여 받는 변상금
5. 부동산을 타인이 적법한 권한 없이 처음부터 계약상 또는 법률상의 원인없이 불법으로 점유하여 법원의 판결에 따라 지급받는 부당이득금 및 지연손해금

단, 부동산임대업을 영위하는 사업자가 부동산임대차 계약기간이 만료되었음에도 불구하고 임차인으로부터 임대한 부동산을 반환받지 못하여 소송을 제기한 경우 그 소송이 종료될 때까지 실질적으로 계속하여 임대용역을 제공하고 임차인으로부터 그 대가를 받거나 동 소송에서 승소하여 건물반환일까지의 임대료상당액을 받는 때에는 그 대가 또는 임대료 상당액은 과세대상이 된다.

문제 78 [부가가치세법] 영세율과 면세

유 형	이론형		
중요도	★★★	정답	③

정답해설

③ 국내사업장을 둔 사업자가 해외에서 도로건설 용역을 제공하는 경우 외화로 대금을 수령할 경우에만 영세율을 적용받는다.

→ 국외에서 공급하는 용역에 대하여는 영세율이 적용되므로 외화로 대금을 수령할 경우에만 영세율을 적용받는 것이 아니다.

⑤ 외국환은행에서 원화로 받은 것 외에 외화 현금으로 받은 것 중 국세청장이 정하는 관광알선수수료명세표와 외화매입증명서에 의하여 외국인 관광객과의 거래임이 확인되는 것도 영세율을 적용한다.

법령 CHECK

① 부가가치세법 시행령 제31조 제1항 제6호
② 부가가치세법 시행규칙 제21조
③ 부가가치세법 제22조
④ 부가가치세법 제23조 제2항
⑤ 부가가치세법 시행령 제33조 제2항 제7호

문제 79	[국세조세조정에 관한 법률] 총칙, 국제거래에 관한 조세의 조정

유 형	이론형		
중요도	★★	정답	④

정답해설

① 실제 법 조항은 다음과 같다. 이 법은 국제거래에 관한 조세의 조정, 국가 간의 조세행정 협조, 해외자산의 신고 및 자료 제출과 글로벌최저한세의 과세에 관한 사항을 규정함으로써 국가 간의 이중과세 및 조세 회피를 방지하고 원활한 조세 협력을 도모함을 목적으로 한다.

④ 정상가격의 산출은 비교가능 제3자 가격방법, 재판매가격방법, 원가가산방법, 이익분할방법, 거래순이익률방법, 대통령령으로 정하는 그 밖에 합리적이라고 인정되는 방법을 동등한 입장에서 적용하여 그 중에서 가장 합리적인 방법으로 계산한 가격으로 한다. *관련이론

→ 대통령령으로 정하는 그 밖에 합리적이고 인정되는 방법은 앞의 비교가능 제3자 가격방법, 재판매가격방법, 원가가산방법, 이익분할방법, 거래순이익률방법으로 정상가격을 산출할 수 없을 경우에만 적용된다.

법령 CHECK

① 국제조세조정에 관한 법률 제1조
② 국제조세조정에 관한 법률 제2조 제1항 제9호
③ 국제조세조정에 관한 법률 제7조 제1항
④, ⑤ 국제조세조정에 관한 법률 제8조

합격의 TIP

2018년 80번 문제를 함께 학습해 보자

관련이론 정상가격의 산출방법

(1) 비교가능 제3자 가격방법
거주자와 국외특수관계인 간의 국제거래와 유사한 거래 상황에서 특수관계가 없는 독립된 사업자 간의 거래가격을 정상가격으로 보는 방법

(2) 재판매가격방법
거주자와 국외특수관계인 간의 국제거래에서 거래 당사자 중 어느 한쪽인 구매자가 특수관계가 없는 자에 대한 판매자가 되는 경우 그 판매가격에서 그 구매자가 판매자로서 얻는 통상의 이윤으로 볼 수 있는 금액을 뺀 가격을 정상가격으로 보는 방법

(3) 원가가산방법
거주자와 국외특수관계인 간의 국제거래에서 거래 당사자 중 어느 한쪽이 자산을 제조·판매하거나 용역을 제공하는 경우 자산의 제조·판매나 용역의 제공 과정에서 발생한 원가에 자산 판매자나 용역 제공자의 통상의 이윤으로 볼 수 있는 금액을 더한 가격을 정상가격으로 보는 방법

(4) 거래순이익률방법
거주자와 국외특수관계인 간의 국제거래와 유사한 거래 중 거주자와 특수관계가 없는 자 간의 거래에서 실현된 통상의 거래순이익률을 기초로 산출한 거래가격을 정상가격으로 보는 방법

(5) 이익분할방법
거주자와 국외특수관계인 간의 국제거래에서 거래 당사자 양쪽이 함께 실현한 거래순이익을 합리적인 배부기준에 따라 측정된 거래당사자들 간의 상대적 공헌도에 따라 배부하고, 이와 같이 배부된 이익을 기초로 산출한 거래가격을 정상가격으로 보는 방법

(6) 대통령령으로 정하는 그 밖에 합리적이라고 인정되는 방법
위의 (1) ~ (5)의 방법으로 정상가격을 산출할 수 없을 때에만 적용

문제 80 [국세조세조정에 관한 법률] 국가 간 조세행정 협조

유 형	이론형		
중요도	★★	정답	②

정답해설

① 기획재정부장관 또는 국세청장은 상호합의절차 개시 신청을 거부하는 경우 그 사실을 ~~신청인에게 통지하여야 하지만 체약상대국에게 통지할 필요는 없다~~.

→ 신청인 및 체약상대국의 권한있는 당국에 통지해야한다.

③ 상호합의절차가 시작된 경우 ~~국제관행이~~ 상호합의절차의 진행 중에 납부기한등의 연장 또는 압류·매각의 유예를 허용하는 경우에만 적용한다.

→ 체약상대국이

④ 상호합의절차가 시작된 경우 체약상대국과의 ~~상호합의절차가 종료되거나 국세부과제척기간이 만료된 이후에는~~ 국세를 부과할 수 없다.

→ 상호합의절차의 종료일의 다음 날부터 1년의 기간과 국세기본법 및 지방세기본법상의 제척기간 중 나중에 도래하는 기간의 만료일 후에는

⑤ 상호합의 절차가 종결된 경우 기획재정부장관에 보고되므로 과세당국이나 지방자치단체의 장은 상호합의 결과에 따라 부과처분, 경정결정 또는 그 밖에 세법에 따른 필요한 ~~조치에 대해 생략이 가능하다~~.

→ 조치를 하여야 한다.

법령 CHECK

① 국제조세조정에 관한 법률 시행령 제83조 제5항
② 국제조세조정에 관한 법률 제50조
③ 국제조세조정에 관한 법률 제49조 제4항
④ 국제조세조정에 관한 법률 제51조 제1항
⑤ 국제조세조정에 관한 법률 제47조

2018년(제55회) 세무사 1차 세법학개론 정답

세법학개론

41	42	43	44	45	46	47	48	49	50
③	①	⑤	③	⑤	②	④	⑤	①	⑤
51	52	53	54	55	56	57	58	59	60
③	①	③	②	③	③	④	③	④	②
61	62	63	64	65	66	67	68	69	70
②	④	④	⑤	④	②	②	①	①	⑤
71	72	73	74	75	76	77	78	79	80
②	③	⑤	③	②	②	④	③	①	④

2018년 세무사 1차 결과

대상인원(명)	응시인원(명)	합격인원(명)	합격률(%)
10,433	8,971	3,018	33.64

2018년 과목별 결과

구 분	응시인원(명)	평균점수(점)	과락인원(명)	과락률(%)
재정학	8,971	57.34	1,302	14.51
세법학개론	8,971	47.43	2,961	33.00
회계학개론	8,946	39.20	4,645	51.92
상 법	3,625	68.10	476	13.13
민 법	996	69.20	94	9.44
행정소송법	4,325	62.99	663	15.33

문제 41 [국세기본법] 심사와 심판

유 형	이론형		
중요도	★★	정답	③

정답해설

② 조세심판관의 제척과 회피 *관련이론1

③ 상임조세심판관의 임기는 2년으로 하고 한 차례만 중임할 수 있다.
→ 3년

④ 심사청구의 각하 사유 *관련이론2

법령 CHECK

① 국세기본법 제77조
② 국세기본법 제73조 제1항
③ 국세기본법 제67조 제5항
④ 국세기본법 제65조 제1항
⑤ 국세기본법 제78조 제1항

관련이론1 조세심판관의 제척과 회피

1. 심판청구인 또는 대리인인 경우
2. 1에 규정된 사람의 친족이거나 친족이었던 경우
3. 1에 규정된 사람의 사용인이거나 사용인이었던 경우(심판청구일을 기준으로 최근 5년 이내에 사용인이었던 경우로 한정)
4. 불복의 대상이 되는 처분이나 처분에 대한 이의신청에 관하여 증언 또는 감정을 한 경우
5. 심판청구일 전 최근 5년 이내에 불복의 대상이 되는 처분, 처분에 대한 이의신청 또는 그 기초가 되는 세무조사에 관여하였던 경우
6. 4 또는 5에 해당하는 법인 또는 단체에 속하거나 심판청구일 전 최근 5년 이내에 속하였던 경우
7. 그 밖에 심판청구인 또는 그 대리인의 업무에 관여하거나 관여하였던 경우

관련이론2 심사청구의 각하 사유

1. 심판청구를 제기한 후 심사청구를 제기(같은 날 제기한 경우도 포함한다)한 경우
2. 청구기간이 지난 후에 청구된 경우
3. 심사청구 후 규정된 보정기간에 필요한 보정을 하지 아니한 경우
4. 심사청구가 적법하지 아니한 경우
5. 심사청구의 대상이 되는 처분이 존재하지 않는 경우
6. 심사청구의 대상이 되는 처분으로 권리나 이익을 침해당하지 않는 경우
7. 대리인이 아닌 자가 대리인으로서 불복을 청구하는 경우

유 형	이론형		
중요도	★★★	정답	①

문제 42 [국세기본법] 국세와 일반채권의 관계

정답해설

① 국세상호 간의 우선관계는 ~~압류에 관한 국세, 교부청구한 국세, 납세담보 있는 국세순이다~~.
→ 납세담보 있는 국세, 압류에 관한 국세, 교부청구한 국세 순이다.

②, ③, ④, ⑤ 국세와 일반채권의 관계 *관련이론

법령 CHECK

① 국세기본법 제36조, 제37조
② 국세기본법 제35조 제5항
③ 국세기본법 제35조 제2항 제2호
④ 국세기본법 제35조 제2항 제5호
⑤ 국세기본법 제35조 제1항

합격의 TIP

2021년 43번을 함께 학습해보자

관련이론 국세의 우선

국세와 일반채권 간의 우선관계는 다음의 순서에 따른다.

(1) 체납처분비 또는 강제징수비

(2) 강제집행, 경매 또는 파산 절차에 든 비용

(3) 「주택임대차보호법」 또는 「상가건물 임대차보호법」이 적용되는 임대차관계에 있는 주택 또는 건물을 매각할 때 그 매각금액 중에서 국세를 징수하는 경우 임대차에 관한 보증금 중 일정 금액으로서 「주택임대차보호법」 또는 「상가건물 임대차보호법」에 따라 임차인이 우선하여 변제받을 수 있는 금액에 관한 채권

(4) 사용자의 재산을 매각하거나 추심(推尋)할 때 그 매각금액 또는 추심금액 중에서 국세를 징수하는 경우에 「근로기준법」 또는 「근로자퇴직급여 보장법」에 따라 국세에 우선하여 변제되는 임금, 퇴직금, 재해보상금, 그 밖에 근로관계로 인한 채권

(5) 해당 재산에 대하여 부과된 상속세, 증여세 및 종합부동산세. 단, 「주택임대차보호법」에 따라 대항요건과 확정일자를 갖춘 임차권에 의하여 담보된 임대차보증금반환채권 또는 주거용 건물에 설정된 전세권에 의하여 담보된 채권은 해당 임차권 또는 전세권이 설정된 재산이 국세의 강제징수 또는 경매절차를 통하여 매각되어 그 매각금액에서 국세를 징수하는 경우 그 확정일자 또는 설정일보다 법정기일이 늦은 해당 재산에 대하여 부과된 상속세, 증여세 및 종합부동산세의 우선 징수 순서에 대신하여 변제될 수 있다. 이 경우 대신 변제되는 금액은 우선 징수할 수 있었던 해당 재산에 대하여 부과된 상속세, 증여세 및 종합부동산세의 징수액에 한정하며, 임대차보증금채권등보다 우선 변제되는 저당권 등의 변제액과 (5)에 따라 임대차 보증금반환채권등의 변제액에는 영향을 미치지 아니한다.

(6) 법정기일 전에 다음의 어느 하나에 해당하는 권리가 설정된 재산을 매각하여 그 매각금액에서 국세를 징수하는 경우 그 권리에 의하여 담보된 채권 또는 임대차보증금반환채권
1) 전세권, 질권 또는 저당권
2) 「주택임대차보호법」 또는 「상가건물 임대차보호법」에 따라 대항요건과 확정일자를 갖춘 임차권
3) 납세의무자를 등기의무자로 하고 채무불이행을 정지조건으로 하는 대물변제(代物辨濟)의 예약에 따라 채권 담보의 목적으로 가등기를 마친 가등기 담보권

(7) 위의 나열된 권리가 설정된 재산이 양도, 상속 또는 증여된 후 해당 재산이 국세의 강제징수 또는 경매 절차를 통하여 매각되어 그 매각금액에서 국세를 징수하는 경우 해당 재산에 설정된 전세권 등에 의하여 담보된 채권 또는 임대보증금반환채권. 다만, 해당 재산의 직전 보유자가 전세권 등의 설정 당시 체납하고 있었던 국세 등을 고려하여 대통령령으로 정하는 방법에 따라 계산한 금액의 범위에서는 국세를 우선하여 징수

(8) 해당 재산에 대하여 부과된 상속세, 증여세, 및 종합부동산세 외의 국세

(9) 법정기일 후의 담보 채권 또는 임대차보증금반환채권
1) 전세권, 질권 또는 저당권
2) 「주택임대차보호법」 또는 「상가건물 임대차보호법」에 따라 대항요건과 확정일자를 갖춘 임차권
3) 납세의무자를 등기의무자로 하고 채무불이행을 정지조건으로 하는 대물변제(代物辨濟)의 예약에 따라 채권 담보의 목적으로 가등기를 마친 가등기 담보권

(10) 일반채권

문제 43 [국세기본법] 납세의무

유 형	이론형		
중요도	★★★	정답	⑤

정답해설

납세의무의 성립시기 *관련이론

⑤ 무신고가산세 및 과소신고·초과환급신고가산세 : ~~가산할 국세의 납세의무가 확정되는 때~~
→ 법정신고기한이 경과하는 때

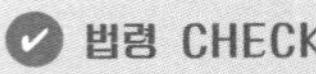

국세기본법 제21조

합격의 TIP

납세의무의 성립이란 과세요건이 충족하는 것이고, 확정은 납세의무의 내용이 구체적으로 확인되는 것(예 세액의 확정)을 의미한다. 2017년 45번, 2019년 43번 문제를 함께 학습해보자.

관련이론 납세의무의 성립시기

(1) 일반적인 납세의무의 성립시기
1) 소득세·법인세 : 과세기간이 끝나는 때. 다만, 청산소득에 대한 법인세는 그 법인이 해산을 하는 때
2) 상속세 : 상속이 개시되는 때
3) 증여세 : 증여에 의하여 재산을 취득하는 때
4) 부가가치세 : 과세기간이 끝나는 때. 다만, 수입재화의 경우에는 세관장에게 수입신고를 하는 때
5) 개별소비세, 주세, 교통·에너지·환경세 : 과세물품을 제조장으로부터 반출하거나 판매장에서 판매하는 때 또는 과세장소에 입장하거나 과세 유흥장소에서 유흥음식행위를 한 때 또는 과세영업장소에서 영업행위를 한 때. 다만, 수입물품의 경우에는 세관장에게 수입신고를 하는 때
6) 인지세 : 과세문서를 작성한 때
7) 증권거래세 : 해당 매매거래가 확정되는 때
8) 교육세 : 다음 각 목의 구분에 따른 시기
   ① 국세에 부과되는 교육세 : 해당 국세의 납세의무가 성립하는 때
   ② 금융·보험업자의 수익금액에 부과되는 교육세 : 과세기간이 끝나는 때
9) 농어촌특별세 : 「농어촌특별세법」 제2조 제2항에 따른 본세의 납세의무가 성립하는 때
11) 종합부동산세 : 과세기준일(6월 1일)
12) 가산세
   ① 무신고가산세 및 과소신고·초과환급신고가산세 : 법정신고기한이 경과하는 때
   ② 납부지연가산세 지연이자부분(1일 22/100,000 과세부분) : 법정납부기한 경과 후 1일마다 그 날이 경과하는 때 다만, 납부고지서상 납부기한까지 납부하지 않음에 따른 납부지연가산세(3% 과세부분) : 납부고지서에 따른 납부기한이 경과하는 때
   ③ 원천징수납부 등 납부지연가산세(3% 과세부분) : 법정납부기한 경과하는 때
   ④ 그 밖의 가산세(개별세법상 가산세) : 가산할 국세의 납세의무가 성립하는 때

(2) 예외적인 납세의무의 성립시기
1) 원천징수하는 소득세·법인세 : 소득금액 또는 수입금액을 지급하는 때
2) 납세조합이 징수하는 소득세 또는 예정신고 납부하는 소득세 : 과세표준이 되는 금액이 발생한 달의 말일
3) 중간예납하는 소득세·법인세 또는 예정신고기간·예정부과기간에 대한 부가가치세 : 중간예납기간 또는 예정신고기간·예정부과기간이 끝나는 때
4) 수시부과하여 징수하는 국세 : 수시부과할 사유가 발생한 때

문제 44 [국세기본법] 과 세

유 형	이론형		
중요도	★★	정답	③

정답해설

① 지문에서 정당한 사유란 천재지변에 따른 기한연장 사유를 의미한다.

②, ④, ⑤ 가산세 감면 규정 *관련이론

③ 법정신고기한이 지난 후 ~~1년 이내~~에 수정신고한 경우 과소신고 가산세액의 100분의 50에 상당하는 금액을 감면한다.
→ 3개월 초과 6개월 이내

법령 CHECK

국세기본법 제48조

합격의 TIP

국세기본법상 가산세 규정은 2017년 42번 문제를 참고하자. 또한 2019년 말 세법 개정 시 조속한 자기시정 유도 및 납세자 부담 경감을 위해 기한 후 신고 시 무신고 가산세의 감면율을 조정하고 세분화하였으므로 개정규정은 반드시 학습하자.

관련이론 가산세 감면 규정

(1) 수정신고
1) 법정신고기한이 지난 후 1개월 이내 : 과소신고 가산세액의 100분의 90
2) 법정신고기한이 지난 후 1개월 초과 3개월 이내 : 과소신고 가산세액의 100분의 75
3) 법정신고기한이 지난 후 3개월 초과 6개월 이내 : 과소신고 가산세액의 100분의 50
4) 법정신고기한이 지난 후 6개월 초과 1년 이내 : 과소신고 가산세액의 100분의 30
5) 법정신고기한이 지난 후 1년 초과 1년 6개월 이내 : 과소신고 가산세액의 100분의 20
6) 법정신고기한이 지난 후 1년 6개월 초과 2년 이내 : 과소신고 가산세액의 100분의 10

(2) 기한후신고
1) 법정신고기한이 지난 후 1개월 이내에 기한 후 신고를 한 경우 : 해당 가산세액의 100분의 50
2) 법정신고기한이 지난 후 1개월 초과 3개월 이내에 기한 후 신고를 한 경우 : 해당 가산세액의 100분의 30
3) 법정신고기한이 지난 후 3개월 초과 6개월 이내에 기한 후 신고를 한 경우 : 해당 가산세액의 100분의 20
※ 조속한 자기시정 유도 및 납세자 부담 경감을 위해 기한 후 신고시 무신고 가산세의 감면율을 조정 및 세분화하였다.

(3) 해당 가산세액의 100분의 50을 감면해주는 경우
1) 과세전적부심사 결정・통지기간에 그 결과를 통지하지 아니한 경우(결정・통지가 지연됨으로써 해당 기간에 부과되는 가산세만 해당)
2) 세법에 따른 제출, 신고, 가입, 등록, 개설의 기한이 지난 후 1개월 이내에 해당 세법에 따른 제출등의 의무를 이행하는 경우(제출등의 의무위반에 대하여 세법에 따라 부과되는 가산세만 해당)
3) 위의 (1)의 4)~6)에도 불구하고 세법에 따른 예정신고기한 및 중간신고기한까지 예정신고 및 중간신고를 하였으나 과소신고하거나 초과신고한 경우로서 확정신고기한까지 과세표준을 수정하여 신고한 경우(해당 기간에 부과되는 가산세만 해당하며, 과세표준과 세액을 경정할 것을 미리 알고 과세표준신고를 하는 경우는 제외)
4) 위의 (2)에도 불구하고 세법에 따른 예정신고기한 및 중간신고기한까지 예정신고 및 중간신고를 하지 아니하였으나 확정신고기한까지 과세표준신고를 한 경우(해당 기간에 부과되는 가산세만 해당하며, 과세표준과 세액을 경정할 것을 미리 알고 과세표준신고를 하는 경우는 제외)

문제 45 [국세징수법] 강제징수

유 형	이론형		
중요도	★	정답	⑤

정답해설

⑤ 세무서장은 공매재산이 우선매수하겠다고 신고한 乙 또는 丙에게 매각결정되었지만 그 매수인이 매각대금을 납부하지 아니한 경우에는 ~~재공매하여야 한다~~.
→ 최고가 매수신청인에게 다시 매각결정을 할 수 있다.

법령 CHECK

① 국세징수법 제72조 제1항 제6호
② 국세징수법 제75조 제1항
③, ④, ⑤ 국세징수법 제79조

문제 46 [국세징수법] 강제징수

유 형	이론형		
중요도	★★★	정답	②

정답해설

압류의 해제요건 *관련이론

ㄱ, ㄴ, ㄹ. 압류를 해제할 수 있다.

ㄷ, ㅁ. 압류를 즉시 해제하여야 한다.

따라서, 압류를 즉시 해제하여야 하는 경우는 ㄷ, ㅁ으로 정답은 ②번이다.

법령 CHECK

국세징수법 제57조

합격의 TIP

압류의 해제요건은 빈출도가 높은 조문이다. '즉시 해제하여야 한다'와 '해제할 수 있다'를 정확히 구분해서 암기하자.

관련이론 압류의 해제요건

(1) 압류를 즉시 해제하여야 한다.
1) 압류와 관계되는 체납액의 전부가 납부 또는 충당된 경우
2) 국세 부과의 전부를 취소한 경우
3) 여러 재산을 한꺼번에 공매(公賣)하는 경우로서 일부 재산의 공매대금으로 체납액 전부를 징수한 경우
4) 총 재산의 추산(推算)가액이 강제징수비를 징수하면 남을 여지가 없어 강제징수를 종료할 필요가 있는 경우. 다만, 교부청구 또는 참가압류가 있는 경우로서 교부청구 또는 참가압류와 관계된 체납액을 기준으로 할 경우 남을 여지가 있는 경우는 제외(이 경우 국세체납정리위원회의 심의를 거쳐야 한다.)
5) 그 밖에 위의 1)~4)의 규정에 준하는 사유로 압류할 필요가 없게 된 경우
6) 압류금지재산을 압류한 경우
7) 제3자의 재산을 압류한 경우

(2) 압류를 해제할 수 있다.
1) 압류 후 재산가격이 변동하여 체납액 전액을 현저히 초과한 경우
2) 압류와 관계되는 체납액의 일부가 납부되거나 충당된 경우
3) 국세 부과의 일부를 취소한 경우
4) 체납자가 압류할 수 있는 다른 재산을 제공하여 그 재산을 압류한 경우

문제 47 [국세징수법] 강제징수

유 형	이론형		
중요도	★★	정답	④

정답해설

① 또한 가상자산사업자를 통해 거래되는 가상자산의 경우 가상자산사업자를 통하여 직접 매각할 수 있다.

② 심판청구등이 계속 중인 국세의 체납으로 압류한 재산은 그 신청 또는 청구에 대한 결정이나 소(訴)에 대한 판결이 확정되기 전에는 공매할 수 없다. 다만, 그 재산이 부패·변질 또는 감량되기 쉬운 재산으로서 속히 매각하지 아니하면 그 재산가액이 줄어들 우려가 있는 경우에 해당하는 경우에는 그러하지 아니하다.

③ 수의계약으로 매각할 수 있는 경우 *관련이론

④ 세무서장이 전문매각기관을 선정하여 압류한 예술품의 매각을 대행하게 하는 경우에는 ~~해당 전문매각기관은 그 압류한 예술품의 매각을 대행하거나 직접 매수할 수 있다~~.

→ 전문매각기관 및 전문매각기관의 임직원은 직접적으로든 간접적으로든 매각을 대행하는 예술품 등을 매수하지 못한다.

⑤ 여러 개의 재산을 일괄하여 공매하는 경우 그 재산 중 일부 재산의 매각대금만으로도 체납액을 변제하기에 충분하면 다른 재산은 공매하지 않아야 한다. 다만 토지와 그 위의 건물을 일괄하여 공매하는 경우, 재산을 분리하여 공매하면 그 경제적 효용이 현저하게 떨어지는 경우, 체납자의 동의를 받은 경우에는 예외로 한다.

법령 CHECK

① 국세징수법 제66조 제2항
② 국세징수법 제67조 제2호
③ 국세징수법 제67조 제1호
④ 국세징수법 제104조 제2항
⑤ 국세징수법 시행령 제52조 제3항, 제4항

관련이론 수의계약으로 매각할 수 있는 경우

1. 수의계약으로 매각하지 아니하면 매각대금이 강제징수비 금액 이하가 될 것으로 예상되는 경우
2. 부패·변질 또는 감량되기 쉬운 재산으로서 속히 매각하지 아니하면 그 재산가액이 줄어들 우려가 있는 경우
3. 압류한 재산의 추산가격이 1천만원 미만인 경우
4. 법령으로 소지 또는 매매가 금지 및 제한된 재산인 경우
5. 제1회 공매 후 1년간 5회 이상 공매하여도 매각되지 아니한 경우
6. 공매하는 것이 공익을 위하여 적절하지 아니한 경우

문제 48 [국세징수법] 신고납부, 납부고지

유 형	이론형		
중요도	★★★	정답	⑤

정답해설

②, ④ 납부기한 전 징수사유 *관련이론

③ 납부고지서의 발급시기

⑤ 세무서장은 납세자가 체납액 중 국세만을 완납하여 강제징수비를 징수하려는 경우 강제징수비의 징수와 관계되는 국세의 과세기간, 세목, 강제징수비의 금액, 산출 근거, 납부하여야 할 기한(강제징수비 고지를 하는 날부터 ~~15일~~ 이내의 범위로 정한다) 및 납부장소를 적은 강제징수비고지서를 납세자에게 발급하여야 한다.
→ 30일

법령 CHECK

① 국세징수법 제9조 제2항
②, ④ 국세징수법 제9조 제1항
③ 국세징수법 제8조
⑤ 국세징수법 제6조 제2항

합격의 TIP

③번 지문이나 ⑤번 지문의 경우에는 자주 출제되지 않았던 지문이지만 납부기한 전 징수사유의 경우에는 여러 번 출제된 지문이다. 하단의 관련이론을 통하여 반드시 학습해두자.

관련이론 **납부기한 전 징수**

관할 세무서장은 납세자에게 다음 각 호의 어느 하나에 해당하는 사유가 있는 경우 납부기한 전이라도 이미 납세의무가 확정된 국세를 징수할 수 있다.

1. 국세, 지방세 또는 공과금의 체납으로 강제징수 또는 체납처분이 시작된 경우
2. 「민사집행법」에 따른 강제집행 및 담보권 실행 등을 위한 경매가 시작되거나 「채무자 회생 및 파산에 관한 법률」에 따른 파산선고를 받은 경우
3. 「어음법」 및 「수표법」에 따른 어음교환소에서 거래정지처분을 받은 경우
4. 법인이 해산한 경우
5. 국세를 포탈(逋脫)하려는 행위가 있다고 인정되는 경우
6. 납세관리인을 정하지 아니하고 국내에 주소 또는 거소를 두지 아니하게 된 경우

문제 49 [조세범처벌법] 조세범처벌법

유 형	이론형		
중요도	★★	정답	①

정답해설

① 가짜석유제품을 제조 또는 판매하여 조세를 포탈한 자는 ~~3년 이하의 징역 또는 포탈한 세액의 3배~~ 이하의 벌금에 처한다.
→ 5년 이하의 징역 또는 포탈한 세액의 5배

③ 만약 무면허 주류를 판매한 자는 3년 이하의 징역 또는 3천만원(주세의 3배 금액이 3천만원을 초과하면 주세의 3배 금액) 이하의 벌금에 처한다.

④ 벌금경합에 관한 제한가중규정을 적용하지 아니하는 범칙행위 *관련이론

⑤ 이 경우 밑술과 술덧은 탁주로 본다.

법령 CHECK

① 조세범처벌법 제5조
② 조세범처벌법 제4조의2
③ 조세범처벌법 제12조
④ 조세범처벌법 제20조
⑤ 조세범처벌법 제6조

합격의 TIP

「주류 면허 등에 관한 법률」에 따른 면허를 받지 아니하고 주류, 밑술・술덧을 제조(개인의 자가소비를 위한 제조는 제외한다)하거나 판매한 자(3년 이하의 징역 또는 3천만원 이하의 벌금)와 「주류 면허 등에 관한 법률」 제22조에 따른 납세증명표지(이하 이 조에서 '납세증명표지'라 한다)를 재사용하거나 정부의 승인을 받지 아니하고 이를 타인에게 양도한 자(2년 이하의 징역 또는 2천만원 이하의 벌금)에 대한 처벌 규정이 다름에 주의하자.

관련이론 벌금경합에 관한 제한가중규정을 적용하지 아니하는 범칙행위

1. 조세 포탈 등(제3조)
2. 면세유의 부정 유통(제4조)
3. 면세유류 구입카드등의 부정발급(제4조의2)
4. 가짜석유제품의 제조 또는 판매(제5조)
5. 무면허 주류의 제조 및 판매(제6조)
6. 세금계산서의 발급의무 위반 등(제10조)
7. 납세증명표지의 불법사용 등(제12조)
8. 원천징수의무자의 처벌(제13조)
9. 거짓으로 기재한 근로소득 원천징수영수증의 발급 등(제14조)

문제 50 [조세범처벌법] 조세범처벌법

유 형	이론형		
중요도	★★★	정답	⑤

정답해설

②, ④ 조세범처벌법 제3조 *관련이론

⑤ 사기나 그 밖의 부정한 행위로써 조세를 포탈한 범칙행위의 공소시효는 ~~5년이 지나면 완성된다~~.
→ 7년이 지나면 완성된다. 다만, 양벌규정에 따른 행위자가 「특정범죄가중처벌 등에 관한 법률」의 적용을 받는 경우 법인의 공소시효는 10년이 지나면 완성된다.

법령 CHECK

① 조세범처벌법 제2조
② 조세범처벌법 제3조 제1항
③ 조세범처벌법 제18조
④ 조세범처벌법 제3조 제4항
⑤ 조세범처벌법 제22조

합격의 TIP

조세범처벌법 제3조는 매우 빈출도가 높은 법령으로, 법 전문을 관련이론에 수록하였다. 하단의 관련이론의 법 조항은 반드시 학습하자.

관련이론 조세범처벌법 제3조

① 사기나 그 밖의 부정한 행위로써 조세를 포탈하거나 조세의 환급·공제를 받은 자는 2년 이하의 징역 또는 포탈세액, 환급·공제받은 세액(이하 '포탈세액등'이라 한다)의 2배 이하에 상당하는 벌금에 처한다. 다만, 다음 각 호의 어느 하나에 해당하는 경우에는 3년 이하의 징역 또는 포탈세액등의 3배 이하에 상당하는 벌금에 처한다.
  1. 포탈세액등이 3억원 이상이고, 그 포탈세액등이 신고·납부하여야 할 세액(납세의무자의 신고에 따라 정부가 부과·징수하는 조세의 경우에는 결정·고지하여야 할 세액을 말한다)의 100분의 30 이상인 경우
  2. 포탈세액등이 5억원 이상인 경우
② 제1항의 죄를 범한 자에 대해서는 정상에 따라 징역형과 벌금형을 병과할 수 있다.
③ 제1항의 죄를 범한 자가 포탈세액등에 대하여 「국세기본법」 제45조에 따라 법정신고기한이 지난 후 2년 이내에 수정신고를 하거나 같은 법 제45조의3에 따라 법정신고기한이 지난 후 6개월 이내에 기한 후 신고를 하였을 때에는 형을 감경할 수 있다.
④ 제1항의 죄를 상습적으로 범한 자는 형의 2분의 1을 가중한다.
⑤ 제1항에서 규정하는 범칙행위의 기수 시기는 다음의 각 호의 구분에 따른다.
  1. 납세의무자의 신고에 의하여 정부가 부과·징수하는 조세 : 해당 세목의 과세표준을 정부가 결정하거나 조사결정한 후 그 납부기한이 지난 때. 다만, 납세의무자가 조세를 포탈할 목적으로 세법에 따른 과세표준을 신고하지 아니함으로써 해당 세목의 과세표준을 정부가 결정하거나 조사결정할 수 없는 경우에는 해당 세목의 과세표준의 신고기한이 지난 때로 한다.
  2. 제1호에 해당하지 아니하는 조세 : 그 신고·납부기한이 지난 때
⑥ 제1항에서 '사기나 그 밖의 부정한 행위'란 다음 각 호의 어느 하나에 해당하는 행위로서 조세의 부과와 징수를 불가능하게 하거나 현저히 곤란하게 하는 적극적 행위를 말한다.
  1. 이중장부의 작성 등 장부의 거짓 기장
  2. 거짓 증빙 또는 거짓 문서의 작성 및 수취
  3. 장부와 기록의 파기
  4. 재산의 은닉, 소득·수익·행위·거래의 조작 또는 은폐
  5. 고의적으로 장부를 작성하지 아니하거나 비치하지 아니하는 행위 또는 계산서, 세금계산서 또는 계산서합계표, 세금계산서합계표의 조작
  6. 「조세특례제한법」 제5조의2 제1호에 따른 전사적 기업자원 관리설비의 조작 또는 전자세금계산서의 조작
  7. 그 밖에 위계에 의한 행위 또는 부정한 행위

문제 51 [소득세법] 양도소득세

유 형	이론형		
중요도	★★	정답	③

정답해설

①, ⑤ 자산의 양도로 보지 않는 경우 *관련이론

②, ④ 사업소득

③ 양도소득(부담부증여)

따라서 양도소득은 ③번이다.

법령 CHECK

①, ⑤ 소득세법 기본통칙 88-0…1
②, ④ 소득세법 제19조

합격의 TIP

자주 출제되진 않지만, 반드시 맞추어야 하는 기본적인 문제이다.

관련이론 자산의 양도로 보지 않는 경우

(1) 법원의 확정판결에 의하여 신탁해지를 원인으로 소유권이전등기를 하는 경우

(2) 매매원인 무효의 소에 의하여 그 매매사실이 원인무효로 판시되어 환원될 경우

(3) 공동소유의 토지를 소유지분별로 단순히 분할하거나 공유자지분 변경 없이 2개 이상의 공유토지로 분할하였다가 그 공유토지를 소유지분별로 단순히 재분할하는 경우(만약, 공동지분이 변경된다면 변경되는 부분은 양도)

(4) 이혼으로 인하여 혼인 중에 형성된 부부공동재산을 「민법」에 따라 재산분할하는 경우

(5) 소유자산을 경매·공매로 인하여 자기가 재취득하는 경우

(6) 「도시개발법」이나 그 밖의 법률에 따른 환지처분으로 지목 또는 지분이 변경되거나 보류지로 충당되는 경우

(7) 다음의 요건을 모두 충족하는 토지 교환
 1) 토지 이용상 불합리한 지상 경계를 합리적으로 바꾸기 위해 「공간정보의 구축 및 관리 등에 관한 법률」이나 그 밖의 법률에 따라 토지를 분할하여 교환할 것
 2) 1)에 따라 분할된 토지의 전체 면적이 분할 전 토지의 전체 면적의 20%를 초과하지 아니할 것

(8) 위탁자와 수탁자 간 신임관계에 기하여 위탁자의 자산에 신탁이 설정되고 그 신탁재산의 소유권이 수탁자에게 이전된 경우로서 위탁자가 신탁 설정을 해지하거나 신탁의 수익자를 변경할 수 있는 등 신탁재산을 실질적으로 지배하고 소유하는 것으로 볼 수 있는 경우

(9) 양도담보(채무불이행으로 양도담보재산의 소유권이 실질적으로 이전되는 경우에는 양도에 해당)

문제 52 [소득세법] 소득세 총설

유 형	이론형		
중요도	★★	정답	①

정답해설

① 주소지가 2인 이상인 때에는 생활관계가 보다 밀접한 곳을 납세지로 한다.
→ 거소지가. 주소지가 2인 이상인 때에는 「주민등록법」에 의하여 등록된 곳을 납세지

④ 이 경우 납세자의 주소지가 변경됨에 따라 「부가가치세법 시행령」에 따른 사업자 등록 정정을 한 경우에는 납세지의 변경신고를 한 것으로 본다.

법령 CHECK

① 소득세법 시행령 제5조 제1항 제1호
② 소득세법 시행령 제5조 제1항 제2호
③ 소득세법 시행령 제5조 제6항
④ 소득세법 시행령 제7조
⑤ 소득세법 제9조 제4항

문제 53 [소득세법] 종합소득금액계산의 특례

유 형	이론형		
중요도	★	정답	③

정답해설

① 다만, 「국세기본법」 제45조의2에 따라 과세표준 및 세액의 경정(更正)을 청구한 경우에는 그러하지 아니하다.

② 세무서장뿐만 아니라 지방국세청장도 그 거주자의 각 과세기간의 소득금액을 조정하여 계산할 수 있다.

③ 사업소득이 발생하는 사업을 공동으로 경영하고 그 손익을 분배하는 공동사업의 경우에는 각 공동사업자별로 소득금액을 계산한다. *관련이론
→ 해당 사업을 경영하는 장소를 1거주자로 보아 공동사업장별로

법령 CHECK

① 소득세법 제46조의2
② 소득세법 제42조
③ 소득세법 제43조 제1항
④ 소득세법 제44조 제2항
⑤ 소득세법 제45조 제6항

합격의 TIP

이월결손금의 경우 매우 기초적인 법령이 문제의 한 보기로서 출제되었지만, 단독으로 출제되는 경우가 있다. 심화학습을 원하는 수험생은 2016년 53번 문제를 참고하자.

관련이론 공동사업에 대한 소득금액 계산의 특례

(1) 출자공동사업자
경영에 참여하지 아니하고 출자만 하는 대통령령으로 정하는 출자공동사업자

(2) 소득금액의 계산
해당 사업을 경영하는 장소(이하 '공동사업장'이라 한다)를 1거주자로 보아 공동사업장별로 그 소득금액을 계산

(3) 소득금액의 분배기준
약정된 손익분배비율(약정된 손익분배비율이 없는 경우에는 지분비율)

(4) 거주자 1인과 그의 대통령령으로 정하는 특수관계인이 공동사업자에 포함되어 있는 경우로서 손익분배비율을 거짓으로 정하는 경우
그 특수관계인의 소득금액은 그 손익분배비율이 큰 공동사업자(단, 손익분배비율이 같은 경우에는 주된 공동사업자)

문제 54 [소득세법] 종합소득금액계산의 특례

유 형	이론형		
중요도	★★	정답	②

정답해설

① 甲이 주(A)에 재직하면서 2028.3.20.부터 2033.3.20.까지 사이에 주식매수선택권을 행사하여 얻은 이익은 ~~기타소득~~에 해당한다.
→ 근로소득

③ 甲이 2026.6.20. 사망하고 2028.3.20.부터 2033.3.20.까지 사이에 그 상속인이 주식매수선택권을 행사하여 얻은 이익은 ~~근로소득~~에 해당한다.
→ 기타소득. 소득세법 제21조 제1항 제22호에 의하면 퇴직 전에 부여받은 주식매수선택권을 퇴직 후에 행사하거나 고용관계 없이 주식매수선택권을 부여받아 이를 행사함으로써 얻는 이익은 기타소득으로 본다. 이 조항에서 의미하는 바는 상속으로 받은 경우(고용관계 주식매수선택권을 부여받는 경우)를 포함한다.

④ 甲의 주식매수선택권 행사이익은 그 주식매수선택권 ~~부여~~ 당시 (주)A 주식의 시가에서 실제 매수가격을 뺀 금액이다.
→ 행사

⑤ 甲이 주식매수선택권을 행사하여 취득한 주식을 양도하는 때, 당해 주식이 양도소득세 과세대상이 되는 경우에는 그 주식매수선택권의 ~~행사가격~~을 취득가액으로 하여 양도소득을 계산한다.
→ 행사 당시의 시가

법령 CHECK

①, ④ 소득세법 시행령 제38조 제1항 제17호
② 소득세법 제21조 제1항 제22호
③ 소득세법 집행기준 20-38-3
⑤ 소득세법 시행령 제163조 제13항

관련이론 주식매수선택권 행사이익의 소득구분

1. 법인의 임원 또는 종업원이 해당 법인으로부터 부여받은 주식매수선택권(스톡옵션)을 해당 법인에서 근무하는 기간 중 행사함으로써 얻은 이익(주식매수선택권 행사 당시의 시가와 실제 매수가액과의 차액)은 근로소득에 해당한다.
2. 법인으로부터 퇴직 전에 주식매수선택권을 부여받은 거주자가 해당 법인과 고용관계가 없는 상태인 퇴직 후에 해당 주식매수선택권을 행사함으로써 얻는 이익은 기타소득에 해당한다.
3. 피상속인이 부여받은 주식매수선택권을 상속인이 행사하는 경우 해당 주식매수선택권을 행사함으로써 얻는 이익(「상속세 및 증여세법」에 따라 상속세가 과세된 금액을 차감한 것을 말한다)은 기타소득에 해당한다.

유 형	이론형		
중요도	★	정답	③

문제 55 [소득세법] 종합소득세액

정답해설

① 기장세액공제를 받은 간편장부대상자는 이와 관련된 장부 및 증명서류를 해당 과세표준확정신고기간 종료일부터 ~~10년간~~ 보관하여야 한다.

→ 5년간. 기장세액공제와 관련된 장부 및 증명서류를 해당 과세표준확정신고기간 종료일부터 5년간 보관하지 아니한 경우에는 기장세액공제를 적용하지 아니한다(단, 천재지변 등 대통령령으로 정하는 부득이한 사유의 경우에는 예외).

② 외국정부에 납부하였거나 납부할 외국소득세액을 이월공제기간 내에 공제받지 못한 경우 그 공제받지 못한 외국소득세액은 ~~이월공제기간의 종료일이 속하는~~ 과세기간의 소득금액을 계산할 때 필요경비에 산입할 수 있다.

→ 이월공제기간의 종료일 다음 날이 속하는

③ 해당 과세기간의 종합소득산출세액 또는 퇴직소득산출세액에 국외원천소득이 그 과세기간의 종합소득금액 또는 퇴직소득금액에서 차지하는 비율을 곱하여 산출한 금액을 한도(공제한도)로 외국소득세액을 해당 과세기간의 종합소득산출세액 또는 퇴직소득산출세액에서 공제하는 방법과 외국소득세액을 해당 과세기간의 사업소득금액 계산상 필요경비에 산입하는 방법을 선택할 수 있다.

④ 특별세액공제 규정을 적용할 때 과세기간 종료일 이전에 이혼하여 기본공제대상자에 해당하지 아니하게 되는 종전의 배우자를 위하여 과세기간 중 이미 지급한 금액에 대한 세액공제액은 해당 과세기간의 종합소득산출세액에서 공제할 수 ~~없다~~.

→ 있다. 과세기간 종료일 이전에 혼인·이혼·별거·취업 등의 사유로 기본공제대상자에 해당되지 아니하게 되는 종전의 배우자·부양가족·장애인 또는 과세기간 종료일 현재 65세 이상인 사람을 위하여 이미 지급한 금액이 있는 경우에는 그 사유가 발생한 날까지 지급한 금액에 대한 세액공제액은 종합소득산출세액에서 공제한다.

⑤ 이월공제가 인정되는 세액공제로서 해당 과세기간 중에 발생한 세액공제액과 이전 과세기간에서 이월된 미공제액이 함께 있을 때에는 ~~해당 과세기간 중에 발생한 세액공제액~~을 먼저 공제한다.

→ 이월된 미공제액 *관련이론

법령 CHECK

① 소득세법 제56조의2 제2항 제2호
② 소득세법 제57조 제2항
③ 소득세법 제57조 제1항
④ 소득세법 제59조의4 제5항
⑤ 소득세법 제60조 제1항 제3호

관련이론 세액감면 및 세액공제의 동시적용 시 적용순위

1. 해당 과세기간의 소득에 대한 소득세의 감면
2. 이월공제가 인정되지 아니하는 세액공제
3. 이월공제가 인정되는 세액공제. 이 경우 해당 과세기간 중에 발생한 세액공제액과 이전 과세기간에서 이월된 미공제액이 함께 있을 때에는 이월된 미공제액을 먼저 공제

문제 56 [소득세법] 양도소득과세표준

유 형	계산형		
중요도	★★	정답	③

정답해설

1 양도소득과세표준

	항목	금액	비고
	양도가액	600,000,000	실지거래가액
−	취득가액	398,000,000	실지거래가액 − 감가상각비[*1] + 취득세(자료(1)−③)
−	기타필요경비[*2]	11,000,000	자료(1)−③, 자료(2)
	양도차익	191,000,000	
−	장기보유특별공제	19,100,000	양도차익의 10% 공제
	양도소득금액	171,900,000	
−	기본공제금액	2,500,000	상가건물 외 양도자산 없음
	양도소득과세표준	169,400,000	

*1 사업소득금액 계산 시 감가상각비가 필요경비에 반영되었으므로, 결산상 취득가액에서 필요경비에 산입하였거나 산입할 현재가치할인차금상각비와 감가상각비를 차감하여야 세무상 취득가액을 구할 수 있다. 따라서 400,000,000(결산상 취득가액) + 13,000,000(취득세) − 15,000,000(사업소득금액 계산시 필요경비에 반영된 감가상각비) = 398,000,000 *관련이론

*2 기타필요경비 : Min{8,000,000 − 3,000,000(사채업자에게 매각함에 따른 매각차손), 2,000,000(금융회사에 매각할 경우 매각차손)} + 양도 시 중개수수료 9,000,000 = 11,000,000

법령 CHECK

소득세법 제92조

합격의 TIP

양도소득세 과세표준의 계산구조만 정확하게 암기하고 있다면, 반드시 맞출 수 있는 계산문제들이 자주 출제되므로 정확히 암기해두자. 2016년도 51번을 함께 학습한다면, 학습효과를 높일 수 있을 것이다.

관련이론 **취득가액에 현재가치할인차금이나 감가상각비가 있는 경우 세무상 취득가액**

결산상 취득가액 + 구분계상한 현재가치할인차금 − 필요경비에 산입하였거나 산입할 현재가치할인차금상각비와 감가상각비

※ 단, 현재가치할인차금은 취득가액이 실지거래가액일때만 적용

문제 57 [소득세법] 사업소득금액

유 형	계산형		
중요도	★	정답	④

정답해설

1 주어진 문제의 분석

항 목	금 액	설 명
당기순이익	100,000,000	
대표자 甲의 급여	48,000,000[*1]	대표자 甲의 급여는 필요경비로 인정되지 않는다.
예금이자수익	300,000[*2]	이자수익은 이자소득으로 금융소득금액에 포함되기 때문에, 사업소득금액을 계산하는 손익계산서에 포함되어 있다면 제외한다.
업무용화물차 처분이익	100,000	복식부기의무자의 경우 업무용화물차의 처분이익은 사업소득에 포함된다.
보험차익	5,000,000	사업 관련 공장의 화재로 인한 보험차익으로 사업소득금액에 인정된다.
현금배당수익	3,000,000[*3]	현금배당수익은 배당소득으로 금융소득금액에 포함되기 때문에, 사업소득금액을 계산하는 손익계산서에 포함되어 있다면 제외한다.
유가증권처분이익 (채권매매차익)	1,000,000[*4]	채권매매차익은 과세대상이 아니므로 사업소득금액을 계산하는 손익계산서에 포함되어 있다면 제외한다.
자가사용 제품	시가 : 8,000,000[*5] 원가 : 5,000,000	개인적으로 사용한 제품의 원가를 비용으로 잡았으므로 시가 8,000,000원을 총수익금액에 산입한다.

2 사업소득금액의 계산

100,000,000 + 48,000,000[*1] – 300,000[*2] – 3,000,000[*3] – 1,000,000[*4] + 8,000,000[*5] = 151,700,000

법령 CHECK

소득세법 제33조

소득세법 기본통칙 27-55…3

합격의 TIP

유사문제로 2016년 52번 문제를 학습해보자. 관련된 문제에 첨부된 이론들과 사업소득의 계산구조를 정확히 알고 있다면, 사업소득과 관련된 대부분의 문제유형은 풀 수 있을 것이다.

관련이론 유형자산처분손익 VS 생산설비의 폐기손실

구 분	유형자산처분손익	생산설비의 폐기손실
법인세법	익금산입, 손금산입	시설개체, 기술낙후로 폐기 시 필요경비 산입하며, 사후관리를 위하여 비망가액 1,000원을 남겨둔다.
소득세법	사업소득에 포함하지 않음. 단, 복식부기의무자의 경우 사업용 유형자산(토지, 건물 제외)의 처분이익은 사업소득에 반영됨	시설개체, 기술낙후로 처분 시 필요경비 산입(폐기 시에는 필요경비불산입)하며, 장부가액에서 처분가액을 차감한 금액을 필요경비로 본다.

문제 58 [소득세법] 종합소득세액

유 형	계산형		
중요도	★★	정답	③

정답해설

의료비 세액공제 *관련이론

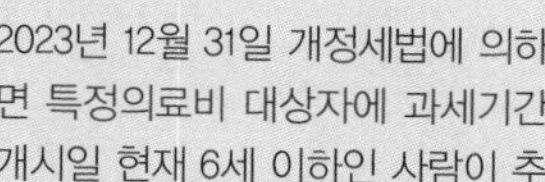

소득세법 제59조의4 제2항
소득세법 시행령 제118조의5 제1항

1 자료의 분석

내 용	금 액	구 분
본인의 시력보정용 안경 구입비	800,000	특 정
본인의 국외치료비	4,000,000	×
배우자(32세)를 위한 치료목적 한약비	1,000,000	일 반
배우자를 위한 난임시술비	3,000,000	난임시술비
부친(67세) 질병 치료비	700,000	특 정
모친(장애인, 62세) 장애인 보장구 구입비	600,000	특 정

2 총급여액계산

= 35,000,000 − 3,000,000(비과세소득)
= 32,000,000
※ 의료비세액공제 계산 시 총급여액에는 비과세소득이 포함되지 않는다.

3 의료비의 구분

1) 일반의료비 : 40,000*1
= Min(7,000,000, 일반의료비 − 총급여액 × 3%)
= Min(7,000,000, 1,000,000 − 32,000,000 × 3%)
= 40,000

*1 일반의료비란 특정의료비와 미숙아 및 선천성이상아를 위하여 지급한 의료비, 난임시술비를 제외한 의료비를 말하며 위의 산식에 따라 계산된다.

2) 특정의료비*2
= Min(800,000, 500,000)*3 + 700,000 + 600,000
= 1,800,000

*2 특정의료비란 본인, 장애인과 과세기간 개시일 현재 6세 이하인 사람, 과세기간 종료일 현재 65세 이상인 사람을 위하여 지급한 의료비, 대통령령으로 정하는 중증질환자, 희귀난치성질환자 또는 결핵환자를 위하여 지급한 의료비를 말한다.

*3 시력보정용 안경 등의 구입은 1명당 연 50만원 이내의 금액을 한도로 함

3) 난임시술비
= 3,000,000

4 의료비세액공제 금액

= (일반의료비 + 특정의료비) × 15% + 난임시술비 × 30%
= (40,000 + 1,800,000) × 15% + 3,000,000 × 30%
= 1,176,000

∴ 의료비 세액공제 : 1,176,000

합격의 TIP

2023년 12월 31일 개정세법에 의하면 특정의료비 대상자에 과세기간 개시일 현재 6세 이하인 사람이 추가되었음을 반드시 알아두자.

관련이론 **의료비 세액공제**

(1) 의료비 세액공제 대상
1) 진찰·치료·질병예방을 위하여 「의료법」 제3조에 따른 의료기관에 지급하는 비용
2) 치료·요양을 위하여 「약사법」 제2조에 따른 의약품(한약 포함)을 구입하고 지급하는 비용
3) 「조세특례제한법 시행령」에 따른 장애인 보장구 및 의사·치과의사·한의사 등의 처방에 따라 의료기기법 제2조 제1항에 의한 의료기기를 직접 구입 또는 임차하기 위하여 지출한 비용
4) 시력보정용 안경 또는 콘택트렌즈 구입을 위하여 지출한 비용으로서 기본공제대상자(나이 및 소득금액의 제한 없음) 1명당 연 50만원 이내의 금액
5) 보청기를 구입하기 위하여 지출한 비용
6) 「노인장기요양보험법」에 따른 장기요양급여에 대한 비용으로서 실제 지출한 본인일부부담금
7) 해당 과세기간 총급여액이 7천만원 이하인 근로자(조세특례제한법상 성실사업자 등에 대한 의료비 세액공제를 적용하는 경우는 사업소득금액 6,000만원 이하인 자)가 산후조리원에 산후조리 및 요양의 대가로 지급하는 비용으로서 출산 1회당 200만원 이내의 금액

(2) 의료비 세액공제 계산식
= (일반의료비*1 + 특정의료비*2) × 15% + 미숙아 및 선천성이상아를 위하여 지급한 의료비*3 × 20% + 난임시술비*4 × 30%

*1 일반의료비 = min(7,000,000, 일반의료비지출액 − 총급여액 × 3%)

*2 특정의료비 : 해당 거주자(본인), 장애인과 과세기간 개시일 현재 6세 이하인 사람, 과세기간 종료일 현재 65세 이상인 사람, 중증질환자, 희귀난치성질환자, 결핵환자를 위하여 지급한 의료비로 만약 일반의료비가 총급여액의 3%에 미달 시 그 미달액을 뺀다.

*3 미숙아 및 선천성이상아 의료비 : 해당 의료비의 경우 전액공제되나 일반의료비와 특정의료비 합계액이 총급여액의 3%에 미달 시 그 미달액을 뺀다.

*4 난임시술비 : 해당 의료비의 경우 전액공제되나 일반의료비와 특정의료비, 미숙아 및 선천성이상아의료비 합계액이 총급여액의 3%에 미달 시 그 미달액을 뺀다.

(3) 의료비 세액공제 대상이 아닌 것
1) 외국의 병원에 지급하는 의료비
2) 건강증진을 위한 의약품 구입, 미용 및 성형수술을 위한 비용

문제 59 [소득세법] 근로, 연금, 기타소득

유 형	계산형		
중요도	★★	정답	④

정답해설

1 총급여액

내 용	금 액	비 고
기본급여 총액	50,000,000	근로소득수입금액
휴가비	5,000,000	근로소득수입금액
강연수당	4,000,000	사내연수 강연이므로 근로소득, 외부 강연의 경우에는 기타소득으로 과세
인정 상여	0	2022년도 귀속 법인세 세무조정 시 발생한 건이므로 2022년의 근로소득. 따라서 2023년 귀속 근로소득은 0
식사대	0	현물식사를 별도로 제공받지 않으므로, 월 200,000원은 비과세 됨
자가운전보조금	3,000,000	본인소유차량으로 업무에 사용 시 월 200,000원까지는 비과세지만, 출장여비 규정에 의해 별도로 지급받은 건이 있으므로 전액 과세
합 계	62,000,000	

2 근로소득공제

= 12,000,000 + (62,000,000 − 45,000,000) × 5%

= 12,850,000

3 근로소득금액

= 총급여액 − 근로소득공제

= 62,000,000 − 12,850,000

∴ 근로소득금액 : 49,150,000

✔ 법령 CHECK

소득세법 제20조

문제 60 [소득세법] 종합소득과세표준

유 형	계산형		
중요도	★	정답	②

정답해설

1 근로소득금액

1) 총급여액

내 용	금 액	비 고
기본급여 총액	90,600,000	현물식사를 별도로 제공받지 않으므로, 월 200,000원은 비과세 ∴ 93,000,000 – 2,400,000 = 90,600,000
직무발명보상금	0	7,000,000원까지 비과세*
건강보험료 회사부담금	0	회사부담 : 비과세 근로자 부담 : 과세
직장공제회 초과반환금	0	무조건 분리과세 금융소득(국내에서 원천징수도 적법하게 이루어졌음이 문제에 제시됨)
합 계	90,600,000	

*「발명진흥법」 제2조 제2호에 따른 직무발명으로 받는 다음의 보상금(이하 '직무발명보상금'이라 한다)으로서 7,000,000원 이하는 비과세(소득세법 제12조 제3호 어목)

2) 근로소득공제
= 12,000,000 + (90,600,000 – 45,000,000) × 5%
= 14,280,000

3) 근로소득금액
= 총급여액 – 근로소득공제
= 90,600,000 – 14,280,000
= 76,320,000

2 사업소득 금액

1) 총수입금액 – 필요경비
= 2,000,000(월 임대료) × 12월 – 10,000,000(필요경비)
= 14,000,000

3 기타소득

「문화재보호법」에 따라 국가지정문화재로 지정된 서화·골동품의 양도로 발생하는 소득 → 비과세

4 이자소득금액(비영업대금이익)

약정에 의한 지급일과 실제 지급일 중 빠른 날이 이자소득의 수입시기이므로 2024년에는 아직 귀속시기가 도래하지 않았음

5 종합소득금액

= 76,320,000(근로소득금액) + 14,000,000(사업소득금액)
= 90,320,000

∴ 종합소득금액 : 90,320,000

법령 CHECK

소득세법 제20조
소득세법 제12조
소득세법 시행령 제45조

합격의 TIP

직무발명보상금이 7,000,000원까지 비과세라는 것을 판단하지 못하면, 이 문제는 정확한 답을 계산할 수 없다. 실제 시험장에서 종합소득금액계산 문제를 풀기 전에 자료를 빠르게 스캔한 뒤, 비과세여부의 판단이 정확하게 오지 않는다면, 다음 문제로 넘어가는 것을 권한다.

문제 61 [법인세법] 감가상각비

유 형	이론형		
중요도	★★★	정답	②

정답해설

①, ③, ④, ⑤ 감가상각방법을 신고하지 않은 경우 적용하는 상각방법 *관련이론

② 광업용 유형자산 : 정액법
→ 생산량비례법

법령 CHECK

법인세법 시행령 제26조

관련이론 자산에 따른 감가상각방법의 정리

구 분	신고 시 상각방법	무신고 시 상각방법
1. 건축물과 무형자산 (아래 3, 5, 6, 7 제외)	정액법	정액법
2. 건축물 외의 유형자산 (아래 4 제외)	정률법과 정액법 중 선택	정률법
3. 광업권(해저광물채취권 포함) 또는 폐기물매립시설	생산량비례법과 정액법 중 선택	생산량비례법
4. 광업용 유형자산	생산량비례법 · 정률법 · 정액법 중 선택	생산량비례법
5. 개발비	관련 제품의 판매 또는 사용이 가능한 시점부터 20년 이내의 기간 내에서 연단위로 신고한 내용연수에 따라 매사업연도별 경과월수에 비례하여 상각	관련 제품의 판매 또는 사용이 가능한 시점부터 5년 동안 매년 균등액을 상각
6. 사용수익기부자산가액	자산의 사용수익기간(기간에 관한 특약이 없는 경우 신고내용연수)에 따라 균등 상각 *기부자산의 멸실 또는 계약이 해지된 경우 잔액 일시 상각	신고 시 상각방법과 동일
7. 주파수이용권, 공항시설 관리권, 항만시설관리권	주무관청에서 고시하거나 주무관청에 등록한 기간 내에서 사용기간에 따라 균등액을 상각	신고 시 상각방법과 동일

유 형	이론형		
중요도	★★★	정답	④

문제 62 [법인세법] 법인세 총설

정답해설

③ 신탁소득 *관련이론

④ ~~둘 이상의 국내사업장이 있는 외국법인이~~ 사업연도 중에 그 중 하나의 국내사업장을 가지지 아니하게 된 경우에는 그 사업연도 개시일부터 그 사업장을 가지지 아니하게 된 날까지의 기간을 그 법인의 1사업연도로 본다.
→ 하나의 국내사업장이 있는 외국법인이

⑤ 사업연도 변경 신고를 기한까지 하지 않은 경우에 원칙적으로 그 법인의 사업연도는 변경되지 않은 것으로 본다. 하지만 법령에 따라 사업연도가 정하여지는 법인이 관련 법령의 개정에 따라 사업연도가 변경된 경우에는 예외이다.

법령 CHECK

① 법인세법 제3조 제2항
② 법인세법 제4조 제1항
③ 법인세법 제5조 제1항, 제3항
④ 법인세법 제8조 제6항
⑤ 법인세법 제7조 제2항

관련이론 **신탁소득(법인세법 제5조 제1항 ~ 제4항)**

① 신탁재산에 귀속되는 소득에 대해서는 그 신탁의 이익을 받을 수익자가 그 신탁재산을 가진 것으로 보고 이 법을 적용한다.
② 제1항에도 불구하고 다음 각 호의 어느 하나에 해당하는 신탁으로서 대통령령으로 정하는 요건을 충족하는 신탁*(「자본시장과 금융투자업에 관한 법률」에 따른 투자신탁은 제외)의 경우에는 신탁재산에 귀속되는 소득에 대하여 그 신탁의 수탁자[내국법인 또는 「소득세법」에 따른 거주자(이하 "거주자"라 한다)인 경우에 한정]가 법인세를 납부할 의무가 있다. 이 경우 신탁재산별로 각각을 하나의 내국법인으로 본다.
  1. 「신탁법」 제3조 제1항 각 호 외의 부분 단서에 따른 목적신탁
  2. 「신탁법」 제78조 제2항에 따른 수익증권발행신탁
  3. 「신탁법」 제114조 제1항에 따른 유한책임신탁
  4. 그 밖에 제1호부터 제3호까지의 규정에 따른 신탁과 유사한 신탁으로서 대통령령으로 정하는 신탁
③ 제1항 및 제2항에도 불구하고 위탁자가 신탁재산을 실질적으로 통제하는 등 대통령령으로 정하는 요건을 충족하는 신탁의 경우에는 신탁재산에 귀속되는 소득에 대하여 그 신탁의 위탁자가 법인세를 납부할 의무가 있다.
④ 「자본시장과 금융투자업에 관한 법률」의 적용을 받는 법인의 신탁재산(같은 법 제251조 제1항에 따른 보험회사의 특별계정은 제외)에 귀속되는 수입과 지출은 그 법인에 귀속되는 수입과 지출로 보지 아니한다.

*대통령령으로 정하는 요건을 충족하는 신탁 : 수익자가 둘 이상이고, 위탁자가 신탁을 해지할 수 있는 권리, 수익자를 지정하거나 변경할 수 있는 권리, 신탁 종료 후 잔여재산을 귀속 받을 권리를 보유하는 등 신탁재산을 실질적으로 지배·통제하지 아니하는 것

문제 63 [법인세법] 익금의 범위

유 형	이론형		
중요도	★★★	정답	④

정답해설

①, ②, ③, ⑤ 익금불산입 항목

④ 손금에 산입한 금액 중 환입된 금액의 경우에는 익금으로 본다. 만약 손금불산입한 금액(예 법인세)이 환입되었을 경우에는 익금불산입으로 본다.

따라서, 정답은 ④번이다.

법령 CHECK

①, ③ 법인세법 제18조
②, ⑤ 법인세법 제17조
④ 법인세법 제15조

합격의 TIP

빈출도가 높진 않지만, 매우 기초적인 문제이다. 이런 문제는 반드시 맞추도록 하자.

문제 64 [법인세법] 법인세 신고와 납부

유 형	이론형		
중요도	★★	정답	⑤

정답해설

① 결손금이 있는 법인의 경우에도 신고해야 한다.

② 납세지 관할 세무서장 및 관할 지방국세청장은 제1항과 제2항에 따라 제출된 신고서 또는 그 밖의 서류에 미비한 점이 있거나 오류가 있을 때에는 보정할 것을 요구할 수 있다.

④ 이 경우 신고기한이 연장된 내국법인이 세액을 납부할 때에는 기한 연장일수에 금융회사 등의 이자율을 고려하여 대통령령으로 정하는 이자율을 적용하여 계산한 금액을 가산하여 납부하여야 한다. 기한의 연장일수는 신고기한의 다음 날부터 신고 및 납부가 이루어진 날(연장기한까지 신고납부가 이루어진 경우만 해당) 또는 연장된 날까지의 일수로 한다.

⑤ 납세지 관할 세무서장은 법인세의 과세표준과 세액을 결정한 후 그 결정에 오류가 있는 것을 발견한 경우에는 ~~1개월 이내에 이를~~ 경정한다.
→ 즉시 이를 다시

법령 CHECK

① 법인세법 제60조 제3항
② 법인세법 제60조 제6항
③ 법인세법 제66조 제2항
④ 법인세법 제60조 제7항
⑤ 법인세법 제66조 제4항

문제 65 [법인세법] 과세표준과 세액

유 형	이론형		
중요도	★★★	정답	④

정답해설

① 중소기업은 각 사업연도에 결손금이 발생한 경우, ~~직전 및 직전 전 사업연도의 소득~~에 대하여 과세된 법인세액을 한도로 그 결손금의 환급을 신청할 수 있다.
→ 직전 사업연도의 소득

② 재해손실세액공제는 천재지변 등 재해로 상실 전 자산총액의 ~~100분의 15~~ 이상을 상실하여 납세자가 곤란하다고 인정되는 경우에 적용된다.
→ 100분의 20

③ 외국납부세액공제는 해당 법인의 국내 법인세 산출세액을 한도로 하며, 이를 초과하는 금액은 ~~5년간~~ 이월공제 가능하다.
→ 해당 사업연도의 다음 사업연도 개시일부터 10년 이내

④ 법인세를 추계하는 경우에는 이월결손금 공제와 외국납부세액공제를 제외하나 천재지변 등으로 장부나 그 밖의 증명서류가 멸실된 경우는 예외이다.

⑤ 결손금의 이월공제는 각 사업연도의 소득의 범위에서 각 사업연도의 개시일 전 ~~5년 이내~~에 개시한 사업연도에서 발생한 결손금에 한하여 이월하여 공제한다.
→ 15년(2019.12.31 이전 개시 사업연도 발생분은 10년) 이내

법령 CHECK

① 법인세법 제72조 제1항
② 법인세법 제58조 제1항
③ 법인세법 제57조 제2항
④ 법인세법 제68조
⑤ 법인세법 제13조 제1항

합격의 TIP

각 세액공제의 세부 내역이 나오면 어려울 수 있지만, 전반적인 내용과 세액공제의 종류들을 알고 있다면, 쉽게 풀 수 있는 문제이다. ①번 지문은 2016년도 66번, ②번 지문은 2016년도 70번에서 관련된 문제를 통해 심화학습을 할 수 있다.
2020년 개정세법에서 공제할 수 있는 이월결손금 공제를 10년에서 15년으로 연장하였다. 이는 2020년 1월 1일 이후 개시하는 사업연도에 발생한 결손금부터 적용하며, 2020.1.1. 전에 개시한 사업연도에 발생한 결손금에 대해서는 종전의 규정(10년)에 따른다.

문제 66 [법인세법] 손익의 귀속시기, 세무조정과 소득처분

유 형	계산형		
중요도	★★★	정답	②

정답해설

결산서상 처리내용	귀속시기	세무조정	순영향
배당금수익(잔여재산분배로 인한 의제배당) 처리	법인의 잔여재산의 가액이 확정된 날 → 2025년 익금	익금불산입 1,000,000	−1,000,000
지출 후 기업업무추진비를 선급비용 처리	접대행위를 한 때 → 2024년 손금	손금산입 1,000,000	−1,000,000
어음발행한 기부금을 비용 처리	어음의 결제일 → 2025년 손금	손금불산입 1,000,000	+1,000,000
유형자산 양도 처분이익	매수자의 사용수익일 *관련이론 → 2024년 익금		0
각 사업연도 소득금액에 미친 순영향			−1,000,000

∴ 각 사업연도 소득금액에 미친 순영향 : −1,000,000

법령 CHECK

법인세법 제40조
법인세법 제16조
법인세법 시행령 제13조
법인세법 시행령 제68조 제1항

합격의 TIP

기부금과 기업업무추진비의 손익 귀속시기의 경우, 기부금한도초과와 기업업무추진비한도초과의 계산형 문제에서 응용되는 부분이므로 반드시 알아두자.

관련이론 **자산의 양도에 따른 손익귀속시기**

(1) 상품(부동산을 제외한다)·제품 또는 기타의 생산품의 판매 : 그 상품 등을 인도한 날

(2) 상품 등의 시용판매 : 상대방이 그 상품 등에 대한 구입의 의사를 표시한 날. 단, 일정기간 내에 반송하거나 거절의 의사를 표시하지 아니하면 특약 등에 의하여 그 판매가 확정되는 경우에는 그 기간의 만료일

(3) 상품 등 외의 자산의 양도 : 그 대금을 청산한 날. 단, 대금을 청산하기 전에 소유권 등의 이전등기를 하거나 당해 자산을 인도하거나 상대방이 당해 자산을 사용수익하는 경우에는 그 이전등기일·인도일 또는 사용수익일 중 빠른 날

(4) 자산의 위탁매매 : 수탁자가 그 위탁자산을 매매한 날

(5) 증권시장에서 증권시장업무규정에 따라 보통거래방식으로 한 유가증권의 매매 : 매매계약을 체결한 날

문제 67 [법인세법] 세무조정과 소득처분, 자산의 취득과 평가

유 형	계산형		
중요도	★★	정답	②

정답해설

과 목	내 용	세무조정
토 지	절반을 처분하였으므로, 기초 유보 잔액의 절반을 추인	〈익금산입〉 4,200,000* (유보) *8,400,000 × 1/2 = 4,200,000
건 물	업무무관자산의 수선비지출	〈손금불산입〉 2,000,000 (배당(사외유출)) *관련이론1
기계장치	세무조정 불필요 *관련이론2	
업무용 승용차	업무용승용차 처분손실은 매년 8,000,000원 한도로 인정	〈손금불산입〉 3,500,000 (기타사외유출)

1 사내유보로 처분될 금액 : 4,200,000

2 사외유출로 처분될 금액 : 2,000,000 + 3,500,000 = 5,500,000

∴ 사내유보로 처분될 금액 : 4,200,000
사외유출로 처분될 금액 : 5,500,000

법령 CHECK

법인세법 제27조
법인세법 시행령 제106조
법인세법 시행령 제50조
법인세법 기본통칙 67-106…2
법인세법 시행령 제72조

관련이론1 업무와 관련 없는 지출에 대한 소득 처분

(1) 원 칙 : 업무와 관련 없는 자산 및 지출(유지비, 관리비 등)에 대하여 손금불산입한 금액은 기타사외유출

(2) 예 외 : 업무와 관련 없는 자산을 사용하는 자가 따로 있을 경우에는 귀속자에 따라 소득처분
1) 출자자(임원 또는 직원인 출자자 제외) : 배당
2) 임직원 : 상여
3) 법인 또는 사업을 영위하는 개인 : 기타사외유출
4) 1)~3) 이외의 개인 : 기타소득

관련이론2 취득가액에 포함되는 가액과 포함되지 않는 가액

취득가액에 포함	취득가액에 포함하지 않음
1. 특수관계인인 개인으로부터 유가증권 저가매입 시 시가와의 차액 2. 건설자금이자 및 취득 이후의 자본적 지출액 3. 유형자산 취득 시 수반되어 매입한 국공채의 매입가액과 현재가치와의 차액을 취득원가로 계상한 금액 4. 보험업법 등 법률에 의한 평가차익 5. 불공정자본거래로 인한 이익분여액 6. 부가가치세법상 조세정책 목적에 따른 매입세액불공제액	1. 장기할부조건 등으로 자산을 취득하는 경우 발생한 채무를 기업회계기준이 정하는 바에 따라 현재가치로 평가하여 취득가액과 구분하여 현재가치할인차금으로 계상한 경우의 당해 현재가치할인차금 2. 연지급수입에 있어서 취득가액과 구분하여 계상한 지급이자 3. 특수관계인으로부터 고가매입 시 시가와의 차액으로 부당행위계산의 부인에 해당하는 금액 4. 의제매입세액 및 사업자 귀책사유로 인한 매입세액 불공제액 5. 특수관계인 외의 자로부터 고가매입한 자산의 정상가액 초과분

문제 68 [법인세법] 자산의 취득과 평가

유 형	계산형		
중요도	★★★	정답	①

정답해설

1 지급이자 손금불산입

1) 채권자불분명사채이자 : 〈손금불산입〉 20,000,000 (상여)

※ 채권자불분명사채이자의 원천징수액은 기타사외유출로 처분된다.

2) 업무무관자산 지급이자 손금불산입 금액 4,000,000

$$= \text{총지급이자} \times \frac{\text{업무무관자산적수(특수관계인차입금 포함)}}{\text{총차입금적수}}$$

$$= 20{,}000{,}000 \times \frac{\text{업무무관자산} \times \text{일수}}{(20{,}000{,}000 \div 5\%) \times 365}$$

= 4,000,000

※ 채권자불분명사채이자로 20,000,000원 계상된 부분은 업무무관자산 지급이자 계산 시 제외하였다.

∴ 업무무관자산적수 : 29,200,000,000

3) 업무무관자산적수(ㄱ. 기말까지 회수하지 못한 가지급금 × 일수)

= ㄱ × 292일 = 29,200,000,000

∴ 업무무관자산 : 100,000,000

2 재고자산 *관련이론1

1) 법인의 신고 : 후입선출법

2) 변경신고 : 총평균법으로 제24기 10월 31일에 신고

※ 신고기한이 지났으므로 총평균법이 적용되는 시기는 제25기부터이다.

3) 신고기한이 지난 경우의 세무상 재고자산 평가금액

Max(선입선출법, 변경 전 평가방법에 의한 평가액)

= Max(500,000, 250,000) = 500,000

4) 세무조정

세법상 재고자산	500,000
세무조정	〈손금불산입〉 100,000
장부상 재고자산 (ㄴ)	400,000

∴ 장부상 재고자산은 400,000이다.

3 임대료

1) 세법상 적정 시가의 계산

(당해 자산의 시가 × 50% − 임대보증금) × 정기예금이자율 × 245/365

= (480,000,000 × 50% − 123,200,000) × 5% × 245/365 = 3,920,000

2) 세무조정

세법상 임대료	3,920,000
세무조정	〈익금산입〉 2,320,000
장부상 임대료 (ㄷ)	1,600,000 (월 임대료 : 1,600,000/8 = 200,000)

∴ 월 임대료 : 200,000

∴ ㄱ. 업무무관자산 100,000,000
ㄴ. 장부상 재고자산 400,000
ㄷ. 월 임대료 200,000

법령 CHECK

법인세법 제28조
법인세법 시행령 제53조
법인세법 제42조
법인세법 시행령 제74조
법인세법 제52조
법인세법 시행령 제89조

합격의 TIP

출제된 항목들이 각각 단독 문제로 출제되기에도 좋은 주제이다. 따라서 이 문제는 마치 1문제를 풀어도 3문제를 푸는 듯한 느낌을 줄 수 있다. 실제 시험장에서 이 문제를 만난다면 1~2분 안에 풀기에는 어려울 수 있으므로, 보기의 지문을 읽으면서 어떻게 접근해야 할지 산식이 떠오르지 않는다면, 다른 문제를 먼저 풀고 시간이 남는다면 그때 접근하자.
참고로 적정임대료 계산 시 적용되는 정기예금 이자율은 2.9%이다. 문제에서는 5%로 주어졌지만, 주어지지 않았다면 2.9%를 적용해서 풀이해야 한다.

관련이론1 **재고자산의 평가**

법인세법은 원칙적으로 자산의 평가를 인정하지 않으나, 법인세법 제46조에 따른 재고자산 등 대통령령으로 정하는 자산과 부채의 평가를 인정해주고 있다.

(1) 평가대상 재고자산
1) 제품 및 상품(부동산매매업자가 매매를 목적으로 소유하는 부동산을 포함하며, 유가증권은 제외)
2) 반제품 및 재공품
3) 원재료
4) 저장품

(2) 평가방법의 신고기한
1) 신설법인 : 당해 법인의 설립일이 속하는 사업연도의 법인세 과세표준 신고기한 내
2) 수익사업을 개시한 비영리내국법인 : 수익사업 개시일이 속하는 사업연도의 법인세 과세표준 신고기한 내

(3) 평가방법의 변경신고
1) 변경할 평가방법을 적용하고자 하는 사업연도의 종료일 이전 3월이 되는 날까지 신고
2) 신고기한이 지나서 변경할 경우 : 다음연도부터 변경신고한 평가방법 적용

(4) 평가방법에 따른 세무조정
1) 신고한 평가방법으로 장부상 반영 : 세무조정 없음
2) 무신고 시 평가방법 : 선입선출법
3) 신고기한이 경과한 후 평가방법을 변경한 경우, 신고한 평가방법 외의 방법으로 평가한 경우 : Max(선입선출법, 변경 전 평가방법에 의한 평가액)

관련이론2 **특수관계인과의 거래에 있어 시가의 산정**

(1) 자산의 매매 등 일반적인 거래
감정평가업자의 감정가액, 「상속세 및 증여세법」 및 「조세특례제한법」의 규정을 준용하여 평가한 가액(단, 유가증권의 경우 감정가액 없이 바로 상증세법상 평가한 가액으로 함)

(2) 금전대여 시 적정이자율
1) 원칙 : 가중평균차입이자율
2) 예외 : 가중평균차입이자율을 선택하였으나 다음 어느 하나에 해당하는 사유가 있는 경우 해당 대여금 또는 차입금에 한정해서 당좌대출이자율 적용
① 특수관계인이 아닌 자로부터 차입한 금액이 없는 경우
② 차입금 전액이 채권자가 불분명한 사채 또는 매입자가 불분명한 채권·증권의 발행으로 조달된 경우
③ 자금대여법인의 가중평균차입이자율 또는 대여금리가 대여시점 현재 차입법인의 가중평균차입이자율보다 높아 가중평균차입이자율이 없는 것으로 보는 경우
④ 대여한 날(갱신한 경우는 갱신일)부터 해당 사업연도 종료일(해당 사업연도에 상환한 경우는 상환일)까지의 기간이 5년을 초과하는 대여금이 있는 경우
3) 법인이 과세표준 신고 시 당좌대출이자율을 시가로 선택한 경우 : 선택한 사업연도와 이후 2개 사업연도는 당좌대출이자율을 시가로 함

(3) 유형·무형자산 제공 시 시가결정
(당해 자산의 시가 × 50% − 전세금 등) × 정기예금이자율 × 일수/365

(4) 건설 기타 용역 제공 시 시가결정
용역의 투입원가(직접비 및 간접비 포함 + 원가) × (1 + 당해 사업연도 중 특수관계인외의 자에게 제공한 유사한 용역제공 거래의 수익률)

문제 69 [법인세법] 감가상각비, 자산의 취득과 평가

유 형	계산형		
중요도	★★	정답	①

정답해설

1 건물 A : 세무조정 없음

법인세법은 원칙적으로 자산의 평가를 인정하지 않으나, 법인세법 제42조에 따르면 보험업법에 따른 평가증은 인정해주고 있다(평가증만 됨에 유의하자).

2 건설 B : 세무조정 없음

감가상각비는 결산조정사항이기 때문에, 장부에 반영하지 않았다면, 세법도 이를 인정하지 않는다.

3 건물 C

1) 회계상 감가상각비 : 3,000,000
2) 세법상 감가상각방법 : 정액법(감가상각방법 무신고하였으므로 정액법)
   내용연수 : 10년
3) 세법상 감가상각비 한도의 계산 : 30,000,000 × 1/10 = 3,000,000
4) 세무조정 없음

4 건물 D

1) 회계상 감가상각비 : 0
2) 세무상 감가상각비 : 0(수선비로 계상한 자본적 지출금이 직전 사업연도 종료일 현재 재무상태표상 자산가액의 100분의 5에 미달) *관련이론
3) 세법상 감가상각방법 : 정액법(감가상각방법 무신고하였으므로 정액법)
   내용연수 : 10년
4) 세법상 감가상각비 한도의 계산
   500,000,000 × 1/10 = 50,000,000
5) 세무조정 없음

∴ ㄱ. 익금산입・손금불산입의 합계 : 0
  ㄴ. 손금산입・익금불산입의 합계 : 0

법령 CHECK

법인세법 제42조
법인세법 제23조
법인세법 시행령 제31조

관련이론 **즉시상각의제**

(1) 의 의

법인이 감가상각자산을 취득하기 위하여 지출한 금액과 감가상각자산에 대한 자본적 지출에 해당하는 금액을 손금으로 계상한 경우에는 이를 감가상각한 것으로 보아 상각범위액을 계산하는 것

(2) 자본적 지출

법인이 소유하는 감가상각자산의 내용연수를 연장시키거나 당해 자산의 가치를 현실적으로 증가시키기 위하여 지출한 수선비로 취득가액에 가산

1) 본래의 용도를 변경하기 위한 개조
2) 엘리베이터 또는 냉난방장치의 설치
3) 빌딩 등에 있어서 피난시설 등의 설치
4) 재해 등으로 인하여 멸실 또는 훼손되어 본래의 용도에 이용할 가치가 없는 건축물·기계·설비 등의 복구
5) 기타 개량·확장·증설 등 1)~4)와 유사한 성질의 것

(3) 수선비 중 즉시상각의제 조항이 적용되지 않는 경우

1) 개별 자산별로 수선비로 지출한 금액이 600만원 미만인 경우
2) 개별자산별로 수선비로 지출한 금액이 직전 사업연도종료일 현재 재무상태표상의 자산가액(취득가액 – 감가상각누계액)의 100분의 5에 미달하는 경우
3) 3년 미만의 기간마다 주기적인 수선을 위하여 지출하는 경우

문제 70 [법인세법] 과세표준과 세액

유 형	계산형		
중요도	★	정답	⑤

정답해설

1 간접외국납부세액 *관련이론1

$$= \text{외국 자회사의 해당 사업연도 법인세액} \times \frac{\text{수입배당금액}}{\text{외국 자회사의 해당 사업연도 소득금액} - \text{외국 자회사의 해당 사업연도 법인세액}}$$

$$= 100{,}000{,}000 \times \frac{10{,}000{,}000}{300{,}000{,}000 - 100{,}000{,}000}$$

$$= 5{,}000{,}000$$

2 원천징수세액 *관련이론2

1) 이자수익(비영업대금이익 100분의 25적용)
   $= 20{,}000{,}000 \times 0.25$
   $= 5{,}000{,}000$
2) 배당수익
   법인에게 지급하는 배당수익은 집합투자기구로부터의 이익 중 「자본시장과 금융투자업에 관한 법률」에 따른 투자신탁의 이익만 원천징수 대상에 해당하므로, 제시된 현금배당금은 원천징수대상이 아님

3 분납가능세액 *관련이론3

1) 가산세를 제외한 자진 납부할 세액
   18,000,000 − 3,000,000 = 15,000,000
2) 분납 가능한 세액 1천만원 초과분은 1개월 이내에 분납 가능
3) 분납 가능한 법인세 : 5,000,000

∴ 각 ( ) 안에 들어갈 금액의 합 : 15,000,000

법령 CHECK

법인세법 제15조 제2항 제2호
법인세법 제57조
법인세법 제73조
법인세법 제64조
법인세법 기본통칙 64-0…3

합격의 TIP

2018년도의 경우 계산문제가 시간이 많이 소요되거나, 여러 가지를 복잡하게 묻는 유형으로 출제되었다. 반면에, 이론형 문제는 계산문제에 비해 난이도는 낮은 편이었다. 세무사 1차 시험의 경우 합격의 기준이 절대평가이므로, 같은 시간에 더 정확하게 많은 문제를 풀어야 가능성이 높아짐을 항상 염두해두자.

관련이론1 **간접외국납부세액**

(1) 간접외국납부세액공제시 세무조정
외국 자회사의 배당확정일이 속하는 사업연도에 당해 간접외국납부세액 상당액을 익금에 산입하여야 함(이중과세 제거하기 위함)

(2) 간접외국납부세액의 상당액의 계산

$$\text{외국 자회사의 해당 사업연도 법인세액} \times \frac{\text{수입배당금액}}{\text{외국 자회사의 해당 사업연도 소득금액} - \text{외국자회사의 해당 사업연도 법인세액}}$$

관련이론2 **내국법인의 이자소득 등에 대한 원천징수**

내국법인에 다음의 금액을 지급하는 자(원천징수의무자)는 그 지급하는 금액에 100분의 14(비영업대금의 이익인 경우 100분의 25)의 세율을 적용하여 계산한 금액에 상당하는 법인세(1천원 이상인 경우만 해당)를 원천징수하여 그 징수일이 속하는 달의 다음 달 10일까지 납세지 관할 세무서 등에 납부하여야 한다. 이 경우 투자신탁의 이익에 대한 금액을 지급하는 원천징수의무자가 투자신탁이익에 대하여 외국법인세액을 납부한 경우에는 원천징수세액에서 외국법인세액을 차감한 금액(그 금액이 0보다 작은 경우에는 0으로 봄)을 원천징수한다.

1. 이자소득(금융보험업을 하는 법인의 수입금액을 포함)
2. 집합투자기구로부터의 이익 중 「자본시장과 금융투자업에 관한 법률」에 따른 투자신탁의 이익

관련이론3 **법인세의 분납**

내국법인이 납부할 세액이 1천만원을 초과하는 경우에는 대통령령으로 정하는 바에 따라 납부할 세액의 일부를 납부기한이 지난 날부터 1개월(중소기업의 경우에는 2개월) 이내에 분납할 수 있다. 단, 가산세와 「법인세법」 또는 「조세특례제한세법」에 의하여 법인세에 가산하여 납부하여야 할 감면분 추가납부세액 등은 분납대상 세액에 포함하지 아니한다.

문제 71 [부가가치세법] 부가가치세법 총설	유 형	이론형		
	중요도	★	정답	②

정답해설

①, ④ 사업자단위과세제도 *관련이론

② 신규로 사업을 시작하는 자가 사업개시일 이전에 사업자등록을 신청한 경우의 최초의 과세기간은 ~~사업개시일로부터~~ 신청일이 속하는 과세기간의 종료일까지로 한다.
→ 신청한 날부터

④ 등록을 신청한 자가 사실상 사업을 시작하지 아니하게 되는 경우에도 사업장 관할 세무서장에게 지체 없이 신고하여야 한다.

✔ 법령 CHECK

① 부가가치세법 제6조 제4항
② 부가가치세법 제5조 제2항
③ 부가가치세법 제8조 제4항
④ 부가가치세법 제8조 제7항
⑤ 부가가치세법 제6조 제6항

관련이론 주사업장 총괄 납부 제도와 사업자 단위 과세 제도

구 분	주사업장 총괄 납부 제도	사업자 단위 과세 제도
주사업장 (사업자 단위 과세 적용 사업장)	본점(주사무소), 법인의 경우 지점(분사무소)도 가능	본점(주사무소)만 가능
사업자등록	각 사업장 별로 등록	본점(주사무소)만 등록
신 고	각 사업장 별로 신고	사업자 단위 과세 제도가 적용되는 사업장
납 부	주사업장에서 총괄	
과세표준 및 세액의 산정	사업장 단위	사업자 단위
신청기간(신규사업자)	• 신규로 사업을 시작하는 자 : 주된 사업장의 사업자등록증을 받은 날부터 20일 이내 • 사업장이 하나이나 추가로 사업장을 개설하는 자 : 추가 사업장의 사업 개시일부터 20일 이내	사업개시일부터 20일 이내
신청기간(계속사업자)	과세기간 개시 20일 전	
승 인	신청 시 승인을 요하지 않음	
포 기	과세기간 개시 20일 전	

※ 사업장이 둘 이상인 사업자가 자기의 사업과 관련하여 생산 또는 취득한 재화를 판매할 목적으로 자기의 다른 사업장에 반출하는 것은 원칙적으로 재화의 공급으로 보지만, 사업자 단위 과세 사업자가 사업자 단위 과세의 적용을 받는 과세기간에 자기의 다른 사업장에 재화를 반출하는 것은 재화의 공급으로 보지 아니한다.

문제 72 [부가가치세법] 부가가치세 신고와 납부

유 형	이론형		
중요도	★★★	정답	③

정답해설

① 사업자가 자기의 사업을 위하여 사용하였거나 사용할 목적으로 공급받은 재화 또는 용역에 대한 매입세액과 사업자가 자기의 사업을 위하여 사용하였거나 사용할 목적으로 수입하는 재화의 수입에 대한 매입세액은 매출세액에서 공제할 수 있다.

③ 사업장이 둘 이상인 사업자가 주된 사업장의 관할 세무서장에게 주사업장 총괄 납부를 신청한 경우에는 납부할 세액을 주된 사업장에서 총괄하여 ~~신고하여야 한다~~.

→ 납부할 수 있다. 주사업장 총괄 납부의 경우에는 주된 사업장에서 납부만 진행함에 주의하자. 신고납부를 주된 사업장에서 진행하려면 사업자 단위 과세를 신청해야 한다.

법령 CHECK

① 부가가치세법 제38조 제1항
② 부가가치세법 시행령 제74조 제3호
③ 부가가치세법 제51조
④ 부가가치세법 제43조
⑤ 부가가치세법 제44조

문제 73 [부가가치세법] 과세거래

유 형	이론형		
중요도	★★★	정답	⑤

정답해설

①, ②, ③, ④ 재화공급의 특례가 적용되지 않는 경우에 해당한다. *관련이론

⑤ 사업자가 자기의 과세사업과 관련하여 생산・취득한 재화로서 매입세액이 공제된 재화를 사업과 직접적인 관계없이 자기의 개인적인 목적을 위하여 사용・소비하는 경우는 간주공급에 해당한다. 만약 사업자가 자기의 과세사업과 관련하여 취득한 재화로써 매입세액을 공제받지 않고 사업과 직접적인 관계없이 자기의 개인적인 목적을 위하여 사용 소비하는 경우에는 간주공급에 해당하지 않는다. *관련이론

법령 CHECK

부가가치세법 제10조

합격의 TIP

매우 자주 출제되는 지문이다. 특히 ④번 지문의 경우 2017년 12월 19일에 개정된 지문이 2018년에 출제되었다. 개정된 지문들은 정확하게 알아두자.

관련이론 **재화 공급의 특례(간주공급)**

(1) 사업자가 자기의 과세사업과 관련하여 생산하거나 취득한 재화로서 매입세액이 공제된 재화를 자기의 면세사업 및 부가가치세가 과세되지 아니하는 재화 또는 용역을 공급하는 사업을 위하여 직접 사용하거나 소비하는 경우

(2) 사업양도로 취득한 재화로서 사업양도자가 매입세액을 공제받은 재화를 자기의 면세사업을 위하여 직접 사용하거나 소비하는 경우

(3) 사업자가 자기생산 · 취득재화를 「개별소비세법」에 따른 자동차로 사용 또는 소비하거나 그 자동차의 유지를 위하여 사용 또는 소비하는 경우

(4) 운수업, 자동차 판매업 등 대통령령으로 정하는 업종(「개별소비세법」에 따른 자동차의 매입세액이 공제되는 업종)의 사업을 경영하는 사업자가 자기생산 · 취득재화 중 「개별소비세법」에 따른 자동차와 그 자동차의 유지를 위한 재화를 해당 업종에 직접 영업으로 사용하지 아니하고 다른 용도로 사용하는 경우

(5) 사업장이 둘 이상인 사업자가 자기의 사업과 관련하여 생산 또는 취득한 재화를 판매할 목적으로 자기의 다른 사업장에 반출하는 경우(단, 사업자 단위 과세 사업자나 주사업장 총괄 납부의 적용을 받을 때는 재화의 공급으로 보지 않음)
※ 만약 주사업장 총괄 납부의 적용을 받는 사업자가 세금계산서를 발급하고, 부가가치세 신고를 하는 경우에는 재화의 공급으로 본다.

(6) 사업자가 자기생산 · 취득재화를 사업과 직접적인 관계없이 자기의 개인적인 목적이나 그 밖의 다른 목적을 위하여 사용 · 소비하거나 사용인 또는 그 밖의 자가 사용 · 소비하는 것으로서 사업자가 그 대가를 받지 아니하거나 시가보다 낮은 대가를 받는 경우(이 경우 사업자가 실비변상적이거나 복리후생적인 목적으로 그 사용인에게 대가를 받지 아니하거나 시가보다 낮은 대가를 받고 제공하는 것으로서 아래의 3가지는 제외)
1) 사업을 위해 착용하는 작업복, 작업모 및 작업화를 제공하는 경우
2) 직장 연예 및 직장 문화와 관련된 재화를 제공하는 경우
3) 다음의 어느 하나에 해당하는 재화를 제공하는 경우. 이 경우 각 목별로 각각 사용인 1명당 연간 10만원을 한도로 하며, 10만원을 초과하는 경우 해당 초과액에 대해서는 재화의 공급으로 본다.
① 경조사와 관련된 재화
② 설날 · 추석, 창립기념일 및 생일 등과 관련된 재화

(7) 사업자가 자기생산 · 취득재화를 자기의 고객이나 불특정 다수에게 증여하는 경우, 단 아래의 5가지는 제외
1) 증여하는 재화의 대가가 주된 거래인 재화의 공급에 대한 대가에 포함하는 경우
2) 사업을 위하여 대가를 받지 아니하고 다른 사업자에게 인도하거나 양도하는 견본품
3) 광고선전용으로 불특정 다수인에게 배포하는 광고선전물
4) 「재난 및 안전관리 기본법」의 적용을 받아 특별재난지역에 공급하는 물품
5) 자기적립마일리지등으로만 전부를 결제받고 공급하는 재화

(8) 사업자가 폐업할 때 자기생산 · 취득재화 중 남아 있는 재화

(9) 위탁매매 또는 대리인에 의한 매매를 할 때에는 위탁자 또는 본인이 직접 재화를 공급하거나 공급받은 것으로 본다. 다만, 위탁자 또는 본인을 알 수 없는 경우로서 대통령령으로 정하는 경우에는 수탁자 또는 대리인에게 재화를 공급하거나 수탁자 또는 대리인으로부터 재화를 공급받은 것으로 본다.

(10) 「신탁법」에 따라 위탁자의 지위가 이전되는 경우에는 기존 위탁자가 새로운 위탁자에게 신탁재산을 공급한 것으로 본다. 다만, 신탁재산에 대한 실질적인 소유권의 변동이 있다고 보기 어려운 경우로서 대통령령으로 정하는 경우에는 신탁재산의 공급으로 보지 아니한다.

문제 74 [부가가치세법] 세금계산서와 영수증

유 형	이론형		
중요도	★★	정답	③

정답해설

ㄱ. 수정세금계산서 *관련이론

ㄴ. 세금계산서를 발급한 후 처음 공급한 재화가 환입된 경우, ~~재화를 처음 공급한 날을 작성일로 적고 비고란에 환입일을~~ 덧붙여 적은 후 붉은색 글씨로 쓰거나 음(陰)의 표시를 하여 수정세금계산서를 발급한다.
→ 재화가 환입된 날을 작성일로 적고, 비고란에 처음 세금계산서 작성일을

ㄷ. 관할 세무서장은 개인사업자가 전자세금계산서 의무발급 개인사업자에 해당하는 경우에는 전자세금계산서를 발급하여야 하는 날이 시작되기 1개월 전까지 그 사실을 해당 개인사업자에게 통지하여야 한다.

법령 CHECK

ㄱ, ㄴ. 부가가치세법 시행령 제70조
ㄷ. 부가가치세법 시행령 제68조 제3항

관련이론 수정세금계산서의 발급

(1) **처음 공급한 재화가 환입된 경우** : 재화가 환입된 날을 작성일로 적고 비고란에 처음 세금계산서 작성일을 덧붙여 적은 후 붉은색 글씨로 쓰거나 음의 표시를 하여 발급

(2) **계약의 해제로 재화 또는 용역이 공급되지 아니한 경우** : 계약이 해제된 때에 그 작성일은 계약해제일로 적고 비고란에 처음 세금계산서 작성일을 덧붙여 적은 후 붉은색 글씨로 쓰거나 음의 표시를 하여 발급

(3) **계약의 해지 등에 따라 공급가액에 추가되거나 차감되는 금액이 발생한 경우** : 증감 사유가 발생한 날을 작성일로 적고 추가되는 금액은 검은색 글씨로 쓰고, 차감되는 금액은 붉은색 글씨로 쓰거나 음의 표시를 하여 발급

(4) **재화 또는 용역을 공급한 후 공급시기가 속하는 과세기간 종료 후 25일(과세기간 종료 후 25일이 되는 날이 공휴일 또는 토요일인 경우에는 바로 다음 영업일을 말함) 이내에 내국신용장이 개설되었거나 구매확인서가 발급된 경우** : 내국신용장 등이 개설된 때에 그 작성일은 처음 세금계산서 작성일을 적고 비고란에 내국신용장 개설일 등을 덧붙여 적어 영세율 적용분은 검은색 글씨로 세금계산서를 작성하여 발급하고, 추가하여 처음에 발급한 세금계산서의 내용대로 세금계산서를 붉은색 글씨로 또는 음의 표시를 하여 작성하고 발급

(5) **필요적 기재사항 등이 착오로 잘못 적힌 경우(다음 항목의 어느 하나에 해당하는 경우로서 과세표준 또는 세액을 경정할 것을 미리 알고 있는 경우는 제외)** : 처음에 발급한 세금계산서의 내용대로 세금계산서를 붉은색 글씨로 쓰거나 음의 표시를 하여 발급하고, 수정하여 발급하는 세금계산서는 검은색 글씨로 작성하여 발급
1) 세무조사의 통지를 받은 경우
2) 세무공무원이 과세자료의 수집 또는 민원 등을 처리하기 위하여 현지출장이나 확인업무에 착수한 경우
3) 세무서장으로부터 과세자료 해명안내 통지를 받은 경우
4) 그 밖에 1)부터 3)까지의 규정에 따른 사항과 유사한 경우

(6) **필요적 기재사항 등이 착오 외의 사유로 잘못 적힌 경우((5)의 어느 하나에 해당하는 경우로서 과세표준 또는 세액을 경정할 것을 미리 알고 있는 경우는 제외)** : 재화나 용역의 공급일이 속하는 과세기간에 대한 확정신고기한까지 세금계산서를 작성하되, 처음에 발급한 세금계산서의 내용대로 세금계산서를 붉은색 글씨로 쓰거나 음의 표시를 하여 발급하고, 수정하여 발급하는 세금계산서는 검은색 글씨로 작성하여 발급

(7) **착오로 전자세금계산서를 이중으로 발급한 경우** : 처음에 발급한 세금계산서의 내용대로 음의 표시를 하여 발급

(8) **면세 등 발급대상이 아닌 거래 등에 대하여 발급한 경우** : 처음에 발급한 세금계산서의 내용대로 붉은색 글씨로 쓰거나 음의 표시를 하여 발급

(9) 세율을 잘못 적용하여 발급한 경우((5)의 어느 하나에 해당하는 경우로서 과세표준 또는 세액을 경정할 것을 미리 알고 있는 경우는 제외한다) : 처음에 발급한 세금계산서의 내용대로 세금계산서를 붉은색 글씨로 쓰거나 음의 표시를 하여 발급하고, 수정하여 발급하는 세금계산서는 검은색 글씨로 작성하여 발급

(10) 일반과세자에서 간이과세자로 과세유형이 전환된 후 과세유형전환 전에 공급한 재화 또는 용역에 위의 (1)~(3)의 사유가 발생한 경우에는 (1)~(3)의 절차에도 불구하고 처음에 발급한 세금계산서 작성일을 수정세금계산서 또는 수정전자세금계산서의 작성일로 적고, 비고란에 사유 발생일을 덧붙여 적은 후 추가되는 금액은 검은색 글씨로 쓰고 차감되는 금액은 붉은색 글씨로 쓰거나 음의 표시를 하여 수정세금계산서나 수정전자세금계산서를 발급할 수 있다.

(11) 간이과세자에서 일반과세자로 과세유형이 전환된 후 과세유형전환 전에 공급한 재화 또는 용역에 위의 (1)~(3)의 사유가 발생하여 수정세금계산서나 수정전자세금계산서를 발급하는 경우에는 (1)~(3)의 절차에도 불구하고 절차에도 불구하고 처음에 발급한 세금계산서 작성일을 수정세금계산서 또는 수정전자세금계산서의 작성일로 적고, 비고란에 사유 발생일을 덧붙여 적은 후 추가되는 금액은 검은색 글씨로 쓰고 차감되는 금액은 붉은색 글씨로 쓰거나 음의 표시를 해야 한다.

유 형	계산형		
중요도	★★	정답	②

문제 75 [부가가치세법] 간이과세

정답해설

재고매입세액 *관련이론

1 제3자로부터 취득한 건물

= 취득가액 × (1 − 10/100 × 경과된 과세기간의 수) × 10/110 × (1 − 업종별 부가가치율)
= 220,000,000 × (1 − 10/100 × 4) × 10/110 × (1 − 10%)
= 10,800,000

2 비 품

= 취득가액 × (1 − 50/100 × 경과된 과세기간의 수) × 10/110 × (1 − 업종별 부가가치율)
= 44,000,000 × (1 − 50/100 × 2) × 10/100 × (1 − 10%)
= 0

3 상 품

재고품등의 금액은 장부 또는 세금계산서에 의하여 확인되는 해당 재고품등의 취득가액(부가가치세를 포함한다)으로 한다.
= 재고금액 × 10/110 × (1 − 0.5% × 110/10)
= 22,000,000 × 10/110 × (1 − 0.5% × 110/10)
= 1,890,000

4 재고매입세액

= 10,800,000 + 0 + 1,890,000
= 12,690,000

∴ 재고매입세액 : 12,690,000

법령 CHECK

부가가치세법 시행령 제86조

합격의 TIP

'10/110'을 곱하는 근거는 재고금액에 부가가치세가 10% 포함되어 있기 때문이다. 또한 '(1 − 0.5% × 110/10)'을 곱하는 근거는, 간이과세자가 세금계산서를 발급받아 정부에 제출하면 세액공제를 받은 것으로 추정되는 금액을 재고매입세액으로 또 다시 공제하지 아니하기 위함이다.

관련이론 **재고매입세액(간이과세자 → 일반과세자)**

(1) 상품, 제품, 재공품, 반제품, 재료, 부재료 관련 재고매입세액
= 재고금액 × 10/110 × (1 − 0.5% × 110/10)

(2) 건설 중인 자산
= 해당 건설 중인 자산과 관련된 공제대상 매입세액 × (1 − 0.5% × 110/10)

(3) 감가상각자산으로서 다른사람으로부터 매입한 건물 및 구축물
= 취득가액 × (1 − 10/100 × 경과된 과세기간의 수) × 10/110 × (1 − 0.5% × 110/10)

(4) 감가상각자산으로서 다른사람으로부터 매입한 그 밖의 감가상각자산
= 취득가액 × (1 − 50/100 × 경과된 과세기간의 수) × 10/110 × (1 − 0.5% × 110/10)

(5) 사업자가 직접 제작, 건설 또는 신축한 건물 또는 구축물
= 해당 자산의 건설또는 신축과 관련된 공제대상 매입세액 × (1 − 10/100 × 경과된 과세기간의 수) × (1 − 0.5% × 110/10)

(6) 사업자가 직접 제작한 그 밖의 감가상각자산
= 해당 자산의 제작과 관련된 공제 대상 매입세액 × (1 − 50/100 × 경과된 과세기간의 수) × (1 − 0.5% × 110/10)

문제 76 [부가가치세법] 간이과세

유 형	계산형		
중요도	★★★	정답	②

정답해설

간이과세 계산구조 *관련이론1

납부세액 + 재고납부세액 − 공제세액 − 예정부과세액 + 가산세액
= 차가감납부세액(지방세 포함)

1 납부세액 = 과세표준 × 부가가치율 × 10%
= 60,000,000 × 10% × 10% = 600,000

2 공제세액 = 1) + 2) = 154,000
1) 매입세금계산서 등 수취 : 10,000,000 × 0.5% = 50,000
2) 신용카드매출전표 등 발행세액공제
= 신용카드매출전표 발행액등 전자적 결제수단 결제액 × 1.3%
= 8,000,000 × 1.3%(※ 개정으로 공제율 단일화함)
= 104,000(※ 공제한도 연 10,000,000원)

3 **차가감납부세액(지방세 포함)**
= 600,000 − 50,000 − 104,000 = 446,000

∴ 차가감납부세액(지방세 포함) : 446,000

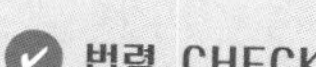
법령 CHECK

부가가치세법 제61조 ~ 제70조

합격의 

참고로 지방소비세를 차감한 납부세액을 구하려면 지방소비세 차감 전 차가감납부세액에서 74.7%를 곱하면 된다.

관련이론1 **간이과세 계산구조**

	납부세액	과세표준 × 부가가치율 × 10% ※ 간이과세자의 해당 과세기간에 대한 공급대가의 합계액이 4천 800만원 미만이면 납부의무는 면제, 다만 재고납부세액은 면제되지 아니함
(+)	재고납부세액	(1) 상품, 제품, 재공품, 반제품, 재료, 부재료 관련 재고매입세액 = 재고금액 × 10/100 × (1 − 0.5% × 110/10) (2) 건설 중인 자산 = 해당 건설 중인 자산과 관련된 공제대상 매입세액 × (1 − 0.5% × 110/10) (3) 감가상각자산으로서 다른사람으로부터 매입한건물 및 구축물 = 취득가액 × (1 − 5/100 × 경과된 과세기간의 수) × 10/100 × (1 − 0.5% × 110/10) (4) 감가상각자산으로서 다른사람으로부터 매입한 그 밖의 감가상각자산 = 취득가액 × (1 − 25/100 × 경과된 과세기간의 수) × 10/100 × (1 − 0.5% × 110/10) (5) 사업자가 직접 제작, 건설 또는 신축한 건물 또는 구축물 = 해당 자산의 건설 또는 신축과 관련된 공제대상 매입세액 × (1 − 5/100 × 경과된 과세기간의 수) × (1 − 0.5% × 110/10) (6) 사업자가 직접 제작한 그 밖의 감가상각자산 = 해당 자산의 제작과 관련된 공제대상 매입세액 × (1 − 25/100 × 경과된 과세기간의 수) × (1 − 0.5% × 110/10)

(−)	공제세액	• 매입세금계산서 등 수취세액공제 : 공급대가×0.5% • 의제매입세액공제 : 적용하지 않음 • 과세사업과 면세사업 겸용 시 관련된 매입세액을 총공급대가 중 과세공급대가 비율에 0.5%를 곱한 금액만큼 공제한다. • 신용카드매출전표 등 발행세액공제 : Min(①, ②) ① 신용카드매출전표 발행액 등 전자적 결제수단 결제액×1.3%(2026년 12월 31일까지, 이후 1%) (개정으로 공제율 단일화됨) ② 한도 : 10,000,000원(2026년 12월 31일까지, 이후 5,000,000원) 주로 사업자가 아닌 자에게 재화 또는 용역을 공급하는 사업으로서 「부가가치세법」에 따른 영수증 발급대상 사업자(소매업, 미용, 이발 등)가 부가가치세가 과세되는 재화 또는 용역을 공급하고 세금계산서 발급시기에 신용카드매출전표등을 발급하거나 전자적 결제수단에 의하여 대금을 결제받는 경우도 포함(단, 법인사업자와 직전 연도의 재화 또는 용역의 공급가액의 합계액이 사업장을 기준으로 10억원을 초과하는 개인사업자는 제외) • 전자신고 세액공제 : 10,000원
	차감세액	납부세액 + 재고납부세액 − 공제세액 • 납부세액 + 재고납부세액 > 공제세액 : 납부 • 납부세액 + 재고납부세액 < 공제세액 : 환급 안 됨
(−)	예정부과세액	차감세액이 0일 경우 예정부과세액은 환급됨
(+)	가산세액	세금계산서 등 발급 관련 가산세(일반과세자의 세금계산서 등 발급 관련 가산세를 대부분 준용하며, "공급가액"은 "공급대가"로, "1퍼센트" 가산세가 적용되는 사업자미등록가산세 및 사업자허위등록가산세는 "0.5퍼센트"로 본다) 매출처별 세금계산서 합계표 관련 가산세 : 0.3% 세금계산서 미수취가산세 : 공급대가의 0.5%
	차가감납부세액	납부세액 + 재고납부세액 − 공제세액 − 예정부과세액 + 가산세

관련이론2 **부가가치세의 세액등에 대한 특례**

1. 부가가치세 차가감납부세액에서 1천분의 747을 부가가치세로, 1천분의 253을 지방소비세로 한다.
2. 부가가치세와 「지방세법」에 따른 지방소비세를 신고・납부・경정 및 환급할 경우에는 부가가치세와 지방소비세를 합한 금액을 신고・납부・경정 및 환급한다.

문제 77 [부가가치세법] 부가가치세 신고와 납부

유 형	계산형		
중요도	★	정답	④

정답해설

1 자료의 분석

1) 사업개시일 : 2024.10.1.
2) 사업자등록신청일 : 2024.12.1.

구 분	10.1. ~ 10.31.	11.1. ~ 11.30.	12.1. ~ 12.31.	합 계
매 출	75,000,000원	60,000,000원	55,000,000원	190,000,000원
매 입	40,000,000원	20,000,000원	25,000,000원	85,000,000원

※ 위의 매출 및 매입액은 부가가치세 미포함 가격임

2 사업자 미등록가산세의 계산

일반과세자의 경우 사업자 미등록가산세는 사업개시일부터 20일 이내에 사업자등록을 신청하지 아니한 경우에는 사업개시일부터 등록을 신청한 날의 직전일까지의 공급가액 합계액의 1퍼센트를 납부세액에 더하거나 환급세액에서 뺀다.

(75,000,000 + 60,000,000) × 1% = 1,350,000

∴ 사업자 미등록가산세 : 1,350,000

법령 CHECK

부가가치세법 제60조 제1항

문제 78 [부가가치세법] 과세거래

유 형	계산형		
중요도	★★★	정답	③

정답해설

(1) 선발급 세금계산서
재화의 공급시기는 인도일이 원칙이나, 인도일 전 공급대가를 받고 세금계산서를 즉시 발급하였다면, 그때가 공급시기가 된다. 따라서, 2024년이 공급시기이다.

(2) 단기할부판매에 해당하므로 재화의 인도일이 공급시기이다. 따라서, 2024년이 공급시기이다.

(3) 연체이자의 경우에는 과세거래로 보지 않는다.

(4) 상품권의 경우 현물과 교환되는 시점이 공급시기이다.

∴ 제2기 과세기간의 공급가액 합계 : 2,000,000

법령 CHECK

부가가치세법 시행령 제28조

재화의 공급시기를 정확히 알지 못하면 과세표준을 구할 수 없으며, 자주 출제되는 지문이다. 따라서 관련이론은 반드시 학습해두자.

관련이론1 재화의 공급시기

구 분	공급시기
현금・외상・할부판매	재화가 인도되거나 이용가능하게 되는 때
장기할부판매	재화를 공급하고 그 대가를 월부・연부 그 밖의 할부방법에 따라 받는 경우로서 대가를 2회 이상 분할하여 받고 해당 재화를 인도한 날의 다음 날부터 최종 할부금 지급기일까지의 기간이 1년 이상인 장기할부판매의 경우 대가의 각 부분을 받기로 한 때
중간지급조건부	다음 어느 하나에 해당하는 중간지급조건부의 경우 대가의 각 부분을 받기로 한 때 • 계약금을 받기로 한 날의 다음 날부터 용역의 제공을 완료하는 날까지의 기간이 6개월 이상인 경우로서 그 기간 이내에 계약금 외의 대가를 분할하여 받는 경우 • 「국고금 관리법」 제26조에 따라 경비를 미리 지급받는 경우 • 「지방회계법」 제35조에 따라 선금급을 지급받는 경우
조건부판매 및 기한부 판매	반환조건부판매・동의조건부판매 그 밖의 조건부 및 기한부판매의 경우에는 그 조건이 성취되거나 기한이 경과되어 판매가 확정되는 때
완성도기준지급조건부	공급자는 일의 완성도를 측정하여 기성금을 청구하고 공급받는 자가 완성도를 확인하여 대가를 확정하는 완성도기준지급조건부의 경우 대가의 각 부분을 받기로 한 때
재화의 공급으로 보는 가공	가공된 재화를 인도하는 때
면세전용, 비영업용 승용자동차, 개인적 공급	재화를 사용하거나 소비하는 때
직매장 반출	재화를 반출하는 때
사업상증여	재화를 증여하는 때
폐업할 때 남아 있는 재화	폐업일
무인판매기에 의한 공급	무인판매기에서 현금을 꺼내는 때
수출재화	• 내국물품의 외국 반출, 중계무역방식의 수출 : 수출재화의 선(기)적일 • 원양어업, 위탁판매수출 : 수출재화의 공급가액이 확정되는 때 • 위탁가공무역방식의 수출, 외국인도수출 : 외국에서 해당 재화가 인도되는 때
조달청과 런던금속거래소 창고증권의 양도	• 창고증권을 소지한 사업자가 해당 조달청 창고 또는 거래소의 지정창고에서 실물을 넘겨받은 후 보세구역의 다른 사업자에게 해당 재화를 인도하는 경우 : 해당 재화를 인도하는 때 • 해당 재화를 실물로 넘겨받는 것이 재화의 수입에 해당하는 경우 : 그 수입신고 수리일 • 국내로부터 조달청 창고 또는 거래소의 지정창고에 임치된 임치물이 국내로 반입되는 경우 : 그 반입신고 수리일
보세구역에서 수입하는 재화	사업자가 보세구역 안에서 보세구역 밖의 국내에 재화를 공급하는 경우 재화의 수입신고 수리일
계속적 공급	전력 기타 공급단위를 구획할 수 없는 재화 또는 용역을 계속적으로 공급하는 경우 대가의 각 부분을 받기로 한 때
위탁매매	• 수탁자 또는 대리인의 공급시기를 기준으로 공급시기 판정 • 위탁자 또는 본인을 알 수 없는 경우 위탁자와 수탁자 또는 본인과 대리인 사이에도 공급이 이루어진 것으로 보아 공급시기 판정
리스자산 공급	사업자가 등록된 시설대여업자로부터 리스자산을 임차하고, 해당 리스자산을 공급자 또는 세관장으로부터 직접 인도받는 경우 해당 사업자가 재화를 공급자로부터 직접 공급받거나 외국으로부터 직접 수입한 것으로 보아 공급시기 판정

임대보증금에 대한 간주임대료	부동산임대용역을 제공하고 전세금 또는 임대보증금을 받아 간주임대료를 계산하는 경우 예정신고기간 또는 과세기간의 종료일
완성도기준지급조건부와 중간지급조건부 혼합	계약에 따라 대가의 각 부분을 받기로 한 때
공급시기 특례(선발행세금계산서)	• 사업자가 공급시기 도래 전에 대가의 전부 또는 일부를 받고 받은 대가에 대하여 세금계산서를 발급한 경우 그 발급한 때 • 계속적으로 공급하는 재화 또는 용역으로서 그 공급시기가 되기 전에 세금계산서(영수증)를 발급하는 경우 그 발급한 때 • 장기할부판매의 경우로서 그 공급시기가 되기 전에 세금계산서(영수증)를 발급한 때
폐업일 이후 공급시기 도래	폐업일
재화 인도 시 공급가액의 미확정	해당 재화를 인도하는 때를 공급시기로 보아 잠정가액으로 세금계산서를 발급하고, 그 후 대가가 확정되는 때에 수정세금계산서 발급
금전등록기 설치자	대가를 현금으로 받은 때
상품권에 의한 재화의 공급	상품권을 판매한 후 해당 상품권에 의하여 재화를 공급하는 경우 재화가 실제로 공급되는 때
내국신용장에 의한 재화의 공급	재화를 인도하는 때
현물출자 재화	현물출자의 목적물인 재화를 인도하는 때이나, 등기·등록 기타 권리의 설정 또는 이전이 필요한 경우에는 이에 관한 서류를 완비하여 발급하는 때
물품매도확약서 발행 용역	계약조건에 따라 역무의 제공이 완료되는 때. 다만, 해당 역무의 제공이 완료되는 때에 그 대가가 확정되지 아니한 경우에는 대가가 확정된 때
둘 이상의 과세기간에 걸쳐 계속적으로 제공하고 대가를 선불로 받는 스포츠센터 연회비, 상표권 사용, 그 밖에 이와 유사한 용역	예정신고기간 또는 과세기간 종료일
통상적인 용역의 공급	역무의 제공이 완료되는 때
그 밖의 용역의 공급	위의 거래조건에 해당하지 아니하는 용역은 역무의 제공이 완료되고 그 공급가액이 확정되는 때

관련이론2 **재화 및 용역의 공급시기의 특례(선세금계산서)**

(1) 사업자가 재화 또는 용역의 공급시기가 되기 전에 재화 또는 용역에 대한 대가의 전부 또는 일부를 받고, 그 받은 대가에 대하여 세금계산서 또는 영수증을 발급하면 그 세금계산서 등을 발급하는 때

(2) 사업자가 재화 또는 용역의 공급시기가 되기 전에 세금계산서를 발급하고 그 세금계산서 발급일부터 7일 이내에 대가를 받으면 해당 세금계산서를 발급한 때를 재화 또는 용역의 공급시기로 본다.

(3) 재화 또는 용역을 공급하는 사업자가 그 재화 또는 용역의 공급시기가 되기 전에 세금계산서를 발급하고 그 세금계산서 발급일부터 7일이 지난 후 대가를 받고, 다음의 요건 중 하나를 충족하는 경우 해당 세금계산서를 발급한 때

1) 거래 당사자 간의 계약서·약정서 등에 대금 청구시기(세금계산서 발급일)와 지급시기를 따로 적고, 대금 청구시기와 지급시기 사이의 기간이 30일 이내인 경우
2) 재화 또는 용역의 공급시기가 세금계산서 발급일이 속하는 과세기간 내에 도래하는 경우

(4) 사업자가 할부로 재화 또는 용역을 공급하는 경우로서 공급시기가 되기 전에 세금계산서 또는 영수증을 발급하는 경우에는 그 발급한 때

유 형	이론형		
중요도	★★	정답	①

문제 79 [국제조세조정에 관한 법률] 국가 간 조세행정 협조

정답해설

① 거주자가 국외특수관계인이 아닌 자와 국제거래를 할 때에는 ~~「국제조세조정에 관한 법률」을 적용하지 않는다~~.

→ 거주자와 국외특수관계인 간에 해당 거래에 대한 사전계약이 있고, 거래조건이 해당 거주자와 국외특수관계인 간에 실질적으로 결정되는 경우에는 국외특수관계인과 국제거래를 하는 것으로 보아 그 거래에 대하여 「국제조세조정에 관한 법률」을 적용한다.

④ 우리나라의 권한 있는 당국은 조세의 부과와 징수, 조세 불복에 대한 심리(審理) 및 형사 소추 등을 위하여 필요한 조세정보[납세의무자를 최종적으로 지배하거나 통제하는 개인(이하 "실제소유자"라 한다)에 대한 정보를 포함한다. 이하 같다]와 국제적 관행으로 일반화되어 있는 조세정보를 다른 법률에 어긋나지 아니하는 범위에서 획득하여 체약상대국과 교환할 수 있다.

법령 CHECK

① 국제조세조정에 관한 법률 제10조
② 국제조세조정에 관한 법률 제40조 제1항
③ 국제조세조정에 관한 법률 제40조 제3항
④ 국제조세조정에 관한 법률 제36조 제1항
⑤ 국제조세조정에 관한 법률 제39조 제1항

문제 80 [국세조세조정에 관한 법률] 국제거래에 관한 조세의 조정

유 형	이론형		
중요도	★★	정답	④

정답해설

정상가격의 산출방법 *관련이론

- 비교가능 제3자 가격방법
- 재판매가격방법
- 원가가산방법
- 이익분할방법
- 거래순이익률방법

∴ 정답은 ④ 매출총이익률방법

법령 CHECK

국제조세조정에 관한 법률 제8조

관련이론 정상가격 산출방법

(1) 비교가능 제3자 가격방법
거주자와 국외특수관계인 간의 국제거래와 유사한 거래 상황에서 특수관계가 없는 독립된 사업자 간의 거래가격을 정상가격으로 보는 방법

(2) 재판매가격방법
거주자와 국외특수관계인 간의 국제거래에서 거래 당사자 중 어느 한쪽인 구매자가 특수관계가 없는 자에 대한 판매자가 되는 경우 그 판매가격에서 그 구매자가 판매자로서 얻는 통상의 이윤으로 볼 수 있는 금액을 뺀 가격을 정상가격으로 보는 방법

(3) 원가가산방법
거주자와 국외특수관계인 간의 국제거래에서 거래 당사자 중 어느 한쪽이 자산을 제조·판매하거나 용역을 제공하는 경우 자산의 제조·판매나 용역의 제공 과정에서 발생한 원가에 자산 판매자나 용역 제공자의 통상의 이윤으로 볼 수 있는 금액을 더한 가격을 정상가격으로 보는 방법

(4) 거래순이익률방법
거주자와 국외특수관계인 간의 국제거래와 유사한 거래 중 거주자와 특수관계가 없는 자 간의 거래에서 실현된 통상의 거래순이익률을 기초로 산출한 거래가격을 정상가격으로 보는 방법

(5) 이익분할방법
거주자와 국외특수관계인 간의 국제거래에서 거래 당사자 양쪽이 함께 실현한 거래순이익을 합리적인 배부기준에 따라 측정된 거래당사자들 간의 상대적 공헌도에 따라 배부하고, 이와 같이 배부된 이익을 기초로 산출한 거래가격을 정상가격으로 보는 방법

(6) 대통령령으로 정하는 그 밖에 합리적이라고 인정되는 방법
위의 (1)~(5)의 방법으로 정상가격을 산출할 수 없을 때에만 적용

2017년(제54회) 세무사 1차 세법학개론 정답

세법학개론

41	42	43	44	45	46	47	48	49	50
②	④	⑤	①	③	⑤	⑤	④	⑤	③
51	**52**	**53**	**54**	**55**	**56**	**57**	**58**	**59**	**60**
⑤	②	③	②	①	①	①	②	②	⑤
61	**62**	**63**	**64**	**65**	**66**	**67**	**68**	**69**	**70**
③	⑤	④	②	④	②	②	③	①	③
71	**72**	**73**	**74**	**75**	**76**	**77**	**78**	**79**	**80**
⑤	④	①	④	③	⑤	③	①	③	④

2017년 세무사 1차 결과

대상인원(명)	응시인원(명)	합격인원(명)	합격률(%)
10,445	8,937	2,501	27.98

2017년 과목별 결과

구 분	응시인원(명)	평균점수(점)	과락인원(명)	과락률(%)
재정학	8,937	55.05	1,730	19.36
세법학개론	8,937	42.07	3,866	43.26
회계학개론	8,906	40.16	4,360	48.96
상 법	4,137	67.40	571	13.80
민 법	1,024	68.16	97	9.47
행정소송법	3,745	64.69	598	15.97

문제 41 [국세기본법] 심사와 심판

유 형	이론형		
중요도	★★	정답	②

정답해설

① 불복청구를 할 수 없는 처분 *관련이론1

② 심사청구의 대상이 된 처분에 대한 재조사 결정에 따라 처분청의 처분이 있는 경우 해당 재조사 결정을 한 재결청에 대하여 심사청구 또는 심판청구를 ~~제기할 수 없다~~.

→ 제기할 수 있다. 원칙적으로 심사청구 또는 심판청구에 대한 처분에 대해서는 이의신청, 심사청구 또는 심판청구를 제기할 수 없지만, 심사청구의 대상이 된 처분에 대한 재조사 결정에 따라 처분청의 처분이 있는 경우 해당 재조사 결정을 한 재결청에 대하여 심사청구 또는 심판청구를 제기할 수 있다. 여기서 심사청구의 대상이 된 처분에 대한 재조사 결정이란 취소·경정 또는 필요한 처분을 하기 위하여 사실관계 확인 등 추가적으로 조사가 필요한 경우를 말한다.

④ 조세심판관의 제척과 회피 *관련이론2

⑤ 조세심판관합동회의가 심리를 거쳐 결정하는 경우 *관련이론3

법령 CHECK

① 국세기본법 제55조 제1항
② 국세기본법 제55조 제5항
③ 국세기본법 제57조
④ 국세기본법 제73조 제1항
⑤ 국세기본법 제78조 제2항

합격의 TIP

①, ②, ④번 지문은 반복해서 출제되었던 지문이므로 관련이론을 학습하여 반드시 맞추도록 하자.

관련이론1 불복청구를 할 수 없는 처분

1. 「조세범 처벌절차법」에 따른 통고처분
2. 「감사원법」에 따라 심사청구를 한 처분이나 그 심사청구에 대한 처분
3. 「국세기본법」 및 세법에 따른 과태료 부과처분

관련이론2 조세심판관의 제척과 회피

1. 심판청구인 또는 대리인인 경우
2. 1에 규정된 사람의 친족이거나 친족이었던 경우
3. 1에 규정된 사람의 사용인이거나 사용인이었던 경우(심판청구일을 기준으로 최근 5년 이내에 사용인이었던 경우로 한정)
4. 불복의 대상이 되는 처분이나 처분에 대한 이의신청에 관하여 증언 또는 감정을 한 경우
5. 심판청구일 전 최근 5년 이내에 불복의 대상이 되는 처분, 처분에 대한 이의신청 또는 그 기초가 되는 세무조사에 관여하였던 경우
6. 위의 4 또는 5에 해당하는 법인 또는 단체에 속하거나 심판청구일 전 최근 5년 이내에 속하였던 경우
7. 그 밖에 심판청구인 또는 그 대리인의 업무에 관여하거나 관여하였던 경우

관련이론3 조세심판관합동회의가 심리를 거쳐 결정하는 경우

1. 해당 심판청구사건에 관하여 세법의 해석이 쟁점이 되는 경우로서 이에 관하여 종전의 조세심판원 결정이 없는 경우
2. 종전에 조세심판원에서 한 세법의 해석·적용을 변경하는 경우
3. 조세심판관회의 간에 결정의 일관성을 유지하기 위한 경우
4. 해당 심판청구사건에 대한 결정이 다수의 납세의무자에게 동일하게 적용되는 등 국세행정에 중대한 영향을 미칠 것으로 예상되어 국세청장이 조세심판원장에게 조세심판관합동회의에서 심리할 것을 요청하는 경우
5. 그 밖에 국세행정이나 납세자의 권리·의무에 중대한 영향을 미칠 것으로 예상되는 등 대통령령으로 정하는 경우

유 형	이론형		
중요도	★★	정답	④

문제 42 [국세기본법] 과 세

정답해설

②, ③ 국세기본법상 가산세 *관련이론

④ 납부지연 가산세를 부과함에 있어 납세의무자가 국세를 부정행위로 과소신고하면서 과세기간을 잘못 적용한 경우 실제 신고납부한 날에 실제 신고납부한 금액의 범위에서 당초 신고납부하였어야 할 과세기간에 대한 국세를 자진납부한 것으로 본다.

→ 보지 않는다. 국세(소득세, 법인세 및 부가가치세만 해당)를 과세기간을 잘못 적용하여 신고납부한 경우에는 제1항을 적용할 때 실제 신고납부한 날에 실제 신고납부한 금액의 범위에서 당초 신고납부하였어야 할 과세기간에 대한 국세를 자진납부한 것으로 본다. 다만, 해당 국세의 신고가 부정행위로 무신고한 경우 또는 부정행위로 과소신고・초과신고한 경우에는 그러하지 아니하다.

⑤ 천재지변에 따른 기한연장 사유에 해당하거나 납세자가 의무를 이행하지 아니한 데 대한 정당한 사유가 있는 때에는 해당 가산세를 부과하지 아니한다.

법령 CHECK

① 국세기본법 제47조 제2항
② 국세기본법 제47조의2 제1항
③ 국세기본법 제47조의3 제1항
④ 국세기본법 제47조의4 제6항
⑤ 국세기본법 제48조 제1항

합격의 TIP

가산세를 암기할 때 일반보다 부정행위의 경우, 2배로 더 높은 세율이 적용된다고 외우면 쉽다. 가산세 감면 규정은 2018년 44번 관련이론을 참고하자.

관련이론 국세기본법상 가산세

구 분	가산세 원인	가산세 계산 산식
무신고	일 반	(1) 원칙 무신고납부세액 × 20/100 (2) 예외(법인 및 복식부기의무자) Max(무신고납부세액 × 20/100, 무신고수입금액 × 7/10,000)
	부정행위	(1) 원칙 무신고납부세액 × 40/100(역외거래는 60/100) (2) 예외(법인 및 복식부기의무자) Max(무신고납부세액 × 40/100(역외거래는 60/100), 수입금액 × 14/10,000)
과소신고 (초과환급)	일 반	과소신고납부세액 등 × 10/100
	부정행위	(1) 원칙 과소신고납부세액 등 × 40/100(역외거래는 60/100) (2) 예외(법인 및 복식부기의무자) Max[과소신고납부세액 × 40/100(역외거래는 60/100), 과소신고수입금액 × 14/10,000]
납부지연		미납세액(과소납부/초과환급) × 경과일수 × 22/100,000 + 미납세액 × 3/100
원천징수불이행		Min(①, ②) ① 미납(과소납부)세액 × 3/100 + 미납(과소납부)세액 × 경과일수 × 22/100,000 ② 미납세액 × 50/100

문제 43	[국세기본법] 국세부과의 원칙과 세법적용의 원칙

유 형	이론형		
중요도	★	정답	⑤

정답해설

⑤ 납세의무자가 자산을 과대계상하는 방법으로 분식결산을 하고 이에 따라 법인세를 과다신고・납부한 후 그 과다납부한 세액에 대한 감액을 주장하는 경우 납세의무자에게 신의성실의 원칙이 적용된다.

→ 적용되지 않는다. 신의성실의 원칙이란 납세자가 그 의무를 이행할 때나 세무공무원이 직무를 수행할 때에는 신의에 따라 성실하게 하여야 한다는 것을 의미한다. 납세의무자가 자산을 과대계상하는 방법으로 분식결산을 하고, 법인세를 과다신고・납부한 것은 납세자가 신의에 따라 성실하게 의무를 이행한 것으로 볼 수 없다. 따라서 법인세 감액을 주장할 경우 납세의무자는 신의성실원칙을 주장할 수 없다.

법령 CHECK

① 대법원 95누13746
② 대법원 88누5280
③ 대법원 2008두 15350
④ 대법원 92누5478

합격의 TIP

1차 세법학개론의 경우 법령이 대부분이며, 판례는 거의 출제되지 않지만, 신의성실원칙과 관련된 판례들은 꼭 알아두도록 하자. 1차 시험 문제에서 판례를 한 개만 들고 간다면, 무조건 신의성실원칙과 관련된 판례를 알아두자.

관련이론 과세관청에 대한 신의성실의 원칙의 적용요건

(1) 과세관청의 행위에 대해 신의성실원칙이 적용되기 위한 요건(대법원 87누156)
 1) 과세관청이 납세자에게 신뢰의 대상이 되는 공적인 견해표명을 하였을 것
 2) 과세관청의 견해표명이 정당하다고 신뢰한 데 대하여 납세자에게 귀책사유가 없을 것
 3) 납세자가 그 견해표명을 신뢰하고 이에 따라 무엇인가 행위를 하였을 것
 4) 과세관청이 예전의 견해표명에 반하여 처분을 함으로써 납세자의 이익이 침해되는 결과가 초래되었을 것

(2) 납세자에 대한 신의성실원칙의 적용요건(대법원 95누18383)
 1) 객관적으로 모순되는 행태가 존재할 것
 2) 그 행태가 납세의무자의 심한 배신행위에 기인하였을 것
 3) 그에 기하여 야기된 과세관청의 신뢰가 보호받을 가치가 있을 것

유 형	이론형		
중요도	★★	정답	①

문제 44 [국세기본법] 납세자 권리와 과세전적부심사

정답해설

① 수시세무조사대상의 사유 *관련이론

② 세무공무원이 납세의무자의 2023년도분 소득세에 대한 임대료수입금액 누락에 대하여 세무조사를 마친 후 다시 2023년도분 소득세에 대한 음식점수입금액 누락에 대하여 세무조사를 하는 경우에는 세무조사의 내용이 중첩되지 않으므로 원칙적으로 「국세기본법」에서 금지하는 재조사에 ~~해당하지 않는다~~.
→ 해당한다. 같은 세목, 같은 과세기간을 재조사할 경우, 국세기본법에서 금지하는 재조사에 해당한다.

③ 세무공무원은 세무조사 과정에서 「조세범 처벌절차법」에 따른 조세범칙조사로 전환하는 경우에는 ~~납세자에게 별도의 통지 없이~~ 세무조사의 범위를 확대할 수 있다.
→ 납세자에게 그 사유와 범위를 통지한 후에

④ 세무공무원은 국외 자료의 수집에 따라 외국 과세기관과의 협의가 필요하여 세무조사를 진행하기 어려운 경우에는 세무조사를 중지할 수 있고 이 ~~중지기간은 세무조사기간에 산입된다~~.
→ 중지기간은 세무조사기간 및 세무조사 연장기간에 산입하지 아니한다.

⑤ 세무조사의 적법요건으로 객관적 필요성, 최소성, 권한남용의 금지 등을 규정하고 있는 「국세기본법」 제81조의4 제1항은 그 자체로서는 구체적인 ~~법규적 효력이 없다~~.
→ 법규적 효력을 가진다.

법령 CHECK

① 국세기본법 제81조의6 제3항 제5호
② 국세기본법 제81조의4 제2항
③ 국세기본법 제81조의9 제2항
④ 국세기본법 제81조의8 제4항, 국세기본법 시행령 제63조의9
⑤ 대법원 2016두 47659

합격의 TIP

'세무공무원이 같은 세목 같은 과세기간에 대하여 재조사 할 수 있는 경우'의 경우 2016년, 2017년, 2020년, 2022년에 출제된 바 있다. 독립적인 한 문제보다는 지문으로 매년 나오고 있으므로 정확하게 알아두자.

관련이론 수시세무조사대상의 선정사유

1. 납세자가 세법에서 정하는 신고, 성실신고확인서의 제출, 세금계산서 또는 계산서의 작성·교부·제출, 지급명세서의 작성·제출 등의 납세협력의무를 이행하지 아니한 경우
2. 무자료거래, 위장·가공거래 등 거래 내용이 사실과 다른 혐의가 있는 경우
3. 납세자에 대한 구체적인 탈세 제보가 있는 경우
4. 신고 내용에 탈루나 오류의 혐의를 인정할 만한 명백한 자료가 있는 경우
5. 납세자가 세무공무원에게 직무와 관련하여 금품을 제공하거나 금품제공을 알선한 경우

문제 45 [국세기본법] 납세의무

유 형	이론형		
중요도	★★★	정답	③

정답해설

납세의무의 성립시기 *관련이론1,2

ㄱ. 부친이 2024.4.1.에 사망하여 甲에게 부과된 상속세에 대한 무신고가산세
→ 2024.11.1. 무신고가산세는 법정신고기한이 경과하는 때가 납세의무의 성립시기이므로, 상속세의 법정 신고기한이 경과한 2024.11.1.에 납세의무가 성립한다.

ㄴ. 甲이 2024.2.1.에 취득한 부동산에 대한 종합부동산세
→ 2024.6.1. 종합부동산세는 과세기준일에 납세의무가 성립한다.

ㄷ. 은행이 2024.5.1.에 甲에게 지급한 이자소득에 대하여 원천징수한 소득세
→ 2024.5.1. 은행이 원천징수한 소득세는 소득금액 또는 수입금액을 지급한 날 납세의무가 성립한다.

ㄹ. 甲이 2024년에 중간예납한 소득세
→ 2024.6.30. 중간예납한 소득세는 중간예납기간 또는 예정신고기간・예정부과기간이 끝나는 때 납세의무가 성립한다.

ㅁ. 甲이 금융업자로서 그 수익금액에 대하여 2024년에 부과받은 교육세
→ 2024.12.31. 금융・보험업자의 수익금액에 부과되는 교육세는 과세기간이 끝나는 때 납세의무가 성립한다.

따라서, 납세의무의 성립시기가 빠른 순서대로 나열하면 'ㄷ → ㄴ → ㄹ → ㄱ → ㅁ'이다.

법령 CHECK

국세기본법 제21조

합격의 

납세의무의 성립시기는 독립적인 한 문제의 주제로 자주 출제된다. 2018년 43번 문제도 다시 한번 풀어보자.

관련이론 **납세의무의 성립시기**

(1) 일반적인 납세의무의 성립시기

1) 소득세·법인세 : 과세기간이 끝나는 때. 다만, 청산소득에 대한 법인세는 그 법인이 해산을 하는 때
2) 상속세 : 상속이 개시되는 때
3) 증여세 : 증여에 의하여 재산을 취득하는 때
4) 부가가치세 : 과세기간이 끝나는 때. 다만, 수입재화의 경우에는 세관장에게 수입신고를 하는 때
5) 개별소비세, 주세, 교통·에너지·환경세 : 과세물품을 제조장으로부터 반출하거나 판매장에서 판매하는 때 또는 과세장소에 입장하거나 과세 유흥장소에서 유흥음식행위를 한 때 또는 과세영업장소에서 영업행위를 한 때. 다만, 수입물품의 경우에는 세관장에게 수입신고를 하는 때
6) 인지세 : 과세문서를 작성한 때
7) 증권거래세 : 해당 매매거래가 확정되는 때
8) 교육세 : 다음 각 목의 구분에 따른 시기
   ① 국세에 부과되는 교육세 : 해당 국세의 납세의무가 성립하는 때
   ② 금융·보험업자의 수익금액에 부과되는 교육세 : 과세기간이 끝나는 때
9) 농어촌특별세 : 「농어촌특별세법」 제2조 제2항에 따른 본세의 납세의무가 성립하는 때
11) 종합부동산세 : 과세기준일(6월 1일)
12) 가산세
   ① 무신고가산세 및 과소신고·초과환급신고가산세 : 법정신고기한이 경과하는 때
   ② 납부지연가산세 지연이자부분(1일 2.2/10,000 과세부분) : 법정납부기한 경과 후 1일마다 그 날이 경과하는 때 다만, 납부고지서상 납부기한까지 납부하지 않음에 따른 납부지연가산세(3% 과세 부분) : 납부고지서에 따른 납부기한이 경과하는 때
   ③ 원천징수납부 등 납부지연가산세(3% 과세부분) : 법정납부기한 경과하는 때
   ④ 그 밖의 가산세(개별세법상 가산세) : 가산할 국세의 납세의무가 성립하는 때

(2) 예외적인 납세의무의 성립시기

1) 원천징수하는 소득세·법인세 : 소득금액 또는 수입금액을 지급하는 때
2) 납세조합이 징수하는 소득세 또는 예정신고 납부하는 소득세 : 과세표준이 되는 금액이 발생한 달의 말일
3) 중간예납하는 소득세·법인세 또는 예정신고기간·예정부과기간에 대한 부가가치세 : 중간예납기간 또는 예정신고기간·예정부과기간이 끝나는 때
4) 수시부과하여 징수하는 국세 : 수시부과할 사유가 발생한 때

문제 46 [국세징수법] 신고납부, 납부고지

유 형	이론형		
중요도	★★★	정답	⑤

정답해설

①, ③ 납부기한등의 연장 및 납부고지의 유예 사유 *관련이론1

② 소멸시효의 중단 *관련이론2

④ 납부기한등 연장 등의 취소 *관련이론3

⑤ 납세자의 재산상황 변화로 지정납부기한의 연장을 취소한 경우 그 국세에 대하여 ~~지정납부기한등의 연장을 할 수 없다.~~

→ 지정납부기한등의 연장을 할 수 있다. 하단 관련이론3의 1, 2, 4의 경우에는 지정납부기한등의 연장을 취소한 후 다시 연장을 할 수 없지만, 3의 사유는 할 수 있다. *관련이론3

법령 CHECK

① 국세징수법 제13조 제1항
② 국세기본법 제28조 제3항
③ 국세징수법 제13조 제1항
④ 국세징수법 제16조 제1항
⑤ 국세징수법 제16조 제3항

관련이론1 납부기한등의 연장 및 납부고지의 유예 사유

1. 납세자가 재난 또는 도난으로 재산에 심한 손실을 입은 경우
2. 납세자가 경영하는 사업에 현저한 손실이 발생하거나 부도 또는 도산의 우려가 있는 경우
3. 납세자 또는 그 동거가족이 질병이나 중상해로 6개월 이상의 치료가 필요한 경우 또는 사망하여 상중(喪中)인 경우
4. 정전, 프로그램의 오류, 그 밖의 부득이한 사유로 한국은행(그 대리점을 포함) 및 체신관서의 정보통신망의 정상적인 가동이 불가능한 경우
5. 금융회사 등(한국은행 국고대리점 및 국고수납대리점인 금융회사 등만 해당) 또는 체신관서의 휴무, 그 밖의 부득이한 사유로 정상적인 국세납부가 곤란하다고 국세청장이 인정하는 경우
6. 권한있는 기관에 장부나 서류가 압수 또는 영치된 경우 및 이에 준하는 경우
7. 납세자의 장부작성을 대행하는 세무사(세무법인 포함) 또는 공인회계사(회계법인 포함)가 화재, 전화, 그 밖의 재해를 입거나 도난을 당한 경우
8. 1부터 3까지의 사유에 준하는 경우

관련이론2 소멸시효의 정지

1. 세법에 따른 분납기간
2. 세법에 따른 납부고지의 유예, 지정납부기한·독촉장에서 정하는 기한의 연장, 징수 유예기간
3. 세법에 따른 압류·매각의 유예기간
4. 세법에 따른 연부연납기간
5. 세무공무원이 사해행위 취소소송이나 채권자대위 소송을 제기하여 그 소송이 진행 중인 기간
6. 체납자가 국외에 6개월 이상 계속 체류하는 경우 해당 국외 체류 기간

관련이론3 납부기한등 연장 및 납부고지의 유예 취소 가능 사유

1. 국세를 분할납부하여야 하는 각 기한까지 분할납부하여야 할 금액을 납부하지 아니한 경우
2. 세무서장의 납세담보물의 추가 제공 또는 보증인의 변경 요구에 따르지 아니한 경우
3. 재산 상황의 변동 등 대통령령으로 정하는 사유로 납부기한등의 연장 또는 납부고지의 유예를 할 필요가 없다고 인정되는 경우
4. 납부기한 등의 연장 사유가 있어 그 연장 또는 유예한 기한까지 연장 또는 유예와 관계되는 국세의 전액을 징수할 수 없다고 인정되는 경우

문제 47 [국세징수법] 강제징수

유 형	이론형		
중요도	★★	정답	⑤

정답해설

① 납세자의 재산을 압류하는 경우 *관련이론

⑤ 부동산에 대한 압류는 압류재산의 소유권이 ~~이전된 후~~ 「국세기본법」에 따른 법정기일이 도래한 국세의 체납액에 대하여도 그 효력이 미친다.
→ 이전되기 전

법령 CHECK

① 국세징수법 제31조 제1항
② 국세징수법 제56조 제1항
③ 국세징수법 제48조 제1항
④ 국세징수법 제52조 제2항
⑤ 국세징수법 제46조 제2항

합격의 TIP

하단 관련이론의 '납부기한 전 징수'의 사유의 경우 2016년도 48번 문제와 2020년 46번 문제의 관련이론을 참고하자.

관련이론 **납세자의 재산을 압류하는 경우**

1. 납세자가 독촉을 받고 독촉장에서 정한 기한까지 국세를 완납하지 아니한 경우
2. 납부기한 전 징수에 따라 납부고지를 받고 단축된 기한까지 완납하지 아니한 경우

문제 48 [국세징수법] 강제징수

유 형	이론형		
중요도	★	정답	④

정답해설

② 세무서장은 압류한 재산이 예술품등인 경우에는 직권이나 납세자의 신청에 따라 예술품등의 매각에 전문성과 경험이 있는 기관 중에서 전문매각기관을 선정하여 예술품등의 매각을 대행하게 할 수 있다.

③ 공매에서 체납자 등의 권리 내지 재산상의 이익을 보호하기 위하여 법률로 규정한 절차적 요건이라고 보아야 하며, 공매처분을 하면서 체납자 등에게 공매통지를 하지 않았거나 공매통지를 하였더라도 그것이 적법하지 아니한 경우에는 절차상의 흠이 있어 그 공매처분은 위법하다.

④ 관할 세무서장은 재공매를 할 때마다 최초의 공매예정가격의 100분의 10에 해당하는 금액을 차례로 줄여 공매하며, 최초의 공매예정가격의 100분의 50에 해당하는 금액까지 차례로 줄여 공매하여도 매각되지 아니할 때에는 새로 공매예정가격을 정하여 재공매를 할 수 있으며, ~~즉시 재입찰을 실시한 경우에는 최초의 공매가 예정가격의 100분의 20에 해당하는 금액을 차례로 줄여 공매한다~~.
→ 즉시 재입찰을 실시한 경우에는 최초의 공매예정가격을 줄이지 아니한다.

⑤ 압류 또는 매각을 유예한 경우에도 공매를 정지하여야 한다.

 **법령 CHECK**

① 대법원 91다42524
② 국세징수법 제104조 제1항
③ 대법원 2007두18154
④ 국세징수법 제87조 제2항
⑤ 국세징수법 제88조 제2항

합격의 TIP

최근의 문제경향을 보면 판례지문의 비중이 점점 높아지고 있지만, 법령을 안다면 다른 지문들에서 정답을 골라낼 수 있는 경우가 많은 편이다. 모든 판례를 공부할 수는 없지만 기출 판례는 다시 나올 수 있으므로 반드시 알아두자.

유 형	이론형		
중요도	★★★	정답	⑤

문제 49 [조세범처벌법] 조세범처벌법

정답해설

조세범처벌법 제3조 *관련이론

③ 뿐만 아니라 납부기한 후에 수정신고를 하였더라도 조세포탈죄의 성립에는 아무런 영향을 미칠 수 없다.

④ 2년 이내 수정신고를 하거나 6개월 이내 기한 후 신고를 하는 경우 형을 감경할 수 있다.

⑤ 매출누락에 따른 부가가치세의 포탈세액을 산정함에 있어서 매입세금계산서를 교부받지 아니한 매입액에 대한 매입세액을 매출세액에서 ~~공제하여야 한다~~.

→ 공제할 수 없다. 매입세금계산서를 교부받지 아니한 매입액은 부가가치세를 정상적으로 신고하는 경우에도 공제할 수 없다.

법령 CHECK

조세범처벌법 제3조
③ 대법원 84도1102

합격의 TIP

조세범처벌법의 경우 판례가 종종 출제되는 경향을 보이긴 하지만, 빈출도가 높은 제3조는 반드시 알아두어야 한다. 관련이론에 수록된 조세범처벌법 제3조는 반드시 알아두자.

관련이론 조세범처벌법 제3조

① 사기나 그 밖의 부정한 행위로써 조세를 포탈하거나 조세의 환급·공제를 받은 자는 2년 이하의 징역 또는 포탈세액, 환급·공제받은 세액(이하 '포탈세액등'이라 한다)의 2배 이하에 상당하는 벌금에 처한다. 다만, 다음 각 호의 어느 하나에 해당하는 경우에는 3년 이하의 징역 또는 포탈세액등의 3배 이하에 상당하는 벌금에 처한다.
1. 포탈세액등이 3억원 이상이고, 그 포탈세액등이 신고·납부하여야 할 세액(납세의무자의 신고에 따라 정부가 부과·징수하는 조세의 경우에는 결정·고지하여야 할 세액을 말한다)의 100분의 30 이상인 경우
2. 포탈세액등이 5억원 이상인 경우

② 제1항의 죄를 범한 자에 대해서는 정상에 따라 징역형과 벌금형을 병과할 수 있다.

③ 제1항의 죄를 범한 자가 포탈세액등에 대하여 「국세기본법」 제45조에 따라 법정신고기한이 지난 후 2년 이내에 수정신고를 하거나 같은 법 제45조의3에 따라 법정신고기한이 지난 후 6개월 이내에 기한 후 신고를 하였을 때에는 형을 감경할 수 있다.

④ 제1항의 죄를 상습적으로 범한 자는 형의 2분의 1을 가중한다.

⑤ 제1항에서 규정하는 범칙행위의 기수시기는 다음의 각 호의 구분에 따른다.
1. 납세의무자의 신고에 의하여 정부가 부과·징수하는 조세 : 해당 세목의 과세표준을 정부가 결정하거나 조사결정한 후 그 납부기한이 지난 때. 다만, 납세의무자가 조세를 포탈할 목적으로 세법에 따른 과세표준을 신고하지 아니함으로써 해당 세목의 과세표준을 정부가 결정하거나 조사결정할 수 없는 경우에는 해당 세목의 과세표준의 신고기한이 지난 때로 한다.
2. 제1호에 해당하지 아니하는 조세 : 그 신고·납부기한이 지난 때

⑥ 제1항에서 '사기나 그 밖의 부정한 행위'란 다음 각 호의 어느 하나에 해당하는 행위로서 조세의 부과와 징수를 불가능하게 하거나 현저히 곤란하게 하는 적극적 행위를 말한다.
1. 이중장부의 작성 등 장부의 거짓 기장
2. 거짓 증빙 또는 거짓 문서의 작성 및 수취
3. 장부와 기록의 파기
4. 재산의 은닉, 소득·수익·행위·거래의 조작 또는 은폐
5. 고의적으로 장부를 작성하지 아니하거나 비치하지 아니하는 행위 또는 계산서, 세금계산서 또는 계산서합계표, 세금계산서합계표의 조작
6. 「조세특례제한법」 제5조의2 제1호에 따른 전사적 기업자원 관리설비의 조작 또는 전자세금계산서의 조작
7. 그 밖에 위계에 의한 행위 또는 부정한 행위

문제 50 [조세범처벌법] 조세범처벌법

유 형	이론형		
중요도	★	정답	③

정답해설

① 대법원 2013도10554 *관련이론1

② 대법원 2014도1700 *관련이론2

③ 재화를 공급한 자가 재화를 실제로 공급받은 자가 아닌 다른 사람에게 세금계산서를 발급한 경우 ~~세금계산서 미발급으로 인한 죄에 해당하지 않는다~~.
→ 세금계산서 미발급으로 인한 죄가 별개로 성립한다. *관련이론3

④ 대법원은 '용역을 제공받은 사실이 없음에도 허위 세금계산서를 교부받은 이상 조세범처벌법 위반죄가 성립하고, 재화나 용역의 공급 없이 세금계산서의 발행을 업으로 하는 전형적인 이른바 '자료상'으로부터 세금계산서를 교부받는 것이 아니라고 하더라도 이와 달리 볼 것은 아니다'라고 판결하였다.

⑤ 대법원 판례에 따르면 세금계산서나 계산서를 수수한 때 또는 매출・매입처별 세금계산서합계표나 매출・매입처별 계산서합계표를 제출한 때 각 문서마다 1개의 죄가 성립하는 것으로 판결하였다.

법령 CHECK

①, ③ 대법원 2013도10554
② 대법원 2014도1700
④ 대법원 2007도10502
⑤ 대법원 2009도3355

합격의 TIP

1차 준비 시 판례를 깊이 있게 준비하지 않기 때문에 다소 어려울 수 있는 문제이다. 세금계산서 관련 조항에 대해서는 2016년 50번 문제의 관련이론을 참고하여 학습하고, 다음 관련이론은 읽어 두는 수준에서 학습하길 권한다.

관련이론1 대법원 2013도10554-2

(1) **판시사항** : 세금계산서를 발급받아야 할 자가 재화 등을 공급받으면서 공급자와 통정하여 공급가액을 부풀리는 등 허위 기재한 세금계산서를 발급받은 행위가 조세범처벌법 제10조 제2항 제1호의 죄에 해당하는지 여부(적극) 및 세금계산서를 발급하여야 할 자가 재화 등을 공급하면서 공급가액을 부풀리는 등 허위 기재한 세금계산서를 발급한 행위가 같은 조 제1항 제1호의 죄에 해당하는지 여부(적극)

(2) **판결요지** : 세금계산서를 발급받아야 할 자가 재화 또는 용역을 공급받으면서 공급자와의 통정에 의하여 공급가액을 부풀리는 등 허위 기재를 한 세금계산서를 발급받은 경우 이러한 행위는 조세범처벌법(이하 '법'이라 한다) 제10조 제2항 제1호에서 정한 거짓으로 기재한 세금계산서를 발급받은 죄에 해당하고, 마찬가지로 세금계산서를 발급하여야 할 자가 재화 또는 용역을 공급하면서 공급가액을 부풀리는 등 허위 기재를 한 세금계산서를 발급한 경우 이러한 행위는 법 제10조 제1항 제1호에서 정한 세금계산서를 거짓으로 기재하여 발급한 죄에 해당한다.

관련이론2 대법원 2014도1700

(1) **판시사항** : 재화 또는 용역을 공급하지 아니한 자가 타인 명의를 위조하여 그를 공급하는 자로 기재하여 세금계산서를 교부한 경우, 조세범처벌법 제10조 제3항 제1호에서 정한 처벌 대상에 해당하는지 여부(소극)

(2) **판결요지** : 조세범처벌법 제10조 제1항 제1호는 '부가가치세법에 따라 세금계산서를 작성하여 발급하여야 할 자가 세금계산서를 발급하지 아니하거나 거짓으로 기재하여 발급한 경우'를 처벌하도록 규정하고, 같은 조 제3항 제1호는 '재화 또는 용역을 공급하지 아니하고 부가가치세법에 따른 세금계산서를 발급하는 행위'를 한 자를 처벌하도록 규정하는데, 위 각 문언과 입법취지 등에 비추어 보면, 조세범처벌법 제10조 제3항 제1호는 재화 또는 용역을 공급하지 아니한 자가 자신을 공급하는 자로 기재한 세금계산서를 교부한 행위를 처벌 대상으로 규정한 것이므로, 재화 또는 용역을 공급하지 아니한 자가 타인 명의를 위조하여 그를 공급하는 자로 기재하여 세금계산서를 교부한 경우에는 세금계산서에 자신을 공급하는 자로 기재하지 않은 이상 사문서위조죄로 처벌할 수 있을지언정 조세범처벌법 제10조 제3항 제1호가 정한 처벌 대상에 해당한다고 할 수 없다.

관련이론3 **대법원 2013도10554-1**

(1) **판시사항** : 재화 등을 공급한 자가 재화 등을 실제로 공급받은 자가 아닌 다른 사람에게 세금계산서를 발급한 행위가 조세범처벌법 제10조 제3항에서 정한 '재화 또는 용역을 공급하지 아니하거나 공급받지 아니하고 세금계산서를 발급하거나 발급받은 행위'에 포함되는지 여부(적극) 및 이때 재화 등을 실제로 공급받은 자에게 세금계산서를 발급하지 않은 행위에 대해서 같은 조 제1항 제1호의 죄가 별개로 성립하는지 여부(적극)

(2) **판결요지** : 조세범처벌법(이하 '법'이라 한다) 제10조 제3항은 '재화 또는 용역을 공급하지 아니하거나 공급받지 아니하고 세금계산서를 발급하거나 발급받은 행위'를 처벌하고 있는데, 여기에는 재화 또는 용역을 아예 공급하지 아니하거나 공급받지 아니하고 세금계산서만을 발급하거나 발급받는 행위뿐만 아니라, 재화 또는 용역을 공급받은 자가 재화 또는 용역을 실제로 공급한 자가 아닌 다른 사람이 작성한 세금계산서를 발급받은 경우도 포함되고, 마찬가지로 재화 또는 용역을 공급한 자가 재화 또는 용역을 실제로 공급받은 자가 아닌 다른 사람에게 세금계산서를 발급한 경우도 포함된다. 그리고 재화 또는 용역을 공급한 자가 재화 또는 용역을 실제로 공급받은 자에게 세금계산서를 발급하지 아니한 행위에 대해서는 법 제10조 제1항 제1호에서 정한 세금계산서 미발급으로 인한 죄가 별개로 성립한다.

문제 51 [소득세법, 국세기본법] 과세, 금융소득, 양도소득세

유 형	이론형		
중요도	★★	정답	⑤

정답해설

② 위법 내지 탈법적인 것이어서 무효임에도 당사자 사이에서는 매매 등 계약이 유효한 것으로 취급되어 매도인 등이 매매 등 계약의 이행으로 매매대금 등을 수수하여 그대로 보유하고 있는 경우에는 종국적으로 경제적 이익이 매도인 등에게 귀속되고, 그럼에도 매매 등 계약이 법률상 무효라는 이유로 매도인 등이 그로 말미암아 얻은 양도차익에 대하여 양도소득세를 과세할 수 없다고 보는 것은 매도인 등으로 하여금 과세 없는 양도차익을 향유하게 하는 결과로 되어 조세정의와 형평에 심히 어긋난다.

⑤ 위법소득에 대한 납세의무가 성립한 후에는 「형법」에 따른 몰수가 이루어진 경우라 하더라도 「국세기본법」상 후발적 경정청구의 ~~대상이 되지 않는다~~.

→ 후발적 경정청구의 대상이 된다. 납세의무가 성립한 후더라도, 몰수 등으로 인하여 경제적 이익이 상실 되는 것으로 확정되어, 당초 성립한 납세의무의 전제를 잃게 되었다면, 납세자는 후발적 경정청구를 하여 납세의무에서 벗어날 수 있다.

법령 CHECK

① 대법원 81누136
② 대법원 2010두23644
③ 대법원 2002두9254
④ 대법원 83누123
⑤ 대법원 2014두5514

합격의 TIP

세법학의 경우 최근에는 판례의 비중이 아주 조금씩 높아지고 있다. 하지만, 전체 지문 중 빈도수는 매우 낮은 편으로 법령을 파악하고 있으면 풀 수 있는 문제가 출제된다. 판례형 문제가 나왔을 경우에는 법령으로 풀 수 있는 지문을 먼저 접근하자.

문제 52 [소득세법] 양도소득세

유 형	이론형		
중요도	★	정답	②

정답해설

① 대법원 2009두19465 *관련이론

② 「법인세법」에 따른 특수관계인에 해당하는 법인 외의 자에게 부동산을 시가보다 높은 가격으로 양도하는 경우로서 「상속세 및 증여세법」에 따라 해당 거주자의 증여재산가액으로 하는 금액이 있는 경우 ~~그 부동산의 시가를 실지양도가액으로 본다~~.
→ 양도가액에서 증여재산가액을 뺀 금액을 실지양도가액으로 본다.

③ 대법원 판결에 의하면 소급감정한 감정가액을 취득가액으로 볼 수 없다고 하였다.

⑤ 양도차익을 계산할 때 양도가액을 실지거래가액(매매사례가액 · 감정가액이 적용되는 경우 그 매매사례가액 · 감정가액 등을 포함)에 따를 때에는 취득가액도 실지거래가액(매매사례가액 · 감정가액 · 환산취득가액이 적용되는 경우 그 매매사례가액 · 감정가액 · 환산취득가액 등을 포함)에 따르고, 양도가액을 기준시가에 따를 때에는 취득가액도 기준시가에 따른다.

법령 CHECK

① 대법원 2009두19465
②, ④ 소득세법 제96조 제3항
③ 대법원 2011두 24286
⑤ 소득세법 제100조 제1항

관련이론 **대법원 2009두19465**

양도소득세의 과세표준인 양도차익을 산정함에 있어서 기준이 되는 실지거래가액이라 함은 객관적인 교환가치를 반영하는 일반적인 시가가 아니라 실지의 거래대금 그 자체 또는 거래 당시의 급부의 대가로 실지 약정된 금액을 말하므로, 양도소득세의 과세대상이 되는 거래가 단순한 교환인 경우에는 그 실지거래가액을 확인할 수 없으나, 그 교환이 교환대상 목적물에 대한 시가감정을 하여 그 감정가액의 차액에 대한 정산절차를 수반하는 등 목적물의 금전가치를 표준으로 하는 가치적 교환인 경우에는 실지거래가액을 확인할 수 있는 경우에 해당한다. 이 경우 교환으로 취득하는 목적물의 금전가치와 지급받은 현금 등이 교환으로 양도되는 목적물의 실지양도가액이 된다.

유 형	계산형		
중요도	★★★	정답	③

문제 53 [소득세법] 근로 · 연금 · 기타소득

정답해설

1 기타소득금액

항 목	기타소득	필요경비	기타소득금액
상가입주지체상금	1,500,000		1,500,000
상표권대여료	1,000,000	600,000	400,000
지상권설정대가	2,000,000	1,200,000	800,000
서화를 미술관에 양도하고 받은 대가*			
㈜B의 입사시험 출제수당	250,000	150,000	100,000
복권당첨금	2,955,000	5,000	2,950,000
배임수재로 받은 금품	5,000,000		5,000,000

*서화 및 골동품의 양도로 발생하는 소득은 개당 · 점당 또는 조당 양도가액이 6천만원 이상인 경우(양도일 현재 생존해 있는 국내 원작자의 작품 제외)에만 기타소득에 해당한다(소득세법 시행령 제41조).

2 원천징수세액

1) 상가입주지체상금
   1,500,000 × 20% = 300,000
2) 상표권대여료
   (1,000,000 − 600,000) × 20% = 80,000
3) 지상권설정대가
   (2,000,000 − 1,200,000) × 20% = 160,000
4) ㈜B의 입사시험 출제수당
   (250,000 − 150,000*) × 20% = 20,000
   *250,000 × 60% = 150,000(2019.1.1. 이후 소득분부터 일시적 인적용역에 대한 필요경비는 60%이다)
5) 복권당첨금
   (2,955,000 − 5,000) × 20% = 590,000
6) 배임수재로 받은 금품은 원천징수 대상이 아니다.

∴ 2024년도의 기타소득으로 원천징수될 세액
= 300,000 + 80,000 + 160,000 + 20,000 + 590,000
= 1,150,000

법령 CHECK

소득세법 제21조
소득세법 집행기준 37-87-1

합격의 TIP

기타소득 중 법정필요경비를 공제하는 경우는 반드시 암기해야 하며, 기타소득금액을 구할 경우에 과세최저한(50,000)에 해당되는지 여부를 반드시 확인하자! 기타소득금액에 50,000원 이하인 경우, 원천징수세액은 0이다.

관련이론 기타소득의 필요경비 계산 [소득세법 집행기준 37-87-1]

<table>
<tr><th>기타소득 구분</th><th colspan="2">필요경비</th></tr>
<tr><td>승마투표권, 승자투표권, 소싸움경기투표권, 체육진흥투표권의 구매자가 받는 환급금</td><td colspan="2">그 구매자가 구입한 적중된 투표권의 단위투표금액</td></tr>
<tr><td>슬롯머신(비디오게임을 포함한다) 및 투전기 그 밖에 이와 유사한 기구를 이용하는 행위에 참가하여 받는 당첨금품 등</td><td colspan="2">그 당첨금품등의 당첨 당시에 슬롯머신 등에 투입한 금액</td></tr>
<tr><td>「공익법인의 설립·운영에 관한 법률」의 적용을 받는 공익법인이 주무관청의 승인을 받아 시상하는 상금 및 부상과 다수가 순위 경쟁하는 대회에서 입상자가 받는 상금 및 부상</td><td rowspan="2">거주자가 받은 금액의 100분의 80에 상당하는 금액</td><td rowspan="2">실제 소요된 필요경비가 100분의 80에 상당하는 금액을 초과하면 실제 소요된 비용</td></tr>
<tr><td>계약의 위약 또는 해약으로 인하여 받는 위약금과 배상금 중 주택입주 지체상금</td></tr>
<tr><td>서화·골동품의 양도로 발생하는 소득</td><td>• 1억원 이하 : 90%
• 1억원 초과 : 9천만원 + (받은 금액 − 1억) × 80%(단, 보유기간 10년 이상인 경우 90%)</td><td rowspan="6">실제 소요된 필요경비가 100분의 60(서화, 골동품의 양도의 경우 80 또는 90)에 상당하는 금액을 초과하면 실제 소요된 비용</td></tr>
<tr><td>무체재산권 등의 양도 및 대여료[광업권·어업권·양식업권·산업재산권·산업정보, 산업상 비밀, 상표권·영업권(대통령령으로 정하는 점포 임차권을 포함한다), 토사석(土砂石)의 채취허가에 따른 권리, 지하수의 개발·이용권, 그 밖에 이와 유사한 자산이나 권리를 양도하거나 대여하고 그 대가로 받는 금품]</td><td rowspan="5">거주자가 받은 금액의 100분의 60에 상당하는 금액</td></tr>
<tr><td>「전자상거래 등에서의 소비자 보호에 관한 법률」의 에 따라 통신 판매중개를 하는 자를 통하여 물품 또는 장소를 대여하고 연간 500만원 이하의 사용료로서 받는 금품</td></tr>
<tr><td>「공익사업을 위한 토지 등의 취득 및 보상에 관한 법률」 제4조에 따른 공익사업과 관련하여 지역권·지상권(지하 또는 공중에 설정된 권리 포함)을 설정하거나 대여함으로써 발생하는 소득</td></tr>
<tr><td>일시적인 문예창작소득(원고료, 저작권사용료인 인세, 미술·음악 또는 사진에 속하는 창작품에 대하여 받는 대가)</td></tr>
<tr><td>다음의 일시적인 인적용역
1. 강연료 등 대가를 받는 용역
2. 라디오·텔레비전방송 등을 통하여 해설·계몽 또는 연기의 심사 등을 하고 대가를 받는 용역
3. 변호사, 공인회계사, 세무사, 건축사, 측량사, 변리사, 그 밖에 전문적 지식 또는 특별한 기능을 가진 자가 그 지식 또는 기능을 활용하여 대가를 받고 제공하는 용역
4. 그 밖에 고용관계 없이 수당 등의 대가를 받고 제공하는 용역</td></tr>
<tr><td>종교인소득(비과세소득 제외)</td><td colspan="2"><table>
<tr><th>종교인 관련자가 받은 금액</th><th>필요경비</th></tr>
<tr><td>2천만원 이하</td><td>80%</td></tr>
<tr><td>2천만원 초과 4천만원 이하</td><td>1,600만원 + (2,000만원 초과분 × 50%)</td></tr>
<tr><td>4천만원 초과 6천만원 이하</td><td>2,600만원 + (4,000만원 초과분 × 30%)</td></tr>
<tr><td>6천만원 초과</td><td>3,200만원 + (6,000만원 초과분 × 20%)</td></tr>
</table></td></tr>
<tr><td>그 외의 기타소득</td><td colspan="2">해당 과세기간의 총수입금액에 대응하는 비용의 합계액</td></tr>
</table>

문제 54 [소득세법] 근로 · 연금 · 기타소득

유 형	계산형		
중요도	★	정답	②

정답해설

1 공적연금소득 *관련이론1 → 매월 원천징수 후, 종합과세

$= 30,000,000 \times \frac{450,000,000}{450,000,000+900,000,000} - \underline{3,000,000}$

↳ 과세제외기여금

= 7,000,000

2 사적연금소득

1) 연금수령한도 : $\frac{50,000,000}{11-\underline{6}} \times 120\% = 12,000,000$

↳ 甲은 이연퇴직소득이 있고, 55세가 넘었다. 따라서 55세가 된 2019년이 기산연차(1년차)가 되어 2024년은 6년차가 된다.

2) 연금외수령 : 25,000,000 − 12,000,000(연금수령한도) = 13,000,000(기타소득) → 분리과세

3 연금수령한도(12,000,000원의 구분)

과세제외금액 → 이연퇴직소득 → 세액공제를 받은 납입액과 운용수익의 순서로 구분

1) 과세제외금액 : 세액공제 미적용 불입액 2,000,000 → 비과세
2) 이연퇴직소득 : 연금수령분 7,000,000 → 무조건 분리과세
   ↳ 문제에서 주어짐
3) 공제분 및 운용수익 : 연금수령분 3,000,000 → 종합과세
   ↳ 1천2백 - 2백 - 7백 = 3백

※ 사적연금이 15,000,000원 이하인 경우 분리과세 선택이 가능하나, 문제에서 종합과세와 분리과세 선택이 가능할 경우 종합과세를 선택하라고 하였으므로 종합과세를 선택해야 한다.

4 종합과세 대상 총연금액

= 7,000,000(공적연금소득) + 3,000,000(사적연금소득)
= 10,000,000

∴ 종합과세 대상 총연금액 : 10,000,000

법령 CHECK

소득세법 제20조의3
소득세법 시행령 제40조
소득세법 시행령 제40조의2

합격의 TIP

종합소득세의 경우 종합과세와 분리과세를 선택해야 하는 경우가 있다. 이 문제의 경우 선택할 수 있을 시 종합과세를 선택하라고 주어졌지만, 가정이 없을 경우에는 납세자에게 유리한 쪽으로 계산하여 정답을 찾아야 한다.

관련이론1 **공적연금소득[국민연금(연계노령연금)]**

$$\text{당해연도 연금수령액} \times \frac{\text{2002.1.1.이후의 납입기간의 환산소득누계액}}{\text{총 납입기간의 환산소득누계액}} - \text{과세제외기여금*}$$

*과세제외기여금 : 2002.1.1.이후에 연금기여금을 납부하였으나 소득공제를 받지 못한 금액

관련이론2 **연금수령한도**

연금계좌 평가액 / (11 − 연금수령연차*) × 120/100

*연금수령연차 : 최초로 연금수령할 수 있는 날이 속하는 과세기간을 기산연차로 하여 그 다음 과세기간을 누적 합산한 연차(연금수령연차가 11년 이상인 경우 연금수령한도 계산식을 적용하지 않고, 2013.3.1. 전에 가입한 연금계좌의 연금수령연차는 6년으로 계산함)
여기서 최초로 연금수령할 수 있는 날이란 다음 요건을 모두 갖춘 것을 의미한다."
① 가입자가 55세 이후 연금계좌 취급자에게 연금수령 개시를 신청한 후 인출할 것
② 연금계좌의 가입일부터 5년이 경과된 후에 인출할 것. 다만, 이연퇴직소득이 연금계좌에 있는 경우에는 그러하지 아니한다.

문제 55 [소득세법] 소득세의 신고와 납부

유 형	이론형		
중요도	★	정답	①

정답해설

① 법인세 과세표준을 경정하는 경우 「법인세법」에 따라 처분되는 상여는 경정의 대상이 되는 사업연도 중 ~~근로를 제공 받은 날~~에 근로소득을 지급한 것으로 보아 소득세를 원천징수한다.

→ 대통령령으로 정하는 소득금액변동통지서를 받은 날. 법인이 이익 또는 잉여금의 처분에 따라 지급하여야 할 상여를 그 처분을 결정한 날부터 3개월이 되는 날까지 지급하지 아니한 경우에는 그 3개월이 되는 날에 그 상여를 지급한 것으로 보아 소득세를 원천징수한다. 다만, 그 처분이 11월 1일부터 12월 31일까지의 사이에 결정된 경우에 다음 연도 2월 말일까지 그 상여를 지급하지 아니한 경우에는 그 상여를 다음 연도 2월 말일에 지급한 것으로 보아 소득세를 원천징수한다.

② 소득세가 과세되지 아니하거나 면제되는 소득을 지급할 때에는 소득세를 원천징수하지 아니한다.

③ 원천징수대상소득이 발생한 후 지급되지 아니함으로써 소득세가 원천징수되지 아니한 소득이 종합소득에 합산되어 종합소득에 대한 소득세가 과세된 경우에 그 소득을 지급할 때에는 소득세를 원천징수하지 아니한다.

④ 거주자의 퇴직소득이 퇴직일 현재 연금계좌에 있거나 연금계좌로 지급되는 경우, 퇴직하여 지급받은 날부터 60일 이내에 연금계좌에 입금되는 경우에는 해당 퇴직소득에 대한 소득세를 연금외수령하기 전까지 원천징수하지 아니한다. 만약 소득세가 이미 원천징수된 경우 해당 거주자는 원천징수세액에 대한 환급을 신청할 수 있다.

법령 CHECK

① 소득세법 제131조
② 소득세법 제154조
③ 소득세법 제155조
④ 소득세법 제146조 제2항
⑤ 소득세법 제143조의4 제4항

유 형	이론형		
중요도	★★★	정답	①

문제 56 [소득세법] 소득세 총설

정답해설

② 거주자는 ~~거소의 국외 이전을 위하여 출국하는 날부터~~ 비거주자가 된다.
→ 출국하는 날의 다음 날부터 *관련이론

③ 내국법인이 ~~발행주식총수의 100분의 80을 직접 출자한~~ 해외현지법인에 파견된 직원은 거주자로 본다.
→ 직접 출자 또는 간접 출자를 불문하고 발행주식총수의 100분의 100을 출자한

④ 비거주자는 ~~국내에 주소를 둔 기간이 183일이 되는 날~~부터 거주자가 된다.
→ 국내에 거소를 둔 기간이 183일이 되는 날 또는 주소를 둔 날부터 거주자가 된다. *관련이론

⑤ 「소득세법」에 따른 거소는 국내에 생계를 같이 하는 가족 및 국내에 소재하는 자산의 유무 등 생활관계의 객관적 사실에 따라 판정한다.
→ 주소

법령 CHECK

① 소득세법 시행령 제4조 제3항
②, ④ 소득세법 시행령 제2조의2
③ 소득세법 시행령 제3조
⑤ 소득세법 시행령 제2조

관련이론 거주자 또는 비거주자가 되는 시기

(1) 비거주자가 거주자로 되는 시기
1) 국내에 주소를 둔 날
2) 국내에 주소를 가지거나 국내에 주소가 있는 것으로 보는 사유가 발생한 날
3) 국내에 거소를 둔 기간이 183일이 되는 날

(2) 거주자가 비거주자로 되는 시기
1) 거주자가 주소 또는 거소의 국외 이전을 위하여 출국하는 날의 다음 날
2) 국내에 주소가 없거나 국외에 주소가 있는 것으로 보는 사유가 발생한 날의 다음 날

문제 57 [소득세법] 양도소득세

유 형	이론형		
중요도	★	정답	①

정답해설

① 양도일이 속하는 달의 말일부터 2개월 이내 신고해야 하므로, 甲은 2024.8.31.까지 양도소득 과세표준을 예정신고해야 한다.

② 甲은 양도차익에서 장기보유특별공제액을 차감할 수 있다.

→ 없다. 장기보유특별공제의 공제대상은 토지와 건물(미등기양도자산 제외)로서 보유기간이 3년 이상인 것 및 조합원입주권(조합원으로부터 취득한 것 제외)이다.

③ 甲은 양도소득 과세표준에 20%(과세표준 중 3억원 초과분은 25%)의 세율을 적용하여 계산한 금액을 양도소득 산출세액으로 한다.

→ 30%의 세율. 甲이 양도한 주식은 1년 미만 보유한 주식등으로서 중소기업 외의 법인의 주식에 속하므로 양도소득 과세표준의 100분의 30을 적용해야 한다.

④ 甲은 ㈜A의 주식 양도 이외에 다른 양도소득이 없더라도 양도소득기본공제를 받을 수 없다.

→ 받을 수 있다. 양도소득기본공제의 공제대상은 미등기자산을 제외한 모든 자산이며, 그룹별로 각각 250만원을 공제한다.

⑤ 甲이 ㈜A의 주식을 양도할 때 명의개서하지 않으면 양도로 보지 아니한다.

→ 명의개서와 관계없이 양도로 본다.

법령 CHECK

① 소득세법 제105조
② 소득세법 제95조 제2항
③ 소득세법 제104조 제1항 제11호
④ 소득세법 제103조
⑤ 소득세법 제98조

문제 58 [소득세법] 종합소득세액

유 형	계산형		
중요도	★★	정답	②

정답해설

1 금융소득금액

1) 이자소득금액
정기예금이자 5,000,000

2) 배당소득금액
내국법인A 배당 70,000,000(Gross-up 대상)
외국법인B 배당 10,000,000(Gross-up 제외)

3) 배당가산액
Min(70,000,000, 85,000,000 − 20,000,000) × 10% = 6,500,000

4) 금융소득금액
5,000,000 + 80,000,000 + 6,500,000 = 91,500,000

2 종합소득과세표준

금융소득금액 91,500,000 + 사업소득금액 27,850,000 − 종합소득공제 20,000,000
= 99,350,000

3 종합소득 비교산출세액 : Max(①, ②) = 16,240,000

① 종합소득산출세액
= 20,000,000 × 14% + (99,350,000 − 20,000,000) × 기본세율
= 16,084,000

② 비교산출세액
= 85,000,000 × 14% + (99,350,000 − 91,500,000) × 기본세율
= 12,371,000

4 배당세액공제액 : Min(①, ②)

① 배당가산액
= Min(70,000,000, 85,000,000 − 20,000,000) × 10% = 6,500,000

② 한도액
= 종합소득산출세액 − 비교산출세액
= 16,084,000 − 12,371,000 = 3,713,000

∴ 배당세액공제액 : 3,713,000

법령 CHECK

소득세법 제56조
소득세법 제62조

관련이론 **종합소득 비교산출세액 : Max[(1), (2)](금융소득이 2천만원을 초과하는 경우)**

(1) 일반산출세액 : 2천만원 × 14% + (2천만원 초과 금융소득 + 배당가산액 + 다른 종합소득금액 − 소득공제) × 기본세율

(2) 비교산출세액 : Max(①, ②)
① 금융소득 × 원천징수세율 + (출자공동사업자의 배당소득 + 금융소득을 제외한 다른 종합소득금액 − 종합소득공제) × 기본세율
② 금융소득 × 원천징수세율 + 출자공동사업자의 배당소득 × 14% + (금융소득을 제외한 다른 종합소득금액 − 종합소득공제) × 기본세율
※ 출자공동사업자의 배당소득은 2천만원 초과여부 판단 시 제외하며 당연 종합과세한다.

문제 59 [소득세법] 양도소득세

유 형	이론형		
중요도	★★	정답	②

정답해설

양도소득의 부당행위계산 *관련이론

① 토지의 양도차익 계산 시 양도가액에서 공제할 취득가액은 ~~700,000,000원이다.~~
→ 300,000,000원이다.

② 甲이 배우자 乙에게 증여받은 후, 증여받은지 10년이 경과하기 전에 丙에게 양도함에 따라 증여받은 자산의 이월과세가 적용이 된다. 따라서 양도차익 계산 시 취득시점은 2014.3.1.이다.

③ 토지의 양도차익 계산 시 甲의 증여세 산출세액은 ~~양도가액에서 공제할 수 없다.~~
→ 양도가액에서 필요경비로 공제된다. 배우자간 증여재산에 대한 이월과세 규정이 적용되기 때문에 甲의 증여세 산출세액은 양도소득금액 계산시 필요경비로 공제된다.

④ 甲과 乙은 ~~연대하여 토지의 양도소득세 납세의무를 진다.~~
→ 연대납세의무를 지지 않는다.

⑤ 토지의 양도소득세 납세의무자는 ~~乙이다.~~
→ 甲이다.

법령 CHECK

소득세법 제101조

합격의 TIP

증여받은 자산의 이월과세와 우회양도에 대한 부당행위계산의 부인은 가끔 출제되므로 반드시 알아두자! 또한 2023년 60번을 함께 학습해두자.

관련이론 양도소득의 부당행위계산(소득세법 제101조)

구 분		증여받은 자산의 이월과세	우회양도에 대한 부당행위계산의 부인
요건 1	증여자와 수증자의 관계	배우자, 직계존비속	특수관계인
	적용기간	자산을 증여한 후 그 자산을 증여받은 자가 그 증여일로부터 10년 이내에 다시 타인에게 양도한 경우(단, 2022.12.31. 이전 증여분은 5년)	자산을 증여한 후 그 자산을 증여받은 자가 그 증여일로부터 10년 이내에 다시 타인에게 양도한 경우(단, 2022.12.31. 이전 증여분은 5년)
요건 2		조세부담을 회피하려는 목적이 없어도 적용(단, 사망으로 혼인관계가 소멸된 경우는 제외)	증여자가 직접 양도했을 때의 양도소득세와 수증자의 증여세와 양도소득세를 합한 금액을 비교했을 때, 증여자가 직접 양도했을 경우의 양도소득세가 더 큰 경우
납세의무자		자산을 증여받았던 자(수증자)	자산을 증여했던 자(증여자)
취득가액의 계산		자산을 증여한 자의 취득시기를 기준으로 계산	자산을 증여한 자의 취득시기를 기준으로 계산
증여세의 처리		필요경비로 공제	부과 취소
연대납세의무		없 음	있음(증여자와 수증자의 연대납세의무 부담)

문제 60 [소득세법] 금융소득

유 형	이론형		
중요도	★★★	정답	⑤

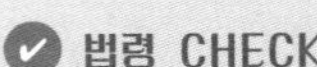

소득세법 제17조
소득세법 시행령 제26조의2

정답해설

배당소득 *관련이론

①, ②, ③, ④ 열거된 배당소득에 속한다.

따라서, 정답은 ⑤번이다.

관련이론 배당소득

1. 내국법인으로부터 받는 이익이나 잉여금의 배당 또는 분배금
2. 법인으로 보는 단체로부터 받는 배당금 또는 분배금

2의2. 법인세법에 따라 내국법인으로 보는 신탁재산으로부터 받는 배당금 또는 분배금

3. 의제배당
4. 「법인세법」에 따라 배당으로 처분된 금액
5. 국내 또는 국외에서 받는 대통령령으로 정하는 집합투자기구로부터의 이익

5의2. 국내 또는 국외에서 받는 대통령령으로 정하는 파생결합증권 또는 파생결합사채로부터의 이익

6. 외국법인으로부터 받는 이익이나 잉여금의 배당 또는 분배금
7. 「국제조세조정에 관한 법률」에 따라 배당받은 것으로 간주된 금액
8. 공동사업에서 발생한 소득금액 중 출자공동사업자의 손익분배비율에 해당하는 금액
9. 1부터 5까지, 5의2, 6 및 7에 따른 소득과 유사한 소득으로서 수익분배의 성격이 있는 것
10. 1부터 5까지, 5의2 및 6부터 9까지의 규정 중 어느 하나에 해당하는 소득을 발생시키는 거래 또는 행위와 파생상품이 대통령령으로 정하는 바에 따라 결합된 경우 해당 파생상품의 거래 또는 행위로부터의 이익

유 형	이론형		
중요도	★	정답	③

문제 61 [법인세법] 그 밖의 법인세

정답해설

① 비영리내국법인이 수익사업을 영위하는 경우 ~~구분경리하지 않는 것을 원칙으로 한다~~.
→ 수익사업에 속하는 것과, 속하지 않는 것을 구분경리하는 것을 원칙으로 한다.

② 비영리내국법인의 청산소득에 대하여는 ~~법인세가 과세된다~~.
→ 법인세가 과세되지 않는다.

③ 비영리내국법인의 경우, 이자소득으로서 원천징수된 이자소득의 전부 또는 일부를 과세표준 신고에 포함하지 않을 수 있지만, 비영업대금의 이익에 대해서는 법인세 과세표준 신고를 하여야 한다.

④ 비영리내국법인은 고유목적사업준비금을 손금에 산입한 날이 속하는 사업연도 종료일 이후 ~~3년이 되는 날까지~~ 고유목적사업에 사용하여야 한다.
→ 5년이 되는 날까지. 만약, 5년이 되는 날까지 사용하지 않으면 익금산입해야 한다. *관련이론

⑤ 축산업을 영위하는 비영리내국법인은 지상권의 양도로 인하여 발생하는 소득은 ~~법인세가 과세된다~~.
↳ 법인세가 과세되지 않는다. 비영리내국법인의 각 사업연도의 소득은 다음 각 호의 사업 또는 수입(이하 '수익사업'이라 한다)에서 생기는 소득으로 한정한다.

1. 제조업, 건설업, 도매 및 소매업 등 「통계법」제22조에 따라 통계청장이 작성・고시하는 한국표준산업분류에 따른 사업으로서 대통령령으로 정하는 것
2. 「소득세법」제16조 제1항에 따른 이자소득
3. 「소득세법」제17조 제1항에 따른 배당소득
4. 주식・신주인수권 또는 출자지분의 양도로 인한 수입
5. 유형자산 및 무형자산의 처분으로 인한 수입. 다만, 고유목적사업에 직접 사용하는 자산의 처분으로 인한 대통령령으로 정하는 수입은 제외한다.
6. 「소득세법」제94조 제1항 제2호 및 제4호에 따른 자산의 양도로 인한 수입
7. 그 밖에 대가를 얻는 계속적 행위로 인한 수입으로서 대통령령으로 정하는 것

법령 CHECK

① 법인세법 제113조 제1항
② 법인세법 제4조 제1항
③ 법인세법 제62조
④ 법인세법 제29조 제5항
⑤ 법인세법 시행령 제3조 제1항

합격의 TIP

자주 출제되는 주제는 아니지만 2023년 68번 문제와 기출 지문 그리고 아래의 관련이론 정도는 알아두자.

관련이론 손금에 산입한 고유목적사업준비금을 익금산입하는 경우

1. 해산한 경우(승계한 경우는 제외)
2. 고유목적사업을 전부 폐지한 경우
3. 법인으로 보는 단체의 승인이 취소되거나 거주자로 변경된 경우
4. 고유목적사업준비금을 손금으로 계상한 사업연도의 종료일 이후 5년이 되는 날까지 고유목적사업등에 사용하지 아니한 경우(5년 내에 사용하지 아니한 잔액으로 한정)
5. 고유목적사업준비금을 고유목적사업등이 아닌 용도에 사용한 경우

유 형	이론형		
중요도	★★	정답	⑤

문제 62 [법인세법] 부당행위계산의 부인

정답해설

④ 대법원 2010두4599 *관련이론

⑤ 부당행위계산에 해당하는 경우 시가와의 차액 등을 익금에 산입하여 당해 법인의 각 사업연도의 소득금액을 계산하고 ~~귀속자에게 증여세를 과세하는 것을 원칙으로 한다~~.

→ 귀속자에 대한 소득처분에 따라 소득세 및 법인세를 우선하여 과세하는 것이 원칙이다. 따라서 부당행위계산을 통한 이익의 귀속자에게 소득세 및 법인세가 부과되는 경우에는 증여세를 부과하지 않는다.

법령 CHECK

①, ③ 법인세법 시행령 제88조
② 법인세법 시행령 제89조 제2항
④ 대법원 2010두4599
⑤ 법인세법 시행령 제89조 제5항

합격의 TIP

보기 지문에 출제된 ④번의 경우는, 법령에 없더라도 대다수의 수험생이 알고 있는 지문이다. 최근의 출제 경향이 판례가 종종 출제되어 참고목적으로 하단에 첨부하니 관심 있는 수험생은 참고하자.

관련이론 대법원 2010두4599

부당행위계산의 부인이라 함은 법인이 특수관계에 있는 자와의 거래에 있어 정상적인 경제인의 합리적인 방법에 의하지 아니하고 법인세법 시행령 제88조 제1항 각 호에 열거된 제반 거래형태를 빙자하여 남용함으로써 조세부담을 부당하게 회피하거나 경감시켰다고 인정되는 경우에, 과세권자가 이를 부인하고 법령에 정해진 방법에 의하여 객관적이고 타당하다고 보이는 소득이 있는 것으로만 의제하는 제도이므로, 부당행위계산으로 부인되더라도 당사자 사이에 있는 법률행위의 효력이 부인되거나, 기존 법률행위의 변경 또는 소멸을 초래하거나 새로운 법률행위가 창설되는 것은 아니다.

문제 63 [법인세법] 세무조정과 소득처분

유 형	이론형		
중요도	★★★	정답	④

정답해설

ㄱ. 결산조정사항이란 회사가 결산상 비용으로 회계처리한 경우에 그 금액을 세법이 정한 한도액 이내에서 비용으로 인정해준다는 뜻이며, 결산조정사항을 제외한 다른 조정은 모두 신고조정사항에 속한다. 따라서 익금항목은 모두 신고조정사항이다.

ㄴ. 일시상각충당금과 압축기장충당금은 기업회계기준에 위배되는 것으로 장부상 회계처리를 할 수 없으므로, 법인의 의사에 따라 손금산입을 선택할 수 있다. (임의조정사항)

ㄷ. 「채무자 회생 및 파산에 관한 법률」에 따른 회생계획인가의 결정 또는 법원의 면책결정에 따른 회수불능으로 2024년도에 확정된 채권은 신고조정사항으로 2024년도에 손금으로 계상하였다면, 2024년에 손금으로 인정받아야 한다. 또한 신고조정사항이므로 2024년에 확정된 채권을 2026년에 손금으로 계상하였더라도 2026년에 손금으로 인정받을 수 없다.

ㄹ. 대손금의 신고조정사항 *관련이론

ㅁ. 감가상각비의 손금산입은 모두 결산조정사항이다.

→ 감가상각비의 경우 2016.1.1. 이후 개시 사업연도에 취득한 업무용승용차, 감가상각의제액처럼 신고조정사항으로서 강제조정해야 하는 항목이 있다.

법령 CHECK

법인세법 제15조 ~ 제43조 종합

합격의 TIP

결산조정사항과 신고조정사항은 법인세법 세무조정에서 매우 중요한 부분이며, 시험에 자주 출제되므로, 반드시 알아두자.

관련이론 **결산조정사항과 신고조정사항**

(1) 결산조정사항과 신고조정사항

1) 결산조정

① 감가상각비(단, 2016.1.1. 이후 개시한 사업연도에 취득한 업무용승용차의 감가상각비는 강제조정사항)

② 대손금(아래(2)의 대손금의 결산조정사항과 신고조정사항 참고)

③ 파손·부패 등의 사유로 정상가격으로 판매할 수 없는 재고자산의 감액손실

④ 상장주식이나 특수관계 없는(지분율 5% 이하, 취득가액 10억 이하 모두 충족) 법인이 발행한 비상장주식, 중소기업창업투자회사 또는 신기술사업금융업자가 보유하는 주식 중 창업자 또는 신기술사업자가 발행한 주식으로서 발행법인이 부도가 발생한 경우 또는 회생계획인가의 결정을 받았거나 부실징후기업이 된 경우의 해당 주식(비망금액 : 1,000원)

⑤ 상장주식과 비상장주식을 불문하고 주식을 발행한 법인이 파산한 경우의 해당주식(비망금액 : 1,000원)

⑥ 천재지변·화재 등으로 인한 고정자산의 감액손실

⑦ 시설개체·기술낙후로 인한 생산설비의 폐기손실

⑧ 퇴직급여충당금(단, 퇴직연금충당금은 강제 신고조정사항)

⑨ 대손충당금

⑩ 구상채권상각충당금(IFRS 적용법인의 임의로 신고조정가능)

⑪ 법인세법상 준비금(책임준비금, 비상위험준비금, 고유목적사업준비금) (단, K-IFRS적용 법인의 비상위험준비금과 회계감사를 받는 비영리법인이 적립하는 고유목적사업준비금의 경우에는 임의로 신고조정 가능)

2) 신고조정사항

결산조정사항 및 임의로 신고조정 할 수 없는 것은 모두 강제 신고조정사항임

(2) 대손금의 결산조정사항과 신고조정사항

1) 대손금의 결산조정사항

① 물품의 수출 또는 외국에서의 용역제공으로 발생한 채권으로서 기획재정부령으로 정하는 사유에 해당하여 무역에 관한 법령에 따라 「무역보험법」 제37조에 따른 한국무역보험공사로부터 회수불능으로 확인된 채권

② 채무자의 파산, 강제집행, 형의 집행, 사업의 폐지, 사망, 실종 또는 행방불명으로회수할 수 없는 채권

③ 부도발생일부터 6개월 이상 지난 수표 또는 어음상의 채권 및 외상매출금[중소기업의 외상매출금으로서 부도발생일 이전의 것에 한정한다]. 다만, 해당 법인이 채무자의 재산에 대하여 저당권을 설정하고 있는 경우는 제외

④ 중소기업의 외상매출금 및 미수금(이하 '외상매출금등'이라 한다)으로서 회수기일이 2년 이상 지난 외상매출금등. 다만, 특수관계인과의 거래로 인하여 발생한 외상매출금등은 제외

⑤ 재판상 화해 등 확정판결과 같은 효력을 가지는 것으로서 기획재정부령으로 정하는 것에 따라 회수불능으로 확정된 채권

⑥ 회수기일이 6개월 이상 지난 채권 중 채권가액이 30만원 이하(채무자별 채권가액의 합계액을 기준으로 한다)인 채권

⑦ 금융회사 등의 채권(여신전문금융회사인 신기술사업금융업자의 경우에는 신기술사업자에 대한 것에 한정) 중 다음의 채권

㉠ 금융감독원장이 기획재정부장관과 협의하여 정한 대손처리기준에 따라 금융회사 등이 금융감독원장으로부터 대손금으로 승인받은 것

㉡ 금융감독원장이 가목의 기준에 해당한다고 인정하여 대손처리를 요구한 채권으로 금융회사 등이 대손금으로 계상한 것

⑧ 「벤처투자 촉진에 관한 법률」에 따른 중소기업창업투자회사의 창업자에 대한 채권으로서 중소벤처기업부장관이 기획재정부장관과 협의하여 정한 기준에 해당한다고 인정한 것

2) 대손금의 신고조정사항

① 소멸시효가 완성된 채권

② 「채무자 회생 및 파산에 관한 법률」에 의한 회생계획인가의 결정 또는 법원의 면책결정에 따라 회수불능으로 확정된 채권

③ 「민사집행법」에 의하여 채무자의 재산에 대한 경매가 취소된 압류채권

④ 서민의 금융생활 지원에 관한 법률에 따른 채무조정을 받아 신용회복지원협약에 따라 면책으로 확정된 채권

문제 64 [법인세법] 세무조정과 소득처분

유 형	이론형		
중요도	★★★	정답	②

정답해설

1 현금매출누락분

〈익금산입〉 100,000,000 (상여)

2 채권자 불분명 사채이자

〈손금불산입〉 10,875,000 (상여)

〈손금불산입〉 4,125,000 (기타사외유출)

※ 원천징수대상 소득세를 원천징수하지 않은 경우 전액 대표자에 대한 상여로 처분한다. 문제에서는 제시된 원천징수세율을 사용하였으나, 만약 원천징수세율을 구해야 할 경우 원천징수세율은 49.5%를 적용한다.

3 증빙불비 기업업무추진비

〈손금불산입〉 4,000,000 (상여)

※ 증명서류가 없고, 귀속자가 불분명하므로 상여처분한다. 만약, 3만원을 초과하는 기업업무추진비 중 적격증명서류 이외의 증명서류를 수취한 경우에는 손금불산입(기타사외유출)로 처분한다.

4 업무관련 교통사고 벌과금

〈손금불산입〉 1,000,000 (기타사외유출)

※ 업무와 관련하여 발생한 교통사고라 할지라도 벌금, 과료(통고처분에 따른 벌금 또는 과료에 상당하는 금액을 포함한다), 과태료(과료와 과태금을 포함한다)는 손금불산입대상이다.

5 대표자 상여처분에 따른 소득세 대납액

〈손금불산입〉 2,500,000 (기타사외유출)

※ 귀속이 불분명하여 대표자에게 상여 처분된 금액에 대한 대표자의 소득세를 회사가 대납하고 손금으로 계상한 경우 손금불산입(기타사외유출)로 처분한다.

∴ 〈손금불산입〉 114,875,000 (상여)

〈손금불산입〉 7,625,000 (기타사외유출)

법령 CHECK

1, 5 법인세법 시행령 제106조

2 법인세법 기본통칙67-106…3

3 법인세법 제25조

4 법인세법 제21조 제3호

문제 65 [법인세법] 의제배당 등

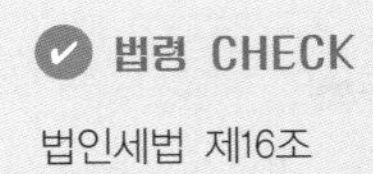

유 형	계산형		
중요도	★	정답	④

정답해설

1 상황 1(재배정) : 자료의 분석

구 분	상황 1			
	무상증자 전	무상증자	재배정	무상증자 후
㈜A	180,000주	180,000주	45,000주	405,000주
㈜B	60,000주	60,000주	15,000주	135,000주
㈜C	60,000주	60,000주	(60,000주)	60,000주
	300,000주	300,000주	0	600,000주

2 상황 1 : 의제배당금액

= 15,000주 × 500원

= 7,500,000원

3 상황 2 : 자료의 분석

구 분	상황 2		
	무상증자 전	무상증자	무상증자 후
㈜A	180,000주(60%)	180,000주	360,000주(66.66%)
㈜B	60,000주(20%)	60,000주	120,000주(22.22%)
㈜C	60,000주(20%)		60,000주(11.11%)
	300,000주(100%)	240,000주	540,000주(100.00%)

4 상황 2 : 의제배당금액

= (300,000주 × 20% − 240,000주 × 20%) × 500원

= 6,000,000원

∴ 상황 1 = 15,000주 × 500원 = 7,500,000원

상황 2 = {(300,000주 × 20%) − (240,000주 × 20%)} × 500원

= 6,000,000원

✔ 법령 CHECK

법인세법 제16조

문제 66 [법인세법] 과세표준과 세액

유 형	이론형		
중요도	★	정답	②

정답해설

② 중소기업은 결손금이 발생한 사업연도와 직전 사업연도의 소득에 대한 법인세 과세표준 및 세액을 각각의 과세표준신고기한 내에 적법하게 신고하고 환급신청을 한 경우에만 결손금 소급공제를 적용할 수 있으나 발생한 결손금의 일부만을 소급공제 신청할 수는 없다.
→ 있다.

③ 소급공제와 이월공제의 비교 *관련이론

④ 각 사업연도 소득의 100분의 80

법령 CHECK

①, ② 법인세법 제72조
③, ④ 법인세법 제13조
⑤ 법인세법 제68조

합격의 TIP

보기 ①번과 ②번 지문과 관련(결손금 소급공제)하여 계산문제를 학습하고자 하는 수험생은 2016년도 66번 문제를 참고하자.

관련이론 소급공제와 이월공제의 비교

구 분		소급공제	이월공제
대상법인		중소기업	모든 법인
대상기간		직전 사업연도	해당 사업연도 이후 15년간(2019.12.31. 이전 개시 사업연도 발생분은 10년)
공제신청		신청요건	강제공제
공제효과	세금감소	기납부 법인세 환급	납부할 법인세 감소
	공제한 결손금	결손금 소멸	결손금 소멸

유 형	이론형		
중요도	★★★	정답	②

문제 67 [법인세법] 익금의 범위

정답해설

② 이월결손금의 보전에 충당하지 않은 자산수증이익과 채무의 출자전환에 따른 채무면제이익은 해당 사업연도에 ~~익금불산입하고 그 이후의 각 사업연도에 발생한 결손금의 보전에 충당할 수 있다.~~

→ 익금산입한다. 만약 자산수증이익과 채무의 출자전환으로 발생한 채무면제이익을 이월결손금의 보전에 충당하였을 경우에는 해당 금액을 익금불산입 하고, 그 이후의 각 사업연도에 발생할 결손금 보전에 충당하고자 하는 금액을 익금불산입할 수 있다. 단, 채무의 출자전환으로 발생한 채무면제이익의 경우에는 회생계획인가의 결정을 받은 법인, 기업개선계획의 이행을 위한 약정을 체결한 부실징후기업, 경영정상화계획의 이행을 위한 협약을 체결한 법인, 사업재편계획승인을 받은 법인인 경우에만 가능하다.

③ '특수관계인인 개인', '유가증권', '저가매입' 이라는 3가지 요건이 모두 충족해야 한다. '특수관계인인 법인'이거나, '고가매입'의 경우에는 적용이 되지 않는다.

④ 평가이익등의 익금불산입 *관련이론

⑤ 채무의 출자전환 시 '발행가액 > 시가 > 액면가액'인 경우
- 채무면제이익 : 발행가액 – 시가

채무의 출자전환 시 '발행가액 > 액면가액 > 시가'인 경우
- 채무면제이익 : 발행가액 – 액면가액

✔ 법령 CHECK

① 법인세법 제15조 제1항
② 법인세법 제17조 제2항, 법인세법 시행령 제15조
③ 법인세법 제15조 제2항 제1호
④ 법인세법 제18조
⑤ 법인세법 제17조 제1항 제1호

관련이론 평가이익등의 익금불산입

1. 자산의 평가이익. 다만, 「보험업법」이나 그 밖의 법률에 따른 유형자산 및 무형자산의 평가(장부가액을 증액한 경우만)나, 재고자산 등 대통령령으로 정하는 자산과 부채의 평가는 제외
2. 이월익금
3. 손금에 산입하지 아니한 법인세 또는 법인지방소득세를 환급받았거나 환급받을 금액을 다른 세액에 충당한 금액
4. 국세 또는 지방세의 과오납금의 환급금에 대한 이자
5. 부가가치세의 매출세액
6. 무상으로 받은 자산의 가액(국고보조금등은 제외)과 채무의 면제 또는 소멸로 인한 부채의 감소액 중 대통령령으로 정하는 이월결손금을 보전하는 데에 충당한 금액
7. 연결자법인 또는 연결모법인으로부터 지급받았거나 지급받을 금액
8. 「상법」 제461조의2에 따라 자본준비금을 감액하여 받는 배당금액(내국법인이 보유한 주식의 장부가액을 한도로 함). 단, 의제배당으로 과세되는 자본준비금을 감액하여 받은 배당은 익금

문제 68 [법인세법] 손금의 범위

유 형	이론형		
중요도	★★	정답	③

정답해설

② 합명회사 또는 합자회사의 노무출자사원에게 지급하는 보수는 이익처분에 의한 상여로 본다.

③ 성과산정지표 등을 기준으로 하여 직원에게 성과배분상여금을 지급하기로 하는 노사협약을 체결하고 그에 따라 지급하는 성과배분상여금에 대하여 법인이 사업연도종료일을 기준으로 성과배분상여금을 산정한 경우 해당 성과배분상여금은 그 성과배분의 기준일이 속하는 사업연도의 ~~손금으로 인정되지 않는다~~.
→ 손금에 산입한다.

법령 CHECK

① 법인세법 제19조 제2항
② 법인세법 시행령 제43조 제1항
③ 법인세법 기본통칙 40-71…26
④ 법인세법 시행령 제44조 제2항
⑤ 법인세법 시행규칙 제11조

유 형	계산형		
중요도	★★★	정답	①

문제 69 [법인세법] 기업업무추진비와 기부금

정답해설

1 법인세법상 기업업무추진비

1) 포괄손익계산서상 기업업무추진비 : 60,000,000

2) 적격 증명서류 미수취 기업업무추진비 : (10,000,000) 손금불산입

※ 한 차례의 기업업무추진비로 지출한 금액이 3만원(경조금은 20만원)을 초과하는 기업업무추진비는 적격 증명서류를 수취해야 하며, 적격 증명서류를 수취하지 않을 경우에는 손금불산입, 기타사외유출 처분이 된다.

3) 복리시설비에 계상된 기업업무추진비 : 5,000,000

4) 광고선전비로 계상된 기업업무추진비 : 5,000,000

법인세법상 기업업무추진비

= 60,000,000 − 10,000,000 + 5,000,000 + 5,000,000 = 60,000,000

2 기업업무추진비 한도액 구하기

1) 기초금액한도 : 12,000,000원

※ 사업연도가 12개월 미만일 경우에는 사업연도 월수로 안분하며, 중소기업의 경우 기초금액한도는 36,000,000원이다.

2) 수입금액한도

$$6,000,000,000 \times \frac{3}{1,000} + 3,000,000,000 \times \frac{3}{1,000} \times 10\%$$

= 18,900,000원

※ 제시된 수입금액에 특수관계매출액이 포함되어 있는지, 수입금액에서 제외되어야 할 사항이 포함되어 있진 않는지 반드시 확인한다. (적용률 : 100억 이하 3/1,000, 100억 초과 500억 이하 2/1,000, 500억 초과 3/10,000)

3) 기업업무추진비 한도액

= 12,000,000 + 18,900,000 = 30,900,000

3 세법상 기업업무추진비 초과액

= 60,000,000 − 30,900,000 = 29,100,000

4 세무조정

〈손금불산입〉 적격증빙 미수취 기업업무추진비 10,000,000 (기타사외유출)

〈손금불산입〉 기업업무추진비 한도초과액 29,100,000 (기타사외유출)

∴ 손금불산입되는 기업업무추진비 총액

= 10,000,000 + 29,100,000 = 39,100,000

법령 CHECK

법인세법 제25조

관련이론 **소액광고선전비 및 소액기업업무추진비의 기준금액**

1. 광고선전비로 인정되는 특정인에게 기증한 물품의 기준금액 : 연간 5만원(개당 3만원 이하의 물품은 제외)
2. 신용카드매출전표 등 적격증빙이 없어도 전액 손금 부인하지 않는 소액기업업무추진비의 기준금액 : 3만원 이하

문제 70 [법인세법] 기업업무추진비와 기부금

유 형	계산형		
중요도	★★	정답	③

정답해설

1 기부금의 구분

1) 특례기부금 : 2,000,000원

① 이재민 구호금품 : 2,000,000원

② 사회복지공동모금회에 지급한 기부금 : 1,000,000원

〈손금불산입〉 2024년 특례기부금 : 1,000,000원 (유보)

※ 법인세법상 기부금의 귀속시기는 실제 지출된 날로 정하고 있다. 사회복지공동모금회에 지급한 어음의 결제일이 2025.1.5.이므로, 2025년의 손금으로 산입하여야 한다. 회사는 2024년에 비용으로 계상하였으므로, 손금불산입(유보)조정을 해야 한다.

2) 일반기부금 : 불우이웃돕기성금 5,000,000원

※ 새마을금고에 지출한 금액은 비지정기부금으로 손금불산입 세무조정이 필요하나, 문제에서는 이미 해당 조정이 이루어진 것으로 제시되었으므로, 추가 세무조정은 하지 않아도 된다.

2 차가감소득금액

손익계산서상 당기순이익		6,000,000
가산조정	7,000,000 + 1,000,000(어음기부금)	8,000,000
차감조정		△17,000,000
차가감소득금액		△3,000,000

3 특례기부금 시부인 계산

1) 특례기부금 한도액

= (△3,000,000 + 7,000,000 − 1,500,000*) × 50% = 1,250,000원

*Min(1,500,000, 4,000,000 × 60%) = 1,500,000

2) 세무조정

= 2,000,000(회사의 기부금) − 1,250,000 = 750,000원

〈손금불산입〉 특례기부금 한도초과액 750,000원 (기타사외유출)

4 일반기부금 한도 시부인

1) 일반기부금 한도액

△3,000,000 + 7,000,000 − 1,500,000 − 1,250,000) × 10% = 125,000원

2) 세무조정

= 5,000,000 − 125,000 = 4,875,000원

〈손금불산입〉 일반기부금 한도초과액 4,875,000 (기타사외유출)

∴ 각 사업연도 소득금액 : △3,000,000 + 750,000 + 4,875,000 = 2,625,000

법령 CHECK

법인세법 제24조

관련이론1 **특례기부금과 일반기부금이 한도미달액인 경우**

(1) 원 칙
세무조정 없음

(2) 예 외
직전 10년간 한도초과액이 있는 경우에는 당기의 한도미달액 범위 내에서 손금에 산입

관련이론2 **기부금 이월공제 순서**

손금에 산입하는 경우에는 이월된 금액을 해당 사업연도에 지출한 기부금보다 먼저 손금에 산입한다. 이 경우 이월된 금액은 먼저 발생한 이월금액부터 손금에 산입한다.

관련이론3 **기부금 한도**

(1) 특례기부금 한도
[기준소득금액 – 이월결손금(기준소득금액의 80% 한도)] × 50%

(2) 일반기부금 한도
[기준소득금액 – 이월결손금(기준소득금액의 80% 한도) – 특례기부금 손금산입액)] × 10%

문제 71 [부가가치세법] 과세거래

유 형	이론형		
중요도	★★★	정답	⑤

정답해설

①, ③ 용역의 공급 *관련이론1

② 사업자가 대가를 받지 아니하고 타인에게 용역을 공급하는 것은 용역의 공급으로 보지 않는다. 다만, 사업자가 대통령령으로 정하는 특수관계인(이하 '특수관계인')에게 사업용 부동산의 임대용역 등 대통령령으로 정하는 용역을 공급하는 것은 용역의 공급으로 보고 있다. 하지만, 대학과 대학의 산학협력단 간의 거래는 특수관계인 간의 거래로 보지 않기 때문에, 이러한 거래는 용역의 공급으로 보지 않는다.

④ 재화 공급의 범위 *관련이론2

⑤ 사업자가 자기가 생산한 재화를 자기의 고객에게 사업을 위하여 증여한 것으로서 법령에 따른 자기적립마일리지로만 전부를 결제받은 경우 재화의 공급으로 본다.
→ 재화의 공급으로 보지 않는다. 사업자가 자기가 생산하거나 취득한 재화를 자기의 고객이나 불특정 다수에게 증여하는 경우 재화의 공급으로 본다. 하지만, 사업을 견본품, 「재난 및 안전관리 기본법」의 적용을 받아 특별재난지역에 공급하는 물품, 자기적립마일리지 등으로만 전부를 결제받고 공급하는 재화의 경우에는 재화의 공급으로 보지 않는다.

✔ 법령 CHECK

①, ③ 부가가치세법 시행령 제25조
② 부가가치세법 제12조 제2항, 부가가치세법 시행령 제26조
④ 부가가치세법 시행령 제18조
⑤ 부가가치세법 제10조 제5항, 부가가치세법 시행령 제20조

관련이론1 용역의 공급

(1) 용역의 공급은 계약상 또는 법률상의 모든 원인에 따른 것으로서 다음의 어느 하나에 해당하는 것으로 한다.
   1) 역무를 제공하는 것
   2) 시설물, 권리 등 재화를 사용하게 하는 것

(2) 용역의 공급의 범위
   1) 건설업의 경우 건설업자가 건설자재의 전부 또는 일부를 부담하는 것
   2) 자기가 주요자재를 전혀 부담하지 아니하고 상대방으로부터 인도받은 재화를 단순히 가공만 해 주는 것
   3) 산업상·상업상 또는 과학상의 지식·경험 또는 숙련에 관한 정보를 제공하는 것

관련이론2 재화의 공급

(1) 재화의 공급으로 보는 것
   1) 현금판매, 외상판매, 할부판매, 장기할부판매, 조건부 및 기한부 판매, 위탁판매와 그 밖의 매매계약에 따라 재화를 인도하거나 양도하는 것
   2) 자기가 주요자재의 전부 또는 일부를 부담하고 상대방으로부터 인도받은 재화를 가공하여 새로운 재화를 만드는 가공계약에 따라 재화를 인도하는 것
   3) 재화의 인도 대가로서 다른 재화를 인도받거나 용역을 제공받는 교환계약에 따라 재화를 인도하거나 양도하는 것
   4) 경매, 수용, 현물출자와 그 밖의 계약상 또는 법률상의 원인에 따라 재화를 인도하거나 양도하는 것
   5) 국내로부터 보세구역에 있는 창고에 임치된 임치물을 국내로 다시 반입하는 것

(2) 재화의 공급으로 보지 않는 것
   1) 질권, 저당권 또는 양도담보의 목적으로 동산, 부동산 및 부동산상의 권리를 제공하는 것
   2) 사업에 관한 모든 권리와 의무를 포괄적으로 승계시키는 것(단, 사업을 양수받는 자가 대가를 지급하는 때에 그 대가를 받은 자로부터 부가가치세를 징수하여 납부한 경우는 제외)
   3) 법률에 따라 조세를 물납하는 것으로서 대통령령으로 정하는 것
   4) 신탁재산의 소유권 이전으로서 다음 중 하나에 해당하는 것
      ① 위탁자로부터 수탁자에게 신탁재산을 이전하는 경우
      ② 신탁의 종료로 인하여 수탁자로부터 위탁자에게 신탁재산을 이전하는 경우
      ③ 수탁자가 변경되어 새로운 수탁자에게 신탁재산을 이전하는 경우
   5) 보세구역에 있는 조달청 창고에 보관된 물품에 대하여 조달청장이 발행하는 창고증권의 양도로서 임치물의 반환이 수반되지 아니하는 것(창고증권을 가진 사업자가 보세구역의 다른 사업자에게 인도하기 위하여 조달청 창고에서 임치물을 넘겨받는 경우를 포함)
   6) 보세구역에 있는 기획재정부령으로 정하는 거래소의 지정창고에 보관된 물품에 대하여 같은 거래소의 지정창고가 발행하는 창고증권의 양도로서 임치물의 반환이 수반되지 아니하는 것(창고증권을 가진 사업자가 보세구역의 다른 사업자에게 인도하기 위하여 지정창고에서 임치물을 넘겨받는 경우를 포함)
   7) 사업자가 위탁가공을 위하여 원자재를 국외의 수탁가공 사업자에게 대가 없이 반출하는 것('영세율' 적용되는 것은 제외)
   8) 「한국석유공사법」에 따른 한국석유공사가 「석유 및 석유대체연료 사업법」에 따라 비축된 석유를 수입통관하지 아니하고 보세구역에 보관하면서 제8조 제6항에 따른 국내사업장이 없는 비거주자 또는 외국법인과 무위험차익거래 방식으로 소비대차(消費貸借)하는 것
   9) 「국세징수법」에 따른 공매(국세징수법에 따른 수의계약에 따라 매각하는 것을 포함)에 따라 재화를 인도하거나 양도하는 것
   10) 「민사집행법」에 따른 경매(같은 법에 따른 강제경매, 담보권 실행을 위한 경매와 「민법」·「상법」등 그 밖의 법률에 따른 경매를 포함한다)에 따라 재화를 인도하거나 양도하는 것
   11) 「도시 및 주거환경정비법」, 「공익사업을 위한 토지 등의 취득 및 보상에 관한 법률」등에 따른 수용절차에서 수용대상 재화의 소유자가 수용된 재화에 대한 대가를 받는 경우

문제 72 [부가가치세법] 영세율과 면세

유 형	이론형		
중요도	★	정답	④

정답해설

① '기획재정부령으로 정하는 전자출판물'이란 도서나 간행물의 형태로 출간된 내용 또는 출간될 수 있는 내용이 음향이나 영상과 함께 전자적 매체에 수록되어 컴퓨터 등 전자장치를 이용하여 그 내용을 보고 듣고 읽을 수 있는 것으로서 문화체육관광부장관이 정하는 기준에 맞는 전자출판물을 말한다. 다만, 「음악산업진흥에 관한 법률」, 「영화 및 비디오물의 진흥에 관한 법률」 및 「게임산업진흥에 관한 법률」의 적용을 받는 것은 제외한다.

② 면세하는 예술창작품이란 미술, 음악, 사진, 연극 또는 무용에 속하는 창작품. 다만, 골동품(「관세법」 별표 관세율표 번호 제9706호의 것)을 말한다.

④ 면세 농산물을 수출하는 사업자가 면세포기를 하여 해당 농산물에 대하여 영세율이 적용되는 경우 수출을 위하여 당초 매입한 면세 농산물에 대하여 의제매입세액공제가 ~~가능하다~~.

→ 불가능하다. 면세 농산물 등을 그대로 또는 단순(1차)가공을 거쳐 수출하여, 영세율이 적용되는 경우에 해당 사업자가 면세포기하더라도 면세농산물 등은 의제매입세액공제 대상에 해당하지 아니하나, 면세농산물 등을 제조·가공한 후 수출하여 영세율이 적용되는 경우에 해당 사업자가 면세포기하면 의제매입세액공제 대상에 해당한다.

⑤ 면세의 포기 *관련이론

법령 CHECK

① 부가가치세법 시행규칙 제26조
② 부가가치세법 제43조 제1호
③ 부가가치세법 시행령 제40조 제4항 제1호
④ 부가가치세법 집행기준 28-57-1
⑤ 부가가치세법 제28조

합격의 TIP

영세율보다는 면세부분의 출제비중이 좀 더 높다. 면세의 범위에 대해서는 확실하게 숙지해두자.

관련이론 면세의 포기

(1) 면세의 포기란

부가가치세가 면제되는 재화 또는 용역을 공급하는 자가 면세적용을 받지 아니하고 부가가치세 과세적용을 받는 것

(2) 면세포기대상 재화 또는 용역의 조건

1) 영세율이 적용되는 재화 또는 용역
2) 학술 등 연구단체가 그 연구와 관련하여 실비 또는 무상으로 공급하는 재화 또는 용역

※ 면세되는 2 이상의 사업 또는 종목을 영위하는 사업자는 면세포기대상이 되는 재화 또는 용역의 공급 중에서 면세포기하고자 하는 재화 또는 용역의 공급만을 구분하여 면세포기할 수 있다.

※ 영세율 적용대상이 되는 것만을 면세포기한 사업자가 면세되는 재화 또는 용역을 국내에 공급하는 때에는 면세포기의 효력이 없다.

(3) 면세포기 신청 후 사후 관리

1) 면세의 포기를 신고한 사업자는 신고한 날부터 3년간 부가가치세를 면제받지 못함
2) 면세의 포기를 신고한 사업자가 신고한 날부터 3년이 지난 뒤, 부가가치세를 면제받으려면 면세적용신고서를 제출해야 함(만약, 면세적용신고서를 제출하지 아니하면 계속하여 면세를 포기한 것으로 봄)

문제 73 [부가가치세법] 과세표준과 매출세액

유 형	이론형		
중요도	★	정답	①

정답해설

① 사업자가 법령에 따른 특수관계인에게 대가를 받지 않고 과세되는 사업용 부동산 임대용역을 공급하는 경우 ~~공급가액에 포함되지 아니한다~~.

→ 공급가액에 포함한다. 사업자가 대가를 받지 아니하고 타인에게 용역을 공급하는 것은 용역의 공급으로 보지 않지만, 사업자가 대통령령으로 정하는 특수관계인에게 사업용 부동산의 임대용역 등 대통령령으로 정하는 용역을 공급하는 것은 용역의 공급으로 본다. 따라서 공급한 용역의 시가를 공급가액에 포함한다.

②, ③, ④ 외상거래, 할부거래 등 그 밖의 방법으로 재화나 용역을 공급하는 경우 공급가액의 계산 *관련이론1

⑤ 공급가액에 포함하지 않는 것 *관련이론2

법령 CHECK

① 부가가치세법 제29조 제4항

②, ③, ④ 부가가치세법 시행령 제61조

⑤ 부가가치세법 제29조 제5항

합격의 TIP

공급가액을 판단하는 법령은 자주 출제되는 편이다. 특히 계산형 문제를 풀 때, 공급가액을 산출하지 못하면 과세표준을 구할 수 없기 때문에 정확하게 알아두어야 한다.

관련이론1 외상거래, 할부거래 등 그 밖의 방법으로 재화나 용역을 공급하는 경우 공급가액의 계산

(1) 외상판매 및 할부판매의 경우
공급한 재화의 총가액

(2) 장기할부판매의 경우
계약에 따라 받기로 한 대가의 각 부분

(3) 완성도기준지급조건부 또는 중간지급조건부로 재화나 용역을 공급하는 경우
계약에 따라 받기로 한 대가의 각 부분

(4) 계속적으로 재화나 용역을 공급하는 경우
계약에 따라 받기로 한 대가의 각 부분

(5) 위탁가공무역 방식으로 수출하는 경우
완성된 제품의 인도가액

(6) 기부채납의 경우
해당 기부채납의 근거가 되는 법률에 따라 기부채납된 가액(단, 부가가치세가 포함된 경우 그 부가가치세는 제외)

(7) 「공유수면 관리 및 매립에 관한 법률」에 따라 매립용역을 제공하는 경우
「공유수면 관리 및 매립에 관한 법률」에 따라 산정한 해당 매립공사에 든 총사업비

(8) 사업자가 보세구역 내에 보관된 재화를 다른 사업자에게 공급하고, 그 재화를 공급받은 자가 그 재화를 보세구역으로부터 반입하는 경우
그 재화의 공급가액에서 세관장이부가가치세를 징수하고 발급한 수입세금계산서에 적힌 공급가액을 뺀 금액. 다만, 세관장이 부가가치세를 징수하기 전에 같은 재화에 대한 선하증권이 양도되는 경우에는 선하증권의 양수인으로부터 받은 대가를 공급가액으로 할 수 있음

(9) **헬스클럽장 등 용역을 둘 이상의 과세기간에 걸쳐 계속적으로 제공하고 그 대가를 선불로 받는 경우**
해당 금액을 계약기간의 개월 수로 나눈 금액의 각 과세대상기간의 합계액. 이 경우 개월 수의 계산에 관하여는 해당 계약기간의 개시일이 속하는 달이 1개월 미만이면 1개월로 하고, 해당 계약기간의 종료일이 속하는 달이 1개월 미만이면 산입하지 아니함

(10) **사업자가 「사회기반시설에 대한 민간투자법」 방식을 준용하여 설치한 시설에 대하여 둘 이상의 과세기간에 걸쳐 계속적으로 시설을 이용하게 하고 그 대가를 받는 경우**
그 용역을 제공하는 기간 동안 지급받는 대가와 그 시설의 설치가액을 그 용역제공 기간의 개월 수로 나눈 금액의 각 과세대상기간의 합계액. 이 경우 개월 수의 계산에 관하여는 해당 계약기간의 개시일이 속하는 달이 1개월 미만이면 1개월로 하고, 해당 계약기간의 종료일이 속하는 달이 1개월 미만이면 산입하지 아니함

(11) **마일리지등으로 대금의 전부 또는 일부를 결제받은 경우(자기적립마일리지등 제외) : 1) + 2)**
1) 마일리지등 외의 수단으로 결제받은 금액
2) 자기적립마일리지등 외의 마일리지등*으로 결제받은 부분에 대하여 재화 또는 용역을 공급받는 자 외의 자로부터 보전받았거나 보전받을 금액

* 자기적립마일리지등 외의 마일리지등 요건
① 고객별·사업자별로 마일리지등의 적립 및 사용 실적을 구분하여 관리하는 등의 방법으로 당초 공급자와 이후 공급자가 같다는 사실이 확인될 것
② 사업자가 마일리지등으로 결제받은 부분에 대하여 재화 또는 용역을 공급받는 자 외의 자로부터 보전받지 아니할 것
만약, 마일리지등으로 대금의 전부 또는 일부를 결제받더라도 자기적립마일리지등 외의 마일리지등으로 결제받은 금액을 보전받지 아니하고 자기생산·취득재화를 공급한 경우이거나, 특수관계인으로부터 부당하게 낮은 금액을 보전받거나 아무런 금액을 받지 아니하여 조세의 부담을 부당하게 감소시킬 것으로 인정되는 경우에는 시가를 적용한다.

관련이론2 과세표준에서 공제하지 아니하는 금액 vs 공급가액에 포함하지 아니하는 금액

과세표준에서 공제하지 아니하는 금액	공급가액에 포함하지 아니하는 금액
• 재화 또는 용역을 공급한 후의 그 공급가액에 대한 대손금 • 거래처와 사전약정에 따라 일정기간의 수금실적 및 판매 실적에 따라 거래처에 지급하는 장려 • 수출대가의 일부로 받는 관세환급금 • 건설용역 대가의 일부인 하자보증금과 유보금	• 에누리액 • 환입된 재화의 가액 • 공급받는 자에게 도달하기 전에 파손·훼손 또는 멸실된 재화의 가액 • 재화 또는 용역의 공급과 직접 관련되지 아니하는 국고보조금과 공공보조금 • 계약 등에 의하여 확정된 대가의 지급지연으로 인하여 받는 연체이자 • 외상판매에 대한 공급대가의 미수금을 결제하거나 약정기일 전에 영수하여 할인하는 금액 • 용역 등의 대가와 구분하여 수령하고 해당 종업원에게 지급한 사실이 확인되는 종업원 봉사료 • 반환조건의 용기대금과 포장비용을 공제한 금액으로 공급하는 경우 그 용기대금과 포장비용

문제 74 [부가가치세법] 세금계산서와 영수증

유 형	이론형		
중요도	★★	정답	④

정답해설

㉠ 세율을 잘못 적용하여 세금계산서를 발급하였으나 세무조사의 통지를 받은 경우 ~~로서 과세표준을 경정할 것을 미리 알고 있는 경우~~

→ 필요적 기재사항 등이 착오로 잘못 적힌 경우라 할지라도 관련이론1 (5)의 1) ~ 3) 중 어느 하나에 해당하는 경우로서 과세표준 또는 세액을 경정할 것을 미리 알고 있는 경우에는 수정세금계산서를 발급할 수 없다.

→ ㉠을 제외한 ㉡, ㉢, ㉣, ㉤은 세금계산서를 수정할 수 있는 사유이다.

✔ 법령 CHECK

부가가치세법 시행령 제70조

관련이론1 수정세금계산서

(1) 처음 공급한 재화가 환입된 경우 : 재화가 환입된 날을 작성일로 적고 비고란에 처음 세금계산서 작성일을 덧붙여 적은 후 붉은색 글씨로 쓰거나 음의 표시를 하여 발급

(2) 계약의 해제로 재화 또는 용역이 공급되지 아니한 경우 : 계약이 해제된 때에 그 작성일은 계약해제일로 적고 비고란에 처음 세금계산서 작성일을 덧붙여 적은 후 붉은색 글씨로 쓰거나 음의 표시를 하여 발급

(3) 계약의 해지 등에 따라 공급가액에 추가되거나 차감되는 금액이 발생한 경우 : 증감 사유가 발생한 날을 작성일로 적고 추가되는 금액은 검은색 글씨로 쓰고, 차감되는 금액은 붉은색 글씨로 쓰거나 음의 표시를 하여 발급

(4) 재화 또는 용역을 공급한 후 공급시기가 속하는 과세기간 종료 후 25일(과세기간 종료 후 25일이 되는 날이 공휴일 또는 토요일인 경우에는 바로 다음 영업일을 말함) 이내에 내국신용장이 개설되었거나 구매확인서가 발급된 경우 : 내국신용장 등이 개설된 때에 그 작성일은 처음 세금계산서 작성일을 적고 비고란에 내국신용장 개설일 등을 덧붙여 적어 영세율 적용분은 검은색 글씨로 세금계산서를 작성하여 발급하고, 추가하여 처음에 발급한 세금계산서의 내용대로 세금계산서를 붉은색 글씨로 또는 음의 표시를 하여 작성하고 발급

(5) 필요적 기재사항 등이 착오로 잘못 적힌 경우(다음 항목의 어느 하나에 해당하는 경우로서 과세표준 또는 세액을 경정할 것을 미리 알고 있는 경우는 제외) : 처음에 발급한 세금계산서의 내용대로 세금계산서를 붉은색 글씨로 쓰거나 음의 표시를 하여 발급하고, 수정하여 발급하는 세금계산서는 검은색 글씨로 작성하여 발급
1) 세무조사의 통지를 받은 경우
2) 세무공무원이 과세자료의 수집 또는 민원 등을 처리하기 위하여 현지출장이나 확인업무에 착수한 경우
3) 세무서장으로부터 과세자료 해명안내 통지를 받은 경우
4) 그 밖에 1)부터 3)까지의 규정에 따른 사항과 유사한 경우

(6) 필요적 기재사항 등이 착오 외의 사유로 잘못 적힌 경우[(5)의 어느 하나에 해당하는 경우로서 과세표준 또는 세액을 경정할 것을 미리 알고 있는 경우는 제외] : 재화나 용역의 공급일이 속하는 과세기간에 대한 확정신고기한 다음 날부터 1년 이내에 세금계산서를 작성하되, 처음에 발급한 세금계산서의 내용대로 세금계산서를 붉은색 글씨로 쓰거나 음의 표시를 하여 발급하고, 수정하여 발급하는 세금계산서는 검은색 글씨로 작성하여 발급

(7) 착오로 전자세금계산서를 이중으로 발급한 경우 : 처음에 발급한 세금계산서의 내용대로 음의 표시를 하여 발급

(8) 면세 등 발급대상이 아닌 거래 등에 대하여 발급한 경우 : 처음에 발급한 세금계산서의 내용대로 붉은색 글씨로 쓰거나 음의 표시를 하여 발급

(9) 세율을 잘못 적용하여 발급한 경우[(5)의 어느 하나에 해당하는 경우로서 과세표준 또는 세액을 경정할 것을 미리 알고 있는 경우는 제외한다] : 처음에 발급한 세금계산서의 내용대로 세금계산서를 붉은색 글씨로 쓰거나 음의 표시를 하여 발급하고, 수정하여 발급하는 세금계산서는 검은색 글씨로 작성하여 발급

(10) 일반과세자에서 간이과세자로 과세유형이 전환된 후 과세유형전환 전에 공급한 재화 또는 용역에 위의 (1)~(3)의 사유가 발생한 경우에는 (1)~(3)의 절차에도 불구하고 처음에 발급한 세금계산서 작성일을 수정세금계산서 또는 수정전자세금계산서의 작성일로 적고, 비고란에 사유 발생일을 덧붙여 적은 후 추가되는 금액은 검은색 글씨로 쓰고 차감되는 금액은 붉은색 글씨로 쓰거나 음의 표시를 하여 수정세금계산서나 수정전자세금계산서를 발급할 수 있다.

(11) 간이과세자에서 일반과세자로 과세유형이 전환된 후 과세유형전환 전에 공급한 재화 또는 용역에 위의 (1)~(3)의 사유가 발생하여 수정세금계산서나 수정전자세금계산서를 발급하는 경우에는 (1)~(3)의 절차에도 불구하고 절차에도 불구하고 처음에 발급한 세금계산서 작성일을 수정세금계산서 또는 수정전자세금계산서의 작성일로 적고, 비고란에 사유 발생일을 덧붙여 적은 후 추가되는 금액은 검은색 글씨로 쓰고 차감되는 금액은 붉은색 글씨로 쓰거나 음의 표시를 해야 한다.

관련이론2 **전자세금계산서 관련 가산세(부가가치세법 제60조 제2항 제3호, 제4호)**

(1) 지연전송
발급일의 다음 날이 지난 후 재화 또는 용역의 공급시기가 속하는 과세기간에 대한 확정신고 기한까지 전송 : 0.3%

(2) 미전송
발급일의 다음 날이 지난 후, 재화 또는 용역의 공급시기가 속하는 과세기간에 대한 확정신고기한까지 전송하지 않은 경우 : 0.5%

참고 : [법인세법상 전자계산서 발급명세서 전송 불성실 가산세]
- 지연전송 : 공급가액의 0.3%
  - 공급시기가 속하는 사업연도(과세기간) 말의 다음 달 25일까지 전송 시
- 미전송 : 공급가액의 0.5%
  - 공급시기가 속하는 사업연도(과세기간) 말의 다음 달 25일까지 미전송 시

문제 75 [부가가치세] 매입세액과 차가감납부세액

유 형	계산형		
중요도	★★	정답	③

정답해설

1 **소시지 제조에 전부 사용된 외국산 미가공식료품** : 의제매입세액공제 대상
31,200,000 × 4/104 = 1,200,000

2 **배달을 위해 구입한 개별소비세가 과세되는 5인승 승용차 구입** : 매입세액 불공제 대상

3 **세금계산서 발급이 금지되지 않은 일반과세자로부터 구입한 사업용 냉장고로 사업용 냉장고로 부가가치세가 별도로 구분되는 신용카드매출전표를 수령** : 매입세액 공제 가능
2,200,000 × 10/110 = 200,000

4 **2024년 제1기 예정신고 시 신고누락된 매입세액** : 확정신고 시 매입세액 공제 가능 500,000

5 **2022년 제1기 부가가치세 확정신고 시 매입세액에서 차감한 대손세액 300,000원 중 2024.3.10. 변제한 대손금액 300,000원** *관련이론

6 **2024년 제1기 확정신고 시 공제가능한 매입세액**
= 1,200,000 + 200,000 + 500,000 + 300,000
= 2,200,000

∴ 2024년 제1기 확정신고 시 공제가능한 매입세액 = 2,200,000

✔ 법령 CHECK

부가가치세법 제42조
부가가치세법 제45조

관련이론 **대손세액 특례**

(1) 재화 또는 용역을 공급한 자
대손이 확정된 날이 속하는 과세기간의 매출세액에서 '대손금액 × 10/110'을 차감

(2) 재화 또는 용역을 공급받은 자
관련 대손세액에 해당하는 금액을 대손이 확정된 날이 속하는 과세기간에 자신의 매입세액에서 차감. 만약, 공급을 받은 사업자가 대손세액에 해당하는 금액을 차감하지 아니한 경우에는 그 사업자의 관할 세무서장이 차감해야 할 매입세액을 결정 또는 경정함

※ 실제 법 조문에는 차감이 아닌 '빼다'로 되어 있으나 차감으로 바꾸어 정리하였다.
※ 대손세액공제 적용기한 : 10년

문제 76 [부가가치세법] 과세표준과 매출세액

유 형	계산형		
중요도	★★	정답	⑤

정답해설

1 2024년 예정신고 시 임대용역 관련 과세표준

1) 임대료 수입 = 4,800,000 × 3/12 = 1,200,000

※ 사업자가 둘 이상의 과세기간에 걸쳐 부동산 임대용역을 공급하고 그 대가를 선불이나 후불로 받는 경우에는 해당 금액을 계약기간의 개월 수로 나눈 금액의 각 과세대상기간의 합계액을 공급가액으로 한다.

2) 간주임대료 = 365,000,000 × 90일 × 2.9% × 1/365일 = 2,610,000

3) 관리비 등 = 100,000 × 3 = 300,000

※ 사업자가 부가가치세가 과세되는 부동산임대료와 해당 부동산을 관리해 주는 대가로 받는 관리비등을 구분하지 아니하고 영수하는 때에는 전체 금액에 대하여 과세하는 것이나, 임차인이 부담하여야 할 보험료・수도료 및 공공요금 등을 별도로 구분징수하여 납입을 대행하는 경우 해당 금액은 부동산임대관리에 따른 대가에 포함하지 아니한다.

4) 임대용역 총 공급가액 = 1,200,000 + 300,000 + 2,610,000 = 4,110,000

2 건물과 토지분 임대료의 안분계산 *관련이론1

1) 토지 : 4,110,000 × 1억원/(4억원 + 1억원) = 822,000

2) 건물 : 4,110,000 × 4억원/(4억원 + 1억원) = 3,288,000

3 과세면적 임대료의 안분계산 *관련이론2

1) 토지 : 822,000 × 900m^2/1,200m^2 = 616,500

※ 주택부수토지 : Min(①, ②) = 300m^2

① 총토지면적 1,200m^2 × 주택면적 100m^2/총건물면적 400m^2 = 300m^2

② 주택정착면적 100m^2 × 5배(도시지역 밖은 10배) = 500m^2

※ 건물부수토지 : 총토지면적 1,200m^2 − 주택부수토지 300m^2 = 900m^2

2) 건물 : 3,288,000 × 300m^2/400m^2 = 2,466,000

4 2024년 예정신고 시 과세표준

= 616,500 + 2,466,000 = 3,082,500

∴ 예정신고기간의 부가가치세 과세표준 = 3,082,500

✔ 법령 CHECK

부가가치세법 제29조
부가가치세법 시행령 제65조
부가가치세법 기본통칙 29-61-3

합격의 

임대용역에 대하여 부가가치세 과세표준을 구할 때는 다음의 순서에 따라 계산한다.

1. 간주임대료구하기
2. '임대료 + 간주임대료'를 기준시가로 1차 안분
3. 1차 안분 값을 과세면적과 면세면적으로 2차 안분

관련이론1 **토지임대료와 건물임대료의 안분 계산**

1. 토지임대료 상당액 = (임대료 + 간주임대료) × $\frac{\text{토지의 기준시가}}{\text{토지의 기준시가} + \text{건물의 기준시가}}$

2. 건물임대료 상당액 = (임대료 + 간주임대료) × $\frac{\text{건물의 기준시가}}{\text{토지의 기준시가} + \text{건물의 기준시가}}$

관련이론2 **과세면적과 면세면적에 따른 안분 계산**

1. 토지 임대용역의 공급가액 = 토지임대료 상당액 × $\frac{\text{토지의 과세면적}}{\text{토지의 전체면적}}$

2. 건물 임대용역의 공급가액 = 건물임대료 상당액 × $\frac{\text{건물의 과세면적}}{\text{건물의 전체면적}}$

문제 77 [부가가치세] 과세표준과 매출세액

유 형	계산형		
중요도	★★★	정답	③

정답해설

1 7월 20일 : 기계를 15,000,000원에 판매하고 7월 20일부터 15개월 간 매달 20일에 1,000,000원씩 받기로 하였다.
→ 장기할부판매 : 1,000,000 × 6월 = 6,000,000

2 7월 25일 : 기계유지보수 계약을 맺고 7월 25일부터 10개월 간 매달 25일에 200,000원씩 받기로 하였다.
→ 계속적 공급 : 200,000 × 6월 = 1,200,000

3 9월 25일 : 증여세 20,000,000원을 사업용 건물로 물납하였다.
→ 증여세 물납은 재화의 공급이 아님
※ 대물변제는 재화의 공급으로 보지만 조세의 물납은 재화공급이 아니다.

4 10월 14일 : 당사가 생산한 제품(매입세액공제분)을 거래처에 판매장려물품(제조원가 : 800,000원, 시가 : 1,000,000원)으로 기증하였다.
→ 사업상 증여 : 1,000,000
※ 금전으로 대가를 받는 경우의 과세표준은 그 대가지만, 금전 이외의 대가를 받는 경우 '자기가 공급한 재화 또는 용역의 시가', '공급받은 재화 또는 용역의 시가', '법인세법 및 소득세법상 부당행위계산 부인 시 적용가격'을 순차적으로 적용한다.

5 11월 11일 : 사업용으로 사용하던 화물자동차를 500,000원에 매각하였다.
→ 500,000

6 12월 5일 : 공급에 대한 대가의 지급이 지체되어 거래처로부터 연체이자 800,000원을 수령하였다.
→ 연체이자는 과세표준에 포함하지 않음

7 2024년 제2기 부가가치세 과세표준
= 6,000,000 + 1,200,000 + 1,000,000 + 500,000
= 8,700,000

∴ 2024년 제2기 부가가치세 과세표준 = 8,700,000

법령 CHECK

부가가치세법 시행령 제61조
부가가치세법 제29조

합격의 TIP

자료를 보고, 과세표준에 포함되는 거래인지, 그리고 포함된다면 공급가액이 얼마인지 판단할 수 있어야 한다. 2017년의 71번과 73번의 주제를 통합한 문제로 봐도 될 것이다. 지금 주어진 자료에 대한 판단이 잘 서지 않는 수험생은 부가가치세의 이론 부분을 명확하게 공부해 보자! 유사한 문제가 출제된다면 그 땐 자신있게 풀 수 있을 것이다.

문제 78 [부가가치세법] 매입세액과 차가감납부세액

유 형	계산형		
중요도	★★	정답	①

정답해설

1 2024년 제1기 ㉠ 공제받지 못할 매입세액

300,000,000 × 20억/50억 = 120,000,000원

↳ 공통매입세액 ↳ 당기 면세공급가액 / 당기 총공급가액

2 2024년 제2기 ㉡ 납부/환급세액에 가산할 금액 *관련이론

300,000,000 × (10억/40억 − 20억/50억) × (1 − 5% × 1)

↳ 공통매입세액 ↳ 2기 면세공급가액 / 2기 총공급가액 ↳ 1기 면세공급가액 / 1기 총공급가액

= (−)42,750,000원

※ 매입 당시 면세공급비율은 40%였는데, 당기의 면세공급비율은 25%로 감소하였다. 따라서 공통매입세액분을 더 공제받을 수 있으므로 당기의 납부세액은 감소한다. 만약, 면세의 공급가액 비율이 5% 미만이라면 재계산 하지 않음에 주의하자.

∴ ㉠ 공제받지 못할 매입세액 : 120,000,000원
㉡ 매입세액 안분정산금액 : (−)42,750,000원

법령 CHECK

부가가치세법 시행령 제83조

합격의 

2021년 78번을 함께 학습해보자.

관련이론 납부 · 환급세액 재계산

공통매입세액 × (1 − 상각률* × 경과된 과세기간수) × 면세증감비율

* 상각률 : 건물(5%), 구축물(25%)

유 형	이론형		
중요도	★★	정답	③

문제 79 [국제조세조정에 관한 법률] 국제거래에 관한 조세의 조정

정답해설

③ 선박임대를 주된 사업으로 하는 특정외국법인이 사업을 위하여 필요한 사무소를 가지고 있고 그 법인이 스스로 사업을 운영하며 그 사무소가 소재하는 국가에서 주로 사업을 하는 경우 특정외국법인의 유보소득의 배당간주 규정이 ~~적용되지 아니한다~~.

→ 적용된다. 특정외국법인이 조세피난처에 사업을 위하여 필요한 사무소를 가지고 있고, 그 법인이 스스로 사업을 운영하며, 그 사무소가 소재하는 국가에서 주로 사업을 하는 경우에는 특정외국법인의 유보소득의 배당간주 규정이 적용되지 않지만, '주식 또는 채권의 보유, 지식재산권의 제공, 선박이나 항공기 및 장비의 임대, 투자신탁 또는 기금에 대한 투자를 주된 사업으로 하는 법인은 특정외국법인의 유보소득 배당간주 규정이 적용된다.

⑤ 실제 배당금액 등의 익금불산입 *관련이론

법령 CHECK

① 국제조세조정에 관한 법률 제27조 제1항
② 대법원 2015두1243
③ 국제조세조정에 관한 법률 제27조 제1항
국제조세조정에 관한 법률 제29조 제1항
④ 국제조세조정에 관한 법률 제31조
⑤ 국제조세조정에 관한 법률 제32조 제1항

합격의 TIP

국제조세조정에 관한 법률에서는 매년 2문제가 출제되는데, 주로 조문을 그대로 출제하는 경우도 많고, 같은 주제가 2개년 연속 출제되기도 한다. ③번 지문과 ④번 지문은 2016년 79번의 ①번 지문과 ④번 지문에 출제된 바 있으므로 2016년 79번 문제도 같이 학습해보자.

관련이론 실제 배당금액 등의 익금불산입(국제조세조정에 관한 법률 제32조)

1. 특정외국법인의 유보소득이 내국인의 익금 등으로 산입된 후 그 법인이 그 유보소득을 실제로 배당(「법인세법」에 따라 배당금 또는 분배금으로 보는 금액을 포함)한 경우에는 「법인세법」에 따라 익금에 산입하지 아니하는 소득으로 보거나 「소득세법」에 따른 배당소득에 해당하지 아니하는 것으로 본다.
2. 배당간주금액이 내국인의 익금등으로 산입된 후 그 내국인이 해당 특정외국법인의 주식을 양도한 경우에는 양도차익을 한도로 다음 계산식에 따른 금액을 「법인세법」에 따라 익금에 산입하지 아니하는 소득으로 보거나 「소득세법」에 따른 양도소득(2025년부터는 양도소득이 아닌 금융투자소득)에 해당하지 아니하는 것으로 본다.
(양도한 주식에 대한 배당간주금액의 합계에 상당하는 금액) – (양도한 주식에 대하여 실제로 배당한 금액)
※ 해당 금액이 음수인 경우에는 0으로 본다.
3. 금액의 계산에 필요한 장부 및 증거서류는 「국세기본법」에도 불구하고 배당일 또는 양도일이 속하는 과세연도의 법정신고기한까지는 보존하여야 한다.

문제 80 [국제조세조정에 관한 법률]
국가 간 조세 행정 협조

유 형	이론형		
중요도	★★	정답	④

정답해설

① 우리나라의 권한 있는 당국은 조세조약에 따라 체약상대국과 상호주의에 따른 정기적인 금융정보의 교환을 위하여 필요한 ~~경우라도~~ 「금융실명거래 및 비밀보장에 관한 법률」 ~~에 따라~~ 체약상대국의 조세 부과 및 징수와 납세의 관리에 필요한 거주자·내국법인 또는 비거주자·외국법인의 금융정보의 제공을 금융회사등의 장에게 ~~요구할 수 없다~~.
→ 경우에는 / 에도 불구하고 / 요구할 수 있다.

② 우리나라의 권한 있는 당국은 어떠한 경우에도 상호주의 원칙에 따라 체약상대국에 금융정보를 제공하는 것을 ~~제한할 수 없다~~.
→ 제한할 수 있다.

③ 납세지관할세무서장은 국내에서 납부할 조세를 징수하기 곤란하여 체약상대국에서 징수하는 것이 불가피하다고 판단되는 경우 체약상대국에 대하여 조세징수를 위하여 필요한 조치를 하도록 ~~직접~~ 요청할 수 있다.
→ 국세청장에게

⑤ 금융거래회사는 ~~권한 있는 당국의 요구가 있는 경우에만~~ 그 사용 목적에 필요한 최소한의 범위에서 해당 금융거래회사의 금융거래 상대방에 대한 납세자번호를 포함한 인적 사항을 확인·보유할 수 있다.
→ 국가 간 금융정보의 교환을 지원하기 위하여 권한 있는 당국의 제3항에 따른 요구가 없는 경우에도

법령 CHECK

① 국제조세조정에 관한 법률 제36조 제6항
② 국제조세조정에 관한 법률 제36조 제5항
③ 국제조세조정에 관한 법률 제40조 제1항
④ 국제조세조정에 관한 법률 제36조 제6항
⑤ 국제조세조정에 관한 법률 제36조 제7항

합격의 TIP

국제조세조정에 관한 법률의 전면 개정에 따라 문제를 일부 수정하였다.

2016년(제53회) 세무사 1차 세법학개론 정답

세법학개론

41	42	43	44	45	46	47	48	49	50
④	④	②	③	④	③	⑤	③	⑤	⑤
51	52	53	54	55	56	57	58	59	60
②	④	③	②	③	①	④	③	③	⑤
61	62	63	64	65	66	67	68	69	70
②	⑤	①	④	①	①	⑤	③	②	④
71	72	73	74	75	76	77	78	79	80
⑤	⑤	①	②	④	⑤	③	③	①	④

2016년 세무사 1차 결과

대상인원(명)	응시인원(명)	합격인원(명)	합격률(%)
10,775	9,327	2,988	32.04

2016년 과목별 결과

구 분	응시인원(명)	평균점수(점)	과락인원(명)	과락률(%)
재정학	9,327	55.53	1,535	16.46
세법학개론	9,327	40.80	4,248	45.55
회계학개론	9,283	44.19	3,646	39.28
상 법	5,269	61.20	1,176	22.32
민 법	1,241	65.89	207	16.68
행정소송법	2,773	71.55	393	14.17

문제 41 [국세기본법] 총 칙

유 형	이론형		
중요도	★	정답	④

정답해설

①, ②, ③, ⑤ 용어의 정의 *관련이론

④ '납세의무자'는 연대납세의무자, 제2차 납세의무자, 보증인, 원천징수의무자를 포함한다.

→ 원천징수의무자는 포함되지 않는다. 국세기본법상 '납세의무자'란 세법에 따라 국세를 납부할 의무가 있는 자를 말하며, 국세를 징수하여 납부할 의무가 있는 자는 제외하므로 원천징수의무자는 포함되지 않는다. 참고로 '납세자'란 납세의무자(연대납세의무자와 납세자를 갈음하여 납부할 의무가 생긴 경우의 제2차 납세의무자 및 보증인을 포함한다)와 세법에 따라 국세를 징수하여 납부할 의무를 지는 자(원천징수의무자)를 말한다. '납세자'와 '납세의무자'의 정의를 확실하게 알아두자.

법령 CHECK

국세기본법 제2조

합격의 TIP

아래 관련이론을 암기할 필요는 없지만, 세법을 공부하는데 있어서 꼭 필요한 항목이니 용어의 뜻을 알아두도록 하자.

관련이론 용어의 정의(국세기본법 제2조)

(1) 국 세
소득세, 법인세, 상속세와 증여세, 부가가치세, 개별소비세, 주세, 인지세, 증권거래세, 교육세, 농어촌특별세, 종합부동산세, 교통·에너지·환경세

(2) 세 법
국세의 종목과 세율을 정하고 있는 법률과 「국세징수법」, 「조세특례제한법」, 「국제조세조정에 관한 법률」, 「조세범처벌법」 및 「조세범 처벌절차법」을 말함

(3) 원천징수
세법에 따라 원천징수의무자가 국세(이에 관계되는 가산세는 제외)를 징수하는 것

(4) 가산세
「국세기본법」 및 세법에서 규정하는 의무의 성실한 이행을 확보하기 위하여 세법에 따라 산출한 세액에 가산하여 징수하는 금액(다만, 가산금은 포함하지 않음)

(5) 강제징수비
「국세징수법」 중 강제징수에 관한 규정에 따른 재산의 압류, 보관, 운반과 매각에 든 비용(매각을 대행시키는 경우 그 수수료를 포함)

(6) 지방세
「지방세기본법」에서 규정하는 세목

(7) 공과금
「국세징수법」에서 규정하는 강제징수의 예에 따라 징수할 수 있는 채권 중 국세, 관세, 임시수입부가세, 지방세와 이와 관계되는 강제징수비를 제외한 것

(8) 납세의무자

세법에 따라 국세를 납부할 의무(국세를 징수하여 납부할 의무는 제외)가 있는 자

(9) 납세자

납세의무자(연대납세의무자와 납세자를 갈음하여 납부할 의무가 생긴 경우의 제2차 납세의무자 및 보증인을 포함)와 세법에 따라 국세를 징수하여 납부할 의무를 지는 자

(10) 제2차 납세의무자

납세자가 납세의무를 이행할 수 없는 경우에 납세자를 갈음하여 납세의무를 지는 자

(11) 보증인

납세자의 국세 또는 강제징수비의 납부를 보증한 자

(12) 과세기간

세법에 따라 국세의 과세표준 계산의 기초가 되는 기간

(13) 과세표준

세법에 따라 직접적으로 세액산출의 기초가 되는 과세대상의 수량 또는 가액

(14) 과세표준신고서

국세의 과세표준과 국세의 납부 또는 환급에 필요한 사항을 적은 신고서

(15) 과세표준수정신고서

당초에 제출한 과세표준신고서의 기재사항을 수정하는 신고서

(16) 법정신고기한

세법에 따라 과세표준신고서를 제출할 기한

(17) 세무공무원

국세청장, 지방국세청장, 세무서장 또는 그 소속 공무원과 세법에 따라 국세에 관한 사무를 세관장이 관장하는 경우의 그 세관장 또는 그 소속 공무원

(18) 정보통신망

「전기통신기본법」 제2조 제2호에 따른 전기통신설비를 활용하거나 전기통신설비와 컴퓨터 및 컴퓨터의 이용기술을 활용하여 정보를 수집, 가공, 저장, 검색, 송신 또는 수신하는 정보통신체계

(19) 전자신고

과세표준신고서 등 이 법 또는 세법에 따른 신고 관련 서류를 국세청장이 정하여 고시하는 정보통신망(이하 '국세정보통신망'이라 한다)을 이용하여 신고하는 것

(20) 특수관계인

본인과 혈족·인척 등 대통령령으로 정하는 친족관계에 있거나, 임원·사용인 등 대통령령으로 정하는 경제적 연관관계 또는 주주·출자자 등 대통령령으로 정하는 경영지배관계에 있는 자(이 경우 국세기본법 및 세법을 적용할 때 본인도 그 특수관계인의 특수관계인으로 봄)

(21) 세무조사

국세의 과세표준과 세액을 결정 또는 경정하기 위하여 질문을 하거나 해당 장부·서류 또는 그 밖의 물건(이하 '장부등'이라 한다)을 검사·조사하거나 그 제출을 명하는 활동

문제 42 [국세기본법] 과 세

유 형	이론형		
중요도	★	정답	④

정답해설

① 과세표준신고서를 법정신고기한까지 제출한 자는 과세관청의 결정 또는 경정으로 인하여 증가된 과세표준 및 세액에 대하여는 법정신고기한이 지난 후 ~~5년이 경과하였더라도~~ 해당 처분이 있음을 안 날부터 90일 이내에 경정을 청구할 수 있다.
→ 5년 이내

② 과세표준신고서를 법정신고기한까지 제출한 자라도 상속세 또는 증여세에 관하여는 ~~결정 또는 경정을 청구할 수 없다~~.
→ 결정 또는 경정을 청구할 수 있다.

③ 과세표준신고서를 법정신고기한까지 제출한 자는 과세표준신고서에 기재된 과세표준 및 세액이 세법에 따라 신고하여야 할 과세표준 및 세액에 미치지 못할 때에는 ~~경정을 청구할 수 있다~~.
→ 과세표준수정신고를 제출할 수 있다.

⑤ 국세의 과세표준 및 세액의 결정을 받은 자는 해당 처분이 있음을 안 날부터 90일이 지난 경우라도 최초의 결정을 할 때 과세표준 및 세액의 계산 근거가 된 행위의 효력과 관계되는 계약이 해제권의 행사에 의하여 해제된 것을 안 날부터 ~~1년 이내에~~ 경정을 청구할 수 있다.
→ 3개월 이내 *관련이론

✔ 법령 CHECK

① 국세기본법 제45조의2 제1항
② 국세기본법 제45조의2 제1항
③ 국세기본법 제45조 제1항
④ 국세기본법 제45조의2 제5항
⑤ 국세기본법 제45조의2 제2항

합격의 TIP

후발적 사유는 학습량에 비해 자주 출제되지 않는 주제였는데, 17년도 51번 문제의 경우 다섯 개의 지문 중 4개의 지문은 판례가, 한 개의 지문은 후발적 사유의 경정청구관련 법령이 출제되었다. 하단의 관련 이론을 통해 한 번쯤은 읽어두자.

관련이론 **후발적 사유에 따른 경정청구 범위**

1. 최초의 신고·결정 또는 경정에서 과세표준 및 세액의 계산 근거가 된 거래 또는 행위 등이 그에 관한 심사청구, 심판청구, 「감사원법」에 따른 심사청구에 대한 결정이나 소송에 대한 판결(판결과 같은 효력을 지니는 화해나 그 밖의 행위를 포함)에 의하여 다른 것으로 확정되었을 때
2. 소득이나 그 밖의 과세물건의 귀속을 제3자에게로 변경시키는 결정 또는 경정이 있을 때
3. 조세조약에 따른 상호합의가 최초의 신고·결정 또는 경정의 내용과 다르게 이루어졌을 때
4. 결정 또는 경정으로 인하여 그 결정 또는 경정의 대상이 된 과세표준 및 세액과 연동된 다른 세목(같은 과세기간에 한정)이나 연동된 다른 과세기간(같은 세목으로 한정)의 과세표준 또는 세액이 세법에 따라 신고하여야 할 과세표준 및 세액을 초과할 때
5. 최초의 신고·결정 또는 경정을 할 때 과세표준 및 세액의 계산 근거가 된 거래 또는 행위 등의 효력과 관계되는 관청의 허가나 그 밖의 처분이 취소된 경우
6. 최초의 신고·결정 또는 경정을 할 때 과세표준 및 세액의 계산 근거가 된 거래 또는 행위 등의 효력과 관계되는 계약이 해제권의 행사에 의하여 해제되거나 해당 계약의 성립 후 발생한 부득이한 사유로 해제되거나 취소된 경우
7. 최초의 신고·결정 또는 경정을 할 때 장부 및 증거서류의 압수, 그 밖의 부득이한 사유로 과세표준 및 세액을 계산할 수 없었으나 그 후 해당 사유가 소멸한 경우
8. 위의 규정과 유사한 사유에 해당하는 경우

문제 43 [국세기본법] 납세자의 권리

유 형	이론형		
중요도	★★	정답	②

정답해설

① 세무공무원이 같은 세목 같은 과세기간에 대하여 재조사할 수 있는 경우 *관련이론1

② 세무공무원은 세무조사를 마쳤을 때 납세자가 납세관리인을 정하지 아니하고 국내에 주소 또는 거소를 두지 아니한 경우에 그 조사 결과를 서면으로 납세자에게 ~~통지하여야 한다~~.
→ 통지하지 아니한다.

③ 세무조사기간을 연장할 수 있는 경우 *관련이론2

법령 CHECK

① 국세기본법 제81조의4 제2항
② 국세기본법 제81조의12
③ 국세기본법 제81조의8 제1항
④ 국세기본법 제81조의14
⑤ 국세기본법 제81조의8 제1항

합격의 TIP

2020년 44번을 함께 학습해 보자. 또한 관련된 조문을 모두 공부할 시간이 없다면, 출제지문, 그리고 예외 조항이나 단서조항이 있는 법조문 위주로 학습하자.

관련이론1 세무공무원이 같은 세목 같은 과세기간에 대하여 재조사할 수 있는 경우

1. 조세탈루의 혐의를 인정할 만한 명백한 자료가 있는 경우
2. 거래상대방에 대한 조사가 필요한 경우
3. 2개 이상의 과세기간과 관련하여 잘못이 있는 경우
4. 이의신청·심사청구·심판청구 및 과세전적부심사 청구에 대한 재조사 결정에 따라 조사를 하는 경우(결정서 주문에 기재된 범위의 조사에 한정)
5. 납세자가 세무공무원에게 직무와 관련하여 금품을 제공하거나 금품제공을 알선한 경우
6. 부분조사를 실시한 후 해당 조사에 포함되지 아니한 부분에 대하여 조사하는 경우
7. 부동산투기, 매점매석, 무자료거래 등 경제 질서의 교란 등을 통한 세금탈루 혐의가 있는 자에 대하여 일제조사를 하는 경우
8. 과세관청 외의 기관이 직무상 목적을 위해 작성하거나 취득해 과세관청에 제공한 자료의 처리를 위해 조사하는 경우
9. 국세환급금의 결정을 위한 확인조사를 하는 경우
10. 「조세범 처벌절차법」에 따른 조세범칙행위 혐의를 인정할 만한 명백한 자료가 있는 경우. 단, 해당자료에 대하여 조세범칙조사심의 위원회가 조세범칙조사의 실시에 관한 심의를 한 결과 조세범칙행위의 혐의가 없다고 의결한 경우에는 조세범칙행위의 혐의를 인정할 만한 명백한 자료로 인정하지 아니함

※ 세무공무원은 법에서 제시한 위의 10가지 사유가 아니라면, 같은 세목 및 같은 과세기간에 대하여 재조사를 할 수 없다.

관련이론2 세무조사기간을 연장할 수 있는 경우

1. 납세자가 장부·서류 등을 은닉하거나 제출을 지연하거나 거부하는 등 조사를 기피하는 행위가 명백한 경우
2. 거래처 조사, 거래처 현지확인 또는 금융거래 현지확인이 필요한 경우
3. 세금탈루 혐의가 포착되거나 조사 과정에서 「조세범 처벌절차법」에 따른 조세범칙조사를 개시하는 경우
4. 천재지변이나 노동쟁의로 조사가 중단되는 경우
5. 납세자보호관 또는 담당관(이하 이 조에서 '납세자보호관등'이라 한다)이 세금탈루혐의와 관련하여 추가적인 사실 확인이 필요하다고 인정하는 경우
6. 세무조사 대상자가 세금탈루혐의에 대한 해명 등을 위하여 세무조사 기간의 연장을 신청한 경우로서 납세자보호관등이 이를 인정하는 경우

문제 44 [국세기본법] 국세환급금과 국세환급가산금

유 형	이론형		
중요도	★	정답	③

정답해설

②, ③, ④ 대법원 97다26432 *관련이론

③ 국세환급금의 발생 원인으로서 '초과하여 납부한 금액(과납금)'은 ~~신고납세방식에 있어서 신고로 또는 부과과세방식에 있어서 부과결정으로 각 확정된다~~.

→ 신고 또는 부과처분의 취소 또는 경정에 의하여 조세채무의 전부 또는 일부가 소멸한 때에 확정된다.

법령 CHECK

① 국세기본법 제54조 제1항
②, ③, ④ 대법원 97다26432
⑤ 국세기본법 제51조 제5항

합격의 TIP

대법원 판례를 응용한 문제이다. 판례문제는 본인의 현재 학습 정도에 따라 학습량을 조절하는 것을 권한다.

관련이론 **대법원 97다26432**

(1) 국세기본법 제51조 제1항

세무서장은 납세의무자가 국세 및 강제징수비로서 납부한 금액 중 잘못 납부하거나 초과하여 납부한 금액이 있거나 세법에 따라 환급하여야 할 환급세액(세법에 따라 환급세액에서 공제하여야 할 세액이 있을 때에는 공제한 후에 남은 금액을 말한다)이 있을 때에는 즉시 그 잘못 납부한 금액, 초과하여 납부한 금액 또는 환급세액을 국세환급금으로 결정하여야 한다. 이 경우 착오납부·이중납부로 인한 환급청구는 기획재정부령으로 정하는 환급신청서를 관할 세무서장에게 제출하여야 한다.

(2) 오납액

납부 또는 징수의 기초가 된 신고(신고납세의 경우) 또는 부과처분(부과과세의 경우)이 부존재하거나 당연무효임에도 불구하고 납부 또는 징수된 세액 → 처음부터 법률상 원인이 없으므로 납부 또는 징수시에 이미 확정

(3) 초과납부액

신고 또는 부과처분이 당연무효는 아니나 그 후 취소 또는 경정됨으로써 그 전부 또는 일부가 감소된 세액 → 신고 또는 부과처분의 취소 또는 경정에 의하여 조세채무의 전부 또는 일부가 소멸한 때에 확정

(4) 환급세액

적법히 납부 또는 징수되었으나 그 후 국가가 보유할 정당한 이유가 없게 되어 각 개별 세법에서 환부하기로 정한 세액 → 각 개별 세법에서 규정한 환급 요건에 따라 확정

(5) 판례전문 중 일부(심화학습)

국세의 오납, 초과 납부, 환급 등으로 인한 국세환급청구권의 확정 시기 : 초과납부액 및 환급세액은 모두 조세채무가 처음부터 존재하지 않거나 그 후 소멸되었음에도 불구하고 국가가 법률상 원인 없이 수령하거나 보유하고 있는 부당이득에 해당한다. 그러므로 이러한 부당이득의 반환을 구하는 납세의무자의 국세환급청구권은 오납액의 경우에는 처음부터 법률상 원인이 없으므로 납부 또는 징수시에 이미 확정되어 있고, 초과납부액의 경우에는 신고 또는 부과처분의 취소 또는 경정에 의하여 조세채무의 전부 또는 일부가 소멸한 때에 확정되며, 환급세액의 경우에는 각 개별 세법에서 규정한 환급 요건에 따라 확정되는 것이다.

문제 45 [국세기본법, 소득세법] 납세의무

유 형	이론형		
중요도	★★★	정답	④

정답해설

① 법령에 따르면 공유물, 공동사업 또는 그 공동사업에 속하는 재산에 관계되는 국세 및 강제징수비는 공유자 또는 공동사업자가 연대하여 납부할 의무를 진다. 따라서 공동사업에 관련된 부가가치세는 공동사업자가 연대하여 납세의무를 진다.

③ 연대납세의무자에게 서류를 송달할 때에는 그 대표자를 명의인으로 하며, 대표자가 없을 때에는 연대납세의무자 중 국세를 징수하기에 유리한 자를 명의인으로 한다. 다만, 납부의 고지와 독촉에 관한 서류는 연대납세의무자 모두에게 각각 송달하여야 한다.

④ 법인이 해산한 경우에 원천징수를 하여야 할 소득세를 징수하지 아니하였거나 징수한 소득세를 납부하지 아니하고 잔여재산을 분배하였을 때에 그 법인에 대하여 강제징수를 하여도 징수할 금액에 미치지 못하는 경우 ~~청산인은 그 부족한 금액 전부에 대하여~~ 제2차 납세의무를 진다.
→ 청산인은 분배하거나 인도한 재산의 가액을 한도로 잔여재산을 분배받거나 인도받은 자는 각자가 받은 재산의 가액을 한도로

✔ 법령 CHECK

① 국세기본법 제25조 제1항
② 국세기본법 제25조 제2항
③ 국세기본법 제8조 제2항
④ 국세기본법 제38조
⑤ 국세기본법 제25조의2
민법 제421조

문제 46 [국세징수법] 강제징수

유 형	계산형		
중요도	★★	정답	③

정답해설

체납자의 생계유지에 필요한 소액금융재산 *관련이론

번 호	甲의 재산	압류금지재산	압류가능재산
1-(1)	치료를 위하여 실제 지출되는 비용을 보장하기 위한 보험금	3,000,000	0
1-(2)	치료 및 장애 회복을 위한 보험금 중 1-(1)을 제외한 보험금	2,500,000	2,500,000
2	보장성보험의 해약환급금	1,500,000	500,000
3	甲의 은행 예금 잔액	1,200,000	0
합 계		8,200,000	3,000,000

∴ 압류가능재산 : 2,500,000 + 500,000 = 3,000,000

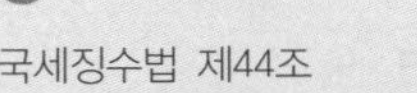
법령 CHECK

국세징수법 제44조
국세징수법 시행령 제31조

관련이론1 **체납자의 생계유지에 필요한 소액금융재산***

*보장성보험의 보험금, 해약환급금 및 만기환급금과 개인별 잔액이 185만원 미만인 예금(적금, 부금, 예탁금과 우편대체 포함)

(1) 사망보험금 중 1천만원 이하의 보험금

(2) 상해·질병·사고 등을 원인으로 체납자가 지급받는 보장성보험의 보험금 중 아래 항목에 해당하는 보험금
  1) 진료비, 치료비, 수술비, 입원비, 약제비 등 치료 및 장애 회복을 위하여 실제 지출되는 비용을 보장하기 위한 보험금
  2) 치료 및 장애 회복을 위한 보험금 중 위 항목을 제외한 보험금의 2분의 1에 해당하는 금액
  ※ 보장성보험의 경우 각 보험계약별로 판단

(3) 보장성보험의 해약환급금 중 150만원 이하의 금액(해약환급금 채권을 취득하는 보험계약이 둘 이상인 경우에는 합산)

(4) 보장성보험의 만기환급금 중 150만원 이하의 금액(만기환급금 채권을 취득하는 보험계약이 둘 이상인 경우에는 합산)

단, 보장성보험의 보험금, 해약환급금 또는 만기환급금 채권을 취득하는 보험계약이 둘 이상인 체납자에 대해서는 다음에 따라 계산한다.
① 위의 (1), (3), (4) 보험계약별 사망보험금, 해약환급금, 만기환급금을 각각 합산한 금액
② 위의 (2)-2) : 보험계약별 금액

관련이론2 **조건부압류금지재산**

체납자가 체납액에 충당할 만한 다른 재산을 제공할 때에는 압류할 수 없음
1. 농업에 필요한 기계·기구, 가축류·사료·종자와 비료
2. 어업에 필요한 어망·어구와 어선
3. 직업 또는 사업에 필요한 기계·기구와 비품

관련이론3 **급여채권의 압류제한**

(1) 급료·연금·임금·봉급·상여금·세비·퇴직연금 : 총액의 2분의 1에 해당하는 금액
  1) 월급여가 185만원 이하 : 전액 압류 불가능
  2) 월급여가 185만원을 초과하고 370만원까지 : 185만원을 제외한 나머지 금액을 압류 불가
  3) 월급여가 370만원을 초과하고 600만원까지 : 월급여의 1/2에 상당하는 금액을 압류할 수 있으며, 월급여가 600만원을 넘는 경우에는 '300만원 + [{(급여/2) - 300만원}/2]'을 제외한 나머지 금액

(2) 퇴직금이나 그 밖에 이와 비슷한 성질을 가진 급여채권 : 그 총액의 2분의 1에 해당하는 금액
  ※ 월 금액은 모두 소득세 및 지방소득세를 차감한 금액을 의미한다.

유 형	이론형		
중요도	★★	정답	⑤

문제 47 [국세징수법] 신고납부, 납부고지

정답해설

① 이 규정에서 제2차 납세의무자에는 납세보증인, 「국세기본법」 및 세법에 따라 물적납세의무를 부담하는 자도 포함된다.

② 다만, 납부지연가산세 및 원천징수 등 납부지연가산세 중 지정납부기한이 지난 후의 가산세를 징수하는 경우에는 납부고지서를 발급하지 아니할 수 있다.

⑤ 과세관청이 과세표준과 세액을 결정 또는 경정하고 그 통지를 납부고지서에 의하는 경우의 납부고지는 징수고지로서의 성질은 있으나 ~~부과고지로서의 성질은 없다~~.

→ 부과고지로서의 성질도 있다. 납부고지는 부과결정을 고지하는 과세처분의 성질과 확정된 세액의 납부를 명하는 징수처분의 성질을 아울러 갖는다.

법령 CHECK

① 국세징수법 제7조 제1항
② 국세징수법 제6조 제1항
③ 국세징수법 제6조 제2항
④ 국세징수법 제8조
⑤ 대법원 83누679

문제 48 [국세징수법] 강제징수

유 형	이론형		
중요도	★★★	정답	③

정답해설

①, ④ 납부기한 전 징수사유 *관련이론

② 납세자가 독촉을 받고 독촉장에서 정한 기한까지 국세를 완납하지 아니한 경우에도 세무서장은 납세자의 재산을 압류한다.

③ 「채무자 회생 및 파산에 관한 법률」에 따른 파산선고를 받은 경우, ~~채무자의 권익을 위하여 납부기한 전 징수를 할 수 없다.~~

→ 납부기한 전이라도 이미 납세의무가 확정된 국세를 징수할 수 있다.

법령 CHECK

①, ③, ④ 국세징수법 제9조 제1항
② 국세징수법 제9조 제2항
국세징수법 제31조 제1항
⑤ 국세징수법 제8조

합격의 TIP

납부기한 전 징수사유는 종종 출제되는 주제이므로 반드시 암기해두자.

관련이론 납부기한 전 징수

관할 세무서장은 납세자에게 다음의 어느 하나에 해당하는 사유가 있는 경우 납부기한 전이라도 이미 납세의무가 확정된 국세를 징수할 수 있다.

1. 국세, 지방세 또는 공과금의 체납으로 강제징수 또는 체납처분이 시작된 경우
2. 「민사집행법」에 따른 강제집행 및 담보권 실행 등을 위한 경매가 시작되거나 「채무자 회생 및 파산에 관한 법률」에 따른 파산선고를 받은 경우
3. 「어음법」 및 「수표법」에 따른 어음교환소에서 거래정지처분을 받은 경우
4. 법인이 해산한 경우
5. 국세를 포탈(逋脫)하려는 행위가 있다고 인정되는 경우
6. 납세관리인을 정하지 아니하고 국내에 주소 또는 거소를 두지 아니하게 된 경우

유 형	이론형		
중요도	★★	정답	⑤

문제 49 [조세범처벌법] 조세범처벌법

정답해설

ㄱ. 원천징수의무자의 처벌 [*관련이론1]

ㄴ. 체납처분의 면탈에 관한 처벌 [*관련이론2]

ㄷ. 조세포탈범의 처벌 [*관련이론3]

ㄹ. 명의대여행위자에 대한 처벌 [*관련이론4]

ㅁ. 세금계산서 발급 의무자에 대한 처벌 [*관련이론5]

→ 위 항목 모두 조세범처벌법위반에 해당한다.

✔ 법령 CHECK

ㄱ. 조세범처벌법 제13조
ㄴ. 조세범처벌법 제7조
ㄷ. 조세범처벌법 제3조
ㄹ. 조세범처벌법 제11조
ㅁ. 조세범처벌법 제10조

관련이론1 **원천징수의무자의 처벌**

(1) 원천징수의무자가 정당한 사유 없이 세금을 징수하지 아니하였을 때
→ 1천만원 이하의 벌금

(2) 원천징수의무자가 정당한 사유 없이 징수한 세금을 납부하지 아니하였을 때
→ 2년 이하의 징역 또는 2천만원 이하의 벌금

관련이론2 **체납처분의 면탈에 관한 처벌**

(1) 납세의무자의 재산을 점유하는 자가 체납처분의 집행을 면탈하게 할 목적으로 그 재산을 은닉·탈루하거나 거짓 계약을 하였을 때
→ 3년 이하의 징역 또는 3천만원 이하의 벌금

(2) 압수물건의 보관자 또는 압류물건의 보관자가 그 보관한 물건을 은닉·탈루하거나 손괴 또는 소비하였을 때
→ 3년 이하의 징역 또는 3천만원 이하의 벌금

(3) 위 행위를 방조하거나 거짓 계약을 승낙한 자
→ 2년 이하의 징역 또는 2천만원 이하의 벌금

관련이론3 **조세포탈범의 처벌**

(1) 사기나 그 밖의 부정한 행위*로써 조세를 포탈하거나 조세의 환급·공제를 받은 자
→ 2년 이하의 징역 또는 포탈세액, 환급·공제받은 세액의 2배 이하에 상당하는 벌금

(2) 단, 포탈세액등이 3억원 이상이고, 그 포탈세액등이 신고·납부하여야 할 세액의 100분의 30 이상인 경우 또는 포탈세액등이 5억원 이상인 경우
→ 3년 이하의 징역 또는 포탈세액등의 3배 이하에 상당하는 벌금

* 다음에 해당하는 행위로 조세의 부과와 징수를 불가능하게 하거나 현저히 곤란하게 하는 적극적 행위
  1. 이중장부의 작성 등 장부의 거짓 기장
  2. 거짓 증빙 또는 거짓 문서의 작성 및 수취
  3. 장부와 기록의 파기
  4. 재산의 은닉, 소득·수익·행위·거래의 조작 또는 은폐
  5. 고의적으로 장부를 작성하지 아니하거나 비치하지 아니하는 행위 또는 계산서, 세금계산서 또는 계산서합계표, 세금계산서합계표의 조작
  6. 전사적 기업자원 관리설비의 조작 또는 전자세금계산서의 조작
  7. 그 밖에 위계에 의한 행위 또는 부정한 행위

관련이론4 명의대여행위자에 대한 처벌

(1) 조세의 회피 또는 강제집행의 면탈을 목적으로 타인의 성명을 사용하여 사업자등록을 하거나 타인 명의의 사업자등록을 이용하여 사업을 영위한 자
→ 2년 이하의 징역 또는 2천만원 이하의 벌금

(2) 조세의 회피 또는 강제집행의 면탈을 목적으로 자신의 성명을 사용하여 타인에게 사업자등록을 할 것을 허락하거나 자신 명의의 사업자등록을 타인이 이용하여 사업을 영위하도록 허락한 자
→ 1년 이하의 징역 또는 1천만원 이하의 벌금

관련이론5 세금계산서 발급 의무자에 대한 처벌

49번 문제는 판례를 출제하였기 때문에 이곳에 관련판례를 정리해놓았다. 세금계산서 발급 의무자에 대한 처벌 조항은 바로 다음 문제의 관련이론에 수록하였으니 반드시 학습해두자.

(1) 참고판례 : 대법원 2013도10554
  1) 판시사항 : 세금계산서를 발급받아야 할 자가 재화 등을 공급받으면서 공급자와 통정하여 공급가액을 부풀리는 등 허위 기재한 세금계산서를 발급받은 행위가 조세범처벌법 제10조 제2항 제1호의 죄에 해당하는지 여부(적극) 및 세금계산서를 발급하여야 할 자가 재화 등을 공급하면서 공급가액을 부풀리는 등 허위 기재한 세금계산서를 발급한 행위가 같은 조 제1항 제1호의 죄에 해당하는지 여부(적극)
  2) 판결요지 : 세금계산서를 발급받아야 할 자가 재화 또는 용역을 공급받으면서 공급자와의 통정에 의하여 공급가액을 부풀리는 등 허위 기재를 한 세금계산서를 발급받은 경우 이러한 행위는 조세범처벌법(이하 '법'이라 한다) 제10조 제2항 제1호에서 정한 거짓으로 기재한 세금계산서를 발급받은 죄에 해당하고, 마찬가지로 세금계산서를 발급하여야 할 자가 재화 또는 용역을 공급하면서 공급가액을 부풀리는 등 허위 기재를 한 세금계산서를 발급한 경우 이러한 행위는 법 제10조 제1항 제1호에서 정한 세금계산서를 거짓으로 기재하여 발급한 죄에 해당한다.

(2) 참고판례 : 대법원 2014도1700
  1) 판시사항 : 재화 또는 용역을 공급하지 아니한 자가 타인 명의를 위조하여 그를 공급하는 자로 기재하여 세금계산서를 교부한 경우, 조세범처벌법 제10조 제3항 제1호에서 정한 처벌 대상에 해당하는지 여부(소극)
  2) 판결요지 : 조세범처벌법 제10조 제1항 제1호는 '부가가치세법에 따라 세금계산서를 작성하여 발급하여야 할 자가 세금계산서를 발급하지 아니하거나 거짓으로 기재하여 발급한 경우'를 처벌하도록 규정하고, 같은 조 제3항 제1호는 '재화 또는 용역을 공급하지 아니하고 부가가치세법에 따른 세금계산서를 발급하는 행위'를 한 자를 처벌하도록 규정하는데, 위 각 문언과 입법취지 등에 비추어 보면, 조세범처벌법 제10조 제3항 제1호는 재화 또는 용역을 공급하지 아니한 자가 자신을 공급하는 자로 기재한 세금계산서를 교부한 행위를 처벌 대상으로 규정한 것이므로, 재화 또는 용역을 공급하지 아니한 자가 타인 명의를 위조하여 그를 공급하는 자로 기재하여 세금계산서를 교부한 경우에는 세금계산서에 자신을 공급하는 자로 기재하지 않은 이상 사문서위조죄로 처벌할 수 있을지언정 조세범처벌법 제10조 제3항 제1호가 정한 처벌 대상에 해당한다고 할 수 없다.

문제 50 [조세범처벌법] 조세범처벌법

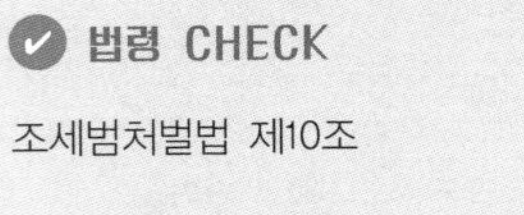

유 형	이론형		
중요도	★★	정답	⑤

정답해설

①, ②, ③, ④ 세금계산서 발급 의무자에 대한 처벌 *관련이론

⑤ 「부가가치세법」에 따라 세금계산서를 작성하여 발급하고 매출처별 세금계산서합계표를 제출하지 아니한 경우

→ 단순히 매출·매입처별 세금계산서합계표를 제출하지 아니한 것은 「조세범처벌법」상의 세금계산서의 발급의무 위반 등의 죄에 해당하지 않는다.

법령 CHECK

조세범처벌법 제10조

관련이론 세금계산서 발급 의무자에 대한 처벌

(1) 세금계산서(전자세금계산서), 계산서(전자계산서)를 발급하지 아니하거나 거짓으로 기재하여 발급한 행위, 또는 매출처별 세금계산서합계표, 매출처별 계산서합계표를 제출하여야 할 자가 거짓으로 기재하여 제출한 행위
→ 1년 이하의 징역 또는 공급가액에 부가가치세의 세율을 적용하여 계산한 세액의 2배 이하에 상당하는 벌금

(2) 세금계산서(전자세금계산서), 계산서(전자계산서)를 발급받아야 할 자가 통정하여 발급받지 아니하거나 거짓으로 기재하여 발급받은 행위, 또는 매입처별 세금계산서합계표, 매입처별 계산서합계표를 제출하여야 할 자가 통정하여 매입처별 세금계산서합계표, 매입처별 계산서합계표를 거짓으로 기재하여 제출한 행위
→ 1년 이하의 징역 또는 공급가액에 부가가치세의 세율을 적용하여 계산한 세액의 2배 이하에 상당하는 벌금

(3) 재화 또는 용역을 공급하지 아니하거나 공급받지 아니하고 세금계산서 및 계산서를 발급하거나 발급받은 행위, 매출·매입처별 세금계산서합계표, 매출·매입처별 계산서합계표를 거짓으로 기재하여 제출한 행위
→ 3년 이하의 징역 또는 공급가액에 부가가치세의 세율을 적용하여 계산한 세액의 3배 이하에 상당하는 벌금

(4) 위 (3)번의 행위를 알선하거나 중개한 자도 (3)과 같은 형에 처하며, 이 경우 세무를 대리하는 세무사·공인회계사 및 변호사가 위 (3)번의 행위를 알선하거나 중개한 때에는 형의 2분의 1을 가중한다.

문제 51 [소득세법] 양도소득세

유 형	계산형		
중요도	★	정답	②

정답해설

1 양도자산 분석

양도자산	A토지(甲소유로 등기된 토지임)	미등기자산이 아니므로 장기보유특별공제 가능
면 적	$90m^2$	
양도일자	2024.4.25.	15년 이상의 1세대 1주택 이외의 자산으로 장기보유특별공제율은 30%이다.
취득일자	1995.5.20.	

2 양도소득과세표준

양도가액	100,000,000	실지거래가액
− 취득가액	60,000,000	실지거래가액
− 기타필요경비 *관련이론	12,000,000	실제 지출한 경비
양도차익	28,000,000	
− 장기보유특별공제	8,400,000	양도차익 30% 공제
양도소득금액	19,600,000	
− 기본공제금액	2,500,000	토지 외 양도자산 없음
양도소득과세표준	17,100,000	

∴ 2024년도의 양도소득과세표준
= 100,000,000 − 60,000,000 − 12,000,000 − 8,400,000 − 2,500,000
= 17,100,000

법령 CHECK

소득세법 제92조, 제95조

합격의 TIP

양도소득의 과세표준을 구하는 계산구조는 '양도가액 − 취득가액 − 기타필요경비 − 장기보유특별공제 − 기본공제금액'이다. 1차에서는 양도소득과세표준을 구하는 계산구조만 알고 있어도 풀 수 있는 문제가 출제되니 꼭 알아두자.

관련이론 **필요경비로 인정되는 것**

1. 자본적 지출 : 적격증명서류를 수취 및 보관하고 있는 경우 공제 가능
2. 양도비(양도소득세과세표준 신고서 작성비용 및 계약서 작성비용, 공증비용, 인지대 및 소개비, 매매계약에 따른 인도의무를 이행하기 위하여 양도자가 지출하는 명도비용, 자산을 취득함에 있어서 법령 등의 규정에 따라 매입한 국민주택채권 및 토지 개발채권을 만기전에 양도함으로써 발생하는 매각차손) : 증명서류를 수취・보관하거나 실제 지출사실이 금융거래 증명서류에 의하여 확인되는 경우에만 가능
3. 취득세와 등록세는 납부영수증이 없는 경우에도 필요경비로 공제 가능

유 형	계산형		
중요도	★★★	정답	④

문제 52 [소득세법] 사업소득

정답해설

1 사업소득금액의 계산

항 목	금 액	설 명
당기순이익	122,000,000	
대표자 甲의 급여	10,000,000	사업주의 급여는 필요경비 불산입 *관련이론1
기업업무추진비	5,000,000	세법상 기업업무추진비 한도 25,000,000 (문제에서 주어짐)
보험료		「국민건강보험법」, 「고용보험법」 및 「노인장기요양보험법」에 의하여 직장가입자, 사용자, 지역가입자로서 부담하는 보험료는 필요경비 인정(본인의 보험료 포함)
이자수익	△7,000,000	수입금액 불산입(이자소득으로 과세)
소득세비용	40,000,000	필요경비 불산입 *관련이론2
합 계	170,000,000	

∴ 2024년 사업소득금액 : 170,000,000원

법령 CHECK

소득세법 기본통칙 27-55…3

소득세법 제33조

합격의 TIP

하단의 관련이론을 보면 사업소득상 필요경비불산입항목이 법인세법상 손금불산입 항목과 유사함을 알 수 있다. 암기 시에는 법인세법과 비교하여 학습해두자.

관련이론1 사업주 급료의 필요경비 불산입(소득세법 기본통칙 27-55…3)

개인기업체의 사업주에 대한 급료는 소득금액계산상 필요경비에 산입하지 아니한다. 이 경우 공동사업자의 경우 또한 같다.

관련이론2 필요경비 불산입 항목

1. 소득세(외국납부세액공제 적용시 외국소득세액 포함)와 개인지방소득세
2. 벌금·과료(통고처분에 따른 벌금 또는 과료에 해당하는 금액을 포함한다)와 과태료
3. 「국세징수법」이나 그 밖에 조세에 관한 법률에 따른 가산금과 강제징수비
4. 조세에 관한 법률에 따른 징수의무의 불이행으로 인하여 납부하였거나 납부할 세액(가산세액을 포함)
5. 대통령령으로 정하는 가사의 경비와 이에 관련되는 경비
6. 감가상각비 한도초과액
7. 법 소정 자산 이외 자산의 평가차손
8. 반출하였으나 판매하지 아니한 제품에 대한 개별소비세·주세 또는 교통·에너지·환경세의 미납액(단, 제품가액에 그 세액 상당액을 더한 경우는 제외)
9. 부가가치세의 매입세액(단, 부가가치세가 면제되거나 그 밖에 대통령령으로 정하는 경우의 세액과 부가가치세 간이과세자가 납부한 부가가치세액은 제외)
10. 차입금 중 건설자금에 충당한 금액의 이자
11. 채권자가 불분명한 차입금의 이자
12. 법령에 따라 의무적으로 납부하는 것이 아닌 공과금이나 법령에 따른 의무의 불이행 또는 금지·제한 등의 위반에 대한 제재로서 부과되는 공과금
13. 업무와 관련이 없다고 인정되는 금액
14. 선급비용
15. 업무와 관련하여 고의 또는 중대한 과실로 타인의 권리를 침해한 경우에 지급되는 손해배상금
16. 대손충당금 한도초과액, 퇴직급여충당금 한도초과액, 기업업무추진비 한도초과액, 기부금 한도초과액
17. 복식부기의무자의 업무용승용차 관련비용 중 업무사용금액에 해당하지 않는 금액

문제 53 [소득세법] 종합소득금액 계산 특례

유 형	이론형		
중요도	★★	정답	③

정답해설

①, ② 사업소득의 결손금과 이월결손금의 처리 *관련이론

③ ~~중소기업을 경영하는 비거주자가~~ 그 사업소득금액을 계산할 때 해당 과세기간의 이월결손금(주거용 건물 임대업이 아닌 부동산임대업에서 발생한 이월결손금은 제외)이 발생한 경우에는 결손금 소급공제세액을 환급신청할 수 있다.

→ 중소기업을 경영하는 거주자. 결손금 소급공제는 중소기업의 사업소득(부동산임대업에서 제외)에서 발생한 결손금일 것, 결손금이 발생한 과세기간과 그 직전 소득세를 신고기간 내에 신고했을 것, 과세표준 확정신고기한 내에 소급공제 환급신청을 할 것, 이 3가지가 모두 충족 되었을 때만 가능하다.

법령 CHECK

①, ② 소득세법 제45조
③ 소득세법 제85조의2 제1항
④ 소득세법 제45조 제3항
⑤ 소득세법 제45조 제4항

합격의 TIP

이월결손금의 공제는 법인세보다 소득세에서 주로 출제되며, 계산문제로도 출제된다.

관련이론 **결손금 및 이월결손금의 공제**

부동산임대업에서 발생한 결손금과 결손금 규정에 따라 공제하고 남은 결손금(이하 이월결손금)은 해당 이월결손금이 발생한 과세기간의 종료일부터 15년 이내(2019년 이전 발생분은 10년)에 끝나는 과세기간의 소득금액을 계산할 때 먼저 발생한 과세기간의 이월결손금부터 순서대로 다음 각 호의 구분에 따라 공제한다. 다만, 「국세기본법」에 따른 국세부과의 제척기간이 지난 후에 그 제척기간 이전 과세기간의 이월결손금이 확인된 경우 그 이월결손금은 공제하지 아니한다.

1. 결손금 공제규정에 따라 공제하고 남은 이월결손금은 사업소득금액, 근로소득금액, 연금소득금액, 기타소득금액, 이자소득금액 및 배당소득금액에서 순서대로 공제한다.
2. 부동산임대업에서 발생한 이월결손금은 부동산임대업의 소득금액에서 공제한다.

※ 위 규정은 2020.1.1. 이후 개시한 과세기간에서 발생한 결손금부터 적용하며, 2020.1.1. 전에 개시한 과세기간에 발생한 결손금은 종전의 규정을 따름

유 형	계산형		
중요도	★★★	정답	②

문제 54 [소득세법] 금융소득

정답해설

1 직장공제회 초과반환금 : 13,000,000

2 법원판결에 의한 손해배상금 30,000,000원(법정이자 5,000,000원 포함) : 0
*관련이론1

3 비영업대금의 이익 : 2,000,000 *관련이론2

4 채권이자상당액 : 15,000,000

∴ 이자소득과 배당소득으로 소득세가 과세되는 금액의 합계액
= 13,000,000 + 0 + 2,000,000 + 15,000,000
= 30,000,000원

법령 CHECK

소득세법 제16조
소득세법 기본통칙 16-0…2
소득세법 기본통칙 16-26…2

합격의 TIP

금융소득을 계산할 때, 관련이론 1번과 2번의 경우에는 매우 자주 출제되므로 반드시 알아두자. 또한 보기 (4)의 채권이자상당액의 경우 순수매매차익은 과세제외소득임도 기억해두자.

관련이론1 손해배상금에 대한 법정이자의 소득구분(소득세법 기본통칙 : 16-0…2)

법원의 판결 및 화해에 의하여 지급받는 손해배상금에 대한 법정이자는 법 제16조에 규정하는 이자소득으로 보지 아니한다. 다만, 위약 또는 해약을 원인으로 법원의 판결에 의하여 지급받는 손해배상금에 대한 법정이자는 기타소득으로 본다.

관련이론2 비영업대금의 이익의 총수입금액 계산(소득세법 기본통칙 : 16-26…2)

1. 비영업대금의 이익에 대한 총수입금액의 계산은 대금으로 인하여 지급받았거나 지급받기로 한 이자와 할인액상당액으로 한다.
2. 금전을 대여하였으나 채무자가 도산으로 재산이 전무하거나 잔여재산 없이 사망한 경우 등 객관적으로 원금과 이자의 전부 또는 일부를 받지 못하게 된 것이 분명한 경우의 받지 못한 이자소득은 '당해연도에 수입하였거나 수입할 금액'에 포함하지 않는다.

문제 55 [소득세법] 근로 · 연금 · 기타소득

유 형	이론형		
중요도	★	정답	③

정답해설

③ 연금계좌세액공제를 받은 연금계좌 납입액과 연금계좌의 운용실적에 따라 증가된 금액을 그 소득의 성격에 불구하고 연금계좌에서 연금수령하면 연금소득으로, 연금외수령하면 퇴직소득으로 과세한다.
→ 기타소득으로 *관련이론

⑤ 연금계좌에서 받는 연금소득은 연금을 수령한 날이 수입시기이며, 그 밖의 연금소득의 경우에는 연금을 지급받은 날이 수입시기이다.

법령 CHECK

① 소득세법 제47조의2 제1항
② 소득세법 제143조의4 제4항
③ 소득세법 제20조의3
소득세법 제21조
④ 소득세법 시행령 제40조의3 제3항
⑤ 소득세법 시행령 제50조 제5항

관련이론 연금소득의 종류

(1) 공적연금 관련법에 따라 받는 각종 연금

(2) 다음에 해당하는 금액을 연금저축계좌 또는 퇴직연금계좌에서 연금형태 등으로 인출하는 경우의 그 연금
1) 원천징수되지 않은 퇴직소득(퇴직금 지급받은 후 60일 이내에 연금계좌에 입금시켜 환급받는 경우 포함)
2) 세액공제를 받은 연금계좌 납입액
3) 연금계좌의 운용실적에 따라 증가된 금액
4) 그 밖에 연금계좌에 이체 또는 입금되어 해당 금액에 대한 소득세가 이연된 소득으로서 대통령령으로 정하는 소득

문제 56 [소득세법] 근로 · 연금 · 기타소득

유 형	이론형		
중요도	★★★	정답	①

정답해설

ㄱ. 대법원에 따르면 퇴직금지급채무의 이행지체로 인한 지연손해금은 '기타소득'에 해당한다고 하였다. 이 판례는 2006년 선고된 판례이지만, 이 판례가 인용된 최근 판례에서도 이행지체로 인한 지연손해금은 '기타소득'으로 보았다.

ㄴ. 교통재해를 직접적인 원인으로 신체상의 상해를 입었음을 이유로 보험회사로부터 수령한 보험금은 과세대상 소득이 아니다.

ㄷ. 퇴직 전에 부여받은 주식매수선택권을 퇴직 후에 행사하거나 고용관계 없이 주식매수선택권을 부여받아 이를 행사함으로써 얻는 이익은 기타소득이다. 만약 주식매수선택권을 당해 법인등에서 근무하는 기간 중 행사함으로써 얻은 이익은 근로소득에 해당한다.

ㄹ. 영업권을 양도하고 그 대가로 받는 금품은 기타소득에 해당하지만, 사업용 토지 · 건물과 함께 양도하는 영업권으로 인해 받은 금품은 양도소득이다.

ㅁ. 서화 또는 골동품을 박물관 또는 미술관에 양도함으로써 발생하는 소득은 비과세대상 기타소득이다.

∴ 위 보기 중 과세대상 기타소득은 ㄱ, ㄷ이다.

법령 CHECK

ㄱ. 대법원 2004두3984
ㄴ. 소득세법 시행령 제41조 제8항
대법원 2006다31672
ㄷ. 소득세법 제21조
ㄹ. 소득세법 제94조 제1항 제4호
ㅁ. 소득세법 제12조

문제 57 [소득세법] 소득세의 신고와 납부

유 형	이론형		
중요도	★	정답	④

정답해설

① 소득세의 중간예납 *관련이론1

② 또한 원천징수세액이 1천원 미만인 경우(이자소득과 원천징수대상 사업소득 중 대통령령으로 정하는 사업소득 제외)와 납세조합의 징수세액이 1천원 미만인 경우에도 해당 소득세를 징수하지 않는다.

③ 만약 농 · 축 · 수산물 판매업을 영위하는 자가 복식부기의무자라면 납세조합을 조직할 수 없다.

④ ~~금융업을 경영하는 사업자가~~ 직전 과세기간의 상시고용인원의 평균 인원수가 20인 이하인 원천징수의무자로서 관할 세무서장으로부터 승인을 얻은 경우에는 원천징수한 소득세를 그 징수일이 속하는 반기의 마지막 달의 다음 달 10일까지 납부할 수 있다.
→ 금융보험업을 경영하는 사업자를 제외한 사업자가

⑤ 과세표준확정신고의 예외 *관련이론2

법령 CHECK

① 소득세법 제65조 제1항
② 소득세법 제86조
③ 소득세법 제149조 제2호
소득세법 시행령 제204조 제2항
④ 소득세법 제128조 제2항
소득세법 시행령 제186조 제1항
⑤ 소득세법 제73조 제1항

관련이론1 **소득세의 중간예납**

(1) **중간예납 기간** : 1월 1일부터 6월 30일까지

(2) **중간예납의 계산 및 신고** : 직전 과세기간의 종합소득에 대한 소득세로서 납부하였거나 납부하여야 할 세액의 2분의 1에 해당하는 금액을 11월 30일까지 징수(11월 1일부터 11월 15일까지의 기간에 중간예납세액의 납부고지서를 발급). 단, 중간예납기간의 종료일 현재 그 중간예납기간 종료일까지의 종합소득금액에 대한 소득세액이 중간예납기준액의 100분의 30에 미달하는 경우에는 세무서장에게 신고할 수 있으며, 중간예납기준액이 없는 거주자가 해당 과세기간의 중간예납기간 중 종합소득이 있는 경우에는 납세지 관할 세무서장에게 반드시 신고해야함

(3) **중간예납 제외대상자**

1) 이자소득・배당소득・근로소득・연금소득 또는 기타소득만 있는 자
2) 사업소득 중 속기・타자 등 한국표준산업분류에 따른 사무지원 서비스업에서 발생하는 소득
3) 사업소득 중 수시 부과하는 소득
4) 보험모집인, 방문판매인 등 원천징수의무자가 직전 과세기간에 대한 사업소득세액의 연말정산을 한 것에 대한 소득 (참고 : 관련이론2 과세표준확정신고의 예외 중 (4)번에 해당되는 항목이라 생각하면 쉽다)
5) 분리과세 임대주택소득

관련이론2 **과세표준확정신고의 예외**

(1) 근로소득만 있는 자
(2) 퇴직소득만 있는 자
(3) 공적연금소득만 있는 자
(4) 원천징수되는 사업소득으로서 대통령령으로 정하는 사업소득*만 있는 자

* 대통령령으로 정하는 사업소득

1. 독립된 자격으로 보험가입자의 모집 및 이에 부수되는 용역을 제공하고 그 실적에 따라 모집수당 등을 받는 자
2. 「방문판매 등에 관한 법률」에 의하여 방문판매업자를 대신하여 방문판매업무를 수행하고 그 실적에 따라 판매수당 등을 받거나 후원방문판매조직에 판매원으로 가입하여 후원방문판매업을 수행하고 후원수당 등을 받는 자
3. 독립된 자격으로 일반 소비자를 대상으로 사업장을 개설하지 않고 음료품을 배달하는 계약배달 판매 용역을 제공하고 판매실적에 따라 판매수당 등을 받는 자

(5) 원천징수되는 기타소득으로서 종교인소득만 있는 자
(6) 위의 (1) 및 (2) 소득만 있는 자
(7) 위의 (2) 및 (3) 소득만 있는 자
(8) 위의 (2) 및 (4) 소득만 있는 자
(9) 위의 (2) 및 (5) 소득만 있는 자
(10) 분리과세이자소득, 분리과세배당소득, 분리과세연금소득 및 분리과세기타소득(원천징수되지 아니한 위약금・배상금 제외)만 있는 자
(11) 위의 (1)~(4), (5), (6)~(8) 및 (9)에 해당하는 사람으로서 분리과세이자소득, 분리과세배당소득, 분리과세연금소득 및 분리과세기타소득(원천징수되지 아니한 위약금・배상금 제외)이 있는 자

유 형	계산형		
중요도	★	정답	③

문제 58 [소득세법] 퇴직소득세

정답해설

1 퇴직소득금액 : 150,000,000

2 퇴직소득과세표준

1) 환산급여

(150,000,000 − 9,000,000*) ÷ 7 × 12 = 241,714,285

*근속연수공제 : 5,000,000 + 2,000,000 × (7년 − 5년) = 9,000,000

2) 환산급여공제

61,700,000 + (241,714,285 − 100,000,000) × 45% = 125,471,428

3) 퇴직소득과세표준

1) 환산급여 241,714,285 − 2) 환산급여공제 125,471,428 = 116,242,857

3 퇴직소득산출세액

116,242,857 × 기본세율 ÷ 12 × 7

= 25,244,999* ÷ 12 × 7 = 14,726,249

*15,360,000 + (116,242,857 − 88,000,000) × 35%

∴ 퇴직소득산출세액 = 14,726,249

법령 CHECK

소득세법 제22조

소득세법 제48조

합격의 TIP

2020년 퇴직소득산출세액 계산 시 환산급여적용에 따른 연도별 산출세액적용비율이 종료됨에 따라 과거에 비해 계산이 간단해졌지만, 시간조절이 합격여부에 큰 영향을 미치는 1차에서 퇴직소득산출세액의 문제가 나온다면, 한 번에 정확하게 계산할 수 없는 한 마지막에 풀어보는 것을 추천한다.

문제 59 [소득세법] 양도소득세

유 형	이론형		
중요도	★	정답	③

정답해설

① 1세대 1주택 비과세요건 판정 시 상속받은 주택과 그 밖의 일반주택을 국내에 각각 1개씩 소유하고 있는 1세대가 ~~상속받은 주택~~을 양도하는 경우 국내에 1개의 주택을 소유한 것으로 본다.
→ 일반주택 *관련이론

② 국내에 1주택을 소유한 1세대가 종전의 주택을 양도하기 전에 신규 주택을 취득함으로써 일시적으로 2주택이 된 경우 종전의 주택을 취득한 날부터 1년 이상이 지난 후 신규 주택을 취득한 날부터 ~~2년~~ 이내에 종전의 주택을 양도하는 경우에는 이를 1세대 1주택으로 본다.
→ 3년

④ 기획재정부령으로 정하는 취학, 근무상의 형편, 질병의 요양, 그 밖에 부득이한 사유로 취득한 수도권 밖에 일반주택을 국내에 각각 1개씩 소유하고 있는 1세대가 부득이한 사유가 해소된 날부터 ~~1년~~ 이내에 일반주택을 양도하는 경우에는 국내에 1개의 주택을 소유하고 있는 것으로 보아 1세대 1주택을 적용한다.
→ 3년

⑤ 파산선고에 의한 처분과 ~~강제경매로 인하여 발생하는 소득에는~~ 양도소득세를 과세하지 아니한다.
→ 강제경매로 인하여 발생하는 소득은 양도소득세 과세대상이다.

법령 CHECK

① 소득세법 시행령 제155조 제2항
② 소득세법 시행령 제155조 제1항
③ 소득세법 제95조 제2항
④ 소득세법 시행령 제156조
⑤ 소득세법 제89조

합격의 TIP

1세대 1주택으로 보는 경우는 종종 출제되므로 정확하게 이해하고 있어야 한다. 또한 현재 시기적으로 부동산규제 관련 정책 때문에 양도소득세 대한 이슈가 높다. 따라서 정확히 학습해두자.

관련이론 1세대 2주택 비과세특례 적용대상

유 형	비과세특례 적용요건	적용조문
종전주택 + 신규 주택	종전주택을 취득하고 1년 이상이 지난 후 신규 주택을 취득하고 신규 주택 취득일부터 3년 이내 종전주택을 양도하는 경우	소령 제155조 제1항
상속주택 + 일반주택	일반주택을 양도하는 경우	소령 제155조 제2항
공동상속주택 + 일반주택	일반주택을 양도하는 경우	소령 제155조 제3항
일반주택 + 일반주택 (동거봉양)	동거봉양 합가일부터 10년 이내 먼저 양도하는 주택	소령 제155조 제4항
일반주택 + 일반주택 (혼인합가)	혼인 합가일부터 5년 이내 먼저 양도하는 주택	소령 제155조 제5항
문화재주택 + 일반주택	일반주택을 양도하는 경우	소령 제155조 제6항
농어촌주택 + 일반주택	일반주택을 양도하는 경우	소령 제155조 제7항
취학, 근무상 형편, 질병의 요양, 그 밖의 부득이한 사유로 취득한 수도권 밖에 소재하는 주택 + 일반주택	일반주택을 양도하는 경우(부득이한 사유가 해소된 날부터 3년 이내에 양도하는 경우)	소령 제155조 제8항

유 형	계산형		
중요도	★	정답	⑤

문제 60 [소득세법] 근로 · 연금 · 기타소득

정답해설

1 급여 1,100,000원과 2 상여금 500,000원은 과세이다.

3 자가운전보조금 : 200,000

↳ 종업원의 소유차량을 종업원이 직접 운전하여 업무수행에 이용하고 소요된 실제여비 대신에 사규의 지급기준에 따라 받는 자가운전보조금은 월 20만원 이내의 금액을 한도로 비과세한다.

4 식사대 : 0

↳ 현물 식사를 제공하면서 별도로 식사대를 지급하는 경우 현물 식사는 비과세되지만, 식사대는 전액 과세된다. 만약, 현물 식사를 제공하지 않고, 식사대만 지급할 경우에는 월 20만원 이내의 금액을 한도로 비과세한다.

5 자녀보육수당 : 200,000

↳ 근로자 또는 그 배우자의 출산이나 6세 이하(해당 과세기간 개시일을 기준으로 판단한다) 자녀의 보육과 관련하여 사용자로부터 받는 급여로서 월 20만원 이내의 금액은 비과세이다. 참고로 근로자당 지급 기준으로 자녀 수는 무관하다.

6 연장근무수당 : 250,000 *관련이론

7 비과세 근로소득

200,000 + 200,000 + 250,000 = 650,000

∴ 비과세 근로소득 : 650,000원

법령 CHECK

소득세법 제12조
소득세법 시행령 제12조
소득세법 시행령 제17조

합격의 TIP

근로소득에서 비과세소득과 과세소득을 구분하는 것은 1차뿐만 아니라 세무회계에서도 중요하므로 반드시 기억해두자.
연장근무수당 요건의 3), 4)는 출제된 적은 없으나 알아두자.

관련이론 연장근무수당의 비과세 판단

(1) 월정액급여 210만원 이하 & 직전 과세기간의 총급여액이 3,000만원 이하로서 다음 중 하나에 해당 하는 사람이 받는 연 240만원 이내의 금액(광산근로자 및 일용근로자의 경우 전액)

1) 공장, 광산 근무 생산직 근로자
2) 어업을 영위하는 자에게 고용되어 어선에 승선하는 자(선장 제외)
3) 통계청장이 고시하는 한국표준직업분류에 따른 운전 및 운송 관련직 종사자, 돌봄 · 미용 · 여가 및 관광 · 숙박시설 · 조리 및 음식 관련 서비스직 종사자, 매장 판매 종사자, 상품 대여 종사자, 통신 관련 판매직 종사자, 운송 · 청소 · 경비 · 가사 · 음식 · 판매 · 농림 · 어업 · 계기 · 자판기 · 주차관리 및 기타 서비스 관련 단순 노무직 종사자 중 기획재정부령으로 정하는 자

(2) 월정액급여의 판단

매월 직급별로 받는 봉급 · 급료 · 보수 · 임금 · 수당 등 급여 총액 − 해당 과세기간 중에 받는 상여 등 부정기적인 급여 − 실비변상적 성질의 급여 − 연장근로 · 야간근로 또는 휴일근로를 하여 통상임금에 더하여 받는 급여 및 선원법에 따라 받는 생산수당

위 문제의 경우 월정액급여를 계산하면 다음과 같다.

2,400,000 − 500,000 − (250,000 − 50,000) − 250,000 = 1,450,000

↳ 상여 ↳ 실비변상적(자가운전보조금) ↳ 연장근무수당

∴ 생산직 甲이 받는 연장근무수당은 비과세된다.

문제 61 [법인세법] 법인세 총설

유 형	이론형		
중요도	★★★	정답	②

정답해설

① 다만, 비영리내국법인의 경우에는 각 사업연도 소득과 토지등 양도소득으로 한정한다.

② 출자지분의 양도로 인하여 생기는 수입은 비영리내국법인의 각 사업연도의 소득에 포함되지 않는다.
→ 포함된다. 출자지분의 양도로 인하여 생기는 수입은 비영리내국법인의 각 사업연도의 소득에 포함된다.
*관련이론

④ 해산한 경우에는 해산등기일, 잔여재산가액이 확정된 경우에는 잔여재산 확정일 등 대부분의 경우 사유가 발생한 날이 기준일이 되어 사업연도가 나뉘지만, 연결사업연도의 경우 연결사업연도 개시일부터 연결납세방식이 적용되기 때문에 연결납세방식을 적용받는 경우는 개시일의 전날이 된다.

✔ 법령 CHECK

① 법인세법 제4조 제1항
② 법인세법 제4조 제3항
③ 법인세법 제4조 제5항
④ 법인세법 제8조 제5항
⑤ 법인세법 제11조 제1항

관련이론 비영리내국법인의 각 사업연도 소득에 포함되는 것

1. 제조업, 건설업, 도매업・소매업 등 「통계법」에 따라 통계청장이 작성・고시하는 한국표준산업분류에 따른 사업으로서 대통령령으로 정하는 것
2. 「소득세법」에 따른 이자소득
3. 「소득세법」에 따른 배당소득
4. 주식・신주인수권 또는 출자지분의 양도로 인하여 생기는 수입
5. 유형자산 및 무형자산의 처분으로 인하여 생기는 수입(단, 고유목적사업에 직접 사용하는 자산의 처분으로 인하여 생기는 대통령령으로 정하는 수입은 제외)
6. 「소득세법」에 따른 자산의 양도로 인하여 생기는 수입
7. 위의 1~2 외에 대가를 얻는 계속적 행위로 인하여 생기는 수입으로서 대통령령으로 정하는 것

문제 62 [법인세법] 손익의 귀속시기

유 형	이론형		
중요도	★★★	정답	⑤

정답해설

1 제23기

- 회계상 처리 : 없음
- 세법상 처리 :

(차) 미수배당금	5,000,000	(대) 배당금수익	5,000,000

- 세무조정 : 〈익금산입〉 배당금수익 5,000,000 (유보)

※ 법인세법상 배당금의 귀속시기는 소득세법 시행령 제46조를 준용하고 있다. 소득세법 시행령 제46조에 의하면 잉여금 처분의 배당은 '당해 법인의 잉여금 처분결의일'이다.

2 제24기

- 회계상 처리 :

(차) 현 금	5,000,000	(대) 배당금수익	5,000,000

- 세법상 처리 : 없음
- 세무조정 : 〈익금불산입〉 배당금수익 5,000,000 (△유보)

∴ 〈익금불산입〉 배당금수익 5,000,000 (△유보)

법령 CHECK

법인세법 시행령 제70조 제2항

문제 63 [법인세법] 손금의 범위

유 형	이론형		
중요도	★★	정답	①

정답해설

ㄱ. 「채무자 회생 및 파산에 관한 법률」에 따른 회생계획인가의 결정에 따라 회수불능으로 확정된 채권은 ~~당해 채권을 손금으로 계상한 날이 속하는 사업연도의 손금으로 한다~~.

→ 확정된 사업연도의 손금으로 한다. 신고조정사항이기 때문에 채권을 손금으로 계상한 날이 아니라, 회수불능으로 확정된 때에 손금으로 계상하지 않았다면, 반드시 손금산입으로 조정해야 한다. *관련이론1

ㄴ. 내국법인이 임원 및 사용인에게 지급하는 성과배분상여금은 잉여금의 처분을 손비로 계상한 것이라도 각 사업연도의 소득금액을 계산할 때 ~~손금에 산입한다~~.

→ 손금에 산입하지 않는다.

ㄹ. 내국법인이 해당 법인 이외의 자와 출자에 의하여 특정사업을 공동으로 영위함에 따라 발생된 손비에 대한 분담금액은 출자총액 중 당해 법인이 ~~출자한 금액의 비율에 우선하여 당해 공동사업자 사이의 약정에 따른 분담비율을 기준으로 정한다~~.

→ 출자한 금액의 비율을 적용한다. *관련이론2

∴ 옳은 항목은 ㄷ이다.

법령 CHECK

ㄱ. 법인세법 시행령 제19조의2
ㄴ, ㄷ. 법인세법 시행령 제19조
ㄹ. 법인세법 시행령 제48조

관련이론1 **대손금의 결산조정사항과 신고조정사항**

(1) 대손금의 결산조정사항

1) 물품의 수출 또는 외국에서의 용역제공으로 발생한 채권으로서 기획재정부령으로 정하는 사유에 해당하여 무역에 관한 법령에 따라 「무역보험법」 제37조에 따른 한국무역보험공사로부터 회수불능으로 확인된 채권
2) 채무자의 파산, 강제집행, 형의 집행, 사업의 폐지, 사망, 실종 또는 행방불명으로 회수할 수 없는 채권
3) 부도발생일부터 6개월 이상 지난 수표 또는 어음상의 채권 및 외상매출금(중소기업의 외상매출금으로서 부도발생일 이전의 것에 한정한다). 다만, 해당 법인이 채무자의 재산에 대하여 저당권을 설정하고 있는 경우는 제외
4) 중소기업의 외상매출금 및 미수금(이하 '외상매출금등'이라 한다)으로서 회수기일이 2년 이상 지난 외상매출금등. 다만, 특수관계인과의 거래로 인하여 발생한 외상매출금등은 제외
5) 재판상 화해 등 확정판결과 같은 효력을 가지는 것으로서 기획재정부령으로 정하는 것에 따라 회수불능으로 확정된 채권
6) 회수기일이 6개월 이상 지난 채권 중 채권가액이 30만원 이하(채무자별 채권가액의 합계액을 기준으로 한다)인 채권
7) 금융회사 등의 채권(여신전문금융회사인 신기술사업금융업자의 경우에는 신기술사업자에 대한 것에 한정) 중 다음의 채권
   ① 금융감독원장이 기획재정부장관과 협의하여 정한 대손처리기준에 따라 금융회사 등이 금융감독원장으로부터 대손금으로 승인받은 것
   ② 금융감독원장이 ①의 기준에 해당한다고 인정하여 대손처리를 요구한 채권으로 금융회사 등이 대손금으로 계상한 것
8) 「벤처투자 촉진에 관한 법률」에 따른 중소기업창업투자회사의 창업자에 대한 채권으로서 중소벤처기업부장관이 기획재정부장관과 협의하여 정한 기준에 해당한다고 인정한 것

(2) 대손금의 신고조정사항

1) 소멸시효가 완성된 채권
2) 「채무자 회생 및 파산에 관한 법률」에 의한 회생계획인가의 결정 또는 법원의 면책결정에 따라 회수불능으로 확정된 채권
3) 「민사집행법」에 의하여 채무자의 재산에 대한 경매가 취소된 압류채권
4) 「서민의 금융생활 지원에 관한 법률」에 따른 채무조정을 받아 신용회복지원협약에 따라 면책으로 확정된 채권

관련이론2 **공동경비 배분기준**

구 분		공동경비 배분기준
출자에 의하여 특정사업을 공동으로 영위하는 경우		출자비율
비출자공동사업자	특수관계인인 경우	직전 사업연도 또는 해당 사업연도의 매출액 총액과 총자산가액 중 법인 선택
	특수관계인이 아닌 경우	약정에 따른 분담비율(분담비율이 없으면 특수관계인과 동일)

※ 법인이 선택하지 않은 경우에는 전기 매출액비율을 적용하며, 선택한 사업연도부터 연속하여 5개 사업연도 동안 적용해야 한다.

문제 64 [법인세법] 손익의 귀속시기, 자산의 취득과 평가

유 형	이론형		
중요도	★★★	정답	④

정답해설

① 내국법인이 수행하는 계약기간 3년 미만인 건설 등의 제공으로 인한 익금과 손금은 ~~그 목적물의 인도일이 속하는 사업연도의 익금과 손금에 산입하여야 한다~~.

→ 건설 용역의 진행률 기준(건설등을 완료한 정도 등)으로 익금과 손금에 산입하여야 한다. 단, 중소기업이 계약기간 1년 미만의 단기건설 또는 용역을 제공하는 경우에 한하여 신고조정을 통해 인도기준 또는 완성기준을 적용할 수 있다.

② 상품 등 외의 자산의 양도로 인한 익금 및 손금의 귀속사업연도는 그 대금을 ~~청산하기로 한 날~~이 속하는 사업연도로 한다.

→ 청산한 날, 소유권이전등기(등록)일・인도일・사용수익 중 빠른 날

③ 「자본시장과 금융투자에 관한 법률」에 따른 증권시장에서 증권시장업무규정에 따라 보통거래방식으로 한 유가증권의 매매로 인한 익금과 손금의 귀속사업연도는 ~~매매대금의 수수일이 속하는 사업연도~~로 한다.

→ 매매계약을 체결한 날이 속하는 사업연도

④ 유형고정자산 외의 재고자산(분양용 토지 등) 취득 시 함께 취득한 국공채의 현재가치차액은 당해 자산의 취득가액에 포함하지 아니함에 주의한다.

⑤ 재고자산을 평가할 때 해당 자산을 제품 및 상품, 재공품, 원재료로 구분할 수는 있으나, ~~종류별・영업장별로 각각 다른 방법에 의하여 평가할 수는 없다~~.

→ 종류별・영업장별로 각각 다른 방법에 의하여 평가할 수 있다. 다만, 이 경우 종목별・영업장별로 수익과 비용을 구분하여 기장하고 제조원가보고서와 손익계산서를 각각 작성하여야 한다.

✔ 법령 CHECK

① 법인세법 시행령 제69조 제1항
②, ③ 법인세법 시행령 제68조
④ 법인세법 시행령 제72조 제3항 제3호
⑤ 법인세법 시행령 제74조 제2항

관련이론 손익의 귀속시기

(1) 상품(부동산을 제외한다)・제품 또는 기타 상품의 판매 : 그 상품 등을 인도한 날

(2) 상품 등의 시용판매 : 상대방이 그 상품 등에 대한 구입의 의사를 표시한 날. 단, 일정기간 내에 반송하거나 거절의 의사를 표시하지 아니하면 특약 등에 의하여 그 판매가 확정되는 경우에는 그 기간의 만료일

(3) 상품 등 외의 자산(부동산 포함)의 양도 : 그 대금을 청산한 날[단, 대금을 청산하기 전에 소유권 등의 이전등기(등록을 포함)를 하거나 당해 자산을 인도하거나 상대방이 당해 자산을 사용수익하는 경우에는 그 이전등기일(등록일을 포함)・인도일 또는 사용수익일 중 빠른 날]

(4) 자산의 위탁매매 : 수탁자가 그 위탁자산을 매매한 날

(5) 유가증권의 매매 : 매매계약을 체결한 날

(6) 법인이 장기할부조건으로 자산을 판매하거나 양도한 경우로서 판매 또는 양도한 자산의 인도일이 속하는 사업연도의 결산을 확정함에 있어서 해당 사업연도에 회수하였거나 회수할 금액과 이에 대응하는 비용을 각각 수익과 비용으로 계상한 경우 : 장기할부조건에 따라 각 사업연도에 회수하였거나 회수할 금액과 이에 대응하는 비용을 각각 해당 사업연도의 익금과 손금에 산입(단, 중소기업인 법인이 장기할부조건으로 자산을 판매하거나 양도한 경우에는 결산에 반영했는지 여부와 관계없이 그 장기할부조건에 따라 각 사업연도에 회수하였거나 회수할 금액과 이에 대응하는 비용을 각각 해당 사업연도의 익금과 손금에 산입할 수 있다)

(7) 장기할부조건 등에 의하여 자산을 판매하거나 양도함으로써 발생한 채권에 대하여 기업회계기준이 정하는 바에 따라 현재가치로 평가하여 현재가치할인차금을 계상한 경우 : 해당 현재가치할인차금상당액은 해당 채권의 회수기간 동안 기업회계기준이 정하는 바에 따라 환입하였거나 환입할 금액을 각 사업연도의 익금에 산입

문제 65 [법인세법] 법인세 신고와 납부

유 형	이론형		
중요도	★★	정답	①

정답해설

② 내국법인의 납부할 세액이 2천만원을 초과하는 경우에는 ~~납부할 세액에서 1천만원을 초과하는 금액을~~ 납부기한이 지난 날부터 1개월 이내에 분납할 수 있다.

→ 납부할 세액의 50% 이하의 금액을. 납부할 세액이 2천만원 이하인 경우에는 납부할 세액에서 1천만원을 초과하는 금액을 분납할 수 있으며, 중소기업의 경우에 분납은 2개월 이내에 가능하다.

③ 내국법인이 직전 사업연도의 법인세로서 확정된 산출세액을 직전 사업연도의 월수로 나눈 금액에 6을 곱하여 중간예납세액을 계산하는 경우, 직전 사업연도의 법인세로서 확정된 산출세액에는 가산세를 ~~제외한다~~.

→ 포함한다.

④ 내국법인은 각 사업연도의 소득에 대한 법인세 산출세액에 해당사업연도에 원천징수된 세액을 ~~합산한 금액을~~ 각 사업연도의 소득에 대한 법인세로서 납부하여야 한다.

→ 차감한 금액을

⑤ 법인세가 수시부과된 사업연도에 대해서는 당해 수시부과로써 그 신고의무가 완료된 것이므로 해당 각 사업연도의 소득에 대한 별도의 법인세 과세표준 등의 ~~신고의무는 없다~~.

→ 신고의무는 있다. 수시부과를 한 경우라도 각 사업연도에 대한 정규 과세표준 신고는 하여야 한다. 수시부과가 되는 경우는 신고를 하지 아니하고 본점등을 이전한 경우, 사업부진 기타의 사유로 인하여 휴업 또는 폐업상태에 있는 경우, 기타 조세를 포탈할 우려가 있다고 인정되는 상당한 이유가 있는 경우이다.

법령 CHECK

① 법인세법 제60조 제7항
② 법인세법 시행령 제101조
③ 법인세법 제63조의2 제2항
④ 법인세법 제64조 제1항
⑤ 법인세법 제69조 제1항

합격의 TIP

출제된 ①번 지문의 경우 수험생이 자주 접하지 않은 지문이다. 하지만 다른 지문은 공부할 때 자주 보았던 지문이기 때문에 ①번의 옳고 그름을 모르더라도 정답을 ①번으로 선택해야 한다.

문제 66 [법인세법] 과세표준과 세액

유 형	계산형		
중요도	★★	정답	①

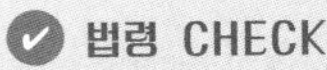

정답해설

결손금소급공제 *관련이론

1 결손금소급공제 환급세액 : Min(①, ②)

① 전기 산출세액 – 소급공제한 전기 산출세액*
= 37,000,000 – (300,000,000 – 100,000,000) × 9%
= 19,000,000
* 소급공제한 전기산출세액 = (직전 연도 과세표준 – 소급공제 결손금) × 직전 연도 세율

② 전기 산출세액 – 전기 공제 · 감면세액
= 37,000,000 – 21,000,000 = 16,000,000

∴ 결손금소급공제에 의한 환급세액 : 16,000,000

법령 CHECK

법인세법 제72조

합격의 TIP

심화학습으로 2023년 66번을 함께 학습해 보자.

관련이론 결손금소급공제

(1) 요건(다음의 요건을 모두 만족해야 함)
1) 결손금이 발생한 사업연도에 조세특례제한법상 중소기업일 것
2) 전기 및 당기에 법인세를 기한 내에 신고하였을 것
3) 결손금소급공제에 따른 환급을 신청하였을 것

(2) 환급세액 = Min(①, ②)
① 산출세액의 차액 : 전기 산출세액 – (전기 과세표준 – 소급공제결손금) × 전기 세율
② 한도액 : 전기 산출세액 – 전기 감면 · 공제세액
※ 만약, 결손금이 감소된 경우 환급세액에 이자상당액을 가산한 금액을 해당 결손금이 발생한 사업연도의 법인세로 징수한다.
※ 환급세액은 산출세액의 차액이므로 토지 등 양도소득에 대한 법인세, 가산세, 추가납부세액은 결손금 소급공제를 해도 환급되지 않는다.

문제 67 [법인세법] 감가상각비

유 형	계산형		
중요도	★★★	정답	⑤

정답해설

1 기계장치의 분석

1) 제23기 재무상태표 취득가액 : 300,000,000
2) 제23기 재무상태표 감가상각누계액 : 50,000,000
3) 제23기 기계장치의 유보잔액 : 15,000,000
4) 제24기 수선비로 계상한 금액 : 25,000,000
5) 제24기 세무조정 결과 : 시인부족액 27,000,000
6) 세무상 감가상각방법 : 정률법 0.300(감가상각 방법을 신고하지 않았으므로 정률법을 사용한다)

2 세법상 감가상각비 한도

1) 제24기 수선비로 계상한 금액 비용의 적정성 검토
   = (300,000,000 − 50,000,000) × 5%
   = 12,500,000
   제24기 수선비 25,000,000 > 12,500,000
   ∴ 비용이 아닌 즉시상각의제 대상
2) 제24기 세법상 한도
   = (전기말 장부가액 + 유보잔액 + 즉시상각의제 *관련이론) × 상각률
   = (300,000,000 − 50,000,000 + 15,000,000 + 25,000,000) × 0.300
   = 87,000,000

3 제24기에 계상한 장부상 감가상각비(X)값

→ X + 즉시상각의제 = 세법상 한도 − 시인부족액
→ X + 25,000,000 = 87,000,000 − 27,000,000
→ X = 35,000,000

∴ 2024년 회계상 감가상각비
= 87,000,000 − 27,000,000 − 25,000,000
= 35,000,000

법령 CHECK

법인세법 시행령 제31조
법인세법 시행령 제32조

합격의 TIP

감가상각비는 거의 매년 출제된다고 봐도 될 정도로 자주 출제된다. 2016년의 경우 세무조정의 흐름을 응용하여, 역으로 회계상 감가상각비 한도를 구하는 문제가 출제되었다. 계산문제는 응용이 되더라도 전체적인 계산 구조를 알고 있으면 풀 수 있는 문제이므로, 세무조정과정을 정확하게 숙지해두자!

관련이론 **즉시상각의제**

(1) 의 의

법인이 감가상각자산을 취득하기 위하여 지출한 금액과 감가상각자산에 대한 자본적 지출에 해당하는 금액을 손금으로 계상한 경우에는 이를 감가상각한 것으로 보는 것(결국 즉시상각의제가 적용되면, 시부인대상 감가상각비가 감가상각비로 계상되어 있는 금액보다 늘어남)

(2) 자본적 지출에 해당하는 것

1) 본래의 용도를 변경하기 위한 개조
2) 엘리베이터 또는 냉난방장치의 설치
3) 빌딩 등에 있어서 피난시설 등의 설치
4) 재해 등으로 인하여 멸실 또는 훼손되어 본래의 용도에 이용할 가치가 없는 건축물・기계・설비 등의 복구
5) 기타 개량・확장・증설 등 1) ~ 4)와 유사한 성질의 것

(3) 즉시상각의제 대상이 아닌 것

1) 개별자산별로 수선비로 지출한 금액이 600만원 미만인 경우
2) 개별자산별로 수선비로 지출한 금액이 직전 사업연도종료일 현재 재무상태표상의 자산가액(취득가액에서 감가상각누계액상당액을 차감한 금액을 말한다)의 100분의 5에 미달하는 경우
3) 3년 미만의 기간마다 주기적인 수선을 위하여 지출하는 경우
4) 고유업무의 성질상 대량으로 보유해야 하는 자산*이나, 사업의 개시 또는 확장을 위하여 취득한 자산이 아니라면, 취득가액이 거래단위별로 100만원 이하인 감가상각자산에 대하여는 손금 인정

* 고유업무의 성질상 대량으로 보유해야 하는 자산 중 손금 인정 되는 것

1. 어업에 사용되는 어구(어선용구를 포함)
2. 영화필름, 공구, 가구, 전기기구, 가스기기, 가정용 기구・비품, 시계, 시험기기, 측정기기 및 간판
3. 대여사업용 비디오테이프 및 음악용 콤팩트디스크로서 개별자산의 취득가액이 30만원 미만인 것
4. 전화기(휴대용 전화기를 포함한다) 및 개인용 컴퓨터(그 주변기기를 포함한다)

(4) 시설의 개체 또는 기술의 낙후로 인하여 생산설비의 일부를 폐기 또는 사업의 폐지 또는 사업장의 이전으로 임대차계약에 따라 임차한 사업장의 원상회복을 위하여 시설물을 철거하는 경우

자산의 장부가액에서 1천원을 공제한 금액을 폐기일이 속하는 사업연도의 손금 산입가능

(5) 감가상각자산이 진부화, 물리적 손상 등에 따라 시장가치가 급격히 하락하여 법인이 기업회계기준에 따라 손상차손을 계상한 경우

즉시상각의제를 적용하여 계산한 세법상 감가상각 한도 내에서만 손금산입 가능

유 형	계산형		
중요도	★★★	정답	③

문제 68 [법인세법] 세무조정과 소득처분, 자산의 취득과 평가

정답해설

1 토지 세무조정

〈손금산입〉 토지 1,000,000 (△유보)
〈손금불산입〉 가산세 1,000,000 (기타사외유출)

2 매출채권 세무조정

제23기 : 〈손금산입〉 매출채권 3,000,000 (△유보)
제24기 : 〈손금불산입〉 매출채권 1,000,000 (유보)

3 재고자산 *관련이론

제23기 : 〈손금불산입〉 재고자산 400,000 (유보)
제24기 : 〈손금산입〉 재고자산 400,000 (△유보)

4 위의 세무조정에 대한 '자본금과 적립금조정명세서(을)'표를 작성해보면 다음과 같다.

사업연도	2024.1.1. ~ 12.31.	자본금과 적립금조정명세서(을)		(단위 : 원)
과목 또는 사항	기초잔액	당기중증감		기말잔액
		감 소	증 가	
토 지			△1,000,000	△1,000,000
매출채권	△3,000,000	△1,000,000		△2,000,000
상 품	400,000	400,000		
합 계				△3,000,000

∴ ㄱ에 들어갈 금액 : △3,000,000

법령 CHECK

법인세법 시행령 제74조 제4항

관련이론 **재고자산 평가방법의 무신고 또는 임의변경 시 평가방법**

(1) 무신고
선입선출법 적용

(2) 임의변경
1) 신고한 평가방법 외의 방법으로 평가한 경우
Max{선입선출법(매매를 목적으로 소유하는 부동산의 경우에는 개별법), 신고한 방법}
2) 기한 내에 재고자산의 평가방법변경신고를 하지 아니하고 그 방법을 변경한 경우
Max{선입선출법(매매를 목적으로 소유하는 부동산의 경우에는 개별법), 기신고했었던 방법}

문제 69 [법인세법] 그 밖의 법인세

유 형	계산형		
중요도	★	정답	②

정답해설

1 잔여재산가액 : 100,000,000

2 자기자본총액 구하기

1) 해산등기일 현재 납입자본금 : 80,000,000
2) 자본잉여금 : 30,000,000
※ 해산등기일 전 2년 이내에 납입한 자본금이 없으므로, 자본잉여금에서 제외할 금액은 없음
3) 이익잉여금 : 10,000,000
4) 잉여금에 가산할 유보 : 0
5) 잉여금에 차감할 유보 : 0
6) 자기자본에 반영할 이월결손금 구하기
= Min(잉여금, 이월결손금)
= Min(30,000,000 + 10,000,000, 50,000,000)
= 40,000,000
7) 자기자본총액
= 80,000,000 + 30,000,000 + 10,000,000 − 40,000,000
= 80,000,000

3 청산소득금액

= 잔여재산가액 − 자기자본총액
= 100,000,000 − 80,000,000
= 20,000,000

∴ 2024년 청산소득금액
= 100,000,000 − (80,000,000 + 30,000,000 + 10,000,000 − 40,000,000)
= 20,000,000

법령 CHECK

법인세법 제79조

합격의 TIP

청산소득금액은 1차 때 자주 출제되지는 않는 분야이다. 여유가 있을 경우 숙지하고 있으면 쉽게 접근할 수 있지만, 아닌 경우에는 과감히 PASS하자! 세무사 1차는 시간 싸움이다. 청산소득에서는 자기자본총액을 구하는 것이 핵심이므로 여력이 되는 수험생은 위의 해설에 제시한 순서에 따라 자기자본총액을 구하는 방법을 알아두자.

문제 70 [법인세법] 과세표준과 세액

유 형	계산형		
중요도	★	정답	④

정답해설

재해손실세액공제 *관련이론

1 재해상실비율 = $\frac{\text{상실된 사업용자산가액}}{\text{상실 전의 사업용자산가액}}$

$= \frac{\text{건물 } 140{,}000{,}000 + \text{기타자산 } 70{,}000{,}000}{\text{건물 } 200{,}000{,}000 + \text{기타자산 } 100{,}000{,}000}$

= 70%

※ 타인 소유의 자산으로서 그 상실로 인한 변상책임이 당해 법인에게 있는 것만 사업용자산가액에 포함되므로, ㈜A가 보관하던 타인 소유 자산은 사업용자산가액에 포함되지 않는다.

2 **재해손실세액공제액** : Min(①, ②)

① {280,000,000(산출세액) + 40,000,000(가산세)} × 70%(재해상실비율) = 224,000,000

② 상실재산가액 : 210,000,000

∴ 재해손실세액공제액 : 210,000,000

법령 CHECK

법인세법 제58조

합격의 TIP

2016년에서 2021년까지 한번 출제된 주제로 빈출도는 매우 낮은 편에 속하는 문제이다.

관련이론 **재해손실세액공제**

(1) 요 건

천재지변이나 기타 재해로 사업용 자산총액의 20% 이상을 상실하여 납세가 곤란하다고 인정되는 경우

(2) 사업용 자산가액의 범위

1) 토지를 제외한 사업용 자산

2) 타인 소유의 자산으로서 그 상실로 인한 변상책임이 당해 법인에게 있는 것

(3) 재해손실세액공제 계산 시 적용되는 미납된 법인세의 범위

1) 재해 발생일 현재 부과되지 아니한 법인세와 부과된 법인세로서 미납된 법인세(법인세에 따른 가산세를 포함)

2) 재해 발생일이 속하는 사업연도의 소득에 대한 법인세

문제 71 [부가가치세법] 과세거래

유 형	이론형		
중요도	★★★	정답	⑤

정답해설

①, ②, ③, ④ 재화 공급의 특례 *관련이론

⑤ 사업용 자산을 「상속세 및 증여세법」에 따라 물납(物納)하는 것은 ~~재화의 공급으로 본다~~.
→ 재화의 공급으로 보지 않는다.

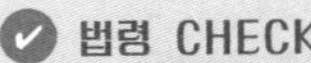

①, ②, ③, ④, ⑤ 부가가치세법 제10조

합격의 TIP

매우 자주 출제되는 주제이다. 계산형 문제에서 자료를 분석할 때도 자주 응용되는 주제이므로 정확히 알아두자.

관련이론 재화 공급의 특례(간주공급)

(1) 사업자가 자기의 과세사업과 관련하여 생산하거나 취득한 재화로서 매입세액이 공제된 재화를 자기의 면세사업을 위하여 직접 사용하거나 소비하는 경우

(2) 사업양도로 취득한 재화로서 사업양도자가 매입세액을 공제받은 재화를 자기의 면세사업을 위하여 직접 사용하거나 소비하는 경우

(3) 내국신용장 또는 구매확인서에 의한 수출에 해당하여 영(零)퍼센트의 세율을 적용받는 재화

(4) 사업자가 자기생산·취득재화를 「개별소비세법」에 따른 자동차로 사용 또는 소비하거나 그 자동차의 유지를 위하여 사용 또는 소비하는 경우

(5) 운수업, 자동차 판매업 등 대통령령으로 정하는 업종(「개별소비세법」에 따른 자동차와 매입세액이 공제되는 업종)의 사업을 경영하는 사업자가 자기생산·취득재화 중 「개별소비세법」에 따른 자동차와 그 자동차의 유지를 위한 재화를 해당 업종에 직접 영업으로 사용하지 아니하고 다른 용도로 사용하는 경우

(6) 사업장이 둘 이상인 사업자가 자기의 사업과 관련하여 생산 또는 취득한 재화를 판매할 목적으로 자기의 다른 사업장에 반출하는 경우(단, 사업자 단위 과세 사업자나 주사업장 총괄 납부의 적용을 받을 때는 재화의 공급으로 보지 않음)
※ 만약 주사업장 총괄 납부의 적용을 받는 사업자가 세금계산서를 발급하고, 부가가치세 신고를 하는 경우에는 재화의 공급으로 본다.

(7) 사업자가 자기생산·취득재화를 사업과 직접적인 관계없이 자기의 개인적인 목적이나 그 밖의 다른 목적을 위하여 사용·소비하거나 사용인 또는 그 밖의 자가 사용·소비하는 것으로서 사업자가 그 대가를 받지 아니하거나 시가보다 낮은 대가를 받는 경우(이 경우 사업자가 실비변상적이거나 복리후생적인 목적으로 그 사용인에게 대가를 받지 아니하거나 시가보다 낮은 대가를 받고 제공하는 것으로서 아래의 3가지는 제외)
1) 사업을 위해 착용하는 작업복, 작업모 및 작업화를 제공하는 경우
2) 직장 연예 및 직장 문화와 관련된 재화를 제공하는 경우
3) 다음의 어느 하나에 해당하는 재화를 제공하는 경우. 이 경우 각각 사용인 1명당 연간 10만원을 한도로 하며, 10만원을 초과하는 경우 해당 초과액에 대해서는 재화의 공급으로 본다.
① 경조사와 관련된 재화
② 설날·추석, 창립기념일 및 생일 등과 관련된 재화

(8) 사업자가 자기생산・취득재화를 자기의 고객이나 불특정 다수에게 증여하는 경우. 단, 아래의 5가지는 제외
1) 증여하는 재화의 대가가 주된 거래인 재화의 공급에 대한 대가에 포함하는 경우
2) 사업을 위하여 대가를 받지 아니하고 다른 사업자에게 인도하거나 양도하는 견본품
3) 광고선전용으로 불특정 다수인에게 배포하는 광고선전물
4) 「재난 및 안전관리 기본법」의 적용을 받아 특별재난지역에 공급하는 물품
5) 자기적립마일리지등으로만 전부를 결제받고 공급하는 재화

(9) 사업자가 폐업할 때 자기생산・취득재화 중 남아 있는 재화

(10) 위탁매매 또는 대리인에 의한 매매를 할 때에는 위탁자 또는 본인이 직접 재화를 공급하거나 공급받은 것(다만, 위탁자 또는 본인을 알 수 없는 경우로서 대통령령으로 정하는 경우에는 수탁자 또는 대리인에게 재화를 공급하거나 수탁자 또는 대리인으로부터 재화를 공급받은 것으로 봄)

(12) 「신탁법」 제10조에 따라 위탁자의 지위가 이전되는 경우에는 기존 위탁자가 새로운 위탁자에게 신탁재산을 공급한 것(다만, 신탁재산에 대한 실질적인 소유권의 변동이 있다고 보기 어려운 경우로서 대통령령으로 정하는 경우에는 신탁재산의 공급으로 보지 아니함)

참고 1. 재화의 공급으로 보지 아니하는 것

(1) 질권, 저당권 또는 양도담보의 목적으로 동산, 부동산 및 부동산상의 권리를 제공하는 것

(2) 사업에 관한 모든 권리와 의무를 포괄적으로 승계시키는 것(단, 사업을 양수받는 자가 대가를 지급하는 때에 그 대가를 받은 자로부터 부가가치세를 징수하여 납부한 경우는 제외)

(3) 법률에 따라 조세를 물납하는 것으로서 대통령령으로 정하는 것

(4) 신탁재산의 소유권 이전으로서 다음 중 하나에 해당하는 것
1) 위탁자로부터 수탁자에게 신탁재산을 이전하는 경우
2) 신탁의 종료로 인하여 수탁자로부터 위탁자에게 신탁재산을 이전하는 경우
3) 수탁자가 변경되어 새로운 수탁자에게 신탁재산을 이전하는 경우

(5) 보세구역에 있는 조달청 창고에 보관된 물품에 대하여 조달청장이 발행하는 창고증권의 양도로서 임치물의 반환이 수반되지 아니하는 것(창고증권을 가진 사업자가 보세구역의 다른 사업자에게 인도하기 위하여 조달청 창고에서 임치물을 넘겨받는 경우를 포함)

(6) 보세구역에 있는 기획재정부령으로 정하는 거래소의 지정창고에 보관된 물품에 대하여 같은 거래소의 지정창고가 발행하는 창고증권의 양도로서 임치물의 반환이 수반되지 아니하는 것(창고증권을 가진 사업자가 보세구역의 다른 사업자에게 인도하기 위하여 지정창고에서 임치물을 넘겨받는 경우를 포함)

(7) 사업자가 위탁가공을 위하여 원자재를 국외의 수탁가공 사업자에게 대가 없이 반출하는 것('영세율' 적용되는 것은 제외)

(8) 「한국석유공사법」에 따른 한국석유공사가 「석유 및 석유대체연료 사업법」에 따라 비축된 석유를 수입통관하지 아니하고 보세구역에 보관하면서 제8조 제6항에 따른 국내사업장이 없는 비거주자 또는 외국법인과 무위험차익거래 방식으로 소비대차(消費貸借)하는 것

(9) 「국세징수법」에 따른 공매(국세징수법에 따른 수의계약에 따라 매각하는 것을 포함)에 따라 재화를 인도하거나 양도하는 것

(10) 「민사집행법」에 따른 경매(같은 법에 따른 강제경매, 담보권 실행을 위한 경매와 「민법」・「상법」 등 그 밖의 법률에 따른 경매를 포함한다)에 따라 재화를 인도하거나 양도하는 것

(11) 「도시 및 주거환경정비법」, 「공익사업을 위한 토지 등의 취득 및 보상에 관한 법률」 등에 따른 수용절차에서 수용대상 재화의 소유자가 수용된 재화에 대한 대가를 받는 경우

문제 72 [부가가치세법] 과세거래

유 형	이론형		
중요도	★★★	정답	⑤

정답해설

① 기한부판매의 경우에는 기한이 지나 판매가 확정되는 때를 재화의 공급시기로 본다.

② 완성도기준지급조건부로 재화를 공급하는 경우 대가의 각 부분을 받기로 한 때를 재화의 공급시기로 보지만, 재화가 인도되거나 이용가능하게 되는 날 이후에 받기로 한 대가의 부분에 대해서는 재화가 인도되거나 이용가능하게 되는 날을 그 재화의 공급시기로 본다.

③ 무인판매기를 이용하여 재화를 공급하는 경우 해당 사업자가 무인판매기에서 현금을 꺼내는 때를 재화의 공급시기로 본다.

⑤ 전력이나 그 밖에 공급단위를 구획할 수 없는 재화를 계속적으로 공급하는 경우에는 ~~예정신고기간 또는 과세기간의 종료일을 재화의 공급시기로 본다~~.
→ 대가의 각 부분을 받기로 한 때를 재화의 공급시기로 본다.

법령 CHECK

①, ②, ③, ⑤ 부가가치세법 시행령 제28조
④ 부가가치세법 시행령 제29조

합격의 TIP

①, ②, ④, ⑤번 지문은 과거에 출제되었던 기출지문이 거의 그대로 출제되었다. 자주출제되는 지문은 반드시 알아두어야 한다.

관련이론1 **재화의 공급시기**

구 분	공급시기
현금・외상・할부판매	재화가 인도되거나 이용가능하게 되는 때
장기할부판매	재화를 공급하고 그 대가를 월부・연부 그 밖의 할부방법에 따라 받는 경우로서 대가를 2회 이상 분할하여 받고 해당 재화를 인도한 날의 다음 날부터 최종 할부금 지급기일까지의 기간이 1년 이상인 장기할부판매 경우 대가의 각 부분을 받기로 한 때
중간지급조건부	다음 중 어느 하나에 해당하는 중간지급조건부의 경우 대가의 각 부분을 받기로 한 때 • 계약금을 받기로 한 날의 다음 날부터 용역의 제공을 완료하는 날까지의 기간이 6개월 이상인 경우로서 그 기간 이내에 계약금 외의 대가를 분할하여 받는 경우 • 「국고금 관리법」 제26조에 따라 경비를 미리 지급받는 경우 • 「지방회계법」 제35조에 따라 선금급을 지급받는 경우
조건부판매 및 기한부 판매	반환조건부판매・동의조건부판매 그 밖의 조건부 및 기한부판매의 경우에는 그 조건이 성취되거나 기한이 경과되어 판매가 확정되는 때
완성도기준지급조건부	공급자는 일의 완성도를 측정하여 기성금을 청구하고 공급받는 자가 완성도를 확인하여 대가를 확정하는 완성도기준지급조건부의 경우 대가의 각 부분을 받기로 한 때
재화의 공급으로 보는 가공	가공된 재화를 인도하는 때
면세전용, 비영업용 승용자동차, 개인적 공급	재화를 사용하거나 소비하는 때
직매장 반출	재화를 반출하는 때
사업상증여	재화를 증여하는 때
폐업할 때 남아 있는 재화	폐업일
무인판매기에 의한 공급	무인판매기에서 현금을 꺼내는 때
수출재화	• 내국물품의 외국 반출, 중계무역방식의 수출 : 수출재화의 선(기)적일 • 원양어업, 위탁판매수출 : 수출재화의 공급가액이 확정되는 때 • 위탁가공무역방식의 수출, 외국인도수출 : 외국에서 해당 재화가 인도되는 때
조달청과 런던금속거래소 창고증권의 양도	• 창고증권을 소지한 사업자가 해당 조달청 창고 또는 거래소의 지정창고에서 실물을 넘겨받은 후 보세구역의 다른 사업자에게 해당 재화를 인도하는 경우 : 해당 재화를 인도하는 때 • 해당 재화를 실물로 넘겨받는 것이 재화의 수입에 해당하는 경우 : 그 수입신고 수리일 • 국내로부터 조달청 창고 또는 거래소의 지정창고에 임치된 임치물이 국내로 반입되는 경우 : 그 반입신고 수리일
보세구역에서 수입하는 재화	사업자가 보세구역 안에서 보세구역 밖의 국내에 재화를 공급하는 경우 재화의 수입신고 수리일
계속적 공급	전력 기타 공급단위를 구획할 수 없는 재화 또는 용역을 계속적으로 공급하는 경우 대가의 각 부분을 받기로 한 때
위탁매매	• 수탁자 또는 대리인의 공급시기를 기준으로 공급시기 판정 • 위탁자 또는 본인을 알 수 없는 경우 위탁자와 수탁자 또는 본인과 대리인 사이에도 공급이 이루어진 것으로 보아 공급시기 판정
리스자산 공급	사업자가 등록된 시설대여업자로부터 리스자산을 임차하고, 해당 리스자산을 공급자 또는 세관장으로부터 직접 인도받는 경우 해당 사업자가 재화를 공급자로부터 직접 공급받거나 외국으로부터 직접 수입한 것으로 보아 공급시기 판정

임대보증금에 대한 간주임대료	부동산임대용역을 제공하고 전세금 또는 임대보증금을 받아 간주임대료를 계산하는 경우 예정신고기간 또는 과세기간의 종료일
완성도기준지급조건부와 중간지급조건부 혼합	계약에 따라 대가의 각 부분을 받기로 한 때
공급시기 특례 (선발행세금계산서)	• 사업자가 공급시기 도래 전에 대가의 전부 또는 일부를 받고 받은 대가에 대하여 세금계산서를 발급한 경우 그 발급한 때 • 계속적으로 공급하는 재화 또는 용역으로서 그 공급시기가 되기 전에 세금계산서(영수증)를 발급하는 경우 그 발급한 때 • 장기할부판매의 경우로서 그 공급시기가 되기 전에 세금계산서(영수증)를 발급한 때
폐업일 이후 공급시기 도래	폐업일
재화 인도 시 공급가액의 미확정	해당 재화를 인도하는 때를 공급시기로 보아 잠정가액으로 세금계산서를 발급하고, 그 후 대가가 확정되는 때에 수정세금계산서 발급
금전등록기 설치자	대가를 현금으로 받은 때
상품권에 의한 재화의 공급	상품권을 판매한 후 해당 상품권에 의하여 재화를 공급하는 경우 재화가 실제로 공급되는 때
내국신용장에 의한 재화의 공급	재화를 인도하는 때
현물출자 재화	현물출자의 목적물인 재화를 인도하는 때이나, 등기·등록 기타 권리의 설정 또는 이전이 필요한 경우에는 이에 관한 서류를 완비하여 발급하는 때
물품매도확약서 발행 용역	계약조건에 따라 역무의 제공이 완료되는 때. 다만, 해당 역무의 제공이 완료되는 때에 그 대가가 확정되지 아니한 경우에는 대가가 확정된 때
둘 이상의 과세기간에 걸쳐 계속적으로 제공하고 대가를 선불로 받는 스포츠센터 연회비, 상표권 사용, 그 밖에 이와 유사한 용역	예정신고기간 또는 과세기간 종료일
통상적인 용역의 공급	역무의 제공이 완료되는 때
그 밖의 용역의 공급	위의 거래조건에 해당하지 아니하는 용역은 역무의 제공이 완료되고 그 공급가액이 확정되는 때

관련이론2 **재화 및 용역의 공급시기의 특례(선세금계산서)**

(1) 사업자가 재화 또는 용역의 공급시기가 되기 전에 재화 또는 용역에 대한 대가의 전부 또는 일부를 받고, 그 받은 대가에 대하여 세금계산서 또는 영수증을 발급하면 그 세금계산서 등을 발급하는 때

(2) 사업자가 재화 또는 용역의 공급시기가 되기 전에 세금계산서를 발급하고 그 세금계산서 발급일부터 7일 이내에 대가를 받으면 해당 세금계산서를 발급한 때를 재화 또는 용역의 공급시기로 본다.

(3) 재화 또는 용역을 공급하는 사업자가 그 재화 또는 용역의 공급시기가 되기 전에 세금계산서를 발급하고 그 세금계산서 발급일부터 7일이 지난 후 대가를 받고, 다음의 요건 중 하나를 충족하는 경우 해당 세금계산서를 발급한 때
1) 거래 당사자 간의 계약서·약정서 등에 대금 청구시기(세금계산서 발급일)와 지급시기를 따로 적고, 대금 청구시기와 지급시기 사이의 기간이 30일 이내인 경우
2) 재화 또는 용역의 공급시기가 세금계산서 발급일이 속하는 과세기간 내에 도래하는 경우

(4) 사업자가 할부로 재화 또는 용역을 공급하는 경우로서 공급시기가 되기 전에 세금계산서 또는 영수증을 발급하는 경우에는 그 발급한 때

문제 73 [부가가치세법] 매입세액과 차가감납부세액

유 형	이론형		
중요도	★★★	정답	①

정답해설

① 건축물이 있는 토지를 취득하여 그 건축물을 철거하고 토지만 사용하는 경우에는 철거한 건축물의 취득 및 철거 비용과 관련된 매입세액은 ~~매출세액에서 공제한다~~.

→ 매출세액에서 공제하지 않는다. 건축물을 철거하고 토지만 사용하는 경우 철거한 건축물의 취득 및 철거 비용과 관련된 매입세액은 토지와 관련된 매입세액으로서 면세사업을 위한 매입세액이기 때문이다.

② 이 경우 세금계산서 또는 수입세금계산서에 따라 공제받은 매입세액에 해당하는 공급가액의 0.5퍼센트 가산세가 부과된다.

③, ④, ⑤ 매출세액에서 공제하지 않는 매입세액 *관련이론

법령 CHECK

① 부가가치세법 제39조
부가가치세법 시행령 제80조
② 부가가치세법 제39조 제1항
부가가치세법 시행령 제75조
부가가치세법 제60조 제7항 제1호
③, ④, ⑤ 부가가치세법 제39조

관련이론 매출세액에서 공제하지 않는 매입세액

1. 매입처별 세금계산서합계표를 제출하지 아니한 경우의 매입세액
2. 제출한 매입처별 세금계산서합계표의 기재사항 중 거래처별 등록번호 또는 공급가액의 전부 또는 일부가 적히지 아니하였거나 사실과 다르게 적힌 경우 그 기재사항이 적히지 아니한 부분 또는 사실과 다르게 적힌 부분의 매입세액
3. 세금계산서 또는 수입세금계산서를 발급받지 아니한 경우
4. 사업과 직접 관련이 없는 지출
5. 「개별소비세법」에 따른 자동차(운수업, 자동차판매업 등 제외)의 구입과 임차 및 유지에 관한 매입세액
6. 기업업무추진비 및 이와 유사한 비용으로서 대통령령으로 정하는 비용의 지출에 관련된 매입세액
7. 면세사업등에 관련된 매입세액(면세사업등을 위한 투자에 관련된 매입세액을 포함한다)과 토지에 관련된 매입세액
8. 사업자등록을 신청하기 전의 매입세액(다만, 공급시기가 속하는 과세기간이 끝난 후 20일 이내에 등록을 신청한 경우 등록신청일부터 공급시기가 속하는 과세기간 기산일까지 역산한 기간 내의 것은 매입세액 공제 가능)

문제 74 [부가가치세법] 부가가치세 신고와 납부

유 형	이론형		
중요도	★★	정답	②

정답해설

① 예정신고를 한 사업자는 ~~확정신고 및 납부 시 예정신고한 과세표준과 납부한 납부세액 또는 환급받은 환급세액도 포함하여 신고하여야 한다~~.
→ 확정신고 및 납부 시 예정신고한 과세표준과 납부한 납부세액 또는 환급받은 환급세액은 신고하지 아니한다.

③ 사업자가 물품을 제조하기 위한 원재료를 수입하면서 부가가치세의 납부유예를 미리 신청하는 경우에는 ~~관할 세무서장~~은 해당 재화를 수입할 때 부가가치세의 납부를 유예할 수 있다.
→ 세관장은

④ 간이과세자는 사업부진으로 인하여 예정부과기간의 공급대가의 합계액이 직전 과세기간의 공급대가 합계액의 3분의 1에 ~~미달하여도~~ 예정부과기간의 과세표준과 납부세액을 예정부과 기한까지 사업장 관할 세무서장에 ~~신고할 수 없다~~.
→ 미달하면 / 신고할 수 있다. 휴업 또는 사업부진 등으로 인하여 예정부과기간의 공급대가의 합계액 또는 납부세액이 직전 과세기간의 공급대가의 합계액 또는 납부세액의 1/3에 미달하는 간이과세자는 예정부과기한까지 사업장 관할 세무서장에게 신고할 수 있다.

⑤ ~~대리납부의무자는 사업자이어야 한다~~.
→ 국외사업자[국내에 사업장이 없는 비거주자・외국법인 또는 국내사업장이 있는 비거주자・외국법인]으로부터 용역 등의 공급을 받는 자가 용역 등의 대가를 지급하는 때에는 부가가치세의 대리납부의무가 있다. 따라서 대리납부의무자를 사업자로 한정짓지 않고 있다.

법령 CHECK

① 부가가치세법 제49조 제1항
② 부가가치세법 제48조 제4항
부가가치세법 시행령 제90조 제6항
③ 부가가치세법 제50조의2 제1항
④ 부가가치세법 제66조 제2항
부가가치세법 시행령 제114조 제2항
⑤ 부가가치세법 제52조 제1항

문제 75 [부가가치세법] 영세율과 면세

유 형	이론형		
중요도	★★	정답	④

정답해설

① 금지금을 내국신용장 또는 구매확인서에 의하여 공급하는 것은 ~~영세율이 적용되는 수출로 본다~~.

→ 영세율이 적용되는 수출이 아니다. 내국신용장 또는 구매확인서에 의하여 공급하는 것은 영세율이 적용되는 수출이지만, 이 경우 금지금은 제외된다.

② 계약과 대가 수령 등 거래가 ~~국외사업장에서~~ 이루어지는 중계무역 방식의 수출은 영세율이 적용되는 수출에 속하는 것으로 본다.

→ 국내사업장에서, 중계무역 방식의 수출이란 수출할 것을 목적으로 물품 등을 수입하여 보세구역이나 보세구역 외 장치의 허가를 받은 장소 또는 자유무역지역 외의 국내에 반입하지 아니하는 방식의 수출을 말한다. 하지만 계약과 대가 수령 등은 국내사업장에서 이루어진다.

③ 「항공사업법」에 따른 상업서류 송달용역의 공급에는 영세율이 ~~적용되지 아니한다~~.

→ 적용된다. 선박 또는 항공기에 의한 외국항행용역의 공급은 영세율이 적용되는데 「항공사업법」에 따른 상업서류 송달용역 영세율이 적용되는 외국항행용역의 범위에 포함된다.

⑤ 비거주자인 사업자가 재화를 수출하는 경우, 비거주자의 해당 국가에서 대한민국의 거주자에 대하여 ~~면세하는지 여부와 관계없이 영세율을 적용한다~~.

→ 상호면세주의가 적용된다.

법령 CHECK

① 부가가치세법 제21조 제2항 제3호
② 부가가치세법 제21조 제2항 제2호
③ 부가가치세법 시행령 제32조 제2항
④ 부가가치세법 제21조 제2항 제1호
⑤ 부가가치세법 제25조

문제 76 [부가가치세법] 과세표준과 매출세액

유 형	계산형		
중요도	★★	정답	⑤

정답해설

1 2024.4.20. 공급한 제품의 공급가액

= 1,000,000 × 7개월 = 7,000,000

※ 장기할부판매에 해당되지 않으므로, 2024.4.20.에 공급된 제품의 공급시기는 재화가 인도되거나 이용가능하게 되는 때이다. 따라서 7,000,000원 전액이 2024년 제1기 부가가치세 과세표준에 포함되어야 한다.

2 2024.5.1. 제품수출계약 관련 공급가액

= 1) + 2) = 22,500,000

1) 선수금 환가액 : 12,000,000

※ 공급시기가 도래하기 전에 대금을 미리 받아 원화로 환전한 경우에는 그 환가액을 공급가액으로 한다. *관련이론1

2) 잔금 : $10,000 × 1,050 = 10,500,000

※ 공급시기가 도래한 이후 환전한 경우에는 공급시기의 기준환율을 따른다. 제품수출계약의 공급시기는 선적일이므로, 선적일인 2024.5.15.의 기준환율을 적용한다. *관련이론1

3 2023.12.1. 중간지급조건부 판매 *관련이론2

= 중도금 10,000,000(2024.3.1.) + 잔금 10,000,000(2024.7.1.)

= 20,000,000

※ 중간지급조건부 판매의 경우 각 대가를 지급받기로 한 날을 공급시기로 보지만, 그 대가를 지급받기로 한 날 이전에 재화가 인도된 경우에는 그 인도일을 공급시기로 본다.

∴ 2024년 제1기 부가가치세 과세표준

= 7,000,000 + 22,500,000 + 20,000,000 = 49,500,000

법령 CHECK

부가가치세법 시행령 제59조

합격의 TIP

외화환산 시 과세표준을 정확히 판단하라면, 공급시기를 먼저 파악해야 한다. 공급시기에 대한 학습은 2016년도 72번 문제의 관련이론을 참고하자.

관련이론1 외화환산 시 과세표준

(1) 공급시기가 되기 전에 원화로 환가한 경우
환가한 금액

(2) 공급시기 이후에 외국통화나 그 밖의 외국환 상태로 보유하거나 지급받는 경우
공급시기의 「외국환거래법」에 따른 기준환율 또는 재정환율에 따라 계산한 금액

관련이론2 할부방법의 구분

(1) 장기할부판매
2회 이상으로 분할하여 대가를 받고, 해당 재화의 인도일의 다음 날부터 최종 할부금 지급기일까지의 기간이 1년 이상인 것

(2) 중간지급조건부판매
계약금을 받기로 한 날의 다음 날부터 재화를 인도하는 날 또는 재화를 이용가능하게 하는 날까지의 기간이 6개월 이상인 경우로서 그 기간 이내에 계약금 외의 대가를 분할하여 받는 경우. 단, 그 대가를 지급받기로 한 날 이전에 재화가 인도된 경우에는 그 인도일을 공급시기로 본다.

문제 77 [부가가치세법] 매입세액과 차가감납부세액

유 형	계산형		
중요도	★★	정답	③

정답해설

1 의제매입세액의 매입가액 구하기

1) 쌀 : 15,000,000
2) 활어 : 28,000,000
3) 가공하지 않은 바닷가재 : 12,000,000 − 2,000,000(관세) = 10,000,000
4) 가공하지 않은 대게 : 21,000,000

2 의제매입세액공제율

= 과세유흥장소 이외의 음식점업에 종사하는 법인사업자 = $\frac{6}{106}$

3 의제매입세액

= $(15,000,000 + 28,000,000 + 10,000,000 + 21,000,000) \times \frac{6}{106}$

= 4,188,679

※ 의제매입공제대상으로서 수입품의 경우에는 관세를 제외한 가격이 의제매입세액의 매입가액이 된다. 국내매입분의 경우에도 운임 등 부대비용을 제외한 순수한 매입가액이 의제매입세액의 매입가액이 됨에 유의한다.

※ 의제매입세액은 한도 내에서만 공제한다. 이 문제의 경우 한도를 고려하지 말라고 명시되어 있기 때문에 의제매입세액공제 한도는 고려하지 않았다.

∴ 2024년 제1기 부가가치세 확정신고 시 의제매입세액공제액

= $(15,000,000 + 28,000,000 + 10,000,000 + 21,000,000) \times \frac{6}{106}$

= 4,188,679원

법령 CHECK

부가가치세법 제42조

합격의 TIP

의제매입세액공제율은 주어지는 경우도 있고, 아닌 경우도 있으므로 여력이 된다면 암기하자.

관련이론1 **의제매입세액 공제 요건**

(1) 과세사업을 영위하는 사업자로 영세율 적용대상 사업자도 가능하나, 면세사업자나 면세포기로 영세율을 적용받는 경우에는 제외
예 과세사업자의 경우 모든 업종에 대하여 의제매입세액 공제를 받을 수 있으나 간이과세자의 경우 음식점 및 제조업을 영위하는 사업자만 가능

(2) 부가가치세의 면제를 받아 공급받거나 수입한 농산물·축산물·수산물 또는 임산물을 원재료로 하여 제조·가공한 재화 또는 창출한 용역의 공급에 대하여 부가가치세가 과세되는 경우

(3) '의제매입세액 공제신고서'를 '매입처별 계산서합계표'와 '신용카드매출전표등 수령명세서' 중 하나와 함께 제출할 것. 단, 제조업자가 농어민으로부터 면세농산물등을 직접 공급받았다면, 의제매입세액 공제신고서만 제출해도 됨

관련이론2 **의제매입세액 공제율**

구 분		세 율
음식점업	과세유흥장소	2/102
	과세유흥장소 외의 개인사업자	8/108*
	과세유흥장소 외의 법인사업자	6/106
제조업	과자점업, 도정업, 제분업 및 떡류 제조업 중 떡방앗간을 경영하는 개인사업자	6/106
	그 밖의 제조업을 경영하는 사업자 중 조세특례제한법에 따른 중소기업 및 개인사업자	4/104
	위의 제조업 외의 사업자	2/102
음식점 및 제조업 외의 사업		2/102

*과세표준 2억원 이하인 경우에는 2026년 12월 31일까지 9/109

문제 78 [부가가치세법] 과세표준과 매출세액

유 형	계산형		
중요도	★★★	정답	③

정답해설

1 상가임대관련 공급가액

1) 월임대료 : 10,000,000 × 3개월 = 30,000,000

*사업자가 둘 이상의 과세기간에 걸쳐 부동산 임대용역을 공급하고 그 대가를 선불이나 후불로 받는 경우에는 해당 금액을 계약기간의 개월 수로 나눈 금액의 각 과세대상기간의 합계액을 공급가액으로 한다.

2) 간주임대료 : 100,000,000 × 91일 × 2.9% × 1/365 = 723,013

2 기계장치의 교환에 대한 대가 : 10,000,000

3 종업원에게 선물 : 매입세액공제를 받지 아니하였으므로 이는 간주공급이 아니다.

4 부가가치세 과세표준

= 30,723,013 + 10,000,000 = 40,723,013원

∴ 부가가치세 과세표준 : 40,723,013

법령 CHECK

부가가치세법 시행령 제65조
부가가치세법 제10조 제4항

합격의 TIP

부동산임대용역을 공급하고 전세금 또는 임대보증금을 받는 경우에는 금전 외의 대가를 받는 것으로 보므로, 간주임대료를 계산하여 과세표준(공급가액)에 추가하여야 한다.

관련이론 **부가가치세법상 간주임대료**

(1) 간주임대료

과세되는 부동산을 임대하고 받은 전세금 또는 임대보증금의 이자상당액

(2) 계산방법

보증금 등의 적수 × 1년간 정기예금이자율 × 1/365(윤년 366)

※ 간주임대료의 부가가치세는 원칙적으로 임대인이 부담하는 것이나, 임대인과 임차인간의 약정에 의하여 임차인이 부담하는 것으로 할 수 있다. 이 경우 임차인이 부동산임차의 대가로서 월세 등의 형태로 지급하는 금액이 있는 때에는 임차인이 부담하는 간주임대료에 대한 부가가치세와 월세는 별도로 구분하여 지급하여야 한다(부가가치세법 기본통칙 29-65-2).

문제 79 [국제조세조정에 관한 법률] 국제거래에 관한 조세의 조정

유 형	이론형		
중요도	★★	정답	①

정답해설

① 특정외국법인(선박 · 항공기 · 장비의 임대를 주된 사업으로 함)이 소재한 국가 또는 지역에 사업을 위하여 필요한 사무소, 점포, 공장 등의 고정된 시설을 가지고 있고, 그 법인이 스스로 사업을 관리하거나 지배 또는 운영을 하며, 그 국가 또는 지역에서 주로 사업을 하는 경우 특정외국법인의 ~~유보소득 배당간주 규정을 적용하지 아니한다~~.

→ 유보소득 배당간주 규정을 적용한다.

② 배당간주금액의 산출 *관련이론

③ 이 경우 발행주식의 총수 또는 출자총액의 10퍼센트를 판단하는 경우에는 「국세기본법」에 따른 내국인의 특수관계인이 직접 보유하는 발행주식 또는 출자지분을 포함한다.

법령 CHECK

① 국제조세조정에 관한 법률 제28조 제2호, 제29조 제1항 제2호
② 국제조세조정에 관한 법률 제30조
③ 국제조세조정에 관한 법률 제27조 제2항
④ 국제조세조정에 관한 법률 제31조
⑤ 국제조세조정에 관한 법률 제27조 제1항

관련이론 배당간주금액의 산출

(1) 배당으로 간주하는 금액
= 특정외국법인의 각 사업연도말 현재 배당 가능한 유보소득 × 해당 내국인의 특정외국법인 주식보유비율

(2) 수동소득이 일정 요건을 충족하는 경우
= 특정외국법인의 각 사업연도 말 현재 배당 가능한 유보소득 × 해당 내국인의 특정외국법인 주식보유비율 × $\frac{\text{(수동소득의 합계금액 − 대통령령으로 정하는 금액)}}{\text{특정외국법인의 총수입금액}}$

문제 80	[국제조세조정에 관한 법률] 국제거래에 관한 조세의 조정

유 형	이론형		
중요도	★	정답	④

정답해설

① 거주자가 비거주자에게 국외에 있는 부동산을 증여하는 경우 ~~수증자~~는 증여세를 납부할 의무가 있다.

→ 증여자

② 비거주자인 수증자가 거주자인 증여자의 특수관계인이 아닌 경우로서 국외에 있는 재산에 대하여 외국의 법령에 따라 증여세가 면제되는 경우 증여자의 증여세 납부의무는 ~~면제되지 아니한다~~.

→ 면제된다. 법 전문은 다음과 같다. 다만, 수증자가 증여자의 특수관계인이 아닌 경우로서 해당 재산에 대하여 외국의 법령에 따라 증여세(실질적으로 이와 같은 성질을 가지는 조세를 포함)가 부과되는 경우(세액을 면제받는 경우를 포함)에는 증여세 납부의무를 면제한다.

③ 비거주자인 수증자가 거주자인 증여자의 특수관계인인 경우 국외에 있는 부동산에 대하여 외국의 법령에 따라 증여세가 부과되면 ~~증여자의 증여세 납부의무를 면제한다~~.

→ 그 납부한 증여세에 상당하는 금액을 증여세 산출세액에서 공제한다.

④ 거주자에는 본점이나 주된 사무소의 소재지가 국내에 있는 비영리법인을 포함하며, 비거주자에는 본점이나 주된 사무소의 소재지가 국내에 없는 비영리법인을 포함한다.

⑤ 증여재산의 증여일 전후 6개월 이내에 공신력 있는 감정기관이 평가한 감정가액은 ~~증여재산의 시가로 볼 수 없다~~.

→ 증여재산의 시가로 본다. 이 외에도 증여재산의 증여일 전후 6개월 이내에 이루어진 실제 매매가액, 증여재산의 증여일 전후 6개월 이내에 수용 등을 통하여 확정된 증여재산의 보상가액도 증여재산의 시가로 본다.

법령 CHECK

①, ② 국제조세조정에 관한 법률 제35조 제2항, 제3항

③ 국제조세조정에 관한 법률 제35조 제5항

④ 국제조세조정에 관한 법률 제35조 제1항

⑤ 국제조세조정에 관한 법률 시행령 제71조 제1항

훌륭한 가정만한 학교가 없고,
덕이 있는 부모만한 스승은 없다.

– 마하트마 간디 –

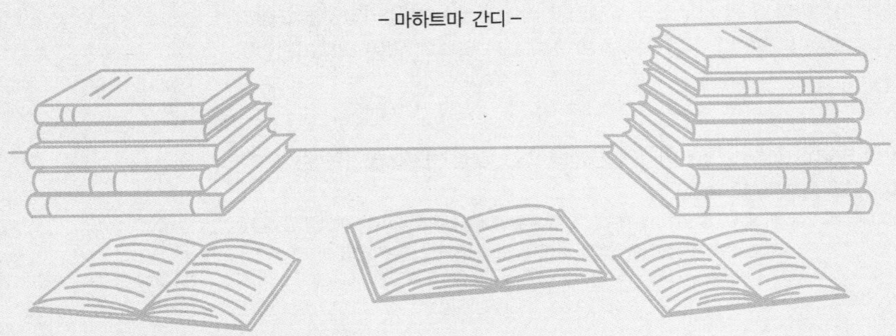

2024 세무사 1차 세법학개론 기출문제해설집 8개년

개정4판1쇄 발행	2024년 03월 05일 (인쇄 2024년 02월 26일)
초 판 발 행	2019년 04월 05일 (인쇄 2019년 02월 21일)
발 행 인	박영일
책 임 편 집	이해욱
편 저	우용상 · 송지은
편 집 진 행	김은영 · 백한강 · 최수란
표지디자인	박수영
편집디자인	김경원 · 장성복
발 행 처	(주)시대고시기획
출 판 등 록	제10-1521호
주 소	서울시 마포구 큰우물로 75 [도화동 538 성지 B/D] 9F
전 화	1600-3600
팩 스	02-701-8823
홈 페 이 지	www.sdedu.co.kr

I S B N	979-11-383-6774-5 (13320)
정 가	22,000원

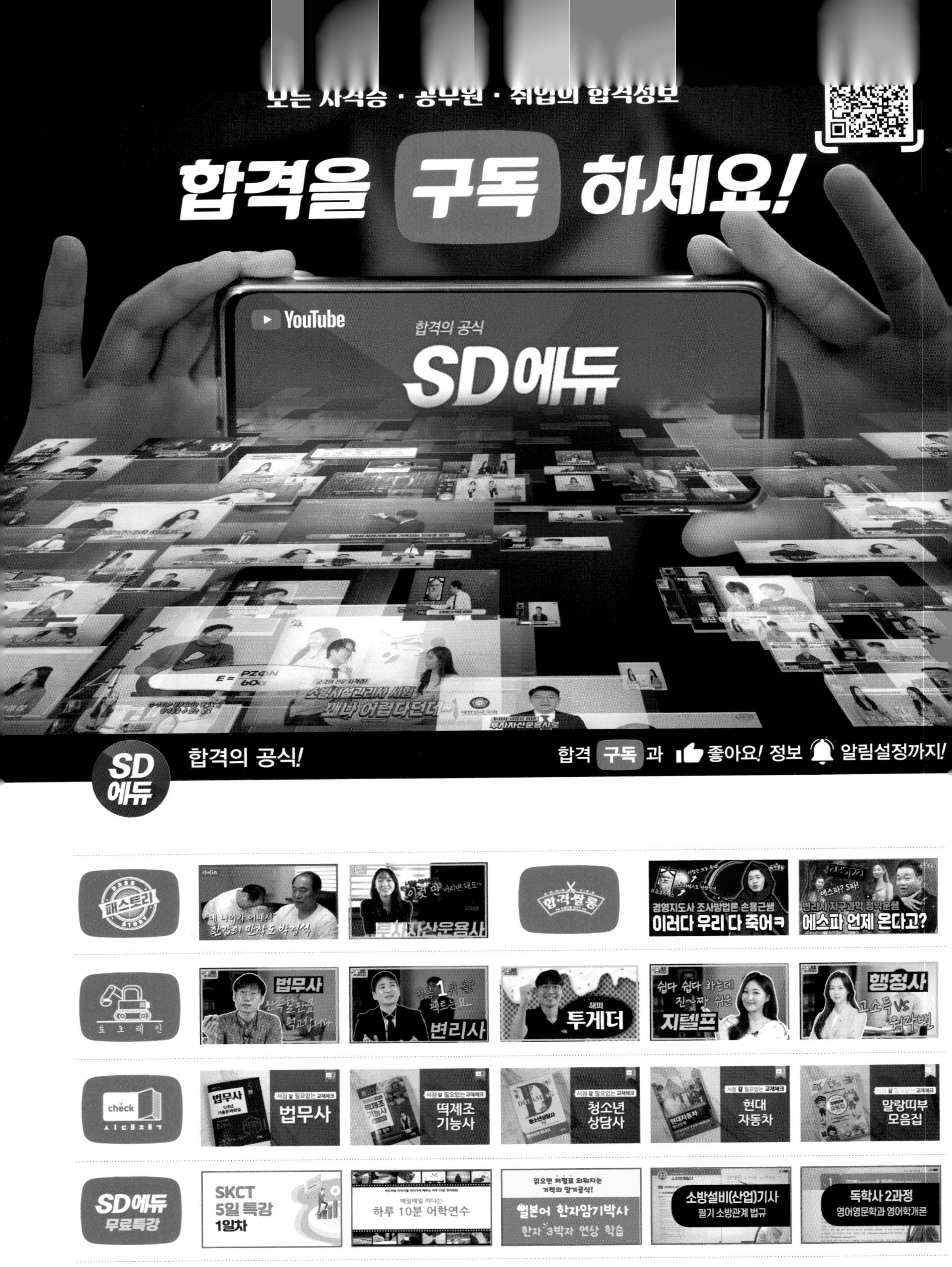